Strafjustiz und ihre Politisierung in SBZ und DDR bis 1961

AF816647

Europäische Hochschulschriften

Publications Universitaires Européennes
European University Studies

Reihe II
Rechtswissenschaft

Série II Series II
Droit
Law

Bd./Vol. 4150

PETER LANG
Frankfurt am Main · Berlin · Bern · Bruxelles · New York · Oxford · Wien

Bettina Weinreich

Strafjustiz und ihre Politisierung in SBZ und DDR bis 1961

Auswertung von Dokumenten und Urteilen unter Berücksichtigung des historischen Zusammenhanges

PETER LANG
Europäischer Verlag der Wissenschaften

Bibliografische Information Der Deutschen Bibliothek
Die Deutsche Bibliothek verzeichnet diese Publikation in der Deutschen Nationalbibliografie; detaillierte bibliografische Daten sind im Internet über <http://dnb.ddb.de> abrufbar.

Gedruckt mit freundlicher Unterstützung
der Stiftung zur Aufarbeitung der SED-Diktatur.

ISSN 0531-7312
ISBN 3-631-53375-6

© Peter Lang GmbH
Europäischer Verlag der Wissenschaften
Frankfurt am Main 2005
Alle Rechte vorbehalten.

Das Werk einschließlich aller seiner Teile ist urheberrechtlich geschützt. Jede Verwertung außerhalb der engen Grenzen des Urheberrechtsgesetzes ist ohne Zustimmung des Verlages unzulässig und strafbar. Das gilt insbesondere für Vervielfältigungen, Übersetzungen, Mikroverfilmungen und die Einspeicherung und Verarbeitung in elektronischen Systemen.

www.peterlang.de

Meinen Eltern

Danksagung

Die vorliegende Arbeit wurde im Sommersemester 2004 von der juristischen Fakultät der Europa-Universität Viadrina in Frankfurt (Oder) als Dissertation angenommen.

Mein aufrichtiger Dank gilt an dieser Stelle besonders meinem Doktorvater, Herrn Prof. Dr. Jan C. Joerden, der durch seine geduldige und fürsorgliche Betreuung und durch seine kritischen Anregungen wesentlich zum Gelingen der Arbeit beigetragen hat. Danken möchte ich ebenfalls meinem Zweitgutachter, Herrn Prof. Dr. Heghmanns, für die schnelle Erstellung des Zweitgutachtens.

Mein Dank richtet sich auch an all diejenigen, die mir während der Bearbeitungszeit mit Rat und Tat zur Seite gestanden haben. Dabei besonders zu nennen sind meine Schwester Cornelia Weinreich, die unermüdlich in der Deutschen Bücherei Material besorgt und immer wieder die Last des Korrekturlesens auf sich genommen hat, und meine Kolleginnen Katja Buttig und Dela M. Halecker, die mit ihrer aufmunternden Kritik zur erfolgreichen Disputation beigetragen haben.

Schließlich möchte ich meinen Eltern danken, die mich in jeder Hinsicht unterstützt haben. Ihnen ist diese Arbeit gewidmet.

Frankfurt (Oder), Dezember 2004 *Bettina Weinreich*

Strafjustiz und ihre Politisierung in SBZ und DDR bis 1961

Auswertung von Dokumenten und Urteilen unter Berücksichtigung des historischen Zusammenhanges

Teil III Urteil und Sprache als Mittel der Agitation und Propaganda

Abschnitt I: Die Entwicklung einer „neuen“ Sprache

Abschnitt II: Das Urteil und seine gesellschaftlichen Auswirkungen

Abschnitt III: Die Sprache als Mittel der Agitation und Propaganda

Vorwort

Stellt man sich der Aufgabe, die Strafjustiz in der SBZ und in der DDR näher zu untersuchen, erfordert dies zunächst die Auseinandersetzung mit den rechtstheoretischen Grundlagen des sozialistischen Rechts, d.h. mit den Erkenntnissen des Marxismus-Leninismus im weitesten Sinne. Denn die Auffassung von Recht und Gerechtigkeit in den westlichen Demokratien hatte mit der Rechtsauffassung der Ostblockstaaten[1] wenig gemein, was vornehmlich aus den unterschiedlichen Weltanschauungen resultierte. Nicht nur das Rechtswesen als solches, sondern insbesondere die Strafjustiz, ist nur von einem Verständnis ihrer rechtstheoretischen Grundlagen her nachvollziehbar. *Zürcher* stellt daher auch zutreffend fest, dass sich der westliche Jurist bei der Betrachtung des (ehemaligen) Ost-Rechts immer wieder bewusst werden muss, dass im kommunistischen Herrschaftsbereich für seine Auffassungen von Recht und Gerechtigkeit kein Raum ist.[2] Die Beurteilung des sozialistischen Rechts, insbesondere des sozialistischen Strafrechts, lediglich aus dem Blickwinkel des westlichen Betrachters muss daher zwangsläufig zu einem einseitigen Ergebnis und damit zu einer Schieflage[3] führen. Diese Einseitigkeit der Betrachtung reduziert - wie *Buchholz* zutreffend feststellt - das Recht der DDR meistens auf das des Strafrechts und dieses wiederum auf das politische oder politisierte Strafrecht, um die These von der DDR als Unrechtsstaat illustrieren zu können.[4] Zudem verhindert sie eine durchaus

---

[1] Dazu zählten neben der DDR die Staaten des Warschauer Vertrages: die Volksrepublik Polen, die UdSSR, die Tschechische Volksrepublik, die Ungarische Volksrepublik, die Sozialistische Förderative Republik Jugoslawien, die Sozialistische Volksrepublik Rumänien und die Volksrepublik Bulgarien. Die Volksrepublik China und die Koreanische Volksdemokratische Republik Nordkoreas bleiben wegen ihrer asiatischen Besonderheiten außer Betracht.

[2] *Zürcher*, Das Strafrecht in der SBZ, S. 9.

[3] Vgl. ähnlich *Polkehn*, ApuZ B 38/99, 32.

[4] Keiner käme auf den Gedanken, dass etwa eine Eheschließung oder der Kauf eines Fernsehapparates deshalb rechtswidrig waren, weil sie nach den Gesetzen der DDR erfolgt sind, so *Hirsch*, Rechtsstaatliches Strafrecht und staatlich gesteuertes Unrecht, S. 10.

notwendige, konstruktive Auseinandersetzung mit dem DDR-Recht, insbesondere mit dem Strafrecht.[5] Vor der Strafjustiz spiegelt sich immer auch ein Teil der Verfassungswirklichkeit wider. Nicht nur Klassengegensätze, sondern auch Vorstellungen von Ethik und Moral der Gesellschaft treten gerade vor den Strafgerichten deutlicher hervor als vor sonst einem Gericht. Es sei daher nicht übertrieben zu sagen, dass materielles Strafrecht ein Spiegel des Kulturstandards im weitesten Sinn sei und formelles Strafrecht angewandtes Verfassungsrecht.[6] Außerdem wäre es eine schlichte Verharmlosung des Ost-West-Gegensatzes, wenn man das östliche System nicht auch als Glaubenssystem, sondern als bloße Gewaltherrschaft verstehen würde.[7]

Hauschild betont deshalb zu recht, dass es ein Gebot der Stunde sei, sich der nicht immer leichten Aufgabe zu unterziehen, in dem Bemühen um tiefgründige Recherchen und emotionslose wissenschaftliche Analysen, ein Bild des zweiten deutschen Staates „Deutsche Demokratische Republik" zu zeichnen.[8] Dazu ist es nicht nur erforderlich, die Gesetze und die darauf beruhende Rechtsprechung zu beleuchten, sondern sich zunächst mit der sozialistischen Rechtstheorie zu befassen, da auf diese Weise ein Verständnis der sozialistischen Rechtsprechung ermöglicht werden kann. Das sozialistische Recht und die sozialistische Rechtsprechung stehen und fallen mit der sozialistischen Idee, resp. mit der zugrunde

---

[5] Nach dem Zusammenbruch von Diktaturen hört man immer wieder, dass das, was damals rechtens war, heute nicht grundsätzlich Unrecht sein kann, siehe *Frankenberg*, Die NS-Justiz, S. 489, oder „nicht alles war schlecht in der DDR"; die DDR wurde je nach subjektivem Empfinden unterschiedlich umschrieben, so z.B. als „Nischengesellschaft" (*Gaus*), als „kommode Diktatur" (*Grass*), als „Fürsorgediktatur" (*Jarausch*) oder als „totalitärer Versorgungs- und Überwachungsstaat" (*Schröder*), siehe *Beyer*, DeutschlandArchiv 2001, 142. In diesem Zusammenhang wird auch von „Staatsterror", „Justizmord", siehe *Mampel*, Entführungsfall Linse oder „Scheinjustiz", siehe *Werkentin*, Die Waldheimer „Prozesse", in: *Bästlein/Rosskopf/Werkentin*, Beiträge zur juristischen Zeitgeschichte der DDR, S. 32 gesprochen.

[6] *Bittner*, Strafjustiz, S. 10.

[7] *Schneider*, ROW 1957, 144.

[8] *Hauschild*, Von der Sowjetzone zur DDR, S. 15.

liegenden sozialistischen Ideologie. Besonders die strafrechtliche Entwicklung kann daher nur im Zusammenhang mit den Wandlungen verstanden werden, die Rechtsbegriff, Rechtsidee und Rechtsanwendung überhaupt dort durchmachten.[9] So darf der Blick nicht am einzelnen Urteil und auch nicht an einer einzelnen sowjetzonalen Gesetzesbestimmung, auf die sich das Urteil gründete, haften bleiben, sondern muss zu den Grundlagen des Rechts und der Rechtsprechung in der Sowjetzone vordringen.[10] Es muss unbedingt darauf verzichtet werden, wissenschaftliche Abhandlungen an der westlichen Elle zu messen[11], weil sich - wie *Ramm* zutreffend feststellt - jede wissenschaftliche Auseinandersetzung mit dem Marxismus unter einem doppelten Aspekt vollziehe. Sie setze ein mit der politischen Theorie, wie sie vor der russischen Oktoberrevolution entwickelt wurde, und gehe dann auf die politische Praxis ein. Erst der Vergleich von Theorie und Praxis, erst das ernsthafte, um Objektivität bemühte Bestreben, von der Theorie aus die Praxis zu erfassen, ermögliche eine gerechte Würdigung.[12] Dem ist zuzustimmen, denn allein die Auseinandersetzung mit der „Deformierung von Recht und Justiz im Staat der SED" - wie es *Fricke*[13] fordert - wird dem Anspruch an eine objektive Würdigung und an eine vorurteilsfreie und ergebnisoffene Auseinandersetzung[14] in keiner Weise gerecht. Die DDR auf gezielte Todesschüsse, Kinderraub, Zwangsadoptionen, Enteignungen und Unterdrückung der Mei-

[9] *Buchholz*, Strafrecht, in: *Heuer* (Hrsg.), Die Rechtsordnung der DDR, S. 275; siehe ähnlich *Rosenthal/Lange/Blomeyer*, Bonner Berichte aus Mittel- und Ostdeutschland, S. 91.
[10] *Zorn*, GA 1957, 109.
[11] *Spielhagen*, So durften wir glauben zu kämpfen, S. 210.
[12] *Ramm*, Marxismus und Recht, in: *Staats- und rechtswiss. Fakultät Freiburg* (Hrsg.), Die Lage des Rechts in Mitteldeutschland, S. 1. Die Aussage von *Jessen*, Partei, Staat und „Bündnispartner", in: *Judt* (Hrsg.), DDR-Geschichte in Dokumenten, S. 27, niemals zuvor in der deutschen Geschichte sei die Kluft zwischen geschriebener Verfassung und Verfassungswirklichkeit so groß wie in der 40jährigen Geschichte der DDR gewesen, ist zu pauschal und offenbart, dass sich der Verfasser nicht bemüht hat, zumindest ansatzweise den rechtstheoretischen Hintergrund zu beleuchten.
[13] *Fricke*, Opposition, Widerstand und Verfolgung in der SBZ/DDR, in: *Kaff* (Hrsg.), „Gefährliche politische Gegner", S. 24.
[14] Vgl. *Kusior*, DeutschlandArchiv 1999, 87.

nungs- und Pressefreiheit zu reduzieren[15] oder die geschichtlichen Hinterlassenschaften als etwas „Unappetitliches" zu bezeichnen[16], hilft wenig, die Vergangenheit zu bewältigen. Daher soll es Aufgabe dieser Arbeit sein, die strafrechtliche Rechtsprechung bis Anfang der 60er Jahre unter dem Blickwinkel der politischen und ideologischen Entwicklung zu betrachten und dabei insbesondere die marxistisch-leninistische Rechtsauffassung nicht außer Acht zu lassen. Diese Arbeit kann dabei nicht ein vollständiges Bild des „gescheiterten Experimentes[17]" DDR zeichnen, schon deshalb nicht, weil sie nur einen Teil des Herrschaftssystems behandelt. Sie soll aber einen Beitrag zur Aufarbeitung der Vergangenheit und damit zum besseren gegenseitigen Verständnis der Geschichte beider deutscher Staaten leisten.

---

[15] So wohl *Glos*, Politische Studien, Sonderheft 10/1993, 6.
[16] *Eppelmann*, Politische Studien, Sonderheft 10/1993, 15, führt dabei das Beispiel an, dass das oft so leichtfertig gelobte Gesundheitswesen der DDR vor allem der Reproduktion der Arbeitskraft und der militärischen Einsatzbereitschaft der Bevölkerung dienen sollte. An dieser Stelle muss sich *Eppelmann* allerdings fragen lassen, ob nicht auch das bundesdeutsche Gesundheitswesen an einer allgemeinen Volksgesundheit interessiert ist.
[17] Fazit *Honeckers* nach dem Untergang des Staates, vgl. *Weber*, Die DDR, in: *Weber* (Hrsg.), Der SED-Staat, S. 1.

Teil I

Rechtstheoretische Grundlagen des sozialistischen Rechts

Abschnitt I: Der Materialismus als theoretische Grundlage

Die Begründer sozialistischer rechtstheoretischer Ansätze, *Marx*, *Engels* und später auch *Lenin*, analysierten die Verhältnisse ihrer Zeit und zogen Schlüsse, die auf eine Überwindung der alten und auf die Errichtung einer neuen sozialen Welt gerichtet waren. So findet man in den gesammelten Werken von *Marx* und *Engels* neben wissenschaftlichen Schriften über politische Ökonomie, Technik, Agronomie, Medizin, Urgeschichte, Anthropologie auch zahlreiche Arbeiten über philosophische und juristische Themen.[18]

Die eigentliche Philosophie des Marxismus ergibt sich aus den Lehren des dialektischen Materialismus, deren Anwendung auf die sozialen Probleme der Gesellschaft den historischen Materialismus kennzeichnete. Nun ist dies aber keine Errungenschaft einer „kommunistischen Wissenschaft", sondern die Synthese zweier verschiedener philosophischer Strömungen im 19. Jahrhundert: die des naturwissenschaftlichen Materialismus verbunden mit der Dialektik *Hegels*.[19]

---

[18] Im Oktober 1835 ließ sich *Marx* an der Universität Bonn im Fach Rechtswissenschaften immatrikulieren. Daneben besuchte er Vorlesungen über Mythologie und Kunstgeschichte.

[19] Siehe auch *Bochenski/Niemeyer*, Handbuch des Weltkommunismus, S. 25; *Marx* schrieb dazu: „Wir sehen ... wie der durchgeführte Naturalismus oder Humanismus sich sowohl von dem Idealismus (Hegels) als dem Materialismus ... unterscheidet und zugleich ihre beide vereinigende Wahrheit ist.", MEGA I, S. 160.

1. Die Religionskritik als Vorläuferin und Begleiterin marxistischer Ideen

Vorläuferin einer marxistischen Ideologie war zunächst die auch von anderen Philosophen geübte Kritik an der Religion und der Unterwerfung des Menschen unter diese. Das Verhaften der Menschen in einer Religion sei Zeugnis der Unzufriedenheit mit dem Fehlen von Entfaltungsmöglichkeiten und Ausdruck eines Wunsches nach dauernder Gerechtigkeit und Erreichung einer absoluten Idee. *Hegel* sah in der Religion einen Ort, wo ein Volk sich die Definition dessen gibt, was es für das Wahre hält.[20] Und so scheint es, dass der Marxismus, abgesehen von seinem ökonomischen Monismus[21], der wiederum eng mit der marxistischen Philosophie verbunden ist, nichts weiter ist als die Umwandlung der Religion als Glaube an ein übermenschliches göttliches Wesen in eine Lehre von der Göttlichkeit der Menschheit. Den Himmel auf Erden werde man daher nur erreichen können, wenn man nicht mehr in der Selbstsucht, im Hass, sondern in der Liebe, in der geeinten Menschengattung, in der kommunistischen Gesellschaft lebe.[22] Auch *Strauss* verfolgte die Idee vom menschgewordenen Gott, die Idee von der Vereinigung des göttlichen mit dem menschlichen Wesen.[23]

Die Religion als solche wird letztlich als Hemmnis bei der Entwicklung der Menschheit gesehen, da sie diese zugunsten des Erhalts bestehender Machtverhältnisse verhindern wolle. Der Gläubige solle in der Überzeugung leben, dass das Jüngste Gericht jeden Augenblick beginnen und der Herr zu jeder Stunde kommen könne. Er solle sein Herz der Welt, den menschlichen Verhältnissen, der Geschichte entfremden und alle Zufriedenheit hassen.[24] Die Religion sei nur

---

[20] *Hegel*, Philosophie der Weltgeschichte, in: *Fetscher*, Der Marxismus, Band 1, S. 44.

[21] *Lenin*, Über die Religion, in: *Fetscher*, Der Marxismus, Band 1, S. 93, sah den Ursprung der Religion in der Furcht vor der blind waltenden Macht des Kapitals, blind, weil ihr Walten von den Volksmassen nicht vorausgesehen werden kann, eine Macht, die bei jedem Schritt im Leben des Proletariers und des kleinen Eigentümers ihm den plötzlichen, ..., zufälligen Ruin bringen könne.

[22] *Hess*, Kommunistisches Bekenntnis, in: *Fetscher*, Der Marxismus, Band 1, S. 56.

[23] *Strauss*, Das Leben Jesu, in: *Fetscher*, Der Marxismus, Band 1, S. 46.

[24] *Bauer*, Das entdeckte Christentum, in: *Fetscher*, Der Marxismus, Band 1, S. 47.

zu dem Zwecke errichtet, die Menschheit jedweder Individualität zu berauben und sich der Macht zu bedienen, die notwendig sei, um eine Entwicklung zu verhindern. *Bauer*[25] definierte Religion daher als eine „*fixierte*, angeschaute, gemachte, gewollte und zu seinem Wesen erhobene *Passivität des Menschen*, das *höchste Leiden*, das er sich selbst zufügen konnte, die Furcht des Menschen und die Armut und Leerheit des Geistes, die zu seinem Wesen erhoben ist, *das Unglück der Welt*, das als ihr Wesen angeschaut, gewollt und fixiert ist." *Feuerbach*[26] versuchte, das göttliche Wesen und das menschliche Wesen des Individuums zu vereinen. Er sah in dem göttlichen Wesen nichts anderes als das menschliche Wesen: „das Wesen des Menschen abgesondert von den Schranken des individuellen ... vergegenständlicht, d.h. angeschaut und verehrt als ein anderes, von ihm unterschiedliches, eignes Wesen - alle Bestimmungen des göttlichen Wesens sind darum Bestimmungen des menschlichen Wesens."[27]

Engels sah in der Religion „die *phantastische Widerspiegelung* in den Köpfen der Menschen, derjenigen äußern Mächte, die ihr alltägliches Dasein beherrschen, eine Widerspiegelung, in der die irdischen Mächte die Form von überirdischen annehmen".[28] Wenn der Mensch nicht nur bloß denke, sondern auch lenke, dann werde auch die letzte fremde Macht verschwinden, die sich noch in der Religion widerspiegele, womit auch die religiöse Widerspiegelung von selbst verschwinde, weil es dann nichts mehr widerzuspiegeln gäbe[29]. Nach *Marx* predigen die sozialen Prinzipien des Christentums die Notwendigkeit einer herrschenden und einer unterdrückten Klasse und haben für die letztere nur den

---

[25] *Bauer*, Das entdeckte Christentum, in: *Fetscher*, Der Marxismus, Band 1, S. 46.
[26] *Feuerbach*, Das Wesen des Christentums, in: *Fetscher*, Der Marxismus, Band 1, S. 57 ff.
[27] *Feuerbach*, Das Wesen des Christentums, in: *Fetscher*, Der Marxismus, Band 1, S. 51.
[28] *Engels*, Herrn Eugen Dührings Umwälzung, in: *Fetscher*, Der Marxismus, Band 1, S. 63.
[29] *Engels*, Herrn Eugen Dührings Umwälzung, in: *Fetscher*, Der Marxismus, Band 1, S. 64.

frommen Wunsch, die erstere möge wohltätig sein.[30] Auch für *Lenin* war die Religion eine Form des geistigen Jochs, das überall und allenthalben auf den durch ewige Arbeit für andere, durch ein Leben in Elend und Verlassenheit niedergedrückten Volksmassen laste; sie sei eine Art geistigen Fusels, in dem die Sklaven des Kapitals ihr Menschenantlitz, ihren Anspruch auf ein auch nur halbwegs menschenwürdiges Dasein ersäufen. Daher forderte *Lenin*, soweit es den Staat angehe, die Religion zur Privatsache zu erklären, so dass jedermann die Freiheit habe, sich zu einer beliebigen Religion zu bekennen oder überhaupt eine abzulehnen. Er verlangte die Trennung von Kirche und Staat, um die religiöse Vernebelung mit rein geistigen und nur geistigen Waffen bekämpfen zu können.[31] Der Glaube an Gott sei das Abbild der niederträchtigsten irdischen Beziehungen. Die Menschheit könne nur dann voranschreiten, wenn sie für jede Erscheinung eine natürliche Erklärung finde, denn Ammenmärchen würden die Entwicklung der Menschheit hemmen.[32] Für *Gramsci* war die Religion der großartigste Versuch, in mythologischer Form die wirklichen Gegensätze des historischen Lebens zu versöhnen.[33]

Eine Ablösung der Religion sahen einige in der sozialdemokratischen Weltanschauung. So erkannte *Dietzgen* in den Tendenzen der Sozialdemokratie den Stoff zu einer neuen Religion, welche nicht nur mit dem Gemüte oder Herzen, sondern zugleich auch mit dem Kopf, dem Organ der Wissenschaft, erfasst sein will, denn die soziale Demokratie sei insofern die wahre Religion, die allein selig machende Kirche, die den gesellschaftlichen Zweck nicht mehr auf phantasti-

---

[30] *Marx*, Der Kommunismus des ‚Rheinischen Beobachter', Deutsche Brüsseler Zeitung vom 12.09.1847, in: *Fetscher*, Der Marxismus, Band 1, S. 62.

[31] *Lenin*, Sozialismus und Religion, in: *Fetscher*, Der Marxismus, Band 1, S. 90f.

[32] *Bucharin*, Programm der Kommunisten, 1918 in: *Fetscher*, Der Marxismus, Band 1, S. 99; *Paschukanis*, Allgemeine Rechtslehre und Marxismus, S. 153, sah später im Rechtsstaat eine für die Bourgeoisie sehr angenehme Fata Morgana, da sie die verwitterte religiöse Ideologie ersetze und die Tatsache der Herrschaft der Bourgeoisie vor den Augen der Massen verberge.

[33] *Gramsci*, Historicité de la philosophie de la praxis, in: *Fetscher*, Der Marxismus, Band 1, S. 100.

schem Wege, nicht mit Bitten, Wünschen und Seufzen, sondern auf realem, tatkräftigem Wege, wirklich und wahr, durch gesellschaftliche Organisation der Hand- und Kopfarbeit erstrebe.[34] *Luxemburg*[35] stellte fest, dass es eigentlich keine Unterschiede bei den Zielen zwischen Christentum und Sozialismus geben dürfte, da beide theoretisch danach streben, die Herrschaft der Ausbeuter über das arbeitende Volk abzuschaffen. Doch im Gegensatz zu den Sozialdemokraten seien die Geistlichen weit von ihrer Religion entfernt, wenn sie Sozialdemokraten wegen ihrer Weltanschauung exkommunizierten und den Arbeitern suggerierten, ihr Los geduldig zu ertragen und sich nicht gegen ihre Ausbeuter zu erheben, weil das Volk nicht aufgrund der gesellschaftlichen Verhältnisse Not und Erniedrigung erfahre, sondern dadurch, dass der Grund im Befehl des Himmels liege. *Luxemburg* sah die Gefahr darin, dass die Kirche im arbeitenden Menschen den Geist, in dem die Hoffnung und der Willen nach besserer Zukunft keime, töte und somit auch die Achtung vor der eigenen menschlichen Würde. Dagegen vertrat *Lafargue*[36] die Auffassung, die maschinelle Produktionsweise könne nur beim Bourgeois Religiosität erzeugen, beim Proletarier aber müsse sie gegenteilig wirken, da der Proletarier nichts von einer göttlichen Vorsehung wisse, weil er nicht sehe, dass der himmlische Vater ihm sein tägliches Brot gebe oder ihm das Nötigste zum Leben verschaffe. Es gelte daher nicht nur, die ausgebeutete Schicht zu organisieren, sondern auch, ihnen die religiöse Weltanschauung zu nehmen, um sie für ihre Lage und den bevorstehenden Klassenkampf sensibel zu machen.

---

[34] *Dietzgen*, Die Religion der Sozialdemokratie, in: *Fetscher*, Der Marxismus, Band 1, S. 75.
[35] *Luxemburg*, Kirche und Sozialismus, in: *Fetscher*, Der Marxismus, S. 72 ff.
[36] *Lafargue*, Die Ursachen des Gottesglauben, in: *Fetscher*, Der Marxismus, Band 1, S. 83.

2. Der dialektische Materialismus

Der dialektische Materialismus bildete das philosophische und theoretische Fundament des gesamten Marxismus.

a) Der Materialismus

Das Wort „Materialismus“ wurde in der sowjetischen und später in der DDR-Literatur keiner eindeutigen Begriffsbestimmung mehr unterzogen. Vielmehr berief man sich im Schrifttum auf die Werke von *Marx*, *Engels*, *Lenin* und *Stalin* und verfiel somit in eine Art „Zitatologie“[37]. Diese Gefahr, etwas unbesehen zu übernehmen, ohne es auf seinen Gehalt hin zu überprüfen, erkannte zu seiner Zeit schon *Engels*, als er feststellte: „Überhaupt dient das Wort ‚materialistisch‘ in Deutschland vielen jüngeren Schriftstellern als eine einfache Phrase, womit man alles und jedes ohne weiteres Studium etikettieren kann ... Statt dessen dient die Phrase des historischen Materialismus ... vielen jüngeren Deutschen nur dazu, ihre eignen relativ dürftigen historischen Kenntnisse ... schleunigst systematisch zurechtzukonstruieren und sich dann sehr gewaltig vorzukommen.“[38]

Der Materialismus geht grundsätzlich vom Primat der Materie aus, sieht demnach im Materiellen das Bestimmende, das Ursprüngliche und betrachtet das Bewusstsein als daraus abgeleitet und abhängig.[39] Alle gesellschaftlichen, religiösen und staatlichen Verhältnisse können nur dann verstanden werden, wenn die

---

[37] *Hering*, Referat über die Aufgaben der Rechtswissenschaft nach dem 17. Juni 1953, in: *Dreier/Eckert/Mollnau/Rottleuthner* (Hrsg.), Rechtswissenschaft in der DDR 1949-1971, Dokument I/5 S. 64 (66), nennt es „Zitatenmeierei“, die eine lebendige Darstellung der zu behandelnden Fragen behindere und zur Loslösung einer wissenschaftlichen Arbeit von den Hauptfragen des gesellschaftlichen Lebens führen müsse. Kritik übten kurzzeitig DDR-Wissenschaftler 1956 zur Zeit des „Tauwetters“, die eine fundierte wissenschaftliche Rechtstheorie forderten und keine bloße Zusammenstellung oder Aneinanderreihung von Lenin- und Stalinzitaten, siehe *Güpping*, Die Bedeutung der „Babelsberger Konferenz“, S. 117.

[38] *Engels*, Brief an Conrad Schmidt vom 05.08.1890, MEAW VI, S. 548f.

[39] *Meyers* Universal Lexikon, 1979, S. 91.

materiellen Lebensbedingungen erkannt würden. Kennzeichnend für die materialistische Geschichtsauffassung sei daher, dass dem Hirn des Menschen keine abstrakten Ideen entspringen würden, sondern dass sich im Menschen nur die gesellschaftlichen Verhältnisse seiner Zeit widerspiegeln könnten.[40] Die marxistische Philosophie ist daher monistischer Materialismus, wonach die ganze, die Menschheit umgebende Welt eine Einheit bildet, einen universellen Zusammenhang verschiedener sich nach inhärenten Gesetzen bewegender materieller Erscheinungen und Prozesse, deren Einheit eben in ihrer Materialität begründet ist.[41] Materialistisch an die Erkenntnis des historischen Wandels heranzugehen, bedeutete für *Marx* und *Engels*, dass die realen sozialen Verhältnisse und die sie prägenden und von ihnen geprägten Verhaltensweisen der Individuen und Klassen den Gang der politischen und kulturellen Entwicklung entscheidend bestimmen.[42] Ausgangspunkt für *Marx* und *Engels* war die kritische Auseinandersetzung mit den Lehren *Hegels* und *Feuerbachs* sowie mit verschiedenen philosophischen Strömungen.

aa) Hegelsche Theorie als Ausgangspunkt

Marx hatte sich die *Hegelschen* geschichtsphilosophischen Thesen zunächst zu Eigen gemacht, um sie später einer kritischen Betrachtung zu unterziehen und sie entsprechend seinem Verständnis zu modifizieren. Daher ergeben sich grundlegende Übereinstimmungen in den Ansichten beider Philosophen, aber auch entscheidende Unterschiede:

1. Sowohl *Marx* als auch *Hegel* erkennen im Geschichtsverlauf eine gewisse Art der objektiven Vernunft: Der einzige Gedanke, den die Philosophie mit-

[40] *Jaurés*, 1894/95, in: *Fetscher*, Der Marxismus, Band 1, S. 126.
[41] Siehe *Schleifstein*, Einführung in das Studium von Marx, Engels und Lenin, S. 44.
[42] *Fetscher*, Der Marxismus, Band 1, S. 136.

bringe, sei aber der einfache Gedanke der Vernunft, dass die Vernunft die Welt beherrsche, d.h. dass es in der Weltgeschichte vernünftig zugegangen sei. Dabei sei alles das, was wirklich sei, vernünftig und alles, was vernünftig sei, sei auch wirklich.[43] Damit spricht *Hegel* jeder geschichtlichen Epoche ihre Notwendigkeit auf dem Weg zum Erreichen des Höheren, der nächsten „Wirklichkeit" zu. So werde im Lauf der Entwicklung alles früher Wirkliche unwirklich, verliere seine Notwendigkeit und damit seine Existenzberechtigung und werde ersetzt durch eine neue, lebensfähigere Wirklichkeit.[44] Damit sieht *Hegel* in dem geschichtlichen Prozess immer das Bestreben zum Erreichen des Höheren, das wiederum zum Scheitern verdammt sein müsse. *Hegel* wird von dem Gedanken geleitet, dass die Weltgeschichte der Fortschritt im Bewusstsein der Freiheit sei. Es sei der Endzweck der Welt, das Bewusstsein des Geistes von seiner Freiheit und eben damit die Wirklichkeit seiner Freiheit überhaupt.[45] *Marx* spricht in seinen Texten zwar nicht ausdrücklich von einer objektiven Vernunft, für ihn ist aber die Geschichte Fortschritt auf dem Weg der Vermenschlichung der Natur und der Vernatürlichung des Menschen. Der Sinn (und damit die „Vernunft") liegt für ihn in der Errichtung einer klassenlosen, homogenen Weltgesellschaft, in der eine allseitige Aneignung der menschlichen Wesenskräfte durch den totalen Menschen möglich sein wird.[46]

2. Triebkräfte für eine derartige Entwicklung sind nach *Hegel* die „welthistorischen Völker", die von einem „Weltgeist" gelenkt werden.[47] *Marx* distanziert sich in seinen Schriften von einer derartigen Mystifizierung und sieht in

[43] Vgl. *Fetscher*, Karl Marx und der Marxismus, S. 49.
[44] *Engels*, Ludwig Feuerbach, in: MEAW VI, S. 267.
[45] *Hegel*, Vorlesungen über die Philosophie, in: *Fetscher*, Der Marxismus, Band 1, S. 144.
[46] *Fetscher*, Von Marx zur Sowjetideologie, S. 24.
[47] *Fetscher*, Von Marx zur Sowjetideologie, S. 23.

den Gesellschaftsklassen die eigentlichen Akteure der Geschichte, die nicht von einem „Weltgeist“ beherrscht werden, sondern vom fortschreitenden Bewusstsein der durch die Eigentumsverhältnisse entstehenden Spannungen zwischen der unterdrückten und der herrschenden Klasse.

3. Die als Endzustand angestrebte geschichtliche Entwicklung verläuft nun aber nicht geradlinig, sondern auf dialektischem Wege, d.h. mit Hilfe negativer Momente. Momente, die an sich betrachtet Not, Elend, Unglück und damit etwas „Unvernünftiges“ enthalten, aber als Moment des Gesamtprozesses trotzdem eine „vernünftige“ und damit notwendige Funktion erfüllen.[48] Alles, was im Bereich der Menschengeschichte zunächst wirklich ist, wird mit der Zeit unvernünftig, ist also schon seiner Bestimmung nach mit seiner Unvernünftigkeit behaftet.[49] Mit dieser Begründung rechtfertigt *Hegel* die Notwendigkeit von Kriegen und *Marx* die Existenz des Kapitalismus, da beide Erscheinungen helfen, die staatliche Gemeinschaft auf eine höhere Stufe der geschichtlichen Entwicklung zu heben und durch die Überwindung der alten Strukturen eine Befreiung des Individuums zu erreichen.[50] Dabei ist für *Hegel* die Gründung eines Staates die Realisierung der Freiheit als absoluter Endzweck. Der Staat sei die göttliche Idee, wie sie auf Erden vorhanden ist.[51] *Hegels* Gemeinschaftsideal ist der freie Staat, der Staat, dessen Bürger in der Gesetzgebung ihren eigenen, vernünftigen Gemeinwillen statuieren.[52]

---

[48] *Fetscher*, Karl Marx und der Marxismus, S. 49.
[49] *Engels*, Ludwig Feuerbach, MEAW VI, S. 267.
[50] Siehe *Fetscher*, Karl Marx und der Marxismus, S. 49.
[51] *Hegel*, Vorlesungen über die Philosophie, in *Fetscher*, Der Marxismus, Band 1, S. 146.
[52] *Fetscher*, Karl Marx und der Marxismus, S. 57.

Marx hingegen hält nichts vom bürgerlichen Staate, der durch die herrschenden Eigentumsverhältnisse die Klasse der Besitzenden und die der Besitzlosen schaffe und somit eine Befreiung der Massen weder garantiere noch anstrebe. Er sieht vielmehr in der dem Proletariat zugedachten revolutionären Rolle die Chance der Befreiung der Massen und die Errichtung einer wahrhaft sozialen Gesellschaft unter Aufhebung der Eigentumsverhältnisse. Eine echte Identifizierung des lebendigen, sinnlichen, arbeitenden Menschen mit der Gesellschaft ist danach erst möglich, wenn in einer klassenlosen, homogenen Weltgesellschaft alle Herrschaft des Menschen über den Menschen, die stets auf ökonomischer Abhängigkeit beruht, abgeschafft ist.[53] Insoweit lassen sich doch wieder Parallelen zwischen dem Freiheitsbegriffs *Hegels* und dem von *Marx* ziehen, indem *Hegel* von einem „geistigen“ Staat und *Marx* von einer homogenen Weltgesellschaft ausgeht.

4. *Hegel* und *Marx* setzen voraus, dass der Mensch ein Wesen ist, das sich erst zu dem machen muss, was es ist, wobei die Arbeit als das sich bewährende Wesen des Menschen erscheint. Doch während *Hegel* davon die Vergeistigung des Menschen erwartet und in der geistigen Aneignung der Wirklichkeit durch das menschliche Bewusstsein bereits die Freiheit erblickt, verweist *Marx* auf die sich aufdrängende materielle Seite der Arbeit.[54] Erst wenn der Arbeiter sich das erarbeitete Produkt auch aneignen könne, werde er frei. Die Aufhebung der Eigentumsverhältnisse ziehe gleichzeitig die Auflösung der durch die Eigentumsverhältnisse entstandenen Abhängigkeit nach sich.

---

[53] *Fetscher*, Von Marx zur Sowjetideologie, S. 21.
[54] *Fetscher*, Karl Marx und der Marxismus, S. 55 ff.

bb) Feuerbachs Arbeiten

1841 erschien *Feuerbachs* Buch „Das Wesen des Christentums“, das nicht nur auf *Marx*, sondern auch auf andere Philosophen seiner Zeit große Wirkung zeigte. Nahm *Hegel* noch an, dass die Natur nur eine „Entäußerung“ der absoluten Idee sei, d.h. Denken und Gedankenprodukt sei die Idee, das Ursprüngliche, die Natur lediglich das Abgeleitete, das nur durch die Herablassung der Idee existiere, ging *Feuerbach* der Frage nach, wo der Ursprung der Welt liege.[55] Er vertrat die Ansicht, dass die Natur unabhängig von aller Philosophie existiere; sie vielmehr die Grundlage sei, auf der die Menschen, die selbst Naturprodukte seien, erwachsen. Außer der Natur und den Menschen existiere nichts, und die höheren Wesen, die die religiöse Phantasie erschufen, seien lediglich die phantastische Rückspiegelung des menschlichen Wesens.[56] Doch konnte sich *Feuerbach* vom Idealismus nicht vollends lösen, weil er die Gefühlsverhältnisse zwischen den Menschen immer noch als Religion ansah - als Religion ohne überirdischen Schöpfer.[57] *Marx* kritisierte daher die *Feuerbachsche* Auflösung des menschlichen Wesens in ein religiöses Wesen, da in Wirklichkeit das menschliche Wesen ein Ensemble gesellschaftlicher Verhältnisse sei.[58]

cc) Die Arbeiten von Marx

Marx erkannte in der bürgerlichen Ideologie die falsche Widerspiegelung einer falschen Wirklichkeit. Die Wirklichkeit sei deswegen in sich falsch, weil in ihr objektive, vom Wissen und Wollen der Menschen unabhängige materielle Prozesse das Schicksal der Menschen bewirken und daher die Verselbständigung und Isolierung des Ideellen zu einer von der geschichtlichen Totalität unabhängigen Substanz fehlerhaft sei. Die auf die von ihr anvisierte Realität bezogene

[55] *Engels*, Ludwig Feuerbach, MEAW VI, S. 273.
[56] Siehe *Engels*, Ludwig Feuerbach, MEAW VI, S. 273.
[57] *Engels*, Ludwig Feuerbach, MEAW VI, S. 287.
[58] *Engels*, Die Entwicklung des Sozialismus, MEAS II, S. 127.

Falschheit der bürgerlichen Ideologie beruhe darauf, dass sie von der falschen Welt behaupte, in ihr gehe es rechtens zu, diese Fehlerhaftigkeit verschleiere, in dem sie die Übermacht materieller Verhältnisse zu einem autonomen, ideellen Faktor mache und so die Menschen geistig mit ihr versöhne.[59] Die Menschen schaffen, wenn auch unbewusst, selbst diese entfremdete[60], falsche, verdinglichte Welt, weil sie im Denken und Handeln in den gesellschaftlichen, resp. den ökonomischen Verhältnissen verhaftet sind. Die Überwindung dieser doppelt falschen Welt könne sich nur durch ein selbstbewusst gewordenes Proletariat vollziehen.[61]

b) Die Dialektik

Zur materialistischen Grundauffassung kommt nun die Dialektik *Hegels* hinzu, die im Laufe der wissenschaftlichen Entwicklung verschiedentliche Ausgestaltungen erfuhr. Der Begriff der Dialektik vereint dabei mehrere Eigenschaften in sich[62], wobei grundsätzlich zwischen objektiver und subjektiver Dialektik unterschieden wird. Als allgemeine Gesetzmäßigkeit der Bewegung und Entwicklung der vom Bewusstsein unabhängigen objektiven Realität ist sie die objektive Dialektik, als Widerspiegelung der objektiven Realität im Bewusstsein und Denken des Menschen ist sie subjektive Dialektik.[63]

Als Theorie der objektiven Dialektik ist sie zunächst Entwicklungstheorie der objektiven Welt, d.h. die Wissenschaft von den allgemeinen Bewegungsgesetzen

[59] *Fetscher*, Karl Marx und der Marxismus, S. 128.
[60] Die Entfremdung tritt zunächst als Entfremdung des Arbeiters vom Produkt seiner Arbeit, dann von seiner Arbeit selbst ein, dadurch als Selbstentfremdung des Menschen in der Lohn-Arbeit und als Entfremdung des Verhältnisses zwischen den Menschen, die dann zum Ausdruck kommt, wenn die Menschen ihr eigenes Verhältnis zur Gattung nicht gegenständlich anschauen können, sondern einander nur als Mittel erscheinen, siehe *Fetscher*, Von Marx zur Sowjetideologie, S. 19.
[61] *Fetscher*, Karl Marx und der Marxismus, S. 128.
[62] *Bochenski/Niemeyer*, Handbuch des Weltkommunismus, S. 31.
[63] *Buhr/Korsing*, Wörterbuch, S. 36.

in der Natur und Gesellschaft. Als Abbild der Dialektik der äußeren Welt im menschlichen Denken ist sie Erkenntnistheorie. Als bewusste wissenschaftliche Anwendung der Grundsätze der Dialektik ist sie überdies Methode der theoretisch-empirischen Erforschung der Welt[64] - ein Verfahren, in dem man Umgebung und Zusammenhänge betrachtet, da alle Dinge und Erscheinungen in einem durchgehenden gegenseitigen Zusammenhang stehen.[65] *Engels* verwies in seinen Manuskripten zur Dialektik auf drei Grundzüge: das Gesetz des Umschlagens quantitativer Veränderungen in qualitative und umgekehrt; das Gesetz von der Durchdringung der Gegensätze, von den allen Erscheinungen und Prozessen innewohnenden Widersprüchen als Triebkraft der Bewegung und Entwicklung und das Gesetz der Negation der Negation, wonach die Entwicklung vom Niederen zum Höheren in Zyklen fortschreitet, wobei das höhere Stadium des Zyklus zu wesentlichen Merkmalen des Ausgangsstadiums zurückkehrt, aber auf erweiterter Stufe.[66] Diese drei Grundsätze werden zusätzlich von einer Reihe anderer dialektischer Gesetzmäßigkeiten ergänzt, so z.B. von den Gesetzen des Zusammenhangs von Wesen und Erscheinung, Inhalt und Form, Wirklichkeit und Möglichkeit etc.[67]

Lenin griff diese Gedanken auf und sah in der Dialektik eine Entwicklung, die die bereits durchlaufenen Stadien gleichsam noch einmal durchmache, aber anders, auf höherer Stufe (Negation der Negation), eine Entwicklung, die nicht geradlinig, sondern spiralförmig vor sich gehe, ausgelöst durch innere Entwicklungsantriebe, durch den Widerspruch, durch den Zusammenprall verschiedener Kräfte und Tendenzen, die auf einen gegebenen Körper einwirken oder in den Grenzen einer gegebenen Erscheinung oder innerhalb einer gegebenen Gesell-

---

[64] *Schleifstein*, Einführung in das Studium von Marx, Engels und Lenin, S. 52.
[65] *Bochenski/Niemeyer*, Handbuch des Weltkommunismus, S. 31.
[66] *Schleifstein*, Einführung in das Studium von Marx, Engels und Lenin, S. 53.
[67] *Buhr/Korsing*, Wörterbuch, S. 36.

schaft wirksam seien; die gegenseitige Abhängigkeit und engster, unzertrennlicher Zusammenhang aller Seiten jeder Erscheinung, der einen einheitlichen, gesetzmäßigen Weltprozess der Bewegung ergebe.[68] Die Dialektik könne kurz als die Lehre von der Einheit der Gegensätze bestimmt werden.[69] Über diese Kurzformel kam seinerzeit auch *Ulbricht* nicht hinweg, wenn er in der materialistischen Dialektik die gesellschaftliche Entwicklung in Widersprüchen sah, wobei die Widersprüche und der Kampf um ihre Überwindung die Quelle der Bewegung seien. Die Dialektik helfe dabei, diese widerspruchsvolle Entwicklung zu verstehen, die Widersprüche aufzudecken, zu lösen und dabei die richtige Politik festzulegen.[70] Nach *Stalin* war diese Weltanschauung darum dialektischer Art, weil ihr Herangehen an die Naturerscheinungen, d.h. die Methode der Erforschung der Naturerscheinungen sowie die Methode der Erkenntnis dieser Erscheinungen die dialektische, ihre Deutung der Naturerscheinungen, die Theorie, also materialistisch sei[71]. Damit erfolgte zum einen die faktische Trennung von Dialektik und Materialismus und zum anderen wurde die dialektische Methode mit der Theorie der dialektischen Entwicklung der objektiven Welt identifiziert.[72] Später ging man dazu über, die Einheit von Dialektik und Materialismus wiederherzustellen und sich an den alten Vorbildern *Marx* und *Engels* zu orientieren.

Als Theorie der subjektiven Dialektik war sie darüber hinaus vornehmlich Erkenntnistheorie, die die Zusammenhänge von Theorie und Praxis, absoluter und relativer Wahrheit, untersucht und die dialektischen Prinzipien der Einheit des Logischen und Historischen, des Abtrakten und Konkreten formuliert. Sie beruht

[68] *Lenin*, Zur Kritik der Hegelschen Wissenschaft, in: *Fetscher*, Der Marxismus, Band 1, S. 293f. *Lenin* entwickelte weitere 16 Elemente der Dialektik, auf die an dieser Stelle nicht eingegangen werden soll.

[69] *Lenin*, Zur Kritik der Hegelschen Wissenschaft, in: *Fetscher*, Der Marxismus, Band 1, S. 294.

[70] *Ulbricht*, Über die Dialektik unseres sozialistischen Aufbaus, S. 25 ff.

[71] *Stalin*, zit. nach *Mampel*, ROW 1957, 53.

[72] Siehe *Segeth*, Materialistische Dialektik als Methode, S. 20.

daher nicht nur auf der kritischen Verarbeitung des früheren philosophischen Denkens, sondern vor allem auf der Verallgemeinerung der Geschichte der Erkenntnis.[73]

Die marxistische Philosophie nimmt daher für sich zum einen in Anspruch, bewusster Ausdruck der Interessen und Bedürfnisse der modernen Arbeiterklasse zu sein, und zum anderen, nicht als bloße Philosophie zu existieren, sondern eine Einheit zwischen Theorie und Praxis herstellen zu können. Sie diene nicht nur der Erkenntnisgewinnung über die objektiven Gesetzmäßigkeiten, sondern sei zugleich Werkzeug zur Veränderung der Wirklichkeit.[74]

Der dialektische Materialismus geht zusammengefasst davon aus,

1. dass die uns umgebende Welt und der Mensch selbst ihrem Wesen nach materiell sind,
2. dass die Natur sowohl ihrer zeitlichen Entstehung nach wie auch kausal das Ursprüngliche (Materie) ist,
3. dass die Natur nur aus sich selbst heraus zu erklären ist und
4. dass das Bewusstsein das Produkt und die Eigenschaft einer besonderen, hochdosierten Form der Materie ist.[75]

3. Der historische Materialismus

Durch die Anwendung des dialektischen Materialismus auf die Geschichte kommt man zum historischen Materialismus, der als bestimmenden Faktor des gesellschaftlichen Lebens die Art und Weise ansieht, wie die Mittel für den Lebensunterhalt gewonnen werden.[76] Der historische Materialismus hatte die Auf-

---

[73] *Buhr/Korsing*, Wörterbuch, S. 36 und S. 51.
[74] *Schleifstein*, Einführung in das Studium von Marx, Engels und Lenin, S. 39.
[75] *Schleifstein*, Einführung in das Studium von Marx, Engels und Lenin, S. 43.
[76] *Mampel*, ROW 1957, 53 (54).

gabe, die allgemeinen Bewegungs- und Entwicklungsgesetze der Gesellschaft, die Funktionsweise und das Vergehen der Gesellschaftsformationen, die Haupttriebkräfte der geschichtlichen Entwicklung zu untersuchen.[77] In der Grabrede für *Marx*[78] betonte *Engels*, *Marx* sei es gewesen, der das Entwicklungsgesetz der Menschheit entdeckt habe: die bisher unter ideologischen Überwucherungen verdeckte einfache Tatsache, dass die Menschen vor allen Dingen zuerst essen, trinken, wohnen und sich kleiden müssen, ehe Politik, Wissenschaft, Kunst, Religion für sie wichtig werden; dass also die Produktion der unmittelbaren materiellen Lebensmittel und damit die jedesmalige ökonomische Entwicklungsstufe eines Volkes oder eines Zeitabschnitts die Grundlage bildet, aus der sich die Staatseinrichtungen, die Rechtsanschauungen, die Kunst und selbst die religiösen Vorstellungen der betreffenden Menschen entwickelt haben, und aus der sie daher auch erklärt werden müssen.

Die wichtigsten Erkenntnisse des historischen Materialismus lassen sich, soweit sie für diese Arbeit von Belang sind, wie folgt zusammenfassen:

1. *Das Gebilde eines „Staates“ gibt es nur in Gesellschaftsordnungen, in denen der Kampf der Klassen den Inhalt der gesellschaftlichen Entwicklung darstellt. Dieser als Klassenantagonismus bezeichnete Zustand ergibt sich aus der Stellung der Kapitalisten als Eigentümer an den Produktionsmitteln und den Eigentumslosen, die zum „Verkauf“ ihrer Arbeitskraft ausgebeutet werden. Nach Auflösung dieser unversöhnlichen Widersprüche wird der „Staat“ als Gebilde absterben.*

---

[77] *Weber/Lange*, Funktion des Marxismus-Leninismus in: *Enquete-Kommission* (Hrsg.), Materialien der Enquete-Kommission „Aufarbeitung von Geschichte und Folgen der SED-Diktatur in Deutschland“, Band III/3, S. 2040.

[78] *Engels*, Grabrede für Karl Marx, MEAS II, S. 152.

Während *Hegel* im freien „Staat" die Realisierung der Freiheit, die göttliche Idee[79] sah, verwarfen *Marx* und *Engels* den Gedanken an einen gerechten Staat. *Engels* analysierte in einem seiner bedeutendsten Werke[80] den Staat als Eingeständnis, dass die Gesellschaft sich in einem unlösbaren Widerspruch mit sich selbst verwickele, sich in unversöhnliche Gegensätze gespalten habe, die zu bannen sie ohnmächtig sei. Damit aber diese Gegensätze, Klassen mit widerstreitenden ökonomischen Interessen, nicht sich und die Gesellschaft in fruchtlosem Kampf verzehren, sei eine scheinbar über der Gesellschaft stehende Macht nötig geworden, die den Konflikt dämpfen und innerhalb der Schranken der „Ordnung" halten soll; und diese, aus der Gesellschaft hervorgegangene, aber sich über sie stellende, sich ihr mehr und mehr entfremdende Macht sei der Staat.[81]

Die Kernaussage des Marxismus ist daher, dass der Staat als Gebilde nur in einer von Klassengegensätzen beherrschten Gesellschaft vorkommen kann, weil nur diese Gesellschaftsform eine Organisation der ausbeutenden Klasse zur Aufrechterhaltung ihrer äußeren Produktionsbedingungen, also namentlich zur gewaltsamen Niederhaltung der ausgebeuteten Klasse in den durch die bestehende Produktionsweise gegebenen Bedingungen der Unterdrückung[82], nötig habe.[83] Die politische Herrschaft habe daher ihre Grundlage in der ökonomischen Herrschaft, im Eigentum und in der daraus hergeleiteten Verfügungsgewalt über die Produktionsmittel der Gesellschaft.[84] Endziel der gesellschaftlichen Entwicklung

---

[79] *Hegel*, Vorlesungen über die Philosophie, in: *Fetscher*, Der Marxismus, Band 1, S. 146f.
[80] *Engels*, Der Ursprung der Familie, des Privateigentums und des Staats, MEAW VI, S. 188.
[81] Dies kommentierte *Lenin* später als den „Grundgedanken des Marxismus über die historische Rolle und die Bedeutung des Staates", *Lenin*, Staat und Revolution, S. 8.
[82] *Engels*, Herrn Eugen Dührings Umwälzung, in: *Lenin*, Staat und Revolution, S. 19.
[83] Siehe auch *Radbruch*, Kulturlehre des Sozialismus, S. 58, der auf die Ausbeutung der Besitzlosen hinweist, wenn er feststellt, dass der Besitzende warten könne, bis sich die arbeitenden Hände zu den ihm genehmen Arbeitsbedingungen anbieten, während der Nichtbesitzende früher oder später genötigt sei, seine Arbeitskraft um den Preis zu verkaufen, der ihm der Besitzende biete.
[84] *Schleifstein*, Einführung in das Studium von Marx, Engels und Lenin, S. 89.

ist daher die Errichtung einer klassenlosen und gleichzeitig „rechtlosen“[85] Gesellschaft, da das Ziel der sozialistischen Revolution[86] in der Vernichtung des Rechts und in seiner Ersetzung durch die neue sozialistische Ordnung bestehe. Für den bürgerlichen Juristen sei das Wort „recht“ unverbrüchlich mit dem Begriff des Staates als Organ des Schutzes und als Zwangsapparat in den Händen der herrschenden Klasse verbunden. Daraus folge, dass mit Absterben des Staates[87] natürlich auch das Recht im bürgerlichen Sinne absterbe.[88] Durch die Abschaffung des Staates als Organ der Unterdrückung der Klassen sollen die Beziehungen der Menschen untereinander sowie die Sozial- und Gesellschaftsordnung nicht durch Zwang, sondern durch den bewussten freien Willen der Werktätigen geregelt werden.[89]

Dazu bedurfte es jedoch zuerst einer sozialen Revolution, deren Verlauf sich *Marx* und *Engels* wie folgt vorstellten:

„Indem die kapitalistische Produktionsweise mehr und mehr die große Mehrzahl der Bevölkerung in Proletarier verwandelt, schafft sie die Macht, die diese Umwälzung, bei Strafe des Unterganges, zu vollziehen genötigt ist.“[90] *„Wenn das*

[85] Unter „rechtloser“ Gesellschaft ist nicht die „anarchistische“ Gesellschaft gemeint, sondern eine Gesellschaft, die ohne geschriebenes Recht auskommt, weil die Mitglieder der Gesellschaft sich freiwillig an die Grundregeln der Gesellschaft halten.
[86] Unter „Revolutionen“ versteht man die fundamentale und abrupte Veränderung der Struktur eines Systems, siehe *Richter*, DeutschlandArchiv 2001, 931.
[87] Der Staat sterbe, so *Engels*, Herrn Eugen Dührings Umwälzung der Wissenschaft, MEAW V, S. 308, ab, weil er als verselbständigte Organisation angesichts der tatsächlichen Machtverhältnisse überflüssig geworden sei. An die Stelle der Rechtsmacht, die von einer Minderheit errichtet worden war, sollte nun die Macht der Mehrheit treten, siehe *Ramm*, Marxismus und Recht, S. 8. Nach Aufhebung aller Widersprüche entfällt somit die Notwendigkeit eines „Staates“.
[88] *Stutschka*, Proletarisches Recht, in: *Reich*, Marxistische und sozialistische Rechtstheorie, S. 79.
[89] *Marx* geht zum einen von der Arbeit als Lebensbedürfnis und Vergnügen aus, *Löw*, Warum fasziniert der Kommunismus?, S. 78 und zum anderen spricht er von durch die Arbeit verhärteten Gestalten, siehe *Marx/Engels*, zit. nach *Polak*, Zur Dialektik in der Staatslehre, S. 63; der Staat wandle sich von einem religiösen Staat zu einem politischen Staat, um in letzter Konsequenz „abzusterben“, siehe *Sultan*, Gesellschaft und Staat, S. 64.
[90] *Engels*, Die Entwicklung des Sozialismus, MEAS II, S. 134.

Proletariat im Kampfe gegen die Bourgeoisie sich notwendig zur Klasse vereint, durch eine Revolution sich zur herrschenden Klasse macht und als herrschende Klasse gewaltsam die alten Produktionsverhältnisse aufhebt, so hebt es mit diesen Produktionsverhältnissen die Existenzbedingungen des Klassengegensatzes, der Klassen überhaupt und damit seine eigene Herrschaft als Klasse auf."[91]

In einem Brief an *Weydemeyer*[92] stellte *Marx* fest, dass er weder die Existenz der Klassen in der modernen Gesellschaft noch ihren Kampf unter sich entdeckt habe, sondern lediglich nachwies, dass die Existenz von Klassen bloß an bestimmte historische Entwicklungsphasen der Produktion gebunden sei und der Klassenkampf notwendig zur Diktatur des Proletariats führen müsse und dass diese Diktatur selbst nur den Übergang zur Aufhebung aller Klassen und zu einer klassenlosen Gesellschaft bilde.[93]

Daran anschließend gingen *Marx* und *Engels* der Frage nach, was nach Beseitigung der unversöhnlichen Widersprüche geschehen werde. Dazu stellte *Engels* fest: „*Das Proletariat ergreift die Staatsgewalt und verwandelt die Produktionsmittel zunächst in Staatseigentum. Aber damit hebt es sich selbst als Proleta-*

[91] *Marx/Engels*, Manifest der Kommunistischen Partei, MEAS I, S. 36.

[92] *Marx/Engels*, Brief an *Weydemeyer* vom 05.03.1852, MEAS II, S. 423.

[93] *Bochenski/Niemeyer*, Handbuch des Weltkommunismus, S. 82, kommen zu dem Ergebnis, dass die kommunistische Lehre sie glauben machen wolle, dass eine Periode der gewaltsamen und gesetzlosen Herrschaft automatisch Freiheit für alle Menschen hervorbringen werde. Ganz vereinfacht gesehen, stimmt diese Aussage. Der Kommunismus sollte erst das Endstadium der menschlichen Entwicklung sein, bis zu dessen Erreichen viele verschiedene Entwicklungsschritte nötig werden, so z.B. das gewaltsame Ergreifen der Macht durch das Proletariat und die Unterdrückung der ehemaligen Ausbeuterklassen. Erst wenn es gelinge, die „Ausbeuter" in den Entwicklungsprozess mit einzubeziehen und sie in die Klasse des Proletariats zu integrieren, käme es zu einer klassenlosen Gesellschaft, in der jeder die persönliche Freiheit genieße. Der Kommunismus ist die utopische Sicht auf eine Gesellschaft, in der alles Übel und Böse abgeschafft ist und die Mitglieder der Gemeinschaft aufgrund verinnerlichter Regeln friedlich miteinander leben.

riat, damit hebt es alle Klassenunterschiede und Klassengegensätze auf, und damit auch den Staat als Staat.“[94]

An anderer Stelle kam *Engels* darauf zurück und sah in der Ergreifung der Produktionsmittel den ersten Akt nach der proletarischen Revolution und zugleich auch den letzten Akt als Staat, da das Ergreifen der Staatsgewalt in der darauf folgenden Gesellschaft überflüssig werde und daher von selbst einschlafe.[95] Bevor aber dieser Schritt gemacht werden könne, sei eine gewaltsame Revolution unumgänglich, da die Gewalt nach *Marx* „die Geburtshelferin jeder alten Gesellschaft“[96] sei.

2. *Treibende Kraft für jede Weiterentwicklung des Menschen ist der aus dem Antagonismus folgende Klassenkampf.*

Mit der ersten These eng verbunden ist die Rolle des Klassenkampfes. Klassenkämpfe erwachsen aus der objektiven ökonomischen und politischen Stellung jeder Klasse in der Gesellschaft und seien daher nichts anderes als ein Kampf der Widersprüche, und zwar eine Auseinandersetzung gegensätzlicher, aus der unterschiedlichen ökonomischen und politischen Stellung der verschiedenen Klassen und Schichten der Gesellschaft resultierender Interessen dieser Klassen und Schichten.[97] Das Handeln eines Menschen sei dann ein Produkt und Ausdruck des Klassenkampfes, wenn es die Interessen einer bestimmten Klasse oder Schicht gegen das Interesse einer anderen Klasse oder Schicht objektiv zur Geltung bringe.[98] Dabei sei das Klasseninteresse eine objektive Kategorie. Es sei

---

[94] *Engels*, Herrn Eugen Dührings Umwälzung, in: *Lenin*, Staat und Revolution, S. 18.
[95] *Engels*, Herrn Eugen Dührings Umwälzung, in: *Lenin*, Staat und Revolution, S. 19.
[96] *Marx*, zit. nach *Lenin*, Staat und Revolution, S. 23.
[97] *Lekschas*, Klassenkampf und Strafrecht, S. 9.
[98] *Lekschas*, Klassenkampf und Strafrecht, S. 11.

nichts anderes als das sich aus der objektiven Lage der Klasse oder Schicht ergebende ökonomische und politische Durchschnittsinteresse der Klasse oder Schicht, nichts anderes als der allgemeine ideologische Ausdruck der durch die unter den gegebenen Bedingungen wirkenden objektiven Gesetzmäßigkeiten erzeugten ökonomischen und politischen Bedürfnisse der Klasse.[99] Daraus folgt wiederum, dass das Klassenkampfbewusstsein nicht notwendiger Bestandteil für das Vorliegen des Klassenkampfes ist.

3. Die menschliche Geschichte endet in der Vollkommenheit, nach der der Mensch innerlich strebt, deren Ausdruck der Kommunismus ist. Sie muss als einheitlicher, gesetzmäßiger Prozess betrachtet werden.

Dieser These liegt der Gedanke zugrunde, dass die Geschichte ein an objektiven Gesetzmäßigkeiten orientierter Prozess ist, dessen Ergebnis die Errichtung einer klassenlosen Gesellschaft sein muss.[100] So hob *Kerimow*[101] „die These über die Unabwendbarkeit, Notwendigkeit und unbedingte Gesetzmäßigkeit der Diktatur des Proletariats als Ausweg aus dem Kapitalismus“ als „eine der wichtigsten Wahrheiten des Marxismus-Leninismus“ hervor. Dabei vollzieht sich der Übergang nach marxistisch-leninistischer Auffassung schrittweise, zunächst vom Kapitalismus zum Sozialismus und daraus zum Kommunismus. Die Entwicklung der Gesellschaft zum Kommunismus ist damit ein nicht zu verhindernder oder umkehrbarer Prozess, wobei die Mehrheit der Menschen nach der Überwindung

---

[99] *Lekschas*, Klassenkampf und Strafrecht, S. 13.

[100] Auch in heutiger Zeit gibt es noch Anhänger marxistischer Ideen. *Holz*, Überlegungen zum Begriff der politischen Lage, in: *Kumpf/Kapluck* (Hrsg.), Politische Theorien des Marxismus, S. 13, beispielsweise meint, der Sozialismus sei, wie immer er auch aussehen mag, nach methodologisch und logisch strengen Prinzipien die einzige bestimmte Alternative und bestimmte Negation zur kapitalistischen Gesellschaft. Der Übergang vom Kapitalismus zum Sozialismus sei der einzige, der sich als die bestimmte Negation im Unterschied zu der anderen möglichen Negation, nämlich der Allnegation der Katastrophe der Gattung Menschheit, erweisen lasse; ähnlich *Klenner*, NJ 1991, 442.

[101] *Kerimow*, NJ 1960, 257.

kapitalistischer Herrschaftsstrukturen aktiv an der Errichtung einer kommunistischen Gesellschaftsordnung mitarbeiten wird. In der Übergangsperiode vom Kapitalismus zum Sozialismus werde mit einem erbitterten und verschärften Klassenkampf der gestürzten Ausbeuterklasse gegen die Diktatur des Proletariats zu rechnen sein, da diese ihre ganze Kraft auf die Restauration ihrer Macht richte.[102] Diese Restaurationsversuche gelte es mit aller Macht zu verhindern, da sie sich unmittelbar gegen die sozialistische Staats- und Gesellschaftsordnung, die sich in Übereinstimmung mit den gesellschaftlichen Gesetzmäßigkeiten entwickle und auf der Diktatur der Arbeiterklasse beruhe, richteten.[103] Nur die Diktatur des Proletariats als wahre proletarische Demokratie sei in der Lage, die ausgebeutete Klasse von ihrer Verdinglichung und Entfremdung zu befreien und ihnen den Zugang zur Verwaltung des Staates zu garantieren und ihnen somit die Möglichkeit einzuräumen, von den Gütern der Kultur, der Zivilisation und der Demokratie praktisch Gebrauch zu machen. Die bürgerliche Demokratie hingegen lege ihr Schwergewicht auf die feierliche und pompöse Proklamierung von allerlei Freiheiten und Rechten, gestatte aber gleichzeitig dem größten Teil der Bevölkerung nicht, diese Rechte auch nur einigermaßen hinlänglich zu nutzen.[104]

Zur Bestätigung dieser These wurde auf die stete Veränderung des Kräfteverhältnisses in der Welt Anfang der 50er Jahre des 20. Jahrhunderts zugunsten des Sozialismus und der anderen antiimperialistischen Kräfte hingewiesen, was die Richtigkeit der Auffassung vom unbedingten Sieg des Fortschritts, resp. des Sozialismus demonstriere. Daher werde der Sieg des Sozialismus in ganz Deutschland gesetzmäßig erkämpft werden, weil die kapitalistischen Widersprü-

---

[102] *Stiller*, Die Staatsverbrechen, S. 9. *Lenin* beschrieb die Schärfe des zu erwartenden Klassenkampfes als einen mit verzehnfachter Energie, mit rasender Leidenschaft, mit hundertfachem Hass geführten Kampf der gestürzten Ausbeuter für die Wiedererlangung des ihnen weggenommenen „Paradieses", aaO., S. 9.
[103] *Stiller*, Die Staatsverbrechen, S. 11.
[104] *Schleifstein*, Einführung in das Studium von Marx, Engels und Lenin, S. 90.

che und deren ständige Verschärfung den Übergang zum Sozialismus immer dringender notwendig machen und weil die DDR bereits die festen Grundlagen des Sozialismus errichtet habe und es weder innerhalb noch außerhalb Deutschlands eine Kraft gebe, die diese Grundlagen beseitigen könne.[105] Die Lehren aus dem steten Kampf gegen den reaktionären Kampf bestätigen aber zugleich, dass alle Anschläge der Gegner zum Scheitern verurteilt und die sozialistische Gesellschaft und der sozialistische Staat unüberwindlich seien.[106] Der Sozialismus als erste Phase der kommunistischen Gesellschaft gehe allmählich zum Kommunismus über. Der Kommunismus ist dann die angestrebte klassenlose Gesellschaftsordnung, in der die Produktionsmittel einheitliches Volkseigentum und alle Mitglieder der Gesellschaft sozial gleichgestellt sein sollen. Diese objektive Gesetzmäßigkeit werde nicht aufzuhalten sein, weil sie notwendige Folge der sozialen und gesellschaftlichen Entwicklung der Menschen sei.[107]

4. *Die soziale Kraft, die die Fähigkeit besitzt, an der Spitze der ausgebeuteten und unterdrückten Klassen die Herrschaft des Kapitalismus aufzuheben und die Herrschaft des Sozialismus zu errichten, ist das moderne Industrieproletariat*[108].

Marx ging in seinem Manifest von 1848 davon aus, dass von allen Klassen, die der Bourgeoisie gegenüberstehen, nur das Proletariat eine wirklich revolutionäre Klasse sei.[109] Die Bourgeoisie selbst habe zwar nach *Marx* „*in der Geschichte eine höchst revolutionäre Rolle gespielt*“[110], werde jedoch untergehen müssen,

---

[105] Siehe *Ulbricht*, Über die Dialektik unseres sozialistischen Aufbaus, S. 33.
[106] *Stiller*, Die Staatsverbrechen, S. 42.
[107] Siehe *Fromm* (Hrsg.), Einführung in den dialektischen und historischen Materialismus, S. 16.
[108] Das Proletariat ist nach *Engels* die Klasse der modernen Lohnarbeiter, die, da sie keine eigenen Produktionsmittel besitzt, darauf angewiesen sei, ihre Arbeitskraft zu verkaufen, um leben zu können, siehe *Marx/Engels*, MEAS I, S. 26.
[109] *Marx/Engels*, Manifest der Kommunistischen Partei, in: MEAS I, S. 35.
[110] *Marx/Engels*, Manifest der Kommunistischen Partei, in: MEAS I, S. 28.

weil das Proletariat die Bedingungen für die Existenz und für die Herrschaft der Bourgeoisie nach dem gesetzmäßigen Prozess der Geschichte zerstöre.

Marx beschrieb die wesentliche Bedingung für die Existenz der Bourgeoisie als *„die Anhäufung des Reichtums in den Händen von Privaten, die Bildung und Vermehrung des Kapitals“*,[111] dessen Bedingung wiederum die Lohnarbeit sei. Somit stehen sich Kapital und Lohnarbeit gegenüber, wobei der Durchschnittspreis der Lohnarbeit die Summe aller Lebensmittel darstellen soll, um den Arbeiter als Arbeiter am Leben erhalten zu können. Daraus folgerte *Marx*, dass trotz des industriellen Fortschritts, der zur damaligen Zeit tatsächlich zu verzeichnen war, der Arbeiter immer tiefer unter die Bedingungen seiner eigenen Klasse sinken müsse. Außerdem schloss *Marx* weiter, dass die Bourgeoisie unfähig sei, noch länger die herrschende Klasse der Gesellschaft zu bleiben. Sie sei unfähig zu herrschen, weil sie unfähig sei, ihrem Sklaven die Existenz selbst innerhalb seiner Sklaverei zu sichern.[112]

Die entscheidende Rolle des Proletariats bei der Überwindung der bürgerlichen Gesellschaft sah *Marx* in dem durch die Industrialisierung hervorgerufenen Anstieg der ausgebeuteten, werktätigen Menschen, die mit einem ungeheuren Potential gegen die Besitzenden aufwarten könnten. Zu diesem sozialökonomischen Motiv geselle sich darüber hinaus ein psychologisches. Durch die verstärkte Ausbeutung der Massen käme es zu einem kollektiven Leiden, welches die Solidarität innerhalb der Klasse nicht nur verstärke, sondern auch zu einer kollektiven revolutionären Aktion führen werde.[113] Revolutionen werden daher als Bestandteil des gesetzmäßigen Übergangs in eine höher entwickelte Gesellschafts-

---

[111] *Marx/Engels*, Manifest der Kommunistischen Partei, in: MEAS I, S. 37.
[112] *Marx/Engels*, Manifest der Kommunistischen Partei, in: MEAS I, S. 37.
[113] *Fetscher*, Karl Marx und der Marxismus, S. 131.

form gesehen, wobei die sozialistische Revolution die höchste und gleichzeitig letzte Form der sozialen Revolution sei.[114] Eine kommunistische Revolution konnte es nicht mehr geben, da der Übergang vom Sozialismus zum Kommunismus fließend sein sollte.

5. *Die wohl bedeutendste Aussage des Marxismus ist die sog. Überbautheorie, die besagt, dass Staat und Recht nicht als selbständig angesehen werden können, sondern als determiniert in bestimmten gesellschaftlichen Verhältnissen. Diese Verhältnisse werden bedingt durch den Konflikt von Produktionseigentumsverhältnissen und -weisen als reale Basis einer Gesellschaft.*[115] *Das geistige Leben der Gesellschaft wird daher durch ihr materielles Leben, d.h. durch die Produktionsweisen der materiellen Güter, die politische Entwicklung durch die ökonomische bestimmt.*[116]

Marx formulierte dies so:

„In der gesellschaftlichen Produktion ihres Lebens gehen die Menschen bestimmte, notwendige, von ihrem Willen unabhängige Verhältnisse ein, Produktionsverhältnisse, die einer bestimmten Entwicklungsstufe ihrer materiellen Produktivkräfte entsprechen. Die Gesamtheit dieser Produktionsverhältnisse bildet die ökonomische Struktur der Gesellschaft, die reale Basis, worauf sich ein juristischer und politischer Überbau erhebt, und welcher bestimmte gesellschaftliche Bewußtseinsformen entsprechen. Die Produktionsweise des materiellen Lebens bedingt den sozialen, politischen und geistigen Lebensprozeß überhaupt."[117]

---

[114] *Henkel*, Im Dienste der Staatspartei, S. 39.
[115] *Marx*, Vorwort zur „Kritik der politischen Ökonomie", in: MEAS I, S. 336.
[116] Vorwort zu Ausgewählten Werken von *Marx* und *Engels*, MEAS I, S. 8.
[117] *Marx*, Vorwort zur „Kritik der politischen Ökonomie", in: MEAS I, S. 335f.

Daraus folgte für *Marx*, *„daß Rechtsverhältnisse wie Staatsformen weder aus sich selbst zu begreifen sind noch aus der sogenannten allgemeinen Entwicklung des menschlichen Geistes, sondern vielmehr in den materiellen Lebensverhältnissen wurzeln...“*[118]. *Es ist nicht das Bewußtsein des Menschen, das ihr „Sein“, sondern umgekehrt ihr gesellschaftliches Sein, das ihr Bewußtsein bestimmt.“*[119]

Der Überbau, der sich über die Basis erhebt, beinhaltet dabei verschiedene Formen juristischer und politischer Ideologie. Dabei seien die Gedanken der herrschende Klasse in jeder Epoche die herrschenden Gedanken; d.h. die Klasse, die über die materiellen Verhältnisse bestimme, sei zugleich auch die herrschenden Klasse über die geistige Macht, woraus folge, dass die herrschenden Gedanken nichts weiter seien als der ideelle Ausdruck der herrschenden materiellen Verhältnisse.[120] Auf den verschiedenartigen Formen des Eigentums erhebe sich nun ein ganzer Überbau verschiedener Empfindungen, Illusionen, Denkweisen und Lebensanschauungen. Die Klasse selbst schaffe sie aus den ihr gegebenen materiellen Grundlagen heraus.[121] Der Überbau wird in seinem Inhalt durch die Basis bestimmt, hat in seiner Entwicklung allerdings eine relative Selbständigkeit. Der institutionelle und ideelle Inhalt des Überbaus ist nicht ausschließlich eine Widerspiegelung der jeweiligen Basis, aber sein gesamter Inhalt ist durch die Basis geformt, auch wenn er Bereiche widerspiegelt, die über die ökonomischen Verhältnisse hinausgehen. Die Basis wiederum wird durch den Entwicklungsstand der Produktivkräfte bestimmt, hat aber ihrerseits eine aktive Rückwirkung auf die Produktivkräfte, indem sie ihre Entfaltung fördert oder hemmt. Werden die Produktionsverhältnisse zum Hemmnis für den weiteren Fortschritt, dann muss die Basis der alten Gesellschaft vernichtet und die Basis einer neuen, fortschritt-

---

[118] *Marx*, Vorwort zur „Kritik der politischen Ökonomie“, in: MEAS I, S. 336.
[119] *Marx*, Vorwort zur „Kritik der politischen Ökonomie“, in: MEAS I, S. 337.
[120] *Marx/Engels*, Deutsche Ideologie, in: *Fetscher*, Der Marxismus, Band 1, S. 158f.
[121] *Marx*, Der 18. Brumaire des Louis Bonaparte, in: *Fetscher*, Der Marxismus, Band 1, S. 159.

licheren Gesellschaft errichtet werden. Diese Ablösung erfolgt durch einen revolutionären Klassenkampf, der gleichzeitig den gesamten Überbau umwälzt und Ausgangspunkt für neue Wechselbeziehungen ist. Den Schwerpunkt bei der Umwälzung bildet dabei der Sturz der herrschenden Klasse und die Errichtung einer neuen politischen Macht durch die vormals Unterdrückten. In antagonistischen Klassengesellschaften, wie die des Kapitalismus, ist sowohl die Basis als auch der Überbau durch große Widersprüche charakterisiert, da die herrschende Klasse allein an der Sicherung der Macht (und dabei vor allem der Sicherung der ökonomischen Bedingungen) interessiert ist und die aufstrebende unterdrückte Klasse mehr Mitspracherechte und politischen Einfluss fordert. Die verschiedenen Momente des Überbaus, insbesondere die Anschauungen der Klassen, unterscheiden sich und arbeiten diametral zueinander. Damit ist der Zündstoff zum einen für eine geschichtliche Entwicklung und zum anderen für den revolutionären Klassenkampf gegeben.

In der sozialistischen Gesellschaft kommt dem Überbau eine etwas andere Rolle zu. Die Elemente des sozialistischen Überbaus, besonders die Partei, der sozialistische Staat und die sozialistische Ideologie, haben einzig die Aufgabe, den Aufbau des Sozialismus zu fördern, die Basis zu stärken und die Gegner zu vernichten. Es besteht auch hier eine Wechselwirkung zwischen Überbau und Basis, in der letzten Endes die Basis das Bestimmende ist. Der Fortschritt in der Entwicklung der ökonomischen Basis hänge von der richtigen, wissenschaftlich begründeten Politik des Überbaus ab, die jedoch ihren Inhalten nach stets durch den erreichten Entwicklungsstand der ökonomischen Basis bestimmt werde.[122] So sei auch das „Recht" nach kommunistischer Auffassung dem ideologischen Überbau zuzuordnen, da es weder aus sich selbst zu begreifen sei noch aus der allgemei-

[122] Siehe *Buhr/Korsing*, Wörterbuch, S. 24.

nen Entwicklung des Geistes resultiere, sondern allein in den herrschenden materiellen Lebensverhältnissen wurzele.[123] Aber dadurch, dass das Recht als Merkmal des Überbaus durch seinen schöpferischen gestaltenden Charakter auch auf die Basis einwirke und damit die ökonomische Entwicklung beeinflusse, entstehe zwischen Basis und Überbau eine Wechselwirkung, die dazu führe, dass sich eine fortschrittliche Entwicklung in der Übergangsphase zum angestrebten Kommunismus vollziehe.

Diese Aussage führt zu folgender Übersicht:

Überbau

Juristischer und politischer Überbau
= ideologischer Überbau

Gesellschaftliche Bewusstseinsformen

Wechselwirkung ↕

Produktionsverhältnisse
Ökonomische Verhältnisse

Basis

Entsprechen einer bestimmten Entwicklungsstufe ihrer materiellen Produktivkräfte

Diese Übersicht verdeutlicht, dass das Spezifische an der kommunistischen Auffassung von der revolutionären und geschichtlichen Entwicklung der ökonomische Monismus ist. Der Marxismus fasst die Gesellschaft als einen Komplex von

---

[123] Siehe *Schweichel*, SBZ-Archiv 1959, 2.

Beziehungen auf, die aus der Wirtschaftstätigkeit der Menschen entspringen.[124] Nur die jeweilige ökonomische Struktur bilde die Grundlage, aus der sich der gesamte Überbau erhebe. Deshalb seien auch die Ursachen aller gesellschaftlichen Verhältnisse nicht etwa in den Köpfen der Menschen zu suchen, sondern in den Veränderungen der Produktions- und Austauschweise, in der Ökonomie der Epoche.[125] Die „Basis“ ist daher abhängig von einer gewissen Entwicklungsstufe der materiellen Produktivkräfte. Da jede nachfolgende Generation von der vorhergehenden Generation erworbene Produktivkräfte vorfinde, die ihr als Rohmaterial für neue Produktionen dienen, entstehe - so *Marx* - ein Zusammenhang in der Geschichte der Menschen, entstehe die Geschichte der Menschheit, die um so mehr Geschichte der Menschheit sei, je mehr die Produktivkräfte der Menschen und infolgedessen ihre sozialen Beziehungen gewachsen seien. Daraus ergebe sich die Schlussfolgerung, dass die gesellschaftliche Geschichte der Menschen stets nur die Geschichte ihrer individuellen Entwicklung sei, unabhängig davon, ob die Menschen sich dessen bewusst seien oder nicht, denn nur ihre materiellen Verhältnisse seien die Basis aller ihrer Verhältnisse. Die wiederum nichts anderes seien als die notwendigen Formen, in denen sich ihre materielle und individuelle Tätigkeit realisiere.[126]

Wichtige Faktoren, die auf die „Basis“ weiterhin einwirken, sind neben den Produktionsverhältnissen die ökonomischen Verhältnisse im Allgemeinen, worunter *Engels* sowohl die Art und Weise der Produktion des Lebensunterhaltes, den Austausch von Gütern (Transport, Verteilung der Produkte) als auch die tatsächlich überlieferten Reste früherer ökonomischer Entwicklungsstufen verstand.[127] Damit wird deutlich, dass eine Veränderung innerhalb der Produktiv-

---

[124] *Rappoport*, Die marxistische Rechtsauffassung, S. 16.
[125] *Engels*, Die Entwicklung des Sozialismus, MEAS II, S. 135.
[126] *Marx*, Brief an *Annenkow* 1845, in: *Fetscher*, Der Marxismus, S. 121.
[127] *Engels*, Brief an *Starkenburg* vom 25.01.1894, in: MEAS II, S. 472.

kräfte auf die Basis einwirken muss, was wiederum eine Änderung im Überbau nach sich zog. *Marx* schrieb: *„Auf einer gewissen Stufe ihrer Entwicklung geraten die materiellen Produktivkräfte der Gesellschaft in Widerspruch mit den vorhandenen ... Eigentumsverhältnissen, innerhalb deren sie sich bisher bewegt hatten. ... Es tritt dann eine Epoche sozialer Revolution ein. Mit der Veränderung der ökonomischen Grundlage wälzt sich der ganze ungeheure Überbau langsamer oder rascher um.*[128]

Kautsky wies darauf hin, dass das Wort vom ideologischen Überbau nicht buchstäblich zu nehmen sei, sondern dass zu den materiellen Dingen die geistige Arbeit gehöre, die jene materiellen Reichtümer in der Natur und die Art ihrer Nutzbarmachung entdecke. Die Gesamtheit der Produktionsverhältnisse sei daher keineswegs bloß materieller Art, sondern sehr stark von geistigen Faktoren, Bedürfnissen und Kenntnissen der Menschen bestimmt.[129]

Die verschiedenen Momente des Überbaus sind dabei keineswegs starr an die entsprechenden Produktionsverhältnisse gebunden, sondern unterliegen vielmehr einer ständigen Bewegung, was zu einer Wechselwirkung zwischen den verschiedenen Momenten des Überbaus und der realen Basis führt.[130] So äußerte sich beispielsweise *Engels* in einem Brief an *Bloch:*[131] *„Die ökonomische Lage*

[128] *Marx*, Vorwort zur „Kritik der politischen Ökonomie“, in: MEAS I, S. 337.
[129] *Kautsky*, Materialistische Geschichtsauffassung, in: *Fetscher*, Der Marxismus, Band 1, S. 161.
[130] Ähnliche Ausführungen machte *Orlowski*, NJ 1954, 613 in Bezug auf das sowjetische Recht: „Als Teil des Überbaus spiegeln die sowjetischen juristischen Gesetze die Einwirkung der objektiven ökonomischen Gesetze wider, die die Entwicklung der sozialistischen Basis bestimmen und dadurch auch die Entwicklung des sozialistischen Überbaus; die juristischen Gesetze fördern aktiv die Ausnutzung dieser objektiven Gesetze im Interesse der Gesellschaft. ... Das Sowjetrecht weist alle Merkmale des Überbaus der sozialistischen Basis auf und erfüllt so seine dienende Aufgabe der Basis gegenüber auf eine besondere, spezifische Art - indem es das Verhalten der Menschen in ihren wechselseitigen Verhältnissen rechtlich regelt und eine feste Herrschaft der sozialistischen Gesetzlichkeit in der sozialistischen Gesellschaft einführt.“
[131] *Engels*, Brief an *Joseph Bloch* vom 21.09.1890, MEAW VI, S. 555.

ist die Basis, aber die verschiedenen Momente des Überbaus ... politische, juristische, philosophische Theorien, religiöse Anschauungen und deren Weiterentwicklung zu Dogmensystemen, üben auch ihre Einwirkung auf den Verlauf der geschichtlichen Kämpfe aus und bestimmen in vielen Fällen vorwiegend deren Form. Es ist eine Wechselwirkung aller dieser Momente, worin schließlich durch alle die unendliche Menge von Zufälligkeiten ... als Notwendiges die ökonomische Bewegung sich durchsetzt."

Die Erkenntnisse der Überbautheorie müssen nach *Engels* auch für alle früheren Zeiten gelten, denn er schrieb:

„*Wenn aber schon in unsrer modernen Zeit mit ihren riesigen Produktions- und Verkehrsmitteln der Staat nicht ein selbständiges Gebiet mit selbständiger Entwicklung ist, sondern sein Bestand wie seine Entwicklung in letzter Instanz zu erklären ist aus den ökonomischen Lebensbedingungen der Gesellschaft, so muß dies noch viel mehr gelten für alle früheren Zeiten, wo die Produktion des materiellen Lebens der Menschen noch nicht mit diesen reichen Hülfsmitteln betrieben wurde, wo also die Notwendigkeit dieser Produktion eine noch größere Herrschaft über die Menschen ausüben mußte. Ist der Staat noch heute ... im ganzen und großen nur der Reflex, in zusammenfassender Form, der ökonomischen Bedürfnisse der die Produktion beherrschenden Klasse, so mußte er dies noch viel mehr sein zu einer Epoche, wo eine Menschengeneration einen weit größeren Teil ihrer Gesamtlebenszeit auf die Befriedigung ihrer materiellen Bedürfnisse verwenden mußte, also weit abhängiger von ihnen war, als wir heute...*" [132]

---

[132] *Engels*, Ludwig Feuerbach, in: MEAW VI, S. 306f.

4. Die materialistische Rechtskritik

Die wissenschaftliche Begründung sozialistischer Ideen war stets an die umfassende Auseinandersetzung mit der bürgerlichen Gesellschaft gebunden, insbesondere mit den ökonomischen Verhältnissen, die dazu führten, dass der Interessenkonflikt zwischen Arbeitern und Kapitalisten unüberbrückbar war.[133] So setzte sich *Menger* mit dem ersten Entwurf des Bürgerlichen Gesetzbuches auseinander und wies darauf hin, dass das bürgerliche Recht mit seinen Grundprinzipien, wie Privateigentum, Vertragsfreiheit, Verschuldenshaftung und Testierfreiheit in Wirklichkeit das Klassenrecht des Besitzbürgertums darstelle.[134] *Engels* warf der bürgerlichen Rechtslehre immer wieder vor, sie verkenne den Klassencharakter des Rechts und den sich daraus bildenden Klassenkampf der verschiedenen Klassen. Das Absterben des „bürgerlichen Rechts" und damit der Tod des Rechts als Ideologie, der Übergang in der kommunistischen Gesellschaft zum bewusst regulierten und erkannten, mit den materiellen Bedingungen der Produktion verbundenen System gesellschaftlichen Verhaltens, die Berücksichtigung dieses stufenweisen Absterbens und Überganges in gleichzeitiger Verbindung mit der möglichen Benutzung absterbender Kategorien des bürgerlichen Rechts durch die proletarische Diktatur - dies alles war für *Razumovskij*[135] höchstes Ziel der marxistischen Kritik bürgerlicher Rechtstheorien.

In der rechtswissenschaftlichen Entwicklung der DDR stand immer wieder die bürgerliche Rechtstheorie im Mittelpunkt der Auseinandersetzung, auch um die eigene Identität zu finden und zu festigen. *Klenner* warf den bürgerlichen Rechtswissenschaftlern vor, sie würden versuchen, das Verhältnis von Recht und Staat, die Rolle des Staates im Rechtsbildungs- und im Rechtsverwirklichungs-

---

[133] Siehe dazu *Löbbe*, Sozialistische Rechtsanwendung, S. 4f.
[134] *Reich/Reichel*, Einführung in das sozialistische Recht, S. 6.
[135] *Razumovskij*, zit. nach: *Reich*, Marxistische und sozialistische Rechtstheorie, S. 106.

prozess nur zum Nutzen der „Geldsäcke" zu verschleiern[136], sie würden den Klassencharakter des Rechts verkennen bzw. ihn bewusst verleugnen, um die proletarische Mehrheit vom Widerstand abzuhalten. Zudem diene die Strafjustiz in der Ausbeutergesellschaft lediglich als einschüchternde Kraft, denn als erzieherische Maßnahme zum Vorteil des Täters.[137] Die Bourgeoisie huldige immer noch dem Mythos von der Heiligkeit des Privateigentums und behaupte, der Sozialismus sei ein historischer Zufall, eine Laune der Geschichte gewesen, ohne zu erkennen, dass die Entwicklung zum Sozialismus die einzige objektive Möglichkeit der geschichtlichen Entwicklung sei.[138] Noch 1987 sah *Weichelt* den Schwerpunkt der staats- und rechtswissenschaftlichen Arbeit in der Analyse und Kritik der imperialistischen Staats- und Rechtsentwicklung und ihrer Theorien: Im Mittelpunkt dieser Arbeit stehe die Analyse der Ursachen und Erscheinungsformen der gegenwärtigen Offensive des Monopolkapitals zum Abbau der sozialen und demokratischen Rechte der Werktätigen sowie der gegenwärtigen Formen und Methoden staatsmonopolistischer Herrschaftsausübung.[139]

5. Die marxistisch-leninistische Staatstheorie in der DDR

Das, was *Marx* und *Engels* als gesellschaftskritische Auseinandersetzung niederschrieben und vielleicht als Anleitung für die Arbeit des Proletariats dachten, wurde zunächst in der UdSSR und später in der DDR als Staats- und Rechtstheorie begriffen. Ihr Gegenstand seien die allgemeinen Gesetze des Entstehens, der Entwicklung, des Wesens, der Struktur und des gesellschaftlichen Wirkens von Staat und Recht.[140] Diese allgemeinen Gesetze beinhalteten objektive Gesetzmäßigkeiten, da sie unabhängig vom Bewusstsein des Menschen bestünden.[141] So

---

[136] *Klenner*, Der Marxismus-Leninismus über das Wesen des Rechts, S. 65.
[137] *Klenner*, Der Marxismus-Leninismus über das Wesen des Rechts, S. 52 ff.
[138] Grundkurs des wissenschaftlichen Kommunismus, S. 486.
[139] *Weichelt*, Zur Profilierung, in: *Weichelt* (Hrsg.), Staat und Recht, S. 14.
[140] Marxistisch-Leninistische Staatstheorie, Lehrbuch, 1975, S. 14.
[141] Marxistisch-Leninistische Staatstheorie, Lehrbuch, 1975, S. 14.

wurde aus den Überlegungen zweier Männer, die die Gesellschaft kritisch betrachteten und einen Weg aus der ihrer Meinung nach falschen Entwicklung suchten, eine Wissenschaft, die scheinbar einen Weg in den Kommunismus wies.

Abschnitt II: Die Oktoberrevolution von 1917 in Russland als Beginn einer kommunistischen Rechtsentwicklung

1. Ursachen der Revolution

Die Aufhebung der Leibeigenschaft und die beginnende Industrialisierung mit den sich daraus ergebenden Spannungen verstärkten die Nationalitätenkonflikte, die sich nach jahrzehntelanger Unterdrückung Bahn brachen. Zahlreiche Missernten und Hungersnöte, der verhängnisvolle „Blutsonntag" am 09.01.1905[142], der Ausbruch des Ersten Weltkrieges und die verheerende Niederlage der russischen Armee im August 1914 bei Tannenberg sowie die sich ausweitenden Streiks und Unruhen[143] verschärften die Lage im Land. Als im harten Winter 1916/17 die Versorgung nicht mehr aufrechterhalten werden konnte, begann eine Welle von Streiks, die mit der Meuterei der Petrograder Garnison und ihrem Überlaufen auf die Seite der Streikenden endete und den Sieg der „Februarrevolution" besiegelte.[144] Die Reichsduma, die zwischenzeitlich von Nikolaus dem II. aufgelöst worden war, behielt zunächst die Geschicke des Landes in der Hand und erwirkte im März die Abdankung des Zaren und den Thronverzicht durch dessen Bruder, womit das Ende der 300jährigen Herrschaft der *Romanows* besiegelt und Russland nun zur Republik ausgerufen wurde. Sie beauftragte ferner Fürst *Lvov* mit der Bildung einer Provisorischen Regierung und löste sich am

---

[142] Am 09.01.1905 versuchten Arbeiter, die mit Zarenbildern und Ikonen demonstrierten, dem Zaren eine Petition zu überreichen. Vor dem Winterpalais angekommen, eröffneten die Soldaten das Feuer auf die Menge, siehe *Katzer*, Informationen zur politischen Bildung, 1992, Heft 235, S. 3.

[143] Z.B. der am 18.02.1917 beginnende Streik in den Putilov-Werken, dem sich mehr als 200.000 Arbeiter angeschlossen hatten.

[144] Vgl. *Katzer*, Informationen zur politischen Bildung, 1992, Heft 235, S. 6.

06.10.1917 offiziell auf. Teile der aufgelösten Reichsduma hatten zwischenzeitlich am 26.02.1917 (= 11.03.1917 MEZ) ein Exekutivkomitee unter Vorsitz des Sozialisten *Kerenski* gewählt, um die Machtverhältnisse zu ihren Gunsten zu entscheiden. Zur selben Zeit bildete sich aus der sozialistischen Dumaopposition der „Petersburger Sowjet der Arbeiter- und Soldatendeputierten", der sich als Vertreter der Werktätigen betrachtete.[145] Doch die Machtverhältnisse waren damit keineswegs geklärt. Die provisorische Regierung versuchte den Machtkampf zwischen den einzelnen Strömungen zu lösen, was jedoch nicht gelang. Davon profitierten die von *Lenin* unterstützten Bolschewiki, die eine unversöhnliche Haltung gegenüber der Regierung und den mitregierenden Sozialisten einnahmen. Die Streikbereitschaft der Arbeiterschaft nahm in den Folgemonaten keineswegs ab, vielmehr mehrten sich die Streiks, wobei es im Gegensatz zur Februarrevolution nicht so sehr um den politischen, sondern um den wirtschaftlichen Faktor ging. Anfang des Jahres 1917 waren noch ca. 85% der Streikenden für politische Ziele auf die Straße gegangen, am Vorabend der Oktoberrevolution waren es lediglich noch 38%.[146] Schuld daran waren die wirtschaftlichen Verhältnisse, der Mangel an Waren und Nahrungsmitteln, die langen Arbeitszeiten und die niedrigen Löhne. Die Arbeiterschaft wurde sowohl in der Aufstellung als auch in der beabsichtigten Durchsetzung ihrer Forderungen radikaler, die Kompromissbereitschaft sank. Das politische Klima offenbarte, dass die Doppelherrschaft nicht in der Lage war, die nationalen, wirtschaftlichen und politischen Probleme zu lösen. Ein Staatsstreich mit Hilfe übergelaufener Militäreinheiten im November 1917 verschaffte den Bolschewiki endgültig die Alleinherrschaft. Die Mehrzahl der Regierungsmitglieder wurde verhaftet, einige, wie *Kerenski*, flüchteten ins Ausland.[147] Die Provisorische Regierung und die Entwicklung zu

[145] Siehe ausführlich *Geilke*, Einführung in das Sowjetrecht, S. 43 ff.
[146] Siehe *Bonwetsch*, Die Russische Revolution 1917, S. 147.
[147] Siehe *Geilke*, Einführung in das Sowjetrecht, S. 47.

einer „Republik“ waren gescheitert.[148] Am 26.10.1917 verkündete *Lenin* vor seinen Anhängern stolz die erfolgreiche Regierungsübernahme und leitete damit die Umwälzung des russischen Staatswesens im Sinne der marxistisch-leninistischen Lehre ein, die *Stalin* wenig später vollenden sollte.

Die Oktoberrevolution als solche konnte das internationale Kräfteverhältnis sicher nicht grundlegend erschüttern, zeigte aber, dass eine revolutionäre Umwälzung durchaus möglich war. Sie wurde als Befreiung von der Ausbeutung des Menschen durch den Menschen gefeiert, was die Richtigkeit des Marxismus-Leninismus bestätigen sollte.[149] Sie habe dem weltweiten revolutionären Prozess einen mächtigen Anstoß gegeben und sei nun der Grundstein einer neuen Gesellschaftsordnung, womit eine neue Entwicklungsphase in der Geschichte der Menschheit eingeleitet werde.[150] Das Vorhandensein eines sozialistischen Weltsystems habe den Imperialismus in seiner Handlungsfreiheit geschwächt und den Aufschwung der internationalen Arbeiterbewegung ausgelöst, die nun nach neuen Möglichkeiten suche, die Unabhängigkeit zu erringen und tief greifende sozialökonomische und politische Umgestaltung vorzunehmen.[151] *Butenko* hingegen meint, es gebe nur zwei prinzipiell unterschiedliche Bewertungen der Oktoberrevolution: entweder war die Oktoberrevolution und die unter ihrer Entwicklung geschaffenen Gesellschaftsordnungen das Ergebnis eines historischen Irrtums oder der Versuch, den ewigen Traum der Menschheit nach Wohlstand und sozialer Gerechtigkeit ohne Ausbeutung und Unterdrückung zu verwirklichen.[152]

---

[148] Ausführlich dazu *Bonwetsch*, Die Russische Revolution 1917, S. 120 ff.
[149] Grundkurs des wissenschaftlichen Kommunismus, S. 28 ff.
[150] Grundkurs des wissenschaftlichen Kommunismus, S. 32.
[151] Grundkurs des wissenschaftlichen Kommunismus, S. 34.
[152] *Butenko*, JHK 1997, 122.

2. Die Oktoberrevolution und ihre geschichtliche Einordnung

Die Große Sozialistische Oktoberrevolution hatte mit der Revolution, die *Marx* vorausgesehen hatte, jedoch nicht viel gemeinsam. Voraussetzungen für eine erfolgreiche Revolution sollten nach *Marx* zunächst das Vorhandensein einer Bourgeoisieschicht, das schnelle Voranschreiten der industriellen Entwicklung und damit verbunden die massenhafte Ausbeutung der Arbeiter sein, die dann ausschlaggebend für die Erhebung der Arbeiter gegen die Bourgeoisie sein sollte. *Marx* schrieb:

„Aber mit der Entwicklung der Industrie vermehrt sich nicht nur das Proletariat; es wird in größeren Massen zusammengedrängt, seine Kraft wächst, und es fühlt sie mehr .... In Zeiten endlich, wo der Klassenkampf sich der Entscheidung nähert, nimmt der Auflösungsprozeß innerhalb der herrschenden Klasse, innerhalb der ganzen alten Gesellschaft, einen so heftigen, so grellen Charakter an, daß ein kleiner Teil der herrschenden Klasse sich von ihr lossagt und sich der revolutionären Klasse anschließt, der Klasse, welche die Zukunft in ihren Händen trägt." Weiter konstatierte er: *„Alle bisherigen Bewegungen waren Bewegungen von Minoritäten oder im Interesse von Minoritäten. Die proletarische Bewegung ist die selbständige Bewegung der ungeheuren Mehrzahl im Interesse der ungeheuren Mehrzahl."* An anderer Stelle heißt es: *„Eine radikale soziale Revolution ist ... nur möglich, wo mit der kapitalistischen Produktion das industrielle Proletariat wenigstens eine bedeutende Stellung in der Volksmasse einnimmt."*[153]

Auch *Engels* hatte an verschiedenen Stellen seiner Werke auf die Notwendigkeit hingewiesen, dass eine soziale Revolution nur in einem wirtschaftlich hoch entwickelten Industriestaat zu erwarten sei, weil es eine historische Unmöglichkeit

[153] *Marx*, Konspekt zu *Bakunins* Buch, in: MEW 18, S. 633.

sei, dass eine niedrigere ökonomische Entwicklungsstufe die Rätsel und Konflikte lösen könne, die erst auf einer weit höheren Entwicklungsstufe entsprungen seien und entspringen konnten.[154] Ähnlich sind auch die Ausführungen *Marx'* zu werten, wenn er davon ausging, dass eine Gesellschaftsformation nie untergehe, bevor nicht alle Produktivkräfte entwickelt seien, und dass neue höhere Produktionsverhältnisse nie an die Stelle der alten treten, bevor nicht die materiellen Existenzbedingungen jener Produktionsverhältnisse im Schoß der alten Gesellschaft selbst ausgebrütet worden seien. Die Menschheit stelle sich immer nur Aufgaben, die sie lösen könne, denn die Aufgaben würden sich nur dann stellen, wenn die materiellen Bedingungen ihrer Lösung schon vorhanden oder zumindest im Prozess ihres Werdens begriffen seien.[155]

Von einer vorangeschrittenen Entwicklung der Industrie und der Festigung kapitalistischer Zustände kann man jedoch - und dies ist wohl unbestritten - im damaligen russischen Zarenreich nicht ausgehen. In Russland lebten zur Zeit des Beginns der Oktoberrevolution 120 Millionen Bauern, die die rund 105 Millionen Hektar Ackerland bewirtschafteten, und gerade einmal ca. 3 Millionen Fabrikarbeiter[156], das sind ungefähr ein Viertel weniger als in Deutschland im Jahre 1848.[157] Die russischen Bauern waren durch das Manifest vom 03.03.1861 zwar aus der Leibeigenschaft entlassen worden, aber die nun vom Frondienst und vom Leibzins befreiten Bauern erhielten zu wenig Land, um ihr Auskommen zu si-

[154] *Engels*, MEW 22, S. 428.
[155] *Marx*, Kritik der politischen Ökonomie MEAS I, S. 338.
[156] Zwischen 1870 und 1913 war die Zahl der Industriearbeiter im europäischen Russland zwar von 800.000 auf ca. 2,5 Mio. angestiegen, doch machte dies am Vorabend des Ersten Weltkrieges gerade mal 1,4% an der Gesamtbevölkerung aus, siehe *Katzer*, Informationen zur politischen Bildung, 1992, Heft 235, S. 1f.
[157] *Lobkowicz*, Marxismus und Machtergreifung, S. 20.

chern.[158] Das führte zu einer unglaublichen Armut. Noch 1893 beschrieb *Danielson*[159] Russland als „eine noch aus der Zeit vor der Zivilisation stammende Gentilgesellschaft“, in der „fast ausnahmslos Naturalwirtschaft die Regel“ sei. *Bauer*[160] sah daher auch im russischen Kommunismus nach der Oktoberrevolution nicht den Sozialismus eines auf der Basis des Hochkapitalismus entwickelten, geschulten Proletariats, das den realen Kampf um die bereits objektiv möglich gewordene Vergesellschaftung der Güterproduktion und des Güteraustausches zu führen vermochte. Es sei vielmehr nur die Illusion der plebejischen Massen, die, durch die bürgerliche Revolution vorübergehend zur Macht emporgeschleudert, ihre Ideale vergebens zu verwirklichen suchten. Sie würden aber schließlich an dem niedrigen Entwicklungsgrad der Produktivkräfte scheitern und erfahren müssen, dass ihre Herrschaft nicht ihre kommunistischen Ideale verwirklichen könne, sondern nur das Mittel der Geschichte sei, alle Überbleibsel des Feudalismus zu zertrümmern und dadurch die Voraussetzungen der Entwicklung des Kapitalismus auf neuer, verbreiterter Grundlage zu schaffen.[161]

Es bleibt daher mit *Lobkowicz* festzustellen, dass der Aufstand nicht etwa eine „generalstabsmäßig geplante Organisation“ war, sondern „ein bewaffneter, von einem Dutzend entschiedener Revolutionäre durchgeführter Staatsstreich, der

---

[158] Das Land war Gemeinbesitz aller Bauern und wurde periodisch neu an die Gemeinschaftsmitglieder verteilt je nach Kopfzahl der männlichen Mitglieder, siehe *Katzer*, Informationen zur politischen Bildung 1992, Heft 235, S. 1.

[159] *Nikolai Franzewitsch Danielson*, in: MEAS II, S. 470.

[160] *Bauer*, Der neue Kurs in Sowjetrußland, in: *Fetscher*, Der Marxismus, Band 1, S. 143.

[161] In der Geschichtsschreibung der DDR wird man später versuchen, ein anderes Bild zu vermitteln, ein Bild, das den Vorstellungen *Marx'* von einer sozialen Revolution näher kommt. In einer Rede zur Eröffnung des Jugendweihejahres 1957 propagierte *Ulbricht*, dass sich „von der Lehre des wissenschaftlichen Sozialismus ... die russischen Arbeiter und werktätigen Bauern leiten (ließen), als sie unter Führung der revolutionären Partei der Arbeiterklasse ... die Große Sozialistische Oktoberrevolution zum Siege führten“, dass „die Arbeiterklasse Rußlands wußte, daß sie das verwirklichte, was die Besten der Menschheit erstrebten, daß sie durch die Beseitigung der Ausbeutung des Menschen durch den Menschen die große Weltenwende herbeiführten“, siehe Rede zur Eröffnung des Jugendweihejahres in Sonneberg am 29.09.1957, in: *Ulbricht*, Über die Dialektik unseres sozialistischen Aufbaus, S. 64.

sich zunächst so unauffällig vollzog, dass das Theater- und Konzertleben in St. Petersburg von ihm keine Notiz nahm“[162]. Jedoch schien *Engels* nicht grundsätzlich ausschließen zu wollen, dass eine Revolution mit nur wenigen Menschen möglich sei, denn er bemerkte in einem Brief: „Dies *(gemeint ist der 13. März 1881, als Mitglieder der Narodnaja Wolja [Volkswille] ein Attentat auf Zar Alexander II verübten)* ist einer der Ausnahmefälle, in denen es einer Handvoll Leute möglich ist, eine Revolution zu machen, d.h. durch einen kleinen Anstoß ein ganzen System zu stürzen, dessen Gleichgewicht mehr als labil ist ... und durch einen an sich unbedeutenden Akt Explosivkräfte freizusetzen, die dann nicht mehr zu zähmen sind.“[163]

Nun wird man einwenden können, dass *Marx* bereits 1882 eine russische Revolution angekündigt habe. Fraglich ist jedoch, ob *Marx* diese russische Revolution, die er im Vorwort zur Zweiten russischen Ausgabe des Manifestes von 1882 vorhersah, als eine proletarische Revolution begriff, oder ob nicht etwa - wie *Lobkowicz*[164] behauptet - diese eine bürgerlich-demokratische sein müsste, die die eigentliche proletarische Revolution lediglich hätte auslösen können. Dafür spricht zum einen, dass *Marx* von der These ausging, dass nur ein durch die kapitalistischen Verhältnisse entstandenes und geprägtes Proletariat, Urheber eine proletarische Revolution sein könne, und zum anderen schrieb *Engels* in einem Brief[165] an *Nadejde* ergänzend: „Eine Revolution in Rußland im gegenwärtigen Augenblick würde Europa vor dem Unglück eines allgemeinen Krieges bewahren und wäre der Anfang der Revolution in der ganzen Welt.“ *Marx* fragte sich daher auch: „Kann die russische Obschtschina, eine wenn auch stark untergrabene Form des uralten Gemeinbesitzes am Boden, unmittelbar in die höhere

---

[162] *Lobkowicz*, Marxismus und Machtergreifung, S. 27.
[163] *Engels*, Brief an *Sassulitsch*, MEAW VI, S. 523.
[164] *Lobkowicz*, Marxismus und Machtergreifung, S. 18.
[165] *Engels* an *Nadejde*, MEAW VI, S. 528 (530).

Form des kommunistischen Gemeinbesitzes übergehn? Oder muß sie umgekehrt vorher denselben Auflösungsprozeß durchlaufen, der die geschichtliche Entwicklung des Westens ausmacht?"[166]

Es spricht allerdings auch einiges dafür, dass sowohl *Marx* als auch *Engels* nicht davon ausgingen, dass gerade Russland Ausgangspunkt einer proletarischen Revolution sein würde.[167] Dazu kann man den letzten Satz des Vorwortes zur Zweiten Russischen Ausgabe des Manifestes heranziehen: *„Die einzige Antwort hierauf, die heutzutage möglich ist, ist die: Wird die russische Revolution das Signal einer proletarischen Revolution im Westen, so daß beide einander ergänzen...* "[168] Daraus zieht *Lobkowicz*[169] zu recht den Schluss, dass allein der Rest des Satzes beweise, dass *Marx* und *Engels* nicht etwa mit dem Gedanken an eine russische proletarische Revolution spielten, sondern ganz im Gegenteil die Möglichkeit erwogen, dass eine durch russische Umwälzungen ausgelöste westeuropäische proletarische Revolution Russland die Qualen des Kapitalismus ersparen und einen eigenen Weg zum Kommunismus eröffnen würde. Ähnliches ist auch einem Brief von *Engels* an *Sassulitsch* zu entnehmen, in dem er feststellte, dass die historische Theorie von *Marx* seiner Meinung nach die Grundbedingung jeder *zusammenhängenden* und *konsequenten* revolutionären Taktik sei: *„Das, was ich über die Lage in Rußland weiß oder zu wissen glaube, veranlaßt mich*

[166] *Marx/Engels*, Vorwort zur Zweiten Russischen Ausgabe des Kommunistischen Manifests 1882, MEAS I, S. 20.
[167] Selbst *Trotzki* kam nicht umhin festzustellen, dass es vollkommen unerklärlich sei, außer Acht zu lassen, dass alle damalige Berechnung auf der Erwartung des nahen Sieges der Revolution im Westen basierte. Es schien selbstverständlich, dass das siegreiche deutsche Proletariat triumphiert hätte, *Butenko*, JHK 1997, 122 (127).
[168] *Marx/Engels*, Vorwort zur Zweiten Russischen Ausgabe des Kommunistischen Manifests 1882, MEAS I, S. 20.
[169] *Lobkowicz*, Marxismus und Machtergreifung, S. 19.

anzunehmen, daß man sich dort seinem 1789[170] *nähert. Die Revolution muß zu gegebener Zeit ausbrechen; sie kann jeden Tag ausbrechen. Unter diesen Umständen ist das Land wie eine geladene Mine, an die man nur noch die Lunte zu legen braucht.*"[171]

Engels stellte an anderer Stelle fest[172]: „Das alte Rußland ging unwiederbringlich zu Grabe an dem Tag, wo der Zar Nikolaus ... Gift nahm. Auf seinen Ruinen baut sich auf das Rußland der Bourgeoisie." Die im Jahre 1891 über Russland hereinbrechende Hungersnot, verursacht durch eine Missernte, sei daher, so *Engels*, „keine einmalige Hungersnot ..., sondern eine durch jahrelange, stille, ökonomische Revolution vorbereitete und durch die Mißernte nur akut gemachte gewaltige Krisis. Diese akute Krisis aber nimmt ihrerseits wieder chronische Form an und droht jahrelang anzuhalten: Ökonomisch beschleunigt sie ... die Bereicherung und Verwandlung in Großgrundbesitzer,... überhaupt den Übergang des Adels- und Bauerngrundbesitzes in die Hände der neuen Bourgeoisie."

Lenin dagegen glaubte daran, dass eine proletarische Revolution auch in einem so rückschrittlichen Land wie Russland, das kaum die vorkapitalistische Phase erreicht hatte, möglich sei. Er ging davon aus, dass die Entwicklung der kapitalistischen Länder äußerst ungleichmäßig und sprunghaft vor sich gehe und daher rückständige Länder die bereits fortgeschrittenen in ökonomischer und politischer Hinsicht einholen und überholen können.[173] *Lenin* wollte damit beweisen, dass sich die in gesellschaftlich-ökonomischer Hinsicht zurückgebliebenen Länder unter bestimmten historischen Bedingungen auf nichtkapitalistischem Wege

[170] Am 14.07.1789 stürmten über 900 Franzosen, darunter nicht nur Handwerker und Kaufleute, sondern auch Soldaten, die Bastille, das Staatsgefängnis des Ancien régimes in Paris. Dadurch brach in Frankreich die Revolution aus, worauf der Verfasser des Textes Bezug nahm.
[171] *Engels*, Brief an *V. I. Sassulitsch*, MEAW VI, S. 522.
[172] *Engels*, Der Sozialismus in Deutschland, MEAW VI, S. 381 (396 ff.).
[173] Grundkurs des wissenschaftlichen Kommunismus, S. 22.

zu entwickeln vermögen. Diese Länder könnten, wenn sie das Joch des Imperialismus abgeworfen haben, mit Hilfe der fortgeschrittenen Länder, in denen die proletarische Revolution bereits gesiegt habe, zum Aufbau des Sozialismus übergehen, ohne das Studium des Kapitalismus durchlaufen zu müssen.[174] *Lenin* war jedoch nicht der Ansicht, jede revolutionäre Explosion müsse zwangsläufig eine sozialistische sein und zur Diktatur des Proletariats führen. In vorkapitalistischen Ländern, in Kolonialländern oder in Ländern mit starken Restbeständen des Feudalismus wie auch in solchen, in denen die bürgerlich-demokratischen Umbildungen noch nicht vollendet seien, könne der sozialistischen Revolution eine bürgerlich-demokratische oder nationale Befreiungsrevolution vorausgehen, die unter günstigen Umständen in die sozialistische Revolution umschlage.[175] *Lenin* entwickelte somit die marxistische Idee weiter und übertrug sie auf die russischen Verhältnisse. Er analysierte den aufstrebenden Kapitalismus als Imperialismus, der in Fäulnis übergehen und beseitigt werden müsse, um die sozialistische Revolution erfolgreich zu Ende zu führen.[176] Daher ist *Lenin* trotz seines Internationalismus vordergründig ein russischer Revolutionär, der sein Leben der Befreiung des Menschen von Unterdrückung und Ausbeutung widmete.[177]

Lenin ging auch über die Thesen von *Marx/Engels* hinaus, indem er der Rolle der Partei mehr Bedeutung einräumte und sie als „Partei des neuen, revolutionären Typs" bezeichnete. Während sowohl bei *Marx* als auch bei *Engels* keine Rede von der Einparteiendiktatur war, forderte *Lenin* die Bildung einer elitären Kampforganisation, deren Zielsetzung von der revolutionären Theorie bestimmt sein sollte.[178] Nur die Partei als Vorhut der proletarischen, revolutionären Klasse,

---

[174] *Bochenski/Niemeyer*, Handbuch des Weltkommunismus, S. 61f.
[175] Grundkurs des wissenschaftlichen Kommunismus, S. 23f.
[176] Grundkurs des wissenschaftlichen Kommunismus, S. 22.
[177] *Finker*, ND vom 02./03.06.1990, S. 13; *Mahlke*, ND vom 02./03.06.1990, S. 13.
[178] *Meissner*, Entwicklung und Grundzüge der sowj. Staatslehre, in: *Maurach/Meissner* (Hrsg.), 50 Jahre Sowjetrecht, S. 29.

als ihr bewusstester Teil, sichere den Zusammenschluss und die Organisiertheit der Arbeiterklasse und rüste sie mit der fortgeschrittenen revolutionären Theorie, Strategie und Taktik der revolutionären Bewegung aus.[179] Im Gegensatz zu *Marx* und *Engels*, die sich nur eine Mehrheitsherrschaft auf der Grundlage des allgemeinen Wahlrechts vorstellen konnten, ebnete *Lenin* die Basis für einen Einparteienstaat und damit für die Diktatur einer Minderheit.[180]

3. Rechtsentwicklung nach der Oktoberrevolution bis 1924

Nach dem Sturz der alten Regierung stand man vor der Aufgabe, die alte Gesellschaftsordnung zu zerstören, um auf ihr dann eine neue, sozialistische Gesellschaft zu errichten. Am 12.01.1918 wurden daher zunächst die Grundsätze einer künftigen Staatsverfassung festgeschrieben, die unter anderem die Sozialisierung des gesamten Grundbesitzes, die Nationalisierung sämtlicher Fabriken und Unternehmen, die Einführung der Arbeitspflicht und die Bewaffnung der Werktätigen und die Gründung einer Armee vorsahen.[181]

Geleitet von dem *Marx*'schen Gedanken, dass die letzte Ursache der Entfremdung und Ausbeutung des Menschen das Vorhandensein von privaten Produktionsmitteln sei, ging man dazu über, wichtige Wirtschaftszweige dem Staat unterzuordnen und damit zum Volkseigentum zu machen.[182] Davon zeugen verschiedene Dekrete[183], wie z.B. das Bodendekret vom 26.10.1917, das Eigentum der Gutsbesitzer konfiszierte und an die Bauern verteilte, wobei es noch nicht zu einer Kollektivierung kam. Das Dekret vom 27.04.1918 beinhaltete die Vereini-

---

[179] Grundkurs des wissenschaftlichen Kommunismus, S. 20.
[180] *Meissner*, Entwicklung und Grundzüge der sowj. Staatslehre, in: *Maurach/Meissner* (Hrsg.), 50 Jahre Sowjetrecht, S. 23.
[181] *Geilke*, Einführung in das Sowjetrecht, S. 50.
[182] Siehe *Meissner*, Die Wandlungen der Sowjetgesellschaft, in: *Eichwede/Knirsch/Meissner*, 60 Jahre Sowjet-Rußland, S. 13.
[183] Dekret (russ.) = Erlass.

gung der Privatbanken mit der Staatsbank sowie die Abschaffung des Erbrechts und der Schenkungen für Vermögen von über 10.000 Rubeln.[184] Vor allem sah man in der Abschaffung des Erbrechts die Zerstörung der bürgerlichen Familie, die als Grundübel[185] der bisherigen Gesellschaft und als Hindernis auf dem Weg zu einer neuen sozialistischen Gesellschaft galt. *Stutschka* schrieb dazu:

„Nicht besser als mit dem heiligen Privateigentum gehen die Dekrete der proletarischen Revolution mit solch geheiligten Instituten um, wie Familie und Erbrecht. Das Erbrecht ist einfach abgeschafft worden... Auf diese Weise ist die materielle Grundlage der bürgerlichen Familie zerstört...“ [186] Unklar blieb jedoch, was an die Stelle des Erbrechts treten sollte. Daneben gab es Gesetzesänderungen auf dem Gebiet des Familienrechts. So sah z.B. das verabschiedete neue Scheidungsdekret vor, dass eine Ehe auch bei einseitigem Scheidungsverlangen geschieden werden konnte, weil, so *Stutschka*, „als einziges Motiv für ihre Existenz die gegenseitige Liebe“ gelte. Als Ergebnis stellte *Stutschka* fest:

„Wir sehen, wie die proletarische Revolution direkt oder indirekt die Pfeiler der bürgerlichen Gesellschaft nacheinander stürzt... Als Ergebnis ist kein Stein des gesamten bürgerlichen Rechts mehr bestehen geblieben.“[187]

Damit verbunden war die Abschaffung des vorrevolutionären russischen Rechts überhaupt. Es wurde zunächst kein neues Recht geschaffen oder das alte umge-

---

[184] *Reich/Reichel*, Einführung in das sozialistische Recht, S. 9f.
[185] Diese Forderung wurde schon zu Zeiten von *Saint-Simon* laut, der als Begründer des utopischen Sozialismus gilt. Auch *Marx* hatte in der bürgerlichen Familie das Spiegelbild der gesellschaftlichen Verhältnisse gesehen als er schrieb, dass „die Bourgeoisie ... dem Familienverhältnis seinen rührend-sentimentalen Schleier abgerissen und auf ein reines Geldverhältnis zurückgeführt hat“, siehe *Marx*, Manifest der Kommunistischen Partei, MEAS I, S. 29.
[186] *Stutschka*, zit. nach: *Reich*, Marxistische und sozialistische Rechtstheorie, S. 85.
[187] *Stutschka*, Revolutionäres Rechtsdenken in der Sowjetunion, in: *Reich*, Marxistische und sozialistische Rechtstheorie, S. 85.

staltet, sondern nur rigoros vernichtet. Die infolgedessen entstandenen Lücken in der rechtlichen Regulierung der gesellschaftlichen und staatlichen Verhältnisse wurden durch „revolutionäre Zweckmäßigkeit", „außerordentliche Maßnahmen" und „Klasseninteressen" der sowjetischen Arbeiter- und Bauernmacht ersetzt.[188] Das Recht sollte aus der Volksschöpfung heraus entwickelt werden, so dass auf dem strafrechtlichen Gebiet erst 1919 sog. Strafrechtsgrundsätze geschaffen wurden, die jedoch den Anforderungen an ein Strafgesetzbuch nicht gerecht wurden. Sie beschränkten sich auf allgemeine Formulierungen über Handlung, Strafe und Verbrechen. So behandelte man beispielsweise jede dem Sowjetsystem gefährliche Handlung als Verbrechen, was der Willkür Vorschub leistete.[189] Strafe wurde nicht als Vergeltung oder Loskaufung von Schuld gesehen, sondern als Mittel zum Schutz der herrschenden Klasse gegen sozialgefährliche Handlungen.[190]

Auch auf dem Gebiet des Gerichtswesens gab es Veränderungen. Mit dem ersten Gerichtsdekret vom 22.11./05.12.1917 wurden die bisherigen Gerichte durch revolutionäre Volksgerichte ersetzt und mit Volksrichtern besetzt. Art. 5 dieses Dekrets bestimmte: *„Die örtlichen Gerichte judizieren im Namen der Russischen Republik und lassen sich in ihren Entscheidungen und Urteilen von den Gesetzen gestürzter Regierungen nur soweit leiten, als diese nicht durch die Revolution abgeschafft sind und nicht dem revolutionären Gewissen und revolutionären Rechtsbewußtsein widersprechen."*[191]

---

[188] *Kopalin*, Die Rehabilitierung deutscher Opfer sowjetischer politischer Verfolgung, www.fes.de/fulltext/historiker/00573.htm.

[189] *Geilke*, Einführung in das Sowjetrecht, S. 70.

[190] Siehe *Maurach*, Die politischen und soziologischen Grundlagen, in: *Königsteiner Kreis* (Hrsg.), Die Entwicklung des sowjetischen Strafrechts, S. 12.

[191] *Reich/Reichel*, Einführung in das sozialistische Recht, S. 11.

Entscheidungen und Urteile sollten allein aufgrund des revolutionären Gewissens und des revolutionären Rechtsbewusstseins gesprochen werden.[192] *Lenin* rief die Bevölkerung dazu auf, jeden zu verhaften und dem revolutionären Gericht des Volkes zu übergeben, der es wagen sollte, der Sache des Volkes zu schaden, gleichviel wie sich diese Schädigung äußert.[193] Entsprechend diesem Aufruf wurde massiv gegen die sog. Schädlingstätigkeit vorgegangen, um immer wieder deutlich zu machen, dass es sich bei der Feindtätigkeit um eine „ökonomische Intervention westeuropäischer sowjetfeindlicher kapitalistischer Organisationen" handelte.[194] *Lenin* war es auch, der bereits 1918 die Einrichtung der ersten Konzentrationslager auf russischem Boden in Tatarstan bei Kazan anordnete, deren Anzahl sich im Laufe der Jahre weiter erhöhen sollte. Für die kommunistisch orientierte Sowjetmacht waren außerordentlich harte, unbarmherzige Methoden im Kampf um die eigene Existenz kennzeichnend. *Lenin* ordnete in einem Brief an die Leiter der Parteiorganisationen der Bolschewisten eines der Bezirke Russlands die schonungslose Unterdrückung aller Aktionen örtlicher Oppositioneller und vermögender Bauern, so genannter Kulaken, an. Zur Einschüchterung der Bevölkerung verlangte *Lenin*: *„Aufhängen (unbedingt aufhängen), damit das Volk das sieht ... und ihre Namen veröffentlichen, bei ihnen alles Brot konfiszieren! ... So verfahren, daß das Volk im Umkreis von Hunderten von Kilometern es sieht, zittert und weiß: Wir sind dabei, die Kulaken zu vernichten!"* Zur Durchführung dieser Aktion empfahl er, „möglichst charakterfeste Menschen auszusuchen".[195] Nach einem Attentatsversuch rief *Lenin* nun offiziell zum „Roten Terror" auf, in dessen Verlauf in Russland in den kommenden Jahren mehr als 1,5

---

[192] *Wyschinski* plädierte in der Strafsache der Leningrader Gerichtspersonen noch 1923: „Das Wohl der Revolution ist oberstes Gesetz, und so möge der Schlag dieses Gesetzes im Namen unserer großen, heiligen Revolution herniedersausen!", siehe *Wyschinski*, Gerichtsreden, S. 71.
[193] *Lenin*, zit. nach *Jahn*, StuR 1956, 78f.
[194] *Jahn*, StuR 1956, 78f.
[195] *Kopalin*, Die Rehabilitierung deutscher Opfer sowjetischer politischer Verfolgung, www.fes.de/fulltext/historiker/00573.htm.

Millionen Menschen als „Klassenfeinde“ erschossen wurden, Tausende harrten in den „konzentrazjonnyje lageri“ - so genannten Konzentrationslagern aus oder arbeiteten in den riesigen sibirischen GULAGs.[196]

Bis Anfang der 20er Jahre kann man daher von einer insgesamt rechtsnihilistischen Rechtsentwicklung[197] ausgehen. Das lässt sich auch daraus ersehen, dass es an normativen Rechtsetzungsakten fehlte; lediglich Dekrete mit mehr oder weniger unbestimmten Begriffen und Aufrufen an das revolutionäre Gewissen bestimmten den Rechtsalltag. Noch 1922 forderte *Lenin*: „Das Gericht soll den Terror nicht beschönigen, sondern ihm Gesetzeskraft verleihen!“[198]

Der Lehre *Marx/Engels* folgend sah man das Ziel der proletarischen Revolution in der Vernichtung des Rechts und lediglich in letzter Konsequenz in der Ersetzung des Rechts durch die sozialistische Ordnung. Die Diskussion über das Absterben des Rechts ebbte auch in den ersten Jahren seit Bestehen der Sowjetunion nicht ab. *Gojchbarg*[199] rief dazu auf, eine der dringendsten Aufgabe in der antijuristischen Propaganda zu sehen, da das Recht das letzte Refugium für die Ausbeuterklassen sei und daher abgeschafft werden müsse. Mit dem Verschwinden jeder Ausbeutung und jeder Ungleichheit verschwinde auch jede Notwendigkeit für Zwangsregeln, die man jetzt „Recht“ nenne. Habe sich der ökonomische Aufbau der Gesellschaft auf das Niveau des vollendeten Kommunismus begeben, so mache die hierdurch bedingte hohe Kulturentwicklung der Gesellschaft eine Zwangsnormierung menschlicher Verhältnisse überflüssig und unnö-

---

[196] *Schroeder*, „Verräter und räudige Hunde“, in: *Weber/Piazolo* (Hrsg.), Justiz im Zwielicht, S. 151.
[197] *Zorn* spricht von einem „militanten Kommunismus“, in dem die Volksgerichte und Revolutionstribunale ihr Unwesen trieben, siehe GA 1957, 109.
[198] *Schroeder*, „Verräter und räudige Hunde“, in: *Weber/Piazolo* (Hrsg.), Justiz im Zwielicht, S. 152.
[199] *Gojchbarg*, Einige Bemerkungen über das Recht, in: *Reich*, marxistische und sozialistische Rechtstheorie, S. 87 ff.

tig. Später wurde die These vom Absterben des Rechts revidiert und von dem Recht als der höchsten Entfaltung der Rechtsform gesprochen.[200]

Getreu der kommunistischen Idee ging es nun darum, an Stelle von Gesetzen eine (neue) Gesellschaftsordnung zu errichten, in der die menschlichen Beziehungen untereinander nicht durch Zwang, sondern durch den bewussten freien Willen geregelt würden.[201] Innerhalb dieser Übergangszeit sei ein besonderes Recht der Übergangszeit notwendig, weil sich das System nicht auf einen Schlag ändere und in den Köpfen der Menschen als Tradition der Vergangenheit zunächst weiterlebe.[202] Doch anstelle der alten Gesetze wurden zunächst keine Gesetze der Übergangszeit geschaffen, sondern man ersetzte sie durch *„Dekrete und das revolutionäre Bewußtsein der Volksrichter“*[203], die sich in ihren Entscheidungen von alten Gesetzen nur insofern leiten lassen durften, wie diese nicht von der Regierung abgeschafft seien und nicht dem revolutionären Gewissen oder dem Rechtsbewusstsein widersprachen.[204] Diese so geschaffenen Rechtsgrundsätze bargen jedoch die Gefahr in sich, nicht von Dauer zu sein. So stellte *Stutschka* auch fest: *„Denn wenn wir das Buch der Dekrete durchblättern, so überzeugen wir uns, wie unbeständig und veränderlich von der Revolution geschaffene Institutionen und Rechtssätze sind.“*

Trotz der sofort ergriffenen Maßnahmen konnte der wirtschaftliche Verfall Russlands nicht aufgehalten werden. Es war die Phase des sog. Kriegskommunismus (1917-1921), die geprägt war durch den Versuch der sofortigen Abschaffung der Marktwirtschaft und den sich daraus ergebenden folgenschweren Konsequenzen,

---

[200] Siehe *Reich*, Marxistische und Sozialistische Rechtstheorie, S. 15.
[201] *Stutschka*, Proletarisches Recht, in: *Reich*, Marxistische und sozialistische Rechtstheorie, S. 79.
[202] *Stutschka*, aaO., S. 81.
[203] *Stutschka*, Das Problem des Klassenrechts und der Klassenjustiz, in: *Paschukanis* (Hrsg.), Allgemeine Rechtslehre, S. 256.
[204] *Stutschka*, Proletarisches Recht, in: *Reich*, Marxistische und sozialistische Rechtstheorie, S. 81.

den Terror der Tscheka, die zum Schutz der staatlichen Wirtschaft vor Konterrevolution und Sabotage gebildet wurde, die aber durch ihre zahlreichen Verhaftungen und Hinrichtungen Angst und Schrecken unter der Bevölkerung säte, und Bemühungen, die Gesellschaft nach marxistisch-leninistischer Idee umzugestalten. Die ersten nachrevolutionären Schritte führten Russland daher in eine Katastrophe, weil die Machthaber versuchten, vor allem mit „Kavallerieattacken auf das Kapital“ den unmittelbaren Übergang zum Sozialismus in einem bäuerlichen Land per staatlichen Befehl durchzusetzen.[205]

4. Die Zeit der Neuen Ökonomischen Politik (1924-1929)

Anfang der 20er Jahre begann man in Russland, vom radikalen Kurs Abstand zu nehmen. Man war zu der Überzeugung gelangt, dass der Versuch, mit einem radikalen Kurs den Kommunismus/ Sozialismus schnellstmöglich aufzubauen, zum Scheitern verurteilt war. Es war ein Eingeständnis an das Privatkapital (und somit an den „Klassenfeind“), das Investitionen in wirtschaftliche Entwicklung nur dann machen werde, wenn ein Minimum an Rechtssicherheit bestehe.[206] Es brach die Zeit der Neuen Ökonomischen Politik (NEP[207]) an, die sowohl im wirtschaftlichen Bereich als auch auf rechtlichem Gebiet einige Veränderungen bringen sollte: die teilweise Rückkehr zum Privateigentum, d.h. Enteignungen wurden wieder rückgängig gemacht und somit private Marktverhältnisse wiederhergestellt, die Gründung von Aktiengesellschaften wurde zugelassen und per Dekret allen Bürgern das Recht verliehen, Handel und Industrie zu betreiben.[208] Aber die Rückkehr zu bürgerlichen Ideen forderte auch Kritik heraus: *„Bei unserem Rückzuge sind wir übereilig. Wir holen einfach aus der Rumpelkammer die*

---

[205] *Butenko*, JHK 1997, 122 (128f.).
[206] Siehe *Maurach*, Die politischen und soziologischen Grundlagen, in: *Königsteiner Kreis* (Hrsg.), Die Entwicklung des sowjetischen Strafrechts, S. 13.
[207] Die Abkürzung „NEP“ entspricht den Anfangsbuchstaben der russischen Bezeichnung.
[208] *Reich/Reichel*, Einführung in das sozialistische Recht, S. 10.

alten Aushängeschilder heraus, die wir abgenommen hatten, und hängen diese, nur ein wenig übertüncht, von neuem aus unter der Firma „Nepo". ... Deshalb wäre es besser, überhaupt neue Schilder zu malen, um so mehr, als diese Schilder ja nur ‚ideell' sind ... Aber das alles wird nicht gefährlich sein, wenn wir wirklich durchdrungen sein werden von unserer, d.h. der proletarischen Rechtsauffassung .. .wir haben bewußt einen gewissen Kompromiß geschlossen auf der festen Grundlage des Gesetzes. Wir erkennen eine gewisse Art Privateigentum an, eine bestimmte Art Nutzungsrecht usw. im gleichen Maße für alle. Und da werden nun unsere Volksrichter ehrlich, d.h. laut ihrem revolutionären Gewissen diese Gesetze mit aller Macht erfüllen. Das ist die Bedeutung unserer Gesetzlichkeit und unseres Rückzuges. Und eine jede andere Auslegung unseres Rückzuges ist eine gefährliche und falsche Auslegung."[209]

Auf dem Gebiet der Rechtswissenschaften bemühten sich führende Rechtstheoretiker um eine stärkere Kodifikation bestimmter revolutionärer Rechtssätze; so wurde z.B. 1922 das erste Strafgesetzbuch verabschiedet, das im Unterschied zu den 1919 geschaffenen Strafrechtsgrundsätzen einen Katalog von Straftatbeständen aufwies; 1922 ergingen in verschiedenen Unionsrepubliken Zivilgesetze; 1924 erließ die UdSSR eine Unionsverfassung. Allerdings ist auch das erste Strafgesetzbuch eine rechtstechnisch mangelhafte Zusammenstellung verschiedener strafrechtlicher Bestimmungen. Die meisten Tatbestände sind derart weit gefasst, dass der Rechtsprechung wieder keine Grenzen oder Maßstäbe gesetzt werden konnten. Auch wenn das Strafgesetz nunmehr wieder einen Allgemeinen und einen Besonderen Teil aufwies und damit der Eindruck entstehen könnte, es handele sich um eine Rückkehr zum tatbestandsgebundenen Strafrecht, darf nicht außer Acht gelassen werden, dass auch das Strafgesetz von 1922 weit davon

[209] *Stutschka*, Das Problem des Klassenrechts und der Klassenjustiz, in: *Paschukanis* (Hrsg.), Allgemeine Rechtslehre, S. 262 ff.

entfernt war, durch klar umschriebene Tatbestandsmerkmale eine gewisse Rechtssicherheit zu garantieren. Der politische Gehalt des Strafrechts blieb weiterhin bestehen, was sich z.B. in der Ausformulierung des Art. 6 RussStGB zeigte.[210] Erst die Strafrechtsgrundsätze von 1924 und das darauf folgende Strafgesetzbuch von 1926 konnten diese erheblichen Mängel zumindest zum Teil beseitigen und waren daher weitaus zukunftsweisender.[211] Gerade was die Auffassung von Strafe und Strafzweck betrifft, scheint das Gesetz von 1926 auf den ersten Blick besonders fortschrittlich zu sein. In Art. 9 RussStGB hieß es:

„Die Maßnahmen des sozialen Schutzes werden mit den Zielen angewandt: a) neue Straftaten von seiten derjenigen zu verhüten, die solche begangen haben; b) der Einwirkung auf andere unzuverlässige Mitglieder der Gesellschaft; c) der Anpassung derjenigen, die eine Straftat begangen haben an die sozialen Bedingungen des Gemeinschaftslebens im Staat der Werktätigen. Die Maßnahmen des sozialen Schutzes können nicht das Ziel der Zufügung physischen Leidens oder die Verletzung der Menschenwürde haben; sie haben nicht die Aufgabe der Vergeltung und Bestrafung.“[212]

Trotz dieser Grundsätze sah die Verurteilungspraxis ganz anders aus und hatte mit der rechtsstaatlichen Idee nichts gemein.

Stutschka erklärte seinerzeit den Rückzug zu „bürgerlichen“ Grundwerten mit den Worten: *„Die Revolution kann freilich altes Recht zerbrechen und ihm eine neue Richtung geben mit Hilfe von Gesetzen, wenn diese Revolution gereift und*

---

[210] Art. 6 RStGB: „Straftat ist jede sozialgefährliche Handlung oder Unterlassung, die die Grundlagen der Sowjetordnung und der Rechtsordnung bedroht, die von der Arbeiter- und Bauernmacht für die Übergangszeit zum Kommunismus geschaffen wurde.“, *Schittenhelm*, Strafe und Sanktionensystem, S. 43.

[211] *Meder*, Das Sowjetrecht, S. 190f.

[212] Vgl. *Schittenhelm*, Strafe und Sanktionensystem, S. 72.

genügend stark ist. Aber Gesetze an sich sind machtlos, wenn diese Bedingungen fehlen. Daher erklärt sich unser Rückzug auf den Boden der Gesetzgebung.“[213] Es wurden Versuche unternommen, den Rechtsbegriff wissenschaftlich zu definieren. Durch die Schaffung von Gesetzen sollte eine revolutionäre Gesetzlichkeit erreicht werden, die Willkür bei der Rechtsprechung ausschließen sollte. *Stutschka* schrieb dazu: „*1917/18 ... lehrten (wir) auch in der Lehre vom revolutionären Rechtsbewußtsein nicht Willkür kommunistischer Richter und Beamter, sondern revolutionäre Rechtmäßigkeit. Wir unterstrichen ausdrücklich die Fälle, wo wir Ausnahmen vom Gesetz zuließen im Interesse der Revolutio1n und der proletarischen Staatsgewalt ..., und wir waren bemüht, diese Fälle allmählich einzuschränken, um so zur revolutionären Gesetzlichkeit*[214] *überzugehen.*“[215]

5. Die rechtstheoretische Entwicklung von 1921-1929

Lenin hatte erstmals der Arbeiterpartei eine neue und stärkere Rolle beim Aufbau des sozialistischen Staates zugedacht und damit die Errichtung einer Minderheitendiktatur gerechtfertigt. Darüber hinaus war *Lenin* aber weiterhin von der These des „Absterbens des Staates“ ausgegangen und hatte sich anderen Auffassungen immer vehement entgegengestellt. An der Seite *Lenins* kämpften zur damaligen Zeit auch noch andere um den politischen Weg der Partei und Russlands, wie beispielsweise *Trotzki*, *Sokolnikow*, *Djerschinski* etc. Und noch einer betrat die politische Bühne und strebte danach, erster Mann im Staate zu werden: *Stalin.* Mit 14 Jahren hatte ihn die Mutter zu einem Priesterseminar angemeldet, das

[213] *Stutschka*, Das Problem des Klassenrechts und der Klassenjustiz, in: *Paschukanis* (Hrsg.), Allgemeines Rechtslehre, S. 262 ff.

[214] Die Schöpfung des neuen Begriffs der revolutionären Gesetzlichkeit wurde nötig, nachdem auf Grundprinzipien der bürgerlichen Rechtslehre zurückgegriffen worden war, obwohl die Gesetze der Bourgeoisie nur dazu da waren, um die Macht der herrschenden Klasse zu festigen, siehe dazu *Reich/Reichel*, Einführung in das sozialistische Recht, S. 14. Außerdem suggerierte das Wort „Gesetzlichkeit“ Recht und Gerechtigkeit, was jedoch in den wenigsten Fällen vorgelegen haben dürfte.

[215] *Stutschka*, Das Problem des Klassenrechts und der Klassenjustiz, in: *Paschukanis* (Hrsg.), Allgemeine Rechtslehre, S. 260.

er drei Jahre später wieder verließ, weil er im Marxismus-Leninismus seine geistige Heimat gefunden hatte. Zugleich erkannte er aber, dass Russlands Bevölkerung tief verwurzelt war mit der überirdischen Welt und mit einer „Ikonenanbetung" gleich welcher Art gut zu lenken sei.[216] Seine revolutionäre Laufbahn begann er nicht nur durch aktive Parteiarbeit, sondern mit der Verfassung revolutionärer Texte. 1917 tauchte auch er in der revolutionären Bewegung auf, obwohl es *Stalin*, den man später als Inspirator und Organisator des Sieges der Großen Oktoberrevolution feierte, nicht ein einziges Mal gelang, eine größere Initiative zu zeigen, geschweige denn eine Idee vorzubringen und durchzusetzen. *Stalin* war zwar Mitglied in fast allen revolutionären Organen, eine konkrete Verantwortung trug er jedoch nicht. Er verstand es vielmehr, immer wieder in hohe Parteiorgane gewählt zu werden, dadurch wichtige Parteimitglieder kennen zu lernen und sich vor allem bei *Lenin* einen Namen als zuverlässiger „Basispolitiker" zu machen, der nicht nur zu eindeutigen Entscheidungen und Handlungen fähig sei, sondern auch geschickt Kompromisse eingehen könne.[217] Mit fortschreitender Krankheit erkannte *Lenin* aber auch die Schwierigkeiten, einen geeigneten Nachfolger für sein Werk zu finden. *Kamenew* und *Sinowjew* hatten ihren guten Ruf aufs Spiel gesetzt, als sie sich in den Tagen des Oktoberaufstandes gegen einen bewaffneten Kampf aussprachen, *Trotzki* hatte trotz seiner Energie und seiner Fähigkeit, mitreißende Reden zu halten, einen Hang zu übertriebenem Ehrgeiz bis hin zur Machtgier[218], und *Plechanow* war ein ausgezeichneter Rhetoriker, verurteilte aber die Oktoberrevolution.[219] *Stalin* hatte sich zu dieser Zeit gar keinen (großen) Namen gemacht, demzufolge auch keinen schlechten und doch hatte er es mit der Zeit geschafft, die Fäden in den Händen

[216] Vgl. ZDF-Sendung vom 04.03.2003 unter dem Titel „Stalin - Der Mythos".
[217] *Wolkogonow*, Stalin, S. 67 ff.
[218] *Lenin* über *Trotzki*: „Persönlich ist er wohl der fähigste Mann im gegenwärtigen ZK, aber auch ein Mensch, der ein Übermaß von Selbstbewußtsein und eine übermäßige Vorliebe für rein administrative Maßnahmen hat.", siehe *Wolkogonow*, Stalin, S. 131.
[219] *Wolkogonow*, Stalin, S. 67 ff.

zu halten. Das veranlasste *Lenin* in seinem Brief an den Parteitag zu mahnenden Worten: „Genosse Stalin hat, nachdem er Generalsekretär geworden ist, eine unermeßliche Macht in seinen Händen konzentriert, und ich bin nicht überzeugt, dass er es immer verstehen wird, von dieser Macht vorsichtig genug Gebrauch zu machen".[220] In der Ergänzung kurz vor seinem Tode heißt es: „Stalin ist zu grob, und dieser Mangel, der in unserer Mitte und unter uns Kommunisten durchaus erträglich ist, kann in der Funktion des Generalsekretärs nicht geduldet werden. Deshalb schlage ich den Genossen vor, sich zu überlegen, wie man Stalin ablösen könnte und jemand anderen an diese Stelle zu setzen, der sich in jeder Hinsicht vom Gen. Stalin nur durch *einen* Vorzug unterscheidet, nämlich dadurch, daß er toleranter, loyaler, höflicher und den Genossen gegenüber aufmerksamer, weniger launenhafter ist usw."[221]

Doch man nahm *Lenins* Warnung nicht ernst, weil man in *Stalin* lediglich einen Mann für die grobe Arbeit sah und somit seinen Einfluss völlig unterschätzte.[222] *Stalins* Autorität festigte sich daher nach dem XII. Parteitag zunehmend, und so kam es, dass er nach dem Tode *Lenins* 1924 die Aufgabe übernahm, Russland auf einen sozialistischen Weg zu bringen. Den Ansatz *Lenins* weiter verfolgend, konzentrierte sich *Stalin* auf die Festigung der Einparteienherrschaft und ihre theoretische Begründung.[223] Die These vom „Absterben des Staates" wurde zwar nicht grundsätzlich fallengelassen, jedoch auf unbestimmte Zeit verschoben. *Stalin* betonte, dass die Arbeiterklasse nicht ohne ihren eigenen Staat auskommen könne, wenn sie die Bourgeoisie niederhalten und den Sozialismus aufbauen wolle.[224] Dagegen teilten viele Rechtswissenschaftler die Auffassung *Paschu-*

---

[220] *Wolkogonow*, Stalin, S. 131.
[221] *Wolkogonow*, Stalin, S. 134.
[222] ZDF-Sendung vom 04.03.2003 unter dem Titel „Stalin - Der Mythos".
[223] *Meissner*, Entwicklung und Grundzüge der sowj. Staatslehre, in: *Maurach/ Meissner* (Hrsg.), 50 Jahre Sowjetrecht, S. 11.
[224] *Meissner*, Entwicklung und Grundzüge der sowj. Staatslehre, aaO., S. 12.

kanis, dass der Staat im Laufe der Entwicklung absterben müsse, weil der Staat als Organisation der Klassenherrschaft keine rechtliche Deutung erheische. *Bucharin* ging sogar soweit zu behaupten, dass die Arbeiterklasse jedem Staat, auch dem Staat der Arbeiterklasse prinzipiell feindlich gegenüberstehen müsse.[225]

Paschukanis war neben *Stutschka* bemüht, einen marxistischen Leitfaden zur allgemeinen Rechtstheorie in der Sowjetunion zu schaffen. Mit seiner Arbeit „Allgemeine Rechtslehre und Marxismus“ schuf er eine „vorzügliche Arbeit“[226], wie *Stutschka* hervorhob. *Paschukanis* vertrat die Auffassung, dass die Macht als Garant des Marktaustausches nicht nur in der Sprache des Rechts ausgedrückt werden könne, sondern sich vielmehr selbst als Recht darstelle.[227] Der entscheidende Unterschied bestehe darin, dass die sozialistische Gesellschaft nicht auf „Markt“ und „Ware-Geld-Beziehungen“ beruhe, sondern auf der Lenkung, Planung und Leitung staatlicher Produktionsmittel. Das somit den Kapitalismus charakterisierende Merkmal der „Geld-Ware-Beziehung“, das sich letztlich als Ausgangspunkt des „Rechts“ darstelle, existiere in der sozialistischen Gesellschaft nicht mehr und damit auch das „Recht“ als solches nicht.[228] Damit zog *Paschukanis* den Schluss, dass das „Recht“ in seiner am weitesten entwickelten Form nur in der bürgerlichen Gesellschaft vorkomme, und leugnete damit die Ersetzung des bürgerlichen durch das revolutionäre Recht.[229] Für ihn waren Staat und Recht als Bestandteile des Überbaus nur Formen, die ausschließlich in einer bürgerlichen Gesellschaftsordnung ihre Berechtigung hatten und daher untergehen müssten, wobei sie bis zur Errichtung des Sozialismus im proletarischen Interesse ausgenutzt werden könnten.[230] Im

---

[225] *Meissner*, Entwicklung und Grundzüge der sowj. Staatslehre, aaO., S. 12.
[226] Siehe *Wyschinski*, Zur Lage an der theoretischen Rechtsfront, in: *Reich*, Marxistische und Sozialistische Rechtstheorie, S. 116.
[227] *Paschukanis*, Allgemeine Rechtslehre, S. 142.
[228] *Paschukanis*, Allgemeine Rechtslehre, S. 300.
[229] *Wyschinski*, Zur Lage an der theoretischen Rechtsfront, aaO., S. 117.

Interesse ausgenutzt werden könnten.[230] Im Strafrecht sah er das Vergeltungsprinzip ebenfalls als Ausdruck der Warenform an und forderte die Abschaffung allgemeiner Grundbegriffe, wie Täterschaft, Teilnahme, Versuch, Schuld sowie des gesamten Besonderen Teils zugunsten einer Beschreibung der anzuwendenden medizinisch-pädagogischen Maßnah-men.[231] Damit offenbart sich trotz der Einflüsse der NEP die rechtsnihilistische Grundeinstellung *Paschukanis*.

6. Die rechtstheoretische Entwicklung nach 1929

Mit Beginn der Alleinherrschaft *Stalins* (1929) erlebte die Sowjetunion entscheidende Veränderungen sowohl im ökonomischen als auch im politisch-ideologischen Sinne. Der durch die NEP eingeschlagene Weg wurde durch die Liquidierung des Privateigentums, durch die Beseitigung landwirtschaftlicher Betriebe und die Kollektivierung in Kolchosen (Genossenschaftsgüter) und Sowchosen (Staatsgüter) revidiert. Die Jahre 1929 bis 1932 standen ganz im Zeichen der Agrarrevolution auf dem Lande, bei der durch Anweisungen der Partei die Kollektivierung eingeleitet wurde. Politisch-ideologisch war von der Verschärfung des Klassenkampfes die Rede, wobei man gerade das Bürgertum und die selbständigen Bauern (sog. Kulaken) zum Feind der Gesellschaft machte. Die Kollektivierung der Landwirtschaft wurde mit einer unglaublichen Härte durchgesetzt: Massendeportationen, Tötungen oder andere Repressalien drohten denen, die sich widersetzen wollten.[232] Die Bemühungen um eine Kodifizierung von Gesetzen wurden abgebrochen, das Land nur noch durch Erlasse der Partei regiert.[233] *Stalin* rechtfertigte die massiven Verfolgungsmaßnahmen gegenüber nahezu allen Bevölkerungsschichten damit, dass die Klassenfeinde, auch wenn

---

[230] *Meissner*, Entwicklung und Grundzüge der sowj. Staatslehre, aaO., S. 11.

[231] *Schroeder*, Fünfzig Jahre sowjetische Rechtstheorie, in: *Maurach/Meissner* (Hrsg.), 50 Jahre Sowjetrecht, S. 58.

[232] Siehe *Bock*, Wochenpost Nr. 51/1989, S. 16.

[233] Siehe *Maurach*, Die politischen und soziologischen Grundlagen, in: *Königsteiner Kreis* (Hrsg.), Die Entwicklung des sowjetischen Strafrechts, S. 16.

sie schon fast besiegt seien, die Kraft eines Sterbenden aufbringen würden, der sich noch einmal im Todeskampf aufrichten und seine letzten Kräfte aufbringen würde.[234]

Im Dezember 1934 wurden auf Empfehlung *Stalins* Abänderungen in der Strafprozessordnung vorgenommen, die fast vollständig die Möglichkeit ausschlossen, mit Rechtsmitteln gegen Gesetzesverstöße vorzugehen. Die Ermittlungen und Gerichtsverfahren in Strafsachen wurden vereinfacht und zeitlich verkürzt. Überall begann man auf Empfehlung des Zentralkomitees der Kommunistischen Partei, Geständnisse gewaltsam zu erzwingen und Ermittlungsakten zu fälschen. Die Willkür der staatlichen Organe, die Folter und Misshandlungen, Selbstdenunziationen sowie Verleumdungen unschuldiger Menschen zur Folge hatte, wurde damit legalisiert.[235]

Darüber hinaus duldete *Stalin*, seit 1922 erster Parteisekretär und mächtigster Mann im Land, innerparteilich keine Opposition, so dass viele Parteimitglieder als „Spione, Agenten, Diversanten oder Saboteure“ dem stalinistischen Terror zum Opfer fielen. Seit 1930 stetig bemüht, seine Alleinherrschaft zu festigen und auszubauen, rechnete er in inszenierten Schauprozessen mit seinen vermeintlichen Gegnern, insbesondere in den Jahren 1937/38, gnadenlos ab. Dabei ist bezeichnend, dass sich die „Säuberungen“ besonders in den eigenen Reihen vollzogen. Zehntausende Kommunisten oder Emigranten, die in der Sowjetunion eine politische Heimat gesucht hatten, fielen dem Staatsterror anheim. Von den 139 gewählten ZK-Mitgliedern des XVII. Parteitages fielen während der vierjährigen Amtszeit 110 und von den 1.986 Delegierten 1.108 den Repressalien zum

---

[234] Siehe insbesondere *Schroeder*, „Verräter und räudige Hunde“, in: *Weber/Piazolo* (Hrsg.), Justiz im Zwielicht, S. 153f.
[235] *Kopalin*, Die Rehabilitierung deutscher Opfer sowjetischer politischer Verfolgung, www.fes.de/fulltext/historiker/00573.htm.

Opfer.[236] Aus der vermeintlichen Verschärfung des Klassenkampfes folgte auch eine besondere Wachsamkeit gegenüber denjenigen, die der Idee vom Aufbau des Sozialismus/Kommunismus ergeben waren. Keiner, auch nicht die Funktionäre in der Parteispitze, konnte sich sicher sein, nicht irgendwann *Stalins* Säuberungsaktionen zum Opfer zu fallen.[237]

Auch einige Wissenschaftler scheinen sich dem geforderten Parteigehorsam widersetzt zu haben und erregten damit den Unmut *Stalins*. *Paschukanis*, der sich in der Zeit der NEP um die Ausarbeitung rechtstheoretischer Grundlagen bemüht hatte, zwang man zur Selbstkritik[238], was jedoch nicht verhindern konnte, dass er 1936 als „Volksschädling" entlarvt wurde.[239] Die Verstärkung des Klassenkampfes rechtfertige den Staat als Organisation und die Unterdrückung der feindlichen Kräfte. Das Absterben des Staates, so *Stalin* 1933, werde nicht durch die Abschwächung der Staatsmacht kommen, sondern durch ihre maximale Verstärkung, die notwendig sei, um die Überreste der sterbenden Klasse zu vernichten und die Verteidigung gegen die kapitalistische Einkreisung zu organisieren, die noch nicht vernichtet sei und nicht so bald vernichtet sein werde.[240]

Nach 1937 arbeitete *Wyschinski, Stalins* treuester Gefolgsmann, an einem neuen Rechtsbegriff und an der Formulierung des neuen Rechtsverständnisses. Dabei übte er harsche Kritik an den Arbeiten von *Stutschka*, *Paschukanis* und *Gojchbarg*, die vor allem in der Zeit der NEP wissenschaftlich gearbeitet hatten. *Paschukanis* Auffassung vom bürgerlichen Recht als höchste Form der Entwick-

---

236 Siehe *Bock*, Wochenpost Nr. 51/1989, S. 16.

237 *Weber*, DeutschlandArchiv 1998, 37.

238 *Paschukanis*, Für eine marxistisch-leninistische Staats- und Rechtstheorie, in: Reich, Marxistische und sozialistische Rechtstheorie, S. 110, schrieb: „Vor allem leidet sie (die Arbeit - d. Verf.) unter gravierenden ... Fehlern. Schließlich hat die Arbeit eine Reihe von konstruktiven Fehlern, die die formale Seite des Rechtes von seinem materiell-klassenbestimmten Inhalt trennt."

239 *Reich/Reichel*, Einführung in das sozialistische Recht, S. 23.

240 *Meissner*, Entwicklung und Grundzüge, aaO., S. 13.

lung des Rechts und damit die Leugnung juristischer Momente innerhalb menschlicher Beziehungen im Sozialismus wurde als „liquidatorische, schädliche Linie“[241] bezeichnet. Er habe mit seiner Doppelzüngigkeit das ihm unterstellte „Institut für sowjetischen Aufbau und Recht“ zu einem Refugium für Leute gemacht, die lediglich Feinde des Sowjetstaates und des Sowjetrechtes waren. Seine Selbstkritik diene nur dazu, seine scheinmarxistischen, antileninistischen Ansichten in versteckterer Form durchzuführen.[242] *Stutschka* habe zwar hervorragende Arbeit bei der Organisation der Sowjetjustiz und bei der Herausarbeitung der Grundlagen des sowjetischen Rechts geleistet, trotzdem enthielten sie ernsthafte Fehler und antileninistische Positionen. *Stutschka* war seinerzeit davon ausgegangen, dass man nach Vernichtung des alten Rechts dieses durch ein Recht der sozialistischen Gesellschaft[243] ersetzen könne. Dies widerspreche nach Ansicht *Wyschinskis* der marxistisch-leninistische Rechtstheorie, die lehre, dass in der Übergangszeit die Niederhaltung der Feinde - und damit der Zwang - unersetzlich sei. *Wyschinski* sah das Recht als Gesamtheit der Verhaltensregeln, die den Willen der herrschenden Klasse ausdrücken und auf gesetzgeberischem Wege festgelegt sind, sowie der Gebräuche und Regeln des Gemeinschaftslebens, die von der Staatsgewalt sanktioniert seien. Die Anwendung der Regeln werde durch die Zwangsgewalt des Staates zum Zwecke der Sicherung, Festigung und Entwicklung der gesellschaftlichen Verhältnisse und Zustände gewährleistet, die der herrschenden Klasse genehm und vorteilhaft seien.[244] Dieser Definition fehlte dabei offensichtlich ein das sozialistische Recht charakterisierendes

---

[241] *Wyschinski*, Zur Lage an der theoretischen Rechtsfront, in: *Reich*, Marxistische und Sozialistische Rechtstheorie, S. 117.
[242] *Wyschinski*, aaO., S. 114.
[243] *Stutschka*, Proletarisches Recht, in: *Reich*, Marxistische und Sozialistische Rechtstheorie, S. 79: „Vom proletarischen Recht können wir nur als Recht der Übergangszeit, der Periode der Diktatur des Proletariats oder schon vom Recht der sozialistischen Gesellschaft...sprechen (wo) ...die Beziehungen der Menschen untereinander sowie die Sozial- und Gesellschaftsordnung nicht durch Zwang, sondern durch den bewußten freien Willen der Werktätigen ... geregelt (wird).“
[244] *Reich/Reichel*, Einführung in das sozialistische Recht, S. 23.

Merkmal. *Wyschinski* ging demnach davon aus, dass das „Recht“ in jeder Gesellschaftsformation den gleichen Zweck verfolge, d.h. der Sicherung der Macht diene.

Ab 1938 hatte *Stalin* seine Alleinherrschaft endgültig gesichert. Der Personenkult um *Stalin* nahm derweil groteske Züge an, wobei der Beginn des Zweiten Weltkrieges und die im Ergebnis erfolgreiche Verteidigung des Landes den Kult um die Person *Stalins* weiter verschärft haben mögen. Als *Stalin* die sich zuspitzende Kriegssituation erkannte, versuchte er einen Sowjetpatriotismus zu entfachen, um den Willen zur Landesverteidigung zu stärken und somit auch seine Macht. Weitere „Parteisäuberungen“, insbesondere in den Funktionärs- und Offizierskorps, unterblieben daher zunächst.[245]

Ab 1939 entwickelte *Stalin* als oberster Staatsrechtler seine Lehren weiter und begründete nun im Gegensatz zur These des „Absterbens des Staates“ die Lehre von der Notwendigkeit einer sozialistischen Staatlichkeit mit der „bürgerlichen Einkreisung“. Der Staat als solcher müsse auch in einem sozialistischen Land weiter bestehen bleiben, solange die „kapitalistische Umkreisung“ nicht beseitigt sei. Später untermauerte er diese These zusätzlich mit seiner Lehre von der „Revolution von oben“. Abweichend von *Marx/Engels*, die dem Unterbau (= Basis) die Rolle zudachten, den Überbau zu verändern und zu revolutionieren, ging *Stalin* davon aus, dass nunmehr der Staat als Bestandteil des politisch-ideologischen Überbaus für die weitere fortschrittliche Entwicklung verantwortlich sei und daher vorerst nicht absterben werde.[246]

---

[245] *Geilke*, Einführung in das Sowjetrecht, S. 93.
[246] *Meissner*, Entwicklung und Grundzüge, in: *Maurach/Meissner* (Hrsg.), 50 Jahre Sowjetrecht, S. 14 ff.

Nach dem Sieg über den Hitlerfaschismus zentrierte sich die Macht im Staat weiterhin allein in den Händen *Stalins*, der ab 1952 begann, seine 1938 abgebrochenen Säuberungsaktionen weiterzuführen. Gerade in seinen letzten Lebensjahren entwickelte *Stalin* ein krankhaftes Misstrauen, das zu zahlreichen Entlassungen, Verhaftungen und Verurteilungen führte. Er rief auf dem XIX. Parteitag der KPdSU zur politischen Wachsamkeit und zur Stärkung des politischen Bewusstseins und der Parteidisziplin auf. 1953 wurde eine angebliche Verschwörung von Kremlärzten aufgedeckt[247], es folgten Verhaftungen von Ärzten, Angehörigen der Intelligenz, Wirtschaftsfunktionären, Juden, Staatsbeamten u.a. Die Säuberungswelle wurde erst eingestellt als *Stalin* 1953 starb.[248]

[247] *Stalins* Misstrauen gegenüber seinen Ärzten verschärfte sich, als diese eine Verschlechterung des Gesundheitszustandes diagnostizierten. Prof. *Winogradow* hatte hypotrophe Anfälle festgestellt; *Stalin* vermutete dahinter eine Verschwörung und ließ ihn verhaften. Dem „Verhörer" *Ignatjew* ließ er ausrichten, wenn er keine Geständnisse der Ärzte bekäme, werde er ihn einen Kopf kürzer machen, siehe *Wolkogonow*, Stalin, S. 769.

[248] *Geilke*, Einführung in das Sowjetrecht, S. 93f. Später war es gerade *Berija*, der als Verfechter von Reformen galt: die inhaftierten Kreml-Ärzte wurden entlassen, Folter und Massenterror abgeschafft, vgl. *Wilke*, DeutschlandArchiv 2004, 273.

Teil II

Strafrechtliche Entwicklung und Strafjustiz auf dem Gebiet der sowjetischen Besatzungszone und der DDR

Abschnitt I: Begriff, Aufgabe und Wesen des sozialistischen Rechts auf dem Gebiet der SBZ/DDR

1. Quellen des sozialistischen Rechts in der DDR

Die Quellen des sozialistischen Rechts umfassend zu bestimmen, bereitet einige Schwierigkeiten. An erster Stelle standen vor Gründung der DDR die Direktiven des Kontrollrates, die Befehle der SMAD und danach die von der Volkskammer erlassenen Gesetze[249], die vom Ministerrat erlassenen Beschlüsse und Verordnungen, die vom Ministerrat erlassenen Direktiven, die Anordnungen und Anweisungen der einzelnen Minister und Staatssekretäre, die Beschlüsse und Verfügungen der örtlichen Organe der Staatsmacht (Bezirkstag, Kreistag, Rat des Bezirkes bzw. Rat des Kreises)[250] sowie letztlich die Verfassung, die als wichtigste Rechtsquelle galt[251]. Darüber hinaus stellten auch die zahlreichen Parteibeschlüsse, Richtlinien, Anleitungen etc. verbindliche Anordnungen dar, die bezüglich der Verbindlichkeit den Gesetzen in keiner Weise nachstanden. *Mollnau* wies darauf hin, dass die sozialistischen Rechtsnormen vom sozialistischen Staat in einem Akt komplizierter, schöpferischer Tätigkeit auf der Grundlage von

---

[249] Dazu zählen auch die Gesetze über den Fünfjahresplan und die jährlichen Volkswirtschaftspläne sowie die Beschlüsse des Staatsrates als Organ der Volkskammer, siehe *Mollnau* (Hrsg.), Rechtshandbuch für den Bürger, S. 33.

[250] Siehe *Klenner*, Der Marxismus-Leninismus über das Wesen des Rechts, S. 45.

[251] *Mollnau* (Hrsg.), Rechtshandbuch für den Bürger, S. 33.

Parteibeschlüssen geschaffen würden, weil die Partei aufgrund einer wissenschaftlichen Analyse eines gegebenen Entwicklungsstandes der Gesellschaft und ihrer Prognosetätigkeit die Schritte zur Durchsetzung der objektiven Gesetze festlege.[252] *Hoeniger* lobte Anfang der 50er Jahre, dass insbesondere die richtungsweisenden Anordnungen und Ausführungen des Ministers *Fechner* inzwischen Gemeingut aller Richter und Anklagevertreter geworden seien.[253] *Benjamin* erklärte nach den Beratungen des 21. Plenums, man habe gelernt, dass in jedem der Beschlüsse der Sozialistischen Einheitspartei Deutschlands, in jeder der Erklärungen der Regierung in der vielfältigsten Weise Lehren und Hinweise für jeden Teil des Staatsapparates enthalten seien. Man könne daher in ihnen nicht nur allgemeinpolitische Hinweise sehen, sondern müsse sie zur Grundlage für ganz konkrete Maßnahmen machen, die es auch innerhalb der Justiz durchzuführen gelte.[254] Entsprechend dem Führungsanspruch der Staats- und Parteiführung hatten Parteiprogramme und -beschlüsse absoluten Vorrang, obwohl sie niemals als Rechtsnorm im eigentlichen Sinn verstanden wurden. Sie bestimmten nicht nur die staatliche Rechtsetzung, sondern ergingen zum Teil als direkte Anweisung an den staatlichen Gesetzgeber.[255] Die SED gab daher durch ihre Beschlüsse und Direktiven allen Organen des Staates die politische Linie für ihre Arbeit und lenkte so die Tätigkeit der Organe der Staatsmacht.[256]

2. Der Begriff des sozialistischen Rechts

Ging man im 19. Jahrhundert noch davon aus, dass mit der Ergreifung der Macht durch das Proletariat der Staat absterben müsse, weil der Klassenantagonismus

---

252 Siehe *Mollnau*, StuR 1971, 276 ff.
253 *Hoeniger*, NJ 1950, 204.
254 *Benjamin*, NJ 1954, 679.
255 Vgl. auch *Lieser-Trebnigg*, Recht in der DDR, S. 11.
256 *Schmidthals*, Die Neugestaltung des strafrechtlichen Staatsschutzes, S. 13.

fehle, erkannte bereits *Lenin*[257], dass diese These nicht haltbar war. Staat und Recht seien zwei eng miteinander verbundene Erscheinungen, die, aus einem einheitlichen Prozess hervorgegangen, unentbehrlich seien, solange es Klassen in der Gesellschaft gebe. Da diese auch im Sozialismus noch bestehen würden, könne das Proletariat als herrschende Klasse seine Interessen nur ausreichend schützen, wenn es seinem Willen allgemeinen Ausdruck in staatlich verbindlichen Normen verleihe.[258] Dabei sei das Recht seiner Natur nach eine politische Erscheinung, die mit dem Staat verbunden sei, durch ihn vermittelt werde und auf ihn bezogen sei. Rechtsnormen seien bzw. würden daher nicht überflüssig, weil sie die Aufgabe hätten, zum einen die angestrebten gesellschaftlichen Verhältnisse herbeizuführen und zum anderen diese zu schützen und aufrechtzuerhalten. Daher sei der Staat ohne das Recht nicht denkbar, weil es des Rechts zur allgemeinverbindlichen Durchsetzung der Interessen der herrschenden Klasse bedürfe.[259]

Als es darum ging, ein neues „Recht" auf deutschem Boden zu schaffen, das den Interessen der bislang ausgebeuteten Massen entsprach, stellte sich die Frage, welche Anforderungen an dieses „Recht" zu stellen seien. Es sollte sich ausdrücklich zum Antifaschismus, zum Demokratismus, zu demokratischen Grundrechten und Freiheiten und zur Ablehnung des „bürgerlichen" Staates als Ursprung des Faschismus bekennen. Darüber hinaus sah man die Notwendigkeit, ein „Recht" zu schaffen, das die große Kluft zwischen Volk und Justiz überwin-

---

[257] *Lenin* erkannte den proletarischen Übergangsstaat als ein beizubehaltendes, notwendiges Übel an, solange es noch Klassen gebe, *Meissner*, Entwicklung und Grundzüge, in: *Maurach/Meissner* (Hrsg.), 50 Jahre Sowjetrecht, S. 24; er forderte daher in einer Proklamation neben der Abschaffung der Ausbeutung des Menschen auch die Aufhebung der Teilung der Gesellschaft in Klassen sowie die schonungslose Unterdrückung des Widerstandes der Ausbeuter, *Mollnau* (Hrsg.), Rechtshandbuch für den Bürger, S. 26.

[258] *Mollnau* (Hrsg.), Rechtshandbuch für den Bürger, S. 20.

[259] Marxistisch-Leninistische Staatstheorie, S. 18.

den und die Menschen aktiv in die Justizarbeit einbinden sollte.[260] Jeder Bürger sollte das Gefühl haben können, nicht als Gegner zur Justiz zu stehen, sondern sich mit ihr als Partner auseinanderzusetzen.

Das sozialistische Recht sollte daher der staatliche Wille sein, der die Interessen der Arbeiterklasse und aller Werktätigen (des gesamten Volkes) ausdrückt und durch die materiellen Lebensbedingungen der Gesellschaft bestimmt ist. Dieser Wille werde vom Staat im System der Normen (Verhaltensregeln) objektiviert, die auf die Regelung der gesellschaftlichen Verhältnisse im Zusammenhang mit dem Aufbau des Sozialismus und Kommunismus gerichtet seien, durch das System der organisatorischen und ideologischen Mittel gewährleistet und durch staatlichen Zwang geschützt würden.[261] Es war somit ein wichtiges Instrument des Staates, die gesellschaftliche Entwicklung zu organisieren und das sozialistische Zusammenleben der Menschen sowohl untereinander als auch zum Staat zu regeln. Das Recht, seine Gestaltung und seine richtige Anwendung verleihe den objektiv wirkenden Gesetzmäßigkeiten Ausdruck, fördere das Bewusstwerden dieser Gesetzmäßigkeiten durch die Volksmassen und lenke ihre Schöpferkraft auf die bewusste Ausnutzung dieser Gesetze. Dadurch müsse das Ziel der Errichtung einer sozialistischen Gesellschaft konsequenterweise zu einer gerechten Gesellschaftsordnung führen. Gerechtigkeit sei dem Wesen nach nichts anderes als die richtige, d.h. eine mit den gesellschaftlichen Gesetzmäßigkeiten übereinstimmende, den gesellschaftlichen Fortschritt und die menschliche Kraftentfaltung fördernde Gestaltung, Realisierung und Beurteilung gesellschaftlicher Wechselbeziehungen.[262] Das Recht werde somit bei der Lösung der wirtschaftlich-organisatorischen und kulturell-erzieherischen Aufgaben des Staates, bei der

---

[260] Siehe *Heuer/Lieberam*, Rechtsverständnis in der DDR, in: *Heuer* (Hrsg.), Die Rechtsordnung der DDR, S. 51 ff.
[261] Marxistisch-leninistische allgemeine Theorie des Staates und des Rechts, Bd. IV, S. 19.
[262] *Schüsseler*, StuR 1966, 1 (4).

breitesten Entfaltung der sozialistischen Demokratie zu einer großen gestaltenden und mobilisierenden Kraft.[263]

Das sozialistische Recht wird daher nach eigenem Selbstverständnis zusammenfassend durch folgende Elemente qualitativ bestimmt:

- durch das die ökonomischen Entwicklungsbedingungen der Gesellschaft determinierende Interesse der Arbeiterklasse, das im staatlichen Willen objektiviert ist,[264]
- es ist als Ausdruck der Interessen des Volkes ein von der Partei konzipiertes, vom Staat gesetztes, vom Volk verstandenes und akzeptiertes Recht,
- dieses Recht dient als gesellschaftsgestaltender und gesellschaftsändernder Faktor der Beseitigung des Klassengegners und der Verhinderung der Restauration,[265]
- durch den Ausdruck des Interesses und des Willens der Arbeiterklasse im System der Rechtsnormen, die der Regelung der gesellschaftlichen Beziehungen im Interesse des Aufbaus des Sozialismus und Kommunismus dienen,
- die Sicherung der Rechtsnormen erfolgt durch ein System organisatorischer und ideologischer Mittel auch unter Einsatz von Zwangsgewalt,[266]
- es ist Ausdruck und Instrument einer bewusst organisierten Gesellschaft, die der Entwicklung von Disziplin und Verantwortungsbewusstsein dient („Erziehungsdiktatur“[267]).[268]

---

[263] *Streit*, NJ 1963, 1.
[264] Marxistisch-leninistische allgemeine Theorie des Staates und des Rechts, S. 16.
[265] *Heuer/Lieberam*, Rechtsverständnis in der DDR, in: aaO., S. 57.
[266] Marxistisch-leninistische allgemeine Theorie des Staates und des Rechts, S. 16.
[267] Siehe *Beyer*, Urteil: 130 Jahre Zuchthaus, S. 26.
[268] *Jessen*, Partei, Staat und „Bündnispartner“, in: *Judt* (Hrsg.), DDR-Geschichte, S. 83.

Das Recht und seine Rechtsnormen wurden bestimmt durch seinen Klassencharakter. In antagonistischen Gesellschaftsordnungen sei das Recht nur angeblich Ausdruck einer gemeinsamen moralischen Überzeugung, weil es *ein* gemeinsam gewolltes Recht aufgrund der Klassengegnerschaft zwischen Ausbeuter und Ausgebeuteten gar nicht geben könne. Da Rechtsnormen stets im Interesse der einen oder anderen Klasse wirken, könne das bürgerliche Recht nur der Aufrechterhaltung der Ausbeuterverhältnisse und damit der Unterdrückung der Arbeiter dienen, um die kapitalistischen Verhältnisse zu sichern. Insofern bestimme eine Minderheit über die Interessen einer Mehrheit. Das sozialistische Recht sollte allerdings Ausdruck des Willens des Volkes sein und damit einer Mehrheit. Es sollte der Befreiung des Menschen von der Ausbeutung, der freien persönlichen Entfaltung und der Schaffung der gesetzmäßigen objektiven Bedingungen dienen. Die qualitative Überlegenheit des sozialistischen Rechts über das bürgerliche zeige sich darin, dass sich in der sozialistischen Rechtsordnung die Menschen aus freiem Willen rechtstreu verhalten würden, weil der Staat ihnen die freie Entfaltung der Persönlichkeit ohne Ausbeutung garantieren könne. In der bürgerlichen Gesellschaft sei dies nicht möglich, weil eine Minderheit auf Kosten einer schwächeren Mehrheit lebe. Das Recht des bürgerlichen Staates unterscheide sich daher von dem Recht des sozialistischen Staates dadurch, dass sein Klassencharakter ein anderer sei.[269] Es wird dabei auch deutlich, dass die Anerkennung des durch den Klassenwillen bedingten Wesens des Rechts ebenso wie die Anerkennung seiner normativen Rolle bei der Regelung der gesellschaftlichen Verhältnisse, die letztlich durch die Ökonomik bestimmt werden, die methodologische Ausgangsthese der marxistisch-leninistischen Lehre vom Recht ist.[270] Durch den Klassencharakter des Rechts hatte die sozialistische Rechtsordnung einen fast dynamischen Charakter. Die Rechtsnormen waren zumeist so

[269] Siehe *Klenner*, Der Marxismus-Leninismus über das Wesen des Rechts, S. 39f.
[270] Marxistisch-leninistische allgemeine Theorie des Staates und des Rechts, S. 20.

ausgestaltet, dass sie gesellschaftlichen Veränderungen „angepasst" werden konnten (siehe auch sozialistische Gesetzlichkeit). Um die Entwicklung, die noch eintreten könnte, mit in die Rechtsvorschriften einzubeziehen, bediente man sich folgender Möglichkeiten:

1. der Verwendung unbestimmter Rechtsbegriffe (Methode der Abstraktion), wie z.B. „Boykotthetze", „Kriegshetze" bei Art. 6 VerfDDR, „sonstiges Beiseiteschaffen" bei § 1 VESchG etc.,
2. der Einleitung der Gesetzestexte/ Verordnungen durch Präambeln, wie z.B. beim HSchG; damit wurde der Intention des Gesetzgebers noch einmal Ausdruck verliehen und gab somit dem Juristen einen Leitfaden zur Interpretation. Viele dieser Vor-Texte lesen sich als politische Programme, die die „Feinde" der Gesellschaft ausmachten oder den politischen Führungsanspruch der Partei verdeutlichten.[271]
3. der Ausgestaltung des Gesetzes als Mittel-Zweck-Relation[272], wobei das gesamte Gesetzeswerk - und nicht nur die Einleitung bzw. Präambel - politischen Charakter mit entsprechenden Zielsetzungen trug.

3. Aufgabe des sozialistischen Strafrechts in der DDR

Die Aufgabenzuteilung für das sozialistische Recht ergab sich aus der Erkenntnis der Notwendigkeit des Rechts. War man Anfang der 20er Jahre immer noch der Auffassung, dass das Recht mit der Vernichtung des alten „bourgeoisen" Rechts und der Errichtung der neuen sozialistischen Ordnung absterben müsse[273], weil

---

[271] Siehe z.B. GBl. I 1976, 301; ähnliches kann man auch in der Rechtsprechung beobachten. In den Urteilen der Anfangsjahre findet man seitenlange Ausführungen zur geschichtlichen Situation, vgl. OG, Urteil vom 01.05.1952 - 1 Zst (I) 2/52, OGSt 2, 14.

[272] Geprägt hat diesen Begriff wohl *Menzel*, Die Bedeutung des Rechts, S. 68.

[273] „...denn das Ziel der sozialistischen Revolution als solcher besteht in der Vernichtung des Rechts, in seiner Ersetzung durch die neue sozialistische Ordnung ... mit Absterben des Staates fällt und stirbt natürlich auch das Recht im bürgerlichen Sinne ab." Durch die „Abschaffung des Staates als Organ der Unterdrückung der Klassen werden die Beziehungen der Menschen untereinander sowie die

der Klassenantagonismus fehle, so setzte sich Mitte der 50er Jahre die Überzeugung durch, dass das Recht solange notwendig sei, wie der Sozialismus auf der ganzen Welt noch nicht gesiegt habe.[274] Zwar sei Kriminalität als Relikt einer kapitalistischen Ausbeutergesellschaft nur eine Äußerungsform der in einer Ausbeuterformation vorherrschenden Lebensweise und somit im Sozialismus ihrer Grundlage beraubt und unter sozialistischen Verhältnissen keine notwendige, wohl aber eine mögliche Erscheinung.[275] Solange der Sozialismus aber nicht auf der ganzen Welt existiere, sei der Klassenkampf und damit die Quelle für Straftaten nicht beseitigt.[276]

Diesbezüglich betonte man auf der 2. Parteikonferenz der SED 1952, die Richter müssten sich bei der täglich zu verrichtenden Arbeit von der Erkenntnis leiten lassen, dass sich der Aufbau des Sozialismus unter den Bedingungen eines verschärften Klassenkampfes vollziehe.[277] Dabei müsse man immer wieder auf die Erkenntnisse *Lenins* zurückgreifen, der bereits 1919 festgestellt habe, dass die Ausbeuter zwar geschlagen, aber nicht vernichtet seien. Die Energie ihres Widerstandes sei infolge ihrer Niederlage auf das Hundert- und Tausendfache gewachsen, was den Klassenkampf der gestürzten Ausbeuter gegen die siegreiche Avantgarde der Ausgebeuteten umso erbitterter mache.[278]

Sozial- und Gesellschaftsordnung nicht durch Zwang, sondern durch den bewußten freien Willen der Werktätigen, d.h. der gesamten neuen Gesellschaft geregelt.", siehe *Stutschka*, in: *Reich*, Marxistische und sozialistische Rechtstheorie, S. 79.

[274] Lehrbuch zum Strafrecht AT, 1957, S. 252.

[275] Siehe *Stiller*, NJ 1964, 298 (300).

[276] Siehe *Mertens*, „Überkommenes bürgerliches Relikt", in: *Mertens/Voigt* (Hrsg.), Opfer und Täter im SED-Staat, S. 243.

[277] *Fechner*, NJ 1953, 225.

[278] *Lenin*, Ökonomie und Politik in der Epoche der Diktatur des Proletariats, in: *Ulbricht*, Die Entwicklung des deutschen volksdemokratischen Staates 1945-1958, S. 128.

Daraus wurde geschlossen, dass alle in der DDR begangenen Verbrechen notwendigerweise ihren Ursprung im Kampf der untergehenden kapitalistischen Welt gegen den Aufbau einer sozialistischen Ordnung haben. An diesem Klassenkampf nahm nun auch notwendigerweise das „Recht“ teil, weil es die Aufgabe hatte, die herrschende Klasse zu unterstützen und die unterdrückte Klasse mit allen Mitteln zu bekämpfen, weil nur so dem Sozialismus/ Kommunismus als fortschrittliche Gesellschaft zum Sieg verholfen werden konnte. Das Recht wurde daher nicht als sittliches Prinzip anerkannt, das sich an Wahrheit und Gerechtigkeit orientierte, sondern ausschließlich als Mittel zur Durchsetzung der kommunistischen Ziele, das von der Partei *„als Hebel zur sozialistischen Umwälzung“* eingesetzt werden müsse.[279] *Lenin* forderte schon 1917 die Unterdrückung der besitzenden Klasse mit den gleichen Mitteln, denen sich einst die besitzende Klasse gegen die Arbeiterklasse bedient habe,[280] wobei die Unterdrückung der gestürzten Ausbeuterklasse mit Mitteln des staatlichen Zwanges nicht mit der Unterdrückung der Arbeiterklasse zu vergleichen sei. Die Bourgeoisie verfolge mit ihrer Strafpolitik nur das Ziel, die Ausbeutung und Unterdrückung (Klassenherrschaft) zu erhalten und zu verewigen. Dagegen übe die Arbeiterklasse ihren Zwang mit dem Ziel aus, jede Klassenherrschaft zu beseitigen, die klassenlose Gesellschaft zu errichten und somit jeden Zwang auf Dauer zu beseitigen. Daher diene der vom sozialistischen Staat ausgeübte Zwang den Interessen des Fortschritts der gesamten Menschheit und sei somit historisch berechtigt.[281] Das Strafrecht hatte nun vornehmlich die Aufgabe, die Staats- und Gesellschaftsordnung gegen alle kriminellen Anschläge zu schützen und zu ihrer Festigung beizutragen. Dafür sei es notwendig, den Werktätigen ihre Verantwortung für den

---

[279] Siehe *Schweichel*, SBZ-Archiv 1959, 2.
[280] *Lenin*, Rede zur Frage der Konstituierenden Versammlung, in: *Benjamin*, Der Ausschluß der strafrechtlichen Verantwortlichkeit, S. 10.
[281] *Benjamin*, Der Ausschluß der strafrechtlichen Verantwortlichkeit, S. 10f.

sozialistischen Aufbau bewusst zu machen und sie zur Klassenwachsamkeit zu erziehen, um somit auch das sozialistische Bewusstsein zu schärfen.[282]

Mitte der 70er Jahre wurde die Notwendigkeit des Strafrechts für solange erforderlich gehalten, bis die Befolgung der Normen und der anderen Regeln des sozialistischen Zusammenlebens zu einem inneren Bedürfnis und zur Gewohnheit der Mitglieder der sozialistischen Gesellschaft geworden sei.[283] Zwar seien mit der Beseitigung der imperialistischen Verhältnisse und mit dem Übergang zum Sozialismus der Kriminalität die materiellen Grundlagen entzogen, es gebe aber immer noch Handlungen, die den sozialistischen Verhältnissen widersprächen. Ursachen für eine weiter andauernde Kriminalität seien unter den Bedingungen des entfalteten sozialistischen Aufbaus ein Komplex von gesellschaftlichen und individuellen Erscheinungen materieller, ideologischer, individuell-bewusstseinsmäßiger Natur[284], die dem Wesen des Sozialismus an sich fremd seien und kraft des ihnen eigenen Widerspruchs Personen zur Begehung von Straftaten bestimmten.[285] Diese lägen in Traditionen und Gepflogenheiten, die als Relikte des bürgerlichen Denkens in der neuen Gesellschaftsordnung noch vorhanden seien[286], so z.B. Habsucht, Korruption, Egoismus, Rowdytum, parasitäre Einstellung[287], Trunksucht, moralische Zügellosigkeit[288] etc. Mit der Umgestaltung der gesellschaftlichen Verhältnisse allein könne man diese alten, rückständigen Denkweisen, die immer noch unter kapitalistischen Einflüssen stehen würden, nicht sofort überwinden.[289] Mit der Begründung der Notwendigkeit eines sozialistischen Rechts wurde auch dessen Aufgabe wie folgt bestimmt:

---

[282] *Buchholz/Dähn/Weber*, Strafrechtliche Verantwortlichkeit und Strafe, S. 37.
[283] Marxistisch-leninistische allgemeine Theorie des Staates und des Rechts, S. 13.
[284] Damit meint d. Verf. die dem Verbrechen zugrunde liegende Denkweise.
[285] Siehe *Stiller*, NJ 1964, 298 (301).
[286] Siehe *Orschekowski/Hartisch/Friebel/Manecke/Sahre*, NJ 1959, 830.
[287] *Stiller*, NJ 1964, 298 (303).
[288] *Manecke*, Lehrhefte für das Fernstudium, X. Lehrgang, Heft 1, S. 133.
[289] *Stiller*, NJ 1964, 298 (301).

- Sicherung der Unantastbarkeit der sozialistischen Gesellschaftsordnung und ihrer Errungenschaften vor feindlichen Angriffen,[290] insbesondere die Niederhaltung gestürzter Ausbeuterklassen[291],
- Schutz der sozialistischen Gesellschaft, insbesondere der Würde und Freiheit des Einzelnen und die Verhinderung rechtsverletzender Handlungen,
- Festigung des sozialistischen Internationalismus und der sozialistischen Staatengemeinschaft, z.B. in Form der Angleichung des Rechts der sozialistischen Staaten,
- Festigung des Bündnisses zwischen Arbeiterklasse und Genossenschaftsbauern und den übrigen Werktätigen,
- Leitung des Aufbaus und Gestaltung der neuen Gesellschaft, insbesondere der Produktion,
- Regulierung der Verteilung der Arbeit und Produkte entsprechend dem Leistungsprinzip[292],
- Entfaltung der sozialistischen Demokratie,
- Organisierung und Leitung der sozialistischen Gesellschaftsordnung, Entwicklung der Produktivkräfte und Produktionsverhältnisse, insbesondere Regulierung der Verteilung der Produkte und der Verteilung der Arbeit auf die Mitglieder der Gesellschaft[293],
- Verwirklichung des wissenschaftlich-technischen Fortschritts durch die Gesetzgebung, die Handlungen als gesellschaftsgefährlich und damit strafbar erklärt, die das Strafgesetz noch nicht kannte,
- Gewährleistung von Organisiertheit, Disziplin und Bewusstsein der Mitglieder der sozialistischen Gesellschaft, erzieherischer Einfluss auf das Rechtsbewusstsein seiner Adressaten.

---

290 *Arlt*, StuR 1969, 1419 (1424).
291 Rechtslexikon 1988, S. 331.
292 Rechtslexikon 1988, S. 331.
293 Marxistisch-leninistische allgemeine Theorie des Staates und des Rechts, Bd. I, S. 9 ff.

4. Die Prinzipien des sozialistischen Rechts

Das sozialistische Recht ist gekennzeichnet durch zahlreiche Prinzipien. Das neu geschaffene sozialistische Recht sollte als Recht einer „höheren Stufe“ die Überlegenheit gegenüber dem kapitalistischen Recht demonstrieren, und zwar dadurch, dass das sozialistische Recht nur darauf gerichtet sei, immer mehr und schließlich alle Mitglieder der Gesellschaft zur bewussten Gestaltung ihrer gesellschaftlichen Beziehungen und zur politischen Machtausübung zu befähigen, woraus sich letztendlich eine Identität zwischen den vom Recht Geleiteten und seinen Schöpfern ergeben sollte.[294] In diesem Sinne sind auch die meisten Grundsätze zu sehen, weil sie dem Einzelnen Klassenbewusstsein und die Wichtigkeit seiner Person für die Gemeinschaft verdeutlichen wollten.

a) Das sozialistische Rechtsbewusstsein

Dem sozialistischen Rechtsbewusstsein kam von allen Bewusstseinsformen, die Ausdruck des Überbaus sein sollten, eine besondere Bedeutung zu. Davon ausgehend, dass der Sozialismus nur durch das bewusste und planmäßige Handeln der Werktätigen zu entwickeln sei, kam der Staats- und Rechtswissenschaft die Aufgabe zu, die wachsende Rolle des „sozialistischen Rechtsbewußtseins zu analysieren, um damit weitere Voraussetzungen für die Leitung ideologischer Prozesse zu schaffen“[295]. Zwar sei das sozialistische Rechtsbewusstsein ein sich von allen anderen Gesellschaftsformen unterscheidendes Merkmal, seinen Entwicklungsanfang habe es aber im Kapitalismus, wo sich die Gesellschaft in antagonistische Klassen spalte, insbesondere „in den von der Partei geführten Klassenkämpfen gegen die bürgerliche Rechtsordnung und deren Klassenjustiz“[296]. Es sei das Wissen der Menschen vom geltenden Recht, insbesondere die Kenntnis

---

[294] *Arlt*, StuR 1969, 1419 (1425).
[295] *Nasarenko*, Sozialistisches Rechtsbewußtsein und Rechtsschöpfung, S. 7.
[296] *Nasarenko*, aaO., S. 9.

vom Inhalt der Gesetze, das Verlangen einzelner sozialer Gruppen nach rechtlicher Regelung ihrer gesellschaftlichen Beziehungen. Dabei werde dieses Wissen von der ökonomischen Struktur der Gesellschaft besonders geprägt, weil die Bedürfnisse und Interessen der Klassen untrennbar mit der Stellung der Klasse in der vorherrschenden Gesellschaft verbunden seien, insbesondere durch ihr Verhältnis zu den Produktionsmitteln des materiellen Lebens.[297]

Daraus folge, dass das Rechtsbewusstsein als solches nicht nur Merkmal des Proletariats ist, sondern dass jede einzelne Klasse in antagonistischen Gesellschaftsformen ein solches besitzt. Die Arbeiterklasse, als eine besitzlose Klasse, sei an der Errichtung einer wahrhaft sozialen Ordnung interessiert, die ihr politische wie ökonomische Freiheit bringe, während die „Ausbeuter" an der Erhaltung ihrer Machtstellung interessiert seien, woraus sich schließen lasse, dass die Geschichte des Rechtsbewusstseins die Geschichte des Kampfes von Rechtsideen entgegengesetzter Klassen der antagonistischen Gesellschaft sei.[298] Hier zeigt sich deutlich, dass eine Abgrenzung zwischen Rechtsbewusstsein auf der einen Seite und dem politischen Bewusstsein auf der anderen Seite nicht zu ziehen ist, sondern dass Ersteres Teil des Letzteren ist.

Es stellte sich jedoch heraus, dass das Proletariat nicht in der Lage war, aus eigener Kraft ein solches Rechtsbewusstsein zu entwickeln, weil das Rechtsbewusstsein „keine biologische Eigenschaft des Menschen"[299] sei, obwohl „es auch nicht außerhalb"[300] dessen existieren könne. Eine der Hauptaufgaben der Partei „als der fortgeschrittene, bewußte Teil des Proletariats"[301] war es deshalb, dieses Rechts-

[297] *Nasarenko*, aaO., S. 18.
[298] *Nasarenko*, aaO., S. 19, 28.
[299] *Nasarenko*, aaO., S. 9.
[300] *Nasarenko*, aaO., S. 9.
[301] *Nasarenko*, aaO., S. 9.

bewusstsein in die Arbeiterklasse „hineinzutragen“[302]. Somit maß man der „Partei“ als Organ eine Rolle zu, die *Marx* und *Engels* so niemals vorgesehen hatten. In den Schriften von *Marx* und *Engels* gibt es keine Anhaltspunkte dafür, dass sie eine Vormachtstellung der „Arbeiterpartei“ befürworteten.

Mit dem Sieg der Arbeiterklasse und der Errichtung der Diktatur des Proletariats, was die Auflösung der antagonistischen Klassenverhältnisse zur Folge haben sollte, erfuhr auch der Begriff des „Rechtsbewusstseins“ eine neue inhaltliche Ausprägung. Anstelle zweier sich konträr zueinander verhaltender Rechtsbewusstseinsebenen entstehe nun ein einheitliches System rechtlicher Ideen, Ansichten und Gefühle, das die Interessen und Bedürfnisse der Gesellschaft an der rechtlichen Regelung gesellschaftlicher Verhältnisse, die sich zu kommunistischen gesellschaftlichen Verhältnissen entwickeln, widerspiegle.[303] Es entstehe daher ein „sozialistisches Rechtsbewusstsein“, dessen Inhalt *Nasarenko* wie folgt zusammenfasste[304]:

- das sozialistische Rechtsbewusstsein vertrete die Interessen des gesamten Volkes, was zu einem einheitlichen Rechtsbewusstsein führe,
- es formiere sich auf der Grundlage und unter der Leitung der Politik der kommunistischen Partei und der marxistisch-leninistischen Theorie,
- es spiele kraft seiner sozialen Bestimmung unter den Bedingungen des Sozialismus eine progressive Rolle in der gesellschaftlichen Entwicklung.

Geht man davon aus, dass das Rechtsbewusstsein ein ausgeprägtes Klassenbewusstsein der Arbeiterklasse ist und die Partei (SED) als „Vorreiter der Arbeiter-

---

[302] *Nasarenko*, aaO., S. 9.
[303] *Nasarenko*, aaO., S. 37.
[304] *Nasarenko*, aaO., S. 36.

klasse" fungiert, die gleichzeitig Rechtsetzungsbefugnis durch ihre Vertreter besitzt, so lässt sich der Schluss ziehen, dass das sozialistische Rechtsbewusstsein nicht nur als ideologische Anschauung existent war, sondern in jeder Entscheidung staatlicher Organe - unabhängig in welcher Form - seinen Ausdruck finden musste.

b) Die sozialistische Gesetzlichkeit[305]

Der Begriff der sozialistischen Gesetzlichkeit stammte aus der sowjetischen Rechtslehre und wurde von der am 08. November 1918 angenommenen Verordnung des VI. Außerordentlichen Allrussischen Kongresses der Sowjets erstmals ausdrücklich verwendet.[306] Er beinhaltete für alle Staatsorgane und Amtspersonen die Pflicht, die Gesetze und Anordnungen der Sowjetmacht auf das Strengste zu befolgen, um somit die Entwicklung und Festigung der Arbeiter- und Bauernmacht in Russland zu garantieren. *Lenin* unterstrich die Wichtigkeit dieses neuen Grundsatzes mit den Worten: „Die geringste Ungesetzlichkeit, die geringste Verletzung der Sowjetordnung ist schon eine Lücke, die sofort von den Feinden der Werktätigen ausgenutzt wird."[307] So findet man in der Verfassung der UdSSR von 1936 zahlreiche Artikel, die das Prinzip der „sozialistischen Gesetzlichkeit" verdeutlichen, bspw. verpflichtete Art. 97 die Sowjets, den Schutz der staatlichen Ordnung, die Einhaltung der Gesetze und die Wahrung der Rechte der Bürger zu gewährleisten; in Art. 113 wird der Generalstaatsanwaltschaft der UdSSR die oberste Aufsicht über die Einhaltung der Gesetze durch die Ministerien und ihre untergeordneten Institutionen übertragen. Auch wenn die Aufforderung zunächst nur an die staatlichen Organe gerichtet war,

[305] Dieser Begriff kann mit den Begriffen „demokratische Gesetzlichkeit", „sowjetische Gesetzlichkeit" bzw. „revolutionäre Gesetzlichkeit" inhaltlich gleichgesetzt werden und entstand im Zuge der neuen Rechtsordnung nach der Oktoberrevolution.
[306] *Orlowski*, NJ 1954, 613f.
[307] Siehe *Orlowski*, NJ 1954, 614, Fn. 3.

hatte das Prinzip der sozialistischen Gesetzlichkeit wohl auch unmittelbare Wirkung auf den einzelnen Bürger.[308] So sprach Art. 130 VerfUdSSR (1936) von der Pflicht eines jeden Bürgers, die Gesetze zu befolgen. Auch 1971 wurde in einer Resolution des XXIV. Parteitages zum Rechenschaftsbericht des Zentralkomitees der KPdSU noch einmal ausdrücklich darauf hingewiesen, dass die sozialistische Gesetzlichkeit weiter gefestigt werden müsse und „jegliche Versuche, vom Gesetz abzuweichen oder es zu umgehen, wie immer sie auch motiviert werden mögen, nicht geduldet werden“[309] könnten. Der Verstoß liege in der Verletzung des Rechts, so dass einerseits der Bürger durch eine rechtswidrige Handlung gegen die Gesetzlichkeit verstoße und andererseits durch gesetzeswidrige Akte in die subjektiven Rechte eines Bürgers eingegriffen werden könne.[310]

aa) Entwicklung und Inhalt der sozialistischen Gesetzlichkeit

Kurz nach der Oktoberrevolution bestand die Hauptaufgabe in der Entwicklung des sozialistischen Staates, insbesondere in der Unterdrückung des Widerstandes der gestürzten Klassen[311], der Organisation der Verteidigung des Landes, der Wiederherstellung der Industrie und Landwirtschaft und in der Vorbereitung der Bedingungen für die Liquidierung der „kapitalistischen Elemente“. So sollte die Grundlage für die Errichtung einer sozialistischen Gesellschaft geschaffen werden, die dann in der Lage wäre, die höchste aller Entwicklungsstufen, den Kommunismus, zu erreichen. In der darauf folgenden Entwicklungsphase standen allerdings mehr die Organisation der sozialistischen Wirtschaft, die kulturelle

[308] Anders dagegen *Aleksandrov*, der die Auffassung vertrat, die Verwirklichung der sozialistischen Gesetzlichkeit sei Aufgabe der staatlichen Behörden, während der Bürger die Gesetze lediglich einzuhalten habe, siehe *Reich/Reichel*, Einführung in das sozialistische Recht, S. 67; im Recht der DDR ging man auf diesen Meinungsstreit nicht mehr ein, sondern erkannte die unmittelbare Wirkung für jeden Einzelnen an, siehe Marxistisch-Leninistische Staats- und Rechtstheorie, S. 394.

[309] Marxistisch-Leninistische allgemeine Theorie des Staates und des Rechts, Bd. IV, S. 80.

[310] *Reich/Reichel*, Einführung in das sozialistische Recht, S. 68 unter Berufung auf *Strogovitsch*.

[311] *Kirchheimer*, Politische Justiz, S. 424, beschreibt *Lenin* als einen eminent pragmatischen Denker: unter keinen Umständen durfte in seiner Sicht die souveräne Rolle der kommunistischen Partei

Revolution, der Aufbau einer modernen Armee und die Zerschlagung letzter kapitalistischer Überreste im Vordergrund.[312]

Ähnlich stellte sich die Situation für die sowjetischen Besatzer nach 1945 auf dem Gebiet der besetzten Zone dar. Das Prinzip der sozialistischen Gesetzlichkeit sollte daher zunächst wichtigstes Mittel zur Durchführung der Politik der neuen Machthaber sein. Zuerst mussten Richter, die zu Zeiten des NS-Regimes Recht sprachen, aus ihren Ämtern entfernt und durch neue Kader ersetzt werden. Dazu kam die Durchführung der Bodenreform, die Entstehung von Volkseigentum, die Verurteilung von Kriegsverbrechern ebenso wie die Verfolgung von Wirtschaftsstrafverbrechen.[313] *Ranke*[314] vertrat dazu die Auffassung, Inhalt und Aufgaben der sozialistischen Gesetzlichkeit würden bestimmt durch die politischen Ziele, die Errichtung der Grundlagen des Sozialismus, die Entwicklung eines neuen Rechtsbewusstseins und einer sozialistischen Moral.[315]

So fand die sozialistische Gesetzlichkeit nach sowjetischem Vorbild Eingang in § 2 letzter Halbsatz Gerichtsverfassungsgesetz, der lautete: „Die Gerichte der Deutschen Demokratischen Republik erziehen durch ihre Rechtsprechung alle Bürger in ihrem beruflichen und persönlichen Leben zu einem verantwortungsbewußten Verhalten und *zur gewissenhaften Befolgung der Gesetze*"[316]. „Jede Unordnung, auch die kleinste Abweichung von der gewissenhaften Erfüllung der Gesetze und Verordnungen sind Lücken, die die Feinde unserer Staatsordnung

---

geschmälert werden; die Gesetze der Geschichte machten sie in seinen Augen zum allein denkbaren revolutionären Instrument.

[312] *Orlowski*, NJ 1954, 613, 615.

[313] Siehe dazu bspw. *Melsheimer*, NJ 1956, 289.

[314] *Ranke*, StuR 1954, 734.

[315] Zu einigen speziellen Fragen zur Theorie der sozialistischen Gesetzlichkeit, die vorliegend für das Verständnis nicht notwendig sind, *Kerimow*, NJ 1957, 385 ff.

[316] Gesetz über die Verfassung der Gerichte der DDR vom 02.10.1952, GBl. 1952, Nr. 141, S. 986.

für ihre Zwecke ausnutzen“[317] würden, so dass „die demokratische Gesetzlichkeit der Arbeiter- und Bauernmacht … nirgendwo und unter keinen Umständen verletzt werden“[318] dürfe. *Ziegler* appellierte, für jeden ehrlichen Bürger müsse die strenge Einhaltung der Gesetze, die unbedingte Achtung vor dem Gesetz höchste Pflicht sein, da jede Verletzung des Gesetzes sich gegen die Interessen der Werktätigen richte und die Entwicklung und Festigung der demokratischen Staatsmacht hemme.[319] Deshalb sei es vor allem Aufgabe der Justiz, die Rechte und Freiheiten der Bürger mit der Waffe der Gesetzlichkeit zu schützen und strengstens darauf zu achten, dass die Forderungen der Gesetzlichkeit für alle Bürger, Institutionen, Organisationen und Staatsfunktionäre in gleicher Weise verbindlich und unabdingbar seien.[320] Das Prinzip der sozialistischen Gesetzlichkeit stelle den Gerichten die Aufgabe, im Verfahren und in jeder Entscheidung einen Beitrag zur Festigung der Arbeiter- und Bauernmacht zu geben und der Bevölkerung bewusst zu machen, dass die Rechtsordnung mit den Interessen der Bürger übereinstimme.[321]

Das musste dazu führen, dass Rechtssätze von vornherein nur für eine gewisse Zeit Geltung beanspruchten, weil sich die Interessen der herrschenden Klasse entsprechend den objektiven Gesetzmäßigkeiten entwickelten. *Mühlberger*[322] betonte beispielsweise, dass die in der Vergangenheit angelegten Maßstäbe in einer anderen Phase der gesellschaftlichen Entwicklung nicht einfach weiter angewendet werden könnten. Die sozialistische Gesetzlichkeit fand demnach

---

[317] *Schultz/Wunsch*, NJ 1955, 719.
[318] Forderung auf dem IV. Parteitag der SED, *Schultz/Wunsch*, NJ 1955, 719; *Melsheimer* betonte noch einmal, dass sich jeder bewusst sein müsse, dass auch der geringste Verstoß gegen die Gesetzlichkeit den Feinden der neuen Ordnung und damit des Friedens und der Einheit Deutschlands eine Waffe in die Hände spiele, siehe NJ 1952, 204 (207).
[319] *Ziegler*, NJ 1955, 677 (679).
[320] *Fechner*, NJ 1953, 381f.
[321] Siehe *Rosenthal/Lange/Blomeyer*, Bonner Berichte aus Mittel- und Ostdeutschland, S. 110.
[322] *Mühlberger*, NJ 1956, 386f.

nicht nur in der Beachtung vorhandener niedergeschriebener Gesetze ihren Ausdruck, sondern auch darin, dass alles, was das sozialistische Recht durch zahlreiche Prinzipien ausmachte, berücksichtigt wurde.[323]

Gerade bei der Verurteilung von Staatsschutzdelikten sollte das jeweilige Verbrechen im Zusammenhang mit der ökonomischen und politischen Entwicklung in der DDR und den kapitalistisch geprägten Staaten gesehen werden, da „die Feinde ... ihre Angriffe der jeweiligen Situation des Klassenkampfes anpassen und dementsprechend ändern."[324] Stelle man nun jede strafrechtlich relevante Handlung in diesen Zusammenhang, so werde erst dadurch die richtige Feststellung der Tatbestandsmäßigkeit gewährleistet.[325] So verlangten auch zwei Staatsanwälte, ihre Kollegen sollten neben gründlichen Gesetzeskenntnissen vor allem über ein hohes politisches Niveau verfügen, denn sie dürften niemals vergessen, dass Gesetzlichkeit und Parteilichkeit eine Einheit bilden und dass Gesetze entsprechend der jeweiligen politischen und wirtschaftlichen Situation angewendet werden müssten.[326] Eine richtige Praxis erfordere daher neben dem fachlichen vor allem aber ein umfangreiches politisches Wissen der Staatsanwälte und Richter sowie die Fähigkeit, dieses theoretische Wissen in der praktischen Arbeit anwenden zu können.[327] Der Jurist war demnach nicht nur einer, der, auch beeinflusst durch die verschiedenartigen Medien, eine politische Haltung vertreten musste, sondern einer, der gerade die parteipolitische Haltung der Partei widerspiegeln sollte. *Mollnau* sah sogar überspitzt den Richter als werkzeughaft programmierten Exekutor der Politik der Parteiführung und ihres Apparates.[328]

---

[323] *Hirsch*, JZ 1962, 152, der zugleich bei der Untersuchung zivilrechtlicher Urteile in der Anwendung der sozialistischen Gesetzlichkeit einen Verstoß gegen rechtsstaatliche Grundsätze erblickt.
[324] *Kleine/Krutzsch*, NJ 1954, 71f.
[325] *Kleine/Krutzsch*, NJ 1954, 72.
[326] *Schultz/Wunsch*, NJ 1955, 719.
[327] *Ziegler*, NJ 1955, 677.
[328] *Mollnau*, Sozialistische Gesetzlichkeit in der DDR, in: *Bender/Falk* (Hrsg.), Analysen zur Normdurchsetzung, S. 72.

Ein weiterer Hinweis, wie die sozialistische Gesetzlichkeit zu wirken hatte, ergab sich aus der Beschreibung der Aufgabe der Gerichte. Nach *Breschnew* werde die sozialistische Gesetzlichkeit dann von einem Gericht gewahrt, wenn die Gesetze des Staates politisch durchdacht und in Übereinstimmung mit den Zielen der Deutschen Demokratischen Republik angewandt würden.[329] Außer der Pflicht jedes Einzelnen, den Gesetzen gemäß zu handeln, sollte die Festigung der sozialistischen Gesetzlichkeit auch den Schutz der Bürgerrechte und das Verbotensein jeglicher Art von Willkür umfassen. Aber der Schutz der Bürgerrechte konnte nicht soweit gehen, die (zum Teil) verfassungsrechtlich garantierten Rechte auch auf die so genannten Andersdenkenden zu übertragen, weil diese „Andersdenkenden" sich gerade nicht innerhalb der verfassungsrechtlichen Ordnung bewegten und daher nicht schutzwürdig erschienen. So konnten sich die am 17. Juni 1953 streikenden Bauarbeiter auf der Stalin-Allee nicht auf ihr verfassungsrechtlich garantiertes Streikrecht berufen, weil sie Forderungen stellten, die sich angeblich gegen die sozialistische Grundordnung richteten.[330]

bb) Prinzipien der sozialistischen Gesetzlichkeit

Der inflationäre Gebrauch des Begriffs „sozialistische Gesetzlichkeit", der dazu führte, fast alles damit zu deklarieren, verführt dazu, im Nachhinein die politische und rechtliche Bedeutung zu verkennen. Eine Inhaltsbestimmung ist schwierig, aber einige wichtige Komponenten lassen sich doch herausarbeiten.

Die sozialistische Gesetzlichkeit sollte die auf das einzelne Rechtssubjekt bezogene allgemeine Verbindlichkeit des sozialistischen Rechts verkörpern und gleichzeitig eine Absage an jede Form der Willkür, der Verantwortungslosigkeit und des Bürokratismus erteilen. Man gewann die Erkenntnis, dass das Ausgehen von abstrakten Prinzipien und Normen sowie deren abstrakt-schematische

---

[329] So *Breschnew* am 14.06.1974, aus: *Reich/Reichel*, Einführung in das sozialistische Recht, S. 65.

[330] Den Grundrechten als Abwehrrechte gegen den Staat kam daher keine bedeutende Rolle zu.

Durchführung außerordentlich schädlich seien, da eine abstrakte Norm niemals die gesellschaftliche, politische und ideologische Entwicklung berücksichtigen könne.[331] Daher waren insbesondere die Parteibeschlüsse Grundlage für die Auslegung von Normen. Die Intention des Gesetzgebers bei bereits bestehenden Gesetzen verbunden mit der Berücksichtigung der gesellschaftlichen und wirtschaftlichen Entwicklung ermöglichte eine dem sozialistischen Aufbau entsprechende Rechtsanwendung. So lassen sich auch die Anfang der 50er Jahre verhängten harten Strafen, insbesondere nach dem VESchG, erklären: durch die noch fehlende Stabilisierung der wirtschaftlichen und gesellschaftlichen Verhältnisse schien ein besonderer Schutz der Staatsinteressen notwendig zu sein, der vor allem durch Unterdrückung und überhöhte Strafen erreicht werden sollte.

Die sozialistische Gesetzlichkeit fand nach eigenem Verständnis Ausdruck[332]:

- im Vorrang des Gesetzes, womit der Tatsache Rechnung getragen werde, dass die oberste Volksvertretung das höchste staatliche Machtorgan und einzige verfassungs- und gesetzgebende Organ sei, dessen Rechte von niemandem eingeschränkt werden dürften,
- in der Gleichheit vor dem Gesetz, so dass jeder Einzelne gleichberechtigt und -verpflichtet werde,
- in der einheitlichen Rechtsanwendung und der Einhaltung und Verwirklichung der Verfassung,
- in der Stabilität der Rechtsnormen im Einklang mit der gesellschaftlichen Entwicklung.

---

331 *Ulbricht*, Die Staatslehre des Marxismus-Leninismus und ihre Anwendung in Deutschland, S. 29.
332 Rechtslexikon 1988, S. 326f.

cc) Verwirklichung der sozialistischen Gesetzlichkeit

Die strengste Befolgung der Gesetze und anderer verbindlicher Normen sollte jedoch nicht zu einer „Verstarrung" des Rechts führen, sondern sollte Stabilität mit Weiterentwicklung verbinden.[333] So äußerte *Breschnew*[334] einmal: „Das Gesetz lebt, es wirkt nur dann, wenn man es erfüllt." Diese Art des „Lebens des Rechts" lässt sich anhand einiger Beispiele bei der Anwendung und Auslegung von Normen aufzeigen. Verbunden mit dem strikten Gebot, alle verbindlichen Normen zu befolgen, war die Dialektik, die verlangte, das gesamte Geschehen im Lichte des historisch-zeitlichen Zusammenhangs zu erforschen und zum Gegenstand des Verfahrens zu machen[335]. Die Entwicklung dessen aber, was erlaubt, erwünscht oder aber verboten und unerwünscht war, war nicht nur widersprüchlich, sondern nicht selten auch sprunghaft und unvorhersehbar, was vielen Wissenschaftlern die Arbeit erheblich erschwerte.[336] Zur Verdeutlichung dieser Dialektik seien folgende Beispiele genannt:

1. Durch die Berufung auf die sozialistische Gesetzlichkeit war es legitim, vorhandene Vorschriften durch Auslegung einen anderen Sinn und Zweck zu verleihen. In einem Urteil zur Anwendung des § 250 StGB des Bezirksgerichts Halle[337] 1958 heißt es: „... *hat die Strafkammer jedoch nicht in Betracht gezogen, daß es sich beim § 250 StGB um eine vom kapitalistischen Gesetzgeber geschaffene Norm handelt und daß jede formale Anwendung des § 250 Abs. 1 StGB eine Auslegung bedeutet, die mit unserer sozialisti-*

---

[333] In dieser Richtung ist wohl auch die Aussage *Thalers*, NJ 1952, 548, zu verstehen, die darauf aufmerksam machte, dass die demokratische Strafjustiz durch bestimmte Strafen und feste, weitgespannte Regeln für Strafmilderungen gekennzeichnet sei.

[334] *Breschnew*, zit. nach *Reich/Reichel*, Einführung in das sozialistische Recht, S. 69.

[335] *Stiller*, Die Staatsverbrechen, S. 41.

[336] Siehe *Weber/Lange*, Funktion des Marxismus-Leninismus, in: *Enquete-Kommission* (Hrsg.), Materialien der Enquete-Kommission „Aufarbeitung von Geschichte und Folgen der SED-Diktatur in Deutschland", Band III/3, S. 2055.

[337] BG Halle, Urteil vom 20.02.1958 - Zz 52/57, NJ 1959, 31f.

schen Rechtsprechung nicht in Einklang zu bringen ist. ... Diese Gesetzgebung entspricht eindeutig dem Willen der kapitalistischen Klasse, das kapitalistische Eigentum besonders zu schützen." Die Regelung des § 250 StGB „*zeigt deutlich die ausgesprochene Neigung des kapitalistischen Gesetzgebers, Angriffe gegen kapitalistisches Eigentum ganz besonders hart zu bestrafen, wenn diese Angriffe in einer Form erfolgen, deren sich der Kapitalist schwer erwehren kann, oder wenn sie an Orten erfolgen, wo jeder glaubt, einen Angriff auf sein Eigentum nicht befürchten zu müssen.*"

Bei der Anwendung und Auslegung war demnach der herrschenden Klassensituation Rechnung zu tragen, was unter Umständen zur Umdeutung sanktionierter Rechtsnormen führen konnte. Darauf wies *Kröger*[338] noch einmal hin, weil es in solchen Fällen um die Frage des richtigen Erfassens des möglicherweise veränderten Inhalts bestehender Normen und juristischer Institutionen gehe, ja überhaupt um eine neue Betrachtung ganzer überlieferter Rechtszweige, die noch allzu sehr von den überkommenen bürgerlichen, aber der gesellschaftlichen Wirklichkeit nicht mehr entsprechenden Betrachtungsweisen bestimmt seien. *Benjamin* war der Ansicht, dass die ständig sich entwickelnden neuen Rechtsanschauungen von ausschlaggebender Bedeutung dafür seien, in welchem Sinne die ihrem Wortlaut nach übernommenen alten Gesetze im Rahmen ihres Wortlauts angewandt würden.[339]

2. Ein ähnliches Beispiel ist die Auslegung des § 125 StGB (Landfriedensbruch), der - geschaffen zu Zeiten der „Herrschaft der Bourgeoisie“ - einzig darauf gerichtet sein sollte, die „revolutionären Aktionen des Befreiungs-

[338] *Kröger*, NJ 1956, 33.
[339] *Benjamin*, StuR 1958, 1 (4).

kampfes der Werktätigen“[340] zu unterbinden. Da dies nicht mehr galt, schützte § 125 StGB nun den ungestörten Ablauf des friedlich demokratischen Lebens auf politischem, wirtschaftlichem und kulturellem Gebiet.

3. Besonders deutlich wurde die Berufung auf die sozialistische Gesetzlichkeit bei auf Art. 6 VerfDDR[341] beruhenden Urteilen. Zum einen war die Anwendbarkeit der verfassungsrechtlichen Norm als Strafgesetz wegen Fehlens einer konkreten Strafandrohung höchst problematisch, zum anderen enthielt der Art. 6 überwiegend unbestimmte Rechtsbegriffe, aufgrund derer nach heute allgemein anerkannten rechtsstaatlichen Grundsätzen keine Verurteilung hätte erfolgen dürfen.

4. In einem zivilrechtlichen Urteil des BG Suhl[342] ging es um die Anwendung des § 932 BGB[343] auf Volkseigentum in Form der volkseigenen Gebrauchsgegenstände. Hier vertrat das Gericht - entgegen einiger Stimmen aus der Literatur[344] - die Ansicht, dass grundsätzlich gutgläubiger Erwerb von Volkseigentum ausgeschlossen sei, was das Oberste Gericht[345] später bestätigte.[346]

Diese Art der Auslegung mag aus Sicht der in der Bundesrepublik Deutschland ausgebildeten Juristen ungewöhnlich oder als „Wortklauberei“ erschienen sein. Aber gerade der Grundsatz der sozialistischen Gesetzlichkeit gebot eine andere

[340] *Institut für Strafrecht* (Hrsg.), Verbrechen gegen die Tätigkeit staatlicher Organe, S. 100.
[341] II. „Boykotthetze gegen demokratische Einrichtungen und Organisationen, Mordhetze gegen demokratische Politiker, Bekundungen von Glaubens-, Rassen-, Völkerhaß, militaristische Propaganda sowie Kriegshetze und alle sonstigen Handlungen, die sich gegen die Gleichberechtigung richten, sind Verbrechen im Sinne des Strafgesetzbuches. Ausübung demokratischer Rechte im Sinne der Verfassung ist keine Boykotthetze.“
[342] BG Suhl, Urteil vom 10.10.1956 - 45 V 51/56, NJ 1957, 222.
[343] § 932 BGB ist im Wortlaut mit der jetzt geltenden Fassung identisch.
[344] Siehe *Geisenhainer/Skupch*, NJ 1957, 77.
[345] OG, Urteil vom 08.10.1975 - Zz 52/57, NJ 1957, 776.
[346] Ebenso *Dornberger*, NJ 1953, 233.

Herangehensweise an die Auslegung von Normen als die, die Juristen der Bundesrepublik Deutschland kannten. Man ging von der Entstehungsgeschichte des Bürgerlichen Gesetzbuches aus und analysierte dessen Eigentumskategorien: das kapitalistische Privateigentum, das Privateigentum des Kleinunternehmers und das persönliche Eigentum des Bürgers. Das sozialistische (oder Volks-)eigentum war als neue Eigentumskategorie dem Bürgerlichen Gesetzbuch fremd[347], so dass § 932 BGB nicht zwingend gelten musste.[348] *Nathan* argumentierte daher: „wenn die meisten von ihnen meinen, kraft der Sanktionierung müßten die Normen des BGB-Eigentumsrechts angewandt werden, so gehen sie entweder trotz jener Erklärungen immer noch von der Vorstellung Eigentum = Eigentum aus oder sie haben die Bedeutung der Sanktionierung aller Gesetze durch den neuen Staat mißverstanden."[349] *Gähler*[350] betonte, dass die Zulassung des gutgläubigen Erwerbs „nicht ein ökonomisches, sondern ein politisches und gesetzgeberisches, also gemäß den besonderen Verhältnissen in der Deutschen Demokratischen Republik zu lösendes Problem" sei. Zur weiteren Begründung wurde auf den SMAD-Befehl Nr. 64 vom 17.04.1948, der in Art. 28 der VerfDDR[351] Eingang gefunden hatte, verwiesen[352]. Beide Vorschriften unterstrichen die Unantastbarkeit des Volkseigentums.

---

[347] *Rietscher/Kern/Jäckel*, NJ 1955, 680, stellten in einem ähnlichen Zusammenhang fest, die neuen, sich entwickelnden Produktionsverhältnisse würden die Schaffung eines neuen Rechts bedingen, eines Rechts, das die Entwicklung der Produktivkräfte fördere.
[348] Anders hingegen einige Stimmen in der Literatur, wie beispielsweise *Gähler*, NJ 1957, 202, der die Auffassung vertrat, „daß die Zulassung gutgläubigen Erwerbs von noch volkseigenen Gebrauchsgegenständen durch Dritte nicht nur gesetzlich nicht ausgeschlossen, sondern auf Grund der von unserem Staat sanktionierten Vorschriften der § 932 ff. BGB sogar zwingend vorgeschrieben ist."
[349] *Nathan*, NJ 1957, 749.
[350] *Gähler*, NJ 1957, 202.
[351] Art. 28 VerfDDR: „Die Veräußerung und Belastung von Grundbesitz, Produktionsstätten und Beteiligungen, die sich im Eigentum des Volkes befinden, bedürfen der Zustimmung der für ihren Rechtsträger zuständigen Volksvertretung. Diese Zustimmung kann nur mit zwei Dritteln der gesetzlichen Mitgliederzahl erteilt werden."
[352] OG, Urteil vom 08.10.1957 - Zz 52/57, NJ 1957, 776.

5. Dem Sinn und Zweck der sozialistischen Gesetzlichkeit widerspräche es z.B. auch, wenn sich Gerichte bei einem Freispruch des Angeklagten auf den prozessrechtlichen Grundsatz „in dubio pro reo" beriefen und dabei nicht erkannten oder erkennen wollten, dass sie die Lücke für etwa fehlende Beweismittel durch Überzeugung, die sie durch Lebenserfahrung, durch gerichtsbekannte Tatsachen und Gesetze der gesellschaftlichen Entwicklung gewonnen haben, hätten schließen können.[353] So waren beispielsweise Meldungen und Berichte staatlicher Machtapparate stets richtig und somit einer Wahrheitsüberprüfung nicht mehr zugänglich. Anders lautende Aussagen waren dann zwangsläufig falsch.

6. Scharf kritisiert und zum Teil verurteilt wurden Menschen, die das Gebiet der DDR verlassen wollten, um im westlichen Teil Deutschlands zu leben.[354] Gegen diese Praxis sprach für jeden westlichen Juristen das in der Verfassung der DDR verankerte Recht der freien Wohnsitzwahl. Nicht so für den DDR-Juristen, der jede Norm immer im historisch-zeitlichen Zusammenhang zu sehen hatte. So führte das KG Chemnitz[355] aus, dass es zwar richtig sei, dass die Verfassung die freie Wahl des Wohnsitzes garantiere, dass aber erkannt werden müsse, dass die 1949 geschaffene Verfassung eine Verfassung auf lange Sicht sei und von der Einheit Deutschlands ausgehe. Daraus lässt sich nun schließen, dass, solange diese Bedingung nicht eintrat, der Art. 10 III VerfDDR[356] nur eingeschränkte Wirkung entfalten konnte.

7. Ein anderes Beispiel ist die Anwendung der Dialektik bei der Gesetzgebung.

---

[353] *Benjamin*, NJ 1951, 154.

[354] Es bestand zumindest die Möglichkeit, die DDR legal zu verlassen, wenn man die erforderliche Ausreisegenehmigung vom Volkspolizeiamt vorweisen konnte. Dies gelang jedoch nur Wenigen.

[355] KG Chemnitz, Stadtbezirk VII, Urteil vom 20.03.1953, o. Az., UaS II, 150f.

[356] Art 10 III VerfDDR (1949): „Jeder Bürger ist berechtigt auszuwandern. Dieses Recht kann nur durch Gesetz der Republik beschränkt werden."

So wurde die Verursachung eines schweren Verkehrsunfalls im Kreis Fürstenwalde/ Spree zum Anlass genommen, die Mindeststrafe der bei der Verurteilung anzuwendenden Norm im Nachhinein zu erhöhen. Dieser Verkehrsunfall, bei dem ein betrunkener Autofahrer mit völlig überhöhter Geschwindigkeit in eine Kindergartengruppe gefahren war und dabei viele Kinder zu Schaden kamen, hätte gezeigt, dass aufgrund der wirtschaftlichen Entwicklung und der Erhöhung des Lebensstandards (Zunahme des Autoverkehrs) in Zukunft immer wieder mit schweren Verkehrsunfällen gerechnet werden müsse. Um diese Gefahr zu verdeutlichen, sei eine Anhebung der Mindeststrafe geboten gewesen.[357]

8. Ein ähnliches Beispiel ist die Bestrafung asozialen Verhaltens (Herumlungern, Arbeitsbummelei, Alkoholmissbrauch) oder des Rowdytums (mutwillige Zerstörung sozialistischen Eigentums), die eine Reaktion auf die „Fehlentwicklung“ einiger Mitglieder der Gesellschaft war.

dd) Kontrollmechanismen zur Einhaltung der sozialistischen Gesetzlichkeit

Da das Prinzip der sozialistischen Gesetzlichkeit eines der tragenden Prinzipien des sozialistischen Rechts war, bedurfte es entsprechender Kontrollmechanismen zur Überwachung und Einhaltung. Diese Kontrolle lief auf parteiinterner, auf staatlicher und auf gesellschaftlicher Ebene ab, wobei diese Kontrollebenen nicht voneinander getrennt werden können, weil sie oftmals nahtlos ineinander übergingen. Der hierarchische Aufbau von Staat und Verwaltung bedingte es, dass die staatliche Kontrolle von oben nach unten ausgeübt wurde, so dass beispielsweise die Bezirksebene die Kontrollaufgabe über die Kreisebene innehatte. Die Kontrolle auf gesellschaftlicher Ebene wurde z.B. ausgeübt durch das Eingabe-

---

[357] Gespräch mit dem ehem. Kreisstaatsanwalt *Wilhelm Pilz* aus Fürstenwalde/Spree am 22.03.2003.

recht des Bürgers bei der Arbeiter- und Bauerninspektion (ABI). Die „Eingabe" konnte als Hinweis, als Anliegen oder aber - was meistens der Fall war - als Beschwerde verfasst werden und sollte die betreffende Institution dazu veranlassen, eine Entscheidung zugunsten des vorbringenden Bürgers, zur Befriedigung seiner persönlichen Bedürfnisse zu treffen. Die Beschwerde zielte darauf ab, die als negativ empfundenen Zustände zu verändern. So konnte z.B. eine schnellere Wohnungszuweisung, die Zuweisung eines geeigneten Kinderkrippenplatzes oder die schnelle Reparatur eines Ofens in der Winterzeit erreicht werden.

c) Der Begriff der „Parteilichkeit[358]*"*

Die Parteilichkeit war ein wichtiger Wesenszug der gesamten Staats- und Rechtstheorie als Form des gesellschaftlichen Bewusstseins in der Klassengesellschaft. Dabei bestimme die historische Mission der Arbeiterklasse, ihre politischen Ziele und Interessen die Parteilichkeit der marxistisch-leninistischen Staats- und Rechtstheorie.[359]

Aus der Prämisse, dass das Recht Ausdruck des Klassenkampfes sei und damit auch immer Klassencharakter trage, ergab sich für den sozialistischen Rechtswissenschaftler, dass das Recht von Natur aus parteilich sei.[360] Dabei muss betont werden, dass „parteiliche" Rechtsanwendung nichts mit einer „parteiischen" Rechtsanwendung zu tun hatte, da erstere die Abhängigkeit des Richters von der politischen „Marschroute" bedeutete, während letztere auf die bewusste Bevorzugung oder Benachteiligung der einen oder anderen Partei zielt, was gerade nicht gewollt war. Parteilichkeit und Objektivität schließen sich daher nach sozialistischem Rechtsverständnis nicht aus, weil die Parteilichkeit innerhalb der

---

[358] Siehe auch *Keppler*, Die Leitungsinstrumente des OG, S. 46.
[359] Marxistisch-Leninistische Staatstheorie, S. 37.
[360] Siehe *Mampel*, ROW 1957, 53 (57).

Wissenschaft gestatte, die Objektivität der staatlichen und rechtlichen Prozesse in ihren Triebkräften aufzudecken und die Stellung der Wissenschaft im Kampf dieser Kräfte zu bestimmen.[361] Der Richter müsse unparteiisch sein bei der Erforschung und Feststellung der objektiven Wahrheit. Bei der Beurteilung der von ihm festgestellten Tatsachen eines Verbrechens in Gestalt der Strafe müsse er aber kompromisslos Partei ergreifen für die Sache des Friedens und der Nation, für die Arbeiter- und Bauernmacht, den sozialistischen Aufbau, die elementaren Interessen des werktätigen Volkes und für die sozialistische Gesetzlichkeit.[362] Damit war der Grundsatz der Parteilichkeit höchster Leitsatz bei der praktischen Arbeit der Gerichtsorgane.[363]

Das Recht sei deshalb „parteilich“, weil es immer der Klasse der Werktätigen dienen solle und daher Gesetze enthalten müsse, die ausschließlich auf die Erreichung des Aufbaus und der Weiterentwicklung des Sozialismus gerichtet seien. „Parteilichkeit“ wird daher als „richtige Anwendung der Gesetze im Sinne von Partei und Regierung“[364] verstanden, die sich in der Bereitschaft widerspiegle, „die von der Partei der Arbeiterklasse und von der Regierung gefaßten Beschlüsse durchzusetzen“[365], und zwar deshalb, weil die Entschließungen des Zentralkomitees der Partei der Arbeiterklasse stets für alle Staatsorgane wichtige Hinweise und Anleitungen enthielten.[366] In den Arbeitsverträgen der Richter hieß es daher auch: „Mit der Aufnahme der Tätigkeit ergeben sich für (Name des Arbeitnehmers) insbesondere nachfolgende Pflichten: ...b) die Beschlüsse der Partei der Arbeiterklasse, die die staatliche Tätigkeit betreffen, und die gesetzlichen Bestimmungen, sowie die erteilten Weisungen konsequent zu verwirkli-

---

[361] *Nedbailo* zit. nach *Reich/Reichel*, Einführung in das sozialistische Recht, S. 73.
[362] *Lekschas/Renneberg*, NJ 1953, 762f.
[363] *Klenner*, Der Marxismus-Leninismus über das Wesen des Rechts, S. 42.
[364] *Benjamin*, NJ 1954, 223.
[365] *Melsheimer*, NJ 1956, 289 (295).
[366] *Benjamin*, NJ 1954, 97.

chen..."[367]. Um dieser Aufgabe gerecht zu werden, müsse der Richter die politischen Grundsätze der Partei der Arbeiterklasse und der Regierung und ebenso die örtlichen Schwerpunkte richtig verarbeiten. Der Klassencharakter der Rechtsprechung sollte offen zutage treten, da eine klassenbedingte und den Klasseninteressen entsprechende Rechtsprechung der Gerichte ihre tiefe Berechtigung habe.[368] Da die Rechtsnormen Partei ergreifen würden im Kampf der Klassen und Völker, seien die mit der Durchsetzung des Rechts im Einzelfall beauftragten Funktionäre, z.B. Richter als „authentische Dolmetscher des Gesetzes"[369], parteilich, was sie sich immer bewusst zu machen hatten. 1952 erging der Aufruf, Richter und Staatsanwälte hätten keine neutrale Position einzunehmen, sondern die Feinde des Staates und andere Rechtsverbrecher entsprechend den Bestimmungen der demokratischen Gesetzlichkeit zu bestrafen.[370] Der Landesvorsitzende des Landes Brandenburg, *Friedrich Ebert*, forderte die neu ausgebildeten Richter auf, die Gesetze so anzuwenden, „daß sie im Einklang mit unseren Interessen" stehen, weil sie sich in erster Linie als „Funktionäre der Partei" zu fühlen haben.[371]

Damit zeigt sich deutlich die enge Verbindung zwischen sozialistischer Gesetzlichkeit und Parteilichkeit. *Benjamin* betonte auf der 3. Parteikonferenz der SED im März 1956, die sozialistische Gesetzlichkeit bedeute die strikte Einhaltung der Gesetze, wobei darunter nicht die formale, allein am Buchstaben klebende, sondern die parteiliche Anwendung gemeint sei, denn das Gesetz parteilich anzuwenden heiße, es so anzuwenden, wie es der Auffassung der Mehrheit der Werktätigen und damit den Zielen der Politik der Partei der Arbeiterklasse und

---

[367] Siehe *von Roenne*, „Politisch untragbar...?", S. 11.
[368] Siehe *Rosenthal/Lange/Blomeyer*, Bonner Berichte aus Mittel- und Ostdeutschland, S. 109.
[369] *Klenner*, Der Marxismus-Leninismus über das Wesen des Rechts, S. 41.
[370] Bericht des PD Sonderdienstes vom 09.07.1952, BArch DY 30 IV 1/2/54, S. 64a.
[371] Siehe *Pohl*, Justiz in Brandenburg, S. 35.

der Regierung entspreche.[372] Es sei daher insbesondere Aufgabe der Justizorgane, diese Erscheinungen des verschärften Klassenkampfes wachsam und sorgfältig zu studieren und in parteilicher Anwendung der Gesetze die konterrevolutionären Kräfte zu unterdrücken, schwankende Elemente zu erziehen und damit zur Festigung beizutragen.[373] Das machte vor allem die Arbeit der Rechtsanwälte schwierig, weil eine erforderliche Verteidigung oft mit dem Grundsatz der Parteilichkeit kollidieren musste, und weil es bei der Anwendung von Gesetzen nur geringen Spielraum gab.

d) Grundsatz der Einheit der Rechtsprechung

Den für das sozialistische Recht so charakteristischen Grundsatz der Einheit der Rechtsprechung wird man in rechtsstaatlichen Gesellschaftsordnungen der westlichen Welt nicht finden. Durch eine einheitliche Rechtsprechung[374] vom Kreisgericht bis zum Obersten Gericht sollte dem Grundsatz der Gleichbehandlung Rechnung getragen werden. Jeder Bürger im Land sollte sein „Recht" erhalten, unabhängig davon, wo er seinen Wohnsitz innehatte. Darüber hinaus sicherte die einheitliche Rechtsanwendung auch die Erfüllung der politischen Aufgaben und Zielsetzungen.[375] Allerdings ging mit der steten Optimierung der Einheitlichkeit

---

[372] *Rottleuthner*, Zur Steuerung der Justiz, in: *Rottleuthner* (Hrsg.), Steuerung der Justiz, S. 26. Hier findet man Parallelen zum Dritten Reich wieder. So stellte der am Sondergericht Bremen tätige Landgerichtsdirektor Dr. *Behrens* 1944 fest, dass die Rechtsordnung eine vom Nationalsozialismus beherrschte Gemeinschaftsordnung sei. Der Richter schöpfe daher für die Urteilsfindung seine Überzeugung aus der Erkenntnis dessen, was nach nationalsozialistischer Auffassung zum ewigen Lebensgesetz des Volkes gehöre, siehe *Wrobel/Maul-Backer*, Strafjustiz im totalen Krieg, S. 339.

[373] *Rietscher/Kern/Jäckel*, NJ 1955, 680.

[374] Erst mit der Verfassung von 1968, GBl. I, S. 199, wurde die Leitung der Rechtsprechung verfassungsrechtliche Aufgabe des Obersten Gerichts. Art 93 II VerfDDR: „Das Oberste Gericht leitet die Rechtsprechung der Gerichte auf der Grundlage der Verfassung, der Gesetze und anderen Rechtsvorschriften der Deutschen Demokratischen Republik. Es sichert die einheitliche Rechtsanwendung durch alle Gerichte."

[375] *Kenzler*, Richtlinienkompetenz, S. 84, unterscheidet zwischen der leitenden und anleitenden Tätigkeit des Obersten Gerichts zugunsten der Einheitlichkeit und der Sicherung der politischen Machtverhältnisse. Auch der Bundesgerichtshof stellte fest, dass die Leitungstätigkeit des Obersten Gerichts sowohl der Durchsetzung sozialistischer Prinzipien als auch einer weitestmöglichen Uniformität der Rechtsprechung diente, BGHSt 40, 30 (36f.). Dem kann mit *Keppler*, Die Leitungsin-

der Rechtsprechung auch die persönliche Unabhängigkeit der Richter in weitem Maße verloren.[376] *Fechner* betonte, für das richtige Funktionieren der Wirtschaft und des Verwaltungsapparates sei eine Rechtseinheitlichkeit, die sich sowohl auf den gemeinsamen Gesetzgeber als auch auf die gemeinsame einheitliche Rechtsprechung gründe, unabweisbar.[377]

Um diese Einheitlichkeit gewährleisten zu können, gab es verschiedene Steuerungsmechanismen, z.B. die Richtlinien und Beschlüsse des Obersten Gerichts und des Generalstaatsanwaltes, quartalsmäßige Rahmenarbeitspläne der Obersten Staatsanwaltschaft[378], Weisungen vom Ministerium der Justiz, monatlich stattfindende Parteilehrjahre bzw. regelmäßige Parteilehrgänge etc.[379] Dabei hatte das Oberste Gericht eine Vormachtstellung, was die Anleitung der Rechtsprechung betraf, wobei der Erlass von Richtlinien eine Möglichkeit der anleitenden Tätigkeit war, jedoch keine, die übermäßig in Anspruch genommen wurde. Von 1953 bis 1988 erließ das Oberste Gericht lediglich 34 Richtlinien.[380] Vielfach wurden Korrekturen in der Rechtsprechung durch Kassationsentscheidungen vorgenommen, es sei denn, es handelte sich um eine besonders wichtige Angele-

---

strumente des OG, S. 44, nur insoweit gefolgt werden, als die Einheitlichkeit der Rechtsprechung gerade die Sicherung der Macht zur beabsichtigten Folge hatte.

[376] Siehe auch *Keppler*, Die Leitungsinstrumente des OG, S. 44.

[377] *Fechner*, Stenographische Niederschrift der 5. Sitzung der Provisorischen Volkskammer der DDR, 09.11.1949, S. 70 aus: *Wagner*, Hilde Benjamin, S. 93.

[378] So forderte der Rahmenarbeitsplan der Obersten Staatsanwaltschaft für das III. Quartal 1956 die Richter und Staatsanwälte auf, die breite Entfaltung der Demokratie, die Betonung der erzieherischen Rolle von Staat und Recht und die uneingeschränkte Wahrung der sozialistischen Gesetzlichkeit in den Mittelpunkt der Arbeit zu stellen, NJ 1956, 389.

[379] Siehe § 17 GVG in der Fassung vom 17.04.1963, GBl 1963, S. 45, der lautete: (1) „Zur Wahrnehmung seiner Aufgaben erläßt das Plenum Richtlinien und Beschlüsse, die für alle Gerichte in der Deutschen Demokratischen Republik verbindlich sind. (2) Der Antrag auf Erlaß von Richtlinien und Beschlüssen kann gestellt werden vom Präsidenten des Obersten Gerichts, vom Generalstaatsanwalt der Deutschen Demokratischen Republik, vom Minister der Justiz. (3) Der Staatsrat kann dem Plenum den Erlaß von Richtlinien und Beschlüssen empfehlen".

[380] So z.B. RL über die Gewährung bedingter Strafaussetzung gemäß § 346 StPO vom 29.04.1953 - R Pl 3/53; RL für die Anwendung des Gesetzes zum Schutze des Volkseigentums vom 28.10.1953 - R Pl 6/53; RL d. OG vom 28.10.1953, Nr. 3 - R PL 6/53, NJ 1953, 686; RL Nr. 15 vom 15.10.1962 über den Erlaß von Haftbefehlen und die Haftprüfung - NJ 1962, 676.

genheit. Zur Begründung der zweiten Richtlinie führte der OG-Präsident beispielsweise aus: „Obwohl die Frage sicher auch durch eine Kassationsentscheidung hätte geklärt werden können, erscheint der Erlaß einer Richtlinie über diese Frage ratsam. ...ließ es geboten erscheinen, mit größerem Nachdruck als durch eine Kassationsentscheidung von dem Recht der Anleitung...Gebrauch zu machen.“[381]

Anleitende und überwachende Aufgaben nahmen darüber hinaus auch andere Institutionen wahr. So war eine Hauptabteilung des Ministeriums für Justiz für die Anleitung und Kontrolle der Rechtsprechung zuständig. Sie entsandte sog. Instrukteure in einzelne Bezirke, die durch Instruktionen und Revisionen die rechtsprechende Tätigkeit der Gerichte zu unterstützen und zu gewährleisten hatten.[382] Bei der Instruktion stand die Anleitung im Vordergrund. Bei jeder Instruktion sollte die Entwicklung der Kader beobachtet werden, gegebenenfalls waren Maßnahmen zu ergreifen, die zur Erhöhung des politischen und/ oder fachlichen Niveaus nötig waren. Eine Auswertung sollte im sog. Instruktionsbericht niedergelegt werden. Die Instrukteure der zentralen Justizorgane durften sich nicht mit der Kontrolle der Rechtsprechung begnügen, sondern sollten sich im Betrieb, in der LPG oder im Wohngebiet darüber informieren, wie die Urteile von den Werktätigen eingeschätzt wurden.[383] Unter „Revision“ verstand man die

[381] *Gängel*, Das Oberste Gericht, in: *Rottleuthner* (Hrsg.), Steuerung der Justiz in der DDR, S. 278; Erst ab 1963, nachdem die dem Ministerium der Justiz unterstehenden Justizverwaltungsstellen in den Bezirken aufgelöst worden waren, wurde es Aufgabe des OG, die Einheitlichkeit der Rechtsprechung zu gewährleisten. Ab 1977 gab das Oberste Gericht Informationshefte (OGI) heraus, die unveröffentlichte Urteile, Rechtssätze und Begründungen enthielten. Dieses „Anleitungsmaterial“ war vertraulich und anfangs nur für den Dienstgebrauch der Richter und Staatsanwälte bestimmt. Erst Ende 1978 konnten schließlich auch die Rechtsanwaltskollegien Einsicht in diese Informationshefte nehmen, *Schroeder/Gräf*, ROW 1987, 291f. Darüber hinaus war das Gericht verpflichtet, dem Staatsrat über die Ergebnisse der Rechtsprechung zu berichten, insbesondere über die Behandlung der von Bürgern eingereichten „Eingaben“ (im Sinne von „Einspruch“, „Widerspruch“ oder „Beschwerde“). Stellte das Gericht bei einer derartigen Analyse Mängel und Schwächen in der Rechtsprechung fest, deren Ursachen in der Gesetzgebung lagen, hatte es dem Staatsrat Vorschläge zur Abänderung, Aufhebung oder Neugestaltung zu unterbreiten, *Toeplitz*, NJ 1963, 263f.

[382] Siehe insgesamt *Görner*, Gericht und Rechtsprechung, S. 55 ff.

[383] *Streit*, NJ 1958, 230 (232).

umfassende Kontrolle der Rechtsprechung und Arbeitsorganisation eines Kreis- oder Bezirksgerichtes durch einen Leiter und einen bis zwei Instrukteure. Die Aufgabe der Revision bestand darin, den ganzen Zustand der Tätigkeit des Gerichts, seiner Rechtsprechung und politischen Massenarbeit, seiner Arbeitsorganisation gründlich zu untersuchen, die Kader kennen zu lernen und Schwächen in der Arbeit wirksam und schnell zu beheben. Diese Überprüfung geschah beispielsweise durch das genaue Studium der Entscheidungen, die Nachprüfung der Anzahl der Akten und der Teilnahme an Verhandlungen.[384] Des Weiteren wurden statistische Meldungen der Gerichte zusammengefasst und ausgewertet, die Schöffenarbeit überwacht, Anleitungen zur politischen Massenarbeit der Gerichte gegeben und Entscheidungen in Kaderfragen beratend mit vorbereitet.[385]

e) Der demokratische Zentralismus

Grundlegendes Organisations- und Tätigkeitsprinzip des sozialistischen Staates war der demokratische Zentralismus, worunter die Einheit von zentraler Leitung und Planung in Grundfragen sowie die strikte Verbindlichkeit der von höheren Organen getroffenen Entscheidungen und ihre Verwirklichung mit höchster Eigeninitiative und Eigenverantwortung im örtlichen Bereich verstanden wurde.[386] Der demokratische Zentralismus sei die Form, in der sich die Entwicklung der sozialistischen Gesellschaft vollziehe.[387] Damit wurde die gesamte staatliche Machtausübung durch die obersten Staatsorgane ausgeübt und hierarchisch nach unten verbindlich durchgesetzt.[388] Dabei oblag der Partei als Führung der Arbeiterklasse eine besondere Verantwortung. Ausgehend von der Leninschen Auffassung über die Rolle der Partei bei der Schaffung des Sozialismus war es Aufgabe

---

[384] *Görner*, Gericht und Rechtsprechung, S. 58.
[385] *Görner*, Gericht und Rechtsprechung, S. 55.
[386] Rechtslexikon, 1988, S. 74.
[387] *Polak*, Zur Dialektik in der Staatslehre, S. 186.
[388] *Immisch*, Der sozialistische Richter, S. 62.

der Partei, die Führung der Arbeiterklasse zu übernehmen, die Politik zu bestimmen und die Durchsetzung zu überwachen. Das führte im staatlichen Bereich zu einer straffen zentralen staatlichen Leitung und Planung. Damit erzwang man sich die Unterordnung und Verantwortlichkeit der unteren Glieder des Staatsapparates gegenüber der höheren und die unbedingte Verbindlichkeit aller Akte der übergeordneten Organe für die unterstellten.[389]

Ulbricht ging sogar so weit zu behaupten, ohne die Gewährleistung der Einheitlichkeit der Führung der Gesellschaft gebe es weder eine Planmäßigkeit noch eine Entwicklung überhaupt.[390] Das erscheint auf den ersten Blick insoweit unverständlich, als der geschichtliche Entwicklungsprozess ja gerade ein auf objektiven Kriterien beruhender Prozess sein sollte. Aber wenn man sich noch einmal den ökonomischen Monismus vor Augen führt, dann ist das Wesentliche an der marxistischen Idee, dass der geschichtliche Entwicklungsprozess entscheidend von den materiellen Bedingungen geprägt sei. Die Einheit und Integrität der sozialistischen Gesellschaft, die Möglichkeit und Notwendigkeit bewusster, zielgerichteter Leitung der sozialistischen Wirtschaft wie auch der Gesellschaft als Ganze setzte eine musterhafte, organisierte Leitung der einzelnen Teile des gesellschaftlichen Systems und der gesellschaftlichen Produktion voraus.[391] Daraus folgt, dass gerade der Grundsatz des demokratischen Zentralismus, der sich vor allem auf die zentrale Leitung und Planung des wirtschaftlichen Aufbaus - und damit auf die Basis - bezieht, die Gewähr für den sozialistischen Aufbau geben sollte. Damit wird gleichzeitig auch deutlich, dass eine aus dem Gewaltenteilungsprinzip folgende wechselseitige Aufgabenbegrenzung und Kontrolle mit der sozialistischen Ideologie unvereinbar war. Das ist insofern konsequent, als

[389] Siehe *Nessenius*, SBZ-Archiv 1959, 232.
[390] *Polak*, Zur Dialektik in der Staatslehre, S. 189.
[391] Vgl. Grundkurs des wissenschaftlichen Kommunismus, S. 101.

man davon ausging, dass der Volkswille (als Ausdruck des Willens der Arbeiterklasse als die früher ausgebeutete Klasse) gerade durch die Herrschaft der Partei als Führungsspitze dieser Arbeiterklasse ausgeübt werde. Durch die damit verbundene Aufhebung antagonistischer Klassengegensätze bleibt für Gewaltenteilung kein Raum mehr. Die rechtliche und politische Verankerung des Führungsanspruches wurde damit - vor allem durch *Lenin*, da *Marx* und *Engels* einen derartigen Führungsanspruch nicht anstrebten - legitimiert. Eine Beschneidung der Macht war auch durch die Ereignisse nach *Stalins* Tod nicht vorgesehen, da an der Führungsrolle der Partei selbst kein Zweifel bestand, lediglich Fehler in einzelnen Punkten der Macht*ausübung* eingeräumt wurden. Aber auch diese Fehler beruhten gleichsam auf der objektiven gesetzmäßigen Entwicklung.[392] Da die Entwicklung des sozialistischen Aufbaus immer in Widersprüchen verlaufe, könnten Fehler oder Fehlentwicklungen nicht auf einer fehlerhaften Politik beruhen, sondern allein auf dem Widerspruch selbst. Jede Entwicklung könne nur dadurch vorangetrieben werden, dass die vorhandenen Widersprüche erkannt und ständig gelöst würden.[393] Eine Verantwortlichkeit einzelner Funktionäre für politische (Fehl-) Entscheidungen war somit nicht vorgesehen.

Auch wenn der Grundsatz des Zentralismus primär auf den wirtschaftlichen Entwicklungsprozess hindeutete, so ging er doch über diesen weit hinaus. Zur Einheitlichkeit von Leitung und Planung gehörte auch die ideologische Beeinflussung, die Fundamentierung, ohne die eine solche Kontrolle und Überwachung über die verschiedenen Arbeitsprozesse nicht möglich gewesen wäre. So war die Beteiligung der Werktätigen am sozialistischen Aufbau ein tragendes Element des demokratischen Zentralismus, da damit wieder die Rückversicherung für den Volkswillen gegeben war. Es bestand demnach zwischen den ein-

[392] Siehe *Immisch*, Der sozialistische Richter, S. 64 ff.
[393] *Ulbricht*, Über die Dialektik unseres sozialistischen Aufbaus, S. 31.

zelnen Elementen eine Wechselwirkung. Bei Produktions- und Arbeitsberatungen, die der Einbeziehung der Arbeiter, der technischen Intelligenz und der Angestellten in den Arbeitsprozess dienten, konnten die Funktionäre z.B. eventuelle Missstimmungen innerhalb des Betriebes, Zweifel von Werktätigen an der Richtigkeit bestimmter parteipolitischer Beschlüsse etc. erkennen und versuchen zu bekämpfen. Gleiches galt für die regelmäßig durchgeführten „Parteilehrjahre“, die die Aufgabe hatten, den Genossen und wohl besonders den Nicht-Genossen die neueste politische Linie nahe zu bringen.

Insgesamt beruhte auch die Parteistruktur auf dem Grundsatz des Zentralismus. Sie war darauf ausgerichtet, die gesamte Parteiarbeit auf den Gebieten des Staates, der Wirtschaft und des Kulturlebens allseitig zu leiten. Dazu gehörte, dass Parteibeschlüsse nicht nur für die Parteimitglieder ausnahmslos verbindlich waren, sondern insbesondere auch für die Parlamente und alle Verwaltungsorgane.[394] Im Art. 23 des Parteistatuts der SED von 1976 wurde der Grundsatz des Zentralismus explizit verankert: Das Prinzip des demokratischen Zentralismus führe dazu, dass alle Beschlüsse der höheren Parteiorgane für die nachgeordneten Organe verbindlich seien, straffe Parteidisziplin zu üben sei und die Minderheit sowie der einzelne sich den Beschlüssen der Mehrheit diszipliniert unterzuordnen habe.[395] Auch in den Bereichen der Legislative, Judikative und Exekutive galt der Grundsatz von der Verwirklichung des demokratischen Zentralismus. Das zeigte sich zum einen daran, dass, weil mehrere Staatsorgane Rechtsetzungsbefugnis hatten, die von den unteren Staatsorganen erlassenen Normen gegenüber den von oberen Staatsorganen erlassenen Normen zurücktreten mussten. Zum anderen wurde eine enge Zusammenarbeit der örtlichen Volksvertretungen mit den Justizorganen verlangt. Richter und Staatsanwälte wurden aufge-

---

[394] *Jessen*, Partei, Staat und „Bündnispartner“, in: *Judt*, (Hrsg.), DDR-Geschichte, S. 46.
[395] *Henkel*, Im Dienste der Staatspartei, S. 44.

fordert, nicht nur in bestimmten Fällen über ihre Arbeit Bericht zu erstatten, sondern regelmäßig Analysen über die Bewegung der Kriminalität vor den Volksvertretern abzugeben.[396] Innerhalb der rechtsprechenden Gewalt ergab sich aus dem Grundsatz des demokratischen Zentralismus der Leitgedanke, dass Kreis- und Bezirksgerichte zunächst die Entscheidungen des Obersten Gerichts als Richtschnur anzusehen hatten, wobei sie allerdings nicht zur völligen Übereinstimmung mit dessen Entscheidungen verpflichtet gewesen seien.[397] Darüber hinaus sind die umfangreichen Rechte, die man Schöffen und Laienrichtern zugestanden hatte, ein Ausdruck des demokratischen Zentralismus. Sie sollten - wie die Einbindung der Werktätigen in die Leitung und Planung - die Ausübung des Volkswillens garantieren.

f) Staat, Religion und sozialistische Werte

Die marxistische Philosophie ist dem Grunde nach religionsfeindlich, da sie jedweden Glauben an Gott bzw. an ein überirdisches Wesen ablehnt und sich vornehmlich auf die ökonomischen und gesellschaftlichen Zusammenhänge beruft. Aus dieser Einstellung heraus versuchte man, den „Bann der Kirchen" zu durchbrechen, allerdings weniger aus einem emanzipatorischen oder aufklärerischen Impuls heraus, sondern vielmehr in der Absicht, die eigene Ideologie an die Stelle der christlichen setzen.[398] Schon *Stalin* hatte erkannt, dass die Menschen sich besser lenken ließen, sofern sie wussten, woran sie glauben konnten. Und so ist es nicht verwunderlich, dass sowohl die Lehre vom Marxismus-Leninismus als auch die Machtausübung trotz ihrer absolut atheistischen Einstellung Grundzüge einer „Religion" aufweisen. Dies zeigt sich nicht nur durch eine Art Missionarsarbeit - so wurde beispielsweise der christlichen Kommunion

---

[396] *Benjamin*, NJ 1958, 365.
[397] Gespräch mit dem ehem. Kreisstaatsanwalt *Wilhelm Pilz* aus Fürstenwalde/Spree am 24.03.2003.
[398] *Goerner*, Die Kirche als Problem der DDR, S. 369.

bzw. Konfirmation die staatliche Jugendweihe entgegengesetzt -, sondern auch am Anspruch der absoluten Richtigkeit der Lehre, so wenn es in einem Arbeiterkampflied heißt: „... die Partei, die Partei, die hat immer recht!“[399]. *Fürnberg* beschrieb in einem 1950 komponierten Arbeiterkampflied[400] die Partei wie folgt:

> „Sie hat uns alles gegeben. Sonne und Wind. Und sie geizte nie. Wo sie war, war das Leben. Was wir sind, sind wir durch sie. Sie hat uns niemals verlassen. Fror auch die Welt, uns war warm. Uns schützte die Mutter der Massen, uns trägt ihr mächtiger Arm...“

Matern, Vorsitzender der Zentralen Parteikontrollkommission, stellte im November 1953 unmissverständlich klar: „Es gibt nichts neben und nichts über der Partei.“[401] *Renneberg*[402] sprach von der Partei der Arbeiterklasse „als (der) führende(n) Kraft unseres Staates...“. *Rohrwasser* stellte in seinem Referat zum Anlass des 10. Jahrestages der Vereinigung Deutschlands den religiösen Charakter einer an sich religionsfeindlichen Ideologie in den Vordergrund. Zu Recht kommt er zu der Überzeugung, dass zwar jedwede Religion abgelehnt wurde, nichtsdestoweniger aber vielfach auf religiöse Momente zurückgegriffen wurde. Er sieht Zusammenhänge in der kultartigen Verehrung von Führern und der in Märtyrermanier hervorgehobenen Verstorbenen.[403] So griff man auf religiöse

---

[399] *Schlosser*, Die deutsche Sprache in der DDR, S. 38, Vgl. *Diederich*, DeutschlandArchiv 1999, 34.
[400] *Jessen*, Partei, Staat und „Bündnispartner“, in: *Judt* (Hrsg.), DDR-Geschichte, S. 47.
[401] *Matern*, zit. nach *Schroeder*, Der SED-Staat, S. 129; Parallelen lassen sich auch hier zum Nationalsozialismus ziehen. In einem Artikel über „Die Stellung des Polizeibeamten im nationalsozialistischen Staat“ heißt es: „Es gibt nur eine Partei, die Nationalsozialistische Deutsche Arbeiterpartei, deren Ziel die Zusammenschließung des deutschen Volkes zu einer nationalsozialistischen Gemeinschaft ist.“, abgedruckt bei *Reifer*, Gemeinschaft und Feindschaft, in: *Bennhold* (Hrsg.), Spuren des Unrechts, S. 57.
[402] *Renneberg* NJ 1958, 6.
[403] *Rohrwasser*, zit. nach *Ammer*, DeutschlandArchiv 2001, 129f; davon geht seinerzeit in Ansätzen schon *Dietzgen*, Sozialismus und Religion, in: *Fetscher*, Der Marxismus, Band 1, S. 81f., aus, wenn er in den Tendenzen der Sozialdemokratie den Stoff zu einer neuen Religion sieht.

Sprache oder auf religiöse Prozeduren zurück, um einzelne Individuen oder gar staatliche Institutionen zu Helden oder Übermächten zu stilisieren: Menschen wurden zum „Held der Arbeit", zum „Aktivist der ersten Stunde", wurden zu „Volkshelden" ernannt, wie beispielsweise *Adolf Hennecke, Juri Gagarin, Siegmund Jähn* etc. Die alljährlichen Maidemonstrationen oder andere Aufmärsche[404] wiesen durch ihre Uniformiertheit, durch ihre Lobhuldigungen Ähnlichkeiten nicht nur mit der Diktatur des Dritten Reiches, sondern auch mit kirchlichen (Prozessions-)Umzügen auf. Gerade diese - oftmals ohne inhaltliche Bedeutung - ausgestalteten Gemeinschaftsrituale sollten den Zusammenhalt untereinander, aber auch die Anerkennung einer (Partei-)Führung, symbolisieren. Daher hat die Art der - wenn auch scheinbaren - Verehrung und Unterwürfigkeit Ähnlichkeiten mit Götzenbildnissen oder Ikonenanbetung. Die Parteikonferenzen waren ein Paradebeispiel für die Ausübung eines Kultes und die feierliche Anbetung von „Führern": die Räume waren mit überdimensionalen roten Tüchern verhangen, hinter dem Podium prangten die Köpfe von *Marx*, *Engels*, *Lenin* und anfangs noch *Stalin*, je nach Bedarf waren Fahnen und Transparente aufgehangen worden, die Bühne war mit Blumen ausgeschmückt, die Beteiligten trugen - vor allem in den späteren Jahren - Uniformen, die die Zugehörigkeit zu einer bestimmten gesellschaftlichen Organisation zeigten, Kinder sangen Lieder und sagten Gedichte auf, die den Kampf für Frieden und Sozialismus in den Vordergrund rückten, jede Rede wurde mit Beifall beendet - manchmal „stark", manchmal aber auch „stürmisch", „langanhaltend" oder „tosend"[405]. Selbst wenn *Ulbricht* sechs Stunden lang über ein und dasselbe dozierte - in seinem unver-

[404] Vgl. dazu *Gibas*, APuZ B 39-40/99, 28; *Gibas*, DeutschlandArchiv 1999, 552.

[405] Die „Stärke" des Beifalles wurde in den Protokollen akribisch vermerkt, siehe u.a. in den Protokollen der Parteikonferenz von 1956, insbesondere bei *Hager*, Diskussionsbeitrag, BArch DY 30 IV 1/3/2, S. 317, ähnlich auch bei den Diskussionsbeiträgen von *Fröhlich*, BStU DY 30 IV 1/3/3, S. 390 und *Meschter*, BArch DY 30 IV 1/3/2, S. 344f.

kennbaren sächsisch, „strohtrocken und ohne jeden leidenschaftlichen Impuls“[406] - gab es von den Rängen Beifall und Anerkennung.

Johannes R. Becher huldigte *Stalin* in einem seiner Gedichte wie folgt:

„Gedenke, Deutschland, Deines Freundes, des besten.
Oh danke Stalin, keiner war wie er
So tief verwandt Dir. Osten ist und Westen
In ihm vereint. Er überquert das Meer.
Und kein Gebirge setzt ihm eine Schranke,
Kein Feind ist stark genug zu widerstehn
Dem Mann, der Stalin heißt, denn sein Gedanke
Wird Tat, und Stalins Wille wird geschehn.“[407]

Matern stellte auf der 33. Tagung des ZK der SED fest: „Für Marxisten-Leninisten gibt es weder einen harten noch einen weichen Kurs, sondern den richtigen, den notwendigen Kurs.“[408]. 1958 verkündete *Ulbricht* die „zehn Gebote der sozialistischen Moral“, die einen Bezug auf die Bibel nicht verheimlichen können und sicher auch nicht wollten; so beginnt beispielsweise jedes „Gebot“ mit den Worten „du sollst...“.[409] Auch bei der Aufnahme der Kinder in die Pionierorganisation gelobten diese, die zehn Gebote der Jungpioniere einzuhalten.[410] Diese „Gebote“ hatten auch für die Rechtsprechung verbindlichen Charakter. So hieß es in einem Urteil, in dem es um die Strafwürdigkeit eines politischen Witzes ging: „Anekdoten, Spötteleien und Witze gegen führende Staats- und Partei-

---

[406] *Krämer*, Der Volksaufstand, S. 35.
[407] *Rüther*, Kulturbetrieb und Literatur in der DDR, S. 73. Hier lässt sich vor allem in der vierten, fünften und achten Zeile ein religiöser Bezug nicht leugnen.
[408] *Kowalczuk*, JHK 1997, 167 (169).
[409] *Jessen*, Partei, Staat und „Bündnispartner“, in: *Judt* (Hrsg.), DDR-Geschichte in Dokumenten, S. 54, in einem Zeitungsartikel wird das Handeln einiger mit „Gotteslästerung“ verglichen, siehe *Kamnitzer*, ND vom 28.01.1988, S. 60.
[410] *Raddatz*, Engführung der Literatur, in: *Raddatz* (Hrsg.), Traditionen und Tendenzen, S. 472.

funktionäre sind in der DDR durchaus nicht strafwürdig, wenn sie den Grundlagen der sozialistischen Moral und Ethik, wie sie in den 10 Geboten, die das Antlitz des sozialistischen Menschen prägen, ...entsprechen“[411]. Wer sich aber öffentlich zum Interpreten eines infamen provozierenden Witzes mache, bringe seine mangelnde, wenn nicht sogar feindliche Einstellung zum Staat zum Ausdruck.[412]

Die sozialistischen „Kader“ sollten bestimmte Eigenschaften und Fähigkeiten haben, um den Untergebenen nicht nur in der Theorie, sondern auch in der Praxis ein Vorbild zu sein. Der Mitarbeiter in den örtlichen oder auch zentralen staatlichen Organen zum Beispiel sollte ein Staatsfunktionär sein, „der der Arbeiterklasse *ergeben* ist“[413]. Es seien „*unbedingte* Treue zur Arbeiterklasse“ und „*unbedingte* Loyalität zur DDR und zur KPdSU“[414] von Nöten, um die anstehenden Aufgaben für den sozialistischen Aufbau zu meistern. Besonders Mut, selbstlose Einsatzbereitschaft, hohe Staats- und Parteidisziplin und die Bereitschaft, das sozialistische Vaterland zu verteidigen, galten als Tugenden. Jedes Parteimitglied erhielt bei seiner Aufnahme ein Parteistatut, das zur „Bibel“ jedes Genossen werden sollte. Allerdings dürfte es schwer gewesen sein, all diesen Erwartungen gerecht zu werden, so wenn sich das Parteimitglied dazu verpflichten sollte: „aktiv die Parteibeschlüsse zu verwirklichen, unablässig die Deutsche Demokratische Republik allseitig zu stärken, für ein hohes Entwicklungstempo der sozialistischen Produktion, die Erhöhung der Effektivität, den wissenschaftlich-technischen Fortschritt und das Wachstum der Arbeitsproduktivität zu wirken; eine vorbildliche sozialistische Einstellung zur Arbeit zu beweisen, Bahn-

[411] KG Bad Langensalza, Urteil vom 20.08.1958 - 1 B 184/58, UaS IV, 98. Wie ein korrekter politischer Witz in den Grenzen der 10 Gebote hätte aussehen müssen, blieb unklar.
[412] KG Bad Langensalza, Urteil vom 20.08.1958 - 1 B 184/58, UaS IV, 99.
[413] Vgl. *Lingelbach*, Wirkungen der Babelsberger Konferenz, in: *Eckert* (Hrsg.), Die Babelsberger Konferenz, S. 121 (129).
[414] Beschluss des Sekretariats des ZK über die Arbeit mit den Kadern, 07.06.1977, in: *Ammer*, Strukturen der Macht, in: *Weber* (Hrsg.), Der SED-Staat, S. 8.

brecher des Neuen zu sein, bei der Verbreitung der fortschrittlichen Erfahrungen in der Produktion an der Spitze zu stehen, den anderen Arbeitskollegen Achtung und Aufmerksamkeit entgegenzubringen und vorbildlich die gesellschaftlichen Pflichten zu erfüllen..."[415]

Jedem Parteimitglied müsse bewusst sein, dass es eine Ehre sei, Mitglied der SED zu sein, und daher fordere die Partei nicht nur Treue zur Sache der Arbeiterklasse, sondern auch ein moralisch einwandfreies Verhalten.[416] Für die einfachen Mitglieder der Partei sei daher das Verbleiben oder der Ausschluss eine Frage von Leben und Tod.[417] Ideologische Zuverlässigkeit bedeutete daher, die wechselnden ideologischen Zielvorgaben nicht nur zu erkennen und mitzumachen, sondern sie auch gegenüber allen zu verfechten.[418] Jede Gemeinschaft setze gegenseitiges Vertrauen voraus, jeder müsse des folgerechten und geradlinigen Handelns seiner Genossen sicher sein, was nur sein könne, wenn er selbst konsequent in seiner Linie bleibe und das Vertrauen der anderen nicht enttäusche.[419] Jeder müsse seine Wachsamkeit gegenüber feindlichen Kräften erhöhen, müsse staatsbewusst reagieren und überall offensiv die Politik der Partei ergreifen.[420]

Gerade Anfang der 50er Jahre, die in der DDR-Geschichte wohl die entbehrungsreichsten waren, war festes Vertrauen in die Politik des Staates gefragt. Nicht nur die fehlende Unterstützung durch die Sowjetmacht, die aufgrund der erlittenen Verluste auch nicht möglich gewesen wäre, sondern die zahlreichen

---

[415] Statut der SED, Nr. 2b, *Ammer*, Strukturen der Macht, in: *Weber* (Hrsg.), Der SED-Staat, S. 13.
[416] Entschließung der 13. Tagung des Parteivorstandes vom 15./16. September 1948, BArchiv DY 30 IV 2/4/8 - Microfiche.
[417] Über die Durchführung von Parteiverfahren, BArchiv DY 30 IV 2/4/8 - Microfiche.
[418] Siehe *Weber/Lange*, Funktion des Marxismus-Leninismus in: *Enquete-Kommission* (Hrsg.), Materialien der Enquete-Kommission „Aufarbeitung von Geschichte und Folgen der SED-Diktatur in Deutschland", Band III/3, S. 2045.
[419] *Mitteis*, NJ 1947, 27 (29).
[420] Abdruck der Rede *Mielkes* vom 16.10.1979, in: DER SPIEGEL, Nr. 9/79, S. 31.

Demontagen verhinderten ein „Wirtschaftswunder“ in der Ostzone. Allerdings war der wirtschaftliche Aufschwung im westlich besetzten Teil Deutschlands so wenig ein Verdienst der (West-) Deutschen, sondern das Ergebnis der Hilfe der Westalliierten, wie die schlechte wirtschaftliche Entwicklung der Ostzone ein Verschulden der (Ost-) Deutschen war, die der Besatzungspolitik der Sowjets ausgesetzt waren. Die DDR-Wirtschaft musste auf Dauer hinter der des Westens zurückbleiben, nicht nur aufgrund der schlechteren Ausgangsposition, sondern auch aufgrund der zahlreichen Demontagen, der schmalen Rohstoffbasis und wegen Fehlens eines „Marshallplanes“, und vor allem deshalb, weil bereits in den 50er Jahren die Weichen falsch gestellt worden waren.[421]

Die Sowjets, die glaubten, die Errungenschaften eines klassischen Marxismus-Leninismus in das befreite Deutschland hineinzutragen und dabei einen Verschnitt aus Personenkult und politischem Starrsinn brachten, trafen auf ein Volk, das sich in seiner Geschichte zumeist geduckt und geängstigt hatte und dessen Angehörige daher wohl weniger Demokraten als Gehorcher und Marschierer gewesen waren und die mit ihrem merkwürdigen Überlebens- und Anpassungstrieb aus der zutiefst menschenfeindlichen Diktatur eines *Adolf Hitler* nunmehr in die ideologisch völlig entgegengesetzte Diktatur eines sozialistischen Aufbaus gerieten.[422] Es war eine Zeit angebrochen, die zur Neubewertung des gesamten geistigen Besitzes zwang.[423] Unter dem Eindruck des gerade verlorenen Krieges, im Glauben an eine langfristige Verbesserung der Lebensverhältnisse und an eine wahrhaft soziale Gesellschaft ohne Unterdrückung und Ausbeutung war bei vielen Menschen ein gewisser Patriotismus aufgekommen, verbunden mit dem Wunsch, dem kapitalistischen Westdeutschland die Überlegenheit des sozialisti-

---

[421] *Weber*, Die DDR 1945-1990, S. 38.
[422] *Bock*, Wochenpost Nr. 51/1989, S. 17.
[423] *Mitteis*, NJ 1947, 27.

schen Systems zu beweisen, obwohl schon damals diese sozial unterschiedliche Entwicklung viele DDR-Bürger dazu veranlasste, mit den Füßen „abzustimmen". Hinzu kam, dass die Regierung der Bundesrepublik den Anspruch erhob, als einzig frei gewähltes Organ für alle Deutschen, d.h. auch für die DDR-Bürger, zu sprechen und zu handeln, und damit so manchen DDR-Bürger brüskierte.[424] So kann der Auffassung von *Weber/Lange*[425] nicht widerspruchslos gefolgt werden, die in der täglichen Arbeitsleistung ein gleichgeschaltetes auf äußere Demonstration der verlangten Aufgabenerfüllung gerichtetes vordergründiges Handeln und vor allem ein Berichten im Sinne der verlangten Vorgaben sehen. Improvisation, Schwung und Begeisterung waren zumindest in den ersten Jahren der DDR durchaus spürbar. So gingen beispielsweise die ersten Volksrichter mit „großem Elan, Arbeitseifer und Leistungswillen"[426] an ihre Aufgabe. Mit anhaltendem Mangel und trotz zahlreicher Subventionen verschwand dieser Patriotismus jedoch zusehends. Die sozialistische Volkswirtschaft wurde zum Selbstbedienungsladen, die Arbeitsmoral ließ mehr und mehr nach. Anfang der 80er Jahre stellte *Griebe* fest, dass die Eigentumsstraftaten mit 50% zahlenmäßig die größte Gruppe von Straftaten bildeten, wobei etwa die Hälfte davon Straftaten gegen das sozialistische Eigentum waren. Gegenstand des Angriffs seien dabei vor allem Geld, Gebrauchsgegenstände und Baumaterialien.[427] *Engels* Prophezeiung, die Verbrechen gegen das Eigentum würden von selbst wegfallen, wenn jeder das erhalte, was er zur Befriedigung seiner natürlichen und geistigen

---

[424] *Weber*, Die DDR 1945-1990, S. 30.

[425] *Weber/Lange*, Funktion des Marxismus-Leninismus, in: *Enquete-Kommission* (Hrsg.), Materialien der Enquete-Kommission „Aufarbeitung von Geschichte und Folgen der SED-Diktatur in Deutschland", Band III/3, S. 2045.

[426] *Anders*, Jahrbuch für Zeitgeschichte 1973, S. 404.

[427] *Roggemann*, ROW 1987, 1f.; Bereits 1956 hatte das BG Gera, Urteil vom 11.06.1956 - 2 Ks 71/56 II 9/56, archiviert beim LG Gera, 2,3 Ks 1954 - 1956, Nr. 7a, S. 8, dazu aufgefordert, einen entschiedenen Kampf gegen Unwirtschaftlichkeit, Verschwendung und unsorgfältigen Umgang mit genossenschaftlichem Gut zu führen. Auf einen besonders dreisten Autodiebstahl geht *Löden*, DeutschlandArchiv 2004, 622, ein.

Triebe bedürfe[428], erfüllte sich demnach nicht. Auch wenn bis zum Ende der DDR derartigen Erscheinungen der Kampf angesagt worden war, konnten keine nennenswerten Erfolge erzielt werden.[429]

5. Verbrechen und Verbrechensbegriff

a) Ursachen verbrecherischen Handelns

Benjamin betonte auf der 30. Volkskammersitzung, dass alle gegen die DDR begangenen Verbrechen ihrem Wesen nach auf unmittelbare oder mittelbare Beeinflussung durch imperialistische Kräfte innerhalb und außerhalb Deutschlands zurückzuführen seien, die sich durch die Spaltung Deutschlands und besonders Berlins eine besonders günstige Ausgangsbasis für ihre Wühl- und Umsturztätigkeit geschaffen und jetzt im Nato-Hauptquartier ihre organisatorische Basis hätten. Diese Verbrechen seien der vom internationalen Kapitalismus unter Ausnutzung der Spaltung organisierte Versuch, die junge Arbeiter- und Bauernmacht mit den Mitteln des Verbrechens anzugreifen, auszuhöhlen, in ihrer Entwicklung aufzuhalten oder wenigstens zu hemmen und dadurch einen Einbruch in das sozialistische Lager zu erreichen.[430]

Jede strafbare Handlung und somit die Übertretung der sozialistischen Regeln sei daher Ausdruck der feindlichen Grundeinstellung des Täters gegenüber der sozialistischen Grundordnung. Der Täter zeige damit deutlich, dass er nicht die notwendige Einsicht in die geschichtliche Entwicklung habe und sich somit dem fortschrittlichen kommunistischen Entwicklungsprozess entgegenstelle. So gebe

---

[428] *Schroeder*, Das Strafrecht des realen Sozialismus, S. 18.

[429] 1970 beklagte *Günter Mittag* immense Materialverluste und Schlampereien auf DDR-Baustellen. Von insgesamt 6.874 Straftaten im Jahr 1976 im Bezirk Frankfurt (O.) waren 3.670 (53,39%) Eigentumsdelikte, 1977 bei 6.137 Straftaten 3.438 (56,02%), 1978 bei 6.669 Straftaten 3.582 (53,71%), Kriminalitätsstatistik 1978 BStU FF/O, F Bdl 3600, Bl. 5.

[430] Vgl. *Stiller*, Die Staatsverbrechen, S. 18.

es immer noch einen Teil der kapitalistischen Kreise, unter anderem frühere aktive Faschisten, die nur wenig gelernt hätten, sowie eine geringe Anzahl von Bürgern, die die Ideologie der kapitalistischen Klasse Westdeutschlands ökonomisch oder philosophisch vertreten und noch nicht von ihren alten Anschauungen loskämen.[431] Ein solcher Täter mache sich zum Klassenfeind, den es mit allen Mitteln zu bekämpfen gelte; dies insbesondere bei Staatsverbrechen, weil diese sich unmittelbar gegen die sozialistische Entwicklung richteten. Eine inhaltliche Aufweichung dieser Auffassung konnte erst ab dem Staatsratsbeschluss vom 31.01.1961 festgestellt werden, als erklärt wurde, die meisten Täter hätten nun keine grundsätzlich antikommunistische Haltung mehr, sondern bei ihnen stünde deren Straftat lediglich im Widerspruch zu ihrem sonstigen Verhalten, was sich auch durch andere staatliche Sanktionen als die der Freiheitsstrafe beheben ließe, so z.B. durch einen öffentlichen Tadel, durch die Verhängung einer bedingten Freiheitsstrafe etc. Im Vordergrund stand somit weniger die Eliminierung als vielmehr die Erziehung des Täters zu einem vollwertigen Mitglied der sozialistischen Gemeinschaft. Die Erziehungsfunktion, der durch die Freiheitsstrafe Rechnung getragen werden sollte, sollte zwar von Anfang an im Mittelpunkt des Strafvollzuges stehen, wurde aber Anfang der 50er Jahre von der Unterdrückungsfunktion überlagert, weil es zunächst galt, jedweden Widerstand zu brechen.

Ulbricht[432] betonte, dass es Menschen gebe, die sich von der Annahme verleiten ließen, der Klassenkampf höre mit dem steigenden Einfluss der sozialistischen Gesellschaftsverhältnisse und der Verstärkung ihrer politisch-moralischen Kraft auf. Dies sei aber unrichtig, vor allem deshalb, weil der Gegner, je mehr er unter der Bevölkerung an Einfluss verliere, von außen her versuche, Einfluss zu ge-

[431] *Ulbricht*, Über die Dialektik unseres sozialistischen Aufbaus, S. 143.
[432] *Ulbricht*, Über die Dialektik unseres sozialistischen Aufbaus, S. 142.

winnen und eine systematische Störtätigkeit zu organisieren. Auch *Ziegler*, Vizepräsident des Obersten Gerichts, warnte 1955, dass Angriffe unter den Bedingungen der Spaltung Deutschlands und der Herrschaft des Monopolkapitals im Westen des Vaterlandes sehr häufig seien und in den mannigfaltigsten Formen auftreten würden.[433]

Man kann daher die Hauptursachen für die Existenz von Kriminalität und damit die Notwendigkeit des Rechts nach sozialistischer Auffassung wie folgt zusammenfassen:

- die Existenz der westlichen, insbesondere der westdeutschen Welt[434],
- damit verbunden die bürgerliche Ideologie, deren Stärke in der Tradition liege[435],
- der verzweifelte und hartnäckige Widerstand der gestürzten imperialistischen Ausbeuter, Militaristen und Faschisten sowie die Umtriebe der ausländischen imperialistischen Geheim- und Agentenorganisationen, die vor keiner Art des Verbrechens zurückschreckten,
- „Funk, Presse, Film, ... Infiltrierung verschiedenster Hetzschriften, pornographischer Literatur, Comic-strips und anderer Schund- und Schmutzerzeugnisse",
- die im begrenzten Umfang bestehenden kapitalistischen Produktionsverhältnisse und ein zahlenmäßig starkes Kleinbürgertum, wodurch immer noch eine kapitalistische und kleinbürgerliche Ideologie ihren Nährboden finde,
- der Einfluss der jahrzehntelang bestehenden Herrschaft des Imperialismus mit seiner ideologischen Anschauung und Tradition.[436]

---

433 *Ziegler*, NJ 1955, 677.
434 *Stiller*, NJ 1964, 298 (300).
435 *Orschekowski*, NJ 1962, 342 (344).
436 Lehrbuch zum Strafrecht AT, 1957, 248f.

Zu einem neuen sozialistischen Strafgesetz gehörte auch ein neues Verständnis vom Verbrechensbegriff, da der bürgerliche nicht mehr zeitgemäß erschien, weil er der Zielrichtung des Strafrechts nicht mehr gerecht werden konnte. Das (richtige) Verständnis vom Verbrechen in seinem zeitlichen und politischen Zusammenhang war einer der Hauptpunkte des sozialistischen Strafrechts und bedeutete, den Zusammenhang zwischen Klassenkampf und der verbrecherischen Handlung zu erkennen und entsprechend der gegenwärtigen Klassenkampfsituation zu werten. Nur wenn der Richter die gegenwärtige Klassenkampfsituation richtig einschätzen konnte, konnte die richtige Strafe verhängt werden.

b) Verbrechen und Klassenkampf

In Anlehnung an die marxistische Idee sind Staat und Recht Produkte der Unversöhnlichkeit der Klassengegensätze, Instrumente der herrschenden Klasse, um den Konflikt der Klassen nieder zu halten und die Herrschaft der einen Klasse über die andere zu sichern. Eine verbrecherische Handlung müsse nicht unbedingt eine typische Klassenkampfform der antagonistischen Klassen sein, sei aber immer ein Produkt der herrschenden Klassengegensätze.[437] Damit ist jede Straftat ein Ausdruck noch vorherrschender Klassengegensätze, die es zu überwinden galt, um dann in das Stadium kommunistischer Gesellschaftsverhältnisse überzugehen.

Nur wenige versuchten, diese absolute These logisch und juristisch zu hinterfragen. *Weise*[438], der davon überzeugt war, dass gewisse Handlungen schon vor der Klassenspaltung der Gesellschaft vorgekommen seien und eine gesellschaftliche Ächtung zur Folge hatte, ohne dass dabei der Klassenkampf eine entscheidende

[437] *Lekschas*, Strafrecht und Klassenkampf, S. 19.
[438] *Weise*, NJ 1956, 628.

Rolle gespielt habe,[439] musste sich eines Besseren belehren lassen. *Lekschas*[440] widersprach ihm vehement und führte das Beispiel von *Engels* an, der in der Einzelehe eine Unterjochung des weiblichen Geschlechts unter das männliche sah, als Proklamation eines unbekannten Widerstreits der Geschlechter.[441] Daraus folgerte *Lekschas*, dass selbst die Einzelehe ein Produkt des Klassenkampfes sei, d.h. ein Ausdruck der entstandenen Klassengegensätze. Die Ehe, nicht als natürliche Geschlechtergemeinschaft, sondern in ihrer juristischen Gestalt, in ihrer Beziehung zum Privateigentum, wäre eine Form, in der sich die Herrschaft einer bestimmten Klasse manifestiere.[442]

c) Verbrechen und Klassenkampf in der Übergangsordnung

In der Errichtung des Sozialismus als der Übergangsordnung verbunden mit der Verstaatlichung der Produktionsmittel sah man jedoch noch nicht die Beendigung des Klassenkampfes, selbst wenn dann die herrschende Klasse die des Proletariats sei, die die Interessen aller fortschrittlichen Menschen vertreten sollte. Vielmehr bestehe der Klassenkampf dann in der Niederhaltung der durch die revolutionäre Umwälzung gestürzten Ausbeuter. Der Kampf der untergehenden Gesellschaftsklasse sei zäh, nachhaltig und für das Proletariat gefährlich, weil er sich keineswegs in klar erkennbaren konterrevolutionären Aktionen äußere. Die feindlichen Aktionen hätten darüber hinaus Formen angenommen, die der kapitalistischen und kleinbürgerlichen Ideologie und Gepflogenheit ähnelten, so

---

[439] *Weise*, NJ 1956, 628, führte das Beispiel der „Blutschande" an, deren gesellschaftliche Verurteilung keineswegs nur im Interesse der herrschenden Klasse, sondern Ausdruck der allgemeinen sittlichen Auffassung gewesen sei.

[440] *Lekschas*, Strafrecht und Klassenkampf, S. 21.

[441] *Engels*, Der Ursprung der Familie, des Privateigentums und des Staates, MEAW VI, S. 79f.: Die Monogamie „war die erste Familienform, die nicht auf natürliche, sondern auf ökonomische Bedingungen gegründet war, nämlich auf den Sieg des Privateigentums über das ursprüngliche naturwüchsige Gemeineigentum ... Der erste Klassengegensatz, der in der Geschichte auftritt, fällt zusammen mit der Entwicklung des Antagonismus von Mann und Weib in der Einzelehe, und die erste Klassenunterdrückung mit der des weiblichen Geschlechts durch das männliche."

[442] *Lekschas*, Strafrecht und Klassenkampf, S. 21.

dass man ihnen ihre Herkunft nicht gleich ansehe und leicht den Fehler machen könne, den Orientierungspunkt zu verlieren oder verfehlte Vorstellungen von einer homogenen Gesellschaft zu hegen.[443] Dabei wurde Bezug auf *Lenin* genommen, der schon seinerzeit warnte, dass zwar die Ausbeuter geschlagen, aber nicht vernichtet seien.[444] Der Übergang vom Kapitalismus zum Kommunismus umfasse eine ganze geschichtliche Epoche, die, solange sie nicht abgeschlossen sei, die gestürzten Ausbeuter auf eine Restauration ihrer Macht hoffen lasse. Es seien dabei nicht nur die kapitalistischen Ausbeuter, sondern auch die breite Masse des Kleinbürgertums, die an einer Wiederherstellung der Macht interessiert seien.[445] Damit sei es wichtig, dass das Proletariat seinen Kampf nicht nur auf die Liquidierung der Bourgeosie konzentriere und beschränke, sondern dass die Notwendigkeit einer Erziehung zur neuen Disziplin erkannt und umgesetzt werde. Der Klassenkampf in der Übergangsordnung sei daher keine reine Negation, sondern die Negation des Kapitalismus bestehe im Aufbau des Neuen: es sei der Kampf *um* die Massen und *gegen* die Restauration.[446]

Für die Übergangszeit musste aufgrund der besonderen Situation zwischen „antagonistischen" und „nicht antagonistischen" Widersprüchen unterschieden werden. Insoweit musste die traditionelle Lehre, wonach die Kriminalität immer auf der Klassenkampfsituation beruhe, revidiert werden.[447] Zwar führe die Beseitigung der kapitalistischen Gesellschaftsverhältnisse auch zur Überwindung der typischen kapitalistischen Kriminalität, aber vorerst nicht zur Beseitigung der

---

443 *Lekschas*, Strafrecht und Klassenkampf, S. 25, *Podlaski*, NJ 1951, 54f., sah die Aufgabe der Staatsorgane darin, „die sich verbergenden Überbleibsel des Feindes und seine in alle Verästelungen des gesellschaftlichen Organismus reichenden, schlau getarnten Fühler aufzuspüren".

444 *Lenin*, Ökonomie und Politik in der Epoche der Diktatur des Proletariats, in: *Ulbricht*, Die Entwicklung des deutschen volksdemokratischen Staates 1945-1958, S. 128.

445 *Lenin*, Die proletarische Revolution, in: *Lekschas*, Strafrecht und Klassenkampf, S. 25.

446 *Lekschas*, Klassenkampf und Strafrecht, S. 27.

447 *Jescheck*, Die neuere Entwicklung des Strafrechts und des Strafverfahrensrechts in der SBZ, in: *Rechts- u. Staatswissen. Fakultät Freiburg* (Hrsg.), Die Lage des Rechts in Mitteldeutschland, S. 90.

Kriminalität als solcher.[448] Mit der Gestaltung der sozialistischen Gesellschaftsverhältnisse würden immer neue Probleme auftreten, so führe beispielsweise die Vermehrung des sozialistischen Eigentums und des gesellschaftlichen Reichtums zu kleinbürgerlichen Verhaltensweisen, wie Bereicherungsstreben, Missachtung der Arbeit und der Interessen der Gesellschaft.[449] Hier wird deutlich, dass sich Straftaten nach den ihnen zugrunde liegenden Widersprüchen differenzieren ließen: Zum einen die, die aus einem antagonistischen Widerspruch heraus entstanden, d.h. deren zugrunde liegende Handlung unmittelbar auf dem unlösbaren und unversöhnlichen Widerspruch der Klassen beruhte, und zum anderen die, die aus einem nicht-antagonistischen Widerspruch heraus entstanden, d.h. bei der die Handlung auf einem Fehlverhalten basierte, das durch erzieherische Maßnahmen beseitigt werden konnte, und sich somit der scheinbare Widerspruch „auflöste".[450] Da der Klassenantagonismus innerhalb der DDR durch den Aufbau des Sozialismus nicht mehr die bestimmende Kraft der gesellschaftlichen Entwicklung sei und daher neben den bestehenden Gegensätzen die grundlegenden gemeinsamen Interessen der Arbeiterklasse das Entscheidende seien, überwiege allmählich der nicht antagonistische Charakter der Straftat. Dies dürfe aber nicht verdunkeln, dass sich in der Straftat gegensätzliche, der Arbeiterklasse und der ganzen Gesellschaft gefährliche Interessen objektivieren, die ihre Ursache letztendlich in der bürgerlichen Ideologie hätten.[451]

d) Inhalt des Verbrechensbegriffs

Fechner[452] forderte bei der wissenschaftlichen Fundamentierung des Verbrechensbegriffs, dass die Definition unbedingt den Voraussetzungen der marxisti-

---

[448] *Buchholz/Dähn/Weber*, Strafrechtliche Verantwortlichkeit und Strafe, S. 52.
[449] *Buchholz/Dähn/Weber*, Strafrechtliche Verantwortlichkeit und Strafe, S. 56.
[450] *Lutzke*, NJ 1962, 339.
[451] *Orschekowski*, NJ 1962, 342f.
[452] *Fechner*, Rede des Justizministers vom Mai 1951, UaS I, 74.

schen Ideologie entsprechen müsse, d.h., sie müsse materialistisch, klassenmäßig, parteilich sowie schöpferisch und aktiv mit den aktuellen Funktionen des Volksstaates verbunden sein. Sei vom Verbrechensbegriff die Rede, so müsse zum Ausdruck kommen, dass das Verbrechen vor allem deshalb bestraft werde, weil es eine tatsächliche Gefahr für die gesellschaftliche Ordnung und Entwicklung darstelle.[453] Letztlich einigte man sich auf folgende Definition:

> Als Straftat galt eine Handlung, die gesellschaftswidrig (Vergehen) oder gesellschaftsgefährlich (Verbrechen) war, den politischen und moralischen Grundsätzen der Arbeiterklasse und der mit ihr verbündeten anderen Werktätigen widersprach (moralisch-politische Verwerflichkeit), die Strafgesetze verletzte (Strafrechtswidrigkeit) und nach Maßgabe dieser Gesetze als Vergehen oder als Verbrechen Maßnahmen der strafrechtlichen Verantwortlichkeit (Strafbarkeit) nach sich zog.[454]

Damit wurde der Begriff des Verbrechens durch folgende Kriterien charakterisiert: 1. durch die Gesellschaftsgefährlichkeit, 2. durch die moralisch-politische Verwerflichkeit und 3. durch die Strafrechtswidrigkeit der Handlung. Besondere Bedeutung kam dabei der Gesellschaftsgefährlichkeit zu.

aa) Das Merkmal der Gesellschaftsgefährlichkeit

Den strafrechtlichen Ursprung des Merkmals der „Gesellschaftsgefährlichkeit" findet man im Strafrecht der Sowjetunion von 1926, wobei man stattdessen den Begriff der „Sozialgefährlichkeit" verwendete. Gemäß Art. 6 StGB (RSFSR) galt „jede Handlung oder Unterlassung als sozialgefährlich, die sich gegen das Sowjetsystem richtet oder die Rechtsordnung verletzt..." Art. 16 erweiterte Art. 6

---

[453] *Renneberg/Hübner/Weber*, NJ 1957, 33 (35).
[454] Lehrbuch Strafrecht AT, 1976, S. 164.

dahingehend: „wenn eine sozialgefährliche Handlung in diesem Gesetzbuch nicht ausdrücklich erwähnt ist, so wird der Umfang der Verantwortlichkeit nach jenem Artikel des Gesetzbuches bestimmt, der für das ähnlichste vorgesehen ist“. Dieser eindeutige Verstoß gegen den Grundsatz „nullum crime sine lege“ war dem DDR-Gesetzbuch formell fremd, da das Legalitätsprinzip als Grundsatz anerkannt war und gerade die sozialistische Gesetzlichkeit eine strikte Befolgung der Gesetze verlangte. Nicht als sozialgefährlich galt gemäß Art. 6 II eine Handlung, die zwar formal die Merkmale einer Strafdrohung des Besonderen Teils dieses Gesetzbuches verwirklichte, jedoch wegen ihrer offensichtlichen Geringfügigkeit und mangels schädlicher Folgen des sozialgefährlichen Charakters entbehrte.[455]

Das Merkmal der Gesellschaftsgefährlichkeit stellte im DDR-Recht die wichtigste Eigenschaft des Verbrechensbegriffs dar. Sie beruhte darauf, dass man in jeder verbrecherischen Handlung einen Angriff auf die sozialistische Ordnung und damit auf die Gesellschaft als Ganze sah. Nicht so sehr der Einzelne stand im Vordergrund, sondern die Gesellschaft als solche. Wichtig war allein der Aufbau des Sozialismus, der die sorgfältige Beachtung und konsequente Verwirklichung aller Interessen der Arbeiterklasse und ihrer Verbündeten verlangte. Wer demnach mit seinem Handeln gesellschaftliche Verhältnisse verletzte oder zerstörte, stellte sich außerhalb der Bemühungen aller für die Verwirklichung der Politik des Friedens und der Schaffung der Einheit Deutschlands. Eine Straftat war somit immer auch Ausdruck eines Klassenkampfes, der durch den Widerstand gestürzter Ausbeuter und durch die feindlichen Umtriebe der ausländischen Imperialisten gekennzeichnet ist.[456] Die Gesellschaftsgefährlichkeit einer Handlung

---

[455] Siehe *Maurach*, ROW 1957, 137 (139).

[456] *Brunner*, Einführung in das Recht der DDR, S. 179, weist darauf hin, dass man erst Anfang der 70er Jahre bereit war, nicht jeden Täter gleich zum Staatsfeind zu machen, sondern auch Ursachen innerhalb der DDR-Gesellschaft für eine Straftat zu suchen, z.B. Mängel im sozialistischen Aufbau.

sollte in der Verletzung, Zerrüttung oder Zerstörung der gesellschaftlichen Verhältnisse bestehen, die mit der Schädigung des planmäßigen sozialistischen Aufbaus, der Interessen des werktätigen Volkes und des einzelnen Bürgers verbunden waren.[457] Manchmal hatten die Gerichte den Inhalt des Verbrechensbegriffes trotz Anleitung nicht verstanden, so wenn ein Stadtgericht die Auffassung vertrat, *der Angeklagte* sei nicht gesellschaftsgefährlich, weil er sich bemühe, seinen Platz in der Gesellschaft im Interesse der Allgemeinheit auszufüllen, und somit eine Bestrafung nicht in Betracht komme.[458]

Nicht ausreichend sollte irgendeine Beeinträchtigung der gesellschaftlichen Verhältnisse sein, sondern gesellschaftsgefährlich war eine Handlung nur, wenn es sich „um einen unmittelbaren Angriff auf die grundlegenden gesellschaftlichen Beziehungen der Übergangsperiode vom Kapitalismus zum Sozialismus und damit auf die ökonomischen und politischen Existenzgrundlagen dieser Gesellschaft"[459] handelte. So war man sich mit der sowjetischen Rechtswissenschaft einig, dass unbedeutende Verstöße, die administrativ oder disziplinarisch verfolgt würden, nicht das gesamte System der gesellschaftlichen Verhältnisse berühren und damit nicht gesellschaftsgefährlich sein könnten.[460] Von wesentlichem Einfluss auf den Grad der Gesellschaftsgefährlichkeit waren die mit der objektiven Seite des begangenen Verbrechens in Zusammenhang stehenden Umstände, namentlich, ob

- durch die Handlung ein materieller Schaden entstanden oder
- ein ideeller Schaden eingetreten sei oder

Das ist so nicht ganz richtig, da man bereits mit dem Rechtspflegeerlass von 1963 Staatsanwälte und Richter aufforderte, den Täter und die Ursachen für Kriminalität differenzierter zu betrachten, vgl. Gespräch mit dem ehemaligen Kreisstaatsanwalt *Wilhelm Pilz* aus Fürstenwalde/Spree am 24.03.2003.

457 Lehrbuch zum Strafrecht AT, 1957, S. 266.

458 *Lekschas*, NJ 1954, 717.

459 *Schüsseler*, NJ 1956, 566.

460 Vgl. *Benjamin*, Der Ausschluß der strafrechtlichen Verantwortlichkeit, S. 39.

- die Möglichkeit des Eintritts eines materiellen oder ideellen Schadens bestanden habe.[461]

Daraus folgte: war weder ein materieller/ ideeller Schaden eingetreten noch die Möglichkeit des Eintritts eines solchen Schadens hervorgerufen worden, so war die Handlung nicht gesellschaftsgefährlich und damit nicht strafbar, auch wenn der Tatbestand des betreffenden Deliktes an sich erfüllt war. Bei der Strafbarkeit des versuchten Deliktes galt diese Regel auch mit der Folge, dass der Versuch eines Deliktes dann als nicht gesellschaftsgefährlich angesehen wurde, wenn der Täter nur aufgrund grober Unkenntnis der Naturgesetze oder aufgrund von Aberglauben der Ansicht war, sein Handeln sei geeignet, ein Verbrechen zu verwirklichen.[462] Zu den wichtigsten Tatumständen, die auf den Grad der Gesellschaftsgefährlichkeit Einfluss haben sollten, zählten zusammenfassend:

1. die Umstände, welche die Bedeutung des Verbrechensobjektes bestimmen,
2. die Folgen der Tat, und zwar sowohl die materiellen als auch die ideellen, die tatsächlich eingetretenen und die real möglichen Folgen,
3. die Umstände, welche die Art und Weise der Begehung des Verbrechens charakterisieren,
4. das Motiv und die Zielsetzung des Täters sowie die Umstände der Täterpersönlichkeit.[463]

War nun die Gesellschaftsgefährlichkeit der Handlung objektiv zu bejahen, weil der Täter einen Schaden oder die Gefahr eines Schadens hervorgerufen hatte,

---

[461] Siehe dazu *Lekschas/Renneberg*, NJ 1953, 762 (764).
[462] *Lekschas/Renneberg*, NJ 1954, 717 (721).
[463] Lehrbuch, Strafrecht AT, 1957, S. 610.

musste der Täter diesen Schaden auch vorsätzlich oder fahrlässig herbeigeführt haben. Fehlte es an der Schuld, so sollte auch die Gesellschaftsgefährlichkeit entfallen, da Ausdruck der Gesellschaftsgefährlichkeit nicht nur die objektive Tendenz der Schädigung sei, sondern auch auf der subjektiven Seite die Missachtung der strafrechtlich geschützten gesellschaftlichen Verhältnisse.[464]

Nun konnte aber einer Handlung, die sowohl den objektiven als auch den subjektiven Tatbestand eines Deliktes verwirklichte, aus verschiedenen Gründen der verbrecherische Charakter fehlen. So konnte die Gesellschaftsgefährlichkeit einer Tat zum einen aufgrund von Ausnahmesituationen (Rechtfertigungsgründe) und zum anderen dann ausgeschlossen sein, wenn Handlungen geringfügig waren oder keine schädlichen Folgen aufwiesen. Diese Handlungen seien nur zum Schein tatbestandsmäßig.[465] Das Merkmal der Gesellschaftsgefährlichkeit lässt sich somit zum Teil mit dem Merkmal einer objektiven Strafbarkeitsbedingung im heutigen Strafrecht vergleichen.[466]

Die Einordnung des Verbrechensbegriffs im sozialistischen Strafrecht war umstritten, kannte das sozialistische Strafrecht doch die Kategorie der objektiven Strafbarkeitsbedingungen nicht. So wurde die Auffassung vertreten, dass das konkrete Ausmaß der Gesellschaftsgefährlichkeit ein entscheidendes Kriterium für die Strafzumessung sei.[467] *Renneberg*[468] dagegen sah im materiellen Verbrechensbegriff keine Generalklausel, sondern einen in einer Reihe gesetzlich geregelter oder gewohnheitsrechtlich anerkannter Normen festgeschriebenen Aus-

---

464 Lehrbuch, Strafrecht AT, 1957, S. 268.
465 *Lekschas/Renneberg*, NJ 1954, 717 (719).
466 An dieser Stelle sei aber noch einmal darauf hingewiesen, dass das Problem des Vorsatzes als eine Frage der Schuld behandelt wurde. *Maurach*, ROW 1957, 137f., geht davon aus, dass es sich bei dieser Lehre um eine Verschiebung der mit § 153 StPO (BRD) zusammenhängenden Verfahrensprobleme auf die Ebene des materiellen Rechts handele.
467 Lehrbuch, Strafrecht AT, 1957, S. 269.
468 *Renneberg/Hübner/Weber* NJ 1957, 33 (35).

schluss der strafrechtlichen Verantwortlichkeit, wobei er davon ausging, dass eine über diese Normen hinausgehende Befreiung von der strafrechtlichen Verantwortlichkeit nicht möglich sei. So zählte er nicht nur die Normen der Rechtfertigung, sondern auch § 153 I StPO dazu, der die Verfahrenseinstellung wegen geringer Schuld und unbedeutender Folgen zuließ.

bb) Das Merkmal der moralisch-politischen Verwerflichkeit

Jede gesellschaftsgefährliche Handlung stellte zugleich auch eine moralisch-politisch verwerfliche Handlung dar, da die „besondere Seite" der in der DDR begangenen Verbrechen der Widerspruch der Handlung zur sozialistischen Moral sei, dies deshalb, weil jedes Verbrechen die Festigung der sozialistischen Moralprinzipien im Bewusstsein der Bürger untergrabe. Wer daher gegen ein Gesetz verstoße, richte sich gegen die Interessen der Arbeiter und Bauern, zeige, dass er im Widerspruch zur neuen demokratischen Ordnung stehe, ein Feind des Sozialismus sei und daher moralisch-politisch verwerflich handle.[469] Das Gericht hatte dabei alle vorliegenden Tatumstände zu würdigen, um den Grad der moralisch-politischen Verwerflichkeit festzustellen. So gab es Umstände, die die Verwerflichkeit erhöhten, so z.B., wenn der Täter eine hilfslose Person, eine Schwangere oder einen körperlich Unterlegenen misshandelte, wenn er Kinder zur Ausführung des Verbrechens benutzte, oder wenn er während eines Brandes oder einer Hochwasserkatastrophe plünderte.[470] Die erlassenen Gesetze und Verordnungen sollten zwar das sozialistische Bewusstsein schärfen; kam es dennoch zu strafbaren Handlungen, war es Aufgabe des Gerichts, dem Angeklagten seine politisch-verwerfliche Handlung vor Augen zu führen und somit die Erziehung des ungefestigten Bürgers zu erreichen. *Stalin* forderte gar, „eine Atmosphäre

---

[469] Lehrbuch, Strafrecht AT, 1957, S. 272.
[470] Lehrbuch, Strafrecht AT, 1957, S. 610.

des allgemeinen moralischen Boykotts zu schaffen“[471], um dem Täter das Verwerfliche seines Handelns vor Augen zu führen.

cc) Das Merkmal der Strafrechtswidrigkeit

Das Merkmal der Strafrechtswidrigkeit war ein wichtiger Wesenszug der Schuld und beschrieb den „subjektiven Widerspruch des Täters“ zum Willen der Arbeiterklasse.[472] Die Kennzeichnung der Schuld als Vorsatz oder gegebenenfalls als Fahrlässigkeit fiel in den strafrechtlichen Normen unterschiedlich aus, so z.B. als „vorsätzlich“ (z.B. § 6 II HSchG), als „böswillig“ (z.B. § 10 StEG) oder „wer unternimmt..., um“ (§ 17 StEG) oder „wer mit dem Ziele...“ (§§ 22, 23 StEG).

6. Das Verhältnis von Justiz und Partei

Gemäß Art. 127 VerfDDR[473] war der Richter in seiner Rechtsprechung unabhängig. Diese richterliche Unabhängigkeit schien in dem Grade verloren zu gehen, wie der Einfluss der Partei auf die Richter und Staatsanwälte wuchs. Doch der Begriff der richterlichen Unabhängigkeit im sozialistischen Recht hatte eine andere Bedeutung als in westeuropäischen (kapitalistischen) Rechtsordnungen. Ausgangspunkt war nach Art. 127 VerfDDR die Bindung des Richters an Recht und Gesetz. Recht und Gesetz dienten jedoch ausschließlich der Erreichung des Aufbaus des Sozialismus, was nur erfüllt werden könne, wenn das Recht nicht nur Selbstzweck sei, sondern seine gesellschaftliche Funktion erfülle, im Rechtsbewusstsein des Volkes zu einer lebendigen Kraft des gesellschaftlichen Fortschritts zu werden.[474] „Unabhängigkeit“ des Richters in der Rechtsprechung bedeutete daher *nur* die Unzulässigkeit von Eingriffen bei Entscheidungen des

---

[471] *Stalin*, zit. nach *Haid/Rose*, NJ 1955, 712 (715).

[472] *Lekschas*, Der Begriff und das Wesen der Schuld, in *Lekschas/Loose/Renneberg* (Hrsg.), Verantwortung und Schuld, S. 16.

[473] „Die Richter sind in ihrer Rechtsprechung unabhängig und nur der Verfassung und dem Gesetz unterworfen.“, abgedruckt in: *Albrecht* (Hrsg.), Dokumente zur Staatsordnung der DDR, S. 448.

[474] *Kröger*, NJ 1956, 33f.

Einzelfalles und das Verbot der Einmischung durch unzuständige Stellen[475], d.h., dass es sich bei der Unabhängigkeit lediglich um eine sachliche, nicht aber auch um eine persönliche Unabhängigkeit handelte.[476] Da seine Arbeit, so ein Richter 1950, die Ausübung einer ihm durch die Partei übertragenen Funktion sei, betrachte er Anweisungen der Partei nicht als ein Eindringen in „sein Recht".[477]

Der Richter war aber an Recht und Gesetz, insbesondere an die zahlreichen ungeschriebenen Grundsätze, gebunden. Er musste sich demnach bei seinen Entscheidungen streng an die Gesetze, Richtlinien und Beschlüsse halten (vgl. sozialistische Gesetzlichkeit) und die Situation des Klassenkampfes berücksichtigen (vgl. Parteilichkeit), was eine Einheit von Unabhängigkeit und Parteilichkeit zur Folge hatte. Um diese Einheitlichkeit auf Dauer zu garantieren, wurden die lebenslange Anstellung des Richters und seine Unabsetzbarkeit abgeschafft. Die verfassungsrechtlich verankerte Garantie der Unabhängigkeit der Richter hatte demnach eine völlig andere Bedeutung als der Unabhängigkeitsbegriff in der westdeutschen Verfassung, weil eine derartige Unabhängigkeit gar nicht angestrebt wurde, um eine Verselbständigung der Justiz zu verhindern. Die Leitung der Rechtsprechung durch übergeordnete Gerichte, insbesondere durch das Oberste Gericht, sollte nur eine Leitung im Allgemeinen zulassen und gab keine Befugnisse zu Eingriffen in den Einzelfall. *Benjamin* betonte, dass der Hinweis der richterlichen Unabhängigkeit seine besondere, von allen Stellen der Justizverwaltung zu respektierende Bedeutung habe. Daher habe auch die Justizverwaltung bei der Feststellung eines falschen Urteils keine Möglichkeit der selbständigen Abänderung.[478]

---

[475] *Anders*, Jahrbuch für Zeitgeschichte 1973, S. 411; *Streit*, NJ 1956, 260.
[476] Vgl. *Immisch*, Der sozialistische Richter, S. 57f.
[477] Vgl. *Eisert*, Die Waldheimer Prozesse, S. 56. Allerdings sind die „Waldheimer Prozesse" ein Beispiel für die Verletzung sämtlicher demokratischer Rechte.
[478] *Benjamin*, NJ 1954, 716.

Die allgemeine leitende Tätigkeit der Gerichte sollte als Hilfe verstanden werden, die nötigen Erkenntnisse für eine richtige Entscheidung zu erlangen, denn nur das schaffe die Voraussetzungen dafür, dass jeder Richter wirklich in Übereinstimmung mit den historischen Erfordernissen zu handeln und mithin frei zu entscheiden vermöge.[479] Als leitende bzw. anleitende Tätigkeiten kann man darüber hinaus auch die zahlreichen Dienstbesprechungen oder die Anrufung des Fachrichters als übergeordneter Richter bei rechtlichen Problemen werten. Ansonsten war die Einmischung auf justizieller Ebene durch die Partei oder das MfS ab den 60er Jahren im Allgemeinen als eher gering einzuschätzen, weil diese besonders wichtige Verfahren bereits auf Ermittlungsverfahrensebene an sich zogen.[480] Somit ist es richtig, wenn Rechtswissenschaftler aus dem bundesdeutschen Rechtsverständnis heraus feststellen, dass es keine unabhängige rechtsprechende Gewalt gegeben habe, sondern die Richter eher weisungsabhängige Systemfunktionäre waren, die in bewusster Parteilichkeit ein auf den Klassenstandpunkt bezogenes Recht anwendeten.

In der Geschichte der Justiz der DDR kam es vor allem in politisch besonders brisanten Prozessen immer wieder vor, dass die Strafe für den Angeklagten schon vor der Urteilsverkündung feststand und von „oberster Stelle" abgesegnet worden war.[481] In einigen Waldheim-Prozessen überließ man die letzte Entscheidung über Leben und Tod *Ulbricht*: „Wenn der Genosse Ulbricht diesem Vorschlag zustimmt, kann in den nächsten Tagen die Ablehnung der Gnadengesuche

---

[479] Siehe *Baer*, Die Unabhängigkeit der Richter, S. 57.

[480] Gespräch mit dem ehem. Kreisstaatsanwalt *Wilhelm Pilz* aus Fürstenwalde/Spree am 24.03.2003.

[481] Gleiches finden wir bei der Strafjustiz des Dritten Reiches, da die Justiz im Geiste der nationalsozialistischen Ideologie arbeitete. Damit die Judikatur stimmte, gab es im Vorfeld Verhandlungen mit der Staatsanwaltschaft, die dem Richter erklärte, welche Weisungen sie von oberster Stelle erhalten habe und gleichzeitig klären konnte, inwieweit das Gericht den Anträgen der Staatsanwaltschaft folgen werde, siehe *Wrobel/Maul-Backer*, Strafjustiz im totalen Krieg, S. 342.

und die Vollstreckung der Todesurteile erfolgen"[482]. 1955 wurde *Ulbricht* eine Liste mit 5 Angeklagten vorgelegt und 2 Vorschläge (einmal Todesstrafe und eine mehrjährige Zuchthausstrafe) zum Strafmaß gemacht. Durch die Hinzufügung lediglich eines Gänsefüßchens fällte *Ulbricht* das Todesurteil gegen einen weiteren Angeklagten.[483] 1959 bat *Mielke*, Minister für Staatssicherheit, den 1. Sekretär des ZK der SED, *Ulbricht*, in einem konkreten Fall um Mitteilung, „in welcher Höhe die Strafe ausgesprochen werden soll, oder ob die Stellung der Strafanträge und die Verurteilung dem Staatsanwalt und dem Gericht überlassen werden sollen. Mir [Erich Mielke - d. Verf.] scheint es jedoch zweckmäßig, sie richtig zu informieren, da sie sonst nicht wissen werden, was sie tun sollen."[484] In einem anderen Fall bat *Mielke* um *Ulbrichts* Einverständnis: „Wenn Du einverstanden bist, so könnte der Schlußbericht zur Abfassung der Anklageschrift sofort abgegeben werden"[485]. Auch andere Urteilsvorschläge wurden von *Ulbricht* mit dem Vermerk „Einverstanden" genehmigt, andere wiederum korrigiert, auch zum Nachteil des Angeklagten.[486] Manchmal griff auch die örtliche Parteileitung in den Gang eines Verfahrens ein. So berichtete ein Flüchtling, dass die Partei, wenn sie an dem Erwerb von wirtschaftlichen Objekten interessiert war, Rücksprache mit dem zuständigen Bezirksstaatsanwalt, dem Bezirksgerichtsdirektor sowie dem Verhandlungsleiter in dem kommenden Verfahren hielt, das gegen den Besitzer eines Unternehmens angestrengt werden sollte.[487]

---

[482] Schreiben *Hentschels* an Oberstleutnant *Titow*, 26.10.1950, abgedruckt in: *Werkentin*, Die Waldheimer „Prozesse", in: *Haase/Pampel* (Hrsg.), Die Waldheimer „Prozesse", S. 21.

[483] Verfahren gegen *Benkowitz* u.a., siehe *Grasemann*, Die politische Strafjustiz, in: *Weber* (Hrsg.), Der SED-Staat, S. 32.

[484] *Werkentin*, NJ 1991, 479f.; *Weinke*, Strukturen und Funktionen politischer Strafjustiz in der DDR, in: *Timmermann* (Hrsg.), Diktaturen in Europa im 20. Jahrhundert - der Fall DDR, S. 90.

[485] Vgl. *Werkentin*, Die Waldheimer „Prozesse", in: *Haase/Pampel* (Hrsg.), Die Waldheimer „Prozesse", S. 25.

[486] *Schöneburg*, SED und Strafrecht, in: *Gysi* (Hrsg.), Zweigeteilt, S. 92.

[487] Bericht eines geflüchteten Volksrichters vom 26.11.1953, abgedruckt in: *International Commission of Jurits* (Hrsg.), Recht in Fesseln, S. 133.

Im Schauprozess gegen *Burianek* und *Kaiser* wurden nach Aussage des Offizialverteidigers RA Dr. *Büsing* vor der Hauptverhandlung alle Verteidiger zur Vorsitzenden des Obersten Gerichts, *Benjamin*, bestellt, um mit ihnen nicht nur den Gang der Hauptverhandlung abzusprechen, sondern auch die Urteile im Voraus festzulegen.[488] Nach Aussage eines Flüchtlings soll es am Obersten Gericht Anfang der 50er Jahre einen ständigen Nachtdienst gegeben haben, der von Justizinstrukteuren angerufen werden konnte, wenn es um die Verhängung eines Strafmaßes ging. Wollte der zuständige Diensthabende keine Entscheidung treffen, so wurde der Fall tags darauf *Benjamin* unterbreitet, die dann den fernmündlichen Bescheid dem Instrukteur bekannt gab.[489] Im *Wiebach*-Prozess 1955 hatte die Staatsanwaltschaft an das Politbüro den Vorschlag unterbreitet, einen der Angeklagten zu lebenslanger Haft zu verurteilen, was *Ulbricht* mit einer handschriftlichen Notiz in Todesstrafe umänderte.[490] 1956 wurde dem Politbüro eine Vorlage überreicht, in dem die Justizkommission die Strafhöhe gegen die Angeklagten *Halm* (15 Jahre Zuchthaus bzw. lebenslange Zuchthausstrafe), *Held* (Todesstrafe), *Rudert* (Todesstrafe) und *Sachße* (8-10 Jahre Zuchthaus) vorschlug und um Abzeichnung bat.[491]

Dem Arbeitsplan des Obersten Gerichtes von 1958[492] ist zu entnehmen, dass die gesamte Rechtsprechung noch mehr von der Erkenntnis durchdrungen werden müsse, dass sie eine wichtige Methode zur Durchsetzung und Realisierung der Politik von Partei und Regierung sei. War es am Anfang noch möglich, die Rechtsprechung zu kontrollieren, so wuchs alsbald der Justizapparat derart an,

---

488 Aussage des RA Dr. *Büsing*, UaS II, S. 98f.: „Herr Doktor, auf Anweisung ‚meiner Freunde' muß Kaiser zum Tode verurteilt werden, bitte stellen Sie sich in Ihrem Plädoyer darauf ein."

489 Bericht eines Flüchtlings, abgedruckt in: *International Commission of Jurits* (Hrsg.), Recht in Fesseln, S. 132.

490 MDR-Sendung vom 19.11.2001 unter dem Titel: „Die Todesstrafe in der DDR" von *Gerald Endres* und *Ute Bönnen*.

491 Vorlage für das Politbüro, SAPMO-BArch, DY 30/J IV 2/ 2A/ 466.

492 *Fricke*, Zur politischen Strafrechtsprechung des Obersten Gerichts der DDR, S. 1.

dass eine durchgehende und lückenlose Kontrolle aller Strafverfahren nicht mehr möglich war. Zur Sicherung der Konformität der Justiz mit der häufig wechselnden Parteilinie mussten nun Maßnahmen ergriffen werden. Denn gerade der häufige Wechsel innerhalb der Parteilinie machte es den Juristen nicht einfach, nicht nur gesetzeskonform, sondern vor allem parteikonform „Recht“ zu sprechen. So klagte ein Jurist vor der SED-Bezirksparteileitung, dass, wenn er juristisch richtig entscheide, es politisch falsch sei, entscheide er politisch richtig, dann sei es juristisch falsch.[493] Und so ist es keineswegs verwunderlich, wenn das „Recht-Sprechen“ zu einem wahren Balanceakt wurde. Bestrafte der Richter nach dem Motto „viel hilft viel“, wurde die unerbittliche Härte dieses Urteils gerügt, hielt sich der Richter zwar innerhalb des gesetzlichen Rahmens, hatte er jedoch nicht die Obergrenze des Strafrahmens ausgeschöpft, so wurde ihm „versöhnlerisches“ oder „liberalistisches“ Verhalten vorgeworfen.[494]

Liberale Tendenzen galt es auf jeden Fall zu bekämpfen. Die Quellen des Liberalismus würden in der eigensüchtigen, egoistischen Natur der Kleinbourgeoisie liegen, die ihre persönlichen Interessen in den Vordergrund, die Interessen der Revolution dagegen in den Hintergrund rücke. Der Liberalismus sei eine der Erscheinungen des Opportunismus und widerspreche daher vom Grund her dem Marxismus, da er für Passivität stehe und daher objektiv dem Feind helfe.[495] Als es beispielsweise im Zuge des Aufstandes vom 17.06.1953 zu Unruhen innerhalb der Arbeiterschaft in der Wismut-AG kam, musste sich das Bergbaugericht Gera mit der Strafbarkeit der Arbeiter beschäftigen. In den ersten zehn Strafverfahren wurden fünf Einstellungen verfügt, in den Fällen, in denen Haftstrafen verhängt wurden, betrug diese nicht mehr als sechs Monate Gefängnis. Daraufhin warf die

[493] *Werkentin*, NJ 1991, 479f.
[494] *Werkentin*, NJ 1991, 482.
[495] So jedenfalls *Mao Tse-tung* nach *Lekschas*, Klassenkampf und Strafrecht, S. 14.

Parteikontrollkommission dem Gericht „schwere versöhnlerische Tendenzen“[496] vor. Noch mehr Verwirrung muss eine Anweisung des Generalstaatsanwalts Mitte der 50er Jahre ausgelöst haben, als dieser die Unabhängigkeit des Richters betonte und gleichzeitig die Richter aufforderte, in der richterlichen Entscheidung die Bereitschaft widerspiegeln zu lassen, die von der Partei der Arbeiterklasse und von der Regierung gefassten Beschlüsse durchzusetzen.[497] So propagierte 1959 der Generalstaatsanwalt *Stein*, „der Richter in der Deutschen Demokratischen Republik müsse ein verläßlicher politischer Funktionär sein“.[498] Und so schwankte der Jurist nicht selten zwischen dem Pochen auf die justiziellen Grundrechte, dem Vorwurf des Formalismus, der Einhaltung der Parteilinie sowie dem Vorwurf der Nichteinhaltung der in der Verfassung verankerten justiziellen Grundrechte.[499] Das zeigt deutlich die Misere auf, in der sich die damaligen DDR-Juristen befanden. Um eine parteikonforme Rechtsprechung zu garantieren, versuchte man, die Juristen in verschiedene Lenkungsmechanismen einzubinden, z.B. durch:

- ständige Kontrolle der Rechtslehre und der einschlägigen Fachliteratur,
- die doppelte Unterstellung der Richter unter Partei und Justizapparat,[500]
- eine entsprechende Urteilskorrektur,
- Bestrafung von Justizfunktionären,
- unmittelbar bindende Richtlinien und Vorschläge von Seiten des Generalstaatsanwaltes,
- den Einsatz von Justizinstrukteuren[501].

[496] Siehe *Roth*, Der 17. Juni 1953 in Sachsen, S. 521.
[497] *Melsheimer*, NJ 1956, 294f.
[498] *Stein*, NJ 1959, 37.
[499] *Werkentin*, NJ 1991, 482.
[500] Durch das Gesetz zur Bildung des Staatsrates der DDR vom 12.09.1960 wurde dem Staatsrat das Recht zur allgemein verbindlichen Auslegung der Gesetze übertragen.
[501] Siehe *Werkentin*, NJ 1991, 480.

So wurde beispielsweise die Hauptaufgabe der Abteilung Recht der Justizverwaltungsstelle zum einen in der Anleitung und Kontrolle der Rechtsprechung der Kreisgerichte und zum anderen darin gesehen, dem Ministerium der Justiz die erforderlichen Unterlagen für seine „anleitende" Tätigkeit zu beschaffen.[502] „Anleitende" Tätigkeiten erschöpften sich nicht selten in bindenden Richtlinien und vorgegebenen Urteilen.

Abschnitt II: Die Entwicklung des Rechts in der sowjetischen Besatzungszone bis 1950, insbesondere die des Strafrechts

1. Historische Situation Deutschlands

Schon vor Beendigung des Zweiten Weltkrieges trafen sich die Alliierten, um über die Zukunft eines befreiten Deutschlands zu beratschlagen. Auf der Konferenz von Jalta im Februar 1945 betonten die Alliierten: „Es ist unsere unbeugsame Absicht, den deutschen Militarismus und Nazismus zu zerstören und sicherzustellen, daß Deutschland nie wieder in der Lage sein wird, den Weltfrieden zu stören."[503] Am 17. Juli 1945 trafen sich die Vertreter der Siegermächte in Berlin, um Richtlinien über die politischen und wirtschaftlichen Belange in Bezug auf das besiegte Deutschland festzulegen, das sog. Dreimächteabkommen. Diese sahen unter anderem die völlige Abrüstung und Entmilitarisierung, die Bestrafung der Kriegsverbrecher, die Zerschlagung der bestehenden übermäßigen Konzentration der Wirtschaftskraft und die Bezahlung der Reparationen vor. Trotz der Einigkeit über das Vorgehen von Seiten der Siegermächte muss rückblickend festgestellt werden, dass die Vorstellungen über eine Zukunft Deutschlands weit auseinander gingen. Schon vor Beendigung des Krieges machten sich die Alliier-

[502] *Schuster*, NJ 1954, 113.
[503] Siehe *Thurich*, Informationen zur politischen Bildung, 1991, Heft 232, 6.

ten Gedanken darüber, wie man mit Deutschland verfahren müsse, wenn es zu einer vollständigen Kapitulation kommen würde. Der amerikanische Präsident *Roosevelt* dachte nicht an eine völlige Unterordnung Deutschlands unter die Interessen der alliierten Besatzungsmächte, da er von der Notwendigkeit der Selbstbestimmung und Unabhängigkeit der Völker überzeugt war.[504] Die Gefahr sah er daher weniger im später zu besetzenden Deutschland, sondern vielmehr im Erstarken der Sowjetmacht. Sein Finanzminister *Morgenthau* gab im September 1944 den sog. Morgenthau-Plan bekannt, in dem er die Vernichtung der gesamten deutschen Rüstungsindustrie, die Abtretung Ostpreußens, des südlichen Schlesiens, des Saarlandes sowie der Gebiete zwischen Mosel und Rhein und die Teilung des Reiches in zwei Staaten forderte. Er sah in der Expansionspolitik *Hitlers* nur die konsequente Folge des durch die deutsche Geschichte entstandenen aggressiven Nationalcharakters.[505]

Auch Englands Premierminister *Churchill* sah seine Interessen bereits vor dem offiziellen Kriegsende durch die Vormachtstellung Russlands bedroht und versuchte deshalb, die Amerikaner bereits während des Krieges an Westeuropa zu binden.[506] Die Russen hingegen sahen wohl im Niedergang Deutschlands die Chance, die Errungenschaften ihrer sozialistischen Revolution nun auch in einen Teil Deutschlands zu tragen und damit ihre Stellung in der Weltpolitik zu verbessern. Darüber hinaus war die sowjetische Regierung besonders an einer Wiedergutmachung der Schäden in Form von Reparationsleistungen interessiert, da bereits vor der Potsdamer Konferenz, die vom 17.07.-02.08.1945 stattfand,

---

[504] So heißt es auch in der Mitteilung über die Dreimächtekonferenz: „Es ist nicht die Absicht der Alliierten, das deutsche Volk zu vernichten oder zu versklaven. Die Alliierten wollen dem deutschen Volk die Möglichkeit geben, sich darauf vorzubereiten, sein Leben auf einer demokratischen und friedlichen Grundlage von neuem aufzubauen.“, Amtsblatt des Kontrollrates Nr.1, S. 340.
[505] *Kistler*, Die Bundesrepublik Deutschland, S. 23.
[506] *Kistler*, Die Bundesrepublik Deutschland, S. 20f.

bekannt wurde, dass sie ca. 20 Mrd. Reichsmark[507] fordern würden[508], was ein wirtschaftliches Erstarken Deutschlands für lange Zeit aussichtslos gemacht hätte[509]. *Varga*, Direktor des Moskauer Instituts für Weltwirtschaft und internationale Beziehungen, gab bereits 1942 zu bedenken: „Unseres Erachtens wird es unvermeidlich zu einer revolutionären Krise am Ende des Krieges kommen. Die Zahlung der Wiedergutmachungen wird ohne Zweifel die materielle Lage in den besiegten Ländern noch verschärfen, unter allen Umständen zu einer wachsenden Unzufriedenheit der Völker führen und eine revolutionäre Situation schaffen." Aber er kam gleichzeitig zum Ergebnis: „Es ist nur gerecht, daß die Lebenshaltung des deutschen Volkes in dem nächsten Jahrzehnt, in dem Reparationen zu zahlen sind, nicht höher sein soll als die jener Völker, die die Opfer der Aggression waren; nicht höher als sie auf dem europäischen Kontinent im Durchschnitt sein wird".[510] Mit einer angesichts der Verluste kaum nachvollziehbaren Großmütigkeit verkündete *Stalin* nach der Kapitulation, die Sowjetunion feiere zwar den Sieg, beabsichtige aber nicht, Deutschland aufzuteilen oder zu vernichten. Die Rote Armee sei als Siegerin, aber nicht als Unterdrückerin gekommen. Eine Vernichtung des deutschen Volkes oder die Zertrümmerung des deutschen Staates sei nicht Ziel der Sowjets. Die Deutschen könnten nun beweisen, dass *Hitler* nicht Deutschland und die nazistische Bande nicht das deutsche Volk sei.[511]

---

[507] *Matschke*, Die wirtschaftliche Entwicklung in der SBZ, in: *Fischer* (Hrsg.), Studien zur Geschichte der SBZ/DDR, S. 101, zieht daraus die Schlussfolgerung, dass die UdSSR die eigene Sicherheit höher bewertete als die Zusammenarbeit mit den Alliierten oder gar das wirtschaftliche Schicksal Restdeutschlands.

[508] *Kistler*, Die Bundesrepublik Deutschland, S. 24.

[509] *Benz*, Kriegsziele der Alliierten, Informationen zur politischen Bildung, 1998, Heft 259, S. 3, verweist darauf, dass *Stalin* bereits auf der Konferenz von Jalta 20 Mrd. Dollar als Gesamtentschädigung forderte, wovon Russland die Hälfte erhalten sollte.

[510] Siehe *Laufer*, Konfrontation oder Kooperation?, in: *Fischer* (Hrsg.), Studien zur Geschichte der SBZ/DDR, S. 60f.

[511] Siehe *Weber*, Geschichte der DDR, S. 25f.

Einigkeit herrschte auch in Bezug auf die Notwendigkeit, Deutschlands Grenzen neu zu bestimmen. *Stalin* hatte die ersten Überlegungen bereits im Dezember 1941 angestellt und sie mit *Churchill* diskutiert. Immer wieder stand das Thema der Zerstückelung Deutschlands auf der Tagesordnung und wurde kontrovers diskutierte, bis man sich letztendlich einigen konnte.[512] Doch das vereinigende Band der gemeinsamen Kriegsführung konnte nur so lange halten wie der Krieg dauerte. Aufgrund der verschiedenartigen ideologischen Prämissen war eine gemeinsame Nachkriegspolitik ausgeschlossen, denn für *Stalin* mussten die Westmächte grundsätzlich Feinde bleiben, da sie im weltgeschichtlichen Konflikt auf der Gegenseite standen.[513]

Unterschiedliche Vorstellungen und Ziele[514] führten allerdings dazu, dass jede Besatzungsmacht im eigenen Gebiet eigenständig agierte. So führten beispielsweise Unstimmigkeiten zwischen den Besatzungsmächten und die ablehnende Haltung der Franzosen dazu, dass eine gesamtdeutsche Wirtschaftsverwaltung nicht zustande kam.[515] Bereits mit der zurückweichenden deutschen Front und dem Vorstoßen der Sowjettruppen begannen vor allem in den östlichen Gebieten Schlesien und Ostpreußen ausgedehnte Beutezüge. Dabei beschlagnahmten die russischen Soldaten nicht nur Lebensmittel, sondern auch Einrichtungsgegenstände, Silber, Uhren, Schmuck, Fahrräder, Kleidung etc. Nach Angaben einer Augenzeugin kam es vor, dass die russischen Soldaten ganze Gärten umgruben, um eventuell versteckte Wertgegenstände sicherzustellen. Fanden sie etwas, wurde es konfisziert oder, wenn es keinen Wert für sie hatte (z.B. Fotos), zer-

---

[512] *Thurich*, Informationen zur politischen Bildung, 1991, Heft 232, 6 (11).
[513] Vgl. *Wettig*, Stalins Deutschland-Politik, in: *Meissner/Eisfeld* (Hrsg.), 50 Jahre sowjetische und russische Deutschlandpolitik, S. 16 ff.
[514] Ursache dafür war zum einen, dass jede Besatzungsmacht sich an der heimischen Politik orientierte und zum anderen Spannungen, die innerhalb der Besatzungsbehörden auftraten, siehe *Kistler*, Die Bundesrepublik Deutschland, S. 26.
[515] *Amos*, „Kaderpolitik" in der Justizverwaltung, S. 12.

stört. Einem General der rückwärtigen Dienste soll es sogar gelungen sein, neun LKW-Ladungen und mehrere Eisenbahnwaggons mit „Trophäengut" in seine Heimat zu verschicken.[516] Nach Beendigung des Krieges begann man dann in der sowjetischen Zone offiziell mit der Demontage von Fabriken, Eisenbahnstrecken[517] und wirtschaftlich bedeutenden Anlagen, vor allem der eisenschaffenden, chemischen und optischen Industrie, um sie als Reparationsleistungen in die unterentwickelte Sowjetunion zu bringen. Ganze Demontagetrupps, die aus zeitweise ca. 70.000 Angestellten bestanden und im Auftrage des Reparationskomitees der Moskauer Regierung unter *Malenkov* handelten, zogen durch die sowjetische Besatzungszone.[518] Betriebe, die nicht in die UdSSR verbracht werden konnten, wurden in die „Sowjetische Aktiengesellschaft" (SAG) umgewandelt[519] und mussten unter Leitung der Sowjets weiterarbeiten. Erst 1953 gingen alle Betriebe, bis auf die Wismut AG, an die DDR zurück.[520] Allein in Sachsen sollen bis Mitte 1948 ca. 1.000 Betriebe demontiert und ca. 250.000 Maschinen abtransportiert worden sein.[521] Allerdings haben auch die Westalliierten versucht, sich in der späteren sowjetischen Besatzungszone schadlos zu halten. Selbst wenn keine genauere Übersicht über die Entnahmen der Westalliierten existiert, so betrug beispielsweise der Wert der aus dem Carl-Zeiss-Werk Jena entnommenen Konstruktionsunterlagen, Objektivsammlungen, Zeichnungen und Spezialmaschinen rund 18,5 Millionen Reichsmark. Im Juni 1945 erzwangen die Ame-

---

[516] *Karlsch*, Allein bezahlt?, S. 55f.
[517] Bis März 1947 waren dies 11.800 km Schienensystem, siehe *Benz*, Informationen zur politischen Bildung, 1998, Heft 259, 13 (19).
[518] Siehe *Bonwetsch/Bordjugov*, Sowjetische Politik in der SBZ 1945-1949, S. XIV.
[519] Z.B. das Bunawerk Merseburg, das Leunawerk, die Wismut AG.
[520] Kommuniqué der gemischten sowjetisch-deutschen Kommission vom 31.12.1953, in dem die Rede davon ist, dass im Zuge des Erlasses der Reparationsleistungen 33 SAG-Betriebe unentgeltlich in das Eigentum der DDR übergehen, abgedruckt in: *Albrecht* (Hrsg.), Dokumente zur Staatsordnung der DDR, S. 266; eine Liste von Betrieben, die wieder an die Deutschen zurückgegeben werden sollten, findet sich bei den Aufzeichnungen *Piecks* bei einem Gespräch mit Marschall *Sokolowski* am 11.01.1947, abgedruckt bei: *Badstübner/Loth*, Wilhelm Pieck, S. 100.
[521] *Benz*, Informationen zur politischen Bildung, 1998, Heft 259, 13 (19).

rikaner die Herausgabe von Radium in einem Gesamtwert von drei Millionen Dollar. Die Agfa Filmfabrik Wolfen musste das für die Filmproduktion notwendige Silbernitrat und einige Maschinen herausgeben. Die massenhafte Mitnahme von Transportmitteln, darunter ca. 200 Lokomotiven allein aus der Reichsbahndirektion Erfurt, erschwerte den Wiederaufbau und die Entwicklung des Transportwesens.[522] Marschall *Schukow* rechtfertigte die vorgenommenen Demontagen mit den Worten:

> „Der Hitlerfaschismus hat der Welt und insbesondere Rußland so tiefe Wunden geschlagen, daß dem deutschen Volk die Möglichkeit genommen werden muß, noch einmal einen Krieg vom Zaune zu brechen. Glauben Sie sicher, daß die Not nicht nur in Deutschland groß ist. Die Verwüstungen in Rußland sind derartig, daß noch Millionen Menschen in Erdlöchern leben, weil ihnen die Wohnungen zerstört worden sind. Wenn wir deswegen diejenigen Industrien abbauen, die für den Krieg benutzt wurden oder werden können, so ist dies einerseits erforderlich zur Wiedergutmachung und zum anderen zur Verhinderung eines zukünftigen Krieges."[523]

Ein Ministerratsbeschluss von 1945 sah die Entnahme von 5,8 Mio. Tonnen Ausrüstungen aus der SBZ als Demontagegut vor. Bis Mai 1946 waren bereits insgesamt 4,46 Mio. Tonnen industrieller Einrichtungen und 600.000 Tonnen Metallkonstruktionen als Reparationen erfasst worden, die auf einen Gesamtwert von zwei Milliarden US-Dollar geschätzt wurden. Weiterhin sollten der Sowjetunion für das laufende Jahr 1946 Waren aus der laufenden Produktion im Wert

---

[522] Siehe ausführlich dazu *Karlsch*, Allein bezahlt?, S. 60, ebenso *Matschke*, Die wirtschaftliche Entwicklung in der SBZ, in: *Fischer* (Hrsg.), Studien zur Geschichte der SBZ/DDR, S. 103.
[523] Siehe *Judt*, Aufstieg und Niedergang der „Trabi-Wirtschaft", in: *Judt* (Hrsg.), DDR-Geschichte in Dokumenten, S. 106.

von umgerechnet 1,5 Milliarden Reichsmark geliefert werden; dazu kam die Versorgung der in der SBZ stationierten sowjetischen Truppen.[524]

Die Reparationsleistungen störten nicht nur den Aufbau erheblich, sondern bereits das bloße Existieren. Schon 1947 muss *Stalin* überlegt haben, die finanziellen Lasten der SBZ zu reduzieren, als er über die Beendigung von Demontagen, die Reduzierung der Besatzungstruppen und die zeitliche Streckung der Reparationsleistungen nachdachte.[525] So ordnete Marschall *Sokolowski* im Januar 1947 zwar das Ende der Demontage an, machte aber wenige Tage später Einschränkungen und ließ ungeachtet von Protesten der SED-Führung auf Geheiß Moskaus weitere Demontagen vornehmen.[526]

1950 drohten die Reparationsleistungen die DDR endgültig in den Bankrott zu führen. Die Regierung der DDR sah sich deshalb gezwungen, bei *Stalin* um die Herabsetzung der Reparationsleistungen zu bitten. In einem Schreiben vom 15.05.1950 erklärt *Stalin*, dass der Herabsetzung entsprochen werden könne. Die Sowjetunion habe dabei berücksichtigt, dass die DDR bisher gewissenhaft und regelmäßig ihrer Verpflichtung nachgekommen sei und bis Ende 1950 insgesamt 3.658 Mio. Dollar aufgebracht habe. Daher habe die Sowjetunion den Beschluss gefasst, die restliche noch zu zahlende Summe um 50%, d.h., bis auf 3.171 Mio. Dollar herabzusetzen. Zudem habe die Sowjetunion beschlossen, die Begleichung des restlichen Teils der Reparationsleistungen mit Waren aus der laufenden Produktion auf 15 Jahre zu verteilen.[527] Im August 1953 unterzeichnete die Sowjetregierung dann ein Protokoll über den Erlass der deutschen Reparationszahlungen und andere Maßnahmen zur Erleichterung der finanziellen und wirt-

---

[524] Siehe *Foitzik*, DeutschlandArchiv 2003, 345f.
[525] *Bonwetsch/Bordjugov*, VfZ 1994, 279 (284).
[526] *Badstübner/Loth*, Wilhelm Pieck - Aufzeichnungen zur Deutschlandpolitik, S. 108.
[527] *Albrecht* (Hrsg.), Dokumente der Staatsordnung der DDR, S. 89.

schaftlichen Verpflichtungen. Darin hieß es, dass sie ab 01.01.1954 sowohl auf jede Form der Reparationsleistungen als auch auf die staatlichen Nachkriegsschulden verzichte.[528]

Eine andere Art der „Reparationsleistungen" war der Einsatz deutscher Kriegsgefangener beim Aufbau des zerstörten Landes, wobei neben der Sowjetunion auch Frankreich davon Gebrauch machte. Die Amerikaner hingegen, die während des Krieges im Gegensatz zu den anderen alliierten Kräften kaum Verluste hinnehmen mussten, behandelten ihre Kriegsgefangenen nicht nur besser, sie entließen sie auch früher. Darüber hinaus entwarfen Amerikas Politiker für das westliche Deutschland ein umfassendes Hilfsprogramm - European Recovery Program[529] -, um durch Kredite die Volkswirtschaften Westeuropas zu eigener Güterproduktion zu befähigen, die Kriegsfolgen zu überwinden und die Bevölkerung durch wirtschaftliche Immunisierung vor kommunistischen Einflüssen zu schützen. Es wurde eine wettbewerbsorientierte Marktwirtschaft angestrebt, die mit der Währungsunion am 20.06.1948 ihren Anfang haben sollte. Damit war jedoch auch die Spaltung Deutschlands weiter vorangetrieben worden.[530] Die wenige Tage später in der sowjetischen Besatzungszone hektisch vollzogene Währungsunion war nicht nur eine Antwort auf das eigenmächtige Handeln der westlichen Alliierten, sondern war auch eine Möglichkeit, die sowjetische Besatzungszone noch enger an die UdSSR zu binden. Um so unverständlicher scheint daher die im März 1952 vom Stellvertretenden Minister für Auswärtige Angelegenheiten, *Gromyko*, an die westlichen Mächte übergebene Erklärung, in der gefordert wird, Deutschland als einheitlichen Staat wieder herzustellen und der

---

[528] Schreiben der Regierung der DDR an die Regierungen der drei Westmächte vom 07.11.1953, abgedruckt in: *Albrecht* (Hrsg.), Dokumente zur Staatsordnung der DDR, S. 128f.

[529] Auch als Marshall-Plan bekannt.

[530] Daher war entgegen der Auffassung *Webers*, Geschichte der DDR, S. 125, nicht nur die Gründung der DDR ein deutliches Signal wachsender Spannungen des Ost-West-Konfliktes, sondern bereits der wirtschaftliche Alleingang in Westdeutschland.

Spaltung Deutschlands ein Ende zu bereiten. Sämtliche Streitkräfte der Besatzungsmächte sollten bis spätestens ein Jahr nach Inkrafttreten des Friedensvertrages aus Deutschland abgezogen und alle ausländischen Militärstützpunkte liquidiert werden.[531] Auf dieses Angebot sind die Westmächte jedoch in keiner Weise eingegangen, wohl auch deshalb, weil sie an ehrliche Absichten der Sowjets in dieser Frage nicht glaubten. Auch eine sich Ende der 50er Jahre anbahnende Einigung in der Deutschlandfrage scheiterte letztlich daran, dass die Sowjets mit ihrer Raketenabwehr ein amerikanisches Aufklärungsflugzeug abschossen und den Piloten gegen einen sowjetischen Kundschafter austauschten.[532]

Historiker haben sich jedoch immer wieder mit der Glaubwürdigkeit dieser Absichtserklärung befasst, wobei eine abschließende Klärung wohl nie mehr erzielt werden wird. Während *Staritz* davon ausgeht, dass es den Sowjets ausschließlich um die Sicherung des ostdeutschen Besitzstandes ging und damit die Schaffung eines einheitlichen Deutschland keine Priorität besaß[533], vertritt *Loth* die Auffassung, dass für *Stalin* die Konstituierung eines einheitlichen Deutschland in Kooperation mit den Westmächten eindeutig Vorrang hatte und damit die Gründung der DDR erst in allerletzter Minute akzeptiert wurde, eben als unvermeidliche und ungeliebte Konsequenz aus dem Scheitern seiner deutschlandpolitischen Hauptlinie[534]. Letzteres ergebe sich aus Aufzeichnungen, die während eines Zusammentreffens zwischen der KPD-Führung unter der Leitung *Ulbrichts* und der unter der Leitung *Stalins* angefertigt wurden und denen man entnehmen könne, dass eine Teilung Deutschlands zu verhindern gewesen sei.[535] Es bestehe gar kein

---

[531] Note der Sowjetregierung an die USA, Großbritannien und Frankreich zur Frage der Vorbereitung eines Friedensvertrages mit Deutschland vom 10.03.1952, abgedruckt in: *Albrecht* (Hrsg.), Dokumente zur Staatsordnung der DDR, S. 109 (112).
[532] *Wolf*, Spionagechef im geheimen Krieg, S. 137.
[533] *Staritz*, DeutschlandArchiv 1991, 686 (689f.).
[534] *Loth*, Das ungeliebte Kind, in: *Scherstjanoi* (Hrsg.), Provisorium für längstens ein Jahr, S. 32f.
[535] *Loth*, Das ungeliebte Kind, in: *Scherstjanoi* (Hrsg.), Provisorium für längstens ein Jahr, S. 33; Dafür sprechen auch Aufzeichnungen, die *Pieck* anlässlich einer Beratung mit *Stalin*, *Molotow* und

Anlass, die zahlreichen sowjetischen Beteuerungen, dass man die Einheit wolle und dass in Deutschland nicht der Sozialismus auf der Tagesordnung stünde, sondern die „Vollendung der bürgerlich-demokratischen Revolution", nicht beim Wort zu nehmen.[536] Andere sehen in der Durchführung der sowjetischen Politik in der SBZ und der Gründung der DDR das strategische Minimalziel der sowjetischen Deutschlandpolitik, wobei die Spaltung Deutschlands wohl nicht das unmittelbare Ziel der Sowjets gewesen sein mag, doch seien sie nicht bereit gewesen, sie durch eine flexiblere Haltung zu verhindern.[537] Auch *Staritz* wirft den Sowjets Kompromissunfähigkeit vor, wogegen *Doernberg* einwendet, dass auch die Politiker auf der westlichen Seite zumindest genauso kompromissunfähig und -willig waren, was wesentlich die Entwicklung in der Deutschlandfrage bewirkt habe. Zu Recht weist er darauf hin, dass nicht unbeachtet bleiben darf, dass vor der Gründung der DDR bereits die Bundesrepublik geschaffen wurde, deren Gründung seit geraumer Zeit in Planung gewesen war.[538]

Laufer spricht von der Zweigleisigkeit sowjetischer Deutschlandpolitik, da es zum einen die konservative Machtpolitik gegeben habe, die das einmal Errungene sichern wollte und keine Diskussion über die SBZ zuließ, und zum anderen das Bemühen, innerhalb der Anti-Hitler-Koalition Einfluss auf ganz Deutschland auszuüben.[539] Deutlich wird bei alledem aber, dass man sich in Moskau der Komplexität des Deutschlandproblems durchaus bewusst war und dass man den

---

Shdanow angefertigt hat. Darin vermerkte *Pieck*, dass *Stalin* gegen eine Zerstückelung Deutschlands sei und die Einheit Deutschlands gesichert werden müsse, siehe ZPA NL 36/629, Bl. 62-66. Diese Notiz von *Pieck* ist jedoch verschieden interpretiert worden, siehe dazu *Bodensieck*, Wilhelm Piecks Moskauer Aufzeichnungen, in: *Fischer* (Hrsg.), Studien zur Geschichte der SBZ/DDR, S. 32 ff.

[536] *Loth*, APuZ B 39-40/99, 5.

[537] *Broszat*, SBZ-Handbuch, S. 47.

[538] Diskussionsbeitrag von *Doernberg* zu *Loth*, Das ungeliebte Kind, in: *Scherstjanoi* (Hrsg.), Provisorium für längstens ein Jahr, S. 39.

[539] *Laufer*, Konfrontation oder Kooperation?, in: *Scherstjanoi* (*Hrsg.*), Provisorium für längstens ein Jahr, S. 40.

politischen Faktor nicht unterschätzte. Ob nun das bekundete sowjetische Interesse an der Einheit Deutschlands lediglich dem Wiederaufbau Europas diente, um sich später gegen die übermächtigen amerikanischen Wirtschaftsinteressen durchzusetzen[540] oder ob die Einheit Deutschlands als Garant für die geforderten Reparationsleistungen stehen sollte oder ob sich Moskau gar der Verantwortung für den östlichen Teil Deutschlands entziehen wollte - alles das bleibt letztendlich Spekulation, da sich *Stalin* über die deutschlandpolitischen Fragen nicht eindeutig äußerte.[541]

Die angestrebte Demokratisierung Deutschlands vollzog sich daher in den West- und Ostzonen unter völlig verschiedenen Prämissen. Während man in den Westzonen darauf bedacht war, das deutsche Volk wieder zu seinen liberalen Wurzeln zu führen und ein freiheitlich-demokratisches Grundverständnis zu vermitteln, kam die antifaschistisch-demokratische Umwälzung in der Ostzone plötzlich und mit aller Wucht. Der staatlich verordnete Antifaschismus verhinderte eine sachliche Auseinandersetzung mit dem Nationalsozialismus, seiner Entstehung und seinen Erscheinungen und führte letztlich nur zu einer allgemeinen Verteufelung, ohne dabei auf die Menschen einzugehen, die im Nationalismus aktive oder passive Hilfe dazu geleistet hatten. Der Antifaschismus wurde zum ideologischen Grundgerüst für die Legitimation der DDR. Die allgemein angenommene These, die Krise des Kapitalismus verschärfe sich zunehmend, die Klassengegensätze würden damit offener zu Tage treten, was einen friedlichen Weg zum Sozialismus ausschließe, führte zu einer bedingungslosen Identifizierung mit dem sowjetischen System, resp. mit der KPDSU und damit zur Verhinderung

[540] *Foitzik*, Sowjetische Militäradministration, S. 430.

[541] *Wettig*, Die Gründung der DDR, in: *Timmermann* (Hrsg.), Die DDR in Deutschland, S. 119 ff.; *Bleek*, Edition Deutschlandarchiv 1980, 87 ff.,
eb. *Murken* unter www.muenster.de/~jake/texte/besatzungszeit.htm vom 21.01.2003.

eines eigenen, deutschen Weges.[542] Aber die Akzeptanz der Demokratie erfolgte in Westdeutschland auch erst Ende der 50er, Anfang der 60er Jahre, als das „Wirtschaftswunder“ dem Verständnis von der Demokratie Recht zu geben schien.[543] Eine wirkliche Auseinandersetzung mit dem Nationalsozialismus erfolgte auch hier erst später, nicht zuletzt deshalb, weil die Entnazifizierung wichtiger Personen unterblieb.

2. Aufbau einer neuen Justiz

Mit der Unterzeichnung der Kapitulationsurkunde durch die Obersten Befehlshaber der Deutschen Wehrmacht, *v. Friedeburg*, *Keitel* und *Stumpff* vom 08.05.1945[544], übernahmen die Regierungen der alliierten Streitkräfte und die der Sowjetunion die oberste Regierungsgewalt in Deutschland. In der Militärischen Kapitulationsurkunde, Art. 13, wurde festgelegt, dass „die vier Alliierten Regierungen diejenigen Maßnahmen treffen (werden), die sie zum künftigen Frieden und zur künftigen Sicherheit für erforderlich halten, darunter auch die vollständige Abrüstung und Entmilitarisierung Deutschlands. Die Proklamation Nr. I vom 05.06.1945[545] unterstrich diese Absicht, die durch die Direktive Nr. 10 vom 22.09.1945[546] dahingehend spezifiziert wurde, dass der Alliierte Kontrollrat seine gesetzgebende Gewalt durch Proklamationen, Gesetze, Befehle, Direktiven oder Instruktionen ausüben sollte. Der Alliierte Kontrollrat, der seinen Sitz im ehema-

---

[542] Siehe dazu *v. Brünneck*, Politische Justiz 1949-1968, S. 24 ff.

[543] Siehe *Crome*, Die DDR in der deutschen Geschichte, in: *Timmermann* (Hrsg.), Die DDR-Analysen, S. 108. Daher ist es nicht verwunderlich, dass neonazistische Tendenzen gerade dann die Demokratie gefährden, wenn der ökonomische Erfolg ausbleibt, die Arbeitslosenzahlen steigen und die vormals ins Land geholten Ausländer zum Prellbock werden.

[544] Bereits am 07.05.1945 unterzeichnete Generaloberst *Jodl*, Chef des Wehrmachtsführungsstabes als Bevollmächtigter des Großadmirals *Dönitz* im Hauptquartier der Alliierten Streitkräfte in Reims die Kapitulationsurkunde. Auf Wunsch der Sowjets wurde diese Szene im Hauptquartier Karlshorst noch einmal vollzogen, siehe *Thurich*, Informationen zur politischen Bildung, 1991, Heft 232, 6.

[545] Siehe Proklamation Nr. I, Absatz II/ III, Amtsblatt des Kontrollrates in Deutschland 1945/46, S. 4.

[546] Siehe Kontrollratsdirektive Nr. 10, Amtsblatt des Kontrollrates in Deutschland 1945/46, S. 38.

ligen Berliner Kammergericht hatte, setzte sich aus den vier Oberbefehlshabern[547] der Besatzungsarmeen zusammen und sollte alle Angelegenheiten gemeinsam und einstimmig entscheiden. Am 20.03.1948 galt der Alliierte Kontrollrat durch das Verlassen des sowjetischen Vertreters *Sokolowski* als aufgelöst. Das gemeinsame Einwirken der vier Alliierten auf eine Deutschlandpolitik war damit nicht mehr möglich.[548]

a) Einsetzung der SMAD

Auf dem Sektor der sowjetischen Besatzungszone agierte ab 1945 zusätzlich zum Kontrollrat noch die SMAD (Sowjetische Militäradministration für Deutschland), die auf Befehl Nr. 1 vom 09.06.1945 der Regierung der UdSSR unter Vorsitz des Marschalls Georgij K. *Schukow* einberufen wurde und ihren Sitz in Berlin-Karlshorst hatte. Die SMAD hatte die Aufgabe, die Einhaltung der Bedingungen, die sich aus der bedingungslosen Kapitulation für Deutschland ergaben, zu kontrollieren, die Sowjetische Besatzungszone zu verwalten und die vereinbarten Beschlüsse des Kontrollrates zu grundsätzlichen militärischen, politischen, ökonomischen und anderen, für Deutschland gemeinsamen Fragen durchzusetzen.[549] Sie erließ als oberste Regierungs- und Gesetzgebungsgewalt von 1945 bis 1949 ca. 1.134 Befehle.[550] Durch Einrichtung zahlreicher Kommandanturen[551] auf Bezirks- und Kreisebene sowie durch den Erlass zahlreicher Be-

---

[547] Marschall Georgij K. *Schukow* (Oberbefehlshaber der sowjetischen Streitkräfte), General Dwight D. *Eisenhower* (Oberkommandierender der britisch-amerikanischen Invasionsstreitkräfte in Europa), Feldmarschall Sir Bernhard L. *Montgomery* und General Jean Joseph-Marie G. *Lattre des Tassigny*.

[548] Siehe *Keiderling*, unter www.luise-berlin.de/bms/bmstext/9803proh.htm vom 05.02.2003.

[549] Interne Anordnung, in: *Creuzberger*, Die sowjetische Besatzungsmacht, S. 27.

[550] *Heuer/Lieberam*, Rechtsverständnis in der DDR, in: *Heuer* (Hrsg.), Die Rechtsordnung der DDR, S. 25 (31). Gesicherte Angaben fehlen aber diesbezüglich, da von weit mehr Befehlen ausgegangen werden kann, siehe *Broszat*, SBZ-Handbuch, S. 42, der von mindestens 1648 Befehle ausgeht.

[551] Die Zahlen schwanken auch hier. Im Sommer 1945 sollen nach *Creuzberger*, Die sowjetische Besatzungsmacht, S. 2, über 500 Kommandanturen eingerichtet worden sein, die direkt der SMAD unterstanden, die damit über 32.000 Offiziere, Unteroffiziere und Soldaten verfügte; siehe auch Graf von *Schwerin/Voigt*, Enteignung, in: *Mertens /Voigt* (Hrsg.), Opfer und Täter im SED-Staat, S. 45, wobei *Kleßmann*, Die doppelte Staatsgründung, S. 68, von ca. 60.000 Angehörigen der sowjetischen

fehle gelang es der SMAD, das gesamte wirtschaftliche (z.B. durch Neubauernprogramme, Schließung von Banken), politische (z.B. durch Parteienzulassung, Gewerkschaften) und kulturelle Leben (z.B. durch die Errichtung von Hochschulen und Kulturstätten) in der sowjetischen Besatzungszone zu beeinflussen bzw. zu steuern. Der DDR-Historiker *Wietstruk* hatte errechnet, dass unter den 647 von ihm erfassten Befehlen für die Jahre 1945-1949 44,7% wirtschaftspolitischer Natur waren, während 21,7% land- und forstwirtschaftlichen Inhalt hatten, lediglich 10,9% galten kulturpolitischen Fragen. *Kirste* untersuchte die ca. 700 Befehle für Thüringen und stellte auch dort fest, dass ca. 70% davon wirtschaftspolitische bzw. Fragen der Lebensmittelversorgung betrafen[552].

Die SMAD veranlasste Demontagen[553], die als Reparationsleistungen in die Sowjetunion verbracht wurden, förderte die Bodenreform, die Verstaatlichung von Banken und Versicherungen und ließ die Gründung von Parteien und Gewerkschaften zu.[554] Im Juli 1945 entstanden auf Befehl der SMAD fünf Länder: Mecklenburg, Sachsen, Sachsen-Anhalt, Brandenburg und Thüringen, die nach und nach mit eigenständigen Kompetenzen ausgestattet wurden.[555] Ebenfalls im Juli 1945 errichtete sie die Deutsche Zentralverwaltung, die als Hilfsorgan der SMAD dieser unterstellt war.

Streitkräfte ausgeht. *Scholkowitsch* geht von 136 Rayon- und 272 Stadtkommandanturen aus, während *Schischin* 127 Rayon- und 333 Ortskommandanturen aufzählt, andere gehen von insgesamt 644 Kommandanturen aus, *Broszat*, SBZ- Handbuch, S. 15, *Satjukow*, DeutschlandArchiv 2003, 414.

[552] Siehe *Broszat*, SBZ-Handbuch, S. 46.

[553] Man geht davon aus, dass Demontagen oder so genannte „Beutezüge" bereits vor offiziellem Kriegsende an der Tagesordnung waren. So klagte besonders die Landbevölkerung über die Konfiszierung von landwirtschaftlichen Erzeugnissen, ähnlich auch *Broszat*, SBZ-Handbuch, S. 16.

[554] Die Summe der gesamten Reparationsleistungen werden auf ca. 3.700 Mrd. US Dollar geschätzt, siehe *Matschke*; Die industrielle Entwicklung, S. 182 ff.

[555] Im Juni 1947 wurde die Deutsche Wirtschaftskommission gebildet, die unabhängig von der SMAD selbst verbindliche Anordnungen treffen konnte und somit den Beginn eine Wirtschaftsplanung einleitete, siehe *Heuer/Lieberam*, Rechtsverständnis in der DDR, in: *Heuer* (Hrsg.), Die Rechtsordnung der DDR, S. 25 (32).

Wichtig war auch die restlose Zerschlagung des Naziregimes, dessen Einfluss sich ja vor allem in der Justiz gezeigt hatte. So ergingen zahlreiche SMAD-Befehle, die auf eine Entnazifizierung und den Aufbau neuer Staatsorgane gerichtet waren. Die Innenabteilung der SMAD[556] war dabei sowohl für die Entnazifizierung als auch für die Verfolgung von Oppositionellen und anderen „Klassenfeinden" zuständig.[557] Um dies künftig wirksamer zu gestalten, wurde die Errichtung eines Polizeiapparates angestrengt, der unmittelbar von der SMAD angeleitet werden sollte[558]. Eng damit verbunden war die Kontrolle über die deutsche Justiz durch die Innenabteilung der SMAD, deren Einfluss sich auf die Gerichte, Staatsanwaltschaften und Gefängnisse erstreckte.[559] Um ihre Justizpolitik durchzusetzen, bediente sich die SMAD der Deutschen Justizverwaltung (DJV), der zwar ein gewisser Handlungsspielraum eingeräumt wurde, die jedoch keine eigenständige Bedeutung besaß.[560] Im Ergebnis kann festgestellt werden, dass die Besatzungspolitik, die von der SMAD praktiziert wurde, die Interessenlage der Sowjetunion widerspiegelte. Gestützt auf das Potsdamer Abkommen gab es einen radikalen Kurs bei der Entnazifizierung und bei der Dezentralisierung der Wirtschaft.

Nach der Gründung der DDR im Jahre 1949 wurde die SMAD aufgelöst und durch die am 10.10.1949 gegründete und unter der Leitung von Armeegeneral *Tschuikow* stehende Sowjetische Kontrollkommission (SKK) ersetzt. Sie diente ebenfalls der Überwachung der deutschen Politik, verbunden mit der Einflussnahme auf politische Entscheidungen. Die von der sowjetischen Besatzungs-

---

[556] Die Tätigkeit der Gerichte und Staatsanwaltschaften fiel in die Zuständigkeit der Rechtsabteilung unter der Leitung von *Karassew*, der die Sowjetunion auch im Legal Directorate des Alliierten Kontrollrates vertrat, siehe *Meyer-Seitz*, Die Verfolgung von NS-Straftaten, S. 33.

[557] *Creuzberger*, Die sowjetische Besatzungsmacht, S. 31.

[558] Damit wurde der spätere Minister für Staatssicherheit, *Erich Mielke*, beauftragt, siehe *Meyer-Seitz*, Die Verfolgung von NS-Straftaten, S. 33.

[559] *Creuzberger*, Die sowjetische Besatzungsmacht, S. 31.

[560] Siehe *Meyer-Seitz*, Die Verfolgung von NS-Straftaten, S. 33.

macht eingesetzten deutschen Funktionäre sollten dabei folgende Ziele verwirklichen[561]:

- dem werktätigen Volk die Ausübung der staatlichen Macht sichern,
- mit der Entmachtung der Monopole und der Überführung in Volkseigentum die Grundlage einer antifaschistisch-demokratischen Ordnung schaffen,
- durch die Überführung von Ländereien der Großgrundbesitzer eine demokratische Bodenreform durchführen,
- eine den Bedürfnissen der werktätigen Bevölkerung angepasste Volkswirtschaft entwickeln,
- das antifaschistisch-demokratische Aufbauwerk vor Angriffen schützen,
- das Bildungsprivileg der Besitzenden brechen und allen Menschen den Zugang zu Wissenschaft und Kultur ermöglichen.

1954 beschloss dann die Regierung der UdSSR die Aufhebung von Befehlen der SMAD und der SKK, 1955 die Auflösung der Hohen Kommission der UdSSR in Deutschland und übergab die Staatsgewalt nun an die Regierung der DDR.[562]

b) Umgestaltung der Justiz

Von Anfang an stand für die sowjetische Regierung fest, dass sie in dem von ihr besetzten deutschen Gebiet nicht nur an der Zerschlagung nationalsozialistischer Reste, sondern auch an der Errichtung eines sozialistischen deutschen Staates mitwirken wollte. Allerdings wurde nicht der Fehler gemacht, nun das gesamte alte Recht außer Kraft und an dessen Stelle das revolutionäre Gewissen und das revolutionäre Rechtsbewusstsein zu setzen, wie man es in Russland nach der Oktoberrevolution versucht hatte. Man hatte richtig erkannt, dass dies zu anar-

---

[561] *Arlt*, StuR 1969, 1419f.
[562] Siehe *Albrecht* (Hrsg.), Dokumente zur Staatsordnung der DDR, S. 156 und S. 194.

chistischen Zuständen geführt hätte, so dass zunächst gemeinsam mit den Alliierten durch das Gesetz Nr. 1 des Alliierten Kontrollrates vom 20.09.1945 nur die wichtigsten faschistischen Gesetze aufgehoben und später zum Teil durch neue ersetzt wurden. Bei der Übernahme alter Gesetze blieben diese weder materiell noch formell, sondern nur in ihrem Wortlaut dieselben. Sie hätten sich formell geändert, weil der neue Staat Gesetzgeber sei und materiell hätten sie sich dadurch geändert, dass es nun nicht mehr bürgerliche Gesetze, sondern Gesetze einer Arbeiter- und Bauern-Macht seien.[563]

Am 20.10.1945 erließ der Kontrollrat die Proklamation Nr. 3[564], die anordnete, dass das deutsche Gerichtswesen auf der Grundlage des demokratischen Prinzips, der Gesetzmäßigkeit und der Gleichheit aller Bürger vor dem Gesetz ohne Unterschied von Rasse, Staatsangehörigkeit oder Religion umgestaltet werden müsse, und die die heute anerkannten Rechtsgrundsätze einer rechtsstaatlichen Justiz verkündete: Gleichheit vor dem Gesetz, Gewährleistung der Rechte des Angeklagten, Verbot der Analogie und der Begründung der Strafbarkeit aufgrund des „gesunden Volksempfindens“, Unabhängigkeit des Richters. Das Gesetz Nr. 4 vom 30.10.1945[565] zur Umgestaltung des Deutschen Gerichtswesens legte fest, dass in Deutschland die vor dem 30.01.1933 bestehende Gerichtsorganisation wiederherzustellen sei. Das bedeutete, dass wieder Amtsgerichte, Landgerichte und Oberlandesgerichte eingerichtet werden sollten, wobei Artikel II/III die Zuständigkeiten im Einzelnen regelte. Zuvor hatten sich bereits in den einzelnen Ländern judikative Strukturen herausgebildet. So wurden in Sachsen und Sachsen-Anhalt die alten Amts- und Landgerichte neu eröffnet, in Brandenburg

---

[563] *Klenner*, Der Marxismus-Leninismus über das Wesen des Rechts, S. 48.

[564] Grundsätze für die Umgestaltung der Rechtspflege - Proklamation des Kontrollrates Nr. 3 - abgedruckt in: *Albrecht* (Hrsg.), Dokumente zur Staatsordnung der DDR, S. 243.

[565] Gesetz Nr. 4 des Kontrollrates, Amtsblatt des Alliierten Hohen Kontrollrates in Deutschland, Nr. 1-13, 1945/46, S. 26.

und Mecklenburg wurde eine Vielzahl von örtlichen, voneinander unabhängigen Gerichten geschaffen, die als Dorf- und Stadt- oder als Kreis- und Bezirksgerichte Aufgaben der Rechtspflege wahrnahmen.[566] Dem vorausgegangen war der SMAD-Befehl Nr. 49 vom 04.09.1945 über die Reorganisation des Gerichtswesens, wie es zum 01.01.1933 existierte.[567]

Des Weiteren stellte sich mit der Kapitulation im Mai 1945 und der Einrichtung verschiedener Sektoren das Problem, nach welchen Strafvorschriften zu bestrafen sei, da während der NS-Herrschaft zahlreiche Gesetze[568] erlassen worden waren, um politische Gegner auszuschalten, die deutsche Rasse zu schützen und die politische Macht der NSDAP zu sichern. Durch die Gesetze Nr. 1 und Nr. 11 des Kontrollrates wurde daher sowohl die Aufhebung faschistischer Gesetze, darunter auch das Gesetz zur Änderung einiger Vorschriften des Strafrechts und des Strafverfahrensrechts vom 24.04.1933, als auch die Aufhebung verschiedener Vorschriften des Strafgesetzbuches angeordnet. Das so vorerst „bereinigte" Strafgesetzbuch basierte auf dem Strafgesetzbuch von 1871. Bis 1949 arbeiteten die einzelnen Länder der sowjetischen Besatzungszone mehr oder weniger eigenständig, weil die zuständigen Kommandeure der Besatzungsmacht verschiedene Befehle erließen, die das politische und ökonomische Leben in der jeweiligen Besatzungszone bestimmten. Mit der Gründung eines eigenen Staates ging die Selbständigkeit der Länder, die bis dahin eine eigene Landesverfassung[569] hatten, zugunsten eines zentralistisch geführten Staates verloren.

Neben der Neuorganisierung des Gerichtswesens kam es zudem entscheidend darauf an, eine flächendeckende Entnazifizierung vorzunehmen. Sie begann

---

566 *Anders*, Jahrbuch für Zeitgeschichte 1973, 385f.
567 Siehe *Anders*, Jahrbuch für Zeitgeschichte 1973, 389.
568 Siehe dazu v. *Münch*, Gesetze des NS-Staates.
569 Siehe beispielsweise *Abendroth*, Europa-Archiv 1948, 1539.

gleich mit der Übernahme der Macht durch die Sowjets und endete im Frühjahr 1948 damit, dass über 520.000 Personen aus ihren Ämtern oder Funktionen entlassen bzw. nicht wieder eingestellt worden waren.[570] Mit Wirkung vom 23.08.1947 wurde der SMAD-Befehl Nr. 204 erlassen, der die Zulassung von ehemaligen Mitgliedern der faschistischen Partei als Richter oder Staatsanwälte untersagte: *„Der Chef der Deutschen Justizverwaltung und die Justizminister der Länder sind verpflichtet, keine ehemaligen Mitglieder der Nazipartei oder ihrer Gliederungen zur Tätigkeit als Richter oder Staatsanwalt zuzulassen, desgleichen auch keine Personen, die an den Strafmethoden des Hitlerregimes unmittelbaren Anteil genommen hatten."*[571]

Sowohl der SMAD-Befehl Nr. 49 Punkt 3 als auch das KRG Nr. 4 Art. IV forderten zudem die Entfernung früherer aktiver Nazis und aller Personen, die an den Strafmethoden des Hitlerregimes direkten Anteil hatten. Die Kontrolle über die Durchführung wurde dem Chef der Rechtsabteilung der SMAD *Karassjoff* übertragen. In Zusammenarbeit mit der Deutschen Justizverwaltung (DJV) betrieb man die Wiederherstellung eines einheitlichen Gerichtswesens und die Entnazifizierung. Das Vorantreiben der Entnazifizierung und die Besetzung freier Stellen mit neuen Kadern diente dabei nicht nur der Umsetzung der Richtlinien des Potsdamer Abkommens, sondern vielmehr der Umgestaltung im sozialistischen Sinne nach dem Vorbild der Sowjetunion. Dabei waren die deutschen Emigranten, die im Gefolge der Roten Armee wieder nach Deutschland kamen, wichtige Partner. Dazu gehörten beispielsweise die Anhänger der Gruppe um *Ulbricht*[572] und Mitglieder der Kommunistischen Partei Deutschlands, die aus

---

[570] *Benz*, Informationen zur politischen Bildung, Heft 259, S. 23f.
[571] Befehl Nr. 204 vom 23.08.1947 Nr. 1, in: ZVOBl 1947 Nr. 18, S. 191.
[572] *Benz*, Informationen zur politischen Bildung, 1998, Heft 259, S. 6 (9).

den Konzentrationslagern befreit, aus der Illegalität aufgetaucht oder aus der Emigration zurückgekehrt waren.[573]

Durch die Änderung der personellen Zusammensetzung der Gerichte und Staatsanwaltschaften und die Umgestaltung der Justiz in ein demokratisches Organ der Rechtspflege sollten alle faschistischen Juristen aus der Justiz entfernt und durch solche ersetzt werden, „die die politische und moralische Gewähr dafür boten, dass die faschistischen Methoden der Gesinnungsverfolgung gegen Antifaschisten und Demokraten beseitigt und die Justiz in den Dienst der demokratischen Gesetzlichkeit, der strikten Beachtung der Gesetze des deutschen Volkes“[574], gestellt würden. Von den 16.300 Bediensteten der Justiz waren am 08.05.1945 ca. 13.800 Beamte und Angestellte sowie 2.467 Richter und Staatsanwälte in der NSDAP oder ihrer Unterorganisationen tätig.[575] Die Säuberung der brandenburgischen Provinzialverwaltung war im Wesentlichen bereits 1946 abgeschlossen, nachdem von 46.759 einstigen Mitarbeitern des gesamten Verwaltungsapparates 10.714 ehemalige NSDAP-Mitglieder entlassen wurden und 1.945 NS-Belastete vorübergehend weiter beschäftigt wurden, da man sie aufgrund ihrer fachlichen Qualifikation dringend benötigte.[576] Im Sommer 1948 galten lediglich noch zehn Prozent des Justizpersonals als belastet.[577] Dies führte wegen der großen Anzahl der Juristen, die in der NSDAP gewesen waren, dazu, dass eine Vielzahl von angehenden Richtern und Staatsanwälten[578] in der so genannten beschleunigten Ausbildung kurzfristig ausgebildet wurden. Dafür kamen nur überzeugte Antifa-

---

[573] *Tjulpanov*, ZfG 1967, 240 (247).
[574] Lehrbuch zum Strafrechts AT, 1957, S. 163f.
[575] *Benz*, Informationen zur politischen Bildung, 1998, Heft 259, S. 23 (25).
[576] *Broszat*, SBZ-Handbuch, S. 90.
[577] *Ahbe*, DeutschlandArchiv 2003, 194.
[578] Neben der schnellen Besetzung mit systemtreuen Juristen war es wichtig, auch eine „Säuberung“ der Lehrerschaft vorzunehmen, die für die „richtige“ Erziehung der jungen Generation sorgen sollte, *Gruner*, ApuZ B 38/99, 25.

schisten im Alter von etwa 25 bis 35 Jahren in Frage[579], da sie nach einer entsprechenden ideologischen und juristischen Ausbildung am ehesten die Gewähr dafür boten, ihrer späteren Aufgabe gerecht zu werden: „Wir haben die Richternot zu steuern begonnen, indem wir Männer und Frauen aus dem Volke, Menschen mit guten Verstand und reicher Lebenserfahrung, mit einwandfreier antifaschistischer Gesinnung und klarer demokratischer Grundhaltung in Kurz-Lehrgängen ausgebildet und zu Richtern gemacht haben“.[580]

Zunächst hatte man versucht, durch „Richter im Soforteinsatz“ den Richtermangel auszugleichen. Aufgrund der Tatsache, dass sie nicht die Befähigung zum Richteramt gemäß § 2 GVG besaßen, weil sie in lediglich zwei Monaten eine juristische Schulung durchlaufen hatten, weigerte sich das Land Thüringen, diese Richter einzusetzen.[581] Nachdem die ersten Entnazifizierungsmaßnahmen gegriffen hatten, arbeiteten zwischen 700 und 800 Richter/ Staatsanwälte, darunter 125 Arbeiter und andere Werktätige, im Soforteinsatz.[582] Der Anteil der „Richter im Soforteinsatz“ soll Ende des Jahres 1945 ca. 22 Prozent betragen haben. Später erhielten einige eine Volksrichterausbildung oder kehrten nach Besserung der Lage in ihre alten Berufe zurück.[583]

Die Volksrichterausbildung begann 1946 mit dem Ziel, Straf- und Zivilrichter nach einer kurzen Ausbildungszeit in die Praxis entlassen zu können und somit dazu beitragen, eine demokratische Rechtspflege aufzubauen. Aber auch gegen die Volksrichter bestanden Bedenken. So begründeten einige Rechtsanwälte ihre

---

[579] *Anders*, Jahrbuch für Zeitgeschichte 1973, 385 (396).
[580] *Melsheimer*, NJ 1947, 25f.
[581] Siehe *Liwinska*, Die juristische Ausbildung in der DDR, S. 5.
[582] *Heuer/Lieberam*, Rechtsverständnis in der DDR, in: *Heuer* (Hrsg.), Die Rechtsordnung der DDR, S. 25 (34); zur Volksrichterausbildung ausführlicher *Wentker*, Volksrichter in der SBZ/DDR (1945-1952), in: *Timmermann* (Hrsg.), Diktaturen in Europa im 20. Jahrhundert - der Fall DDR, S. 96.
[583] *Liwinska*, Die juristische Ausbildung in der DDR, S. 6.

Revisionen damit, dass die von den „Galoppjuristen" verhängten Urteile wegen nicht ordnungsgemäßer Besetzung der Gerichte nicht rechtswirksam seien. *Polak* musste von einer Tagung der Justizminister aller Länder enttäuscht feststellen: „Die Herren auf dieser Konferenz wollten sehr wenig von den Fragen des Volksrichters hören, offenbar passt ihnen diese Lösung des Justizproblems nicht."[584] Doch die Kritiker konnten sich nicht durchsetzen. Anfang Februar und Mitte März 1946 begannen die ersten Lehrgänge in den Ländern.[585] In den sechs- bis neunmonatigen Lehrgängen sollten ungefähr 30 bis 40 Kandidaten auf ihre Tätigkeit als Juristen vorbereitet werden, allerdings fiel in den ersten Kursen fast die Hälfte der Kandidaten durch die Abschlussprüfung.[586] So konnten von den 172 Teilnehmern des ersten Kurses nur 97 bestehen, nachdem bereits 50 die Ausbildung abgebrochen hatten, den zweiten Lehrgang absolvierten lediglich 128 von 253 (abzüglich 68 vorzeitig ausgeschiedener) Teilnehmern erfolgreich und im dritten Lehrgang fielen 120 von 350 durch.[587] In Brandenburg begann der erste Volksrichterlehrgang am 18.02.1946 mit 30 Teilnehmern, von denen 23 die Abschlussprüfung bestanden, der zweite am 01.10.1946 mit 40 Teilnehmern, den nur 23 Absolventen erfolgreich bestanden.[588] Die Durchfallquote resultierte dabei wohl weniger aus der fehlenden Linientreue, sondern vielmehr daraus, dass die Lehrgänge für die Vermittlung des juristischen Stoffes zu kurz konzipiert waren und daher die Lehranwärter nicht in der Lage waren, ein gewisses juristisches Handwerkszeug zu erlernen. Dies fiel einigen Kandidaten schon deshalb schwer, weil sie lediglich wegen ihrer antifaschistischen Überzeugung zum Volksrichterlehrgang delegiert waren und oftmals keine juristischen Vorkenntnisse mitbrachten. Darüber hinaus konnten nur ca. 10% der Teilnehmer ein Abitur vorweisen,

[584] *Backhaus*, Volksrichterkarrieren, S. 38f.
[585] *Backhaus*, Volksrichterkarrieren, S. 40.
[586] Siehe *Benz*, Informationen zur politischen Bildung, 1998, Heft 259, 23 (25).
[587] *Gängel*, Die Volksrichterausbildung, in: Im Namen des Volkes, S. 50f; *Backhaus*, Volksrichterkarrieren, S. 43.
[588] *Pohl*, Justiz in Brandenburg, S. 33.

die meisten waren Volksschulabgänger.[589] Ab 1954 wurde ein dreijähriges Studium eingeführt, das später auf fünf Jahre verlängert wurde.[590]

Die Entnazifizierung und die Verfolgung nationalsozialistischen Justizunrechts im westlich besetzten Deutschland werden heute als weitgehend gescheitert angesehen.[591] Im Bundesgerichtshof waren 1956 noch 80% der Richter vordem im Staats- und Justizdienst des Dritten Reiches tätig gewesen[592]; die am Sondergericht Bremen tätig gewesenen Richter wurden zwar entlassen und z.T. auch in Internierungshaft genommen, doch erfolgte beim ehemaligen Landgerichtspräsidenten, Dr. *Schmidt*, der nicht nur Mitglied der NSDAP war, sondern auch Stellvertreter des Reichsfachgruppenleiters des Nationalsozialistischen Rechtswahrerbundes (NSRB), Verkehrsreferent und Obersturmführer im Nationalsozialistischen Kraftfahrerkorps (NSKK), eine Wiedereinstellung[593]. Einen Marinerichter, der sogar noch nach Kriegsende Todesurteile verhängt hatte, ernannte man zum Ministerpräsidenten des Landes Baden-Württemberg.[594] *Eduard Dreher*, später Autor eines bekannten Strafrechtskommentars, war ein überzeugter Anhänger der Todesstrafe, die er als Staatsanwalt in Innsbruck sogar in geringfügigen Fällen beantragte.[595] Auch auf anderer Ebene agierten weiterhin Nazis: Generalfeldmarschall *Erich von Manstein*, der 1949 zu 18 Jahren Haft verurteilt worden war, kam 1953 wieder frei und übernahm 1956 im Gutachtergremium des Bun-

---

[589] *Rehse*, NJ 1947, 153 verwahrte sich dagegen, dass den Volksrichtern durch das Fehlen einer akademischen Ausbildung die Befähigung zum Richteramt fehle: „Dieser Einwand trifft die Besten unter uns, die ihre Arbeit sehr ernst nehmen, am meisten, hemmt ihre Entschlusskraft und verleitet sie zu einer Unterschätzung ihres eigenen Wissens."

[590] *Gängel*, Die Volksrichterausbildung, in: Im Namen des Volkes, S. 50f.

[591] Siehe dazu u.a. BGHSt 40, 30 (40); BGH NJW 1995, 3325; BGHSt 41, 317 (340); ebenso *Gritschneder*, NJW 1996, 1239 ff.;

[592] *Perels*, Späte Entlegitimierung der NS-Justiz, in: *KJ* (Hrsg.), Die juristische Aufarbeitung, S. 519.

[593] *Wrobel/Maul-Backer*, Strafjustiz im totalen Krieg, S. 335.

[594] *Frankenberg*, Die NS-Justiz, in: *KJ* (Hrsg.), Die juristische Aufarbeitung, S. 490.

[595] *Kramer*, Entlastung des Systems, in: *Bennhold* (Hrsg.), Spuren des Unrechts, S. 109.

destages und -rates zur Wiederbewaffnung und Einführung der Wehrpflicht den Vorsitz.[596]

Vielleicht war das Bestreben zur rückhaltlosen Aufklärung von NS-Verbrechen vorhanden, doch verlief es „im Dickicht restaurativer Kompromisse und machtpolitischer Rücksichtnahmen“[597]. Peinlich sei auch die „semantische Eiertanzerei“, die sich ziere, Volksgerichtshofs- und Sonderrechts-„justiz“ auf den diesen zustehenden Begriff einer Vernichtungsapparatur zu bringen.[598] Es könne nicht sein, dass nicht nur für Rechtswissenschaftler, deren Lehrer immer noch *Schmitt*, *Larenz*, *Huber* oder *Maunz* hießen, sondern auch für jüngere Justizjuristen die Frage nach der Rolle des älteren Richterkollegen während des Dritten Reiches ein karriereschädlicher Vorstoß gegen die sozialen Verhaltensregeln der Zunft sei.[599] *Weber*[600] sieht in der Nichtbewältigung der NS-Geschichte die Ursache darin, dass während des Kalten Krieges und der Wiederaufrüstung bedenkliche Zeichen der „braunen“ Vergangenheit zutage traten. Bei Befragungen sei die Zahl derjenigen gestiegen, die den Nationalsozialismus als gute Idee, die jedoch nur schlecht ausgeführt worden war, bezeichneten.[601]

Auch wenn man über ein Bemühen zur Entnazifizierung in Westdeutschland nicht hinauskam, ist die Beantwortung der Frage, ob eine Entnazifizierung in der DDR erfolgreicher war, schwierig. Unbestritten ist, dass es niemals zuvor Organen der Rechtspflege oblag, Straftaten eines vergleichbaren Ausmaßes zu verfolgen, geschweige denn völkerrechtliche Grundsätze dazu heranzuziehen.[602] Un-

---

[596] *Ahbe*, DeutschlandArchiv 2003, 197.
[597] *Frankenberg*, Die NS-Justiz, in: *KJ* (Hrsg.), Die juristische Aufarbeitung, S. 488.
[598] *Frankenberg*, Die NS-Justiz, in: *KJ* (Hrsg.), Die juristische Aufarbeitung, S. 491.
[599] *Niermann*, Politische Strafjustiz, S. 3.
[600] *Weber*, Geschichte der DDR, S. 224.
[601] *Benser*, ZfG 1984, 951 (955).
[602] Vgl. *Wieland*, NJ 1991, 49.

bestritten bleibt weiter, dass der Wille und das Bemühen um eine Entnazifizierung vorhanden waren. Allerdings ist mit dem phrasenhaft propagierten „Antifaschismus“ eine gleichzeitige Aufarbeitung des Nationalsozialismus fast gänzlich unterblieben, außer in der generellen Geißelung des Systems des Dritten Reiches. Eine ernsthafte Diskussion über die Ursachen und Wirkungen der Diktatur des Dritten Reiches wurde nicht einmal angestrebt. Man verkannte, dass eine, wenn auch geschichtlich gesehen, kurze Zeit der Diktatur und die Kriegszeit ideologisch „ihre Kinder entlassen“. Die Aburteilung von Verbrechen im Zusammenhang mit dem Nationalsozialismus ist durchweg konsequenter geschehen, wobei auch hier Ausnahmen zu erkennen sind. Zum einen konnten auch in der DDR ehemalige Nazis aufgrund ihres Fachwissens oder aufgrund ihrer besonderen Führungsqualitäten in wichtige Positionen gelangen, und zum anderen darf nicht übersehen werden, dass die Art und Weise der Aburteilung ehemaliger Nazis zum Teil wiederum an Methoden des Nationalsozialismus erinnerte. Die Angeklagten hatten - wie Staatsverbrecher auch - kaum Rechte; die Rechtsprechung basierte nicht auf dem Gedanken der Aufarbeitung und Aburteilung nach demokratischem Verständnis, sondern auf dem Grundsatz der Parteilichkeit. So kann man daher den „Erfolg“ einer Entnazifizierung in der DDR nur in der Beseitigung und Aburteilung derjenigen sehen, die mit ihrer NS-belasteten Vergangenheit nicht mehr zu dulden waren. Geht man jedoch davon aus, dass eine Entnazifizierung auch die Aufgabe der Vergangenheitsbewältigung umfasst - abgesehen davon, was man im Detail darunter verstehen will -, so muss man feststellen, dass eine erfolgreiche Entnazifizierung in der DDR nicht stattgefunden hat.

c) Organisationsstruktur der Justiz

Zur Stärkung der neuen Ordnung war es dringend erforderlich, eine funktionierende Justiz aufzubauen. Im Dezember 1951 beriet daher das Politbüro des Zentralkomitees der SED über den Stand der Verwirklichung der Beschlüsse des III.

Parteitages in der Justiz. Ziel war es, in kurzer Zeit eine „höhere Qualität“ der Rechtsprechung zu erreichen, indem vor allem die Parteiarbeit in den Justizorganen wirksamer gestaltet, das ideologische Niveau erhöht und die operative Anleitung und Kontrolle verbessert werden sollte. Am 23.05.1952 wurde das Gesetz über die Staatsanwaltschaft der DDR[603] erlassen, das die Stellung, die Organisation und die Aufgaben der Staatsanwaltschaft regeln sollte. Mit der Verordnung über die Neugliederung der Gerichte vom 28.08.1952 und dem Gesetz über die Verfassung der Gerichte vom 02.10.1952[604] waren der Aufbau der Gerichte, deren Zuständigkeit und Aufgaben abschließend geregelt. Daraus lässt sich folgender Gerichtsaufbau ersehen:

Unterste Instanz: Kreisgericht (§§ 41-45 GVG vom 02.10.1952)

- zuständig für alle Strafsachen 1. Instanz, soweit keine Sonderzuweisung bestand,
- zuständig für alle Zivilsachen, mit Ausnahme der Sachen, in denen eine Partei Träger gesellschaftlichen Eigentums war und der Streitwert 3.000.- DM überstieg,
- Besetzung: 1 Richter und 2 Schöffen

Mittlere Instanz: Bezirksgericht (§§ 46-51 GVG vom 02.10.1952)

- zuständig für Strafsachen in 1. Instanz für: Verbrechen gegen die DDR, Mord, besonders schwere Wirtschaftsverbrechen, für Verhandlung und Entscheidung in anderen Strafsachen, in denen der Staatsanwalt wegen ihrer Bedeutung, Folgen oder Zusammenhänge Anklage erhebt,

---

[603] GBl. 1952, Nr. 66, S. 408.
[604] GBl. 1952, Nr. 141, S. 986.

- zuständig in 2. Instanz für die Verhandlung und Entscheidung über die Rechtsmittel des Protests, der Berufung und der Beschwerde gegen die Entscheidungen der Kreisgerichte in Zivilsachen,
- zuständig in 1. Instanz für Zivilsachen bei einem Streitwert über 3.000 Mark, wenn eine Partei Träger gesellschaftlichen Eigentums war,
- Besetzung 1. Instanz: 1 Oberrichter (oder Richter als Vorsitzender), 2 Schöffen
- Besetzung 2. Instanz: 1 Oberrichter, 2 Richter

Oberste Instanz: Oberstes Gericht[605] *(§§ 52-55 GVG vom 02.10.1952/ § 6 des Gesetzes zur Errichtung des Obersten Gerichtshofes und der Obersten Staatsanwaltschaft der DDR vom 08.12.1949*[606]*)*

- zuständig als Gericht erster und letzter Instanz in den Strafsachen, in denen der Oberste Staatsanwalt der Republik wegen ihrer überragenden Bedeutung Anklage vor dem Obersten Gericht erhob,
- zuständig als Gericht zweiter Instanz für die Verhandlung und Entscheidung über Rechtsmittel der von den Bezirksgerichten in erster Instanz erlassenen Entscheidungen
- zuständig als Kassationsgericht für die Verhandlung und Entscheidung über den Antrag auf Kassation rechtskräftiger Entscheidungen in Zivil- und Strafsachen innerhalb einer Frist von einem Jahr (§ 12), wenn
  - die Entscheidung auf einer Verletzung des Gesetzes iSd. §§ 549-551 ZPO oder iSd. § 337-339 StPO beruhte oder
  - die Entscheidung der Gerechtigkeit gröblich widersprach[607].

---

[605] Siehe ausführlich dazu *Keppler*, Die Leitungsinstrumente des OG, S. 38 ff.

[606] GBl. 1949, S. 111.

[607] Dies sei der Fall, wenn eine rechtskräftige Entscheidung den Interessen des demokratischen Staates und der Gesellschaft derart entgegenstehe, dass ihre Aufhebung ein dringendes Erfordernis für die politische und wirtschaftliche Entwicklung in der DDR sei. Im Vordergrund stehe der Schutz

- zuständig als Kassationsgericht für Entscheidungen der Arbeitsgerichte durch die erste Verordnung zur Durchführung des Gesetzes über die Errichtung des Obersten Gerichtshofes und der Obersten Staatsanwaltschaft der DDR[608]
- gemäß § 58 GVG[609] zuständig für die Anleitung der Rechtsprechung im Interesse einer einheitlichen Anwendung und Auslegung der Gesetze.

Die Zuständigkeit des Obersten Gerichts in erster Instanz bei Strafsachen, in denen der Oberste Staatsanwalt der Republik wegen ihrer überragenden Bedeutung Anklage erheben konnte, erklärte *Melsheimer* damit, dass das höchste Gericht in den für die Grundlagen des Staates und für den Bestand der Republik entscheidenden Fragen Recht sprechen solle. Der überragenden Bedeutung von Strafsachen, in denen es um solche Dinge gehe, werde eine Aburteilung durch eine örtliche Instanz nicht gerecht. Zudem äußerte *Melsheimer* die Befürchtung, die Gerichte und Staatsanwaltschaften könnten die weitreichenden Folgen einer solchen Straftat nicht immer genügend abschätzen.[610]

Dem Obersten Gericht war durch die Kassation eines unterinstanzlichen Urteils eine Befugnis eingeräumt worden, die Gerichten westeuropäischer Länder fremd war. Vor dem Obersten Gericht konnte ein bereits in Rechtskraft erwachsenes Zivil- oder Strafurteil vom Generalstaatsanwalt oder vom Präsidenten des Obersten Gerichts zur Neuverhandlung gebracht werden[611], wenn es auf einer Verletzung des Gesetzes beruhte oder im Strafausspruch gröblich unrichtig war. Des

der antifaschistisch-demokratischen Ordnung, die die Beseitigung offensichtlicher Fehlentscheidungen verlange, siehe OG, Urteil vom 13.02.1951 - 3 Zst 8/51, NJ 1951, 274.

608 GBl. 1951, Nr. 153, S. 1179.

609 § 58 GVG vom 09.10.1952, GBl. Nr. 141: „Im Interesse der einheitlichen Anwendung und Auslegung der Gesetze durch die Gerichte ... kann auf Antrag des Präsidenten des Obersten Gerichts, des Generalstaatsanwaltes ... oder des Ministers der Justiz das Plenum des Obersten Gerichts im Zusammenhang mit einer Entscheidung Richtlinien mit bindender Wirkung für alle Gerichte erlassen."

610 *Melsheimer*, NJ 1950, S. 5 ff.

611 *Baer*, Rechtsquellen der DDR, in: *Rottleuthner* (Hrsg.), Steuerung der Justiz in der DDR, S. 69.

Weiteren war die leitende und anleitende Funktion des Gerichtes nicht zu unterschätzen. Zahlreiche Richtlinien[612] und Beschlüsse sollten die Einheitlichkeit der Rechtsprechung gewährleisten und unterbanden somit jedwede Diskussion um Gesetze und deren Auslegung.

Wichtig für die Entwicklung der Rechtsprechung im Sinne der neuen Ordnung der Arbeiter- und Bauernmacht war auch die (richtige) soziale Zusammensetzung der Richterschaft, die eine Rechtsprechung im Sinne des werktätigen Volkes und zum Schutze der sozialistischen Ordnung garantieren sollte. Dies veranschaulicht eine Statistik[613], wonach von den 1.000 in der DDR tätigen Richtern 1952 **460 (= 46%)** aus der Arbeiterklasse, **ca. 270 (=27%)** aus der Angestellten- und Beamtenschaft, **46 (= 4,6%)** aus der Bauernschaft und **ca. 110 (=11%)** aus der Mittelschicht kamen. Von den 433 beschäftigten Staatsanwälten entstammten sogar **278 (ca. 65%)** der Arbeiterklasse, nur **12 (ca. 3%)** der Bauernschaft, **48 (ca. 11%)** dem gewerblichen Mittelstand und **82 (ca. 19%)** der Angestellten- und Beamtenschaft.[614] Eine ähnliche Gewichtung findet man bei der Schöffenwahl 1955, bei der **39,7%** Arbeiter, **9,6%** Bauern, **38,5%** Angestellte, **5,4%** Hausfrauen, **3,5%** Angehörige der Intelligenz und **3,3%** Sonstige gewählt wurden. Insgesamt waren Anfang der 50er Jahre ca. 43.000 Menschen als Schöffen in die Rechtsprechung integriert. Dies verdeutlicht, wie wichtig die Mitarbeit der Schöffen für die Hebung der sozialistischen Moral schien. Insgesamt ging es

[612] Davon wurde auch vielfach Gebrauch gemacht, so z.B. mit der RL über die Gewährung bedingter Strafaussetzung gemäß § 346 StPO vom 29.04.1953 - R Pl 3/53; RL für die Anwendung des Gesetzes zum Schutze des Volkseigentums vom 28.10.1953 - R Pl 6/53; erst mit der Verfassung von 1968, GBl I, S. 199, wurde die Leitung der Rechtsprechung verfassungsrechtliche Aufgabe des Obersten Gerichts. Art 93 II VerfDDR: „Das Oberste Gericht leitet die Rechtsprechung der Gerichte .... Es sichert die einheitliche Rechtsanwendung durch alle Gerichte.“; siehe auch *Ranke*, NJ 1952, 548.
[613] Statistik im PD Sonderdienst vom 09.07.1952, BArch DY 30 IV 1/2/54, S. 64a. Warum die Angaben nicht genau sind, ließ sich leider nicht feststellen.
[614] Unklar ist, warum 13 der beschäftigten Staatsanwälte in dieser Statistik unberücksichtigt blieben. Vermutet werden kann nur, dass entweder eine klare Zuordnung nicht erfolgen konnte oder dass dem Statistiker ein rechnerischer Fehler unterlaufen ist.

darum, die Bürger selbst an der Arbeit der Gerichte in den verschiedensten Formen demokratischer Mitwirkung und Kontrolle noch wirksamer zu beteiligen, die Rolle der Schöffen zu heben und eine hohe Wirksamkeit der Tätigkeit der gesellschaftlichen Gerichte in den Territorien zu gewährleisten. Nicht nur die Umwälzungen, die zur Errichtung einer antifaschistisch-demokratischen Ordnung beitragen sollten, sondern auch die Propaganda der sowjetischen Besatzungsmacht mussten sich notwendig auf den Charakter des Strafrechts und der Strafjustiz auswirken.

d) Strafgesetzgebung

Obwohl die Strafgesetzgebung als eines der wichtigsten Instrumente zum Erhalt und zur Festigung der Macht angesehen wurde, konnte in der Kürze der Zeit kein neues Strafgesetzbuch erlassen werden. Die Strafgesetzgebung vollzog sich vielmehr durch die Kompetenz der Besatzungsmacht zum Erlass von Befehlen durch die SMAD und durch strafrechtliche Sanktionen in der Form von Verordnungen, die, wie die Wirtschaftsstrafverordnung, durch die Deutsche Wirtschaftskommission (DWK) erlassen werden konnten. Drei Jahre nach Gründung der DDR war noch immer kein neues Strafgesetzbuch verabschiedet worden, obwohl wiederholt betont wurde, dass bei der Gesetzgebung der Regierung gerade die Erneuerung des Strafgesetzbuches an erster Stelle stehe und die Beseitigung des Reichsstrafgesetzbuchs von 1871 wegen seiner Menschenfeindlichkeit als dringlichste Aufgabe anzusehen sei.[615] Die noch bestehenden, alten Gesetze aus dem kapitalistischen Deutschland seien ein Hemmnis der Entwicklung des neuen Rechts.[616] Nachdem man die „Genossen Juristen" ersucht hatte[617], sich dieser Aufgabe zu stellen, bestand Aussicht auf Verabschiedung eines neues

[615] *Oelßner*, NJ 1952, 289.
[616] Bericht des PD Sonderdienstes vom 09.07.1952, BStU DY 30 IV 1/2/54, S. 64.
[617] Bericht des PD Sonderdienstes vom 09.07.1952, BStU DY 30 IV 1/2/54, S. 64.

Strafgesetzbuchs noch im Jahr 1952. Dies war zwar dann auch ausgearbeitet worden, fand aber wohl nicht die Zustimmung der sowjetischen Besatzungsmacht.[618] Erst 1957 gelang es, wenigstens ein Strafrechtsergänzungsgesetz zu verabschieden. Eine bereits 1957 gebildete Kommission zur Erarbeitung eines neuen Strafgesetzbuches legte 1959 einen Entwurf vor, der jedoch der scharfen Kritik der Kommission für Staat- und Rechtsfragen beim Zentralkomitee der SED nicht standhielt. Erst 1963 wurde wieder ernsthaft an einem Strafgesetzbuch gearbeitet, nachdem in der Sowjetunion nach mehreren Reformen die Gesetzbücher für die einzelnen Unionsrepubliken verabschiedet waren. Ende Januar 1967 wurde dann erneut ein Entwurf vorgelegt, der nach zahlreichen internen Diskussionen in zweiter Lesung verabschiedet wurde.[619]

3. Die Verfolgung nationalsozialistischen Unrechts

a) Die Absichten der Alliierten und der Nürnberger Gerichtshof

Die Alliierten waren sich noch vor der Kapitulation Deutschlands einig, dass nach der Befreiung Deutschlands vom Hitlerfaschismus eine umfassende Demokratisierung, Entnazifizierung und die Verfolgung von NS-Verbrechen eine bedeutende Rolle spielen sollte. Auf der Konferenz von Potsdam war man sich weiterhin einig, dass Kriegsverbrecher und all diejenigen, die an der Planung oder Verwirklichung nazistischer Maßnahmen, die Gräuel oder Kriegsverbrechen nach sich gezogen hatten, teilgenommen hatten, zu verhaften und dem Gericht zu übergeben seien. Mitglieder der nationalsozialistischen Partei, die mehr als nominell an deren Aktivitäten teilgenommen hätten, und alle anderen Personen, die den alliierten Zielen feindlich gegenüberstanden, seien aus den

[618] *Gross*, Der Geschädigte im Strafverfahren der DDR, S. 7.
[619] Siehe dazu ausführlich *Schroeder*, Die Strafgesetzgebung in Deutschland, S. 1 ff.

öffentlichen und halböffentlichen Ämtern und von verantwortlichen Posten in wichtigen Privatunternehmungen zu entfernen.[620]

Nach Beendigung des Zweiten Weltkrieges wurden durch den Nürnberger Internationalen Militärgerichtshof erstmals führende (deutsche) Kriegsverbrecher zum Tode oder zu langen Freiheitsstrafen verurteilt.[621] Gegen die zunächst 22 Angeklagten wurde 12mal die Todesstrafe, 3mal die lebenslängliche Gefängnisstrafe, 4mal die zeitige Gefängnisstrafe und 3mal ein Freispruch verhängt.[622] Diese Urteile beruhten auf dem Londoner Viermächteabkommen vom 08. August 1945, das zugleich die Einigung der alliierten Siegermächte über ein Statut für den Gerichtshof in Nürnberg enthielt, dem später weitere 19 Staaten beitraten.[623] Rechtsgrundlage des Internationalen Militärtribunals war damals ein völkerrechtlicher Vertrag, dessen Unterzeichner sich auf das kriegsrechtliche Besatzungsrecht berufen konnten.[624] Allerdings fanden die Nürnberger Prozesse nicht nur Befürworter, sondern auch Kritiker, allerdings ausschließlich auf westdeutscher Seite. Es wurde eingewandt, dass es sich hier augenscheinlich um „Siegerjustiz"[625] handle, da auf der Anklagebank nur die deutschen Führungskräfte saßen, obwohl auch die alliierten Siegermächte sich während des Krieges schwerer Kriegsverbrechen schuldig gemacht hätten.[626] Die Rechtsprechung des Siegers

---

620 Das Potsdamer Abkommen vom 02.08.1945 A. 5./6., abgedruckt in: *Albrecht* (Hrsg.), Dokumente zur Staatsordnung der DDR, S. 77.

621 Im Anschluss an die Nürnberger Prozesse fanden in Tokio weitere Prozesse gegen die japanische Führungsschicht statt.

622 *Bästlein*, Der Nürnberger Juristenprozeß, in: *Peschel-Gutzeit*, Das Nürnberger Juristen-Urteil von 1947, S. 10f.

623 *Jescheck*, GA 1981, 49 (51).

624 *Roggemann*, ZRP 1994, 297 (298); *Bästlein*, Der Nürnberger Juristenprozeß, in: *Peschel-Gutzeit*, Das Nürnberger Juristen-Urteil von 1947, S. 10f.

625 Siehe dazu z.B. *Fritzsche*, Vor dem Tribunal der Sieger, S. 396 ff.

626 Man denke hierbei an die Abwürfe der Atombomben über Hiroshima und Nagasaki/Japan. *Géraud de Geouffre de La Pradelle*, Zur Aktualität der Nürnberger Prinzipien, in: *Hankel/Stuby* (Hrsg.), Strafgerichte gegen Menschheitsverbrechen, S. 127 (131) vertritt dagegen die Ansicht, dass der geringste Mangel darin bestehe, dass die Kriegsverbrechen der Siegermächte nicht unter Strafe gestellt wurden.

liefe daher Gefahr, den Besiegten zu verurteilen, weil er verloren habe, während der Sieger straflos bleibe, weil er glücklicher war.[627] Dem wurde auf ostdeutscher Seite entgegen gehalten, dass es moralisch als ein Stück aus dem Tollhaus erscheine, wenn die Aggressoren glaubten, den Angegriffenen vorwerfen zu können, sie hätten den rechtswidrigen Angriff nicht korrekt genug erwidert, und die Angreifer seien deshalb berechtigt gewesen, dem Verbrechen des Angriffs das der rechtswidrigen Durchführung hinzuzufügen.[628]

Nicht wenige Kriegsverbrecher beriefen sich darüber hinaus darauf, sie seien nur Befehlsempfänger gewesen, die keine andere Möglichkeit gehabt hätten, als dem Befehl zu folgen. *Steiniger*[629] wies zu Recht darauf hin, dass dieser Einwand in allen Ländern in demjenigen Teil des Staatsapparates notwendigerweise eine große Rolle spielen muss, der im besonderen Maße auf Befehlsdisziplin aufgebaut ist und dessen Handeln zugleich im Kriege überragende Bedeutung erhält, nämlich beim Militär. Um dieser „Ausrede" von vornherein entgegenzuwirken, haben zahlreiche völkerrechtliche Resolutionen darauf verzichtet, dem Handeln auf Befehl einen strafausschließenden Charakter zuzubilligen.[630] So hieß es in Art. 8 des Statuts für den Internationalen Militärgerichtshof von Nürnberg: „Die Tatsache, daß ein Angeklagter auf Befehl seiner Regierung oder eines Vorgesetzten gehandelt hat, gilt nicht als Strafausschließungsgrund, kann aber als Strafmilderungsgrund berücksichtigt werden, wenn dies nach Ansicht des Gerichtshofes gerechtfertigt erscheint." Das IMT begründete diese Regelung damit, dass sie mit dem Recht aller Nationen im Einklang stehe und eine Strafmilderung allenfalls dann in Betracht käme, wenn keine Wahlmöglichkeit („moral

---

[627] *Von Knieriem*, zit. nach *Bästlein*, Der Nürnberger Juristenprozeß, in: *Peschel-Gutzeit*, Das Nürnberger Juristen-Urteil von 1947, S. 23.
[628] *Steiniger* zit. nach *Heuer*, NJ 1957, 391.
[629] *Steiniger*, Der Nürnberger Prozeß, Bd. I, S. 43.
[630] Dazu ausführl. *Ambos*, Straflosigkeit von Menschenrechtsverletzungen, S. 288f., Schaubild 2.

choice") für den Täter bestand. Unmissverständlich stellte das Tribunal fest: „Das Verhältnis zwischen Führer und Geführten schließt Verantwortlichkeit ebensowenig aus, wie bei dem vergleichbaren Tyrannenverhältnis, wenn es sich um organisierte innerstaatliche Verbrechen handelt."[631] Treffend formulierte *Maurach*[632]: „Ein Befehl ist also nichts anderes und insbesondere nicht mehr als die Vermittlung des Willens der Rechtsordnung an das zu seinem unmittelbaren Vollzug berufene Organ; widerspricht der Befehl dem Recht, so kann seine Vollziehung nicht dadurch geheiligt werden, daß sich der das Unrecht Befehlende eines Werkzeuges bedient. Die gegenteilige Auffassung müßte zum Ergebnis führen, daß ein Befehl umso ‚rechtmäßiger' würde, je mehr verantwortliche Instanzen er durchliefe - je bürokratischer und autoritärer die Staatsorganisation, um so infallibler der in seinem Ursprung fehlerhafte Staatsakt!". Obwohl in Nürnberg 22 deutsche Hauptkriegsverbrecher auf der Anklagebank saßen, beriefen sich lediglich *Keitel*, Chef des Oberkommandos der Wehrmacht (OKW), und *Jodl*, Chef der operativen Abteilung des OKW, auf das Handeln auf Befehl. Das Internationale Militärgericht versagte jedoch beiden Angeklagten die Berufung auf den Strafmilderungsgrund. Im Urteil hieß es: „Befehle von oben können nicht als mildernde Umstände betrachtet werden, wenn derart empörende und weitverbreitete Verbrechen bewußt, rücksichtslos und ohne militärische Notwendigkeit oder Rechtfertigung begangen worden sind. ... Die Teilnahme an Verbrechen dieser Art ist noch nie von einem Soldaten verlangt worden, und er kann sich jetzt nicht hinter einer mythischen Forderung nach militärischem Gehorsam um jeden Preis als Entschuldigung für diese Verbrechen verbergen".[633] An anderer Stelle wurde ausgeführt, dass „niemandes Vollmacht die Ausführung einer ungesetzlichen Handlung (rechtfertigt). Politische Ergebenheit und militä-

---

[631] Siehe dazu *Ambos*, JR 1998, 221 (223) und Fn. 35.
[632] *Maurach*, Deutsches Strafrecht AT, S. 305.
[633] Vgl. *Steiniger*, Der Nürnberger Prozeß, Bd. I, S. 44.

rischer Gehorsam sind vorzügliche Dinge, aber weder erheischen noch rechtfertigen sie die Ausführung ruchloser Taten. Es kommt ein Punkt, wo ein Mann sich weigern muß, seinem Führer zu folgen, will er seinem Gewissen folgen."[634]

Abgesehen von der Nichtverankerung der Rechtfertigung des Handelns auf Befehl im Statut betonten die Hauptankläger immer wieder, dass es sich bei den in Nürnberg auf der Anklagebank sitzenden Deutschen gerade nicht um die typischen Befehlsempfänger gehandelt habe. So führte *Shawcross*, Hauptankläger für das Vereinigte Königreich, während des Prozesses aus: „Diese Männer waren nicht bloß willige Werkzeuge, obwohl sie schon in dieser Rolle hinreichende Schuld auf sich geladen hätten, sie sind die Männer, mit deren Hilfe *Hitler* seine Machtstellung so ausgebaut hat, wie er es beabsichtigte. Sie sind die Männer, die durch ihre Initiative und Planung die in *Hitlers* Namen vorgenommenen Angriffshandlungen oft ersannen und sicherlich erst möglich machten; und sie sind die Männer, die es *Hitler* ermöglichten, die Armee, Marine und Luftwaffe aufzubauen, die Kriegswirtschaft ins Leben zu rufen, und die Grundlage jener Philosophie zu schaffen, mit deren Hilfe diese hinterlistigen Angriffe ausgeführt wurden, und durch die es gelang, seine fanatischen Gefolgsleute in friedliche Länder zu führen, zu morden, zu plündern und zu zerstören. Sie sind die Männer, durch deren Mitwirkung und Unterstützung die Nazi-Regierung in Deutschland möglich gemacht wurde."[635] Und im Urteil gegen Reichsmarschall *Göring* wurde u. a. ausgeführt: „Es kann kein mildernder Umstand angeführt werden, denn *Göring* war oft ja fast immer die treibende Kraft, und nur seinem Führer stand er nach.

[634] Der Prozeß gegen die Hauptkriegsverbrecher vor dem Internationalen Militärgerichtshof Nürnberg, Bd. III, Sitzungsprotokoll vom 04. Dezember 1945, S. 166. Auch zur Zeit des nationalsozialistischen Regimes gab es Offiziere, die insbesondere *Hitler* den Gehorsam verweigerten. So z.B. Feldmarschall *Rommel*, der trotz Durchhaltebefehl *Hitlers* seine Truppen in Afrika zurückzog.
[635] Der Prozeß gegen die Hauptkriegsverbrecher vor dem Internationalen Militärgerichtshof Nürnberg, Bd. III, Sitzungsprotokoll vom 04. Dezember 1945, S. 166.

Er war die leitende Persönlichkeit bei den Angriffskriegen, sowohl als politischer, als auch als militärischer Führer. ..."[636]

b) Die Entnazifizierung und Bestrafung durch die Sowjets

Die Aufgabe der Entnazifizierung nahm man in der sowjetischen Besatzungszone sehr ernst. Die ersten Verhaftungen, die ziemlich bald nach Beendigung des Krieges begannen und von der sowjetischen Besatzungsmacht initiiert waren, erfolgten aus zwei Gründen: Auf Befehl des Volkskommissars des NKWD, *Berija*, waren Deutsche bestimmter Kategorien zu verhaften und in Sonderlagern zu internieren, um Verantwortliche des NS-Regimes zur Rechenschaft zu ziehen. Dazu gehörten die Spitzen nationalsozialistischer Machtausübung, wie aktive Mitglieder der NSDAP, Mitglieder der Gestapo, des SD und anderer Organe, Führer und Leiter deutscher Organisationen und Verwaltungsorgane. Mit Erlass der Verordnung vom 19.04.1943 durch das Präsidiums des Obersten Sowjets, als so genannter Ukaz 43 bekannt, waren alle deutschen Soldaten zur Rechenschaft zu ziehen, die sich während des Krieges Verbrechen gegen die Menschlichkeit sowie wegen Gräueltaten gegen Sowjetbürgern schuldig gemacht hatten. Als typische Deliktsgruppen für die Anwendung von „Ukaz 43" galten:

1. Evakuierungsmaßnahmen gegenüber der Zivilbevölkerung,
2. Entnahmen aus dem Lande,
3. die Bekämpfung von Partisanen sowie
4. die Beschießung von Dörfern und Städten im Zuge von Kampfhandlungen.[637]

---

[636] Urteil gegen *Göring*, in: Der Prozeß gegen die Hauptkriegsverbrecher, Bd. I, S. 318.
[637] *Zeidler*, Die Dokumententätigkeit, in: *Hilger/Schmidt/Wagenlehner* (Hrsg.), Sowjetische Militärtribunale, S. 32.

Im August 1945 erging dann der Befehl, dass sich alle ehemaligen Angehörigen der deutschen Wehrmacht ab dem Rang eines Leutnants sowie Angehörige der SA und SS, der Gestapo und Mitglieder der NSDAP einer Registrierung bei den Militärkommandanturen zu unterziehen hatten, bei denen über Verhaftung und Internierung entschieden wurde. Neben dem Bestreben, durch die Internierungspraxis die Grundsätze des Potsdamer Abkommens strikt umzusetzen, gab es aber auch viele Verhaftungen, die mit der Verfolgung von NS-Unrecht nichts zu tun hatten, denn auf Befehl von *Berija* konnten Deutsche auch dann verhaftet werden, wenn der Verdacht der Spionage- oder Diversionstätigkeit oder des unerlaubten Waffenbesitzes bestand.[638] Dagegen beurteilt *Semiryaga* die Tätigkeit der sowjetischen Sicherheitsorgane bis 1947 bei der Verfolgung und Bestrafung von Naziverbrechern und kriminellen Elementen als positiv.[639]

Über die Zahl der in sowjetischen Sonderlagern inhaftierten Deutschen herrschen widersprüchliche Angaben, nicht zuletzt deswegen, weil die Sowjets nie daran interessiert schienen, eine ausführliche Statistik zu erstellen. Zum einen wohl deshalb, um sich vor den westlichen Alliierten und dem Kontrollrat nicht rechtfertigen zu müssen, und zum anderen, um die Bevölkerung nicht gegen sich aufzubringen. Nach sowjetischen Angaben waren am 01.01.1947 in der sowjetischen Besatzungszone 48.085 Personen als Angehörige der SS, der Gestapo, des SD und des Politischen Führungscorps inhaftiert, 17.866 zur Verantwortung gezogen und weitere 17.175 vermutlich durch den SMT verurteilt worden[640]. Nach anderen Angaben sollen 1947 in den MWD-MGB-Gefängnissen über 80.000 Gefangene inhaftiert gewesen sein, davon 38.788 Mitglieder der faschistischen Partei, 13.267 Mitarbeiter der Gestapo, der SS und des SD, 3.249 Spione

---

[638] Siehe dazu insgesamt *Meyer-Seitz*, Die Verfolgung von NS-Straftaten, S. 34.
[639] *Semiryaga*, DeutschlandArchiv 1996, 742.
[640] *Tjulpanov*, ZfG 1967, 240 (246).

und Diversanten sowie 2.580 Führer der Hitlerjugend.[641] Daraus folgt, dass mehr als 20.000 Menschen aus anderen Gründen als der faschistischen Aktivitäten inhaftiert gewesen sein mussten. *Fricke* geht davon aus, dass in allen Lagern von 1945-1950 ca. 122.700 Deutsche einsaßen, von denen unter anderem 756 zum Tode verurteilt und ca. 12.800 in die UdSSR verbracht wurden.[642] Anderen Angaben zufolge sollen in den zeitweilig zehn existenten „Speziallagern“ 122.671 Deutsche inhaftiert gewesen sein, von denen 42.889 Personen ums Leben gekommen und ca. 13.000 in die UdSSR verbracht worden seien, 14.000 Personen seien dem Ministerium für Inneres übergeben worden. Die genaue Anzahl derer, die durch sowjetische Militärgerichte verurteilt wurden, ist jedoch unbekannt. In diesen Internierungslagern sollen etwa 150.000 Gefangene untergebracht worden sein, von denen 70.000 ums Leben gekommen sein sollen.[643] Im Herbst 1947 wurde *Stalin* und *Molotow* der Vorschlag unterbreitet, 20.000 deutsche Gefangene freizulassen (insbesondere Greise, Mütter mit Kindern, Invaliden und Schwerkranke), bei denen es keine Hinweise auf eine tatsächliche verbrecherische Tätigkeit gab. Was daraus wurde, ist bis heute ungeklärt.[644]

Für die Inhaftierung nutzte man zum Teil die von den Nationalsozialisten errichteten ehemaligen Konzentrationslager, die anfangs die Kapazitäten für eine derartige Anzahl an Inhaftierten boten, z.B. Bautzen, Buchenwald, Sachsenhausen, sowie Gefängnisse, z.B. in Frankfurt (Oder) oder Torgau.[645] Am 17.01.1950 verkündete das „Neue Deutschland“ auf Seite 1, dass Armeegeneral *Tschuikow*

---

641 *Semiryaga*, DeutschlandArchiv 1996, 741 (749).
642 *Fricke*, Politische Verfolgung, in: *Fischer* (Hrsg.), Studien zur Geschichte der SBZ/DDR, S. 183.
643 Siehe insgesamt *Weber*, Die DDR 1945-1990, S. 11.
644 *Semiryaga*, DeutschlandArchiv 1996, 941 (951).
645 *Fricke*, Politische Verfolgung, in: *Fischer* (Hrsg.), Studien zur Geschichte der SBZ/DDR, S. 182; eines der ersten NKWD- Speziallager dürfte das ehemalige Wehrmachtsgefängnis Fort Zinna gewesen sein, das im Januar 1950 von der DDR mit insgesamt ca. 10.500 SMT-Verurteilten übernommen wurde, siehe *Oleschinski/Pampel*, DeutschlandArchiv 1995, 456; *Gieseke*, Die DDR-Staatssicherheit, S. 11, der alle Internierungslager mit dem jeweiligen Nutzungszeitraum auflistet.

die Internierungslager, die unter der Kontrolle sowjetischer Besatzungsmacht gestanden hätten, mit sofortiger Wirkung aufgelöst und folgende Maßnahmen angeordnet habe: Aus den Lagern seien 15.038 Personen zu entlassen, einschließlich der über 5.500 Personen, die von Kriegstribunalen verurteilt worden waren, weitere 3.432 Personen seien den deutschen Behörden, insbesondere dem MdI, und 10.513 Verhaftete den deutsche Behörden zur Verbüßung ihrer Reststrafe zu übergeben. Über 600 Personen sollen weiterhin unter der Kontrolle der Sowjets bleiben, da sie sich schwerer Verbrechen gegen die Sowjetunion schuldig gemacht hätten.

In der amerikanischen Besatzungszone hingegen waren zwar 43.601 Personen inhaftiert worden, jedoch nur 556 zur Verantwortung gezogen und 551 verurteilt worden.[646] Insgesamt sollen ca. 80.000 Personen als faschistische und Kriegsverbrecher abgeurteilt worden sein, davon 87% in der UdSSR und in den volksdemokratischen Ländern und lediglich 13% in den kapitalistischen Ländern.[647] Das harte und konsequente Vorgehen der sowjetischen Besatzer gegen NS-Verbrecher führte dazu, dass viele aktive Faschisten in den westlich besetzten Teil Deutschlands flohen. So sollen schätzungsweise 50.000 aktive Faschisten aus der sowjetischen Besatzungszone nach Schleswig-Holstein geflohen sein.[648]

Die erste Phase der Entnazifizierung in der Justiz begann bereits im Mai 1945. Zu diesem Zeitpunkt umfasste der belastete Personenkreis 2.164 Richter und 303 Staatsanwälte sowie 13.800 mittlere Beamte, Angestellte und Arbeiter im Justizdienst. Bei den Richtern gehörten 79,9% und bei den Staatsanwälten 78,5% der NSDAP an. Von Mai bis September 1945 wurden 2.956 Personen aus dem Jus-

---

[646] Siehe *Tjulpanov*, ZfG 1967, 240 (246).
[647] *Meinicke*, ZfG 1984, 968f.
[648] ZStA Potsdam, Nr. 1300, Bl. 69, in: *Meinicke*, ZfG 1984, 969.

tizapparat entlassen, nach Erlass des Befehls Nr. 49 weitere 7.501 Personen. Die zweite Phase begann im Sommer 1947 mit Erlass des Befehls Nr. 201, der zwischen den Tätern Differenzierungen vornahm und für manchen die Weichen für eine Wiedereingliederung in den Justizdienst stellte.[649]

aa) Bestrafung aus Art. 58 RussStGB[650]

Gemäß Art. 58 RussStGB sahen sich die Sowjets in der Anfangszeit dazu ermächtigt, Verhaftungen und Verurteilungen innerhalb des besetzten Gebietes durchzuführen. Dabei wurden die deutschen Häftlinge im Wesentlichen neben Art. 58 II RussStGB nach den Absätzen 6 (Spionage), 10 (antisowjetische Propaganda), 11 (Organisierung zum Verbrechen), 12 (Nichtanzeige von konterrevolutionären Verbrechen) und 14 (Konterrevolutionäre Sabotage) verurteilt[651]. Damit kam es zur Verschiebung der Prioritäten: nicht mehr die Ahndung von Kriegsverbrechen stand im Mittelpunkt der sowjetischen Strafjustiz auf deutschem Boden, sondern die Verfolgung „konterrevolutionärer Verbrechen".[652] Das dazu ausgewertete Zahlenmaterial schwankt erheblich. Laut *Schroeder*[653] basierten von den insgesamt 31.284 dokumentierten Urteilen nur 229 Urteile auf Art. 58 II RussStGB, d.h. noch nicht einmal 1%. Das Gros der Verurteilungen sei nach „Ukaz 43" erfolgt. Nach *Lang* seien 41,9% der Urteile gegen deutsche Kriegsgefangene nach Art. 58 VI RussStGB gefällt worden.[654]

---

[649] Dazu *Otto*, „Die Entnazifizierung der Justiz in der SBZ/DDR", in: *Enquete-Kommission* (Hrsg.), Materialien der Enquete-Kommission „Aufarbeitung von Geschichte und Folgen der SED-Diktatur in Deutschland", Bd. IV, S. 37 ff.

[650] Abs. II „Kraft der internationalen Solidarität der Interessen aller Werktätigen gelten Handlungen gleicher Art als gegenrevolutionär auch dann, wenn sie gegen einen anderen - der Union der SSR nicht gehörenden - Staat der Werktätigen gerichtet sind.", siehe *Rosenthal/Lange/Blomeyer*, Bonner Berichte aus Mittel- und Ostdeutschland, S. 137.

[651] Siehe *Stern*, Und der Westen schweigt, S. 90 ff.

[652] Zur Auswertung der zahlenmäßigen Deportationen und Inhaftierungen siehe *Schmidt*, Strafjustiz einer Siegermacht, in: *Schmeitzner/Schmidt* (Hrsg.), Diktaturdurchsetzung, S. 104.

[653] *Schroeder*, Das Sowjetrecht als Grundlage der Prozesse, in: *Hilger/Schmidt/Wagenlehner*, Sowjetische Militärtribunale, S. 83 ff.

[654] *Lang*, Stalins Strafjustiz gegen deutsche Soldaten, S. 81.

bb) Enteignungen durch die Sowjets

Die Sowjets nahmen bald nach Kriegsende neben den Demontagen auch Enteignungen und Beschlagnahmungen vor. Nach *Meyer-Seitz*[655] sind diese Maßnahmen als Teil sowjetischer Entnazifizierungspolitik zu sehen, da nur die Aufhebung von Privateigentum und die Schaffung von gemeinschaftlichem Eigentum die Basis einer friedlichen Ordnung und damit die Vernichtung des Faschismus seien. Zweifellos wurden viele beschlagnahmte Betriebe später den deutschen Verwaltungsstellen übergeben, doch diente die Sequestrierung (Zwangsverwaltung) und Beschlagnahme (zwangsweise Sicherstellung) auch der Sicherung der begonnenen umfangreichen sowjetischen Demontageprogramme, die nicht überall widerstandslos hingenommen wurden.[656] Die erste Enteignungswelle begann mit dem am 30.10.1945 erlassenen SMAD-Befehl Nr. 124. Zum Teil folgten die Länder mit eigenen Enteignungsgesetzen, so beispielsweise das Land Sachsen, das ein entsprechendes Enteignungsgesetz durch einen Volksentscheid vom 30.06.1946 angenommen hatte. Dazu stellte *Tjulpanov* in einem Lagebericht[657] fest: „Es ist zwar etwas unnatürlich, aber im Land Sachsen haben sogar die Vertreter der bürgerlichen Parteien den Aufruf an das Volk zur Zustimmung für diese Enteignung unterschrieben."[658] Gegen den Vorschlag der Enteignung wandten sich zunächst sowohl die LDP als auch die CDU. Gleichwohl gelang es der KPD, einen Beschluss für den Volksentscheid durchzusetzen. Dabei sprachen sich 77,6% der Wähler für eine Enteignung der Kriegsverbrecher und Nazis aus.[659] Dieses Resultat ist nicht nur ein Ergebnis sowjetischer Propaganda. Nach Kriegsende sehnte sich das Volk nach dauerhaftem Frieden und sozialer Gerech-

---

[655] *Meyer-Seitz*, Die Verfolgung von NS-Straftaten, S. 41.
[656] *Hartisch*, Die Enteignung, S. 20.
[657] Stenogramm des politischen Lageberichts von S. *Tjulpanov* vor der Kommission des ZK der KPdSU (B) zur Überprüfung der Arbeit der Propagandaverwaltung der SMAD, in: *Bonwetsch/ Bordjugov*, Sowjetische Politik in der SBZ 1945-1949, S. 72.
[658] *Weber*, Die DDR 1945-1990, S. 14.
[659] *Weber*, Die DDR 1945-1990, S. 14.

tigkeit. Viele waren zu der Erkenntnis gelangt, dass nur die Enteignung und die Verstaatlichung wichtiger Betriebe auf Dauer zu einer sozialen Gerechtigkeit führen können. Die Angst, wirtschaftliche Betriebe könnten wieder eine Vormachtstellung einnehmen und großen Einfluss auf die politische Entwicklung nehmen, war größer als die Bedenken.

Manchmal nahmen auch die von den Sowjets 1945 eingesetzten Selbstverwaltungsstellen Enteignungen vor, ohne dazu befugt zu sein, weil sie entweder keine Ermächtigung dazu besaßen oder ihre Kompetenzen überschritten. So erließ beispielsweise der Bürgermeister von Groß Ziethen im Landkreis Teltow im Mai 1945 eine Beschlagnahmeverfügung gegen den Besitzer eines Bauernhofes und übergab den Besitz einem anderen Bauern.[660]

c) Die Entnazifizierung und Bestrafung durch die deutsche Justiz

Die anfangs von den Sowjets vorgenommene Entnazifizierung wurde immer mehr auch in deutsche Hände gelegt. Am 30.10.1945 veröffentlichten die Parteien nach Abstimmung mit der alliierten Gesetzgebung die „Richtlinien für die Bestrafung der Naziverbrecher und die Sühnemaßnahmen gegen die aktivistischen Nazis“, um eine einheitliche Durchführung der Säuberung zu gewährleisten.[661] Damit war den Personalabteilungen der Landes- und Provinzialverwaltungen die Möglichkeit eingeräumt worden, selbständig darüber zu befinden, ob alle ehemaligen Mitglieder der NSDAP von ihren Ämtern zu entheben waren oder ob es im Interesse der Aufrechterhaltung der Verwaltungstätigkeiten notwendig war, diesen Teil der Mitglieder weiter zu beschäftigen.[662] Bis Dezember 1946 wurden aufgrund dieser Anordnung bereits 390.478 Menschen entlassen oder

---

[660] *Hartisch*, Die Enteignung, S. 19.
[661] *Meinicke*, ZfG 1984, 968 (971f.)
[662] Ausführlich *Meinicke*, ZfG 1984, 968 (973).

nicht wieder eingestellt.[663] Ab Dezember 1946 wurde darüber hinaus die Kontrollratsdirektive 24 vom 12.01.1946 für die Entnazifizierung herangezogen. Doch so konsequent wie die Entnazifizierung gedacht war, verlief sie nicht. Ganz konnte man auf die Offiziere der ehemaligen deutschen Armee nicht verzichten, obwohl gerade die „deutsche demokratische" Armee ein Gegenbild zur Wehrmacht sein sollte. Zum Aufbau der DDR-Streitkräfte akzeptierten Moskau und Karlshorst Offiziere mit einer nationalsozialistischen Vergangenheit. So war *Vincenz Müller*[664] 1952 als Stabschef der Kasernierten Volkspolizei zum 1. Stellvertreter des Innenministers befördert worden, obwohl er zuletzt Generalleutnant und Kommandierender General eines Korps der Ostfront war.[665]

aa) Der Befehl Nr. 201[666]

aaa) Die politische Bedeutung des Befehls

Mit dem am 16.08.1947 erlassenen SMAD-Befehl wurde den deutschen Behörden die Möglichkeit eingeräumt, NS-Unrecht selbständig abzuurteilen.[667] Nur noch besonders wichtige Fälle sollten der Sowjetischen Militärverwaltung übergeben werden, die dann die Angeklagten dem sowjetischen Militärgericht zuführten. Die Befugnis zum Erlass des Befehls Nr. 201 ergab sich aus der KRD 38 Abschnitt I Nr. 5e, wonach den Zonenbefehlshabern das Recht eingeräumt wurde, sich für die Ausführung der Direktive 38 deutscher Gerichte zu bedienen. Neben der Aufgabenübertragung an die deutschen Gerichte sah der Befehl Nr. 201 auch eine Amnestie für die bloß nominellen, nicht aktiven Mitglieder der NSDAP vor und gab ihnen die bürgerlichen und politischen Rechte, insbesonde-

---

[663] *Meinicke*, ZfG 1984, 968 (975).
[664] Zur Person insbesondere *Lapp*, DeutschlandArchiv 1999, 79.
[665] *Wagner*, DeutschlandArchiv 2001, S. 970.
[666] Siehe Anlage D.3.
[667] Siehe ausführlich *Winkelmann*, NJ 1947, 169.

re das passive Wahlrecht, zurück (vgl. Nr. 1 und 3 des Befehls).[668] Damit sollte eine Wiedereingliederung ermöglicht werden, da eine allgemeine gerichtliche Belangung sämtlicher ehemaliger nominellen, nicht aktiven Mitglieder der Nazipartei nur der Sache des demokratischen Aufbaus Deutschlands schaden und dazu beitragen würde, dass die Positionen der Überbleibsel der faschistischen militärischen Reaktion gefestigt würden.[669] Die Heranziehung der nicht aktiven Mitglieder zum demokratischen und wirtschaftlichen Aufbau entspreche sowohl den Interessen des Wiederaufbaus und der Entwicklung der Friedenswirtschaft in der Sowjetischen Besatzungszone als auch den Interessen einer weiteren Entfaltung des Kampfes für die Einheit und Demokratisierung Deutschlands.[670]

Doch die Realität dürfte anders ausgesehen haben. *Ulbricht* forderte zwar auf der Innenministerkonferenz Ende Januar 1948 die Einbeziehung der nominellen, nicht aktiven Mitglieder der NSDAP in den demokratischen Aufbau: „Wir müssen an die ganze Masse der Werktätigen appellieren, auch an die nominellen Nazis, an die Masse der technischen Intelligenz, die Nazis waren. Wir werden ihnen offen sagen: Wir wissen, daß ihr Nazis wart (sic!), wir werden aber nicht weiter darüber sprechen, es kommt auf euch an, ehrlich mit uns mitzuarbeiten."[671] Aber kurz zuvor hatte *Polak*, damaliger Leiter der Justizabteilung im Zentralsekretariat der SED, verkündet, man habe sich zusammen mit der SMAD-Rechtsabteilung dafür ausgesprochen, die traditionelle Beschränkung von Gerichtsurteilen auf strafrechtliche Delikte durch den Befehl Nr. 201 zu durchbrechen. Als Verbrechen gegen die Menschlichkeit werde auch solche faschistische Tätigkeit erfasst, die nicht unter den Verbrechenstatbestand des Strafgesetzbuches falle.

---

[668] Siehe Ausführungsbestimmungen zum Befehl Nr. 201, ZVOBl 1947, S. 187 ff.
[669] Präambel zum Befehl 201, ZVOBl 1947, Nr. 18, S. 185.
[670] Befehl Nr. 35 der SMAD vom 26.02.1948, abgedruckt in: *Rössler*, Entnazifizierungspolitik der KPD/SED 1945-1948, S. 257.
[671] *Meyer-Seitz*, Die Verfolgung von NS-Straftaten, S. 167.

Die SMAD-Rechtsabteilung machte deutlich, dass die Deutschen sich mit ihrer künftigen Rechtsprechung bewähren und zeigen könnten, dass sie willens sind, sich von den Überresten des Nationalsozialismus zu befreien. Daraufhin erhob nicht nur *Fechner* immer wieder die Forderung, die Strafrechtsprechung zu vereinheitlichen und zu verschärfen, weil man die ihnen auferlegte „Prüfung" unbedingt bestehen wolle.[672] So entstand eine zwiespältige Situation, die dazu führte, dass man diejenigen NS-Belasteten, die man zum demokratischen Aufbau gebrauchen konnte, strafrechtlich nicht verfolgte, während diejenigen, die keinen Nutzen brachten, häufiger der Verfolgung ausgesetzt waren. So war beispielsweise der Erste Präsident des Obersten Gerichts, *Schumann,* vor 1945 nicht nur Kriegsgerichtsrat und Mitglied der NSDAP und der SA gewesen, sondern bei der Wehrmacht für die Verhängung von Todesurteilen verantwortlich. Der erste Rektor der Akademie der Wissenschaften, *Kröger*, war Oberscharführer und SD-Mitarbeiter.[673] *Melsheimer*, Generalstaatsanwalt am Obersten Gericht, war während der Zeit des deutschen Nationalismus Landgerichtsdirektor und Kammergerichtsrat und erhielt 1940 die Treueauszeichnung zweiter Stufe des Führers.[674] So betrieb man zum einen eine propagandistisch gut inszenierte Entnazifizierung, zum anderen aber erfolgte eine nahezu lautlose Integration ehemaliger Nazis.[675] So etwas fiel wohl auch der SMAD-Rechtsabteilung auf, die im Juni 1948 kritisierte, man habe die Großen laufen lassen, während man die Kleinen hänge.[676]

Während die Gerichte Mühe hatten, dem vermehrten Aufkommen von 201er-Verfahren gerecht zu werden, forderte *Mielke* eine konsequente Anwendung:

---

[672] *Weinke*, Die Waldheimer „Prozesse", in: *Haase/Pampel* (Hrsg.), Die Waldheimer „Prozesse", S. 39.
[673] Vgl. *Bästlein*, Nazi-Blutrichter, in: *Bästlein/Rosskopf/Werkentin* (Hrsg.), Beiträge zur juristischen Zeitgeschichte der DDR, S. 56
[674] *Liwinska*, Die juristische Ausbildung in der DDR, S. 4.
[675] Vgl. *Joseph*, Nazis in der DDR, S. 102.
[676] Vgl. *Weber*, Justiz und Diktatur, S. 120.

„Der Befehl Nr. 201 bedeutet eine Teilfrage des Kampfes um die Festigung der demokratischen Macht. Er stellt die Frage der nationalen Einheit Deutschlands. Er bedeutet eine Erweiterung der Theorie der Partei und der Arbeiterklasse und ist ein Instrument zur praktischen Durchführung der Lösung des neuen Weges, der friedlichen Entwicklung zum Sozialismus.“[677] Erst wenn die aktiven Nazis zur Verantwortung gezogen würden, wären andere ihrem „verderblichen Einfluß“[678] entzogen. *Mielke* beklagte, dass bei der Durchführung des Befehls Nr. 201 ein gewisser Stillstand eingetreten sei und dieser Befehl nur noch ressortmäßig bearbeitet werden würde.[679] Eine deswegen groß angelegte Kampagne zur Denunziation[680] ehemaliger aktiver Nazis fand jedoch in der Bevölkerung wenig Anklang. In Spremberg (Land Brandenburg) erklärte beispielsweise der Landrat, die Durchführung der Winteraussaat sei wichtiger als die Kampagne zur Durchführung des Befehls Nr. 201.[681] Die fehlende Unterstützung durch weite Teile der Bevölkerung sei darauf zurückzuführen, dass sie aus Angst, es könnte noch einmal anders kommen, ihre Mitarbeit an der Aufdeckung der faschistischen Überreste verweigerten.[682] Damit lag *Mielke* wohl gar nicht so falsch. Entweder trauten die Menschen dem neuen System (noch) nicht und versuchten, jegliche poli-

---

677 *Meyer-Seitz*, Die Verfolgung von NS-Straftaten, S. 179f.

678 *Meyer-Seitz*, Die Verfolgung von NS-Straftaten, S. 180.

679 Siehe Besprechung über den Befehl Nr. 201 und die damit verbundene Aufgabe der Partei vom 30.10.1947, in: *Rössler*, Entnazifizierungspolitik der KPD/SED 1945-1948, S. 191.

680 „Ich wende mich an alle Parteien und Organisationen sowie an die gesamte Bevölkerung unseres Landes mit der Aufforderung, aktiv an der Erfassung und Namhaftmachung solcher Personen mitzuwirken, die sich gemäß den Bestimmungen der Direktive 38 als Hauptschuldige, Belastete oder Minderbelastete gegen das deutsche Volk und gegen die Menschheit schuldig gemacht haben.“, Entwurf des Aufrufs an die Bevölkerung des Landes Brandenburg, in: *Rössler*, Entnazifizierungspolitik der KPD/SED 1945-1948, S. 182. Dem Beispiel Brandenburgs folgend, sollte nach Auffassung *Ulbrichts* überall ein öffentlicher Aufruf zur Verfolgung von nationalsozialistischem Unrecht gemäß Befehl Nr. 201 ergehen, siehe Schlusswort *Ulbrichts* auf der Innenministerkonferenz am 12.10.1947, in: *Rössler*, Entnazifizierungspolitik der KPD/SED 1945-1948, S. 184.

681 Siehe Bericht über den Stand der Durchführung des Befehls Nr. 201 vom 30.10.1947, in: *Rössler*, Entnazifizierungspolitik der KPD/SED 1945-1948, S. 199.

681 Siehe *Wille*, Entnazifizierung in der Sowjetischen Besatzungszone Deutschlands 1945-1948, S. 199f.

682 *Mielke*, Bericht über den Stand der Durchführung des Befehls Nr. 201 vom 30.10.1947, in: *Rössler*, Entnazifizierungspolitik der KPD/SED 1945-1948, S. 199.

tische Mitarbeit zu vermeiden, oder sie hatten aus der politischen Betätigung im nationalsozialistischen Reich die Lehre gezogen, dass sich politische Betätigung nicht auszahle. Ende des Jahres 1947 mussten dann die Vertreter der Länder bei der Deutschen Verwaltung des Innern über die Durchführung des Befehls Nr. 201 Rechenschaft ablegen. Neben einer detaillierten Aufstellung der erfassten Fälle stellten die Ländervertreter übereinstimmend fest, dass die Durchführung des Befehls Nr. 201 auf wenig Unterstützung stieß. Die Vertreter aus Brandenburg und Thüringen sprachen von einer „Lethargie der Bevölkerung“, die „Bevölkerung arbeite nicht mit“, und seitens der Kirche stieß das Vorgehen auf Proteste. Der Vertreter aus Mecklenburg berichtete, dass die abkommandierten Schutzpolizisten es sogar als Strafe empfinden würden, bei der Durchführung des Befehls mitzuarbeiten.[683]

bbb) Anwendungsbereich und Verurteilungspraxis des Befehls

Gemäß Nr. 7 des Befehls Nr. 201 ist die Bestrafung der Kriegsverbrecher von deutschen Gerichten unter Anwendung der in der Direktive 38 des Kontrollrats vorgesehenen Sanktionen durchzuführen. An diese unter die KRD Nr. 38 fallenden Tatbestände waren Sühnemaßnahmen geknüpft, und zwar in Form der Bestrafung, Sicherung und Wiedergutmachung, um gemäß KRD 38 Abschnitt I Nr. 1b die vollständige und endgültige Vernichtung des Nationalsozialismus und des Militarismus zu garantieren.[684] Zusätzlich sah der Befehl unter Nr. 4 die Entfernung aller ehemaligen aktiven Faschisten und Militaristen von öffentlichen und halböffentlichen Posten und den entsprechenden Posten in wichtigen Privatbetrieben vor.

[683] Bericht der Tagung am 22./23.12.1947 bei der Deutschen Verwaltung des Innern über die Durchführung des Befehls Nr. 201, in: *Rössler*, Entnazifizierungspolitik der KPD/SED 1945-1948, S. 244f.
[684] Siehe auch *Guski*, NJ 1947, 172.

Im Zeitraum September 1947 bis Ende März 1949 sollen aufgrund dieses Befehls 40.524 Personen von Untersuchungsorganen erfasst worden sein, wobei gegen 33.654 Personen eine Untersuchung eingeleitet wurde. Lediglich gegen 6.103 Personen soll ein Urteil durch die Strafkammer ergangen sein, in 2.784 Fällen wurde das Verfahren eingestellt, 975mal erging ein Freispruch.[685] In einem anderen Bericht geht man seit Erlass des Befehls Nr. 201 bis Ende Januar 1948 von insgesamt 100.214 Fällen aus.[686] Mit dem Befehl Nr. 35 der SMAD vom 26.02.1948[687] wurde die Entnazifizierung nach Befehl Nr. 201 aufgehoben und die Entnazifizierungskommissionen aufgelöst. Damit konnte die durch Befehl Nr. 201 gesetzte Dreimonatsfrist nicht ganz eingehalten werden.

Mit der Einstellung der Entnazifizierung waren die nominellen Parteigenossen zu politisch gleichberechtigten Bürgern geworden und konnten nun um die Aufnahme in eine der Parteien bitten. Um dies zu erschweren, hatte die SED mit den Blockparteien ein Abkommen getroffen, wonach die Aufnahme nur nach vorheriger Übereinstimmung und aufgrund gemeinsam beschlossener Richtlinien erfolgen sollte, woran sich die Blockparteien aber scheinbar nicht gebunden fühlten. In der Folgezeit kam es zu massenhaften Eintritten in die Blockparteien. Die Entwicklung zeige - so *Grotewohl* - dass die bürgerlichen Parteien versuchten, für sich politisch Kapital zu schlagen.[688]

---

[685] Siehe *Wille*, Entnazifizierung in der Sowjetischen Besatzungszone Deutschlands 1945-1948, S. 199f.; eine detaillierte Aufstellung nach Ländern sortiert findet sich im Bericht der Tagung vom 22./23.12.1947, in: *Rössler*, Entnazifizierungspolitik der KPD/SED 1945-1948, S. 199.
[686] Bericht von *Ernst Schmidt* vom 25.02.1948 über die Auswertung der Entnazifizierung, in: *Rössler*, Entnazifizierungspolitik der KPD/SED 1945-1948, S. 250.
[687] Vgl. *Rössler*, Entnazifizierungspolitik der KPD/SED 1945-1948, S. 257.
[688] Rede *Grotewohls* vom 14./15.04.1948, in: *Rössler*, Entnazifizierungspolitik der KPD/SED, S. 261.

bb) Die Bestrafung aus KRG 10 Art. II 1d[689]

Während im westlich besetzten Teil Deutschlands Bedenken gegen die Anwendung des Kontrollratsgesetzes aufkamen, weil es auch Handlungen mit Strafe belegte, die zur Zeit ihrer Ausführung straffrei waren und somit ein Verstoß gegen den „nulla poena sine lege“ - Grundsatz vorlag[690], sah man in der SBZ in der KRG 10 die Möglichkeit zu beweisen, dass es dem deutschen Volk ernst sei mit der Säuberung vom Nazismus. Rechtsstaatliche Bedenken kamen nicht nur nicht auf, sondern schienen den Juristen auch völlig fehl am Platz: Wenn es dem deutschen Volk schon nicht gelungen sei, sich selbst vom verbrecherischen Nazismus zu befreien, schulde es den Befreiern wenigstens unauslöschlichen Dank.[691] Nach anfänglichen „Schwankungen“ sei die rückwirkende Bestrafung von NS-Kriminalität nicht mehr in Zweifel gezogen und die Problematik von den Gerichten nicht mehr diskutiert worden. Vielmehr hatten sich SMAD und DJV 1947 erstaunt und bestürzt gezeigt, dass eine solche Diskussion überhaupt in Betracht gezogen worden sei.[692] Insgesamt wurden nach offiziellen Angaben zwischen 1945 und 1947 in der sowjetischen Besatzungszone 528 Personen auf der Grundlage von KRG 10 verurteilt, dabei wurde 10mal die Todesstrafe verhängt.[693] Später wurde nach Befehl Nr. 201 abgeurteilt, wobei die Anwendung des KRG 10 nicht hinfällig wurde.

---

[689] Art. II 1. Jeder der folgenden Tatbestände stellt ein Verbrechen dar: d) Zugehörigkeit zu gewissen Kategorien von Verbrechervereinigungen oder Organisationen, deren verbrecherischer Charakter vom Internationalen Militärgerichtshof festgestellt worden ist, *Albert* (Hrsg.), Dokumente zur Staatsordnung der DDR, S. 245.

[690] Siehe *Kiesselbach*, MDR 1947, 2; weitere Bedenken ergaben sich hinsichtlich der Frage, inwieweit der Allgemeine Teil des Strafgesetzbuches auch beim KRG Nr. 10 Anwendung finden soll, siehe *Meyer*, MDR 1947, 110; der BGH, Urteil vom 20.12.1951 - 4 StR 9/50 (SchwG Stade), NJW 1952, 271, kam zu dem Ergebnis, dass eine Verurteilung wegen Verbrechens gegen die Menschlichkeit nicht bestehen bleiben könne, weil den deutschen Gerichten nunmehr die Gerichtsbarkeit in den Fällen des Art. II § 1c KRG 10 infolge der Aufhebung der MRVO 47 (Abl. Nr. 65, 1138) entzogen sei; siehe ausführlicher *Seibert*, NJW 1952, 251; zur Spruchpraxis *Hülle*, NJW 1951, 295f.

[691] *Melsheimer*, NJ 1948, 126f.

[692] *Meyer-Seitz*, Die Verfolgung von NS-Straftaten, S. 102.

[693] *Wentker*, Justiz in der SBZ/DDR 1945-1953, S. 400.

cc) Die Verfolgung von NS-Verbrechen

Neben der Entnazifizierung und gegebenenfalls der Rehabilitierung liefen auch Verfahren wegen NS-Verbrechen in beiden deutschen Staaten, insbesondere Strafverfahren, die sich mit den nach dem 31.08.1939 begangenen NS-*Tötungs*verbrechen beschäftigten. Seit 1945 wurde in insgesamt 912 westdeutschen Strafverfahren gegen 1.875 Personen wegen während des Zweiten Weltkrieges begangener NS-Tötungsverbrechen, 14mal die Todesstrafe, 150mal lebenslange Freiheitsstrafe und 842mal eine zeitige Freiheitsstrafe verhängt. Damit ist in absoluten Zahlen gesehen in Westdeutschland häufiger abgeurteilt worden als durch ostdeutsche Strafverfahren, die in 744 Verfahren gegen 1.190 Angeklagte 71mal die Todesstrafe[694], 95mal die lebenslange Freiheitsstrafe und 797mal die zeitige Freiheitsstrafe verhängten. In nur 227 Verfahren wurde von einer Bestrafung abgesehen, in westdeutschen Verfahren waren es immerhin 869 Personen, die keine Bestrafung erhielten und somit 47% der Angeklagten (im Gegensatz zu 19% der Angeklagten in ostdeutschen Verfahren). Deutlich wird aber, dass nicht nur gemessen an der jeweiligen Bevölkerung weit aus mehr Personen in der DDR vor Gericht standen, sondern dass auch das Strafmaß höher lag. Unterschiede gibt es auch in der Intensität der verfolgten Straftaten. Während sich die DDR-Justiz in den Nachkriegsjahren schwerpunktmäßig auf die Verfolgung der Denunziation[695] konzentrierte, ahndete die bundesrepublikanische

---

[694] Dazu gehörten z.B: Strafverfahren gegen deutsche Ärzte, die sich wegen der Tötung geisteskranker Erwachsener und von Kindern zu verantworten hatten, BG Schwerin Az.: 1 Js88747. *Erika Bergmann, Ilse Göritz, Frida Wötzel* und *Frieda Erna Ulla Jürß* wurden zu lebenslanger Freiheitsstrafe verurteilt (BG Rostock Az.: IIRRO932/92; BG Neubrandenburg Az.: 1Ks164/55), weil sie an der Misshandlung und Tötung von Häftlingen beteiligt waren. *Bergmann* misshandelte weibliche Häftlinge durch Schlagen, Treten, Übergießen mit eiskaltem Wasser und Zerfleischen durch einen auf die Häftlinge gehetzten Hund.

[695] Es wurden allein 426 Verfahren wegen Verrates an Behörden des Dritten Reiches oder an Parteidienststellen, soweit dieser Verrat zum Tode des Denunzierten geführt hatte, durchgeführt, hingegen nur 170 wegen Kriegsverbrechen, siehe unter www1.jur.uva.nl/junsv/ddr/ddrtatkintro.htm vom 12.03.2003. Siehe ausführlich dazu *Institut voor Strafrecht, Universiteit Amsterdam* (Hrsg.), DDR-Justiz und NS-Verbrechen, Band 1 bis 3 und die dazugehörige Internetseite über Justiz und NS-Verbrechen, http://www.jur.uva.nl/junsv/index.htm vom 19.11.2002.

Justiz vor allem die Verbrechen der Endphase, d.h., die beim Zusammenbruch des Dritten Reiches begangenen NS-Tötungsverbrechen. In beiden deutschen Staaten wurden aber überwiegend Verbrechen von Deutschen gegen Deutsche verfolgt[696], erst nach 1960 beschäftigte man sich mit Verfahren wegen im Ausland bzw. gegen Ausländer begangener Taten.

dd) Die „Waldheimer Prozesse" von 1950

Die Waldheimer Prozesse, die als „Kriegsverbrecherprozesse"[697] in die DDR-Geschichte eingingen und trotzdem immer ein Tabuthema[698] blieben, stellen eines der dunkelsten Kapitel deutscher (Strafrechts-) Geschichte dar und sind damit schon mehrfach Gegenstand wissenschaftlicher Forschung geworden. Aus diesem Grund soll auf die „Waldheimer Prozesse" nur überblicksmäßig und überwiegend anhand von Dokumenten der damaligen Zeit eingegangen werden.

aaa) Verfahrensgang

Mit der Auflösung der Internierungslager in Bautzen, Buchenwald und Sachsenhausen im Januar 1950 wurden auch 3.432 Gefangene[699] „zur Untersuchung ihrer verbrecherischen Tätigkeit und Aburteilung durch das Gericht der Deutschen

---

[696] Nur selten wurden Verbrechen gegen Ausländer geahndet, so aber im Strafverfahren gegen *Joseph Blösche*, der wegen der Teilnahme an zwei Massenerschießungen im Raum *Baranowicze* im Sommer 1941 sowie wegen Misshandlungen an Häftlingen des Warschauer Ghettos und der Teilnahme an Massenerschießungen während der Auflösung des Ghettos durch das OG, Az.: 1bUst 18/69 zum Tode verurteilt wurde. Ebenso erging die Todesstrafe gegen *Friedrich Hermann Otto Bergemann* durch das Urteil vom OG, Az.: Ibs 15/59 I251/58, wegen der Beteiligung an der Erschießung von 200-300 jüdischen Menschen sowie wegen des Beschießens einer mit sowjetischen Kriegsgefangenen überfüllten Baracke mit einem Maschinengewehr.

[697] Siehe *Heinze*, NJ 1950, 250.

[698] In der wichtigsten Zeitschrift für Juristen - in der Neuen Justiz - waren die Waldheimer Prozesse lediglich einen Artikel wert, der in keiner Weise auf die juristisch zweifelhafte Durchführung einging. Mit dem Hinweis: „Über den Ablauf der Verfahren und über die Höhe der Strafen hat die demokratische Presse bereits eingehend berichtet", *Heinze*, NJ 1950, 250, unterblieben weitere Ausführungen.

[699] Oftmals wird von 3.442 Häftlingen gesprochen, vgl. *Otto*, NJ 1991, 355. Dies resultiert wohl daraus, dass die Angaben von Archivunterlagen und die Angaben, die das ND vom 17.01.1950 veröffentlichte, diese Diskrepanz aufwiesen.

Demokratischen Republik“[700] übergeben. Damit begann für viele der lange Weg innerhalb einer ungerechten Justiz, für immer zum Schweigen verpflichtet und ohne Aussicht auf eine Rehabilitation.

Um den Prozessen von vornherein den „richtigen“ Rahmen zu geben, benannte die SED zunächst einen politischen Berater, *Paul Hentschel*, der die Oberaufsicht und die Kontrolle über die Prozesse und Urteile sicherzustellen hatte,[701] vor allem deshalb, weil die deutschen Urteile nicht in einem zu großen Kontrast zu den von den sowjetischen Tribunalen gefällten Urteilen stehen durften[702]. Es wurden Kleine und Große Strafkammern gebildet, die formal dem Landgericht Chemnitz unterstellt wurden und die innerhalb kürzester Zeit eine derartige Vielzahl von Gefangenen aburteilen sollten. Als Rechtgrundlagen dienten das KRG Nr. 10, der Befehl Nr. 201 und die KRD Nr. 38.

Trotz einer generalstabsmäßig geplanten Vorbereitung liefen die Prozesse nicht immer so, wie sich das die Partei- und Staatsführung erhofft hatte. Schon bei der Erarbeitung der Anklageschriften gab es für manchen Staatsanwalt Zweifel an der Richtigkeit der Auszüge sowjetischer Protokolle. Das hielt *Hentschel* für eine Ausgeburt des „Sozialdemokratismus“. Denn, was sei es „schließlich mehr als Sozialdemokratismus, wenn einige Genossen unter uns glauben sagen zu können, sie ließen sich nicht von der Partei in ihre Tätigkeit als Richter und Staatsanwälte reinreden. Die Partei redet ihnen gar nicht rein, sondern kontrolliert nur, ob sie die Politik der Partei in ihrer Tätigkeit einhalten“[703]. Doch die „anfangs erhobenen Beanstandungen von Seiten der Justiz“ seien „durch die Methode der

---

[700] *Wendel*, Ulbricht als Richter, S. 13.
[701] Sitzung des Sekretariats des Parteivorstandes, 28.04.1950, BArch DY J IV 2/3/104.
[702] Vgl. *Eisert*, Die Waldheimer Prozesse, S. 52.
[703] Bericht *Hentschels* auf einer Parteiversammlung vom 23.05.1950, IfGA, ZPA 2/13/431.

Arbeitsbesprechungen im Verlauf der Tätigkeit restlos abgestellt" worden - wie *Hentschel* in seinem Abschlussbericht zufrieden feststellen konnte.[704]

Im Mai 1950 wurde festgestellt, dass „als Schwäche der hohe Prozentsatz (ca. 75%) an Strafen zwischen 5 und 10 Jahren besonders hervorgehoben werden"[705] müsse. Es wurde daraufhin der Beschluss gefasst, dass „Urteile bis zu 5 Jahren nur beantragt und ausgeworfen werden dürfen, wenn hierzu ein ausdrücklicher Beschluß der Kommission vorliegt"[706]. Gleichzeitig wurde ein Richter mit sofortiger Wirkung seines Amtes enthoben, ein anderer wurde unter die ständige Kontrolle der Partei gestellt, weil er in den ersten Wochen ausnahmslos unter dem beantragten Strafmaß blieb.[707] Ein anderer Richter sollte einen Angeklagten, der während der NS-Zeit als Nachrichtensprecher beim Berliner Rundfunk gearbeitet hatte, zu einer hohen Haftstrafe verurteilen. Er weigerte sich mit der Begründung: „Wenn seine Kollegen und Vorgesetzten als Pgs (Parteigenossen - d. Verf.) heute in der DDR wieder an maßgebender Stelle tätig sind, kann man den Nicht-Pg, der an einfacherer Stelle stand, nicht gut verurteilen"[708]. Es erfolgte eine Maßregelung durch die Parteikontrollkommission und die Verurteilung des Angeklagten zu einer mehrjährigen Haftstrafe. Derartiger „Ungehorsam" musste unbedingt vermieden werden. Es erfolgten daraufhin Besprechungen, die dazu führten, dass die danach „stattgefundenen Verhandlungen auf Grund der durchgeführten Besprechung zu wesentlich besseren Ergebnissen"[709] kamen. Im gesamten Zeitraum der Prozesse waren die beteiligten Richter, Staatsanwälte und Schöffen der Überwachung ausgesetzt. Die Verschärfung des Kurses hatte auch

---

[704] Bericht der Abteilung Staatliche Verwaltung von *Paul Hentschel* an den Parteivorstand der SED vom 05.07.1950, abgedruckt in: NJ 1991, 392.
[705] Tätigkeits- und Erfahrungsbericht, 05.05.1950, abgedruckt in: *Wendel*, Ulbricht als Henker, S. 14.
[706] Tätigkeits- und Erfahrungsbericht, 05.05.1950, abgedruckt in: *Wendel*, Ulbricht als Henker, S. 15.
[707] Vgl. *Eisert*, Die Waldheimer Prozesse, S. 148.
[708] Verfügung des Richters *Dittberner*, SAPMO-BArch DY 30 IV 2/ 13/ 432.
[709] Tätigkeits- und Erfahrungsbericht, 05.05.1950, abgedruckt in: *Wendel*, Ulbricht als Henker, S. 15.

Auswirkungen auf die Angeklagten. Als „besondere Verbesserung der Kleinen und Großen Strafkammern“[710] wurde festgestellt, dass Strafen unter 10 Jahren nach dem 09.05.1950 nicht mehr verhängt worden seien. Im Zeitraum vom 04.05.1950 bis 11.05.1950 wurden im Akkord 599 Verhandlungen geführt, wobei folgende Strafen verhängt wurden[711]:

- die Todesstrafe: 6mal
- die lebenslange Haftstrafe: 30mal
- 15 bis 25 Jahre: 211mal
- 10 bis 14 Jahre: 156mal
- 5 bis 9 Jahre: 159mal
- unter 5 Jahren: 6mal
- in 31 Fällen wurde vertagt.

Weitere sechs Tage später konnte man eine „weitere Steigerung“[712] verzeichnen: man habe nunmehr insgesamt 2.361 Anklageschriften fertig gestellt und an die Gerichte abgegeben. Das läge auch daran, dass sich „die Arbeitsgruppen im Wettbewerb“[713] befänden. Das Schicksal des Einzelnen war damit lediglich ein Mittel zum Gewinnen eines „Wettbewerbes“ geworden. Bis zum 25.05.1950 waren insgesamt 1.891 Fälle abgeurteilt worden, wobei 19mal die Todesstrafe, 98mal lebenslange Haftstrafe, 1.003mal eine Freiheitsstrafe zwischen 15 und 25 Jahren und 457mal eine Freiheitsstrafe zwischen 10 bis 15 Jahre verhängt wurde.[714] Am 24.05.1950 hatte *Fechner*, damaliger Justizminister, einer Verhandlung beigewohnt, in der es um die Verurteilung eines Gefängnisleiters ging, der an 15 Erschießungen teilgenommen haben soll. *Fechner* äußerte sich „zufriedenstel-

[710] Tätigkeits- und Erfahrungsbericht, 11.05.1950, abgedruckt in: *Wendel*, Ulbricht als Henker, S. 22.
[711] Tätigkeits- und Erfahrungsbericht, 11.05.1950, abgedruckt in: *Wendel*, Ulbricht als Henker, S. 22.
[712] Tätigkeits- und Erfahrungsbericht, 17.05.1950, abgedruckt in: *Wendel*, Ulbricht als Henker, S. 27.
[713] Tätigkeits- und Erfahrungsbericht, 17.05.1950, abgedruckt in: *Wendel*, Ulbricht als Henker, S. 27.
[714] Tätigkeits- und Erfahrungsbericht, 25.05.1950, abgedruckt in: *Wendel*, Ulbricht als Henker, S. 31.

lend (sic!) über die geleistete Arbeit", machte aber den Vorschlag, 20 Verhandlungen in einem „breiten Rahmen der Öffentlichkeit" durchzuführen und die „technischen Einzelheiten" dazu festzulegen.[715] Um diesen Schauprozessen einen rechtsstaatlichen Anstrich zu geben, wurde festgelegt, dass „unbedingt darauf zu achten" sei, „daß alle Häftlinge sauber gewaschen, rasiert und mit entsprechender Kleidung wie Schuhwerk versehen" seien, wobei „die Größe des Häftling berücksichtigt werden" müsse. Das Mittagessen sei „reichlich zu bemessen".[716] Am 17.06.1950 ergingen weitere Sicherheitsmaßnahmen zur Durchführung der Verhandlungen in erweitertem Rahmen der Öffentlichkeit, u.a. in welcher Stärke die Sicherheitskräfte anwesend sein sollten. Um die politische Bedeutung der Prozesse herauszustellen, sollten Losungen wie „Die Staatsgewalt ... dient dem Frieden und dem gesellschaftlichen Fortschritt" und „Aburteilung der Nazi- und Kriegsverbrecher bedeutet Festigung unserer antifaschistisch-demokratischen Ordnung und Kampf um den Frieden" gut sichtbar aufgehangen werden.[717]

Nach Beendigung der Verfahren in Waldheim stellte *Hentschel* zufrieden fest: „Zusammenfassend kann über das Ergebnis der Strafkammern die Feststellung getroffen werden, daß die politische Linie der Aufgabenstellung gewahrt wurde. ... Das Ergebnis der Tätigkeit in Waldheim zeigt, daß unsere staatlichen Organe befähigt sind, auch auf diesem Gebiet die Grundlinie der Politik unserer Partei durchzusetzen."[718] Und damit endete die Tragödie mit[719]:

---

[715] Tätigkeits- und Erfahrungsbericht, 25.05.1950, abgedruckt in: *Wendel*, Ulbricht als Henker, S. 31.
[716] Tätigkeits- und Erfahrungsbericht, 16.06.1950, abgedruckt in: *Wendel*, Ulbricht als Henker, S. 34.
[717] Tätigkeits- und Erfahrungsbericht, 17.06.1950, abgedruckt in: *Wendel*, Ulbricht als Henker, S. 40.
[718] Bericht der Abteilung Staatliche Verwaltung von *Paul Hentschel* an den Parteivorstand der SED vom 05.07.1950, abgedruckt in: NJ 1991, 392.
[719] Bericht der Abteilung Staatliche Verwaltung von *Paul Hentschel* an den Parteivorstand der SED vom 05.07.1950, abgedruckt in: NJ 1991, 392.

- 32 Todesurteilen, von denen zunächst 31 rechtskräftig wurden, später begnadigte man weitere 5 Verurteilte,
- 146 Verurteilungen zu lebenslanger Haft,
- 1.829 Verurteilungen zwischen 15 und 25 Jahren,
- 916 Verurteilungen zwischen 10 und 14 Jahren,
- 317 Verurteilungen zwischen 5 und 9 Jahren,
- lediglich 14 Verurteilungen bis zu 4 Jahren
- 84 Vertagungen.[720]

bbb) Waldheim und rechtsstaatliche Grundsätze

Die Waldheimer Prozesse entsprachen in keiner Hinsicht rechtsstaatlichen Grundsätzen; waren aber auch nach dem DDR-Recht nicht zu rechtfertigen. Die Gerichte selbst hatten den Charakter von Sondergerichten, weil sie außerhalb einer ordentlichen Gerichtsbarkeit standen, obwohl dies gemäß Art. 134 Satz 2 VerfDDR nicht erlaubt war. Auf den Gedanken, die Verfahren vor die Strafkammern der Landgerichte zu legen, kam man wohl gar nicht oder man hatte ihn deshalb verworfen, um den Sowjets eine einheitliche und schnelle Aburteilung darzubieten. Hätte man die Verfahren vor verschiedenen Gerichten durchgeführt, wäre eine flächendeckende Anleitung und Kontrolle nur schwer möglich gewesen, was zu einer nicht nur unerheblichen Anzahl von Einstellungen und Freisprüchen geführt hätte.[721]

So wurde aber auch durch den Einfluss der Partei- und Staatsführung - direkt oder indirekt durch ihren politischen Berater - der Richter in seinem verfassungsrechtlich festgeschriebenen Recht auf Unabhängigkeit verletzt. Richtern und Staatsanwälten wurde von vornherein klargemacht, was von ihnen erwartet wur-

[720] Die Zahlen schwanken auch hier, vgl. *Otto*, Die Waldheimer Prozesse, S. 17 ff.
[721] Vgl. auch *Otto*, Die Waldheimer Prozesse, S. 13.

de: die Aburteilung *aller* als Verbrecher. Die Möglichkeit, dass sich bei einem Teil der Angeklagten ein Freispruch ergeben könnte, wurde nicht Erwägung gezogen, da die Untersuchungsorgane der Besatzungsmacht bereits festgestellt hätten, dass es sich um Verbrecher handeln würde.[722] Sollte keine persönliche Schuld festzustellen sein, müsse der Richter „unbedingt die Kollektivschuld“[723] heranziehen. Eine „politische Schwäche der Kammern“ entstand immer dann, wenn eine „für die formaljuristische Urteilsfindung erforderliche lückenlose Beweisführung“[724] fehle. Die Verurteilung basierte daher zum Teil nicht auf dem Nachweis individueller Schuld, sondern allein auf der durch die NS-Zeit entstandenen Kollektivschuld.

Die in Art. 133 VerfDDR garantierte Öffentlichkeit der Verhandlung war in den meisten Prozessen gar nicht zugelassen, in den Fällen, in denen sie zugelassen war, waren es ausschließlich ausgewählte Zuhörer, z.B. FDGB-Betriebsdelegationen[725]. Bei der großen Zahl der zu Verurteilenden sei es auch gar nicht möglich gewesen, alle Verfahren in erweiterter Öffentlichkeit durchzuführen, denn es bestehe das Bedürfnis, mit den Verfahren gegen die Kriegs- und Naziverbrecher zu einem baldigen Abschluss zu kommen.[726] Es war nicht nur die Vielzahl an Verfahren, die in kürzester Zeit abgeschlossen werden sollten. Es war vielmehr die Tatsache, dass viele der Angeklagten aufgrund der schwachen Beweislage gar nicht hätten verurteilt werden dürfen. Und um Protesten und Beschwerden entgegenzuwirken, ließ man eine „Öffentlichkeit“ nur zu, wenn die Beweislage zu einer Verurteilung ausreichte.

---

[722] Vgl. BG Dresden, Urteil vom 28.10.1991 - BSK (1) 231/91, NJ 1992, 69.
[723] Untersuchungsorgan Waldheim, 12.04.1950, BArch DO 1/11/1589, Bl. 20.
[724] SED-Hausmitteilung, 19.05.1950, BArch DY 30 IV 2/13/432.
[725] *Redaktion der NJ*, NJ 1991, 393.
[726] *Heinze*, NJ 1950, 250.

Die Angeklagten hatten kein Recht auf einen Verteidiger, es sei denn, der Angeklagte hatte mit einem Todesurteil zu rechnen.[727] In einer vertraulichen Niederschrift wurde unter der Überschrift *Verteidiger* vermerkt: „Außer *Böhme*[728] sind alle der Meinung, dass nur 1 Staatsanwalt als Pflichtverteidiger auftreten kann, in keinem Falle ein Wahlverteidiger"[729]. Aber auch wenn man als Angeklagter die Todesstrafe zu erwarten hatte, konnte man sich nicht sicher sein, dass man einen Verteidiger bekam.[730] Entlastungszeugen oder anderes entlastendes Material wurden nicht ermittelt und waren auch nicht zugelassen worden, weil es in der Regel „für die Entscheidung ohne Bedeutung" sei. So basierten die Anklagen zum größten Teil auf dem vom Beschuldigten geschilderten Sachverhalt mit dem Hinweis: „Gründe, die zu seinen Gunsten wirken, liegen nicht vor." Das entsprach vielfach nicht den Tatsachen. Ein Angeklagter gab an, er habe die ihm vorgeworfenen Taten gar nicht begangen, obwohl er sich dessen am Stammtisch „gerühmt" habe. Dies habe er aber nur wegen seines schlechten Selbstbewusstseins getan, dies könne er anhand von zwei Zeugen auch beweisen.[731]

Intern wurden die Richter angewiesen, Entlastendes bei der Entscheidung nicht zu berücksichtigen, da sonst „eine grosse (sic!) Anzahl Freisprüche herauskämen (sic!)"[732]. Es „dürfe keine Rücksicht genommen werden, welches Material vorhanden"[733] sei. Wichtig war allein die schnelle und unbürokratische Aburteilung der Inhaftierten.

---

[727] Tätigkeits- und Erfahrungsbericht, 17.05.1950, abgedruckt in: *Wendel*, Ulbricht als Henker, S. 27.
[728] Gemeint ist *Böhme*, Hauptabteilungsleiter vom Ministerium der Justiz der DDR.
[729] Niederschrift über die Besprechung beim Landesstaatsanwalt in Dresden am 17.03.1952 betreffend Durchführung der restlichen G-Verfahren, 18.03.1952, SAPMO-BArch DY 30 IV 2/ 13/427. Was *Böhme* meinte, bleibt jedoch unklar.
[730] Vgl. *Otto*, Die Waldheimer Prozesse, S. 14.
[731] *Eisert*, Die Waldheimer Prozesse, S. 90f.
[732] Niederschrift über die Besprechung beim Landesstaatsanwalt in Dresden am 17.03.1952 betreffend Durchführung der restlichen G-Verfahren, 18.03.1952, SAPMO-BArch DY 30 IV 2/ 13/427.
[733] Untersuchungsorgan Waldheim, 28.04.1950, BArch DO 1/11/1589, Bl. 21.

ccc) Waldheim im Lichte der strafrechtlichen Aufarbeitung

Inwieweit man nun die Vorgänge in Waldheim als „juristischen Exzeß“[734] oder als „Grundmodell für die folgenden Jahrzehnte politischer Justiz“[735] betrachten will, soll nicht Gegenstand dieser Arbeit sein. Fest steht allerdings, dass diese Art der gerichtlichen Verfolgung auch deshalb möglich war, weil die sowjetische Besatzungsmacht - statt dies zu unterbinden - diese Vorgehensweise nicht nur billigte, sondern auch verlangte, weil sie sie zum Teil selbst praktizierte. Die Abkehr von der individuellen Schuld hin zur Kollektivschuld war wohl auch dem Wunsch geschuldet, die NS-Vergangenheit hinter sich lassen zu können und gleichberechtigter Partner innerhalb einer kommunistischen Weltherrschaft zu werden. Der „Antifaschismus“ war daher nicht nur ein von den Sowjets oktroyertes System, sondern inneres Bedürfnis eines von Kommunisten geführten Staates. *Fechner* erklärte den Richtern und Staatsanwälten in Waldheim, dass sie den Schlussstrich unter die Schande setzen müssten, die der Welt durch das deutsche Volk widerfahren sei.[736] Inwieweit die in Waldheim durchgeführten Prozesse eine ähnliche bedeutende Rolle wie die Nürnberger Prozesse spielen sollten, bleibt ungeklärt.[737] Aber selbst wenn man den Versuch unternommen haben sollte, diesen Prozessen die gleiche Bedeutung wie den Nürnberger Prozessen zu geben oder als Beleg für einen konsequenten Antifaschismus und als Legitimation deutscher Justiz zu nutzen, war er zum Scheitern verurteilt. Zum einen, weil es in Waldheim zu viele gab, die weder zur Spitze des Nationalsozialismus gehörten noch strafrechtlich relevante Handlungen begangen hatten. Andererseits konnten wirkliche Naziverbrecher in die Märtyrerrolle schlüpfen, weil das in Waldheim begangene Unrecht allzu leicht auf alle Verurteilten projiziert wurde.

---

[734] *Otto*, Die Waldheimer Prozesse, S. 12.
[735] *Werkentin*, Die Waldheimer „Prozesse“, in *Haase/Pampel* (Hrsg.), Die Waldheimer „Prozesse“, S. 26.
[736] Vgl. *Otto*, NJ 1991, 358.
[737] Vgl. *Eisert*, Die Waldheimer Prozesse, S. 310.

Außerdem wollte man die Besatzungsmacht durch milde Urteile nicht brüskieren. Es war demnach von Anfang an notwendig, viele Details geheim zu halten. Ein neues Unrecht brachte ein neues Tabu.[738] Dazu kam, dass man von vornherein mit einer solchen Eile an die Aburteilung ging, die eine Prüfung der individuellen Verantwortlichkeit schon zeitlich gänzlich unmöglich machte. Damit wurden Schuldige und Unschuldige auf eine Stufe gestellt. Obwohl man mit den Waldheimer Prozessen ein Exempel statuieren wollte, hatte man doch sehr schnell erkannt, dass sie sich dazu nicht eigneten. Nicht nur zahlreiche Beschwerden, Gnadengesuche, gute Leumunde, sondern auch die Einmischung von Funktionären, wie die von Dr. *Brandt, Dieckmann* und *Nuschke*, zeigten die Anfälligkeit nicht nur der Justiz, sondern auch des Systems. Man versuchte daher, dieses Kapitel deutscher Justizgeschichte so schnell wie möglich zu beenden und zu verheimlichen. Daher kann man bei der wissenschaftlichen Betrachtung der Ereignisse in Waldheim nur zu dem Ergebnis kommen, dass das Vorgehen weder rechtsstaatlichen, noch sozialistischen Grundsätzen entsprach und daher in jeder Hinsicht Unrecht darstellte.

ee) Prozesse gegen Jugendliche in den fünfziger Jahren

Neben den „Waldheimer Prozessen“ sind es vor allem die Schauprozesse gegen Jugendliche, die in der juristischen und geschichtlichen Aufarbeitung Aufmerksamkeit erregen. So ist der Prozess gegen die „Werdauer Oberschüler“ 1951 ein Beispiel dafür, wie sehr die politische Führung die engagierten und dem Sozialismus an sich nicht abgeneigten Oberschüler als Bedrohung wahrnahm. Im Oktober 1951 standen 17 junge Menschen im Alter von 16 bis 19 Jahren vor Gericht, weil sie immer wieder Plakate geklebt und Flugblätter verteilt hatten, um auf die Missstände, insbesondere auf die fehlende Meinungsfreiheit und den

[738] *Leo*, Waldheimer Prozesse, in: *Haase/Pampel* (Hrsg.), Die Waldheimer „Prozesse“, S. 52; vgl. auch *Wieland*, NJ 1991, 51.

Wahlbetrug, hinzuweisen. Der Ablauf des Prozesses war dem von Waldheim ähnlich: es wurden keine Zeugenaussagen und keine Öffentlichkeit zugelassen, die Prozesse dauerten nicht lange, die Strafen waren drastisch - auch wenn eine Todesstrafe nicht verhängt wurde. Zwar hatte man jeweils vier Angeklagten einen Pflichtverteidiger zugeordnet, aber dadurch, dass sie diesen erst am Hauptverhandlungs- und Verkündungstermin kennen lernten, war eine wirksame Verteidigung nicht möglich. Ansonsten war über diese Prozesse eine absolute Nachrichtensperre verhängt worden - nach Waldheim war man sich wohl der brisanten Situation bewusst geworden, die derartige Prozesse mit sich bringen konnten. Doch dies verhinderte nicht, dass in einer Westberliner Zeitung auf die Werdauer Prozesse aufmerksam gemacht wurde und *Grotewohl* - nicht um die Vorgänge in Werdau wissend - in aller Eile vergeblich versuchte, die Durchführung des Prozesses zu verhindern. Nach dieser „Panne“ legte die SED-Führung 1952 fest, dass es gegen Jugendliche keine solchen Urteile mehr geben solle, auch nicht in politischen Strafsachen: „Um in Zukunft derartigen politisch schädlichen Auswirkungen, die die Durchführung solcher Prozesse in einem falschen Zeitpunkt mit sich bringt, entgegen zu wirken, hat das Sekretariat des ZK beschlossen, daß alle Urteile, in denen mehr als 10 Jahre Freiheitsstrafe vorgesehen sind, einer Kommission zur Beschlußfassung vorzulegen sind.“[739]

Ein anderer Fall von Jugendwiderstand ist der Fall des „Eisenberger Kreises“, der wohl am längsten aktiv war. Ausgangspunkt war 1952 die Oberschule in Eisenberg. Auch die Gründer des Eisenberger Widerstandskreises waren - wie die Werdauer Oberschüler - in der Regel Mitglieder der Staatsjugend und bekleideten dort zum Teil wichtige Ämter. Die Gruppe führte zunächst Diskussionsrunden durch, um sich politisch zu orientieren. Später begannen sie dutzende

[739] Vgl. ausführlich dazu *Beyer*, DeutschlandArchiv 1998, 93.

Plakate zu kleben, vor allem im Zuge der Volkskammerwahlen im Oktober 1954. Danach folgten zunächst kleinere Aktionen, wie der versuchte Diebstahl von Feuerwaffen aus einem Museum und das Verteilen von Flugblättern etc. Die Aktivitäten verlagerten sich nach Beendigung der Schule in die Universitätsstadt Jena, in die ein Teil der „Eisenberger" wegen ihres Studiums gegangen war. Hier konnte man weitere Gleichgesinnte finden, politische Probleme und Konflikte diskutieren und weitere Aktivitäten planen. Als es um die Bildung der Nationalen Volksarmee und um die Remilitarisierung der DDR ging, beschlossen die Mitglieder, ein Zeichen zu setzen. Im Januar 1956 verübten sie einen Brandanschlag gegen den Schießstand der Gesellschaft für Sport und Technik (GST). Im Mai 1957 geriet die Gruppe unter die Beobachtung des MfS, nachdem ein geheimer Informant von der „Untergrundbewegung der Universität Jena" erfahren hatte. Die sich daran anschließende Beobachtung führte letztlich im Februar 1958 zu einer Verhaftungswelle, in deren Zuge 24 Mitglieder verhaftet wurden. Diese Vorfälle wurden an der Jenaer Universität - wie oft in Fällen des Jugendwiderstandes - propagandistisch nicht genutzt. Von der Verhaftung erfuhren die meisten Studenten nichts. Im September 1958 begann die Serie von insgesamt vier großen Strafprozessen. Die drei Hauptangeklagten, *Thomas Ammer*, *Peter Herrmann* und *Johann Frömel* - später durch die Bundesrepublik freigekauft - erhielten wegen Verbrechens nach § 13 StEG Haftstrafen von 15 bzw. 14 Jahren, die anderen zwischen 1 Jahr sechs Monaten und 8 Jahren.[740]

Andere, weniger spektakuläre Fälle, wie die des Leipziger Studenten, der als „Rädelsführer" einer zehnköpfigen Widerstandsgruppe zum Tode verurteilt und im April 1951 hingerichtet wurde, oder die der *Tocha-Blume-Schulz*-Gruppe, die während der Weltjugendfestspiele 1951 in Ostberlin aktiv geworden war und

---

[740] Vgl. ausführlich dazu zur *Mühlen*, Der „Eisenberger Kreis", S. 18 ff.

deren Mitglieder später mehrjährige Haftstrafen erhielten[741], sind auch heute noch weitgehend unbekannt. Gleiches gilt für den „Widerstandskreis“ um *Elisabeth Graul*, dessen Mitglieder 1952 gemäß Art. 6 VerfDDR zu mehrjährigen Haftstrafe verurteilt wurden. Die drei Hauptangeklagten *Karl-Heinz Fischer*, *Ulrich Höfer* und *Herbert Schulz* erhielten eine lebenslange Zuchthausstrafe, *Elisabeth Graul* und zwei weitere Angeklagte jeweils 15 Jahre Zuchthaus. Sie stellten sich gegen die Volkswahlen, als sie am 16.10.1950 in Westberlin eine Pressekonferenz veranstalteten und über Manipulationen sprachen. Sie hatten im Vorfeld und auch danach Plakate geklebt und Flugblätter verteilt. Darüber hinaus pflegten sie den Kontakt zu verschiedenen westberliner Einrichtungen, führten politische Diskussionen, gründeten den Bund Deutscher Jugend und suchten Gleichgesinnte. Als den insgesamt zwölf Angeklagten der Prozess gemacht wurde, führte *Benjamin* den Vorsitz. Sie attackierte die Angeklagten mehrfach, entstellte den Sachverhalt, ließ die Pflichtverteidiger wie Marionetten erscheinen und bezeichnete die Handlungen der Angeklagten als „schlimmer als Mord“.[742]

Abschnitt III: Die Strafrechtsprechung in der DDR bis zum Strafrechtsänderungsgesetz vom 11.12.1957

1. Einleitung

Die im Jahr 1949 in Kraft getretene Verfassung der DDR erklärte die Macht der Arbeiter und Bauern, die ihre Grundlage im Volkseigentum an den wichtigsten Produktionsmitteln hatte, für unantastbar und verwies auf die Grundrechte der Bürger. Gleichzeitig galt es, die Staatsmacht zum Hauptinstrument des sozialistischen Aufbaus zu entwickeln, was die Herausbildung eines sozialistischen

[741] Vgl. zur *Mühlen*, Der „Eisenberger Kreis“, S. 180.
[742] Siehe ausführlich *Graul*, Die Farce.

Rechts beinhaltete. Dieses Recht sollte als unabdingbares, wesensmäßig integriertes Element der Diktatur des Proletariats, als notwendiger Hebel der Machtausübung und -entfaltung des von der Arbeiterklasse und ihrer Partei geführten und im sozialistischen Staat sich selbst organisierenden werktätigen Volkes wirken[743], wobei selbst über den Begriff der Diktatur nicht ganz Einigkeit herrschte.[744] *Lenin* sah in der Diktatur eine unbeschränkte, außergesetzliche, sich auf Gewalt in direktem Sinne des Wortes stützende Macht. Für *Stalin* war die Diktatur des Proletariats die durch kein Gesetz beschränkte und sich auf Gewalt stützende Herrschaft des Proletariats über die Bourgeoisie - eine Herrschaft, die die Sympathien und die Unterstützung der werktätigen und ausgebeuteten Massen besitze und damit zur Demokratie der ausgebeuteten Mehrheit werde.[745]

Die Zerschlagung des Nationalsozialismus und dessen Ideologie und die Schaffung einer sozialistischen Rechtsordnung gingen jedoch nicht reibungslos vonstatten. In den ersten Jahren des Bestehens der Deutschen Demokratischen Republik mussten sich die Gerichte daher wiederholt mit Verbrechen gegen die staatliche Ordnung, Wirtschaftsverbrechen, insbesondere der Beschaffungskriminalität, und anderen Delikten auseinandersetzen. In dieser Reihenfolge erfolgte auch die Gewichtung, da man mit *Marx* davon ausging, dass die untergehende Klasse (Bourgeoisie) mit allen Mittel versuchen würde, ihre Herrschaft wieder herzustellen. Darin sah man eine ernste Gefahr für den Aufbau einer neuen, sozialistischen Ordnung nach sowjetischem Vorbild.

---

743 *Arlt*, StuR 1969, 1419 (1421).

744 *Schleifstein*, Einführung in das Studium von Marx, Engels und Lenin, S. 89 betont, bei dem Begriff der Diktatur handle es sich lediglich um ein Synonym für politische Herrschaft, jedoch nicht etwa im Sinne des Fehlens demokratischer Rechte und Einrichtungen.

745 Siehe *Heuer/Lieberam*, Rechtsverständnis in der DDR, in: *Heuer* (Hrsg.), Die Rechtsordnung der DDR, S. 49.

2. Die rechtsgeschichtliche Entwicklung in der DDR bis 1957

a) Festigung der Macht durch Abwehr und Schutz

Nach Gründung der DDR, der Bildung einer Einheitspartei und dem beginnenden Aufbau von wirtschaftlichen und politischen Strukturen ging man dazu über, diese Errungenschaften wirksam schützen zu wollen. Es wurden verschiedene Gesetze verabschiedet, die feindliche Tätigkeiten bestrafen und zugleich eine abschreckende Wirkung erzielen sollten. Gleichzeitig begann aber auch der Kampf gegen Genossen aus den „eigenen Reihen“[746]. Die fast panische Angst vor Untergrabung und Zersetzung der politischen Maximen leitete Ende der 40er bzw. Anfang der 50er Jahre eine Politik der Säuberung von partei- und sowjetfeindlichen Mitgliedern ein, die nach sowjetischem Muster ablief, auch wenn die Vorgehensweise in ihrer Härte nicht mit den Säuberungsaktionen unter *Stalin* vergleichbar ist. Die Losung lautete: „Um den Sieg zu erreichen, muß man vor allen Dingen die Partei der Arbeiterklasse, ihren führenden Stab, ihre vorgeschobene Festung von Kapitulanten, von Deserteuren, von Streikbrechern und von Verrätern säubern!“[747] „Wer gegen die Einheit und Reinheit der Partei verstößt, ihre Beschlüsse nicht erfüllt, die innerparteiliche Demokratie nicht achtet, seine Mitgliedschaft und ihm übertragene Funktionen mißbraucht, im persönlichen Leben sich eines Parteimitgliedes nicht würdig zeigt, die Parteidisziplin verletzt, ist von der Grundorganisation oder einem höheren Parteiorgan zur Verantwortung zu ziehen.“[748]

---

[746] Siehe dazu ausführlicher *Weinke*, Die Instrumentalisierung von Staatssicherheit und Justiz für die Zwecke der innerparteilichen Säuberungen 1949-1954, in: *Timmermann* (Hrsg.); Die DDR-Politik und Ideologie als Instrument, S. 507 ff.

[747] Aussage Oberst *Kusminow*, siehe *Klein*, „Für die Reinheit und Einheit der Partei“, S. 98.

[748] *Klein*, „Für die Reinheit und Einheit der Partei“, S. 98.

Schon 1948 war auf der 13. Tagung des Parteivorstandes daher beschlossen worden, Parteikontrollkommissionen (PKK) einzurichten, um die Partei von „feindlichen und entarteten Elementen" zu „säubern" und somit Parteimitglieder noch wirksamer kontrollieren und gegebenenfalls bestrafen zu können. Offiziell hatten diese PKK die Aufgabe, den Kampf gegen die im Auftrag ausländischer Kräfte tätigen feindlichen Agenten zu führen sowie alle Erscheinungen von Korruption, Missbrauch von Parteifunktionen und Karrierismus zu bekämpfen.[749] Damit begann eine landesweite Überprüfung, in deren Zuge viele ehemalige Sozialdemokraten, Anhänger kommunistischer und trotzkistischer Ideen den partei- und machtpolitischen Bestrebungen zum Opfer fielen. In einer Richtlinie zur Parteiüberprüfung vom November 1950 wurde darauf hingewiesen, dass ehemalige Angehörige parteifeindlicher Gruppierungen, die ihre Fehler nicht vorbehaltlos und ehrlich selbstkritisch anerkannt hätten als Parteifeinde auszuschließen seien.[750] Doch auch wer als Anhänger einer als parteifeindlich geltenden Gruppierung öffentlich und selbstkritisch seiner Anhängerschaft abschwor, galt als verdächtig. So wurde z.B. der Innenministers des Landes Sachsens, *Robert Siewert*, wegen seiner KPO-Vergangenheit seines Amtes enthoben, obwohl er in einem Artikel seinen „Verrat an der Arbeiterklasse" zugegeben hatte. Diese Selbstkritik wurde indes als unzureichend abgelehnt und vielmehr als Vortäuschung einer Parteiverbundenheit verstanden.[751]

Nach Partei-Angaben sollen 1950/51 ca. 150.000 Mitglieder aus der SED ausgeschlossen worden sein. Während die Regierung den Kampf gegen den Feind immer entschlossener gegen die eigenen Genossen führte, wurden von den

---

[749] Entschließung der 13. Tagung des Parteivorstandes vom 15./16. September 1948, BArchiv DY 30 IV 2/4/8 - Microfiche; siehe auch *Sächsisches Staatsministerium* (Hrsg.), Sächsische Justizgeschichte, S. 34.
[750] *Klein*, Die Parteikontrolle, in: *Lemke* (Hrsg.), Sowjetisierung und Eigenständigkeit, S. 155.
[751] *Klein*, Die Parteikontrolle, in: *Lemke* (Hrsg.), Sowjetisierung und Eigenständigkeit, S. 155f.

108.675 ehemaligen NSDAP-Mitgliedern, die in die SED eingetreten waren, lediglich 5.014 aus der SED entfernt. Die „Reinigung" der Partei ging daher überwiegend zum Nachteil der Sozialdemokraten bzw. oppositioneller Kommunisten.[752] Einem Richter wurde vorgeworfen, er habe die Position des Sozialdemokratismus bezogen und dies würde ihn daran hindern, an alle Fragen des Lebens vom Klassenstandpunkt heranzugehen.[753]

Bei der Durchführung von Parteiverfahren sollte das Prinzip der Erziehung zu einem höheren Grad des Parteibewusstseins und der Parteidisziplin im Vordergrund stehen. Doch in vielen Fällen kam die „Erziehung" einer „Vernichtung" gleich, da nicht nur der Ausschluss aus der Partei drohte, sondern auch die Verhaftung und Verurteilung. Daher versuchten einige in Misskredit geratene Genossen, sich durch Selbstkritik wieder auf den richtigen politischen Weg zu begeben und auf Nachsichtigkeit der Führung zu hoffen. Wer keine Selbstkritik üben könne, sondern sich vielmehr persönlich verletzt fühle, neige zu kleinbürgerlicher Überheblichkeit und habe ein falsches Verhältnis zur Partei.[754] Nachdem die Entnazifizierung abgeschlossen war, begann man darüber hinaus, unbelastete, aber „bürgerliche" Juristen durch sozialistisch geschultes Personal zu ersetzen.[755] Damit konnte gewährleistet werden, dass die Justiz ein wirksames Mittel zur Durchsetzung des sozialistischen Aufbaus werden würde, und gleichzeitig wurde der durch die bürgerliche Rechtsentwicklung entstandene „Standesdünkel" bzw. das „Elitedenken" aufgehoben. *Drath*[756] stellt allgemein fest, dass der Verbrauch an Menschen, selbst den linientreuesten, groß war. Ein ganzes,

---

[752] Siehe *Sächsisches Staatsministerium* (Hrsg.), Sächsische Justizgeschichte, S. 39, mit weiteren Ausführungen.
[753] Pressekritik zur Entscheidung eines Parteirichters von *Wolfgang Nordam*, 10.10.1953, abgedruckt in: *International Commission of Jurits* (Hrsg.), Recht in Fesseln, S. 135.
[754] Über die Durchführung von Parteiverfahren, BArchiv DY 30 IV 2/4/8 - Microfiche.
[755] *Ahbe*, DeutschlandArchiv 2003, 194.
[756] *Drath*, Verfassungsrecht und Verfassungswirklichkeit in der sowjetischen Besatzungszone, S. 33.

nicht geplantes, aber exerziertes System der Ausbootung, Kaltstellung oder Abschiebung bis schließlich zur Entlassung, unter Umständen sogar Verhaftung, entwickelte sich, zumal immer mehr neue Leute von unten nach oben drängten.

Hauptaugenmerk legte die SED auch auf die (zumeist Evangelische) Kirche, die mit fast 15 Mio. Christen im Jahre 1950 als eine starke Gefährdung der Macht angesehen wurde. Ihr Ziel war es, die Kirchen „als gesellschaftlich wirksame Faktoren zu liquidieren und auf den Status reiner Kultkirchen herabzudrücken"[757]. Eine Verhaftungs- und Verurteilungswelle kirchlicher Würdenträger erregte in der Bevölkerung Unmut. In den Monaten Februar bis Mai 1953 wurden die Studentenpfarrer aus Halle und Potsdam, ein Vikar aus Halle und einer aus Schlabendorf/Mark, die Diakone aus Leipzig und Rostock, der Oberkonsistorialrat aus Potsdam verhaftet und z.T. abgeurteilt.[758] Von Januar bis Mai soll das Ministerium für Staatsicherheit viele christliche Jugendliche und über 70 Theologen verhaftet haben; viele flohen danach in den Westen.[759]

b) Der Tod Stalins

Als *Stalin* am 05.03.1953 starb, hinterließ er ein Land, das wegen seines feudalistischen Erbes den Anschluss an den westeuropäischen Standard gar nicht erst erreicht hatte und wo Macht und Korruption einander bedingten. Mitglieder der Geheimpolizei, der Armee und des Parteiapparates - alle wollten an die Macht. *Stalins* Sekretariat und führende Präsidiumsmitglieder handelten zuerst und ließen einige Dutzend enge Vertraute *Stalins* exekutieren, u.a. General *Poskrebyschew.*[760]

---

[757] *Maser*, Kirchen und Kirchenpolitik, in: *Eppelmann* (Hrsg.), Lexikon des DDR-Sozialismus, S. 331.
[758] Siehe Im Namen des Volkes?, Katalog, S. 80, Tafel 16; siehe dazu auch die Dauerausstellung des Zeitgeschichtlichen Forums in Leipzig.
[759] *Weber*, Geschichte der DDR, S. 159.
[760] *Paloczi-Horvath*, Chruschtschow, S. 143f.

Der Tod *Stalins* verursachte aber nicht nur in der Sowjetunion, sondern auch im ersten deutschen sozialistischen Staat einen großen Einschnitt im Aufbau und der Entwicklung. In Moskau kam es zu Machtkämpfen, in denen sich vor allem *Berija*[761] durchzusetzen versuchte, indem er nicht nur den Kult um *Stalin*, sondern auch dessen Deutschlandpolitik auf das Heftigste kritisierte. Er schien sich der Gefahren bewusst zu sein, die der DDR-Regierung aufgrund der wachsenden innerpolitischen Schwierigkeiten drohten. Seine Bestrebungen, den forcierten Kurs aufzugeben, hatten den Anschein erweckt, als wollte sich *Berija* aus der aktiven Deutschlandpolitik zurückziehen bzw. die westliche „sowjetische Außenstelle" an die anderen Westmächte verkaufen.[762] Er empfand das in der DDR bestehende System als „Besatzungssozialismus" und strebte ein neutrales, vereinigtes, von einer Koalitionsregierung gelenktes Deutschland an.[763]

Zunächst aber musste er sich ein Bild von der wirtschaftlichen Lage in der DDR machen. Im Mai 1953 legte daher die SKK-Führung[764] ein Memorandum „An das Präsidium des ZK der KPdSU" vor, in dem festgestellt wurde, dass allein im ersten Quartal des Jahres 1953 ca. 320.000 Menschen die DDR verlassen hätten.[765] *Schirdewan*[766] spricht lediglich von über 120.000 Personen, die während der ersten vier Monate des Jahres 1953 die DDR verlassen hätten. Darunter seien 8.000 Männer der kasernierten Polizei, 2.718 Mitglieder und Kandidaten der SED und 2.610 Mitglieder der FDJ gewesen. Insgesamt sollen im Zeitraum von

---

[761] *Lawrenti Pawlowitsch Berija* machte Parteikarriere unter *Stalin*, ab 1938 Leiter des NKWD (Narodnyi Komissariat Wnutrennych Del - Volkskommissariat für Inneres), das an politischen „Säuberungsaktionen" maßgeblich beteiligt war und die *Berija* später zu seinem persönlichen Machtapparat ausbauen konnte.

[762] *Wettig*, DeutschlandArchiv 1999, 644.

[763] *Meissner*, Die sowjetische Deutschlandpolitik unter Chruschtschow, in: *Meissner/Eisfeld* (Hrsg.), 50 Jahre sowjetische und russische Deutschlandpolitik, S. 59.

[764] SKK = Sowjetische Kontrollkommission, Nachfolger des SSD = Sowjetischer Sicherheitsdienst.

[765] *Scherstjanoi*, DeutschlandArchiv 1998, S. 907 (917).

[766] *Schirdewan*, Aufstand gegen Ulbricht, S. 172.

1949 bis 1955 ca. 1,4 Mio. Menschen die DDR verlassen haben.[767] Aus einem vertraulichen Dokument ist ersichtlich, dass vom 11.10.1952 bis zum 31.03.1953 insgesamt 394 Bauern aus dem Bezirk Potsdam republikflüchtig geworden waren, wobei allein im März 1953 122 Bauern flohen.[768]

Als Grund für diese Massenflucht gab man die Beeinflussung der Bevölkerung durch den „Klassenfeind" an, wie z.B. die Kirche, den RIAS, Sollrückstände in der Ablieferung von pflanzlichen und tierischen Produkten oder starke verwandtschaftliche Bindungen in die Bundesrepublik bzw. Westberlin.[769] Allerdings wurden Fehler bei der Arbeit verschiedener Ministerien eingeräumt. So sei die Liquidierung kapitalistischer Strukturen ohne die erforderliche politische und ökonomische Vorbereitung durchgeführt worden, auch sei es in vielen Fällen der Strafverfolgung zu ungerechtfertigten Verhaftungen und Verurteilungen gekommen.[770] Anfang Juni 1953 tagte die sowjetische Führung mit Vertretern der Regierung der DDR, um die Situation in der DDR zu analysieren. Man kam dabei zu dem Ergebnis, dass infolge der Durchführung einer fehlerhaften politischen Linie in der DDR eine äußerst unbefriedigende politische und wirtschaftliche Lage entstanden sei. Als Hauptursache der entstandenen Lage sei zu erkennen, dass gemäß den Beschlüssen der II. Parteikonferenz der SED vom Juli 1952[771] fälschlicherweise der Kurs auf einen beschleunigten Aufbau des Sozialismus in Ostdeutschland genommen worden sei, ohne Vorhandensein der dafür notwendigen realen sowohl innen- als auch außenpolitischen Voraussetzungen.

---

767 *Weber*, Geschichte der DDR, S. 151.

768 Schreiben der SED-Bezirksleitung Potsdam an das ZK der SED, z.H. Walter Ulbricht, über die „Republikflucht von werktätigen Bauern" vom 02.04.1953, BLHA, Rep. 530, Sign. 1009, Bl. 76.

769 Schreiben der SED-Bezirksleitung Potsdam an das ZK der SED, aaO., Bl. 76.

770 *Scherstjanoi*, DeutschlandArchiv 1998, 907 (917).

771 Vor 1.565 Delegierten hatte *Ulbricht* dort feierlich verkündet, dass in Übereinstimmung mit den Vorschlägen aus der Arbeiterklasse, aus der werktätigen Bauernschaft und aus den anderen Kreisen der Werktätigen das Zentralkomitee der SED beschlossen habe, der II. Parteikonferenz den planmäßigen Aufbau des Sozialismus in der DDR vorzuschlagen, siehe *Weber*, Geschichte der DDR; S. 150.

Es wird daraus die Schlussfolgerung gezogen, dass unter diesen Bedingungen der Kurs auf eine Forcierung des Aufbaus des Sozialismus in der DDR für nicht richtig gehalten werden könne und daher der Aufbau des Sozialismus in der DDR aufzugeben sei.[772] Es gehe nicht darum, die Schuldfrage zu stellen, sondern den Kurs jetzt zu korrigieren, ehe es zu einer „Katastrophe“ komme.[773] Den Vertretern der Regierung wurde u.a. aufgetragen:

- das künstliche und übereilte Gründen von Landwirtschaftlichen Produktionsgenossenschaften (LPG) einzustellen und die bereits bestehenden auf ihre Lebensfähigkeit zu überprüfen und sie gegebenenfalls aufzulösen,
- die Politik der Einschränkung und der Herausdrängung des mittleren und kleineren Privatkapitals zu verwerfen,
- die Kartenversorgung mit Lebensmitteln für Privatunternehmen wiederherzustellen,
- notwendige Maßnahmen zur Sanierung und Stabilisierung des Finanzsystems zu ergreifen,
- Maßnahmen zur Stärkung der Gesetzlichkeit und Gewährung der Bürgerrechte zu treffen sowie
- das Einmischen in kirchliche Angelegenheiten zu unterbinden bzw. aufzuheben.[774]

Die Moskauer Empfehlungen waren für die Mitglieder des Politbüros, die nach Moskau entsandt worden waren, mehrdeutig und nicht nachvollziehbar. Sie konnten bedeuten, dass die Bedingungen für den Kurs geändert werden müssten oder dass ein geeintes Deutschland ohne russische Vormachtstellung angestrebt werde. Die sowjetischen Vertreter in Berlin wollten oder konnten keine Klarheit

---

[772] *Schirdewan*, Aufstand gegen Ulbricht, S. 174 ff.
[773] *Oldenburg*, DeutschlandArchiv 2003, 407.
[774] *Schirdewan*, Aufstand gegen Ulbricht, S. 174 ff.

schaffen und verhielten sich still.[775] Unsicher, wie lange die Situation in Moskau anhalten werde und wie sich die sowjetische Deutschlandpolitik entwickeln würde, verfiel die DDR-Regierung erst einmal in eine abwartende Haltung. Von den machtpolitischen Kämpfen im Kreml erfuhren die Bürger ohnehin nichts, so dass Unruhen unter der Bevölkerung nicht zu befürchten war. Am 05. Juni tagte das Politbüro in einer außerordentlichen Sitzung, bei der *Grotewohl* über die Moskauer Zusammenkunft informierte und das von den Sowjets erstellte Dokument zum Lesen ausgab. *Zaisser*, damaliger Minister für Staatssicherheit, und *Herrnstadt*, Chefredakteur des Neuen Deutschland, kamen überein, dass der neue Kurs nur dann erfolgreich wäre, wenn sich eine entscheidende Änderung in der politischen Führung ergäbe. Die Person *Ulbrichts* und sein Führungsstil gerieten immer mehr in die Kritik.[776]

Nach der Rückkehr der Delegation aus Moskau ordnete die Regierung der DDR allerdings sogleich die flächendeckende Überprüfung von Strafsachen und Urteilen an.[777] Bereits nach der ersten Woche, 15.06 bis 20.06.1953, konnte *Fechner*, damaliger Justizminister, darauf verweisen, dass

- 4.756 Strafverfahren bei den Gerichten überprüft worden seien, wobei 1.363 Strafverfahren eingestellt wurden, in denen Anklage bereits erhoben worden war,
- gegen 1.484 Personen Beschlüsse gemäß § 346 StPO (Aussetzung des Vollzuges einer Freiheitsstrafe) ergangen seien sowie
- 2.427 Haftbefehle aufgehoben und gegen 52 Personen die Aufhebung von Treuhandschaften nach § 15 WStVO angeordnet worden sei.[778]

---

[775] *Scherstjanoi*, DeutschlandArchiv 1998, 907 (923).
[776] *Oldenburg*, DeutschlandArchiv 2003, 408.
[777] Beschluss des Politbüros vom 09.06.1953 und des Ministerrates vom 11.06.1953, abgedruckt in: Im Namen des Volkes?, Katalog, S. 113, Tafel 22.7.
[778] *Fechner*, NJ 1953, 381 (383).

Aus einem Bericht *Benjamins* und *Melsheimers* für die Sitzung des Politbüros am 13.04.1954 geht hervor, dass diese Überprüfung im Zeitraum Juni bis Oktober 1953 mit folgendem Ergebnis abgeschlossen wurde:

- 8.757 schwebende Verfahren wurden eingestellt und die Betroffenen aus der Haft entlassen,
- 24.945 bereits rechtskräftig gewordene Urteile wurden überprüft, wobei durch Gerichtsbeschluss 15.096 Personen (62%) aus der Haft entlassen wurden,
- 2.542 Fälle der Vermögenseinziehung wurden einer Kommission zur Überprüfung vorgelegt.[779]

Auch bei der Politik der Enteignung und Kollektivierung der bäuerlichen Liegenschaften gab es einen kurzzeitigen Kurswechsel: Inhaftierte oder verurteilte Bauern wurden entlassen und durften ihre Bauernhöfe weiter bewirtschaften. Gegen Ende der 50er Jahre allerdings wurde der Druck auf die Privatwirtschaft wieder verstärkt und die Kollektivierung endgültig vorangetrieben. Mit Beendigung des Jahres 1960 kann das selbstständige Bauerntum als zerschlagen betrachtet werden.[780]

Zu einer weitergehenden Durchsetzung und vor allem Kontrolle bei der Erfüllung der aufgegebenen Forderung seitens der sowjetischen Parteiführung kam es jedoch nie, da *Berija* bereits im Juni 1953 wegen hetzerischer Äußerungen verhaftet und erschossen wurde.[781] Seine Hinrichtung wurde erst im Dezember glei-

---

[779] Siehe Im Namen des Volkes?, Katalog, S. 113, Tafel 22.7.

[780] Während 1952 lediglich 3,3 % der genutzten Fläche zur LPG gehörte, waren es *1953* schon 11,6%; *1954* 14,3%; *1955* 19,7%; *1956* 23,2 %; *1957* 25,2%; *1958* 37%; *1959* 45,1% und *1960* dann 84,2%, siehe Im Namen des Volkes?, Katalog, S. 81.

[781] Besonders die Deutschlandpolitik muss *Berijas* Gegnern missfallen haben. Der Vorwurf lautete später: Kapitulationspolitik gegenüber dem Imperialismus, *Wettig*, DeutschlandArchiv 1988, 63.

chen Jahres bekannt gegeben - wahrscheinlich, um Unruhen zu vermeiden.[782] *Berija* hatte den Machtkampf verloren, weil er sich nicht nur verdächtigt gemacht hatte, die alleinige Nachfolge *Stalins* antreten zu wollen,[783] sondern weil er das Ziel verfolgt habe, die DDR an die Bundesrepublik abzutreten, und zu diesem Zweck eine Reihe geheimer Aktionen durchgeführt habe.[784]

c) Der Aufstand vom 17.06.1953 und seine Auswirkungen[785]

Im gleichen Jahr erschütterte der Aufstand vom 17.06.1953 die Macht der noch jungen Regierung. Nichts hatte die Regierung wohl mehr gefürchtet als eine derartige Volkserhebung und immer versucht, alles daranzusetzen, dass es niemals soweit kommen würde. Der Tod des Diktators *Stalin* musste angesichts der bis dahin fast unterwürfig wirkenden Abhängigkeit der DDR von der Sowjetunion unweigerlich zu einer schweren machtpolitischen Erschütterung führen. Dies verstärkte sich umso mehr als bei der SED-Führung der Eindruck entstanden sein musste, die Sowjetunion werde nun unter der Führung von *Berija* nicht mehr an einer sozialistischen DDR interessiert sein.[786]

Die bereits seit Anfang der 50er Jahre angestauten sozialen, ökonomischen und vor allem politischen Probleme führten nach *Stalins* Tod zu einer akuten Krise, die sich in einer allgemeinen Auflehnung gegen die Herrschaft der Regierung und ihre Politik entlud.[787] So kam es immer häufiger zu lauten Unmutsbekundun-

---

[782] Die näheren Hintergründe seines Todes sind bis heute nicht geklärt. Andere behaupten, *Berija* sei erst am 23.12.1953 hingerichtet worden, siehe *Oldenburg*, DeutschlandArchiv 2003, 412.

[783] Siehe ausführlicher *Paloczi-Horvath*, Chruschtschow, S. 157 ff.

[784] *Meissner*, Die sowjetische Deutschlandpolitik unter Chruschtschow, in: *Meissner/Eisfeld*, 50 Jahre sowjetische und russische Deutschlandpolitik, S. 59.

[785] Ausführlicher u.a. *Diedrich*, Der 17. Juni 1953 in der DDR, S. 55 ff.

[786] vgl. auch *Oldenburg*, DeutschlandArchiv 2003, 403.

[787] *Foitzik*, Bericht des Hohen Kommissars der UdSSR, in: *Enquete-Kommission* (Hrsg.), Materialien der Enquete-Kommission „Aufarbeitung von Geschichte und Folgen der SED-Diktatur in Deutschland", Band II/2, S. 1357.

gen, da man sich durch den Tod des sowjetischen Führers nun auch Änderungen in der DDR erhoffte. So wurde beispielsweise im Schwermaschinenbauwerk Wildau/ Kr. Königswusterhausen geäußert, dass das sowjetische Volk lange genug unter *Stalins* Knute gestanden habe und dass es höchste Zeit gewesen sei, dass er nun endlich starb.[788] Andere bemerkten: „Sie sollen sich doch nicht so voll machen, schließlich müssen wir ja alle sterben.", „Es gibt keine Butter, weil *Stalin* einbalsamiert wird.", „Wir können keine Kohle bekommen, weil damit das Fegefeuer für *Stalin* angeheizt wird."[789] Offene Empörung lösten vielerorts auch die harten Sanktionen gegen die so genannte Wirtschaftsverbrecher aus, vor allem in ländlichen Gegenden und bei den mittelständischen Betrieben. So ergriffen die Bauern immer offener Partei für die wegen Verstoßes gegen die Pflichtablieferung Verurteilten[790], in Brandenburg zogen Arbeiter einer noch im Privateigentum stehenden Speditionsfirma vor das Amtsgericht und forderten die Freilassung ihres Chefs[791].

aa) Die Gründe für den Volksaufstand

Eine Reduzierung der Juni-Ereignisse allein auf den für die Regierung verhängnisvollen 17. Juni 1953 überdeckt, dass sich dieser Volksaufstand schon Monate zuvor abzuzeichnen begann.[792] Die politische Großwetterlage hatte sich zu Ungunsten der sowjetischen Besatzungszone entwickelt. Die Bundesrepublik Deutschland suchte die enge Anbindung an die Westmächte, was sich auch in der guten wirtschaftlichen Entwicklung niederschlug. Die SBZ hatte große wirtschaftliche Schwierigkeiten, bei denen auch die Sowjets weder helfen konnten

[788] Bericht über den Schwermaschinenbau „Heinrich Rau" in Wildau/Kreis Königs Wusterhausen, SED-Bezirksleitung Potsdam vom 12.03.1953, BLHA, Rep. 530, Sign. 1010, Bl. 47.
[789] Bericht über die Auswirkungen der Trauerfeierlichkeiten zum Ableben des Genossen Stalin, SED-Bezirksleitung Cottbus vom 10.03.1953, BLHA, Rep. 930, Sign. 702.
[790] Bericht eines Augenzeugen im RIAS, 13.10.1953, dok. unter: www.17juni53.de vom 30.10.2003.
[791] Der Tagesspiegel vom 17.06.1956, S. 3, Verf. anonym.
[792] *Ciesla*, Freiheit wollen wir!, S. 10; Bericht über die Gründung des Streikkomitees 17. Juni 1953 in Westberlin, RIAS, 13.10.1953, dok. unter: www.17juni53.de vom 30.10.2003.

noch wollten. Die Verschärfung der Lage durch die Bekämpfung des vermeintlich inneren Feindes, insbesondere der privaten Unternehmer und der Bauern, führte zur Massenflucht und zum Unmut innerhalb der Bevölkerung. Der Aufbau nationaler Streitkräfte, der Schwerindustrie und der Verwaltung verschlang Unsummen, die im laufenden Fünfjahrplan gar nicht vorgesehen waren.[793] Hinzu kamen die Ausgaben für die sowjetischen Streitkräfte. Um sich die finanziellen Mittel trotz alledem zu beschaffen, erhöhte der damalige Finanzminister *Rumpf* die Einkommens- und Handwerkssteuer, schloss die Selbständigen von der staatlichen Krankenversicherung aus, entzog allen Selbstständigen und Freiberuflern, die ein Gewerbe oder einen Arbeitsplatz in Westberlin hatten, die Lebensmittelkarten, schaffte „Sonderzuteilungen" für die „schaffende Intelligenz" ab; nebenbei wurden die Preise für bestimmte Lebensmittel erhöht.[794] Diese Maßnahmen konnten die finanzielle Misere, in der das Land steckte, nicht beseitigen. Der Ministerrat sah sich daher am 28.05.1953 gezwungen, eine Erhöhung der für die Produktion entscheidenden Arbeitsnormen um durchschnittlich 10% vorzunehmen. Unruhe und Widerstand innerhalb der arbeitenden Bevölkerung wuchsen.[795] Die Arbeiter konnten, da das Produktionspotential mit den alten Normen zumeist ohnehin schon ausgeschöpft war, den neuen Anforderungen nicht gerecht werden, was zwangsläufig zu Lohnabschlägen führen musste. In manchen Betrieben war zwar die Erfüllung der neuen Norm durchaus möglich, jedoch fielen damit auch die Lohnzuschläge aufgrund der Übererfüllung weg, die die Arbeiter wegen der niedrigen Grundlöhne dringend zum Lebensunterhalt brauchten. Dies verschärfte den Konflikt zwischen der Arbeiterschaft und der Regierung.[796]

---

[793] Vgl. auch die Ausführungen von *Foitzik*, Bericht des Hohen Kommissars der UdSSR, in: *Enquete-Kommission* (Hrsg.), Materialien der Enquete-Kommission „Aufarbeitung von Geschichte und Folgen der SED-Diktatur in Deutschland", Band II/2, S. 1359.

[794] *Staritz*, Geschichte der DDR, S. 78.

[795] Beschluss über die Erhöhung der Arbeitsnormen vom 28.05.1953, abgedruckt bei: *Diedrich*, Der 17. Juni 1953 in der DDR, S. 205f.

[796] Siehe *Wettig*, DeutschlandArchiv 1988, 56f.

Am 09. Juni versuchte daher das Politbüro einzulenken und gab zu, dass „in der Vergangenheit eine Reihe von Fehlern begangen wurden, die ihren Ausdruck in Verordnungen und Anordnungen gefunden haben, wie z.B. ... in verschärften Methoden der Steuererhebung." Es schlug daher der Regierung verschiedene Maßnahmen vor, u.a. die Überprüfung derjenigen, die wegen Verstoßes gegen die Ablieferungspflicht bestraft worden waren; die Überprüfungen von Kündigungen, Exmatrikulationen und Nichtzulassungen zur Oberschule aus religiösen Gründen; die Entlassung aller derjenigen Verurteilten, die nach dem VESchG zu ein bis drei Jahren verurteilt worden waren.[797] Diese Erklärung, die nun den „neuen Kurs" einleiten und die Notbremse ziehen sollte, wurde in der Bevölkerung nicht nur mit Erleichterung aufgenommen, sondern vielerorts auch als Bankrotterklärung aufgefasst. In einigen Betrieben wurde die Forderung nach personellen Konsequenzen laut, so z.B. in einem Magdeburger Großbetrieb, in dem die Verhaftung von *Pieck* und *Ulbricht* verlangt wurde. Es begannen überall kleinere Arbeitsniederlegungen und Streiks. Die Partei- und Staatsführung schien mit dieser Situation völlig überfordert, unterschätzte die Macht der Arbeiter und verhielt sich daher gegenüber den Streikenden zumeist passiv.[798]

Am 16.06.1953 kam es dann zu größeren Arbeitsniederlegungen auf Großbaustellen der Hauptstadt verbunden mit Unmutsbekundungen über den politischen Kurs und Forderungen zur Beseitigung der Fehler. Am gleichen Tag sah sich die Regierung gezwungen, die Erhöhung der Arbeitsnorm wieder zurückzunehmen, weil sie zu der Erkenntnis gekommen war, dass es „völlig falsch" sei, die Erhöhung der Arbeitsnormen in den Betrieben der volkseigenen Industrie um durchschnittlich 10 % auf administrativem Wege durchzuführen. Dies könne „einzig

---

[797] Kommuniqué der Sitzung des Politbüros des Zentralkomitees der SED vom 09.06.1953, Leipziger Volkszeitung vom 12.06.1953, S. 1.

[798] *Kowalczuk/Mitter*, „Die Arbeiter sind zwar geschlagen worden...", in: *Kowalczuk/Mitter/Wolle* (Hrsg.), Der Tag X, S. 48f.; vgl. auch *Materna* (Hrsg.), Brandenburgische Geschichte, S. 740.

und allein auf der Grundlage der Überzeugung und Freiwilligkeit" geschehen.[799] Doch die Arbeitsniederlegungen hatten bereits Wirkung gezeigt und andere Arbeiter zu ähnlichen Aktionen motiviert. So folgten in den frühen Morgenstunden des 17. Juni große Teile der Belegschaften des Stahl- und Walzwerkes, des LEW Hennigsdorf und des Schwermaschinenbaus in Wildau/ Kr. Königswusterhausen der Aufforderung zum Streik.[800] Die Streiks und Proteste, die am 17.06.1953 ihren Höhepunkt fanden, verbreiteten sich wie ein Flächenbrand. In 80% der Land- und Stadtkreise der DDR musste letztlich der Ausnahmezustand verhängt werden.[801]

Die Forderungen waren vor allem in den Großbetrieben zunächst politischer Natur. Die Arbeiter der Volkswerft in Stralsund forderten die Aufhebung des Ausnahmezustandes und die Absetzung der Regierung, insbesondere die Absetzung von *Ulbricht*.[802] In Wildau/Kr. Königswusterhausen erhoben die ca. 1.500 streikenden Bauarbeiter insgesamt 17 Forderungen, u.a. die Senkung der Preise, die Auflösung der Handelsorganisation (HO), stabile Preise, den Abzug der Besatzungsmacht, die Aufhebung der Straßensperren.[803] Die Werktätigen der Hauptwerkstatt des BKW Friedenswacht in Lauchhammer erklärten sich mit den streikenden Kollegen solidarisch und plädierten u.a. für die Auflösung der Kasernierten Volkspolizei (KVP).[804] Die Arbeiter der Hennigsdorfer Isolierstofffab-

---

[799] Erklärung des SED-Politbüros vom 16. Juni 1953 zur Normenfrage, in: *Herbst/Stephan/Winkler*, Die SED, S. 605.

[800] Bericht über die Tätigkeit der Bezirksinspektion der ZKK Potsdam in der Zeit vom 16.06. bis 23.06.1953, 27.06.1953, BLHA, Rep. 401, Nr. 11194, Bl. 1-9.

[801] *Ciesla*, Freiheit wollen wir!, S. 10; siehe auch Befehl über die Anordnung des Ausnahmezustandes für den Bezirk Cottbus, der eine Ansammlung von mehr als 3 Personen auf der Straße verbot sowie eine Ausgangssperre von 20.00 Uhr bis 06.00 Uhr verhängte, BLHA, Rep. 871/17, Sign. 10, Bl. 5.

[802] *Wengst*, VfZ 1993, 277 (282).

[803] *Kowalczuk*, 17. Juni 1953 - Volksaufstand in der DDR, Vortrag am 17.06.2003 im Rathaus der Stadt Frankfurt (Oder).

[804] Streikbeschluss der Hauptwerkstatt des BKW „Friedenswacht" Lauchhammer, Bezirk Cottbus vom 18.06.1953, BStU, AU 93/53, Bd. 1, Bl. 122a.

rikation forderten Aufklärung darüber, warum die Normerhöhungen in ihrem Betrieb entgegen dem Ministerratsbeschluss 15 bis 39% betrugen.[805] Die Werktätigen eines Werkes aus Teltow forderten u.a. freie, geheime und demokratische Wahlen, die sofortige Angleichung des Lebensstandards der DDR an den Westdeutschlands, die Entlassung aller politischen Gefangenen und eine auf die deutsche Einigung zielende Politik.[806] Immer wieder betonten die Streikenden, dass die gesamte Belegschaft den Streik fortsetzen wolle, würden ihnen aus der Teilnahme an diesen Streiks Nachteile erwachsen.[807] In Jessen/ Elster demonstrierten ca. 250 Großbauern für die Freilassung aller inhaftierten Großbauern und forderten den Rücktritt der Kreisleitung.[808] Auf dem Marktplatz von Görlitz stellten die Demonstranten verschiedene politische Forderungen auf, u.a. freie Wahlen, die Beseitigung unproduktiver Arbeitsplätze, die Auflösung der SED und die Abschaffung der unterschiedlichen Entlohnung.[809].

In Berlin verschärfte sich die Lage durch verschiedene Streik- und Demonstrationspunkte. Am Strausberger Platz hatten sich bereits um 7.00 Uhr neben Bauarbeitern der Stalinallee auch Arbeiter anderer Betriebe versammelt. Sie forderten freie Wahlen, Senkung der Normerhöhung und Senkung der HO-Preise. Andere Sprechchöre forderten die Absetzung *Ulbrichts*: „Es hat keinen Zweck, der Spitzbart muß weg!“ und versuchten, andere dazu zu bewegen, sich dem Demonstrationszug anzuschließen: „Mann der Arbeit aufgewacht und erkenne deine

---

[805] Bericht über die Arbeitsniederlegungen im LEW „Hans Beimler“ Hennigsdorf am 30.05.1953, SED-Bezirksleitung Potsdam vom 01.06.1953, BLHA, Rep. 530, Sign. 1006, Bl. 1f.
[806] Resolution des Werkes für Bauelemente der Nachrichtentechnik in Teltow an die Regierung der DDR vom 17.06.1953, BStU, Ast Potsdam, STA 4428, Bl. 100.
[807] Siehe z.B. Streikbeschluss der Hauptwerkstatt des BKW „Friedenswacht“ Lauchhammer, Bezirk Cottbus vom 18.06.1953, BStU, AU 93/53, Bd. 1, Bl. 122a.
[808] Bericht über die Lage am 17.06.1953 im Bezirksmaßstab, BDVP Cottbus vom 18.06.1953, BLHA, Rep. 871/17, Sign. 10, Bl. 102 VS/RS.
[809] Anklageschrift der StA Dresden vom 07.07.1953, DAU 42/54 Bd. X, S. 22.

Macht, alle Räder stehen still, wenn dein starker Arm es will."[810]

Hinzu kamen vielerorts randalierende, plündernde und brandschatzende Menschenmengen, die die Einsatzkräfte der Volkspolizei nicht unter Kontrolle bekamen. Überall wurde versucht, in öffentliche Gebäude einzudringen, diese zu besetzen oder die Lagerbestände zu plündern bzw. zu zerstören, so wurden z.B. die Stände der Zentralmarkthalle zerschlagen, eine AKW-Baracke in Brand gesetzt, in das Lager des Verlages „Junge Welt" eingedrungen etc.[811] Immer wieder versuchten Angehörige der staatlichen Organe, sich den aufgebrachten Menschen entgegenzustellen. Ein Augenzeuge berichtete: „Ich selbst stand mit meinem Zug in der Loge (Hauptportal), als die ersten Steine flogen, und wir von den Fenstern weggehen mußten, ging ich zum Leiter des Einsatzes ... und forderte ihn auf, mit meinem Zug gegen die Provokateure einschreiten zu dürfen ... der verneinte dieses ... trotz daß man bereits die Autos auf dem Parkplatz in Brand gesteckt hatte, stürmte ich trotz Verbots den Provokateuren entgegen und trieb einen Keil in dieselben ... die Genossen schlugen verbissen auf die Provokateure ein ... trotz daß die Provokateure mit Füßen auf die verletzten Genossen traten, die auf dem Boden lagen, wurde immer wieder befohlen, nicht zu schießen."[812] *Semjonov*, der gegen 14.00 Uhr einen Lagebericht an *Molotov* telegraphierte, beschrieb die Situation in Berlin wie folgt: „Bis unsere Truppen aktive Maßnahmen ergriffen, um die Unruhe zu beheben, gelang es den Demonstranten, den Widerstand der deutschen Volkspolizei und der Garnisonsvolkspolizei zu überwinden, die jedoch im Allgemeinen die Menschen nicht zurückhielten. Mit Beginn des aktiven Eingreifens unserer Truppen begann sich die Situation in Berlin zu normalisieren. Die Demonstrationen lösten sich nach dem Eintreffen sowjeti-

---

[810] Augenzeugenbericht vom 17.06.1953, SAPMO-BA, FDGB-BuVo Nr. 3646.
[811] Lagefilm des VPI Berlin Mitte vom 17.06.-18.06.1953, dok. unter www.17juni53.de vom 27.10.2003.
[812] Bericht eines Angehörigen der Hauptverwaltung der DVP, BA ZA MdI 26/094, Bl. 91 ff.

scher Panzer auf... In Berlin wurden 70 Personen festgenommen."[813]

Am 17./18.06.1953 bildeten sich in den einzelnen Bezirken mehrere Schwerpunkte, im Bezirk Karl-Marx-Stadt beispielsweise in Freiberg, wo ca. 1.300 Bauarbeiter streikten, und in Werdau, wo rund 1.500 Metallarbeiter die Arbeit niederlegten. Anfangs seien die Forderungen ökonomischer Art gewesen, später seien sie in politische umgeschlagen.[814] Dabei wandten sich die Arbeiter überwiegend gegen die Normerhöhung, stellenweise wurde aber auch der Versorgungsnotstand gerügt, so z.B. im Kreis Zwickau/Oelsnitz, wo die Fleischbevorratung der Bevölkerung auf längere Sicht nicht gewährleistet schien, in Freiberg, wo schlechte soziale Voraussetzungen herrschten, weil die Arbeiter der Bau-Union für eine Unterkunft ohne Licht, Wasser und Abortanlagen ca. 50 Mark entrichten mussten, in der Betriebs-HO des VEB Baumwollspinnerei Hohenfichte, wo es weder Butter noch Margarine zu kaufen gab.[815] Die streikenden Bauarbeiter auf der Baustelle des VEB Zinkhütte PAMA der Bau-Union in Freiberg forderten die Angleichung des Reallohnes an die Preise, die Abschaffung des Normensystems und die Einführung des Stunden- und Akkordlohnes, die Aufhebung des Ausnahmezustandes, die Bezahlung des Arbeitsausfalles während des Streiks, die Durchführung von Neuwahlen verbunden mit der Abdankung der Regierung.[816] *Mielke* schickte am 18. Juni an alle Leiter der Bezirksverwaltung für Staatssicherheit (BVfS) eine „Blitz"meldung mit dem folgenden Wortlaut: „Energisches ‚Handeln' erfordert die besonders (sic!) Lage, Hetzer, Provokateure, Saboteure, Rädelsführer und andere Elemente, die sich hierbei besonders hervor taten, sind sofort festzunehmen. Über die Festgenommenen, ist täglich

---

[813] Radio Telegramm vom 17.06.1953, Abfassung in englischer Sprache, abgedruckt bei www.17juni53.de.
[814] Analyse der Ereignisse, BStU Chemnitz XX-301, S. 1.
[815] Analyse der Ereignisse, BStU Chemnitz XX-301, S. 4/7/8.
[816] Analyse der Ereignisse, BStU Chemnitz XX-301, S. 8.

Meldung zu erstatten."[817] Daher sandte die Bezirksverwaltung Karl-Marx-Stadt beispielsweise täglich so genannte Haftmeldungen, die die Gesamtzahl der durch das MfS Festgenommenen, deren Entlassung (zum Beispiel wegen der Anwerbung als Informeller Mitarbeiter o.ä.) oder deren Verurteilung enthielt.[818] Trotzdem betonten die Berichterstatter mehrmals, dass der Klassenfeind gar nicht oder nicht wirksam in Erscheinung getreten sei.[819]

bb) Die Auswirkungen des Volksaufstandes

Mit dem Aufstand der Bevölkerung vom 17. Juni 1953, der sich trotz der zuvor eingeleiteten Maßnahmen nicht aufhalten ließ, lässt sich ein kurzzeitiger Kurswechsel erkennen. Sowohl Vertreter des Obersten Gerichts als auch die des Ministeriums für Justiz übten Kritik an der bisherigen Verfahrensweise bei der Anwendung der Staatsschutzdelikte. *Benjamin* kam nicht umhin zuzugeben, dass die Tatbestände einiger Gesetze über Gebühr ausgeweitet und die Strafen innerhalb der gesetzlichen Bestimmungen ohne Notwendigkeit überhöht worden seien.[820] Es sei notwendig, die bisherige Einseitigkeit der Betrachtung, die in erster Linie oft ausschließlich das Objekt des Verbrechens sah, zu überwinden.[821] Jeder Haftbefehl, mit dem ein Richter Untersuchungshaft verhängt habe, müsse sorgfältig daraufhin geprüft werden, ob die gesetzlichen Voraussetzungen wirklich vorgelegen hätten.[822] Kritik übte *Benjamin* auch an der Arbeit des Ministeriums selbst. Die Anleitung der unteren Gerichte, die vor allem bei Erlass eines jeden neuen Strafgesetzes ihre besondere Bedeutung habe, erfolge nicht auf der Grund-

---

817 Verhaftungen im Bezirk Karl-Marx-Stadt im Zusammenhang mit den Ereignissen vom 17.-24. Juni 1953, BStU Chemnitz XX-304, S. 61.
818 Verhaftungen im Bezirk Karl-Marx-Stadt, BStU Chemnitz XX-304, S. 6.
819 Analyse der Ereignisse, BStU Chemnitz XX-301, S. 3/6/10/16. Insgesamt waren bei dem Streik in Freiberg 1.300 Personen beteiligt, 9 Personen der Streikleitung wurden wegen ihrer besonders feindlichen Einstellung in Haft genommen, S. 8.
820 *Benjamin*, NJ 1953, 477 (478).
821 *Benjamin*, NJ 1953, 477 (509).
822 *Benjamin*, NJ 1953, 477.

lage einer wissenschaftlichen Analyse der gesellschaftlichen Verhältnisse und Beziehungen, die durch das Gesetz geschützt und entwickelt werden sollten. Sie erfolge auch nicht in wissenschaftlicher Voraussicht der zu erwartenden Wirkung des Gesetzes. Man begnüge sich oftmals mit Phrasen, die die reale Entwicklung gar nicht in Betracht zögen, und baue auf formalen, zeitlich oft nachhinkenden Statistiken auf.[823] In einer Plenarentscheidung des Obersten Gerichts[824] wurde mit einer erstaunlichen Deutlichkeit klargestellt, dass die vom 1a Strafsenat des Obersten Gerichts gegebenen Weisungen erkennen ließen, dass auch das Oberste Gericht als Organ der Staatsgewalt verschiedentlich die zum notwendigen Schutz des Staates getroffenen Maßnahmen überspannt habe, ohne die konkreten einzelnen Umstände des Verbrechens genügend berücksichtigt zu haben. Dies habe einerseits zu einer Ausweitung in der Anwendung des Art. 6 der Verfassung geführt, wobei nicht immer beachtet worden sei, dass eine Verurteilung nach diesem Gesetz einen Angriff gegen die Grundlagen des Staates voraussetze, und andererseits sei ebenfalls aus der Überbetonung des Schutzinteresses des Staates das Strafmaß teilweise überhöht festgesetzt worden.

Auch *Kleine*[825], Richterin am Obersten Gericht, betonte, dass zukünftig darauf geachtet werden müsse, die bei der Durchführung bestimmter Verfahren gerade erkannten Fehler der Rechtsprechung der letzten Zeit nicht erneut zu begehen, wie z.B. die undifferenzierte Anwendung der Strafgesetze, wobei sie insbesondere auf die fehlerhafte Anwendung des Art. 6 VerfDDR hinwies, und die unterschiedslose Beurteilung der Angeklagten. Auch die Gerichte betonten wiederholt, man müsse vor allem zwischen den faschistischen Provokateuren und den irregeleiteten ehrlichen Arbeitern unterscheiden lernen.[826] Es sei nicht gesagt,

---

[823] *Benjamin*, NJ 1953, 477 (478).
[824] OG, Urteil vom 26.08.1953, 1 Zst - Pl I 4/53, NJ 1953, 594.
[825] *Kleine*, NJ 1953, 511.
[826] Stadtgericht Berlin, Urteil vom 23.06.1953 - (101d) I c 264/53, NJ 1953, 421; Stadtgericht Berlin, Urteil vom 25.06.1953 - (101d) I c 331/53, NJ 1953, 422; Stadtgericht Berlin, Urteil vom 24.06.1953 - (101f) I c 281/53; KG Berlin, Urteil vom 26.06.1953 - Ust I 242/53, NJ 1953, 422.

dass die am Aufstand vom 17.06.1953 Beteiligten immer aus Feindschaft oder aus offener Ablehnung der sozialistischen Gesellschaft gegenüber handeln würden. Ihr Verhalten könne auch Ausdruck eines zurückgebliebenen Bewusstseins sein.[827]

Die fehlerhafte Anwendung von Gesetzen war jedoch kein Zeichen für eine politische Fehlentwicklung, sondern konnte wissenschaftlich begründet werden: Fehler und Fehlentwicklungen basierten nicht auf falschen Beschlüssen oder Maßnahmen, sondern allein auf dem Widerspruch selbst. Die Entwicklung werde dadurch vorangetrieben, dass die vorhandenen Widersprüche erkannt und ständig gelöst würden. Aber während ihrer Lösung entständen neue Widersprüche, die erneut überwunden werden müssten.[828] Alle gemachten Fehler beruhten demnach auf der objektiven Gesetzmäßigkeit der gesellschaftlichen Entwicklung.

aaa) Der Fall Fechner

Fechner, Justizminister und ehemaliger Sozialdemokrat, erklärte in einer vom „Neuen Deutschland" veröffentlichten Stellungnahme vom 30.06.1953, dass nur solche Personen im Zusammenhang mit dem 17. Juni bestraft würden, die sich eines schweren Verbrechens schuldig gemacht hätten. Das träfe selbst auf Rädelsführer zu, wenn ihnen ein Verbrechen nicht nachgewiesen werden könne.[829] Am 02.07.1953 präzisierte *Fechner* seine Aussage dahingehend, dass das Streikrecht verfassungsmäßig garantiert sei und daher die Angehörigen der Streikleitung für ihre Tätigkeit als Mitglied dieser Streikleitung nicht bestraft werden würden. Es solle nicht etwa gegenüber denen, die gestreikt und demonstriert

---

[827] *Frenzel*, NJ 1964, 141.
[828] *Ulbricht*, Über die Dialektik unseres sozialistischen Aufbaus, S. 31.
[829] *Fricke*, Justiz im Auftrag der Partei, in: *Hellwig*, Rückblicke auf die DDR, S. 30.

hätten, eine Rachepolitik betrieben werden.[830] Daraufhin ergingen zunächst Urteile mit Freisprüchen oder milden Freiheitsstrafen.[831]

Benjamin[832], ungehalten über den voreiligen Alleingang *Fechners*, der die politische Tragweite seiner Äußerungen nicht erkannt haben mag[833], konfrontierte ihn damit, dass er versucht habe, einen versuchten Staatsstreich und faschistischen Putsch als Streik zu rechtfertigen. Am 14.07.1953 wurde *Fechner* vor das Politbüro der SED zitiert und nach einem Beschluss wegen partei- und staatsfeindlichen Verhaltens aus der Partei ausgeschlossen, seines Amtes als Justizminister enthoben und am 15.07.1953 in Untersuchungshaft genommen. Die eingeleiteten Ermittlungen führten erst zwei Jahre später zu einer Anklage, wohl auch deshalb, weil sich *Fechner* von Anfang an weigerte, ein „partei- und staatsfeindliches Verhalten" einzugestehen, und lediglich bereit war, eine „falsche Einschätzung der faschistischen Provokation" einzuräumen.[834] Im Juni 1954 waren Anklage und beabsichtigtes Urteil gegen *Fechner* ausgearbeitet, mussten aber noch dem ZK der SED zur Gegenzeichnung vorgelegt werden. Nach Bestätigung des Strafmaßes durch das Politbüro[835] wurde *Fechner* 1955 in einem geheimen Prozess gemäß Art. 6 VerfDDR in Verbindung mit KRD Nr. 38 Abschnitt II, Art. III A III sowie gemäß §§ 175, 175a StGB (DDR) zu einer Gesamtstrafe von acht Jahren Zuchthaus verurteilt. In der Anklageschrift beschuldigte man ihn 1. „als gefährlicher Staatsverbrecher den faschistischen Putsch vom 17. Juni aktiv un-

---

[830] Neues Deutschland vom 02.07.1953, in: *Rosenthal/Lange/Blomeyer*, Bonner Berichte aus Mittel- und Ostdeutschland, S. 23.
[831] Ebenso *Roth*, Im Parteiauftrag, in: *Sächsisches Staatsministerium* (Hrsg.), Von Weimar bis zur Gegenwart, S. 103.
[832] *Benjamin*, NJ 1953, 479.
[833] Daher ist der Ansicht *Frickes*, Justiz im Auftrag der Partei, in: *Hellwig* (Hrsg.), Rückblicke auf die DDR, S. 30, *Fechner* seien wegen der hohen Anzahl der Verhaftungen im Zusammenhang mit dem Aufstand Skrupel gekommen, insofern nicht zuzustimmen, als dass es dafür keine überzeugenden Beweise gibt. *Fechner* war m.E. davon überzeugt, im Sinne der Parteilinie zu handeln.
[834] *Fricke*, Justiz im Auftrag der Partei, in: *Hellwig* (Hrsg.), Rückblicke auf die DDR, S. 31.
[835] *Amos*, Kommunistische Personalpolitik, in: *Bender/Falk* (Hrsg.), Justizpolitik, S. 137.

terstützt und in Form des ND-Interviews staatsfeindliche verräterische Anweisungen an die Putschisten" gegeben zu haben und (zusammenhanglos) 2. „schwere Unzucht zwischen Männern unter Ausnutzung seiner Dienststellung betrieben (sic!)" zu haben.[836] In der 18seitigen Urteilsbegründung warf das Oberste Gericht *Fechner* vor, durch sein Interview sei es in der gesamten Republik zu Unsicherheiten in der Rechtsprechung gekommen, weil Richter und Staatsanwälte den Maßstab für die Beurteilung der von ihnen zu bearbeitenden Strafsachen verloren hätten. Außerdem hätte seine Stellungnahme zur Folge gehabt, dass es in einzelnen Betrieben zu erneuten Unruhen gekommen sei. Aus seinem gesamten Verhalten könne auf seine feindliche Haltung geschlossen werden.[837]

Inwieweit die Vorwürfe, soweit sie die angeblichen sexuellen Verfehlungen betreffen, überhaupt begründet waren, ließ sich nicht feststellen. Aber man bedenke, dass *Fechner* zum Zeitpunkt der Anklage bereits über 60 Jahre alt war. Es ist nicht auszuschließen, dass man *Fechner* noch den Makel des Sexualtäters anhängen wollte. Dazu kommt, dass man *Fechner* bereits im Vorfeld mit Misstrauen begegnet war, nicht nur wegen seiner früheren sozialdemokratischen Anhängerschaft, sondern auch wegen seiner Verbindung zu *Erich Gniffke*, der im Herbst 1948 in den Westen floh.[838] Im Zuge der 3. Parteikonferenz von 1956, die eine Reaktion auf *Chruschtschows* Rede war, wurden 961 politische Gefangene freigelassen, darunter auch *Fechner*, der am 26.04.1956 amnestiert wurde. Zwei Jahre später wurde seine Parteimitgliedschaft wiederhergestellt und damit zumindest seine politische Rehabilitation vorgenommen. Über seine Verhaftung und Verurteilung wurde geschwiegen - zur Rechenschaft gezogen wurde keiner.

---

[836] *Rosenthal/Lange/Blomeyer*, Bonner Berichte aus Mittel- und Ostdeutschland, S. 23; eine Biographie über *Fechner* findet sich bei *Amos*, „Kaderpolitik" in der Justizverwaltung der SBZ/DDR (1945-1953), S. 22 ff.
[837] *Fricke*, Justiz im Auftrag der Partei, in: *Hellwig* (Hrsg.), Rückblicke auf die DDR, S. 33.
[838] Siehe *Beckert*, NJ 1991, 455.

bbb) Die innerparteiliche Bewältigung der Ereignisse nach Fechners Entlassung

Nach der Verhaftung und der Entlassung *Fechners* aus Amt und Würden trat *Benjamin* seine Nachfolge an. Sie räumte zwar Fehler ein, insbesondere bei der Aburteilung von Bauern, die gegen das Ablieferungssoll verstoßen hatten, konnte sich aber letzten Endes vom „harten Kurs“ nicht trennen. Sie sah innerhalb der Justizverwaltung gefährliche Tendenzen, dem Streben der Feinde nachzugeben, Provokateure zu schonen und sie damit einer gerechten Strafe zu entziehen.[839] Es sei festzustellen, dass aufgrund des *Fechner*-Interviews eine ganze Reihe von Agenten des amerikanischen Imperialismus in unverantwortlicher Weise freigelassen wurde, so dass sie weiterhin die Möglichkeit hätten, ihr verbrecherisches Treiben fortzusetzen.[840] Sie sah den Auslöser der Unruhen in der Beeinflussung durch den Westen, obwohl schon zu der damaligen Zeit die eigentlich auslösenden Ursachen erkannt wurden. *Wolf*[841] resümierte: „Als Leiter des Außenpolitischen Nachrichtendienstes hatte ich die Aufgabe herauszufinden, inwiefern der Westen bei den Unruhen die Finger im Spiel haben mochte. So gut wir alle wußten, daß die Ursachen hausgemachter Natur waren, so wenig ließ sich übersehen, daß das Aufbegehren von West-Berlin aus nach Kräften geschürt worden war, daß *agent provocateurs* nach Ost-Berlin gekommen waren, um die Stimmung anzuheizen.“ Ein Augenzeuge berichtete: „Hierbei konnte festgestellt werde, daß die Sprechchöre gut funktionierten, was darauf schließen läßt, daß westliche Elemente sowohl die Losungen wie auch das Aufrufen organisiert haben.“[842]

Durch die offiziellen Stellungnahmen, die von einem „Putschversuch“, einem „inszenierten und niederträchtigen Anschlag“ und einem von langer Hand vorbe-

[839] Siehe *Rosenthal/Lange/Blomeyer*, Bonner Berichte aus Mittel- und Ostdeutschland, S. 119.
[840] *Werkentin*, Strafjustiz in der DDR, in: *Rottleuthner* (Hrsg.), Steuerung der Justiz , S. 110.
[841] *Wolf*, Spionagechef im geheimen Krieg, S. 79.
[842] Augenzeugenbericht, 17.06.1953, SAPMO-BA, FDGB-BuVo Nr. 3646.

reiteten „Tag X“[843] sprachen, manövrierte sich die SED-Führung in eine Lage, aus der sie schwerlich herauskam. Sie war auch mit Hilfe des Ministeriums für Staatssicherheit nicht in der Lage, die Organisatoren des Putsches auf westlicher Seite auszumachen. Es blieb daher bei den nebulösen Anschuldigungen. Aufgrund der Spontaneität des Aufstandes, den die westlichen Medien durchaus für sich zu nutzen wussten, konnte ein gezielt geplanter Angriff nicht bewiesen werden. Und doch musste eine Erklärung für diesen Aufstand gefunden werden. Man kam zu dem Schluss, die Verkündung und Durchführung des neuen Kurses habe die Kriegstreiber und Feinde der deutschen Einheit in Verwirrung gebracht und in Wut versetzt. Sie hätten die große Gefahr erkannt, die der neue Kurs für die Verwirklichung ihrer verbrecherischen Kriegspläne bedeutet habe und daher beschlossen, den von langer Hand vorbereiteten Tag X beschleunigt festzusetzen, um die Durchsetzung des neuen Kurses zu stören.[844]

Die Ereignisse vom 17. Juni führten dazu, dass sich der innerparteiliche Machtkampf zwischen *Zaisser*, *Herrnstadt* und *Ulbricht* weiter verschärfte. Ermutigt durch die beabsichtigte Änderung der Deutschlandpolitik durch *Berija* versuchten *Zaisser* und *Herrnstadt*, die Partei auf einen neuen Kurs zu bringen, ohne den diktatorischen Führungsstil *Ulbrichts* und mit breiter Bindung der Partei an die Interessen der Arbeiter und Bauern. Beide sprachen sich zusammen mit den Politbüromitgliedern *Rau* und *Ebert* für den Rücktritt *Ulbrichts* aus.[845] *Ulbricht* sei zwar für die „falsche Linie nicht mehr verantwortlich“ als die anderen Politbüromitglieder auch, doch habe er durch „falsche Erziehung der Kader ... die

[843] Entschließung der 15. Tagung des SED-Zentralkomitees vom 24. bis 26. Juli 1953, in: *Herbst* (Hrsg.), Die SED, S. 607; Analyse der Ereignisse, BStU Chemnitz XX-301, S. 1. *Grotewohl* sprach in der Rede zum 4. Jahrestag der DDR im DDR-Rundfunk, 06.10.1953, vom langen und systematisch vorbereiteten faschistischen Putschversuch, der die Regierung stürzen und die alten kapitalistischen Verhältnisse wieder herstellen sollte, dok. unter: www.17juni53.de.

[844] Entschließung der 15. Tagung des SED-Zentralkomitees vom 24. bis 26. Juli 1953, in: *Herbst* (Hrsg.), Die SED, S. 607.

[845] Vgl. *Schroeder*, Der SED-Staat, S. 126.

Partei verdorben".[846] Doch bevor es zu einem Machtwechsel kommen konnte, überschlugen sich die Ereignisse in der Sowjetunion: *Berija* wurde verhaftet, die Politik der Partei und der Führungsanspruch *Ulbrichts* nicht weiter in Frage gestellt.[847] Mit der Verhaftung *Berijas* verloren *Zaisser* und seine Anhänger den Rückhalt, den sie für eine Absetzung *Ulbrichts* dringend gebraucht hätten. Ihre angestrebte Reformierung war gescheitert.

Viele Genossen in politisch wichtigen Funktionen kamen besonders nach dem Aufstand vom 17. Juni 1953 und nach der Sicherung der wiedergewonnenen Macht ins Fadenkreuz machtbesessener Funktionäre, insbesondere in das von *Ulbricht*. Dieser begann, sich für die Kritik zu „revanchieren". Die Frage nach den Ursachen für eine Volkserhebung wurde in den Hintergrund gerückt. Für *Ulbricht* stand offensichtlich die Abrechnung mit den ihm feindlich gesonnenen Parteigenossen im Vordergrund.[848] Er attackierte *Zaisser*, *Herrnstadt* und *Rau*, die seinen Machtanspruch untergraben und in wichtigen politischen Fragen „geschwankt" hätten.[849] Sie seien Mitschuldige daran, dass „feindliche Agenten und Saboteure" diesen Aufstand hätten planen können, weil sie isoliert von der Partei und losgelöst von der Masse gearbeitet hätten.[850] *Zaisser* und *Herrnstadt* wurden ihrer Funktionen im Politbüro und im Zentralkomitee enthoben und später aus der Partei ausgeschlossen. *Zaisser*, bis dato Minister für Staatssicherheit, fügte sich in das typische Ritual der unterwürfigen Selbstkritik als er verkündete: „Von

---

[846] Handschriftliche Aufzeichnungen *Grotewohls* über die Debatte vom 08.07.1953, SAPMO-BArch DY 30 J IV 2/2/303.

[847] *Mitter*, Der „Tag X", in: *Kowalczuk/Mitter/Wolle (Hrsg.)*, Der Tag X, S. 18 vertritt die Ansicht, dass sich die gesellschaftliche Krise in der DDR unter außenpolitisch weitgehend konstanten Bedingungen entwickelt habe und daran auch die Tatsache nichts ändere, dass nach dem Tod *Stalins* gewisse Hoffnungen in der DDR-Bevölkerung auf eine liberalere Herrschaft der Kommunisten bestanden habe.

[848] Vgl. *Wilke/Voigt*, „Neuer Kurs", in: *Hegedüs/Wilke* (Hrsg.), Satelliten nach Stalins Tod, S. 106 ff.

[849] Siehe u.a. *Weber*, Geschichte der DDR, S. 170.

[850] Arbeitsentschließung auf der Parteiaktivtagung der Bezirksverwaltung Cottbus des Staatssekretariats für Staatssicherheit vom 13.08.1953, BStU FF/O, Abteilung XV 582, Bd. 1, Bl. 115.

dem geplanten Putsch hat das Ministerium für Staatssicherheit ... keine Kenntnis gehabt“ und er habe persönlich „versagt“.[851] Auch *Herrnstadt*, offensichtlich um seinen politischen Ruf besorgt, gab ein Musterbeispiel für einen unterwürfigen Kommunisten. Er setzte seinen Glauben an die Partei über seine eigenen Interessen, weil er „um keinen Preis ... gegen die Partei recht haben“ wollte: „Ich mußte schuldig sein, gleichgültig, ob ich es war oder nicht. Und die Menschen mußten dazu gebracht werden, an meine Schuld zu glauben, und zwar schnell.“ Alles andere wäre „eine politische Katastrophe, weil es Zersetzung in die Partei“ tragen würde.[852] Ein extremes Beispiel der Selbstkritik gab *Harich*, der als Angeklagter folgende Schlussworte fand: „Ich möchte einen Dank abstatten, und zwar an die Staatssicherheit der DDR ... und ich habe die Feststellung gemacht, sie sind sehr korrekt und anständig ... ich war nämlich nicht mehr aufzuhalten. Ich war ein politisch durchgebranntes Pferd, das mit Zurufen nicht mehr aufzuhalten war ... Wenn man mich nicht festgenommen hätte, dann wäre ich heute nicht reif für zehn Jahre, die der Herr Generalstaatsanwalt beantragt hat, sondern für den Galgen, und deshalb sage ich ... der Staatssicherheit dafür, für deren Wachsamkeit, meinen Dank.“[853] Diese Worte zeigen eindrucksvoll, wie weit ein Mensch in seiner Selbstkritik gehen kann, und erinnern gleichzeitig in erschreckender Weise an das nationalsozialistische System und seine Methoden.

ccc) Anweisungen an die Strafrechtsprechung

In einem Beschluss des Zentralkomitees der SED vom 21.06.1953 erging die Weisung, mit größter Sorgsamkeit zwischen ehrlichen, um ihre Interessen besorgten Werktätigen, die zeitweise den Provokateuren Gehör schenkten, und den Provokateuren selber zu unterscheiden.[854] Ehrliche Arbeiter, die zeitweilig irre-

[851] Siehe *Fricke*, DeutschlandArchiv 2003, 396.
[852] Vgl. *Schroeder*, Der SED-Staat, S. 127f.
[853] Vgl. *Janka*, Schwierigkeiten mit der Wahrheit, S. 91.
[854] *Fechner*, NJ 1953, 381 (384).

gingen oder die ihren Irrtum noch nicht erkannt hätten, hätten deshalb noch nicht aufgehört, ehrliche Arbeiter zu sein und seien deshalb als solche zu achten. In einer geheimen Anweisung an die Justizinstrukteure wurde noch einmal eindringlich darauf hingewiesen, dass eine pauschale Verurteilung wegen der Beteiligung am 17. Juni nicht ausreichend sein könne. Angemessene geringere Strafen seien gegenüber den Arbeitern angebracht, die geglaubt hätten, für wirtschaftliche Forderungen zu streiken oder aus falscher Kollegialität die Arbeit niedergelegt hätten.[855]

Nachdem das Politbüro der KPdSU von den deutschen Vertretern Maßnahmen zur Gesundung der politischen Lage gefordert hatte, wollte man nun stärker auf die Einhaltung der Gesetze achten, insbesondere von harten Strafmaßnahmen, die durch Notwendigkeit nicht hervorgerufen wurden, absehen. Die Verhängung von geringeren Strafen sollte aber nicht bedeuten, dass das Gericht in eine „weichliche und schwache Verhandlungsführung“ verfalle, sondern sei nur Ausdruck einer besseren Differenzierung zwischen den Tätern.[856] Die Gerichtsunterlagen der bestraften Bürger seien daraufhin zu überprüfen, inwiefern die Verurteilung noch haltbar sei. Unter diesem Gesichtspunkt seien auch entsprechende Änderungen in der bestehenden Strafgesetzgebung vorzunehmen[857]. Ministerpräsident *Grotewohl* erklärte an anderer Stelle, dass die Regierung nicht die Absicht habe, irregeführte Menschen für die Verbrechen westlicher Agenten zu bestrafen, aber die wirklich Schuldigen, die Organisatoren der verbrecherischen Ausschreitungen, keine Gnade zu erwarten hätten.[858]

---

[855] Siehe Im Namen des Volkes?, Katalog, S. 109, Tafel 22.6.
[856] Siehe Im Namen des Volkes?, Katalog, S. 109, Tafel 22.6.
[857] *Werkentin*, Strafjustiz in der DDR, in: *Rottleuthner* (Hrsg.), Steuerungsmechanismen, S. 106.
[858] *Grotewohl* in einer Rede vor Arbeitern des Transformatorenwerkes „Karl Liebknecht“, aus: *Fechner*, NJ 1953, 381 (384).

Durch eine Anleitung in der Entschließung der 14. Tagung des ZK der SED[859] wurden die Gerichte gezwungen, sich mit der Person des Angeklagten auseinanderzusetzen, da weniger dem Objekt, sondern vielmehr dem Subjekt Beachtung geschenkt werden sollte. Dieser neue Kurs, so betonte *Benjamin*, bedeute jedoch nicht, dass eine Rückkehr zu subjektivistischen Strafrechtstheorien zu erwarten sei. Die marxistische Dialektik erfordere, das gesamte Geschehen im historisch-zeitlichen Zusammenhang zu erforschen und zum Gegenstand des Verfahrens zu machen.[860] So wurde ein Arbeitsrichter aus Merseburg gerügt, der einer Entlassung der streikenden Arbeiter nicht sofort zugestimmt hatte: Der Arbeitsrichter habe, indem er sich von Paragraphen leiten ließ, anstatt politisch und damit klassenmäßig zu entscheiden, die Provokateure in ihrem Bestrebungen aktiv unterstützt.[861] Um dieser Dialektik gerecht zu werden, sollte neben dem Objekt des Verbrechens der Täter in seiner gesamten Persönlichkeit gewürdigt werden, insbesondere seine Einstellung zur Arbeit, sein gesellschaftliches oder politisches Engagement, seine Stellung im Betrieb und das Verhältnis zu seinen Arbeitskollegen, Ursachen seiner Handlung und gegebenenfalls begünstigende Umstände etc.

cc) Zusammenfassung

Während des Juni-Aufstandes wurde in 400 Orten der Republik gestreikt oder demonstriert, wobei in 13 von 15 Bezirksstädten und in 51 von 182 Kreisstädten der Ausnahmezustand verhängt wurde. Am 17. Juni beteiligten sich nach Angabe von Partei und MfS ca. 500.000 Menschen an Streiks und weitere 400.000 an Demonstrationen.[862] Setzt man nun die am Aufstand Beteiligten in das Verhältnis

---

859 Siehe *Fechner*, NJ 1953, 382.
860 *Stiller*, Die Staatsverbrechen, S. 41.
861 *Wolfgang Nordam*, Pressekritik zur Entscheidung eines Parteirichters, abgedruckt in: *International Commission of Jurits* (Hrsg.), Fesseln im Recht, S. 135.
862 *Schroeder*, Der SED-Staat, S. 125.

zu den Verhaftungen und vor allem Verurteilungen, so muss man feststellen, dass damit ein anderes Bild entstehen könnte, als bisher angenommen. In der Geschichtsschreibung der DDR war der 17.06.1953 „der Tag X", an dem „durch westliche Provokateure" der sozialistischen Herrschaft ein Ende bereitet werden sollte, was wegen der bereits „gefestigten politischen und sozial-ökonomischen Basis der Arbeiter und Bauernmacht"[863] und weil „eine Regierung der Arbeiter und Bauern ... niemals ihre Macht aus den Händen geben"[864] werde, nicht hätte gelingen können. In der Bundesrepublik war dieser 17.06.1953 ein Tag des Aufstandes gegen die kommunistische Gewaltherrschaft, der bereits im Juli 1953 durch den Bundestag zum gesetzlichen Feiertag erhoben wurde. Die völlig konträre und zumeist einseitig gehaltene Betrachtungsweise[865] auf beiden Seiten verhinderte während des Bestehens zweier deutscher Staaten eine objektive Auseinandersetzung. Erst mit dem Zusammenbruch der Deutschen Demokratischen Republik rückt nunmehr auch der Aufstand vom 17. Juni immer mehr in das wissenschaftliche Blickfeld.

Entgegen der Auffassung *Frickes*[866] sind gerade bei der Aburteilung der Straftaten im Zusammenhang mit dem Aufstand vom 17.06.1953 Bemühungen erkennbar, die zuvor begangenen Fehler zu vermeiden. Ein Blick auf die damals erstellte Statistik über die Verurteilungen von Straftaten, die mit dem Aufstand vom 17.06.1953 in Verbindung standen, soll dies verdeutlichen: Bis zum 08.08.1953 waren fast alle Verfahren diesbezüglich abgeschlossen, wobei 52% der Verfahren eingestellt worden waren, in weiteren 3% der Fälle erfolgte ein Freispruch, in

---

[863] *Ulbricht*, Die Entwicklung des deutschen volksdemokratischen Staates, S. 385.

[864] Siehe Rede *Grotewohls* zum 4. Jahrestag der DDR im DDR-Rundfunk vom 06.10.1953, dok. unter: www.17juni53.de vom 27.10.2003.

[865] Ansatzweise Kritik übten *Heym*, 5 Tage im Juni (1974), *Grass*, Die Plebejer proben den Aufstand (1966).

[866] *Fricke*, Opposition, Widerstand und Verfolgung in der SBZ/DDR, in: *Kaff* (Hrsg.), „Gefährliche politische Gegner", S. 21.

36% der Fälle eine Verurteilung.[867] Im Zuge der Ereignisse um den 17.06.1953 soll es insgesamt ca. 15.000 Festnahmen gegeben haben, die bis Mitte 1955 erfolgten, das SMT ordnete 18 standrechtliche Erschießungen an und fällte 500 bis 750 Urteile, die in der Regel eine Zuchthausstrafe von 10 Jahren vorsahen. Bis Mitte 1955 waren alle Strafverfahren abgeschlossen, wobei die deutschen Gerichte insgesamt ca. 1.800 Verurteilungen vornahmen, davon wurde 2mal die Todesstrafe und 3mal eine lebenslange Freiheitsstrafe verhängt.[868] In Brandenburg wurden im Zuge volkspolizeilicher Maßnahmen in der Zeit vom 17.-26.06.1953 insgesamt 598 Personen festgenommen, von denen 355 Personen wieder freigelassen wurden, 162 Personen wurden dem MfS, 32 den Militärbehörden übergeben.[869] In Anbetracht der Tatsache, dass bei ca. 900.000 aktiv beteiligten Menschen ca. 15.000 Festnahmen erfolgten und dass die DDR-Regierung erheblich an Autorität eingebüßt hatte, kann von einem Rachefeldzug gegen die am Aufstand Beteiligten wohl nicht gesprochen werden. Allerdings sprechen die Zahlen allein gesehen noch keine deutliche Sprache. Obwohl das Zahlenmaterial glaubwürdig erscheint - es handelt sich zum Teil um geheime Dokumente aus den Archiven der Partei und des MfS und damit der allgemeinen „Schönfärberei" nicht zwangsläufig ausgesetzt - lässt sich nicht klären, wie viel Menschen aus Angst vor einem Zugriff durch staatliche Organe noch am 17. Juni oder etwas später die DDR in Richtung Westberlin bzw. Westdeutschland verließen, um einer Verhaftung und Verurteilung zu entgehen. Weiterhin bleibt unklar, wie viele Verurteilungen zunächst im Geiste der politischen Kursänderungen ergingen und in späteren Verfahren wieder kassiert wurden, ohne dass dies in den Statistiken vermerkt wurde. So soll es gerade im Zusammenhang mit

---

[867] *Kleine*, NJ 1953, 511. Inwieweit diese Statistik auf zuverlässigem Zahlenmaterial beruht, ist unklar.

[868] *Kowalczuk*, 17. Juni 1953 - Volksaufstand in der DDR, Vortrag am 17.06.2003 im Rathaus der Stadt Frankfurt (Oder).

[869] Bericht über die Auswertung des volkspolizeilichen Einsatzes zur Niederschlagung der faschistischen Provokation, BDVP Potsdam vom 28.06.1953, BLHA, Rep. 404/15, Sign. 33, Bl. 11.

dem Jahrestag der DDR im Oktober 1953 erneut zu Verhaftungswellen gekommen sein, die immer noch die Ereignisse um den Juni-Aufstand betrafen.[870]

Verkannt werden darf aber auch nicht, dass sich an diesem Aufstand auch diejenigen beteiligten, deren Interesse nicht auf die Veränderungen der politischen und wirtschaftlichen Situation gerichtet war, sondern die die Gelegenheit nutzten, ihrem Hass und ihrer allgemeinen Unzufriedenheit ausschließlich mit Gewalt Ausdruck zu verleihen. So kam es im Zuge der politisch motivierten Streiks und Demonstrationen vielerorts zu gewaltsamen Auseinandersetzungen, bei denen sozialistische Symbole und vor allem Funktionäre im Mittelpunkt standen. In Brandenburg und in Fürstenberg beispielsweise wurden die Kreisleitungen völlig verwüstet, Polizisten angegriffen, verprügelt und entwaffnet. Ein Genosse meldete von dort: „Soeben ist die Kreisleitung der SED von einer großen Menschenmenge gestürmt worden. Sie verwüsten das gesamte Gebäude und werfen sämtliches Inventar und alle Unterlagen aus den Fenstern in den Kanal. Die Funktionäre konnten noch flüchten. Die Menge hat sich geäußert, als nächstes ist das Gericht und das Gefängnis dran!“[871] In Rathenow/ Brandenburg wurde bei der Stürmung und Plünderei der dort ansässigen Molkerei ein Parteifunktionär erschlagen.[872]

Bei der Aburteilung der in diesem Zusammenhang stehenden Straftaten ist wiederum erstaunlich, dass viele Delikte nicht als Staatsverbrechen geahndet wurden, obwohl dies bis dato durchaus gängige Rechtspraxis gewesen war. Ledig-

---

[870] Siehe Bericht über die Gründung des Streikkomitees 17. Juni 1953 in Westberlin, RIAS, 13.10.1953, dok. unter: www.17juni53.de.
[871] Bericht über die Vorfälle im Gericht und Gefängnis in Brandenburg/H. am 17.06.1953, BLHA, Rep. 530/2153, Bl. 58-63.
[872] *Materna* (Hrsg.), Brandenburgische Geschichte, S. 740.

lich den Tatbestand des § 125 StGB und nicht etwa den Tatbestand eines Staatsschutzdeliktes sah das Gericht in folgenden Fällen als erfüllt an:

- das Zerschlagen von Schaukästen der SED,
- das Zertrümmern mehrerer Fensterscheiben,
- das Rufen von Hetzparolen[873],
- das Werfen von Steinen auf Fahrzeuge der Feuerwehr[874],
- das Zusammenschlagen eines MfS-Funktionärs mit der Drohung, ihn an der nächsten Gaslaterne aufzuhängen[875],
- das Schlagen und Treten eines SED-Funktionärs[876],
- tätliche Angriffe gegen Angehörige der Volkspolizei und der SED[877],
- das Steinewerfen auf einen vollbesetzten VP-Streifenwagen[878],
- das Zerstören von Werbetafeln der Gesellschaft für Sport und Technik[879],
- das Inbrandstecken eines Motorrades und eines PKW, das Brüllen von Hetzparolen, das Verprügeln von photographierenden Passanten[880],
- das Werfen mit Steinen auf ein HO-Geschäft, das Verprügeln der Verkäuferin und die Plünderung des Ladens[881],
- diffamierende Äußerungen gegen hohe Funktionäre[882],
- die Aussage gegenüber einem Polizisten: „Ihr solltet euch schämen. Als Deutsche auf deutsche Arbeiter zu schießen“[883].

---

[873] Wochenbericht des BG Leipzig über die Durchführung von Verfahren anlässlich der Ereignisse am 17.06.1953 für die Zeit vom 20.-29.07.1953, BStU Leipzig, L 00265, S. 7.
[874] Tagesbericht des BG Leipzig über die Durchführung von Verfahren anlässlich der Ereignisse am 17.06.1953 am 15.07.1953, BStU Leipzig L 00265, S. 16.
[875] Ebda., S. 29.
[876] Ebda., S. 18.
[877] Ebda., S. 19.
[878] Ebda., S. 21.
[879] Ebda., S. 19.
[880] Stadtgericht Berlin, Urteil vom 23.06.1953 - I c 264/53, NJ 1953, 421.
[881] Stadtgericht Berlin, Urteil vom 25.06.1953 - I c 331/53, NJ 1953, 422.
[882] Stadtgericht Berlin, Urteil vom 24.06.1953 - I c 281/53, NJ 1953, 422.
[883] KG, Urteil vom 26.06.1953 - Ust I 242/53, NJ 1953, 423.

Auch politisch motivierte Forderungen, wie beispielsweise die Aufforderung, das Parteiabzeichen zu entfernen[884] oder das Rufen „Nieder mit der Regierung“[885] wurde als Landfriedensbruch geahndet. In vergangenen Verfahren waren solche Handlungen nicht selten wegen Art. 6 VerfDDR oder die KRD 38 bestraft worden. Auch die ausgeworfenen Strafen fielen milder aus als in den vergangenen Jahren. Kamen die Gerichte zu der Auffassung, dass der/ die Angeklagte nicht als Organisator fungierte, sondern vielmehr aus Verärgerung handelte bzw. sich den Demonstrationen nur angeschlossen hatte, wurde eine Strafe unter einem Jahr verhängt[886] oder das Verfahren sogar eingestellt[887].

Gleiches kann über die Verurteilungspraxis des Bezirksgerichtes Dresden gesagt werden, das sich unter anderem mit den Ausschreitungen anlässlich des 17. Juni 1953 in Görlitz zu befassen hatte. In einigen Fällen wurden die Angeschuldigten wegen Verbrechen gemäß Art. 6 VerfDDR angeklagt, jedoch nur wegen § 125 StGB verurteilt.[888] So wurden auch dort Fahnen und Transparente zerrissen, Fensterscheiben zerstört[889], das örtliche Gefängnis gestürmt[890] oder Forderungen zur Herabsetzung der Normerhöhung laut. Darüber hinaus kam es immer wieder zu Übergriffen auf Mitarbeiter der Staatssicherheit oder der Kreisleitung, die öffentlich vorgeführt, verschleppt[891], misshandelt[892], bis zur Bewusstlosigkeit

---

[884] Tagesbericht des BG Leipzig über die Durchführung von Verfahren anlässlich der Ereignisse am 17.06.1953 am 15.07.1953, BStU Leipzig L 00265, S. 19.
[885] Ebda., S. 53.
[886] Das KG, Urteil vom 26.06.1953 - Ust I 242/53, NJ 1953, 423 verhängte eine Freiheitsstrafe von sechs Monaten.
[887] Vgl. Stadtgericht Berlin, Urteil vom 24.06.1953 - I c 281/53, NJ 1953, 422.
[888] BG Dresden, Urteil vom 15.07.1953 - 1a Ks 335/53, BStU FF/O. Leider ist es durch die zahlreichen aus Datenschutzgründen erfolgten Schwärzungen nicht mehr möglich, die einzelnen Tatbeiträge bei mehreren Angeklagten und das sich daraus ergebende Strafmaß zu ermitteln.
[889] BG Dresden, Urteil vom 14.07.1953 - 1a Ks 334/53, BStU FF/O.
[890] Anklageschrift der StA Dresden vom 09.07.1953 - 1a Ks 343/53, BStU FF/O.
[891] BG Dresden, Urteil vom 15.07.1953 - 1a Ks 335/53, BStU FF/O.
[892] BG Dresden, Urteil vom 18.07.1953 - 1a Ks 332/53, BStU FF/O.

geschlagen[893] oder sogar so schwer misshandelt wurden, dass einer nach kurzer Zeit seinen Verletzungen erlag[894].

In Niesky stürmten ca. 1.000 Menschen die Dienststelle des Ministeriums für Staatssicherheit, die mit zehn Mitarbeitern besetzt war. Die Menschenmenge, die auf das Grundstück eingedrungen war, forderte vor dem Haus die Angestellten auf, die Waffen niederzulegen und sich ihnen anzuschließen, wobei einige der späteren Angeklagten ganz besonders dadurch auffielen, dass sie die Menge aufwiegelten, so dass dann mit Steinen, Fahrradnaben und anderen Gegenständen alle Fensterscheiben eingeschlagen und die Türen aufgebrochen wurden. Daraufhin wurde Feuer gelegt, die Mitarbeiter entwaffnet, misshandelt, bespuckt oder in Räumen und Hundezwingern eingesperrt.[895] In einem gegen 16 Personen geführten Prozess, die an diesem Geschehen aktiv beteiligt waren, ergingen 10 Verurteilungen wegen Verbrechens nach Art. 6 VerfDDR iVm. KRD 38, wobei das Strafmaß zwischen lebenslanger Freiheitsstrafe und 4 Jahren Zuchthaus lag. Sechs der Angeklagten verbüßten wegen Verbrechen nach § 125 StGB Gefängnisstrafen zwischen eineinhalb und vier Jahren.[896] Einer der Angeklagten legte Berufung beim Obersten Gericht der DDR ein, das das Urteil wegen Verbrechens nach Art. 6 VerfDDR aufhob und ihn wegen § 257 StGB (Begünstigung) zu einem Jahr Gefängnis verurteilte. Das Bezirksgericht hatte die Anwendung des Art. 6 VerfDDR zuvor damit begründet, dass der Angeklagte aufgrund der Erzählungen eines anderen gewusst habe, dass dieser sich eines schweren Verbrechens dem Staat gegenüber schuldig gemacht hatte. Damit hätte der Angeklagte bewiesen, dass er mit der Zielsetzung eines derartigen Verbrechens

[893] BG Dresden, Urteil vom 14.07.1953 - 1a Ks 334/53, BStU FF/O.
[894] Fernschreiben Nr. 265 der BVfS Potsdam an das MfS Berlin über den Tod *Wilhelm Hagedorns* in Rathenow vom 17.06.1953, BStU AS 1/53, Bd. 1, Bl. 14.
[895] BG Dresden, Urteil vom 18.07.1953 - 1a Ks 332/53, BStU FF/O.
[896] BG Dresden, Urteil vom 18.07.1953 - 1a Ks 332/53, BStU FF/O.

einverstanden war, und dadurch, dass er den anderen auch noch versteckt gehalten habe, sich mit diesem identifizierte. Das bloße Billigen eines Verbrechens und das Versteckthalten eines Verbrechers reiche allerdings - so betonte das Oberste Gericht - keinesfalls aus, eine Strafbarkeit aus Art. 6 VerfDDR zu begründen.[897]

Insgesamt lässt sich daher feststellen, dass auf verschiedenen Ebenen zunächst eine Richtungsänderung eintrat. Die sofort und etwas später ergriffenen Maßnahmen, wie z.B. die Rückgängigmachung der Preis- und Normerhöhungen bei gleichzeitiger Lohnrückstufung, die Verbesserung der Arbeitsbedingungen, der medizinischen Versorgung, die Aufbesserung der unteren Lohngruppen und der Renten[898] bewirkten bei weiten Teilen der Bevölkerung eine wahre Euphorie, die sich in den darauf folgenden jedoch Monaten wieder legen sollte. In einem Situationsbericht von *Fahl* vom 17.07.1953[899] ist die Rede davon, dass die Freude über die bevorstehenden Maßnahmen derart groß war, dass der Verbrauch an Alkohol ganz bedeutend angestiegen sei. Abwanderungswillige DDR-Bürger hätten sich entschlossen, von diesem Plan Abstand zu nehmen und mit neuer Hoffnung ihre Arbeit wieder aufzunehmen. Andere hingegen äußerten Skepsis und wollten zunächst einmal abwarten, wie sich alles entwickeln werde. Handwerker und kleine Gewerbetreibende würden zwar die Maßnahmen der Regierung als einen Fortschritt zur Verbesserung der Lebenslage betrachten, sähen aber diese Wandlung weniger als ein Zeichen des guten Willens, sondern vielmehr als Rückzug der Regierung, der sich notwendig machte, um die Bevölkerung zu beruhigen. Vereinzelt wurden Forderungen nach Absetzung der Regierung und Bestrafung

[897] OG, Urteil vom 14.08.1954 - 1a Ust 471/53, BStU FF/O, S. 68.
[898] *Roesler*, DeutschlandArchiv 2004, S. 121.
[899] Abgedruckt bei: *Wengst*, VfZ 1993, 277 (281ff.).

der Schuldigen laut.[900] Die Mitglieder der Ortsgruppe Katelbogen beispielsweise beschwerten sich darüber, dass sie bereits auf dem Kreisparteitag in Güstrow ein Jahr zuvor auf die Mängel und Fehler der Staatsführung hingewiesen hätten und dabei als reaktionär und die Zeit nicht verstehend angesehen wurden. Sie erhoben öffentlich den Vorwurf, dass diese Missstände verhindert worden wären, hätten sich die Verantwortlichen ernsthaft mit den Problemen der Bevölkerung, insbesondere der Bauern, beschäftigt.[901] Die Maßnahmen des neuen Kurses führten zunächst zu einer Verbesserung der Lebenslage, so dass die Abwanderungszahlen tatsächlich zurückgingen.

d) Die Ereignisse von 1956

Die Ereignisse des Jahres 1956 sollten die Machthaber allerdings nach 1953 ein weiteres Mal auf eine harte Probe stellen. Sie mussten - so *Wolf* in seinem autobiographischen Roman - letztlich zu jener Entwicklung führen, welche sich am Ende des 20. Jahrhunderts im Zusammenbruch des Sozialismus vollendete.[902] Die Rede *Chruschtschows* auf dem XX. Parteitag der KPdSU im Februar 1956, die das Andenken *Stalins* vom genialen Führer hin zum tyrannischen, narzisstischen, kompromisslosen, machtbesessenen Menschen verwandelte, schockierte die anwesenden Delegierten. Er konfrontierte die Anwesenden damit, wie *Stalin* begann, seine Macht zu missbrauchen, sprach davon, dass dieser von den 139 Mitgliedern und Kandidaten des Zentralkomitees, die auf dem XVII. Parteitag gewählt worden waren, 98 Personen hauptsächlich in den Jahren 1937/38 verhaften und erschießen ließ, zählte Beispiele massenhafter Gesetzesverletzungen auf, machte auf den krankhaften Argwohn und das wahllose Misstrauen *Stalins* aufmerksam, der überall Feinde, Doppelzüngler und Spione sah, und berichtete von

---

[900] Analyse der Ereignisse vom 17.-24. Juni 1953 im Bezirk Karl-Marx-Stadt, BStU Chemnitz XX-301, S. 43.
[901] Siehe Stimmungsbericht von *Fahl* vom 17.07.1953, abgedruckt in: *Wengst*, VfZ 1993, 277 (285).
[902] *Wolf*, Spionagechef im geheimen Krieg, S. 105.

seinem Hang zur Selbstdarstellung, der allmählich krankhafte Züge annahm, erhob schwere Vorwürfe gegen *Stalin* als Kriegsherrn im Großen Vaterländischen Krieg, weil er den bevorstehenden Krieg trotz mehrerer Warnzeichen nicht erkannt habe.[903] Diese Rede wird auch häufig als Abrechnung mit dem Stalinismus und dem Personenkult um *Stalin* verstanden. Später stellte *Mollnau*[904] dazu fest, dass es eine Verniedlichung sei, den Stalinismus mit den Phänomenen des Personenkultes zu identifizieren. Es gehe in erster Linie gar nicht um Personen, um ihre charakterlichen Defekte und psychischen Eigenarten, um ihre intellektuellen Fähigkeiten und Defizite, sondern vielmehr um ein System von Herrschaftsstrukturen, das Menschen passfähig formte, damit sie in ihm funktionieren konnten, und das auf diese Weise das Verhältnis von Mittel und Ziel des Sozialismus auf den Kopf stellte.

Die schonungslose Abrechnung mit dem bis dato unantastbaren Volkshelden *Stalin* wirkte auch in der DDR-Führungsspitze wie ein Erdbeben. Die unter ständigen Bedrohungsängsten leidende Parteiführung versuchte mit strengster Geheimhaltung eine Gefährdung ihrer Macht und Machtstrukturen zu verhindern. Trotzdem zwangen Veröffentlichungen in der Londoner Presse *Ulbricht* zu einer Diskussionsrede, obwohl es ihm „nicht angenehm (sei), ... zu Fragen der KPdSU öffentlich Stellung zu nehmen, bevor das in der ‚Prawda‘ geschehen“[905] sei.[906] Verunsichert darüber, wie man am besten auf die Geheimrede *Chruschtschows* reagieren sollte, warf *Ulbricht* zwar einige Fragen auf, ohne sie jedoch zufrie-

---

[903] Die Geheimrede Chruschtschows, S. 25, 32f., 41, 44, 53, 66; siehe auch *Ruffmann*, Zu den deutsch-sowjetischen Beziehungen, in: *Meissner/Eisfeld* (Hrsg.), 50 Jahre sowjetische und russische Deutschlandpolitik, S. 7 ff.

[904] *Mollnau*, NJ 1990, 3.

[905] Siehe Telegramm *Ulbrichts* an das ZK der KPdSU vom 19.03.1956, in: *Gabert/Prieß*, SED und Stalinismus, S. 91.

[906] Die Rede begann mit den üblichen einleitenden Worten über den Aufbau des Sozialismus, über den verstärkten Klassenkampf und die große historische Aufgabe. Erst später kam *Ulbricht* auf die

denstellend zu beantworten. So war er der Meinung, dass die Partei es nur begrüßen könne und dass sie dem Zentralkomitee der KP dankbar sein müsse, dass sie die Fragen über die Probleme der Gesetzlichkeit, des Führerkultes klar formuliert und ausgesprochen hätten, weil das zur Stärkung der KPdSU und zur Stärkung aller Parteien des sozialistischen Lagers führen würde. Er begrüßte die schonungslose Aufdeckung begangener Fehler ohne Ansehen der Person in der Sowjetunion. Für seine eigene Partei sah er im Einzelnen wenig Handlungsbedarf: „Prüfen wir, wieweit es bei uns noch einen Führerkult gibt, und wenn solcher noch vorhanden sein sollte, wie man die Sache in Ordnung bringen kann."[907] Außerdem seien in der DDR „solche Dinge wie in anderen Ländern nicht passiert"[908]. Darüber hinaus „wäre es gut, wenn man sich in der Berliner Parteiorganisation neben den ökonomischen Fragen systematisch mit den Fragen des ideologisch-politischen Kampfes beschäftigen würde, weil ihr eben eine höhere Verantwortung habt und weil der Druck des Gegners hier stärker wird."[909] Der offizielle Artikel über den XX. Parteitag in der Sowjetunion, der von *Ulbricht* bereits am 04.03.1956 verfasst worden war, enthielt keinerlei Erklärungen über die Abrechnung mit *Stalin*.[910] Die Rede *Chruschtschows* wurde nicht veröffentlicht und nur in kleinen und geheimen Gremien auszugsweise wiedergegeben und diskutiert.[911] Was in der UdSSR als Befreiung von verkrusteten Strukturen, als Neuanfang von alten Denkweisen empfunden worden sein musste, war in der bis dahin noch nicht stabilisierten DDR nicht nur ein Machtproblem, sondern wohl sogar eine Existenzfrage.

Frage des Personenkultes zu sprechen, siehe aus der Diskussionsrede *Ulbrichts* vom 17.03.1956, in: *Gabert/Prieß*, SED und Stalinismus, S. 116 ff.

907 Aus der Diskussionsrede *Ulbrichts*, 17.03.1956, in: *Gabert/Prieß*, SED und Stalinismus, S. 127.

908 *Weber*, Justiz und Diktatur, S. 463.

909 Aus der Diskussionsrede *Ulbrichts*, 17.03.1956, in: *Gabert/Prieß*, SED und Stalinismus, S. 129.

910 Artikel von *Ulbricht* vom 04.03.1956 über den XX. Parteitag der Kommunistischen Partei der Sowjetunion, in: *Gabert/Prieß*, SED und Stalinismus, S. 93 ff.

911 *Wolf*, Spionagechef im geheimen Krieg, S. 107.

Auf der 3. Parteikonferenz vom 24.-30. März 1956 standen die durchaus bestehenden wirtschaftlichen Probleme im Vordergrund[912], eine fruchtbare Diskussion über Maßnahmen zur Entstalinisierung wurde von *Ulbricht* aber erfolgreich verhindert. Nur wenige trauten sich trotz der allgemeinen Verwirrung dieses brisante Thema aufzugreifen. Um dem Diskussionsbedarf trotzdem gerecht zu werden, ohne dass daraus eine breite Diskussion entstehen sollte, verfasste das Politbüro des ZK der SED einen Artikel, der jedoch in keiner Weise geeignet war, den Gedanken der Entstalinisierung in die deutsche Arbeiterpartei hineinzutragen. *Ulbricht* gab zwar zu, dass es bei der leitenden Arbeit und der Durchführung der Beschlüsse auch zu Fehlern gekommen sein könnte, aber „die Generallinie der Partei war und ist richtig.“[913] Es habe unter den Bedingungen des verschärften Kampfes, des kalten Krieges, eine Reihe von Maßnahmen gegeben, die nun nicht mehr weitergeführt werden könnten. *Ulbricht* wörtlich: „Selbstverständlich ändern wir verschiedenes. Wir werden eine ganze Anzahl Leute rauslassen, werden das individuell prüfen, ohne Amnestie, werden sie rauslassen, jawohl, wir werden sogar Kriegsverbrecher rauslassen. Bitte schön, sollen sie draußen verfaulen. Warum müssen sie bei uns im Gefängnis verfaulen? ... Es bleiben nur die sitzen, die wir unbedingt halten müssen, also Agenten, Spione, die uns großen Schaden zugefügt haben. ... Nun gut, der Teufel soll es (sic!) holen, werden wir ein paar hundert, - ich weiß nicht, wieviel da sitzen -, werden wir einen Teil rauslassen.“[914] Eine der Schlussfolgerungen, die man aus dem XX. Parteitag der KPdSU ziehen müsse, sei, dass es darauf ankäme, mehr eigene Initiative zu zeigen, offen über alle Fragen mit den Vertretern der Intelligenz zu

---

[912] Diskussionsbeitrag von *Eidner*, 1. Sekretär in Großenhain, über die Direktive zum 2. Fünfjahrplan bezüglich der Landwirtschaft, BArch DY 30 IV 1/3/3, S. 427.

[913] Artikel des Politbüros des ZK der SED, 29.04.1956, in: *Gabert/Prieß*, SED und Stalinismus, S. 134.

[914] Berichterstattung von *Ulbricht* auf der 26. Tagung des SED-Zentralkomitees am 22.03.1956, SAPMO-BArchiv DY 30 IV 2/1/156.

diskutieren und ein Verhältnis des gegenseitigen Vertrauens zu schaffen.[915] *Hager* verwies darauf, dass sich die Lehre des Marxismus-Leninismus durch die Geschichte bestätigt habe, während die bürgerlichen Theorien Schiffbruch erlitten hätten. Die Verwirklichung der realen Demokratie der Werktätigen in der DDR beweise ein für allemal, dass nur dort wahre Freiheit für das Volk herrsche, wo die Arbeit aus den Fesseln der kapitalistischen Ausbeutung und Unterdrückung befreit sei. Es sei nun endlich an der Zeit, das heuchlerische und lügnerische Gerede von der freien Welt des Westens und dem angeblichen Totalitarismus des Ostens entschieden zurückzuweisen.[916] Er rief dazu auf, Propagandist des Marxismus-Leninismus zu werden[917] und eine ideologische Arbeit im Geiste *Lenins* durchzuführen, um neue Erfolge im Kampf um Frieden, nationale Einheit, Demokratie und Sozialismus zu erringen.[918]

So endete die Parteikonferenz mit einer Direktive zum 2. Fünfjahrplan, die zu einer Verbesserung des Lebensstandards führen sollte und einige „Maßnahmen zur breiteren Entfaltung der Demokratie" enthielt.[919] Der Parteitag hatte jedoch auf viele Intellektuelle und auch Parteifunktionäre eine belebende Wirkung, da sie nun die Chance gekommen sahen, den Sozialismus nach ihren Vorstellungen umzustrukturieren. Dazu gehörte *Kuczynski*, 1956 Leiter der Abteilung Wirtschaftshistorie am Geschichtsinstitut der Deutschen Akademie der Wissenschaft zu Berlin, der in Artikeln über die Lehren und Mahnungen des XX. Parteitages

[915] *Hager*, Diskussionsbeitrag, BArch DY 30 IV 1/3/2, S. 327.
[916] *Hager*, Diskussionsbeitrag, BArch DY 30 IV 1/3/2, S. 317.
[917] Ähnlich der Diskussionsbeitrag von *Fröhlich*, 1. Sekretär der BL Leipzig, über die Erziehung der Mitglieder und die Notwendigkeit der Propagierung der marxistisch-leninistischen Weltanschauung, BArch DY 30 IV 1/3/3, S. 390; *Meschter* plädierte für die Verbesserung der politischen Massenarbeit, insbesondere für das Werben neuer Parteimitglieder, BArch DY 30 IV 1/3/2, S. 344f.
[918] *Hager*, Diskussionsbeitrag, BArch DY 30 IV 1/3/2, S. 329.
[919] Siehe *Weber*, Geschichte der DDR, S. 190f.

mit Dogmatismus, der „Zitatenkrankheit“ und der „Buchstabengelehrtheit“ hart ins Gericht ging.[920]

So nahmen die Spannungen innerhalb des Politbüros zu, weil an Reformen interessierte oder auch bloß desorientierte Genossen eine Reaktion auf den XX. Parteitag der KPdSU erwarteten, insbesondere welcher politische Kurs nunmehr eingeschlagen werden sollte. *Oelßner* erklärte im Vorfeld der 28. ZK-Tagung: „Jawohl, es gibt ihn (den Personenkult - d. Verf.) und im Zusammenhang damit ein persönliches Regime, das hauptsächlich vom Genossen Ulbricht ausgeübt wird. ... jede öffentliche Kritik am Genossen Ulbricht ist als unzulässig erklärt.“[921] Doch die offene Kampfansage verhallte ungehört. Die Tagung endete mit allgemeiner Selbstkritik, aber ohne greifbare Ergebnisse. Um *Oelßner* herum begannen auch andere Genossen, innerparteiliche Reformen anzustreben, obwohl es eine wirkliche Opposition zur Führungsspitze niemals gab. Staatssicherheitsminister *Wollweber*, Politbüromitglied *Schirdewan* und *Ziller*, ZK-Sekretär für Wirtschaft, verurteilten die irrealen wirtschaftlichen Zielsetzungen, den Personenkult um *Ulbricht* und thematisierten die Frage der mangelnden Kollektivität innerhalb der Parteiführung.[922] Doch der Widerstand war zu gering, so dass *Ulbricht* und seine Gefolgsleute die innenpolitische Reaktion isolieren konnten. Wieder entstand unter den Genossen eine Stimmung der Denunziation, des Misstrauens und gelegentlich des Abwartens. Einige der Mitglieder verfielen wie ein paar Jahre zuvor in Selbstkasteiungen, um so nicht nur die politische Karriere zu retten, sondern unter Umständen auch ihr Leben bzw. ihre Freiheit. So bezichtigte sich später *Selbmann* in einem Brief an das Politbüro, er hätte wissen müssen, dass es sich um fraktionelle Gruppenarbeit gehandelt habe, die die Partei geschä-

---

[920] *Haun*, Kommunist und „Revisionist“, S. 14 ff.
[921] Siehe *Klein*, „Für die Reinheit und Einheit der Partei“, S. 315.
[922] Siehe *Klein*, „Für die Reinheit und Einheit der Partei“, S. 317f.

digt, die Einheit der Führung gefährdet und die Geschlossenheit und Schlagkraft der Partei geschwächt habe.[923] In der Folgezeit gelang es, die Gruppe um *Schirdewan* nicht nur politisch zu isolieren, sondern auch als staatsfeindlich völlig zu zerstören: „Wenn das Zentralkomitee die fraktionelle Tätigkeit der Gruppe *Schirdewan, Wollweber* und andere verurteilt hat, so deshalb, weil die Einheit der Partei und die eiserne Disziplin in der Partei eine Voraussetzung für den Sieg unserer Sache bedeutet... Wer die Einheit und Geschlossenheit der Partei untergräbt, untergräbt auch die proletarische Diktatur... Der Revisionismus bei *Schirdewan* und *Wollweber* und der Pessimismus bei *Oelßner* zeigen, wie die dem Sozialismus feindlichen Kräfte auf diese Genossen gedrückt und sie zum Sprachrohr ihrer Bestrebungen gemacht haben... Wer gegen die Generallinie der Partei ist, der muß auch gegen die Veränderung des Arbeitsstils der Funktionäre sein."[924] Auch *Ulbricht* fand klare Worte: „Während der Konterrevolution in Ungarn und der Ereignisse in Polen im Herbst 1956 wollten Schirdewan und Wollweber eine falsche Einschätzung der aggressiven Nato-Politik gegenüber der DDR in die Partei tragen. Sie sprachen nur von der weiteren Demokratisierung. Schirdewan wollte eine Politik der ‚Ventilöffnung' betreiben, statt die Wachsamkeit der Partei zu erhöhen und die entsprechenden Sicherheitsmaßnahmen zu treffen."[925]

Selbst wenn es keine politischen oder strukturellen Reformen innerhalb der Führungsriege gab, so erließ doch der Staatsrat im Zuge der sich in Moskau wandelnden Verhältnisse im Sommer 1956 eine Amnestie für insgesamt 19.000 Inhaftierte, kündigte die Überprüfung einiger Verfahren gegen ehemalige Funk-

---

[923] Siehe *Klein*, „Für die Reinheit und Einheit der Partei", S. 319.
[924] *Streit*, NJ 1958, 230.
[925] *Ulbricht*, Über die Dialektik unseres sozialistischen Aufbaus, S. 26.

tionäre[926] an und befasste sich mit Reformplänen. Ein wirkliches Bemühen um Veränderungen in der Staats- und Wirtschaftspolitik hat es daher nicht gegeben, vielmehr das Ringen um den Erhalt der nach 1953 so mühsam zurückgewonnenen Macht. Dies umso mehr, als die Rede *Chruschtschows* in Polen und Ungarn massive Proteste unter der Bevölkerung auslöste und die Arbeit und Existenz der Regierung beider Länder ernsthaft gefährdete. In Polen kam es im Sommer 1956 während der Industriemesse in Poznan zu blutigen Auseinandersetzungen, in deren Folge 53 Demonstranten starben und 300 verletzt wurden. In der Hauptstadt Ungarns rückten im Oktober 1956 sowjetische Panzer ein, um die Lage unter Kontrolle zu bringen.[927] Der drohende Zerfall des sozialistischen Blockes verstärkte die Arbeit der Geheimdienste auf beiden Seiten. Als dann ein Dokument aus dem Jahre 1955 über Pläne zur „Befreiung der SBZ und Wiedervereinigung Deutschlands durch militärische Besetzung des mitteldeutschen Raumes bis zur Oder-Neiße-Linie“ auftauchte, in dem es um Aufgaben und Stoßrichtungen der Heeresgruppen ging, schien eine bewaffnete Auseinandersetzung nicht mehr unwahrscheinlich.[928] Doch zu einem kriegsmäßigen Kräftemessen kam es in der Folgezeit bekanntlich nicht.

Mit Ende des Jahres 1956 war die Macht der Parteiführung trotz einigen Imageverlustes wieder hergestellt. Die Opposition um *Schirdewan*, die für eine Verlangsamung des sozialistischen Aufbaus und für eine allgemeine Entspannung eingetreten war, war mit Beendigung der 33. Tagung des ZK im Oktober 1957

---

[926] Das betraf auch die Rehabilitierung von Genossen, die in der Sowjetunion verhaftet worden waren, siehe aus dem Referat *Ulbrichts* aus der 28. Tagung des ZK der SED vom 27.-29.07.1956, in: *Gabert/Prieß*, SED und Stalinismus, S. 146.

[927] Der Aufstand wurde von der Parteiführung sofort als „Konterrevolution“ abgetan. *Pieck* begrüßte die Einsetzung der neuen Regierung durch die Sowjets und sicherte ihr seine Unterstützung zu, während gleichzeitig der ungarische Minister *Maléter* den damaligen Verteidigungsminister der Bundesrepublik Deutschland, *Strauß*, um militärische Unterstützung bat, die dieser jedoch ablehnte, *Horváth*, Die Revolution in Ungarn, in: *Timmermann* (Hrsg.), Die DDR in Deutschland, S. 62.

[928] Siehe *Wolf*, Spionagechef im geheimen Krieg, S. 118.

endgültig geschlagen. *Schirdewan* und *Wollweber* wurden aus dem ZK ausgeschlossen, *Oelßner* aus dem Politbüro, *Ziller* beging Selbstmord. Nach der „Parteisäuberung", bei der u.a. fast ein Drittel der hauptamtlichen Funktionäre in den SED-Bezirksleitungen ausgewechselt wurden, war die Machtposition *Ulbrichts* wieder gesichert; die Chance auf Reformen ein weiteres Mal vertan.[929]

Im Zuge anstehender oder erwarteter Reformen stand auch wieder einmal die Strafrechtsprechung in der Kritik. 1956 machte *Melsheimer*[930] darauf aufmerksam, dass die Vorschrift des Art. 6 der Verfassung zu allgemein sei und wies auf die Worte *Ulbrichts* in seiner Rede auf der Zehnjahrfeier der SED hin, der bezüglich der Anwendung des Art. 6 VerfDDR feststellte, dass es notwendig sei, „Fehler auf wirtschaftlichem Gebiet objektiv zu untersuchen und nicht einfach von Sabotage zu reden". Weiter wies der Verfasser auf die teils überhöhten Strafen hin, da es keinem Zweifel unterliege, dass die in den geltenden Gesetzen vorgeschriebenen hohen Mindeststrafen, die aus der Situation bei der Entstehung dieser Gesetze zu erklären seien, in der Vergangenheit manchmal auch in Fällen angewendet wurden, in denen sie bei Prüfung aller Umstände nicht angebracht waren. Eine Erklärung für diese Rechtsprechung sah *Melsheimer*[931] in der mit der vom XX. Parteitag der KPdSU als falsch erkannten Theorie *Stalins* von der absoluten Verschärfung des Klassenkampfes beim erfolgreichen Aufbau des Sozialismus. Andere stellten besorgt fest, dass das Bemühen um eine möglichst maßvolle und differenzierte Strafpolitik ins Extreme abzutreiben drohe mit der Folge, dass sich dabei über Normen des geltenden Rechts und wichtige Prinzipien hin-

---

929 Bereits vorher waren nicht linientreue Genossen verfolgt und verurteilt worden, darunter 1952 der Handels- und Versorgungsminister *Karl Hamann* (LDPD) und der Außenminister *Georg Dertinger* (CDU), der 1954 vom Obersten Gericht wegen Verbrechen gemäß Art. 6 VerfDDR, KRD 38 zu 15 Jahren Zuchthaus verurteilt und 1964 aufgrund eines Gnadenerlasses vorzeitig aus der Haftanstalt Bautzen entlassen wurde, siehe *Gieseke*, Die DDR-Staatssicherheit, S. 19.

930 *Melsheimer*, NJ 1956, 289 (291).

931 *Melsheimer*, NJ 1956, 289f.

weggesetzt werde. Man verlange vom Strafrecht eine Elastizität, die es, soll es noch „Recht" bleiben, niemals geben könne und dürfe.[932]

3. Die Staatsschutzdelikte im Einzelnen

a) Begriffsbestimmung

Den größten Umfang in der Rechtsprechung Anfang der 50er Jahre nehmen Urteile aus dem Bereich der Staatsschutzdelikte ein, wobei vorliegend die Schwierigkeit der Begriffsbestimmung für derartige Delikte besteht. Die Verwendung des Begriffes „Staatsschutzdelikte" bei den Vorschriften des DDR-Rechts scheint zu eng, da sich die Intention des Gesetzgebers nicht auf den Schutz des Staates als solchen konzentrierte. Häufig wird daher in diesem Zusammenhang der Begriff des politischen Strafrechts gebraucht. Auch dies führt vorliegend zu keiner Präzisierung, da das Strafrecht der DDR schon als solches „politisch" geprägt war. Nach *Schuller*[933] sollen unter den Begriff der Staatsschutzdelikte alle Vorschriften fallen, die solche Taten mit Strafe bedrohten, die eine Gefährdung der sozialistischen Grundordnung darstellten. Dem ist zuzustimmen, da diese Definition wohl am ehesten dem entspricht, was die Rechtswissenschaftler der DDR unter dem Begriff des „Staatsverbrechen" verstanden haben. Denn die Aufgabe des „Staatsschutzes" in der DDR ging - wie an anderer Stelle noch aufzuzeigen ist - weit über das hinaus, was der bundesrepublikanische Rechtswissenschaftler unter „Staatsschutz" versteht. Auch *Arnold*[934] sieht das Problem der Begriffsbestimmung und präzisiert es als „interessenpolitisches Strafrecht" mit mehrfacher Dimension: als Eliminierung der gegenüber Gesellschaftsmitgliedern eingeräumten Freiheiten, sofern diese den machtpolitischen

---

[932] *Renneberg/Hübner/Weber* NJ 1957, 33f.
[933] *Schuller*, Geschichte und Struktur, S. 7.
[934] *Arnold*, Strafgesetzgebung und -rechtsprechung als Mittel der Politik in der DDR, in: *Arnold* (Hrsg.), Die Normalität des Strafrechts der DDR, S. 64f.

Interessen zuwiderlaufen, und als Mittel zur Sicherung der Fügsamkeit Andersdenkender und zugleich als Garantie passiven Gehorsams.

Zu eng dagegen erscheint der Begriff der „politischen Strafjustiz", der ebenfalls der Auslegung bzw. Erläuterung bedarf, da er „gleichermaßen gern gebraucht wie mißbraucht oder mißverstanden" wird.[935] Darüber hinaus ist anzumerken, dass es sich bei der politischen Strafjustiz nicht um eine Erscheinung handelt, die ausschließlich in Diktaturen vorkommt und dem rechtsstaatlich organisierten Staat fremd ist, auch wenn dieses Rechtssystem gerade in einem totalitären Staat ein Instrument sein wird, das darauf gerichtet ist, Angehörige der Opposition zu unterdrücken und gegebenenfalls auch auszuschalten.[936] So findet sich politische Strafjustiz in allen denkbaren Staatsformen, so dass gerade die 50er Jahre ein Beispiel praktizierter politischer Justiz in beiden deutschen Staaten waren - wenn auch aus unterschiedlichen Intentionen.

Gespeist aus dem Bewusstsein von der objektiven naturgesetzlichen Durchsetzungskraft des Sozialismus und seiner gesetzmäßigen Überlegenheit maßte sich die Parteiführung nicht nur einen absoluten Machtanspruch an, sondern ging mit aller Härte gegen vermeintliche Staatsverbrecher vor.[937] Bei Staatsschutzverbrechen handelte es sich daher um Delikte gegen die staatliche Ordnung, Delikte also, die in irgendeiner Weise politisch motiviert[938] zu sein schienen, weil sie sich

[935] Vgl. *Limbach*, NJ 1994, 49.
[936] Vgl. *Limbach*, NJ 1994, 49, Fn. 3.
[937] Siehe *Schöneburg*, NJ 1992, 49 (53).
[938] Dies erfasste auch die „politischen" Häftlinge, die es offiziell nicht gab. In einer Rundverfügung vom 05.09.1951, UaS I, 34, wird darauf hingewiesen, dass die Bezeichnung „politischer Häftling" nur für das Dritte Reich Anwendung findet, da in der DDR keiner wegen seiner Gesinnung inhaftiert sei, da derjenige, der gegen die antifaschistisch-demokratische Grundordnung vorgehe, wegen dieser Taten bestraft werde und damit nicht „politischer", sondern „krimineller Verbrecher" sei.

gegen die Basis des neu entstehenden demokratischen Staates[939] bzw. gegen die Herrschaftsverhältnisse richteten. Da nach dem Marxismus-Leninismus die sozialistische Revolution als die letzte Form der revolutionären Entwicklung galt, musste jeder, der sich gegen die sozialistische Herrschaft wandte, ein sog. Staatsverbrecher sein, weil er entgegen den objektiven Gesetzen das Rad der Geschichte zurückdrehen wollte.[940] In letzter Instanz waren daher viele Verbrechen Anfang der 50er Jahre auf diese oder jene Weise ein Angriff auf die Arbeiter- und Bauernmacht, „ein gefährlicher und verwerflicher Anschlag auf die Lebensinteressen der Gesellschaft, mithin auf die Lebensinteressen jedes einzelnen Bürgers“[941]. Unter „Staatschutzdelikte“ werden daher in dieser Arbeit alle die Delikte verstanden, deren Angriffsrichtung primär auf Staat und Gesellschaft gerichtet war. Bis zum Erlass des Strafrechtsergänzungsgesetzes vom 11.12.1957[942] war Grundlage für Verurteilungen wegen Staatsverbrechen Art. 6 II/III VerfDDR[943], KRD Nr. 38 Abschnitt III A III, das Gesetz zum Schutze des Frieden und der Befehl Nr. 160 der SMAD, aber darüber hinaus müssen auch die wirtschaftsregulierenden Gesetze darunter gefasst werden.[944] Es ist daher angebracht, auch die damaligen „Wirtschaftsverbrecher“ in den Bereich der Staatsschutzdelikte einzubeziehen.[945]

---

[939] *Benjamin*, NJ 1954, 33. Bei dem später in Kraft getretenen Strafrechtsergänzungsgesetz wurde nicht nur der Staat „DDR“ geschützt, sondern in einigen Vorschriften auch „andere friedliebende Völker“, siehe *Schmidthals*, Die Neugestaltung des strafrechtlichen Staatsschutzes, S. 37.
[940] *Henkel*, Im Dienste der Staatspartei, S. 39.
[941] *Lekschas*, NJ 1954, 717f.
[942] Erstaunlich ist, dass die Verabschiedung eines neuen sozialistischen Strafgesetzbuches so viel Zeit in Anspruch nahm, da man zunächst 1957 ein Strafrechtsergänzungsgesetz und erst 1968 ein eigenes Strafgesetzbuch schuf, dazu ausführlich *Schroeder*, Die Strafgesetzgebung in Deutschland, S. 1 ff.
[943] GBl. 1949 I, 5.
[944] Zu den Vorschriften im Einzelnen, vgl. spätere Erläuterungen.
[945] Ähnlich auch *Werkentin*, Zur Dimension politischer Inhaftierungen, in: *Müller/Stephan* (Hrsg.), Die Vergangenheit läßt uns nicht los, S. 142.

b) Staatsschutzdelikte und ihre Ausprägung

Der Ausbau der Staatsschutzdelikte und die extensive Auslegung der vorhandenen Gesetze führten zu einer massenhaften Verfolgung, die „beschämend an die der NS-Justiz“[946] erinnerte. Dabei standen die in der SBZ begangenen Verbrechen nach Auffassung führender Juristen in der DDR in engem Zusammenhang mit der ökonomischen und politischen Entwicklung in der Besatzungszone. So wurde die erste Periode durch die Bodenreform, durch die Enteignung und Bestrafung der aktiven Nationalsozialisten und Kriegsverbrecher, durch die Verstaatlichung von Betrieben und die Entnazifizierung gekennzeichnet. Aus dieser Entwicklung heraus seien die typischen Verbrechen dieser Periode entstanden, die insbesondere die Verwirklichung der Bodenreform durchkreuzen und die Entstehung des Volkseigentums sabotieren wollten.[947] Deshalb erließ der Chef der SMAD im September 1945 für die Mark Brandenburg folgenden Befehl:[948]

„Im Zusammenhang mit der Durchführung der Bodenreform sind Fälle denkbar, wo konfisziertes Eigentum und landwirtschaftliches Inventar geraubt werden könnte. Ich weise darauf hin, daß der Vorsitzende des Oberlandesgerichts, die Richter, der Generalstaatsanwalt und die Mitarbeiter in der Staatsanwaltschaft energische Maßnahmen gegen solche Verbrechen ergreifen.“

Ursache für derartige Delikte war nach Ansicht führender Juristen der sich ständig verschärfende Klassenkampf der reaktionären Kräfte gegen die Ordnung der DDR.[949] *Ulbricht* wies auf der 10. Tagung des Zentralkomitees der SED ausdrücklich darauf hin, dass das Charakteristische der gegenwärtigen Situation gerade darin bestehe, dass im Zusammenhang mit der Anwendung verschiedener

---

[946] *Schöneburg*, NJ 1992, 49 (53).
[947] *Benjamin*, NJ 1954, 33.
[948] VOBl. der Provinz Mark Brandenburg 1945/46, S. 16.
[949] *Kleine*, NJ 1954, 71 mit Hinweis auf die Bearbeitung von *Benjamin*, NJ 1954, 33.

ökonomischer Gesetze des Sozialismus einerseits und dem Bestreben der kapitalistischen Kräfte andererseits, die ihre Positionen zur Störung des sozialistischen Aufbaus ausnutzten, sich der Klassenkampf verschärfe.[950] Daher auch der Aufruf an die Richter und Staatsanwälte, immer den engen Zusammenhang zwischen jedem einzelnen Verbrechen und der bestehenden Situation des Klassenkampfes aufzudecken und nicht nur vom formalen Standpunkt, d.h. vom Standpunkt mechanischer Subsumtion aus, an die Beurteilung der verbrecherischen Handlungen heranzugehen. Sie waren aufgerufen, nicht an den Oberflächenerscheinungen haften zu bleiben, sondern die besondere Gesellschaftsgefährlichkeit einer jeden Verletzung der sozialistischen Gesetze in den Handlungen der Verbrecher vom Standpunkt der demokratischen Volksmacht, vom Standpunkt des sozialistischen Aufbaus, vom Standpunkt der Interessen des werktätigen Volkes aus aufzudecken und zu beurteilen.[951] *Ulbricht* mahnte, dass die Juristen noch nicht die vielfältigen Formen des Widerstandes erkennen würden, weil sie nicht die Tarnung dieses Widerstandes durchschauten. Feindliche Elemente im Justizapparat würden Überbleibsel des sog. Rechtsformalismus ausnutzen, um die Unterstützung der Feinde unter dem Deckmantel formalistischer, pseudo-juristischer Begründungen und gesetzeswidriger Auslegungsmethoden zu verbergen.[952] Und *Fechner* kam zu dem Ergebnis, die Analyse der Rechtsprechung in Strafsachen zeige, dass ein Teil der Richter ihre Arbeit isoliert von den Forderungen der Partei der Arbeiterklasse und den Verordnungen der Regierung formal durchführten, dass sie sich nicht für das Leben ihres Bezirkes interessierten, dass sie keine Schlussfolgerungen aus der Verschärfung des Klassenkampfes für ihre Arbeit zögen, nicht die Zusammenhänge zwischen der Verschärfung des Klassenkampfes und den verbrecherischen Handlungen feindlicher Agenten erkennen würden, sie

[950] *Fechner*, NJ 1953, 225.
[951] *Gerats/Renneberg*, NJ 1953, 278f.
[952] *Gerats/Renneberg*, NJ 1953, 278f.

vielmehr weiterhin antidemokratische Handlungen nicht nach Art. 6 der Verfassung bestrafen würden, sondern aus persönlicher Verfehlung zu niedrigen Gefängnisstrafen kommen würden.[953]

c) Art. 6 VerfDDR

Absätze 2 und 3 des Art. 6 der Verfassung der DDR lauteten:

II. „Boykotthetze gegen demokratische Einrichtungen und Organisationen, Mordhetze gegen demokratische Politiker, Bekundungen von Glaubens-, Rassen-, Völkerhaß, militaristische Propaganda sowie Kriegshetze und alle sonstigen Handlungen, die sich gegen die Gleichberechtigung richten, sind Verbrechen im Sinne des Strafgesetzbuches. Ausübung demokratischer Rechte im Sinne der Verfassung ist keine Boykotthetze."

III. „Wer wegen Begehung dieser Verbrechen bestraft ist, kann weder im öffentlichen Dienst noch in leitenden Stellen im wirtschaftlichen und kulturellen Leben tätig sein. Er verliert das Recht, zu wählen und gewählt zu werden."

Wirksamen Schutz vor Angriffen gegen die staatliche Ordnung sollte der mit der Verfassung am 07.10.1949 eingeführte Art. 6 VerfDDR bieten. Obwohl mit Verfassungsrang, stellte dieser Artikel eigentlich ein Strafgesetz dar. In dem Strafgesetzbuch, das zu jener Zeit galt, waren durch die Proklamation des Kontrollrates die alten Staatsschutzdelikte aufgehoben worden. Um die Grundlagen der antifaschistisch-demokratischen Ordnung und damit die Staatsordnung der DDR zu schützen, erschien es der Staatsführung notwendig, mit Gründung der DDR entsprechende Regelungen zu treffen, ohne allerdings gegen Auflagen des Kontrollrates bzw. der sowjetischen Besatzungsmacht zu verstoßen.

---

[953] *Fechner*, NJ 1953, 225f.

Das Oberste Gericht betonte in seinen Urteilen die Anwendbarkeit des Art. 6 VerfDDR als Strafgesetz, weil es ein Gesetz sei, das Verbrechen mit für die antifaschistisch-demokratische Ordnung besonders gefährlichem Charakter unter Strafe stelle. Diese Art von Verbrechen müssten bereits in ihrem Kern erfasst und ihrer Gefährlichkeit entsprechend schon in dem frühesten Stadium verbrecherischer Betätigung erstickt werden: „Art. 6 ist ein Strafgesetz, das die Grundlagen unserer antifaschistisch-demokratischen Ordnung, ihre demokratischen Organisationen und Einrichtungen und damit auch die Staatsordnung der Deutschen Demokratischen Republik schützt. Mit der Existenz der Deutschen Demokratischen Republik, der Politik ihrer Regierung, ihren nationalen Einrichtungen und ihren Organisationen ist der Grundsatz des Einstehens für die Erhaltung des Friedens, des friedlichen Zusammenlebens mit allen Völkern, deren Achtung und Anerkennung verbunden."[954] Erstrangiges Anliegen sei die Abwehr aller feindlichen Anschläge mittels des sozialistischen Strafrechts unter Nutzung und Ausschöpfung des sozialistischen Rechts in seiner gesamten Breite; der wirksame Schutz der Errungenschaften des Volkes; die Gewährung der inneren und äußeren Sicherheit sowie der staatlichen Ordnung zu jeder Zeit und an jedem Ort; die Durchsetzung der Staatsautorität. Die Macht der Arbeiter und Bauern dürfe zu keiner Zeit und von Niemandem angetastet werden.[955]

Die unmittelbare Anwendung des Art. 6 VerfDDR im Strafverfahren hätte jedoch daran scheitern müssen, dass der Artikel keine eindeutige Strafandrohung enthielt und somit ein Verstoß gegen den „nulla poena sine lege" - Grundsatz vorlag.[956] Es sollte die Strafandrohung gelten, die für ein Verbrechen im Sinne

[954] OG, Urteil o. Dat. - 1 Zst (I) 3/52, NJ 1952, 276.
[955] In einer Studienanleitung Strafrecht der MfS-Fachschule, 75/85, abgedruckt in: *Herz*, Bürger im Visier, in: Der Landesbeauftragte des Freistaates Thüringen (Hrsg.), S. 63.
[956] Art. 6 VerfDDR enthielt lediglich den Passus: „... sind Verbrechen im Sinne des Strafgesetzbuches", „Wer wegen Begehung dieser Verbrechen bestraft wird...".

des § 1 Strafgesetzbuches vorgesehen war, d.h. die Todesstrafe, die lebenslange Zuchthausstrafe oder die zeitige Zuchthausstrafe. Darüber hinaus musste der Richter die obligatorische Zusatzstrafe des Art. 6 III VerfDDR verhängen.[957] Trotz der genannten Bedenken[958] bestätigte das Oberste Gericht in seinem Urteil gegen Angehörige der „Zeugen Jehovas“ die unmittelbare Anwendbarkeit des Art. 6 VerfDDR als Strafgesetz und führte zur Begründung aus[959], Art. 6 der Verfassung enthalte zwar keine Strafandrohung, spreche jedoch aus, dass die in ihm genannten Handlungen Verbrechen im Sinne des Strafgesetzbuches seien. Die Verfassung bringe allgemein zum Ausdruck, dass alle ihre Bestimmungen geltendes Recht seien. Es würde daher in Widerspruch zu diesem entscheidenden Grundsatz der Verfassung stehen, wenn gerade dem Art. 6 als einem der wichtigsten Schutzgesetze der Rechtsordnung unmittelbare Wirkung versagt bleiben würde. Die in ihm selbst nicht enthaltenen Strafbestimmungen seien dem allgemeinen Strafgesetzbuch zu entnehmen. Dieses drohe für Verbrechen die Todesstrafe[960], die lebenslange und die zeitige Zuchthausstrafe an. Alle Strafen fänden für Verstöße gegen Art. 6 VerfDDR je nach Schwere der Tat Anwendung.

In einem anderen Urteil[961] zu Art. 6 VerfDDR wurde noch einmal deutlich darauf hingewiesen, der Art. 6 sei innerhalb der Verfassung ein Gesetz, das die Gleichberechtigung des Bürgers und zugleich aller Menschen schütze, und damit zugleich eines der Grundgesetze, das die Staatsordnung überhaupt schütze. Eine

[957] III. „Wer wegen Begehung dieser Verbrechen bestraft ist, kann weder im öffentlichen Dienst noch in leitenden Stellen im wirtschaftlichen und kulturellen Leben tätig sein. Er verliert das Recht, zu wählen und gewählt zu werden.“

[958] Bedenken bezüglich der Stellung eines Strafgesetzes in der Verfassung gibt es nicht, da es Strafvorschriften auch außerhalb des eigentlichen Strafgesetzbuches geben kann.

[959] OG, Urteil vom 04.10.1950 - 1 Zst (I) 3/50, NJ 1950, 454.

[960] Unverständlich ist, warum die Sowjets gegen die Beibehaltung der Todesstrafe nicht intervenierten. Mit Erlass vom 26.05.1945 war die Todesstrafe zunächst für den gesamten Bereich der UdSSR aufgehoben worden, siehe *Geilke*, Einführung in das Sowjetrecht, S. 102.

[961] OG, Urteil vom 04.10.1950 - 1 Zst (I) 3/50, UaS I, 23.

Diskussion in den Untergerichten über die Anwendung des Art. 6 VerfDDR als Strafgesetz unterblieb, oftmals wurden nur die Sätze des Obersten Gerichts stereotyp als Begründung übernommen.[962]

Ein weiteres Problem war die Verwendung vieler unbestimmter Rechtsbegriffe, die, um sie überhaupt anwenden zu können, der Auslegung bedurften. Dies war insofern schwierig, weil die verschiedenen Tatbestandsmerkmale in ihrer Anwendung kaum zu unterscheiden waren, z.B. militaristische Propaganda und Kriegshetze. Darüber hinaus sollte der Tatbestand sehr weit ausgedehnt werden, um alle Erscheinungen, die sich gegen die Grundordnung der DDR richten könnten, als strafrechtlich relevant zu erfassen. So wurde beispielsweise unter den Begriff „Kriegshetze" auch die „Spionage" subsumiert. Um eine uferlose Anwendung zu verhindern, sollte jedoch einschränkend gelten, dass Verbrechen nach Art. 6 VerfDDR nur dann vorliegen sollten, wenn die Angriffe von einer gewissen Schwere oder der drohende bzw. eingetretene Schaden von einer solchen Tragweite waren, dass sie sich auf die Grundlagen der bestehenden Ordnung auswirkten.[963] Beabsichtigt war daher, nur solche Verbrechen zu bestrafen, *„die sich wirklich, sowohl ihrem objektiven Gehalt wie auch der Zielsetzung des Täters entsprechend, unmittelbar gegen den Bestand der Deutschen Demokratischen Republik, ihre Regierung und ihre Grundlagen im allgemeinen"* richteten.[964] Zu Beginn der 50er Jahre waren allerdings die meisten Verfahren solche,

---

[962] Siehe BG Gera, Urteil vom 19.11.1951 - I StKs 25/52 (26/51), archiviert beim LG Gera, WKst u.a. 1948 - 1951, Nr. 97, S. 4; Eine Resonanz aus dem westlichen Deutschland blieb nicht aus, auch wenn diese nicht so stark war. 1957 beschäftigte sich der 5. Strafsenat des Bundesgerichtshofs mit der Frage, ob ein ehemaliger Oberrichter vom LG Magdeburg wegen der Anwendung des Art. 6 VerfDDR wegen Rechtsbeugung zu bestrafen sei. Dabei ließ er aber offen, ob Art. 6 II VerfDDR eine gültige Strafvorschrift iSd. Art. 135 I VerfDDR sei. *Maurach*, ROW 1958, 177f., hingegen spricht von „ernsten Bedenken" bei der Anerkennung des Art. 6 als ein gültiges Strafgesetz, siehe dazu ausführlich *Baade*, ROW 1959, 11.

[963] *Kleine*, NJ 1954, 71 (74).

[964] *Kleine*, NJ 1953, 511.

die die Verurteilung wegen Staatsverbrechen nach sich zogen, obwohl ein unmittelbarer Angriff auf die Staats- und Gesellschaftsordnung objektiv nicht vorlag.

aa) Art. 6 der Verfassung in seinen Tatbestandsmerkmalen

aaa) Der Begriff der „Boykotthetze"

Der Begriff der „Boykotthetze" ist - wie andere Definitionen auch - in keinem Urteil oder Kommentar exakt definiert worden. Um eine Definition bemühten sich seiner Zeit *Kleine/Krutzsch*[965], die in der Boykotthetze einen Angriff auf den Staat und seine Grundlagen durch die Methoden der staatsfeindlichen politischen Agitation in Wort und Schrift oder durch Gewalttaten gegenüber demokratischen Einrichtungen und Organisationen sowie deren Angehörigen sahen. Das Manko dieser Definition zeigt sich deutlich daran, dass beide Autoren die auslegungsbedürftigen (unbestimmten) Rechtsbegriffe, wie „staatsfeindliche politische Agitation", „demokratische(n) Einrichtungen und Organisationen" nicht erklären, sondern vielmehr als bekannt voraussetzen. Die Gerichte waren daher angewiesen, jede Handlung für sich zu beurteilen und sie im gesellschaftlichen Kontext zu sehen, um dann festzustellen, ob der Angeklagte sich wegen „Boykotthetze" i.S.d. Art. 6 VerfDDR strafbar gemacht habe. So entstand im Laufe der Zeit eine umfangreiche „Fallsammlung" der Gerichte, anhand derer andere unterinstanzliche Gerichte sich orientieren konnten. Daraus lässt sich schließen, dass unter „Boykotthetze" jedwede politische, wirtschaftliche, soziale oder ähnliche Missachtung der bestehenden Ordnung gefasst werden konnte. Objekte der „Boykotthetze" waren alle „demokratische(n) Einrichtungen und Organisationen", so z.B. die volkseigenen Betriebe (VEB)[966], die staatliche Handelsorganisation (HO)[967],

965 *Kleine/Krutzsch*, NJ 1954, 71 (73).
966 BG Cottbus, Urteil vom 12.12.1952 - I 228/52, NJ 1953, 86.
967 LG Bautzen, Urteil vom 26.02.1951 - 15/153 KLs 8/51, UaS I, 18.

die Organisation der Freien Deutschen Jugend (FDJ)[968], der Freie Deutsche Gewerkschaftsbund (FDGB)[969], die Sozialistische Einheitspartei Deutschlands (SED)[970] bzw. die Regierung[971] und deren Mitglieder, die Volkspolizei[972], der SSD[973], landwirtschaftliche Produktionsgenossenschaften,[974], aber auch allgemein die „Gesellschaft“[975], die Volkswahlen[976].

Im Folgenden sollen einige Fallgruppen, die nach der Rechtsprechung unter den Begriff der „Boykotthetze“ fielen, näher dargestellt werden:

(1) Verleitung zum illegalen Verlassen der DDR (Republikflucht) als „Boykotthetze“[977]

Durch den Krieg und die sich daraus ergebenden Folgen hatte sich die Bevölkerungsstruktur in der sowjetischen Besatzungszone im Vergleich zu 1939 erheblich verändert. Durch den Flüchtlingsstrom aus den Ostgebieten war zwar die Bevölkerung im Oktober 1946 um 3,4 Millionen Einwohner auf insgesamt 18,4 Millionen gestiegen, aber der Anteil der erwerbsfähigen männlichen Bevölkerung war gesunken, so dass es an gut ausgebildeten Fachkräften fehlte.[978] Um nun die wenigen Fachkräfte und andere Arbeitskräfte nicht zu verlieren, wurde daher die Verleitung zum Verlassen der Republik unter Strafe gestellt. Grund dafür waren massenhafte Abwanderungen vom Ost- in den Westsektor Deutschlands,

---

968 OG, Urteil vom 24.08.1951 - 1a Zst 24/51, NJ 1952, 129.
969 *Benjamin*, NJ 1952, 244f.
970 OG, Urteil vom 09.12. 1952 - 1a Ust 34/52, NJ 1953, 25f.
971 LG Eberswalde, Urteil vom 23.02.1951 - 2 St. Ks. 23/50, UaS I, 15.
972 BG Leipzig, Urteil vom 17.04.1953 - 1a Ks 111/53, UaS II, 128; OG, Urteil vom 28.05.1953 - 1b UsT 194/53, NJ 1953, 411.
973 BG Potsdam, Urteil vom 22.12.1952, o.Az., UaS II, 25.
974 *Kleine/Krutzsch*, NJ 1954, 71 (73).
975 LG Potsdam, Urteil vom 23.1.1953 - KSt, Ks 44/50, UaS I, 54.
976 LG Eberswalde, Urteil vom 23.02.1951 - 2 St. Ks. 23/50, UaS I, 15.
977 Weitere Ausführungen finden sich zu § 21 StEG.
978 *Weber*, Die DDR 1945-1990, S. 12.

die den Aufbau des Staates und die Entwicklung der Wirtschaft hemmten.[979] Dabei behauptete *Jahn*, es gebe gar keinen sachlichen Grund, die DDR zu verlassen, da nur sie allen Bürgern, gleich welcher Klasse oder Schicht, eine gesicherte Perspektive gebe. Daraus ließe sich nur schließen, dass die hohe Zahl der Abwanderer auf eine organisierte Abwerbetätigkeit zurückzuführen sei, um den Aufbau des Sozialismus zu verhindern und die Wirtschaft zu schädigen.[980] Das Oberste Gericht sah 1956 den Zweck der Abwerbungstätigkeit erstens in der Hemmung der wirtschaftlichen und kulturellen Entwicklung, die Unzufriedenheit unter der Bevölkerung hervorrufen soll, zweitens in der Zuführung von Arbeitskräften für die imperialistische Kriegsindustrie und drittens im Diebstahl von Patenten und Konstruktionen.[981] Die Einseitigkeit der Betrachtung führte dazu, dass das Problem der Abwanderung nicht gelöst werden konnte, selbst wenn man gewollt hätte. Die Vorverurteilung aller derjenigen, die sich mit Abwanderungsgedanken trugen, und die Verdammung derer, die sich dazu entschlossen hatten, verhinderten eine konstruktive Auseinandersetzung mit dem Thema. Die Staatsmacht hatte den „Feind“ bereits im Westen dafür ausgemacht, einen nachvollziehbaren Grund konnte es daher auf keinen Fall geben. Ein Funktionär, der glaube, ein Werktätiger der DDR ziehe aus familiären Gründen nach Westdeutschland, sei politisch blind.[982] Die Regierung der DDR missbilligte ausdrücklich das Verhalten sowohl der „Abwerber“ als auch der „Abgeworbenen“[983] in einem Beschluss des 25. Plenums: Die Abwerber seien reaktionäre

---

[979] Im Juni 1953 stellte die sowjetische Parteiführung in einem Beschluss fest, dass seit Januar 1951 bis April 1953 447.000 Personen geflüchtet seien, darunter über 120.000 in den ersten vier Monaten des Jahres 1953, siehe *Wagner*, Hilde Benjamin, S. 181.

[980] *Jahn*, Das Verbrechen der Verleitung zum Verlassen der Deutschen Demokratischen Republik, S. 65; ebenso BG Karl-Marx-Stadt, Urteil vom 09.08.1955 - 1 Ks 157/55, NJ 1956, 26.

[981] OG, Urteil vom 27.01.1956 - 1 Zst (I) 1/56, NJ 1956, 99.

[982] Bericht an das Sekretariat des ZK über die Republikflucht, 19.08.1955, auszugsweise abgedruckt in: *Ross*, DeutschlandArchiv 2001, 618.

[983] Das BG Karl-Marx-Stadt proklamierte in einem Urteil: „Wer sich abwerben läßt, dient den Todfeinden unseres Volkes! Er bekennt sich zum Bruderkrieg an der Seite Kesselrings und seiner Komplicen!“, siehe UaS III, 138; ähnlich auch KG Oranienburg, Urteil vom 23.01.1958 - K II - S - 33/58,

Kräfte, die die Bürger sowohl zur Republikflucht als auch oft zur „Schädlingsarbeit“ verleiten würden. Und diejenigen, die den Versprechungen und Verlockungen der westlichen Agenten zum Opfer fielen, handelten gegen ihre eigenen Interessen, denn sie würden sich bewusst oder unbewusst in den Dienst der Feinde des werktätigen Volkes, der Organisationen eines neuen Krieges[984] sowie der faschistischen Reaktion stellen und damit sinnlos ihr Leben aufs Spiel setzen.[985] Der Arbeiterklasse in Westdeutschland werde der Kampf, den sie gegen ihre Unterdrücker führe, erschwert durch den Zuzug von Arbeitskräften, die von den Kapitalisten als Lohndrücker und Streikbrecher eingesetzt würden.[986] Das BG Suhl[987] verurteilte eine Angeklagte zu 12 Jahren Zuchthaus, weil sie durch Kartenlegen mehrere Familien zum illegalen Verlassen der DDR verleitet haben soll.

(2) Meinungsäußerungen als „Boykotthetze“

Der Tatbestand der „Boykotthetze“ konnte durch mündliche oder schriftliche Äußerungen erfüllt werden, wenn diese geeignet waren, die sozialistische Gesellschaftsordnung als solche in Frage zu stellen, den Frieden zu gefährden oder Unruhe und Zweifel in der Bevölkerung hervorzurufen. Besonders oft griffen die Gerichte in der Urteilsbegründung auf die Tathandlung „Verbreitung tendenziöser Gerüchte“ zurück. Sowohl die schriftliche als auch die mündliche Boykotthetze musste daher eine im Inhalt unwahre oder zumindest herabsetzende Äuße-

---

UaS III, 146: „Wer unsere Republik verläßt, begeht Verrat am Sozialismus, er stärkt das Lager unserer Feinde und unterstützt die NATO- und Atomkriegspolitiker.“

[984] Darunter waren Organisationen, wie die des UfJ, KgU etc. gemeint.

[985] *Ziegler*, NJ 1955, 677f.; ebenso das KG Meiningen, Urteil vom 24.12.1957 - 1 Ds 376/57, UaS III, 148: „Wer sich gegen dieses Gesetz vergeht, treibt bewußt oder unbewußt Verrat an der Arbeiterklasse, die in allen sozialistischen Staaten das Bestreben hat, der Bevölkerung bessere Lebensbedingungen frei von Ausbeutung und Unterdrückung zu verschaffen und der Welt den Frieden zu erhalten.“

[986] KG Dessau, Urteil vom 07.02.1958 - S 32/58 - K II S 30/58, UaS III, 145; *Böhme*, der an die Bürger appellierte, dass jeder, der die DDR verlasse, damit die westdeutsche Militärbasis als Arbeitskraft oder Söldner unterstütze und damit Verrat an den friedlichen Interessen des Volkes begehe, UaS III, 144, Dokument 201; siehe auch *Ulbricht*, Auszug aus der Rede auf dem 33. Plenum des ZK der SED 1957, UaS III, 144.

[987] BG Suhl, Urteil vom 16.04.1956 - 1 Ks 24/56, in: *Haase*, Die Kartenlegerin von Suhl, S. 9.

rung sein. Dies war schon dann erfüllt, wenn die Äußerungen vom offiziellen Regierungs- und Parteikurs abwichen oder wenn Äußerungen getätigt wurden, die bloß geeignet gewesen wären, Misstrauen an der Richtigkeit des Kurses hervorzurufen. Auf die Unwahrheit der Äußerung kam es nicht an.

Das LG Eberswalde verurteilte einen Angeklagten aus Art. 6 VerfDDR, weil er auf einer Versammlung zur Gründung einer Ortsgruppe der LDP ausführte[988]: „Die Wahlen sind sinn- und zwecklos ... Die Bauern sollen einmal überlegen, wie man frei wählen kann, wenn nur eine Liste besteht?" Diese Äußerungen des Angeklagten wertete das Gericht als „erfundene tendenziöse Gerüchte", die jeder Grundlage entbehren würden. Die Verbreitung derartiger Gerüchte werde durch die Hetzpropaganda des RIAS unterstützt, die eine Gefährdung des Friedens des deutschen Volkes und des Friedens der Welt darstelle. Die Wahlen in der DDR hätten doch bewiesen, dass es sich um eine Volkswahl im wahren Sinne des Wortes gehandelt habe. Eine andere Angeklagte hatte sich als Hausbesitzerin geweigert, ein Wahlplakat mit folgendem Wortlaut aufzuhängen: „Wir, die Bewohner des Hauses …, wählen morgen, am 15. Oktober, mit Ja!"[989]

Ein Angeklagter hatte weiter die Auffassung vertreten, „daß wir zu allen Sachen gezwungen werden und uns alles gefallen lassen müssen, solange die Sowjetunion ihren Einfluß ... ausübt." Diese Meinungsäußerung war nach Ansicht der Richter geeignet, „das Vertrauen der Bevölkerung zur großen friedliebenden Sowjetunion zu untergraben und Unruhe und Unzufriedenheit hervorzurufen", wobei Unruhe und Unzufriedenheit eine Störung des Aufbaus und damit eine Gefährdung des Friedens seien. Ferner hatte der Angeklagte die Bauern dazu aufgefordert, ihrer Pflicht zur Ablieferung von landwirtschaftlichen Gütern nicht

[988] LG Eberswalde, Urteil vom 23.02.1951 - 2 St. Ks. 23/50, UaS I, 15.
[989] Vgl. OG, Urteil vom 20.02.1952 - 1 Zst (I) 3/52 sowie *Graul*, Die Farce, S. 49.

nachzukommen, weil die zugrunde liegende Differenzierung *„der größte Beschiß“* sei. Damit habe der Angeklagte tendenziöse Gerüchte verbreitet, durch die er Unruhe unter die Landbevölkerung bringe und eine Störung der Versorgung verursache. Er störe den friedlichen Aufbau und gefährde den Frieden des deutschen Volkes.[990]

In einem anderen Fall verurteilte ein Gericht[991] den Angeklagten zu einem Jahr und sechs Monaten Zuchthaus, nachdem Briefe, die der Angeklagte an seinen früheren Arbeitskollegen in Westdeutschland geschrieben hatte, beschlagnahmt worden waren. Darin meinte der Angeklagte: „Auch Kohlenschaufeln sind hier sehr billig zu haben, weil es keine Kohlen mehr zu kaufen gibt. ... Eure Margarine unterscheidet sich übrigens von unserer Butter nur dadurch, daß sie angenehmer schmeckt und keine schwarzen Flecken aufweist. ... ich warte nur auf Deine Wünsche. Wie wäre es mit einer Stalinbüste ... oder mit einer Kollektion atonaler Schallplatten? ... Kaffeemühlen habe ich nicht mehr gesehen. Auch die Fleischwölfe sind aus den Schaufenstern verschwunden, weil wir zu Weihnachten eine Fleischzuteilung erhalten haben.“ Zur Begründung des Urteils hieß es lapidar, es sei außer Zweifel, dass derartige Äußerungen eine Boykotthetze gegen demokratische Einrichtungen bedeuteten. Die Bevölkerung im Westen bekomme durch solche Schilderungen ein völlig falsches Bild über die wirtschaftlichen Zustände in der DDR.[992]

(3) Verbreitung religiöser Ansichten als Boykotthetze

Von Beginn an hatte die Staatsführung der DDR ein gespaltenes Verhältnis zu religiösen Einrichtungen und Organisationen. Dies ist auf die in Teil I im Einzel-

---

[990] LG Eberswalde, Urteil vom 23.02.1951 - 2 St. Ks. 23/50, UaS I, 15.
[991] LG Bautzen, Urteil vom 26.02.1951 - 15/153 KLs 8/51, UaS I, 17f.
[992] LG Bautzen, Urteil vom 26.02.1951 - 15/153 KLs 8/51, UaS I, 17f.

nen dargestellte materiell begründete, kommunistische Rechtstheorie zurückzuführen. Dadurch, dass alles seinen Grund in der Materie selbst habe, sei kein Raum für einen darüber hinausgehenden Glauben, gleich welcher Art. *Ulbricht* betonte, dass alles in der Welt Materie sei und daher die materialistische Weltanschauung unvereinbar sei mit allen unwissenschaftlichen Vorstellungen über einen Schöpfer, unvereinbar mit religiösen Auffassungen und mit Aberglauben, und deshalb müsse derjenige, der nicht fehlgehen wolle, sich auf die Ergebnisse der Wissenschaft stützen und sich selbst bemühen, sich ein tiefes Wissen von den Vorgängen der Natur und Gesellschaft anzueignen. Daher seien vor allem kirchliche Dogmen ein Hindernis für die Erforschung und Beherrschung der Natur. Die Naturwissenschaft könne sich nur im Kampfe gegen die vernunftwidrigen religiösen Lehren weiterentwickeln. Jeglicher Gottesglaube, welche Gestalt er auch haben möge, behindere den Naturwissenschaftler in seiner Arbeit, da die Unterwerfung des Menschen unter höhere Gewalt seine Aktivität und Schaffenskraft einschränke.[993] *Ulbricht* sah daher eine der wichtigsten Aufgaben darin, religiösen Anschauungen, gleich welcher Art, energisch entgegenzutreten[994], obwohl er immer wieder betonte, dass sich der Atheismus der Arbeiterklasse, der atheistische Charakter der Weltanschauung nicht gegen die Interessen der christlichen Werktätigen, die den allgemeinen Interessen aller Arbeiter entsprechen, richte. Den Gläubigen sollten vielmehr die gesellschaftlichen Zusammenhänge erklärt werden und ihnen so der einzig mögliche Weg gewiesen werden, sich von kapitalistischer Ausbeutung zu befreien und die Gefahr des Krieges für immer zu bannen. Nur diese Überzeugungsarbeit helfe auch den christlichen Werktätigen, im Kampf gegen die finsteren Gewalten des Kapitalismus eigene Erfahrungen zu

---

[993] Brief des ZK der SED an alle Grundorganisationen der Partei vom 01.03.1958, in: *Ulbricht*, Über die Dialektik unseres sozialistischen Aufbaus, S. 14 ff.

[994] Brief des ZK der SED an alle Grundorganisationen der Partei vom 01.03.1958, aaO., S. 20f.; Gemäß Art. 43 I VerfDDR bestand daher auch keine Staatskirche, allerdings wurde verfassungsrechtlich die Freiheit der Vereinigung zu Religionsgemeinschaften gewährleistet.

sammeln und sich von der geistigen Lähmung durch religiöse Anschauungen zu befreien, die durch die Unkenntnis der Vorgänge nicht nur in der Natur, sondern auch in der Gesellschaft hervorgerufen und gefördert werde.[995]

Im besonderen Maße beunruhigt war man über die religiöse Arbeit der Glaubensgemeinschaft der „Zeugen Jehovas". Zwar hatte die SMAD am 24.07.1947 diese Glaubensgemeinschaft zugelassen - auch wegen ihres konsequenten Verhaltens während der Nazizeit[996] - und sie von der Erlaubnis für biblische Vorträge befreit, doch bereits 1948 erhob die Landesregierung Sachsens öffentlich den Vorwurf der „Zersetzungspropaganda" und der „Kriegshetze". Daraufhin versagten die sowjetischen Behörden im August 1948 die Genehmigung für einen Kongress in Leipzig. Um dieser aus den U.S.A. stammenden Glaubensgemeinschaft nun schlussendlich die Grundlage jeder religiösen Arbeit zu entziehen, verbot man sie am 31.08.1950. Im Zuge des Verbotes wurden sofort landesweit über 300 Zeugen Jehovas verhaftet.[997]

In einem an die Watch Tower Bible and Tract Society adressierten Schreiben[998] begründete der damalige Minister Dr. *Steinhoff* das Verbot damit, dass die „Zeugen Jehovas" den Namen einer Religionsgemeinschaft fortgesetzt für verfassungswidrige Zwecke missbraucht hätten, und wies darauf hin, dass sie auf dem Gebiet der DDR und in Großberlin eine systematische Hetze gegen die bestehende demokratische Ordnung und deren Gesetze unter dem Deckmantel einer

---

[995] Auch in der sozialistischen Literatur setzte sich diese Haltung gegenüber religiösen Organisationen durch. *Johnson*, Ingrid Babendererde. Reifeprüfung 1953, sah in seinem Roman den Feind in der „Jungen Gemeinde", siehe *Schroeter*, Die Sprache der DDR im Spiegel der Literatur, S. 160.

[996] *Helwig*, DeutschlandArchiv 1999, 548.

[997] *Wrobel*, Überblick über die Geschichte der Zeugen Jehovas, in: *Yonan* (Hrsg.), Im Visier der Stasi, S. 24f.; *Hacke*, Zeugen Jehovas in der DDR, S. 40 ff; Die inhaftierten „Zeugen Jehovas" waren unter dem Bewacherpersonal gefürchtet, da sie, gestärkt durch ihren Glauben und ungeachtet aller Bestrafungen, andere für ihren Glauben anzuwerben versuchten, siehe *Graul*, Die Farce, S. 180.

[998] Dokument Nr. 16; ADN-Mitteilung am 05.09.1950, Dokument Nr. 17, UaS I, 23.

religiösen Veranstaltung betrieben hätten. Außerdem würden sie fortlaufend illegales Schriftmaterial einführen und verbreiten, dessen Inhalt sowohl gegen die Verfassung als auch gegen die Bestrebungen zur Erhaltung des Friedens verstoße. Darüber hinaus sei festgestellt worden, dass die „Zeugen Jehovas" „dem Spionagedienst einer imperialistischen Macht dienstbar" seien. Bereits am 04.10.1950 - nicht einmal fünf Wochen nach dem Verbot - erging dann eine Grundsatzentscheidung[999] des Obersten Gerichts zur Strafbarkeit der Funktionäre der „Zeugen Jehovas". Bevor das Gericht auf die Strafbarkeit der einzelnen Angeklagten einging, wurden Ausführungen über die Arbeit der Organisation gemacht, woraus das Oberste Gericht den Schluss zog, hierbei handle es sich um eine amerikanische Agenten- und Spionagezentrale:

„Unter der Verbreitung der verbrecherischen Phrase vom gottgewollten Kriege, nach welchem für die ‚Zeugen Jehovas' das goldene Zeitalter hereinbrechen würde, versuchen sie eine Psychose zu schaffen, die die Masse des Volkes verhindern soll, einem imperialistischen Kriege energisch entgegen zu treten (sic!). Solchem Tun nicht entgegen zu treten, hieße es in Kauf zu nehmen, daß der Krieg eines Tages hereinbrechen und unser Land vollkommen verwüstet würde. Die demokratische Justiz der DDR ist es den Menschen ihres Gebietes und darüber hinaus den über 80 Millionen Kriegsfeinden in der SU, in den Volksdemokratien und auch in den Ländern des Imperialismus schuldig, alles zu tun, wozu sie im Stande ist, um dieses geplante große Menschheitsverbrechen zu verhindern."[1000]

Daraufhin ergingen Anfang der 50er Jahre einige Urteile gegen Mitglieder der „Zeugen Jehovas", die zu hohen Haftstrafen führten. Ein Beispiel dafür bietet

---

[999] OG, Urteil vom 04.10.1950 - 1 Zst (I) 3/50, NJ 1950, 452ff.
[1000] LG Potsdam, Urteil vom 23.11.1950 - 7 St.Ks. 27/50, UaS I, 31.

das Urteil[1001] gegen vier Angeklagte aus Potsdam und Teltow, die noch nach dem Verbot Zeitschriften der Organisation, insbesondere „Der Wachturm" aus Westberlin abgeholt und bei ihren Hausbesuchen verwendet hatten. Weiterhin hatten sie bekundet, der Krieg könne vom Menschen selbst nicht verhindert werden, weil auch dies allein dem Willen Gottes unterliege, wobei sie jeden Krieg missbilligen und den Kriegsdienst verweigern würden. Das Gericht sah es als erwiesen an, dass dies den Tatbestand der Boykotthetze erfüllte, weil durch die Wiedergabe des Inhalts „Der Wachtturm" die „Zeugen Jehovas" Misstrauen gegen die ehrliche Friedenspolitik der Regierung hervorgerufen und die Arbeit der Regierung, die eine demokratische Einrichtung sei, boykottiert hätten. Die Arbeit der Volkspolizei hätte sie als diktatorische Gewaltmaßnahme bezeichnet und damit die verleumderische Propaganda der westlichen Imperialisten unterstützt.[1002] Alle Angeklagten wurden aufgrund des Art. 6 der Verfassung zu 8 bis 10 Jahren Zuchthaus[1003] verurteilt. In der Begründung wurde dabei ausführlich auf die in der Grundsatzentscheidung des Obersten Gerichts gegebenen Ausführungen Bezug genommen.

(4) Sabotage als „Boykotthetze"

Nach der Zerschlagung des Nationalsozialistischen Reiches begann man - wie im Einzelnen im Teil I gezeigt - in der sowjetischen Besatzungszone mit dem Aufbau einer neuen Ordnung, insbesondere einer neuen Ökonomie. Dazu gehörten zum einen die Enteignung von Banken und Konzernen und zum anderen die Enteignung von Großgrundbesitzern mit anschließender Bodenreform. Versuche

---

[1001] LG Brandenburg/Havel, Urteil vom 12.07.1951 - St.Ks. 65/51, UaS I, 28.
[1002] LG Brandenburg/Havel, Urteil vom 12.07.1951 - St.Ks. 65/51, UaS I, 29.
[1003] Auf die Sorge eines Sachbearbeiters bei der Generalstaatsanwaltschaft des Landes Sachsen-Anhalts, mit der Bestrafung der Zeugen Jehovas schaffe man möglicherweise Märtyrer, reagierte der damalige Generalstaatsanwalt Dr. *Melsheimer* mit den Worten, dass dieser (Sachbearbeiter) „offensichtlich nicht erkannt (habe), daß es sich bei den ‚Zeugen Jehovas' nicht um eine religiöse Vereinigung, sondern um eine Agenten- und Spionage-Zentrale des anglo-amerikanischen Imperialismus" handele, siehe UaS I, 23.

reaktionärer Kräfte, die Bodenreform und alle sonstigen von den neuen Selbstverwaltungsorganen getroffenen Maßnahmen auf wirtschaftlichem Gebiet in ihren Auswirkungen zu schwächen und die alten Zustände wiederherzustellen, wurden zunächst durch den Befehl Nr. 160 zu verhindern versucht. Dieser Befehl blieb als ein spezifisches Gesetz bis zu seiner Ungültigkeitserklärung 1955 durch den sowjetischen Ministerpräsidenten auch dann noch bestehen, als durch Art. 6 VerfDDR ein umfassender Schutz gegen Angriffe auf die sozialistische Grundordnung geschaffen worden war,[1004] der nunmehr auch die Strafbarkeit der Sabotage enthielt.[1005] Für die Beurteilung der Tat als Sabotage war erforderlich, dass die schädigende Handlung ihrer objektiven Schwere nach geeignet war, die ökonomischen Grundlagen des Staates zu erschüttern oder ihre Entwicklung oder Festigung zu hemmen.[1006] Dies war beispielsweise der Fall, wenn der Täter den Anschein erwecken wollte, die Werktätigen seien unfähig, ihre Geschicke selbst in die Hand zu nehmen, und es vielmehr erforderlich sei, nach kapitalistischer Art zu produzieren und zu wirtschaften.[1007]

Wegen Sabotage verurteilte das BG Erfurt[1008] einen Tierarzt, der die gesetzlichen Bestimmungen über die Bekämpfung der Schweinepest bei der Impfung von Schweinen missachtet hatte und dem aus diesem Verhalten heraus eine „Schädlingstätigkeit“ unterstellt wurde. Allein aus der Tatsache, dass der Angeklagte als Cheftierarzt eine verantwortungsvolle Stellung innehatte und durch Nichteinhaltung der Kontrollvorschriften die Verbreitung der Schweinepest zumindest möglich war, wurde er zum „verschworenen Feind des Arbeiter- und Bauernstaates und des Friedens“. Aus dem Umfang seiner Feindtätigkeit, der Intensität, mit der

[1004] Siehe *Ziegler*, NJ 1955, 585.
[1005] OG, Urteil vom 26.09.1953 - 1 Zst (I) 1/53, NJ 1955, 585; BG Gera, Urteil vom 11.03.1955 - 1 Ks 39/55, NJ 1955, 503; BG Erfurt, Urteil vom 14.06.1955 - 1 Ks 54/55, NJ 1955, 504.
[1006] Siehe *Ziegler*, NJ 1955, 585f.
[1007] OG, Urteil vom 03.09.1953 - 1 Zst (I) 8/55, NJ 1955, 585f.
[1008] BG Erfurt, Urteil vom 14.06.1955 - 1 Ks 54/55, UaS III, 128f.

er seine Verbrechen durchführe, und dem Grad der Verantwortlichkeit ergebe sich - so die Auffassung des Gerichts - die Gefährlichkeit des Angeklagten. Abgesehen davon, dass das Urteil mit keinem Satz darauf einging, ob dem Angeklagten überhaupt Vorsatz zur Last gelegt werden konnte, offenbart das Urteil, dass selbst die Gerichte mit der Anwendung des Verbrechensbegriffs erhebliche Probleme hatten. Danach kam es auf die Gesellschaftsgefährlichkeit der Tat, nicht des Täters an. Für die angebliche Gefährlichkeit des Angeklagten wurde lediglich eine wissenschaftliche Analyse herangezogen, wonach die Verbreitung der Schweinepest zu 20% auf die Nichteinhaltung der gesetzlichen Seuchenschutzbestimmungen zurückzuführen sei. Es wird damit wieder einmal deutlich, dass es zur Verwirklichung des Tatbestandes ausreichte, dass eine Tätigkeit vorlag, die ein Verbrechen i.S.d. Art. 6 VerfDDR darstellte, ohne dass es zu einem Erfolg hätte kommen müssen. Darüber hinaus wird in subjektiver Hinsicht nur verlangt, dass sich der Täter seiner Handlung *als solcher* bewusst war, was dann mit dem Vorsatz gleichgesetzt wurde. Das Gericht resümierte: „Dieser Prozeß hat wieder einmal die Erkenntnis bestätigt, daß der Klassenfeind, die Imperialisten und die von ihnen gekauften Verräter, von unbändigem Haß beseelt, ihre Anstrengungen, die Macht der Arbeiter und Bauern der DDR zu stürzen, ständig steigern. Die Methoden und Mittel, die der Feind anwendet, um sein Ziel zu erreichen, sind so vielseitig, und sie ändern sich ständig.“ [1009]

(5) Einfuhr westlicher Druckerzeugnisse als „Boykotthetze“

Anfang der 50er Jahre war es vor allem vielen Berlinern möglich, sich durch westliche Druckerzeugnisse zu informieren, was die Gefahr der „politischen Desorientierung“ erhöhte. Die Partei- und Staatsführung war daher bemüht,

[1009] Urteil des BG Erfurt vom 14.06.1955 - 1 Ks 54/55, UaS III, 128f.

westdeutsche Druckerzeugnisse als „Schund- und Schmutzliteratur“[1010] zu geißeln und somit den Umgang mit ihnen zu unterbinden.[1011] Das Oberste Gericht ging zwar grundsätzlich davon aus, dass von einem Bürger auf Grund der ihm obliegenden allgemeinen Pflichten verlangt werden könne, dass er den Besitz von Westzeitungen und -zeitschriften wegen ihres gegen das Lager des Friedens gerichteten hetzerischen Inhalts und antinationalen Charakters ablehne und sich auf die der Einheit Deutschlands und der Erhaltung des Friedens dienenden Informationen der demokratischen Presse und des Rundfunks konzentriere.[1012] Selbst der Bürger, der sich lediglich zur eigenen „Orientierung“ den Besitz von Westzeitungen verschaffe, sei moralisch und gesellschaftlich zu verurteilen[1013], insbesondere dann, wenn der Täter keine Zeitungen der Ostzone lese.[1014] So war auch das Hören westlicher Radiosender, z.B. des „RIAS“ ein Zeichen dafür, dass der Bürger keine klare politische Einstellung hatte und sich den westlichen Einflüssen nicht entziehen konnte.

Parallelen lassen sich diesbezüglich zum Dritten Reich ziehen, da die VO über außerordentliche Rundfunkmaßnahmen vom 01.09.1939[1015] das absichtliche Abhören ausländischer Sender verbot. Jeder Deutsche habe aus Verantwortungsbewusstsein die Anstandspflicht, die selbstverständlich nur Lügen enthaltenen gegnerischen Sendungen nicht zu empfangen. Es sei zwar nicht so, dass die Reichsregierung die ausländische Rundfunkpropaganda fürchte, aber sie wolle

---

[1010] Stadtgericht Groß-Berlin, Urteil vom 06.09.1961 - 101c BS 63/61, UaS IV, 125.
[1011] In § 146 StGB von 1968 stand die Verbreitung von Schund- und Schmutzerzeugnissen ausdrücklich unter Strafe. Gemäß § 146 III StGB (1968) verstand man darunter alle Druck- oder ähnliche Erzeugnisse, die geeignet waren, bei Kindern und Jugendlichen Neigungen zu Rassen- und Völkerhass, Grausamkeit, Menschenverachtung, Gewalttätigkeit, Mord oder anderen Straftaten sowie geschlechtliche Verirrungen hervorzurufen.
[1012] OG, Urteil vom 09.06.1953 - 1b Ust 196/53, NJ 1953, 411.
[1013] OG, Urteil vom 09.06.1953 - 1b Ust 196/53, NJ 1953, 411.
[1014] Anklageschrift der StA Berlin, o.Dat., UaS IV, 123.
[1015] RGBl. I 1939, 1683.

jedem einzelnen Volksgenossen begreifbar machen, dass es in der Zeit des Krieges ehrlos sei, wenn man sich das Geschwätz ausländischer Sender anhöre.[1016]

Um zu garantieren, dass die Bevölkerung nur mit solcher Literatur beliefert wurde, die den humanistischen Gedanken des Arbeiter- und Bauernstaates entsprach, wurden Buchhandlungen, Antiquariate und Leihbibliotheken immer wieder Kontrollen unterzogen. Bei einer im Kreis Naumburg durchgeführten Kontrolle wurden neben im Dritten Reich veröffentlichter Literatur auch Kriminalromane westdeutscher Herkunft sichergestellt. Der Betreiber der Bücherei vertrieb „Schmutz- und Schundliteratur von *Eschstruth* und *Marlitt*", „seichte, kitschige, niveaulose Unterhaltungsliteratur", „Bücher notorisch bekannter faschistischer Verfasser und prominenter Mitglieder der NS-Reichsschrifttumkammer", so u.a. von *Karl-Heinz Strobel*, *Heinrich Eckmann*, *A.E. Johann*, *Frank Thiess*, *Kretzer* und *P.C. Ettinghofer*" und Bücher, die die „preußisch-militaristische Dynastie" verherrlichten und den „Aggressionsbestrebungen des deutschen Imperialismus und Militarismus Vorschub" leisteten. Das bei dem Betreiber sichergestellte Buch über Friedrich den Großen von *Kugler/Menzel* stelle eine Geschichtsfälschung dar und verherrliche den absoluten Preußenstaat im Sinne der Hegelschen Staatstheorie. Die ebenfalls sichergestellten Bücher „An einem Strom geboren" von *Schnittborn*, „Auf Wiedersehen Susanne" von *Broom* und „Der Herd in der Fremde" von *Zobeltitz* seien Produkte, die die bürgerliche Gesellschaft verherrlichten und die Kraft der Arbeiterklasse fälschlich darstellten. Der Angeklagte habe damit deutlich gezeigt, dass er sich seiner verantwortungsbewussten Aufgabe entzogen und Bücher unter der Bevölkerung verbreitet habe, die im Widerspruch zu der Kulturpolitik der DDR standen.[1017]

[1016] Siehe *Schmidt*, „Beabsichtige ich die Todesstrafe zu beantragen", S. 49f.
[1017] Siehe KG Naumburg/Saale, Urteil vom 18.12.1958 - 5 S 313/58 - K.I 314/58, UaS IV, 121f.

(6) Tätliche Auseinandersetzungen mit Funktionären als „Boykotthetze"

Zu Beginn der Rechtsprechung lassen sich Urteile finden, die tätliche Auseinandersetzungen, bei denen das Opfer ein Funktionär war, als Boykotthetze gegen demokratische Organisationen ansahen.[1018] Ein Bezirksgericht hatte zum Beispiel in dem Verhalten eines Angeklagten, der den Leiter eines FDJ-Lagers geschlagen und in den Daumen gebissen hatte, einen Angriff i.S.d. Art. 6 VerfDDR gesehen und sprach den Angeklagten wegen eines Staatsverbrechens schuldig. Obwohl diese Rechtsprechung durchaus auf der damaligen politischen Linie lag, widersprach das Oberste Gericht dieser Auffassung letztlich und führte aus, „daß, wenn man diesen Fall in seinem zeitlichen und räumlichen sowie in seinem gesellschaftlich-politischen Zusammenhang betrachtet, ein Angriff gegen die Grundlagen unserer demokratischen Ordnung nicht zu erkennen sei."[1019] Mit dieser „Begründung" ließ das Gericht aber offen, ob die dem Angeklagten vorgeworfene Handlung nicht zu anderer Zeit als Staatsverbrechen strafbar sein könnte. Hierbei zeigt sich wieder deutlich, wie wichtig es stets war, die konkrete Tat in ihrem historischen Kontext zu sehen und damit die tatsächliche wirtschaftliche und gesellschaftliche Entwicklung des Staates in die Strafmaßfindung mit einzubinden.

Das Oberste Gericht betonte in zahlreichen Entscheidungen, dass gerade im Falle tätlicher Übergriffe auf Funktionäre besondere Sorgfalt und Genauigkeit bei der Klärung des politischen Hintergrundes erforderlich seien.[1020] Es sei wichtig, die eigentliche Zielrichtung des Angriffs zu erkennen, um wirksam den Kampf gegen ihn führen zu können, da zahlreiche Handlungen bei nicht genügender Betrachtung als durchschnittliche Fälle der allgemeinen Kriminalität oder über-

[1018] OG, Urteil vom 09.12.1952 - 1a Ust 58/52, NJ 1953, 25.
[1019] OG, Urteil vom 02.12.1952 - 1a Ust 34/52, NJ 1953, 25.
[1020] OG, Urteil vom 02.12.1952 - 1a Ust 34/52, NJ 1953, 25.

haupt nicht verbrecherisch erschienen, so dass die ganze Gefährlichkeit erst aus der Analyse des Zieles und Zweckes erkennbar sei. Wer beispielsweise Misstrauen zwischen den Werktätigen und der Volkspolizei (VP) säe, wer den Eindruck zu erwecken versuche, die Maßnahmen der VP dienten nicht dem Schutz des Staates, sondern seien eine Belästigung der Bürger, der bekunde den Willen, die Staatsmacht zu schwächen oder zu untergraben, genauso wie derjenige, der Zweifel an der Unbestechlichkeit, Sauberkeit und an der hingebungsvollen Tätigkeit der Volkspolizei zum Wohl der Werktätigen habe.[1021] Wer demnach beabsichtigte, Unsicherheit und Zweifel an der Fähigkeit des Staates, ein gesichertes Leben zu gewährleisten, hervorzurufen, der zeige deutlich den Willen, die Staatsmacht zu untergraben, was eine Bestrafung nach Art. 6 VerfDDR nach sich ziehen müsse.[1022] Den Gerichten oblag es daher, die Tat daraufhin zu untersuchen, ob der Angeklagte aus einer feindlichen Einstellung gegenüber dem Staat gehandelt hatte oder ob die Tat aus mangelndem Verantwortungsbewusstsein oder aus persönlicher Bequemlichkeit begangen wurde, wobei letzteres immerhin zu disziplinarischen Maßnahmen führen konnte. Eine Strafbarkeit hing letztlich vielfach von der subjektiven Seite ab, bei deren Feststellung sich das Gericht auf verschiedene Faktoren stützte.

bbb) Der Begriff der „Mordhetze"

Unter „Mordhetze" wurde jede Art der Aufforderung bzw. Verherrlichung des Tötens bestimmter Personen oder Personengruppen[1023] verstanden. Dies galt umso mehr, als sich die Drohung auf Funktionäre des Staates bezog. Die Verurteilung wegen „Mordhetze" war im Vergleich zu den anderen Tatbeständen sehr selten, dennoch erging im Jahre 1952 ein Urteil durch das Bezirksgericht Suhl[1024],

[1021] *Ziegler*, NJ 1955, 677.
[1022] *Ziegler*, NJ 1955, 677f.
[1023] So z.B. „Kommunisten", siehe BG Suhl, Urteil vom 16.12.1952 - o. Az., UaS II, 164.
[1024] BG Suhl, Urteil vom 16.12.1952 - o.Az., UaS II, 164.

das den Angeklagten wegen der Äußerung „Schlag' das Kommunistenpack" zu einer Zuchthausstrafe von 7 Jahren verurteilte. Artikel 6 der Verfassung der DDR stelle auch die Mordhetze gegen demokratische Politiker unter Strafe, wobei dieser Begriff nicht zu eng ausgelegt werden dürfe. Durch die Bestimmung würden nicht nur Politiker geschützt, die in leitender Stellung des Staates stehen, sondern auch die Politiker Schutz finden, die in täglicher Kleinarbeit an der Festigung der staatlichen und wirtschaftlichen Ordnung arbeiteten.[1025] Das Bezirksgericht Gera[1026] erkannte auf eine Zuchthausstrafe von zwei Jahren wegen Mordhetze, weil der angeklagte Rentner in einer Gaststätte meinte, die Präsidenten der ganzen Welt müssten beseitigt werden, insbesondere *Churchill*. Auch das Bezirksgericht Leipzig verurteilte einen Täter zu vier Jahren Zuchthaus wegen Mordhetze, der dazu aufgefordert hatte, SED-Angehörige sowie deren Kinder nach den Methoden der Nationalsozialisten im Konzentrationslager zu töten.[1027]

ccc) Der Begriff der „Kriegshetze"

Als eine der gefährlichsten Arten des Angriffs gegen den Staat sah man die Verwirklichung des Tatbestandsmerkmals „Kriegshetze" an, weil derartige Terrorhandlungen ihrer Natur nach schon Elemente des Krieges, nämlich Gewalt, Schrecken und Zerstörung, in sich tragen und die bösartigste und zugleich direkteste Erscheinungsform der Kriegshetze seien.[1028] Die rechtliche Qualifizierung des Begriffes „Kriegshetze" sollte aber „an die konkreten Bedingungen der jeweiligen geschichtlichen Situation gebunden (sein) und ... nicht losgelöst von ihnen durch die Prüfung erfolgen, ob eine Handlung abstrakt als friedensgefährdend anzusehen ist oder nicht. Zum Krieg hetzt heute nicht nur, wer öffentlich zu

[1025] BG Suhl, Urteil vom 16.12.1952 - o.Az., UaS II, 164.
[1026] BG Gera, Urteil vom 19.11.1951 - I StKs 25/51 (26/51), archiviert beim LG Gera, WKst u.a. 1948-1951, Nr. 97.
[1027] Tagesbericht des BG Leipzig über die Durchführung von Verfahren anlässlich der Ereignisse am 17.06.1953 am 13.07.1953, BStU Leipzig L 00265, S. 25.
[1028] *Stiller*, Die Staatsverbrechen, S. 35.

einer Politik der bewaffneten Gewalt und kriegerischen Eroberung auffordert. In dieser primitiven Form wird sich die Kriegshetze unter den gegenwärtigen Bedingungen des Kampfes um die Erhaltung des Weltfriedens nur in seltenen Fällen äußern."[1029] Darüber hinaus war mit der Kriegshetze auch die tatbestandsmäßig weniger gefährliche militaristische Propaganda unter Strafe gestellt, die nur insoweit eigenständige Bedeutung besaß, als Fälle denkbar waren, die zwar keine Kriegshetze darstellten, dennoch aber nicht weniger strafwürdig schienen. Eine Verurteilung kam grundsätzlich schon wegen KRD 38 in Betracht, nur war der Strafrahmen im Gegensatz zu Art. 6 VerfDDR niedriger. Das BG Gera[1030] erkannte beispielsweise auf „militaristische Propaganda" - allerdings mit dem zusätzlichen Strafrahmen von Art. 6 VerfDDR, der in Verbindung mit der KRD 38 die Vermögenseinziehung möglich machte - als der Angeklagte äußerte, er sei und bleibe Nationalsozialist und erkenne das Programm *Hitlers* weiterhin an.

(1) „Spionage" als „Kriegshetze"

Zum Inhalt des Begriffes „Spionage" hatte sich das Oberste Gericht in einer Breite erklärt, die den damals üblichen politischen Pamphleten glich:

„Nachdem mehr als 600 Millionen friedliebender Menschen in allen Ländern und Erdteilen den Angriffskrieg als das schwerste aller denkbaren Verbrechen verurteilen und unnachsichtig harte Bestrafung der Inspiratoren und Initiatoren eines neuen Angriffskrieges verlangen, wagen auch die rücksichtslosesten Kriegshetzer heute nicht mehr, ihre Ziele offen zu verfolgen. Sie wissen, daß sie eine noch konsequentere und schonungslosere Bestrafung zu erwarten haben, als sie nach dem zweiten Weltkrieg ... Verantwortliche erfahren haben. Deshalb

---

[1029] LS OG, Urteil vom 20.02.1952 - 1 Zst (I) 3/52, NJ 1952, 278.
[1030] BG Gera, Urteil vom 19.11.1951 - I StKs 25/51 (26/51), archiviert beim LG Gera, WKst u.a. 1948 - 1951, Nr. 97.

bemühen sich die Kriegshetzer für die ideologische und praktische Vorbereitung des neuen Krieges nur die Mittel zu gebrauchen, die ihre Absichten nicht unmittelbar erkennen lassen. Die ideologische Vorbereitung offenbart sich im wesentlichen in einer zügellosen Hetze und sich ständig wiederholenden Verleumdungskampagnen gegen alle demokratischen Länder, vor allem gegen die Sowjetunion als die führende Kraft im Weltfriedenslager, und durch militärische Propaganda mit der verlogenen, von Hitler schon einmal gebrauchten Parole, daß der Frieden nur durch eine weitgehende Rüstung gesichert werden könne. Neben der unmittelbaren Bereitstellung der für den beabsichtigten Krieg erforderlichen Menschen- und Materialreserven wird die praktische Vorbereitung des Krieges insbesondere dadurch betrieben, daß die bedrohten Länder mit einem Netz von verschiedenen Organisationen und Agenturen überzogen werden, die ... für den militärischen Nachrichtendienst der Westmächte arbeiten. Diese Organisationen beschränken sich keineswegs darauf, nur ausgesprochen militärisch interessante Nachrichten zu sammeln, sondern sie versuchen vielmehr, alle Gebiete des wirtschaftlichen und gesellschaftlichen Lebens auszuspähen und die Ergebnisse für die Entfaltung von Propaganda gegen unsere friedliche Ordnung, zur Durchführung von Sabotage- und Diversionsakten und damit für die unmittelbare Kriegsvorbereitung zu verwenden. Dabei legen die Nachrichtenzentralen ... Wert darauf, möglichst viele ... zuverlässige Menschen für die Organisationen zu verpflichten ... Wer sich ... als Agent oder... als Helfer zur Verfügung stellt, wirkt entscheidend daran mit, die Katastrophe eines neuen Weltkrieges auszulösen und den geplanten Mord an Millionen... in die Tat umzusetzen."[1031]

Unter „Spionage“[1032] verstand man konkreter zum einen die Ausspähung militäri-

[1031] OG, Urteil vom 20.02.1952 - 1 Zst (I) 3/52, NJ 1952, 278.
[1032] Siehe ausführlich auch unter § 14 StEG, der die Spionage ab 1957 ausdrücklich regelte, aber mit dem Regelungsinhalt des Art. 6 VerfDDR übereinstimmte.

scher Geheimnisse[1033], zum anderen aber auch die Sammlung bzw. Übermittlung von Nachrichten aus allen Gebieten des gesellschaftlichen, wirtschaftlichen und kulturellen Lebens,[1034] die dazu bestimmt waren, „an der Vorbereitung eines neuen Krieges und dessen erstrebtem Erfolg durch innere Zersetzung und Kenntnis von vermeintlich schwachen Punkten einer Verteidigung entscheidend mitzuwirken“[1035]. Daher wurde die „Spionage“ grundsätzlich als Kriegshetze nach Art. 6 VerfDDR bestraft. Das Oberste Gericht hatte dies erstmals in dem Urteil gegen die „Zeugen Jehovas“[1036] klargestellt und später mehrmals darauf hingewiesen, dass der vom anglo-amerikanischen Imperialismus und dem wiedererstandenen deutschen Imperialismus geführte „Kalte Krieg“ sich aller Mittel bediene, um Informationen jeder Art zu sammeln. Jede Nachricht werde als ein Beitrag zur Vorbereitung des Krieges und damit zu der erstrebten Umwandlung vom „Kalten Krieg“ zum „Heißen Krieg“ aufgenommen.[1037]

Die Spionagetätigkeit erstreckte sich dabei auf die Weitergabe von geschützten Informationen, sog. Staatsgeheimnissen. Als Staatsgeheimnis galt alles, was aus wichtigem politischem, militärischem oder kulturellem Interesse vor unberufenen Personen geheim zu halten sei.[1038] Dies umfasste daher alle Gebiete des öffentlichen Lebens, alle Einrichtungen nicht nur des Staates, sondern auch die Organisationen und die in ihnen tätigen Menschen, sogar darüber hinaus die persönlichen Verhältnisse der Staatsbürger, Nachrichten aus dem Gebiet der

---

[1033] So waren insbesondere Informationen militärischen Charakters streng geheim, so z.B. Erkenntnisse über Organisation, Stärke, Standortverteilung, Kampffähigkeit, Bewaffnung und Ausbildungsstand der Streitkräfte, auch der sowjetischen, siehe *Kühlig*, NJ 1956, 429.

[1034] LS OG, Urteil vom 20.02.1952 - 1 Zst (I) 3/52, NJ 1952, 278.

[1035] OG, Urteil vom 20.02.1952 - 1 Zst (I) 3/52, OGSt 2, 13.

[1036] OG, Urteil vom 04.10.50 - 1 Zst (I) 3/50, NJ 1950, 452 ff.

[1037] OG, Urteil vom 20.02.1952 - 1 Zst (I) 3/52, OGSt 2, 13.

[1038] *Kühlig*, NJ 1956, 428f. Siehe auch *Rosenthal*, Das neue politische Strafrecht der DDR, S. 50, der zum fehlerhaften Ergebnis kommt, dass es auf den Charakter der „geheimen Tatsache“ nicht angekommen sei. Das Tatbestandsmerkmal des „Staatsgeheimnisses“ wurde jedoch derart weit ausgelegt,

Produktion, des Transportes, auch des Kulturlebens.[1039] Dabei war es in diesem Zusammenhang unerheblich, ob die Nachrichten der Wahrheit entsprachen. Dies deshalb, weil man *„im gegenwärtigen Zustand der anglo-amerikanischen Kriegsvorbereitung jede Nachricht aus unserem Staat ...“*[1040] für wichtig halte. Dies wiederum führte zu Verurteilungen, bei denen es scheinbar auf eine tatsächlich „geheime Tatsache“ nicht ankam, so wenn das Bezirksgericht Chemnitz 1953 einen Angeklagten wegen Spionage verurteilte, weil er versucht hatte, die DDR ohne behördliche Genehmigung zu verlassen. In Westdeutschland hätte er dann das Aufnahmeverfahren durchlaufen müssen, wobei er verpflichtet gewesen wäre, Angaben über sich und seine bisherige Tätigkeit zu machen. Er hätte damit der westlichen „Agentenzentrale“ Informationen beschaffen können, die als geheim zu halten galten. Damit habe der Angeklagte, wie er wusste oder zumindest wissen musste, eine Vorbereitungshandlung zur Spionage begangen.

(2) Meinungsäußerungen als „Kriegshetze“

Wegen „Kriegshetze“ konnte auch bestraft werden, wer von seinem Recht auf freie Meinungsäußerung, insbesondere in Verbindung mit der Religionsfreiheit, Gebrauch machen wollte. So verurteilte das Landgericht Brandenburg/Havel mehrere Angeklagte wegen „Kriegshetze“, weil die Angeklagten die Auffassung vertraten, dass niemand politische Handlungen vornehmen solle, die Kriege von Gott gewollt seien und durch Menschen nicht verhindert werden könnten. Damit hätten sie den Krieg als etwas Unabwendbares hingestellt, um die Ursache der Kriege zu verschleiern und damit die ideologische Kriegsvorbereitung des anglo-amerikanischen Imperialismus unterstützt.[1041]

---

dass nicht nur die Möglichkeit der Weitergabe geheimer Informationen strafbar war, sondern dass fast alle Tatsachen unter die Geheimhaltungspflicht fielen.

[1039] OG, Urteil vom 20.02.1952 - 1 Zst (I) 3/52, NJ 1952, 277.

[1040] OG, Urteil vom 20.02.1952 - 1 Zst (I) 3/52, OGSt 2, 11.

[1041] Urteil des LG Brandenburg/Havel vom 12.07.1951 - St.Ks. 65/51, UaS I, 29.

(3) Verleitung von Jugendlichen zum Verlassen der DDR als „Kriegshetze"

Die Beeinflussung eines Jugendlichen zum Verlassen der DDR konnte nach Art. 6 VerfDDR auch das Tatbestandsmerkmal der „Kriegshetze" verwirklichen, da besonders die Jugendlichen, die nach Westdeutschland kämen, für den Revanchekrieg der dort herrschenden Kreise vorbereitet würden, der auch unmittelbar die DDR bedrohe.[1042]

ddd) Der Begriff des „Völkerhasses"

Das LG Görlitz[1043] hatte 1950 den damals 20jährigen Angeklagten zu einer Zuchthausstrafe von einem Jahr verurteilt, weil er auf einer im Zeichen der bevorstehenden Volkswahl stattfindenden Einwohnerversammlung fragte, „warum in der Sowjetunion noch so viele Kriegsgefangene seien" und feststellte, „daß die Sowjetunion die Gefallenen-Kartei in den Händen habe." Durch diese Fragen und Behauptungen sei dann eine große Aufregung entstanden, aus der heraus 20 bis 30 Personen die Versammlung verließen und damit auch die angestrebte Bildung eines Friedenskomitees unmöglich wurde. Das Gericht sah in dieser Handlung ein Verbrechen i.S.d Art. 6 VerfDDR, weil der Angeklagte sich die von der westlichen Presse aufgestellten lügnerischen Behauptungen, die darauf hinzielten, die deutsch-sowjetische Freundschaft zu untergraben, zu Eigen gemacht habe. Dies könne neben anderen Ursachen Grund für einen Krieg sein, der unzählige Menschenleben vernichte. Mit dieser Gefahr spiele jeder, der die deutsch-sowjetische Freundschaft gefährde.

Auch bei Verurteilungen von Gläubigen der Glaubensgemeinschaft „Zeugen Jehovas" griffen die Gerichte auf das Tatbestandsmerkmal des Völkerhasses zurück. So argumentierte das Gericht im oben schon erwähnten Prozess gegen

---

[1042] BG Karl-Marx-Stadt, ohne Angabe von Dat. und Az., UaS III, 138f.
[1043] LG Görlitz, Urteil vom 30.09.1950 - 1Kls 6/50 (I 110), UaS I, 17.

die vier Angeklagten aus Potsdam und Teltow, sie hätten Völkerhass bekundet, indem sie die Regierung der Sowjetunion als Totalitätsherrschaft bezeichneten und dadurch die Hetze der profitgierigen Imperialisten unterstützten.[1044]

bb) Ausübung demokratischer Rechte

Gemäß Art 6 II S. 2 VerfDDR sollte hingegen die Ausübung demokratischer Rechte keine Boykotthetze darstellen. Die Berufung auf die Ausübung verfassungsrechtlich garantierter Rechte, wie die Meinungs[1045]- oder Glaubensfreiheit, konnte die Richter jedoch zumeist nicht an einer Verurteilung hindern. Die Vorstellung, Grundrechte seien als Abwehrrechte gegen den Staat zu verstehen, wird von den Anhängern der marxistisch-leninistischen Theorie zurückgewiesen, da der Staat von der herrschenden Klasse geleitet werde, die die Klasseninteressen der Werktätigen und Bauern vertrete, und somit die Verankerung von Abwehrrechten in der Verfassung obsolet sei. So bedürfe nach *Poppe* die sozialistische Gesellschaft nicht der bürgerlichen Fiktion von einer staatsfreien Sphäre, die durch die Bürgerrechte gesichert würde. Ihr Staat sei das Machtinstrument des Volkes; es brauche nicht vor der Macht geschützt zu werden, die es selbst revolutionär geschaffen habe, täglich mitgestalte und nach seinem Willen und Interesse ausübe.[1046]

Aus dem Klassencharakter der Grundrechte folgte demnach, dass der Inhalt nur so weit gehen konnte, wie die Interessen der herrschenden Klasse nicht angegriffen wurden. Nach sozialistischer Auffassung war die Freiheit als solche nicht als

---

1044 LG Brandenburg/Havel, Urteil vom 12.07.1951 - St.Ks. 65/51, UaS I, 29.

1045 Art. 9 der Verfassung der DDR von 1949 lautete: „Alle Bürger haben das Recht, innerhalb der Schranken der für alle geltenden Gesetze ihre Meinung frei und öffentlich zu äußern und sich zu diesem Zweck friedlich zu versammeln. Diese Freiheit wird durch kein Dienst- oder Arbeitsverhältnis beschränkt; niemand darf benachteiligt werden, wenn er von diesem Recht Gebrauch macht. Eine Pressezensur findet nicht statt."

1046 Siehe *Gornig*, ROW 1987, 79f.

individuelle Freiheit zu verstehen, sondern sie bestehe ausschließlich darin, nach den Erkenntnissen zu handeln, die sich aus den objektiven Notwendigkeiten in Natur und Gesellschaft ergäben.[1047] Demnach sei es nicht wichtig, die individuelle Freiheit zu erlangen, sondern erst die Freiheit des Volkes führe auch zur individuellen Freiheit und somit zur Entfaltung aller Kräfte.[1048] Damit war nun jeder Mensch ein in das Gesamtgefüge der Gesellschaft passendes arbeitendes Individuum. Im Sozialismus entstehe nach der Beseitigung der Ausbeutergesellschaft erstmals eine Gemeinschaft von Menschen, in deren Rahmen sich die persönliche Freiheit des Individuums entfalten könne. Doch bestehe diese persönliche Freiheit des Individuums nicht in Unabhängigkeit von der Gesellschaft, nicht in anarchistischer Zügellosigkeit, sondern in der realen Möglichkeit, seine individuellen Fähigkeiten und Bedürfnisse im Einklang mit den Grundinteressen der Gemeinschaft frei zu entwickeln und zu betätigen.[1049] In der bürgerlichen Ideologie werde die Freiheit auf eine abstrakte, angeblich unbegrenzte individuelle Verhaltens- bzw. Entscheidungsmöglichkeit bezogen und fördere somit extrem egoistische und individualistische Verhaltensweisen, die einer Negierung jeglicher Regeln und Normen gleichkämen.[1050]

So verstand man beispielsweise unter dem Recht der freien Meinungsäußerung nicht die Äußerung jeder beliebigen Meinung innerhalb der Schranken der Verfassungsmäßigkeit, sondern nur jener Meinung, die den Interessen der Volksmassen entsprach, was wiederum die oberste Politführung festlegte. Kritik am System als solches war demnach nicht erlaubt, lediglich konstruktive Kritik, die dem Aufbau der kommunistischen Gesellschaft förderlich zu sein schien.[1051] Es

---

[1047] *Henkel*, Im Dienste der Staatspartei, S. 39.
[1048] Siehe dazu auch *Hirsch*, JZ 1962, 149 (154).
[1049] *Buhr/Korsing*, Kleines Wörterbuch der marx.-lenin. Philosophie, S. 59.
[1050] *Buchholz/Dähn/Weber*, Strafrechtliche Verantwortlichkeit und Strafe, S. 79.
[1051] Siehe ausführlich *Gornig*, ROW 1987, 81.

ist daher, wie *Schneider* zutreffend feststellt, nicht etwa so, dass die verfassungsrechtlich garantierten Rechte nur den Anschein von Demokratie erzeugen sollten, um dahinter die Diskrepanz zwischen Verfassung und Verfassungswirklichkeit zu kaschieren.[1052] Es war schlicht so, dass man aus einem anderen Verständnis heraus die Verfassungsmäßigkeit bzw. die Auslegung von Grundrechten von der politischen Linie abhängig machte - immer mit dem Hinweis auf die objektiven Gesetzmäßigkeiten, auf die Dialektik, auf den geschichtlichen Zusammenhang.

cc) Die subjektive Seite des Art. 6 VerfDDR

Ein vorsätzliches Verschulden lag vor, wenn der Täter die verbrecherischen Umstände seines Handelns in sein gewolltes und bewusstes Ziel aufgenommen hatte.[1053] Damit sei der Vorsatz seinem sozialen Wesen nach die Grundform krimineller Schuld überhaupt.[1054] Im Gegensatz zum bundesrepublikanischen Strafgesetzbuch, das sich für den dreistufigen Verbrechensaufbau und damit für die Trennung von Vorsatz und Schuld ausgesprochen hat, kannte das DDR-Strafgesetz keine derartige Unterscheidung.

Lekschas[1055] sprach daher auch von der Schuld als der subjektiv verantwortungslosen Entscheidung des Täters für die Begehung eines Verbrechens oder Vergehens, worin sich das Wirken spontan entstandener gesellschaftswidriger, gesellschaftsblinder, rückständiger, bürgerlich-anarchischer, gesellschaftsfeindlicher, staatsfeindlicher oder gar menschenfeindlicher Auffassungen ausdrücke. Der Täter handle demnach schuldhaft, wenn er sich trotz der ihm gegebenen Mög-

---

1052 *Schneider*, ROW 1957, 144.

1053 Der Täter, der dabei voraussehe, dass unter den gegebenen Bedingungen möglicherweise noch ein anderer Erfolg eintreten könnte, der nicht zu dem ursprünglichen Ziel seines Handelns gehört, aber trotz dieser Kenntnis handele, der nehme diesen Erfolg in seinen Willen auf, indem er sich auch unter der Bedingung, dass dieser Erfolg tatsächlich eintritt, zum Handeln entschließe. Dieser Täter handele dann bedingt vorsätzlich, siehe *Stiller/Kügler*, SRDVP 1963, 453.

1054 *Lekschas/Seidel/Dettenborn*, Studien zur Schuld, S. 29.

1055 *Lekschas*, zit. nach *Lupke*, NJ 1964, 144f.

lichkeiten zu gesellschaftsgemäßem Verhalten in verantwortungsloser Weise zu dem in einem gesetzlichen Tatbestand als Verbrechen oder Vergehen gekennzeichneten Verhalten entschieden habe.

Auf der Ebene der subjektiven Seite des Art. 6 VerfDDR kam es nur darauf an, dass sich der Täter der Handlung *als solcher* bewusst war, nicht jedoch auch darauf, dass der Täter eine darüber hinaus gehende Absicht zur Schädigung gehabt haben musste. So sei der Vorsatz schon dann gegeben, wenn der Angeklagte im Vollbesitz seiner geistigen Kräfte zum Beispiel Fragen und Behauptungen in eine Diskussion hineingetragen habe[1056] oder wenn sich die Angeklagte Forderungen zu Eigen mache, wie sie von den westlichen Kriegstreibern den westdeutschen Arbeitern gegenüber proklamiert werden[1057]. Die Erforschung des Wissens und Wollens der zum objektiven Tatbestand gehörenden Umstände, das heißt die Prüfung der subjektiven Seite, vollzog sich daher anders, als es der Begriff suggeriert. Aus der Durchführung der Tat als solcher wurde „objektiv auch die Zielstrebigkeit" des Täters geschlossen. Die Behauptungen eines Täters zählten nicht, weil „das angeführte objektive Verhalten" auf die subjektive Seite schließen lasse.[1058] Hier wurden offensichtlich objektive und subjektive Umstände vermischt, dies nicht zuletzt deshalb, weil eine klare Abgrenzung zwischen beiden Merkmalen nicht gemacht wurde. Viel zu oft wurde allein aus der Tatsache, dass der Täter aufgrund der massiven Propaganda von der Verwerflichkeit und der möglichen Schädigung des Ansehens des Staates oder einer seiner Einrichtungen hätte ausgehen müssen, auf die subjektive Seite geschlossen.

Bei der Erforschung der subjektiven Seite scheint jedoch die allgemeine Persön-

---

[1056] LG Görlitz, Urteil vom 30.09.1950 - 1Kls 6/50 (I110), UaS I, 17.
[1057] OG, Urteil vom 30.01.1953 - StKS 306/52, UaS II, 112.
[1058] BG Halle/S., Urteil vom 15.09.1958 - 1 BS 367/58 I 564/58.

lichkeit des Angeklagten eine nicht zu unterschätzende Rolle gespielt zu haben. So hatte das Oberste Gericht zur Bewertung des Vorsatzes ausgeführt, die Angeklagte habe am gesellschaftlichen Leben aufgrund ihres politischen Desinteresses nicht teilgenommen und es seien gerade solche Frauen gewesen, die durch ihr unpolitisches Leben bis 1933 zum großen Teil dazu beigetragen hätten, dass ein *Hitler* an die Macht gelangen und ein derartiges Elend über die Völker Europas hatte bringen können.[1059] In dem anderen Fall ließ sich das Gericht bei der Prüfung des Vorsatzes davon leiten, dass der Angeklagte „halb im Osten und halb im Westen wohnte, hin und wieder eine Westzeitschrift zur Hand nahm“[1060], selten aber die demokratische Presse las und sich nicht politisch schulte bzw. politisch schulen ließ. Gerade aus dem letzteren schlussfolgerte das Gericht die strafbare Verantwortlichkeit. Ähnlich argumentierte das Landgericht Eberswalde[1061], indem es das Verhalten des Angeklagten mit seiner Mitgliedschaft des Völkischen Schutz- und Trutzbundes in Verbindung brachte und eine 30jährige nazistische und militaristische Propaganda durch den Angeklagten erkennen wollte. Das Landgericht Potsdam[1062] berief sich bei der Bejahung des Vorsatzes darauf, dass der Angeklagte in laufender Verbindung mit Westberlin stand, ständiger Rias-Hörer war und durch seine Fahrt zur Industrie-Ausstellung der Volkswahl vom 15.10.1950 fernblieb. Das Bezirksgericht Dresden berücksichtigte bei seiner Entscheidung, ob Vorsatz vorlag oder nicht, dass der Angeklagte ein Mensch sei, der der fortschrittlichen Entwicklung gleichgültig gegenüber stehe und der nur dann aktiv werde, wenn er seine persönliche Lebenslage verbessern könne.[1063] Hingegen konnte das Oberste Gericht[1064] bei einem Angeklagten, der regelmäßig seiner Arbeit nachging, ein zuverlässiger Arbeiter war,

---

[1059] OG, Urteil vom 30.01.1953, UaS II, 112.
[1060] LG Görlitz, Urteil vom 30.09.1950 - 1Kls 6/50 (1110), UaS I, 17.
[1061] LG Eberswalde, Urteil vom 23.02.1951 - 2 St.Ks. 23/50, UaS I, 14 (16).
[1062] LG Potsdam, Urteil vom 11.01.1951 - 7 Stks. 35/50, UaS I, 12f.
[1063] BG Dresden, Urteil vom 14.07.1953 - 1a Ks 334/53, BStU FF/O.
[1064] OG, Urteil vom 28.05.1953 - 1b Ust 194/53, NJ 1953, 411.

durch seine Zugehörigkeit zu mehreren gesellschaftlichen Organisationen seine Verbundenheit mit der Arbeiterklasse signalisierte und bei Diskussionen andere über die Richtigkeit der Politik des Staates aufklärte, keinen Vorsatz für eine strafbare Handlung nach Art. 6 VerfDDR feststellen. Bei einem anderen Angeklagten wurde berücksichtigt, dass er während der Nazizeit zwei Jüdinnen hilfreich zur Seite gestanden habe.[1065]

Diese unterschiedlichen Beispiele zeigen, dass sich die Gerichte bei der Prüfung des Vorsatzes von Erwägungen leiten ließen, die an der Sache vorbeigingen. Das ist aber die logische Konsequenz aus der Vermischung von Vorsatz und Schuld. Es könnte somit der Eindruck entstehen, die Gerichte hätten - je nach Belieben - Umstände gesucht, um den Angeklagten zu verurteilen oder freizusprechen. Eine solche Unterstellung lässt sich jedoch aus den Gerichtsakten nicht belegen, obwohl sich der Verdacht aufdrängt, dass es Angeklagte mit einer faschistischen Vergangenheit vor Gericht schwerer hatten, gehört zu werden als Angeklagte mit einer sozialdemokratischen bzw. allgemein antifaschistischen. Auffallend ist, dass die Gerichte - wohl bedingt durch die politisch motivierte Besetzung - dem Umstand, dass eine solche Kriegsgeneration auch immer ihre „Kinder" entlässt, keine Rechnung tragen konnte oder wollte. Viele Angeklagte sind durch die schrecklichen Ereignisse in der Kriegszeit und durch die Nachkriegswirren aus den vormals geordneten Verhältnissen geraten, haben keinen Halt finden können, sowohl familiär als auch politisch.

dd) Art. 6 VerfDDR als Unternehmensdelikt

Darüber hinaus war Art. 6 VerfDDR ein so genanntes Unternehmensdelikt, dessen Besonderheit darin lag, dass der Versuch in bestimmten Fällen der Vollen-

---

[1065] LG Potsdam, Urteil vom 06.10.1950 - 7 Kst. Ks. 39/50, UaS I, 11.

dung gleichgesetzt wurde.[1066] Um jedoch einen noch wirksameren Schutz der demokratischen Ordnung zu gewährleisten, regte *Benjamin* an, den Rechtsbegriff derart zu erweitern, dass er auch Vorbereitungshandlungen erfasse. In einer Anmerkung zu dem Urteil des Kammergerichts Berlin[1067] begründete *Benjamin* dies damit, dass als Unternehmen alle Verbrechen unter Strafe gestellt werden müssten, die einen besonders gefährlichen Charakter für die antifaschistisch-demokratische Ordnung tragen würden. Sie müssten bereits in ihrem Keim erstickt und in ihrer Gefährlichkeit entsprechend schon im Vorbereitungsstadium bestraft werden.[1068] Dem folgte dann auch das Oberste Gericht unter Vorsitz von *Benjamin*, indem es klarstellte, dass Verbrechen nach Art. 6 VerfDDR im frühestmöglichen Stadium zu bekämpfen seien und dass beispielsweise bereits der Eintritt in eine Spionageorganisation mit dem Ziel der Begehung von Verbrechen als Verbrechen nach Art. 6 VerfDDR zähle.[1069] Später versuchte man, dies auch wissenschaftlich zu begründen: Die Gefährlichkeit des Wesens von Versuch und Vorbereitung liege darin, dass sich der Täter mit seinem zielstrebigen Verhalten über seine gesellschaftliche Verantwortung hinwegsetze, rückständige oder der sozialistischen Gesellschaftsordnung gegenüber feindliche „Denk- und Lebensgewohnheiten“ zum Ausdruck bringe und dabei gleichzeitig in den so genannten gesellschaftlichen Verhältnissen Veränderungen bewirke, die zu deren Auflösung und Zerstörung führen können.[1070] Um diese Begründung nachvollziehen zu können, ist das Verständnis von Rechtsgut und Rechtsgüterschutz unumgänglich. Jedem Strafgesetz oblag der Schutz eines oder mehrerer Rechtsgüter. Bei der Vollendung einer Straftat war demnach ein bestimmtes Rechtsgut betroffen. Bei einer Vorbereitungshandlung, bei der es noch nicht einmal zu einer

[1066] So wie dies im heutigem § 11 I Nr. 6 StGB/BRD noch gilt.
[1067] KG Berlin, Urteil vom 11.07.1951 - 1Ss 82/51 (79/51), NJ 1951, 430.
[1068] *Benjamin*, Anm. zu KG Berlin, Urteil vom 11.07.1951 - 1 Ss 82/51 (79/51), NJ 1951, 430.
[1069] OG, Urteil vom 20.02.1952 - 1 Zst (I) 3/52, OGSt 2, 11.
[1070] *Dreßler*, Vorbereitung und Versuch, S. 32.

Gefährdung des Rechtsgutes gekommen war, lag aber trotzdem eine Verletzung der gesellschaftlichen Verhältnisse vor. Erklärbar wird dies, wenn man die Tatsache berücksichtigt, dass ein Strafgesetz neben einem Individualrechtsgut auch die „lebenserhaltenden zwischenmenschlichen Beziehungen" schützte. Das heißt, dass die zwischenmenschlichen Beziehungen innerhalb der sozialistischen Gesellschaft bereits mit dem Verhalten verletzt wurden, die im Vorbereitungsstadium waren: das Planen und Vorbereiten vermögensschädigender Handlungen, der geplante Angriff auf die körperliche Unversehrtheit etc.

ee) Anwendungsbereich und Konkurrenzen

Mit Einführung des Art.6 VerfDDR galt dieser für die sowjetisch besetzte Zone mit Ausnahme des Ostsektors von Berlin. Da eine entsprechende gesetzliche Regelung fehlte, waren die Strafverfolgungsbehörden und Gerichte von Berlin/Ost ausschließlich auf die Anwendung der KRD 38 beschränkt. Nach Wegfall der gesetzlichen Regelungen der Besatzungsmacht umging man die Nichtanwendbarkeit des Art. 6 VerfDDR, indem man von § 14 Abs. III StPO[1071] Gebrauch machte und den Untersuchungshäftling in ein Gefängnis der DDR verbrachte.[1072]

Schwierigkeiten bereitet die Beantwortung der Frage nach den Konkurrenzen innerhalb der Staatsschutzdelikte. Ausschlaggebend dafür war die Lehre vom Objekt, wonach eine Tat nur dann zwei Gesetze verletze, wenn diese beiden Gesetze auch zwei verschiedene Objekte schützen. Schütze dagegen eines der Gesetze ein Rechtsgut, das im Verhältnis zu dem durch das andere Gesetz geschützten lediglich als „Gegenstand" anzusehen sei, so liege Gesetzeseinheit

[1071] § 14 III StPO: „Örtlich zuständig ist auch das Gericht, in dessen Bereich der Beschuldigte auf Anordnung eines staatlichen Organs untergebracht ist."
[1072] *Rosenthal*, ROW 1957, 42.

vor.[1073] Dies galt jedoch nicht im Verhältnis von Art. 6 VerfDDR zur KRD 38: selbst wenn beide Gesetze verletzt waren, hätte man nur nach Art. 6 VerfDDR bestrafen können. Dies hätte jedoch zur Folge gehabt, dass die mit der KRD 38 verbundenen Sühnemaßnahmen[1074], insbesondere die Vermögenseinziehung nach Abschnitt II Artikel IX Nr. 2, nicht hätten verhängt werden dürfen. Mit einer lapidaren Begründung löste das Oberste Gericht dieses Problem[1075]: Da der Gesetzgeber der KRD deren unbeschränkte Anwendung, insbesondere die Verhängung der Sühnemaßnahmen, gewollt habe, müsse die gleichzeitige Verhängung der Sühnemaßnahmen möglich sein. Einblicke in Strafverfahrensregister bestätigen, dass beim Zusammentreffen von beiden Tatbeständen sowohl auf Zuchthaus als auch auf Vermögenseinziehung erkannt wurde.[1076]

Bei der Anwendbarkeit des Art. 6 VerfDDR bzw. dem Gesetz zum Schutze des Friedens schien eine klare Abgrenzung möglich, weil das Objekt des Verbrechens gegen Art. 6 die Grundlagen der Deutschen Demokratischen Republik als Staat sein sollten, Objekt des Gesetzes zum Schutz des Friedens jedoch der Friede als solcher.[1077]

d) § 131 StGB

Wer erdichtete oder entstellte Tatsachen, wissend, daß sie erdichtet oder entstellt sind, öffentlich behauptet oder verbreitet, um dadurch Staatseinrichtungen oder

---

[1073] *Benjamin*, NJ 1951, 541.

[1074] Gemäß Abschnitt II Artikel IX Nr. 1 der KRD 38 konnten die nach Abschnitt II Artikel III A III KRD 38 bezeichneten Täter für die Dauer von bis zu 10 Jahren in einem Gefängnis oder in einem Lager interniert werden, um Wiedergutmachungs- und Wiederaufbauarbeiten zu verrichten. Nach Nr. 2 konnte das Vermögen ganz oder zum Teil eingezogen werden. Darüber hinaus unterlagen sie Einschränkungen beruflicher und persönlicher Art., siehe Amtsblatt des Alliierten Hohen Kontrollrates in Deutschland, Nr. 1-3, 1945/46 S. 184 (192).

[1075] OG, Urteil vom 20.04.1951 - 1a Zst 17/51, NJ 1951, 328.

[1076] Siehe Anlage B.1.-4.

[1077] OG, Urteil vom 14.05.1952 - 1 Zst (I) 5/52, NJ 1952, 369.

Anordnungen der Obrigkeit verächtlich zu machen, wird mit Geldstrafe oder mit Gefängnis bis zu zwei Jahren bestraft.

Im Gegensatz zu Art. 6 VerfDDR kam § 131 StGB in minderschweren Fällen der Hetze in Betracht, weshalb diese Art der Staatsverleumdung auch als „kleine Hetze“[1078] bezeichnet wurde. § 131 StGB verlangte lediglich, dass der Täter die staatliche Ordnung verächtlich machen wollte, nicht auch, dass er sie angreifen wollte. Eine Unterscheidung zwischen Art. 6 VerfDDR und § 131 StGB konnte demnach nur durch die Intensität des Vorsatzes erreicht werden, was wiederum in erster Linie von der Überzeugung des Gerichtes abhing.

e) Der SMAD-Befehl Nr. 160

Der von der Sowjetischen Militäradministration am 03.12.1945 erlassene Befehl Nr. 160 ist die erste verbindliche Strafvorschrift, die für die sowjetische Besatzungszone nach Beendigung des Krieges galt. Zunächst nur als Wirtschaftsstrafgesetz gedacht[1079], gewann ihr politischer Charakter immer mehr an Bedeutung, da man zu der Erkenntnis gelangt war, dass der Befehl Nr. 160 als wirksames Mittel zur Sicherung der „antifaschistisch-demokratischen Ordnung“[1080] eingesetzt werden könnte.

Die Schwierigkeiten bei der Erläuterung des Befehls Nr. 160 ergeben sich schon daraus, dass dieser zu keiner Zeit im russischen Originaltext - auch nicht für die Verwaltungen der einzelnen Länder - veröffentlicht wurde. Dies führte in den Ländern nicht nur zu verschiedenen Übersetzungen, sondern auch zu verschiedenartigen Interpretationen, die für den Angeklagten durchaus entscheidend sein

---

[1078] *Melsheimer*, NJ 1956, 291.
[1079] *Heinrich*, NJ 1947, 29.
[1080] *Benjamin*, NJ 1951, 542.

konnten. Im Verordnungsblatt der Provinzialverwaltung für die Mark Brandenburg fehlte der Befehl gänzlich. Nicht mehr geklärt werden konnte, welche der einschlägigen Übersetzungen die brandenburgische Justiz übernahm. Für die Provinz Sachsen lautete der Befehl beispielsweise wie folgt[1081]:

1. *„Personen, die bei Attentaten, die auf Sprengung der wirtschaftlichen Maßnahmen der Organe der deutschen Selbstverwaltung oder der deutschen Verwaltungen gerichtet sind, überführt werden, sind mit Gefängnis bis zu 15 Jahren und in besonders schweren Fällen mit dem Tode zu bestrafen;*
2. *die gleichen Strafen treffen Personen, die an Sabotageakten schuldig sind, die gegen die Arbeit von Unternehmen, auf ihre Beschädigung oder Vernichtung gerichtet sind."*

Ristow, Hauptreferentin in der Deutschen Verwaltung für Handel und Versorgung, nahm eine erste Erläuterung des Befehls Nr. 160 vor und erklärte, nach Ziffer 1 solle derjenige bestraft werden, der *böswillig* wirtschaftliche Anordnungen der deutschen Selbstverwaltungen oder deutscher Verwaltungen gar nicht oder schlecht befolge und dadurch die Wirkung wirtschaftlicher Aufbaumaßnahmen vereitele oder beeinträchtige.[1082] Auffallend bei dieser Kommentierung ist, dass in den überwiegend veröffentlichten Übersetzungen das Wort „böswillig" fehlte. Trotzdem verlangten einige Gerichte zusätzlich zum Vorsatz des Täters noch „Böswilligkeit" bzw. „böswillige Absicht"[1083]. Darunter verstand man den auf böser Gesinnung beruhenden Ungehorsam. Dieses einschränkende Tatbestandsmerkmal sollte Verstöße, die aus wirtschaftlicher Not, menschlicher Schwäche, Dummheit oder Unüberlegtheit begangen wurden, ausschließen.[1084]

[1081] Verordnungsblatt für die Provinz Sachsen, Nr. 8 vom 22.12.1945, S. 4.
[1082] *Ristow*, NJ 1947, 125.
[1083] *Heinrich*, NJ 1947, 30.
[1084] *Ristow*, NJ 1947, 126.

Die hier entgegen dem Wortlaut getroffene Auslegung entsprach den seinerzeit üblichen Auslegungsregeln. Es galt Abgrenzungskriterien zu anderen gesetzlichen Regelungen[1085], wie z.B. zu der Kriegswirtschaftsverordnung etc., zu entwickeln, um nicht jedwede Beeinträchtigung wirtschaftlicher Aufbaumaßnahmen dem Strafrahmen des Befehls Nr. 160 zu unterwerfen. Es handelte sich dabei weniger um einen Akt von Rechtsstaatlichkeit oder offener Konfrontation gegenüber der Besatzungsmacht, sondern um die Auslegung nach dialektischer Methode. Strittig war anfangs ebenfalls, ob wegen Verbechens gegen den SMA-Befehl Nr. 160 auch eine Zuchthausstrafe verhängt werden könne, da die Übersetzung lediglich von „Gefängnis" sprach. Durch eine Grundsatzentscheidung wurde die Verhängung einer Zuchthausstrafe für zulässig erklärt: „Wenn auch nach den vom Senat getroffenen Feststellungen die amtlich mitgeteilten deutschen Übersetzungen den russischen Urtext des Befehls insoweit richtig mit ‚Gefängnis bis zu 15 Jahren' wiedergeben, so läßt die Bestimmung gleichwohl die Auslegung zu und nötigt auch zu dieser Auslegung, daß die Verhängung auch von Zuchthausstrafen zulässig sein soll. Der Gesetzgeber des Befehls Nr.160 ist offenbar von dem sowjetischen Strafensystem ausgegangen, das nur eine einheitliche Art der längerdauernden Freiheitsentziehung kennt. Dabei ist nicht bedacht worden, dass durch Wegfall der Zuchthausstrafe eine Anomalie in die vorgesehene Strafbemessung hineingekommen ist. Nach der wörtlichen, die Zuchthausstrafe ablehnenden Auslegung, könnte für die schwersten Wirtschaftsverbrechen (neben der möglichen Todesstrafe) nicht die schwerste Freiheitsstrafe, sondern nur die mildere Freiheitsstrafe des deutschen Rechts verhängt werden."[1086]

[1085] Befehl Nr. 71, 163, 121, 171, 343-348, die allesamt Vorgaben für Pflichtabgaben enthielten und Strafvorschriften bei Nichteinhaltung, siehe *Ristow*, NJ 1947, 126.
[1086] OLG Potsdam, Urteil vom 21.03.1950 - 3. Ss. 17/50, NJ 1950, 177.

Unter Anordnungen waren sowohl allgemeine Anordnungen, Runderlasse, allgemeine Verfügungen als auch Einzelerlasse, die von den zuständigen Stellen erlassen und ordnungsgemäß bekannt gegeben wurden und die nicht mit den Gesetzen oder Befehlen der Besatzungsmacht in Widerspruch standen, zu verstehen. Dabei sollte darauf geachtet werden, dass nur Pflichtverletzungen, die den wirtschaftlichen Aufbau in mehr als geringfügiger Weise beeinträchtigten, bestraft werden sollten, da der hohe Strafrahmen eine andere Auslegung nicht zulasse.[1087] Darunter fielen beispielsweise die planwidrige Produktion: so hatten die Angeklagten Tabakspfeifen aus wertvollem und knappem Buchenholz hergestellt, anstatt Ackerwagen oder Kücheneinrichtungen, die Hortung von Arbeitskräften und die Desorganisation des Betriebes.[1088] Ebenso machte sich ein Bauer strafbar, der während der Erntezeit seine Wirtschaft ohne Führung ließ und für acht Tage verreiste und später seinem Ablieferungszoll nicht nachkommen konnte, weil er einen Teil der landwirtschaftlichen Güter - im vorliegenden Fall Schweine - für sich selbst zurückbehielt.[1089]

Nach Ziffer 2 des Befehls sollte derjenige bestraft werden, der Handlungen ausführt, die zum Arbeitsstillstand der Betriebe, ihrer Beschädigung oder Vernichtung führen. Hierbei war insbesondere an Betriebe der Landwirtschaft, des Bergbaus, an Fabriken, Handwerksbetriebe und öffentliche Verkehrsmittel gedacht, da diese besonders wichtig für den Aufbau waren.[1090]

f) Die KRD Nr. 38 Abschnitt III A III

Aktivist ist auch, wer nach dem 8. Mai 1945 durch Propaganda für den Nationalsozialismus oder Militarismus oder durch Verbreitung tendenziöser Gerüchte

---

[1087] *Ristow*, NJ 1947, 125f.
[1088] BG Suhl, Urteil vom 09.01.1953 - II Ks 95/52, NJ 1953, 87.
[1089] BG Rostock, Urteil vom 17.12.1952 - III Ns 148/52, NJ 1953, 87.
[1090] *Ristow*, NJ 1947, 126.

den Frieden des deutschen Volkes oder den Frieden der Welt gefährdet hat oder möglicherweise noch gefährdet.[1091]

Eine der wichtigsten Aufgaben bei der Errichtung einer demokratischen Ordnung war die Bekämpfung des Faschismus und Militarismus, vor allem auf ideologischem Gebiet. Man hatte erkannt, dass allein die militärische Zerschlagung noch nicht zur Überwindung der nationalsozialistischen Ideologie führen konnte. Es galt, den Faschismus auf deutschem Boden ein für allemal zu beseitigen. Die Kontrollratsdirektive Nr. 38 diente daher zum einen der Internierung solcher Personen, die aufgrund ihrer Vergangenheit der Demokratisierung hinderlich sein würden, und gab zum anderen die Möglichkeit, neofaschistische oder neomilitaristische Verbrechen zu bestrafen.[1092] So beschrieb der Artikel III A III im Gegensatz zu den anderen Artikeln kein spezifisches nationalsozialistisches Unrecht, er sollte nur dazu dienen, strafrechtlich gegen diejenigen Deutschen vorzugehen, die der Sache der Alliierten weiterhin feindlich gegenüberstanden. Während diese Vorschrift in der Praxis der bundesdeutschen Gerichte ein Schattendasein führte, galt sie in der SBZ neben dem späteren Artikel 6 der VerfDDR als wichtigste Vorschrift des politischen Strafrechts. Allerdings wurde bei der Anwendung des KRD 38 weit über das Ziel hinausgegangen, welches die Alliierten bei Erlass der Vorschrift wohl beabsichtigt haben dürften. Artikel III A III bezieht sich auf Artikel III A I und II, die ausdrücklich regeln, wer als „Aktivist" einzustufen ist.[1093] Danach war derjenige Aktivist, der durch seine Stellung oder Tätigkeit die Gewaltherrschaft der Nationalsozialisten wesentlich gefördert und unterstützt oder durch Wort oder Tat gestärkt und damit aktiv zur Politik des Nationalsozialismus beigetragen hat.

[1091] KRD Nr. 38 vom 12.10.1946, abgedruckt im Amtsblatt des Alliierten Hohen Kontrollrates in Deutschland Nr. 1-13, 1945-46,
[1092] *Stiller*, Die Staatsverbrechen, S. 19.
[1093] Dies lässt sich aus dem Wort „auch" erkennen.

Artikel III A III kann deshalb nur dahingehend verstanden werden, dass die Alliierten derartige Tendenzen, die sich nach der Kapitulation zeigen würden, bekämpfen wollten. Nicht beabsichtigt war daher wohl die massive Verfolgung aller mittelbaren Nachkriegserscheinungen. Deshalb war der Charakter dieser Vorschrift als Strafvorschrift in den Westzonen auch umstritten.[1094]

KRD 38 stellte ein Gefährdungsdelikt dar, da es nicht darauf ankam, dass jemand eine Friedensgefährdung verursachte. Entscheidend war vielmehr, ob die Tat als solche geeignet war, den Frieden zu gefährden.[1095] Dies wurde jedoch in den meisten Fällen schon immer dann bejaht, wenn bestimmte Verhältnisse oder Missstände gegenüber Bekannten, Verwandten oder anderen Personen in Westdeutschland ansprach, da die „westlichen Kriegstreiber" alle Informationen dazu gebrauchen würden, nicht nur die „bestehenden gesellschaftlichen Verhältnisse zu diskreditieren", sondern vor allem die Beseitigung der sozialistischen Gesellschaft anzustreben.[1096] Die Strafbarkeit ergab sich daher in der Regel schon „aus der bekannten subversiven Verwertung der Geheimnisse gegen die DDR".[1097]

Gemäß Artikel IX konnten gegen die nach KRD 38 Artikel III A III Belasteten verschiedene Sühnemaßnahmen erlassen werden. Dabei sollte sowohl bei der Internierung bis zu einer Dauer von 10 Jahren (Nr. 1) als auch bei der Vermögenseinziehung (Nr. 2) der Wiedergutmachungsgedanke im Vordergrund stehen. In der SBZ wurde jedoch die Vermögenseinziehung deshalb verfügt, um die wirtschaftliche Entmachtung der Naziverbrecher herbeizuführen und ihnen für immer den Boden für ihre „Naziumtriebe" zu entziehen.[1098]

1094 *Weinke*, Die Waldheimer „Prozesse", in: *Haase/Pampel*, (Hrsg.), Die Waldheimer „Prozesse", S. 39.
1095 BG Halle/Saale, Urteil vom 02.04.1953 - 1 Ks 123/53, UaS II, 108.
1096 BG Halle/Saale, Urteil vom 02.04.1953 - 1 Ks 123/53, UaS II, 108.
1097 Lehrkommentar zum Strafgesetzbuch Bd. II 1969, § 97, S. 270.
1098 *Meyer-Seitz*, Die Verfolgung von NS-Straftaten, S. 329.

Mit der Erlangung der staatlichen Souveränität der DDR 1949 wurde die KRD 38 als Strafvorschrift offiziell aufgehoben, gelangte aber dennoch immer wieder zur Anwendung, und zwar um die teilweise oder vollständige Vermögenseinziehung anzuordnen, die Art. 6 VerfDDR als lex specialis nicht vorsah.[1099]

g) Anwendung des Gesetzes zum Schutz des Friedens

Am 15.12.1950 wurde durch die Volkskammer in Übereinstimmung mit den Artikeln 5 und 6 der Verfassung das Gesetz zum Schutz des Friedens verabschiedet[1100], das die Aufgabe hatte, im Interesse des gesamten deutschen Volkes und im Interesse aller friedliebenden Völker zur Erhaltung des Friedens beizutragen und den demokratischen Charakter des Staates hervorzuheben.[1101] 1952 wurde dieses Gesetz zum ersten Mal bei einer Verurteilung herangezogen.[1102] Seine allgemeine Bedeutung ist aber als gering einzuschätzen, da überwiegend auf die strafrechtlich bedeutsameren Gesetze zurückgegriffen wurde. Bekanntestes Beispiel für die Anwendung dieses Gesetzes ist die Verurteilung von *Harry Seidel* 1962, der als „Frontstadtterrorist“ mehreren Fluchtwilligen zur „Übersiedlung“ in die Bundesrepublik verhalf und dafür vom Obersten Gericht zu einer lebenslangen Zuchthausstrafe verurteilt wurde. Erst im September 1966 wurde er von der Bundesrepublik freigekauft.[1103]

h) § 125 StGB

§ 125 StGB galt in der DDR als Norm, die von Reichsgesetzgeber dafür geschaffen worden war, die Aktionen der Werktätigen gegen Unterdrückung und Ausbeutung strafrechtlich zu verfolgen. Er zeige in seiner Anwendung deutlich den

---

[1099] Siehe dazu *Stiller*, Die Staatsverbrechen, S. 34; *Schmidthals*, Die Neugestaltung des strafrechtlichen Staatsschutzes, S. 5; Übersicht über die Strafverfahren im Bezirk Erfurt als Anlage B.
[1100] GBl. 1950, S. 1199.
[1101] *Stiller*, Die Staatsverbrechen, S. 36.
[1102] OG, Urteil vom 14.05.1952 - 1 Zst (I) 5/52, NJ 1952, 369.
[1103] *Werkentin*, Recht und Justiz im SED-Staat, S. 64 ff.

antinationalen Charakter der herrschenden Bourgeoisie. Obwohl man sich dessen bewusst sei, gelte diese Norm in der DDR deshalb weiter, weil sie unter den Bedingungen der Arbeiter- und Bauernmacht einen grundsätzlich neuen Inhalt erhalten habe. § 125 StGB schütze nun den ungestörten Ablauf des friedlichen demokratischen Lebens auf politischem, wirtschaftlichem und kulturellem Gebiet.[1104] Die Abgrenzung zu Art. 6 VerfDDR fiel im Einzelfall nicht leicht, obwohl dieser vor der Beseitigung der demokratischen Grundordnung schützen sollte. Aber oftmals wurden Störungen des demokratischen, öffentlichen Lebens mit konterrevolutionärem Hintergrund vermutet, was die Anwendung des § 125 StGB ausschloss. Trotz der großen Bedeutung, die die Staatsschutzdelikte in den 50er Jahren in der Rechtsprechung einnahmen, ist das Bemühen einzelner Gerichte, nicht jede Tat als Staatsverbrechen zu behandeln, nicht zu übersehen. Recherchen über Verhandlungen anlässlich der Ereignisse am 17. Juni 1953 haben ergeben, dass entgegen der bis dahin gängigen Praxis auch Verurteilungen aufgrund von § 125 StGB (Landfriedensbruch) ergingen und nicht nach Art. 6 VerfDDR oder der KRD 38. Aus dem Wochenbericht des Bezirksgerichtes Leipzig für die Zeit vom 20.-29.07.1953[1105] lässt sich ersehen, dass über 90% der dort anhängigen Verfahren nach § 125 StGB abgehandelt wurden.

4. Die Wirtschaftsstrafdelikte

Mit der Gründung der DDR traten neben den Staatsverbrechen auch vermehrt Wirtschaftsverbrechen in Erscheinung. Besonders hervorzuheben sind dabei die „Buntmetalldiebstähle“, Vergehen oder Verbrechen gegen den innerdeutschen Zahlungsverkehr oder den innerdeutschen Handel. Ursachen dafür waren zum einen die hohen Gewinnspannen beim Verkauf von z. B. gestohlenem Buntme-

---

[1104] *Institut für Strafrecht* (Hrsg.), Verbrechen gegen die Tätigkeit staatlicher Organe, S. 101.
[1105] Wochenbericht des BG Leipzig über die Durchführung von Verfahren anlässlich der Ereignisse am 17.06.1953 für die Zeit vom 20.-29.07.1953, BStU Leipzig L 00265, S. 4 ff.

tall, die zu nicht nur unerheblichen Störungen im Wirtschafts- und Produktionsablauf führten, und zum anderen die kriegsbedingte Kriminalität. Dazu zählte neben den Eigentumsdelikten insbesondere auch die Prostitution, die vor allem der Verbreitung von Geschlechtskrankheiten Vorschub leistete. Zur Bekämpfung von Geschlechtskrankheiten und deren Verbreitung erließ der Stellvertretende Chef der SMA in Brandenburg am 15.08.1945 den Befehl Nr. 12, der u. a. die Eröffnung venerischer Prophylaktorien und die monatliche laborante Untersuchung aller Angestellten der Lebensmittelbetriebe, Verkaufsstellen, Bäckereien etc. vorsah[1106]. Ein weiteres Problem waren die Vergewaltigungen von deutschen Frauen und Mädchen, die zu ungewollten Schwangerschaften und Geschlechtskrankheiten führten. Bei einer Besprechung *Piecks* mit dem Chef der Garnison und Militärkommandanten der Stadt Berlin, Generaloberst *Gorbatow*, in Anwesenheit von Marschall *Shukow* standen die Exzesse der Rotarmisten (Plünderungen und Vergewaltigungen) im Vordergrund.[1107] Darüber hinaus entwickelte sich der Schwarzmarkt, auf dem für Wucherpreise Lebensmittel oder Waren angeboten wurden, die es sonst nicht zu kaufen gab. Justiz und Politik versuchten, dem mit administrativen Mitteln beizukommen. Die sowjetische Kommandantur beispielsweise rekrutierte Schieber für Zwangsarbeiterkommandos.[1108]

a) Straftaten nach dem Gesetz zum Schutze des innerdeutschen Handels (HSchG)

Das Gesetz zum Schutz des innerdeutschen Handels wurde am 21.04.1950[1109] verabschiedet, jedoch nur selten angewendet, was daran gelegen haben soll, dass bei den Justizfunktionären das Gesetz selbst nicht genügend bekannt gewesen sei

[1106] Siehe BLHA, Ld. Br. Rep. 202 A Büro des Ministerpräsidenten Nr. 81, Bl. 56-58 bei *Geßner*, Befehle der sowjetischen Militäradministration, S. 97.
[1107] ZPA NL 34/734, Bl. 116-118, in: *Badstübner/Loth*, Wilhelm Pieck, S. 53.
[1108] *Pohl*, Justiz in Brandenburg, S. 64.
[1109] GBl. 1950, 327 i.V.m. der VO vom 26.07.1951, GBl. 1951, 705.

oder in seiner politischen Bedeutung unterschätzt wurde.[1110] Erlassen wurde es, um im Interesse der Verbesserung der Lebenslage der Bevölkerung, den Handel gegen jeden zersetzenden Einfluss von Seiten der Feinde zu sichern, die versuchen würden, den innerdeutschen Handel und den Wirtschaftsaufbau zu zerstören.[1111] Die Sicherung des Handels wäre umso wichtiger, nachdem die Lieferungen von wichtigen Rohstoffen wie Stahl und Koks aus Westdeutschland eingestellt worden waren und damit die Befürchtung bestehe, dass die westlichen Machthaber dadurch eine Politik der Störung des sozialistischen Aufbaus im sowjetisch besetzten Teil Deutschlands betrieben.[1112]

Für den Warenverkehr zwischen der DDR und den Westsektoren benötigte man nun gemäß § 1 II HSchG einen Warenbegleitschein[1113], der vom Ministerium für Innerdeutschen Handel ausgestellt wurde. Als Waren galten grundsätzlich alle Sachen, die für eine Besitzübertragung (in der Regel zur Veräußerung) von einem in den anderen Sektor verbracht werden sollten, unabhängig davon, ob es sich um neuwertige oder bereits gebrauchte Gegenstände handelte.[1114] Ausnahmsweise konnten Gegenstände, die nicht zur Veräußerung bestimmt waren, Waren iSd. Gesetzes sein, so z.B. wenn ein Unternehmer seinen Produktionsstandort in einen der Westsektoren verlegen wollte[1115] oder wenn ein Fuhrunternehmer einen ihm gehörenden Lastkraftwagen illegal nach Westdeutschland verbrachte, um ihn zur Grundlage eines dort zu gründenden Transportunternehmens zu machen[1116]. Da Produktionsmittel zweckgebundene Gegenstände seien,

---

[1110] *Stegmann*, NJ 1951, 498.
[1111] GBl. 1950, 327.
[1112] *Stegmann*, NJ 1951, 498.
[1113] Siehe auch 1. Durchführungsbestimmung zum HSchG vom 09.05.1950, GBl. 1950, 415ff.
[1114] KG Berlin, Urteil vom 11.07.1951 - 1 Ss 82/51 (79/51), NJ 1951, 428.
[1115] *Stegmann*, NJ 1951, 498 (500).
[1116] OG, Urteil vom 12.02.1953 - 2 Zst II 1/53, NJ 1953, 217.

die ausschließlich der gesellschaftlichen Produktion und nicht dem persönlichen Bedarf dienten, dürften diese nicht in die Westsektoren verbracht werden.[1117]

Wurden nun Waren ohne Warenbegleitschein befördert[1118], wurden sie mit den dazu benutzten Transportmitteln entschädigungslos eingezogen. Darüber hinaus konnte zusätzlich eine Geldstrafe bis zum zehnfachen Wert der eingezogenen Ware verhängt werden, vgl. § 1 III HSchG. Um den Handel wirksam gegen alle zersetzenden Einflüsse zu schützen, stellte das Gesetz zum Schutz des innerdeutschen Handels nicht nur die vollendete Tat, sondern bereits das Unternehmen unter Strafe.[1119] Es war demnach nicht erforderlich, dass die Wirtschaft oder der Wirtschaftsablauf durch den ungenehmigten Warenverkehr gestört oder gefährdet wurde, es reichte vielmehr aus, wenn die Absicht bestand, Waren der Kontrolle der dafür zuständigen Stellen zu entziehen.[1120] Damit umfasste auch dieses Gesetz die Strafbarkeit von Vorbereitungshandlungen.[1121]

Stellte nun das Amt für Kontrolle des Warenverkehrs Strafantrag gemäß § 2 I S. 2 musste der Täter gemäß § 2 I S. 1 HSchG mit einer Gefängnisstrafe von nicht unter drei Jahren rechnen.

Wer nach § 2 I HSchG Transporte von Waren entgegen den Bestimmungen des § 1 durchführte, hatte eine Gefängnisstrafe nicht unter drei Jahren zu erwarten. § 2 II HSchG stellte den besonders schweren Fall unter Strafe, dem eine Strafandrohung nicht unter fünf Jahren folgte. Ein besonders schwerer Fall lag insbesondere vor:

[1117] *Stegmann*, NJ 1951, 498 (500).
[1118] OG, Urteil vom 03.04.1952 - 2 Zst 22/52, OGSt 2, 334.
[1119] *Stegmann*, NJ 1951, 498f.
[1120] OG, Urteil vom 12.07.1951 - 2 Zst 18/51, NJ 1951, 512.
[1121] Siehe KG Berlin, Urteil vom 11.07.1951 - 1 Ss 82/51 (79/51), NJ 1951, 428.

- wenn Waren auf ungesetzliche Weise mit Fahrzeugen befördert werden sollten, die zu diesem Zweck besonders bereitgestellt worden waren (§ 2 II S. 2 Nr. 1 HSchG),
- wenn Waren unter Umgehung der festgelegten Kontrollpunkte befördert wurden (§ 2 II S. 2 Nr. 2 HSchG),
- wenn ein Warenlager für Waren unterhalten wurde, die unter Verletzung der Transportbestimmungen befördert wurden oder befördert werden sollten (§ 2 II S. 2 Nr. 3 HSchG),
- wenn Warenbegleitscheine gefälscht oder verfälscht oder missbräuchlich benutzt wurden (§ 2 II S. 2 Nr. 4/5 HSchG) oder
- wenn die Tat gewerbsmäßig begangen wurde (§ 2 II S. 2 Nr. 6 HSchG).

Wie auch bei der Anwendung der Wirtschaftsstrafverordnung kam es bei dem Handelsschutzgesetz zu erheblichen Fehlern, da die Rechtsprechung aus Unwissenheit oder vielleicht auch aus Übereifer die eigentliche Intention des Gesetzgebers - den innerdeutschen Handel nur vor *zersetzendem* Einfluss zu schützen - missachteten. Nach erneuten Anleitungen durch das Oberste Gericht kam es vor allem nach den Ereignissen des 17. Juni 1953 zu einer wesentlich restriktiveren Anwendung des Gesetzes.

b) Straftaten nach der Wirtschaftsstrafverordnung (WStVO)

aa) Die wirtschaftliche Situation

Ausgehend von der herausragenden Stellung des Volkseigentums innerhalb der sozialistischen Gesellschaft wurde eine gesamtgesellschaftliche Verantwortung für den Schutz des Volkseigentums vor Schäden jedweder Art propagiert. Zunächst galten nach dem Ende des 2. Weltkriegs die wirtschaftsstrafrechtlichen Regelungen der Kriegszeit weiter. In der Folgezeit wurden dann sukzessive neue

Strafbestimmungen zum Schutz der Wirtschaft und zum Schutz der Versorgung der Bevölkerung erlassen. Besondere Probleme ergaben sich aus den gesetzesähnlichen Befehlen der sowjetischen Besatzungsmacht, die der deutschen Rechtstradition fremd waren und durch die deutschen Richter nur unter Schwierigkeiten angewendet werden konnten.[1122]

Spätestens durch die Bildung der Bi- und später der Trizone und durch die Währungsreformen in beiden Teilen Deutschlands zeigte sich die unterschiedliche Entwicklung der Wirtschaftsverfassungen, die auch ihren Niederschlag in der wirtschaftsstrafrechtlichen Entwicklung fand. Auf dem Gebiet der SBZ/DDR wurde mit dem Halbjahresplan 1948 und dem Zweijahresplan 1949/1950 der Grundstein für eine Planwirtschaft gelegt, die durch die Wirtschaftsstrafverordnung vom 23.09.1948 (WStVO)[1123] geschützt werden sollte.[1124]

Nach der Bodenreform[1125] 1945, in deren Zuge sämtliche Landwirtschaftsbetriebe über 100 Hektar[1126] sowie solche Betriebe, deren Besitzer durch ihre Tätigkeit in der NS-Zeit belastet waren, entschädigungslos enteignet[1127] wurden und damit ca. 3,3 Mio. Hektar Land an 325.000 Bauern und Landarbeiter verteilt worden waren[1128], hatten vor allem die Bauern die Aufgabe, die Versorgung der Bevölke-

---

1122 Siehe die Internetseite von *Andreas Hey* und *Oliver Schmieding* auf www.white-collar-crime.de/html/ddr_vor_1990.html vom 18.02.2003.

1123 ZVOBl. 1948, Nr. 41, S. 439 ff.; siehe Anlage D.3.

1124 Siehe www.white-collar-crime.de/html/ddr_vor_1990.html vom 18.02.2003.

1125 *Graf von Schwerin/Voigt*, Enteignung, S. 49 nennen es „Landwegnahme".

1126 Siehe Art. 24 V VerfDDR (1949): „Der private Großgrundbesitz, der mehr als 100 Hektar umfaßt, ist aufgelöst und wird ohne Entschädigung aufgeteilt."

1127 Siehe Art. 24 III VerfDDR (1949): „Die Betriebe der Kriegsverbrecher und aktiven Nationalsozialisten sind enteignet und gehen in Volkseigentum über. Das gleiche gilt für private Unternehmungen, die sich in den Dienst einer Kriegspolitik stellen." Die Zustimmung zur Bodenreform wurde von allen Parteien getragen, lediglich die CDU-Führung sprach sich gegen eine entschädigungslose Enteignung aus, was zu einer internen Parteikrise führte, siehe *Weber*, Die DDR 1945-1990, S. 13.

1128 *Heuer/Lieberam*, Rechtsverständnis in der DDR, in: *Heuer* (Hrsg.), Die Rechtsordnung der DDR, S. 25 (36); *Graf von Schwerin/Voigt*, Enteignung, S. 49 verweisen auf eine Quelle von *Stöckigt* von 1964, der die Aufteilung von ca. 2,2 Mio. Hektar Land aufschlüsselt. Das nun in den Bodenfonds

rung mit Grundnahrungsmitteln zu sichern. Um dies zu gewährleisten, hatte jeder Bauer bei einer bestimmten Größe seiner Wirtschaft Pflichtabgaben zu leisten. Zwar passte der Besitz von Privateigentum an Ländereien nicht in das Weltbild des realen Sozialismus und man versuchte daher bald, die Bauern zum Beitritt in eine Landwirtschaftliche Produktionsgenossenschaft zu überreden, aber nichtsdestotrotz brauchte man die selbständigen Bauern zur Versorgung der Bevölkerung. In der Verfassung der DDR von 1949 sah der Art. 20 noch vor, die Bauern, Handel- und Gewerbetreibende in der Entfaltung ihrer privaten Initiative zu unterstützen.

Seit 1945 war daher das Ablieferungssoll durch eine Vielzahl von SMAD-Befehlen und Verordnungen geregelt worden.[1129] Um aber dieser Pflichtablieferung Nachdruck zu verleihen, mussten auch geeignete Maßnahmen zur strafrechtlichen Verfolgung bei Verstößen ergriffen werden. Daraufhin erging am 03.12.1945 zunächst der Befehl Nr. 160, der mit seinen drakonischen Strafen Unruhe und Unmut unter die ländliche Bevölkerung brachte. Oder-Hochwasser und Missernte im Jahre 1947 taten in Brandenburg ein Übriges. Zur Sicherung der Durchsetzung der wirtschaftspolitischen Ziele wurde 1948 die Wirtschaftsstrafverordnung erlassen.

Doch viele Bauern waren aufgrund der ihnen zugewiesenen Durchschnittsgrößen von 7,8 bis 8,4 Hektar gar nicht in der Lage, die geforderte Menge an pflanzlichen oder tierischen Produkten an den Sammelstellen abzuliefern, wenn sie nicht gerade ihre eigene Existenz verlieren wollten. Die zugewiesenen landwirtschaft-

---

gehörende Land war 35% der landwirtschaftlichen Nutzfläche der SBZ und sogar 54% in Mecklenburg, siehe *Weber*, Die DDR 1945-1990, S. 13.

[1129] So erging beispielsweise am 20.04.1950 die VO über die Festsetzung der Pflichtablieferung landwirtschaftlicher Erzeugnisse für die 1949 nicht erfaßten veranlagungspflichtigen landwirtschaftlichen Nutzflächen, GBl. 1950, 357 oder die VO über die Ablieferung von Beeren-, Kern-, Steinobst, Weintrauben und Nüssen vom 16.05.1950, GBl. 1950, 411 ff.

lichen Flächen waren vielfach zu gering, um daraus einen auf Dauer lebensfähigen Betrieb zu machen.[1130] Inwieweit bereits damals durch die Zuteilung dieser geringen Fläche eine Vereinigung dieser Bauern zu Genossenschaften beabsichtigt war, lässt sich nicht feststellen. Diese nicht existenzfähigen Höfe waren jedoch die ersten, die sich zu LPGen zusammenschlossen.

Mit Befehl Nr. 209 der SMAD vom 09.09.1947 sollte die begonnene Agrarpolitik durch den Bau von mindestens 37.000 Häusern in den Wirtschaften der Neubauern gestärkt und wirtschaftlich lebensfähige und ertragreich produzierende Wirtschaften entwickelt werden. Tausende von Neubauern besaßen weder Kühe noch Pferde. Im Herbst 1947 mussten sogar durch die sowjetische Besatzungszone ca. 100.000 Rinder zur Sicherung des Wirtschafts- und Lebensminimums der Neusiedler bereitgestellt werden.[1131] Schlechte Ernten führten immer wieder dazu, dass Bauern ihrer Ablieferungspflicht nicht nachkommen konnten, was die staatlichen Erfassungsbetriebe nicht davon abhielt, Saat- oder Futterreserven zu beschlagnahmen.[1132]

Einige Pächter versuchten, Pachtverträge über landwirtschaftliche Grundstücke vorfristig aufzulösen oder bei Ablauf der Verträge die Pachtungen aufzugeben, um die Einstufung in eine niedere Größenklasse für die Ablieferungsverpflichtungen zu erzielen oder aber zu erreichen, dass sie aufgrund der Hektarveranlagung ihr Pflichtsoll bei tierischen Erzeugnissen leichter erfüllen konnten. Die nun auf diese Weise frei gewordenen Flächen konnten nur schwer weiterverpachtet werden, da es sich größtenteils um schwer oder gar nicht zu bewirtschaftende Flächen handelte. Daraufhin erging vom Justizminister *Fechner* und vom

---

[1130] Siehe *Graf von Schwerin/Voigt*, Enteignung, S. 49.
[1131] *Reinert*, ZfG 1975, 504f.
[1132] Vgl. *Weir*, DeutschlandArchiv 2004, 257.

Landwirtschaftsminister *Goldenbaum* am 27.05.1950 ein Rundschreiben, in dem appelliert wurde, jedes gesetzliche Mittel anzuwenden, um im Interesse der Volksernährung die vorfristige Auflösung der Pachtverträge zu verhindern und die ablaufenden Verträge zu verlängern.[1133]

Um die Pflichtablieferung durchsetzen zu können, versuchte man mit Hilfe der Gerichte, die drastische Strafen nach der Wirtschaftsstrafverordnung verhängten, die Bauern entweder zur Pflichtablieferung oder zum Eintritt in die Landwirtschaftliche Produktionsgenossenschaft (LPG) zu zwingen. Die Bauern hatten daher nur die Möglichkeit, eine Bestrafung hinzunehmen, der LPG beizutreten oder ihre Wirtschaft aufzugeben und in den westlich besetzten Teil Deutschlands abzuwandern. Nach Angaben einer Zeitzeugin verließen beispielsweise ca. 43 Familien aus der kleinen Gemeinde Jakobsdorf bei Frankfurt (Oder) im Laufe der Jahre ihren landwirtschaftlichen Hof, um der Zwangskollektivierung oder der Enteignung im Zuge eines Strafverfahrens zu entgehen. Darüber hinaus war auch die Denunziation von Bauern wegen vermeintlichen Verstoßes gegen die Pflichtablieferung alltäglich, da der Partei- und Staatsführung die großbäuerlichen Betriebe als kapitalistische Rudimente ein Dorn im Auge waren. In einer Kurzanalyse der Generalstaatsanwaltschaft über Strafverfahren gegen Bauern in der Zeit vom 01.09.1959 bis 28.11.1959 - in der Zeit des massivsten Drucks - heißt es: *„Im Laufe der Zeit hat sich aufgrund dieser Praxis* (Einleitung von Strafverfahren - d. Verf.) *die Tendenz entwickelt, daß Bauern bei Einleitung eines Strafverfahrens von sich aus den Wunsch äussern (sic!), in die LPG aufgenommen zu werden, mit dem Ziel, eine mildernde Beurteilung zu erfahren.“*[1134]

[1133] Rundschreiben vom 27.05.1950, BStU DP 1 VA 6418, Blatt 1 d.A.
[1134] Siehe Im Namen des Volkes?, Katalog, S. 84, Tafel 17.2.

Nach einem Bericht der ZK-Abteilung Staatliche Verwaltung vom 08.04.1953 wurden in der Zeit vom 01.08.1952 bis 31.01.1953 in der DDR gegen 583 Großbauern, gegen 311 Mittelbauern und gegen 353 Kleinbauern Strafverfahren wegen der Nichterfüllung des Ablieferungssolles durchgeführt.[1135] Die Zahl der Bauern, die Versäumnissen bei der Pflichtablieferung verdächtig waren bzw. deswegen in Untersuchungshaft gesessen haben, dürfte ungleich höher gewesen sein.

bb) Der Anwendungsbereich der WStVO

Nach § 1 WStVO wurde die vorsätzliche Gefährdung der Bevölkerung durch bestimmte Handlungen unter Strafe gestellt. Damit wurde die Beeinträchtigung der Durchführung der Wirtschaftsplanung zu einem konstitutiven Element einer Wirtschaftsstraftat. Bei § 1 WStVO handelte es sich demnach - in Anlehnung an § 1 KWVO - um ein konkretes Gefährdungsdelikt, bei dem die Tat nur dann strafbar war, wenn durch sie eine Gefährdung tatsächlich eingetreten war.[1136] Allerdings wurden an das Kriterium der konkreten Gefährdung keine hohen Anforderungen gestellt. Zu jener Zeit stellte oftmals jedes Verhalten, das in irgendeiner Weise Erzeugnisse der Versorgung der Bevölkerung vorenthielt, eine konkrete Gefährdung dar. Dies deshalb, weil die Nahrungsmittelknappheit immer noch ein gravierendes Problem war und viele auch deshalb in den Westteil Deutschlands abwanderten. Als Strafrahmen waren Zuchthaus und zwingend Vermögenseinziehung vorgesehen; nur in minderschweren Fällen konnte auf Geldstrafe und/oder auf Gefängnis erkannt werden. § 9 der WStVO regelte über den § 1 WStVO hinaus die Strafbarkeit wegen vorsätzlichen oder fahrlässigen Handelns gegen wirtschaftsregelnde Gesetze, Verordnungen oder Anordnungen

---

[1135] Siehe Im Namen des Volkes?, Katalog, S. 82, Tafel 17.3.
[1136] OG, Urteil vom 21.09.1950 - 2 Zst. 33/50, OGSt 1, 257.

einer Dienststelle der Wirtschaftsverwaltung bzw. der Besatzungsmacht. Auch hier lag der Strafrahmen bei bis zu zehn Jahren Zuchthaus.[1137]

Die Wirtschaftsstrafverordnung fand in vielen Fällen wegen Verletzung des Ablieferungssolles Anwendung. Dabei verhängten die Gerichte oftmals harte Strafen, da sie im Verstoß gegen die Pflichtablieferung einen Angriff auf die Schaffung der Grundlagen für den Aufbau des Sozialismus sahen.[1138]

Ein Bauer, der mit alten Arbeitsmethoden arbeite und sich neuen agrarwissenschaftlichen Erkenntnissen verschließe und damit in ungenügender Weise wirtschafte, tue nicht alles, was im Interesse einer fortschrittlichen Wirtschaftsführung notwendig sei. Statt im Rahmen der demokratischen Gesetze mit den werktätigen Bauern um die Erfüllung der Pläne und damit des Ablieferungssolls zu kämpfen, vernachlässige er seine Wirtschaft, sabotiere dadurch die Volksernährung und mache sich daher nach § 1 I WStVO strafbar.[1139] Vier Jahren Zuchthaus mit Vermögenseinziehung erhielt ein ehemaliger Gutsbesitzer, der nunmehr als bloßer Bauer seine Felder verunkrauten, seine Erzeugnisse nach der Ernte auf den Feldern liegen ließ und damit der wechselnden Witterung aussetzte, der seine Schweine nicht ordnungsgemäß versorgte, der seine Gerätschaften nicht

---

[1137] Siehe www.white-collar-crime.de/html/ddr_vor_1990.html vom 18.02.2003.

[1138] Im Gegensatz zu Westdeutschland gab es noch 1953 Lebensmittelkarten für Fleisch und Fett.

[1139] KG Demmin, Urteil vom 24.02.1953 - D. 20/53, UaS II, 155f. Parallelen lassen sich auch hier wieder zur Rechtsprechung des Dritten Reiches ziehen. Gemäß § 1 KWVO war derjenige zu bestrafen, der Rohstoffe oder Erzeugnisse, die zum lebenswichtigen Bedarf der Bevölkerung gehörten, vernichtet, beiseite schafft oder zurückhält und dadurch böswillig die Deckung des Bedarfs gefährdet. Das Sondergericht Würzburg, Urteil vom 30.09.1942 - SG 5/42, Deutsches Recht 1943, 36f., entschied, dass ein Vernichten von Rohstoffen schon dann vorliege, wenn durch schlechte Viehpflege oder unzureichende Feldbestellung nicht die landwirtschaftlichen Erzeugnisse gewonnen werden, die bei ordentlicher Bewirtschaftung hätten erzielt werden können. Das Tatbestandsmerkmal der Böswilligkeit war kein über den Vorsatz hinausgehendes Merkmal, da es schon dann vorlag, wenn sich die Angeklagten über die Folgen der Missernte im Klaren waren. Sie hätten damit bewusst die Ernährung des Volkes in hohem Maße gefährdet.

reparierte und darüber hinaus seine Arbeiter nicht entlohnte.[1140] Er habe nicht erkannt, wie wichtig jeder bei der Versorgung der Bevölkerung sei und dass Verantwortungslosigkeit zu erheblichen Schäden und damit zur Gefährdung der Versorgung führe. In einem anderen Verfahren wurden der Altbauer und sein Schwiegersohn zu zwei Jahren Zuchthaus und zur Vermögenseinziehung verurteilt, weil sie ihr Abgabesoll nur zu 50% erfüllt hatten. Die Umstände, die zu einer Nichterfüllung führten, interessierten die Richter nicht. Lag ein Verstoß gegen die Ablieferungspflicht vor, so erfolgte grundsätzlich eine Verurteilung, weil darin eine Versorgungsgefährdung der Bevölkerung gesehen wurde. So konnten die Angeklagten auch keine Milde erwarten, obwohl ihre Landwirtschaft durch Hagel schwere Schäden erlitten hatte, für die Bearbeitung der landwirtschaftlichen Flächen die Arbeitskräfte fehlten und der Rinderbestand auf ein Stück dezimiert war. Dazu stellte das Gericht kurz fest: Die Angeklagten hätten sich „keinesfalls unter den gegebenen Umständen auf die Bewirtschaftung einer derartigen Landwirtschaft einlassen dürfen."[1141] In Anbetracht dessen, dass die Bauern nach dem Rundschreiben von *Goldenbaum* ihre landwirtschaftlichen Flächen sowieso nicht loswurden, eine sonderbare Begründung.

Neben der Beaufsichtigung der Pflichtablieferungen galt es, die vorsätzlichen und z.T. fahrlässigen Brandstiftungen, die nicht unerhebliche Schäden anrichteten, zu bekämpfen.[1142] So wurde nach § 1 I Nr. 3, II WStVO bestraft, wer durch Unachtsamkeit für die Verursachung eines Brandes verantwortlich war. Die Gerichte stellten dabei oftmals mangelndes Verantwortungsgefühl und Gleichgültigkeit gegenüber sozialistischem Eigentum fest. Die Vernichtung wirtschaftlicher Güter indizierte dabei eine Gefährdung der Versorgung der Bevölkerung.

[1140] LG Dresden, Urteil vom 17.05.1950 - 9 Kls 17/50, NJ 1950, 359.

[1141] KG Mühlhausen, Urteil vom 30.05.1953 - o. Az., in: *Landesjustizverwaltungen* (Hrsg.), Politische Strafjustiz in der früheren DDR, S. 98.

[1142] Anm. von *Weiß* zum Urteil des LG Leipzig vom 11.04.1950 - 2/50/50, NJ 1950, 224.

Auf den Nachweis einer „konkrete Gefährdung“ kam es nicht an. So hatte ein Angeklagter in einer ihm überlassenen Mühle einen Ofen aufgestellt, ohne die Sicherungsmaßnahmen einzuhalten. Wenige Tage später geriet die Mühle in Brand, wodurch Maschinen und zentnerweise Getreide und Mehl vernichtet wurden. Darin sah das Gericht eine Gefährdung der Durchführung der Wirtschaftsplanung als auch der Versorgung der Bevölkerung.[1143] Ein anderer hatte beim Anlassen seines Traktors einen Brand des nahe am Traktor liegenden Strohs verursacht, der wiederum die Scheune und den darin befindlichen Viehbestand vernichtete.[1144] Gemäß § 10 WStVO war darüber hinaus auch der Inhaber oder Leiter eines landwirtschaftlichen Betriebes zu bestrafen, in dessen Betrieb eine Zuwiderhandlung gegen die WStVO begangen worden war und er sich in diesem Zusammenhang die Außerachtlassung der erforderlichen Sorgfalt vorwerfen lassen musste. Damit lag die Verantwortung beispielsweise nicht allein auf dem eigentlichen Brandverursacher, sondern auf dem Inhaber des Betriebs.[1145] Gleiches galt für einen Betriebsleiter, der nicht die notwendigen Sicherheitsmaßnahmen eingeleitet hatte, um begangene Diebstähle strafrechtlich zu verfolgen bzw. um immer wieder vorkommende Diebstähle zu verhindern.[1146]

Gemäß § 1 I Nr. 2 wurde ebenfalls bestraft, wer Gegenstände, die wirtschaftlichen Leistungen zu dienen bestimmt waren, ihrem bestimmungsgemäßen Gebrauch entzog oder ihre Tauglichkeit hierfür minderte, was beispielsweise der Fall war, wenn ein Bäcker sein zum Backen bestimmtes Mehl unverbacken an Kunden herausgab[1147]. Strafbar nach § 1 I Nr. 3, 2. Var. WStVO war weiterhin der Diebstahl von tierischen Produkten, auch wenn sie nicht der Pflichtabliefe-

---

[1143] AG Langensalza, Urteil vom 09.03.1950 - 4 Ms 12/50, NJ 1950, 224.
[1144] AG Crimmitschau, Urteil vom 26.07.1950 - Ls. 5/50, NJ 1950, 356.
[1145] Siehe AG Crimmitschau, Urteil vom 26.07.1950 - Ls. 5/50, NJ 1950, 356.
[1146] KrG Stralsund, Urteil vom 13.05.1955 - 2 Ds 101/55, NJ 1956, 27, vgl. *Weiß*, NJ 1948, 182.
[1147] KrG Wittenberg, Urteil vom 27.04.1953 - 4 Ds 195/53, NJ 1953, 423.

rung unterlagen, weil Nahrungsmittel grundsätzlich zur Versorgung der Bevölkerung gehörten, so z.B. Hühner und Gänse[1148], der Diebstahl anderer Produkte, z.B. Buntmetall[1149] sowie die Veruntreuung von HO-Waren[1150]. Begründet wurde dies damit, dass Erzeugnisse, die zwar nicht der Bewirtschaftung unterlagen und damit auch nicht unter das Ablieferungssoll fielen, der Versorgung der Bevölkerung gleichwohl dienen. So könne der Bauer beispielsweise Hühner- und Gänsefleisch als Austausch für andere Erzeugnisse abliefern, an denen er selbst Mangel leide, um deren Ablieferung er aber sonst im Rahmen seines Ablieferungssolls verpflichtet gewesen wäre.[1151] Bei unredlichen Wegnahmen von Nahrungsmitteln aus den öffentlichen Beständen der HO-Läden sei die Durchführung der Wirtschaftsplanung gefährdet, weil die durch den HO-Verkauf erzielten Reingewinne einen Teil der Einnahmen darstellen würden, die dazu dienten, die Staatsausgaben zu decken. Sie bildeten daher einen wichtigen Bestandteil der deutschen Wirtschaftsplanung.[1152]

§ 1 II WStVO erfasste die minderschweren Fälle bzw. die fahrlässigen Taten. Was die Strafbarkeit der fahrlässigen Taten anging, stand § 1 II WStVO ausdrücklich im Widerspruch zu § 303 StGB, der eine Strafbarkeit wegen fahrlässiger Sachbeschädigung nicht unter Strafe stellte. Doch auch ein Traktorist, der bei frostigen Verhältnissen vergessen hatte, das Kühlwasser aus dem Traktor zu lassen, wurde gemäß § 1 II WStVO bestraft.[1153] Gleiches galt für diejenigen, die durch Funkenflug einen Stroh- oder Scheunenbrand verursachten oder ein krankes Rind in der gesunden Herde beließen, so dass es zur Ausbreitung der Krank-

1148 OLG Potsdam, Urteil vom 29.11.1949 - 3. Ss. 228/49, NJ 1950, 174.
1149 AG Liebenwerda, Urteil vom 17.02.1950 - 3 - 14/50, NJ 1950, 175.
1150 OLG Potsdam, Urteil vom 04.10.1949 - 3. Ss. 145/49, NJ 1950, 174.
1151 OLG Potsdam, Urteil vom 29.11.1949 - 3. Ss. 228/49, NJ 1950, 174.
1152 OLG Potsdam, Urteil vom 04.10.1949 - 3. Ss. 145/49, NJ 1950, 174 m. Anm. von *Weiß*.
1153 Vgl. KG Erfurt, Urteil vom 25.03.1955 - KEL III 15/55, NJ 1955, 735.

heit kommen konnte.[1154] Die Frage, ob es sich um den Normalfall der Plan- oder Versorgungsgefährdung nach Absatz 1 oder um einen minderschweren Fall gemäß Absatz 2 handelte, war allein nach der Menge der der Wirtschaft entzogenen Rohstoffe oder Erzeugnisse zu klären.[1155]

5. Verbrechen gegen das Volkseigentum nach dem Gesetz zum Schutze des Volkseigentums (VESchG)[1156]

a) Die Rolle des sozialistischen Eigentums

Gleich nach Beendigung des Krieges wurde mit Enteignungen begonnen, um den Grundstock für die sozialistischen Produktionsmittel zu legen. Später folgte die Zwangskollektivierung der landwirtschaftlichen Betriebe zu Landwirtschaftlichen Produktionsgenossenschaften (LPG). 1950 bestand bereits zu 56,8% sozialistisches Eigentum am Nettoprodukt, 1960 schon 84,4% und 1978 waren lediglich noch 3,6% des Nettoproduktes privates Eigentum. Ähnliche Zahlen gibt es bei der Industrieproduktion. 1950 gab es 65,7% volkseigene Betriebe, 1,4% waren genossenschaftlich organisiert und noch 32,8% in privater Hand. 1970 war der Anteil der privaten Betriebe auf 5,6% gesunken, 79,7% war volkseigen, 3,2% genossenschaftlich, bei 11,2% gab es eine staatliche Beteiligung oder einen Kommissionsvertrag. 1978 waren 96% der Betriebe volkseigen, lediglich 2,6% waren privat.[1157]

Um das sozialistische Eigentum als ökonomische Grundlage des neuen Staates besonders unter Schutz zu stellen und dessen Bedeutung zu unterstreichen erließ man 1952 das Gesetz zum Schutze des Volkseigentums. Damit sollte die Recht-

---

[1154] AG Crimmitschau, Urteil vom 26.07.1950 - Ls. 5/50, NJ 1950, 356.
[1155] OG, Urteil vom 26.08.1953 - 1 Zst-Pl I 7/53, NJ 1953, 599.
[1156] GBl. 1952, S. 982.
[1157] Zu den Zahlenangaben vgl. *Pruskil*, 30 Jahre Deutsche Demokratische Republik, S. 8.

sprechung der ihr in § 2 Abs. 1b GVG gestellten Aufgabe, den Schutz das sozialistische Eigentum zu sichern, gerecht werden. Nach *Marx* und *Engels* war die Umwandlung des kapitalistischen Eigentums in gemeinschaftliches Eigentum nach der Ergreifung der Macht durch das Proletariat eine wichtige Voraussetzung zur Entwicklung des Sozialismus als Vorstufe zum Kommunismus. Erste Maßnahme war daher der Erlass des Befehls Nr. 64 des SMAD vom 17.04.1948, der das durch den SMAD-Befehl Nr. 124 vom 31.10.1945 eingeleitete Verfahren der Sequestrierung der Betriebe der Nazi- und Kriegsverbrecher und der Monopole beendete und sie in das Eigentum des Volkes überführte.[1158] Art. 28 VerfDDR[1159] stellte zur Sicherung der ökonomischen Grundlage die Unantastbarkeit des Volkseigentums fest.

Ulbricht hob die bedeutende Rolle des gesellschaftlichen Eigentums hervor, indem er darauf verwies, dass das Volkseigentum an den wichtigsten Produktionsmitteln sowie das genossenschaftliche Eigentum der landwirtschaftlichen Produktionsgenossenschaften, der Genossenschaften der Handwerker sowie die Beteiligung in den kleineren und mittleren Betrieben die sozial-ökonomische Grundlage sei.[1160] Im Vordergrund stand daher die Entwicklung der Volkswirtschaft, die sich innerhalb weniger Jahre so zu entwickeln habe, dass die Überlegenheit der sozialistischen Gesellschaftsordnung gegenüber der Herrschaft der imperialistischen Kräfte im Bonner Staat eindeutig bewiesen werde.[1161] Aus diesem Grund war die Tätigkeit der Justizorgane von Anfang an darauf gerichtet, der Bedeutung des sozialistischen Eigentums entsprechenden Ausdruck zu ver-

---

[1158] *Haid/Rose*, NJ 1955, 712f.

[1159] „Die Veräußerung und Belastung von Grundbesitz, Produktionsstätten und Beteiligungen, die sich im Eigentum des Volkes befinden, bedürfen der Zustimmung der für ihren Rechtsträger zuständigen Volksvertretung. Diese Zustimmung kann nur mit zwei Dritteln der gesetzlichen Mitgliederzahl erteilt werden."

[1160] *Ulbricht*, Die Entwicklung des deutschen volksdemokratischen Staates 1945-1958, S. 619.

[1161] *Ulbricht*, Über die Dialektik unseres sozialistischen Aufbaus, S. 94.

leihen. Doch die Vorschriften des damals geltenden Strafgesetzbuches konnten dieser Rolle nicht gerecht werden[1162], zum einen deshalb, weil das Strafgesetzbuch nach Ansicht der sozialistischen Rechtswissenschaftler ein Machtinstrument der Bourgeoisie war, das geschaffen worden war, das bürgerliche - und damit das kapitalistische - Eigentum zu schützen[1163], und zum anderen, weil die Vorschriften des Strafgesetzbuches die Gesellschaftsgefährlichkeit und die moralisch-politische Verwerflichkeit von Angriffen gegen das sozialistische Eigentum nicht deutlich genug machten.[1164]

Auf der 2. Parteikonferenz der SED 1953 wurde noch einmal betont, dass der erfolgreiche Aufbau des Sozialismus in der DDR eine umfassende Stärkung des sozialistischen Eigentums erfordere. *Fechner* hob hervor, dass dies nur geschehen könne, wenn Verbrechen gegen das sozialistische Eigentum mit der ganzen Härte des Gesetzes[1165] bestraft würden. Das BG Gera wies darauf hin, dass das sozialistische Eigentum die ökonomische Grundlage des Staates bilde und die Quelle des Reichtums und der Macht sei.[1166] *Stalin* stellte sogar die Forderung auf, um Diebesgesellen eine Atmosphäre des allgemeinen moralischen Boykotts zu schaffen, sie mit Hass zu umgeben, eine Kampagne gegen sie einzuleiten und eine solche moralische Atmosphäre unter den Arbeitern und Bauern zu schaffen, dass die Möglichkeit des Diebstahls ausgeschlossen und den Dieben des Volkseigentums das Leben und Dasein unmöglich gemacht werde.[1167] Nach *Stalin* war jeder Dieb einem Staatsverbrecher gleichzusetzen. Dass ein gewöhnlicher Dieb,

---

[1162] *Haid/Rose*, NJ 1955, 712 (715).
[1163] Siehe dazu das Urteil vom BG Halle, Urteil vom 20.10.1958 - 2 BSB 616/58, NJ 1959, 30f.
[1164] In Fällen des Strafverfahrens gegen den Täter von Vermögensdelikten hatte der Geschädigte nach §§ 268 ff. StPO das Recht, den Antrag zu stellen, dass ihm im Strafverfahren selbst Schadensersatz zugesprochen wird.
[1165] *Fechner*, NJ 1953, 225.
[1166] BG Gera, Urteil vom 11.06.1956 - 2 Ks 71/56 II 9/56, archiviert beim LG Gera, 2,3 Ks 1954 - 1956, Nr. 7a, S. 7.
[1167] *Stalin*, zit. nach: *Haid/Rose*, NJ 1955, 712 (715).

der im Rahmen der gegebenen ökonomischen Verhältnisse nur die Erlangung eines durch das Diebesgut begrenzten materiellen Wertes anstrebte, kein Staatsverbrecher war, blieb jenseits des Erkenntnishorizontes.[1168] Jeder Richter oder Staatsanwalt müsse bei seiner täglichen Arbeit den Hinweis *Stalins* zur Maxime seines Handelns machen: Plünderung und Unterschlagung gesellschaftlichen Eigentums zuzulassen und an solchen konterrevolutionären Untaten vorbeizugehen, hieße die Untergrabung der Gesellschaftsordnung zu fördern, die sich auf das gesellschaftliche Eigentum als ihre Basis stütze.[1169] Die Bedeutung der ideologischen Überzeugungsarbeit werde - so *Haid/Rose* - erst klar, wenn man bedenke, dass nicht nur Feinde sich am sozialistischen Eigentum vergriffen und dessen planmäßige, schnelle und konsequente Mehrung hinderten, sondern dass auch solche Menschen, die keine Feinde des Arbeiter- und Bauernstaates seien, oft aus politischer und ideologischer Rückständigkeit derartige Verbrechen begehen würden.[1170] Dazu käme, dass eine ungenügende Führung und Kontrolle von Seiten der sozialistischen Betriebe vorläge, die immer wieder Angriffe auf das sozialistische Eigentum zuließen. Auch die mangelhafte Mitarbeit der Bevölkerung bei der Entlarvung der Schädlinge und bei der vorbeugenden Verbrechensbekämpfung seien Ursachen derartiger Verbrechen.[1171]

b) Eigentumsformen in der DDR

In der sozialistischen Gesellschaftsordnung unterschied man verschiedene Formen des Eigentums: das *gesellschaftliche*, das *private* und das *persönliche* Eigentum. Das *gesellschaftliche Eigentum* wiederum gliederte sich zum einen in das *staatliche (= Volks-) Eigentum*, das die höchste Stufe des *gesellschaftlichen Eigentums* ausmachen sollte, und zum anderen in das *genossenschaftliche Eigen-*

[1168] *Buchholz*, Strafrecht, in: *Heuer* (Hrsg.), Die Rechtsordnung der DDR, S. 289.
[1169] *Gerats/Renneberg*, NJ 1953, S. 278 (280).
[1170] *Haid/Rose*, NJ 1955, 712 (715).
[1171] *Skuppin/Winkler*, NJ 1955, 729.

tum, das nicht dem Staat selbst, sondern einer Gruppe von Werktätigen gehörte, die sich zum Zwecke der Produktion oder des Konsums in einer Genossenschaft zusammengeschlossen hatten und sich die Ergebnisse ihrer eigenen Arbeit aneignen konnten.[1172] Genossenschaften gab es z.B. als Landwirtschaftliche Produktionsgenossenschaft (LPG) oder als Produktionsgenossenschaft des Handwerks (PGH), z.B. als Friseur, Bäcker, Gärtner etc.

Das *private Eigentum* war das Privateigentum des einfachen Warenproduzenten, d.h. des selbstständigen Bauern, des Handwerkers und des kleinen Einzelhändlers. Er produzierte Waren (=*Privateigentum*) mit den ihm gehörenden Produktionsmitteln (= *privat-kapitalistisches Eigentum*) und unter Aufwendung eigener Arbeitskraft.[1173] Dieses Rudiment kapitalistischer Eigentumsform blieb in der DDR bis zum Schluss bestehen, wenn auch in geringem Maß. Grund dafür könnte zum Teil sein, dass diese Einzelhändler die Bevölkerung mit den Waren versorgten, die z.T. Mangelware waren, und dass der Staat deshalb nicht auf sie verzichten konnte.

Unter *persönlichem Eigentum* verstand man das Eigentum an Gegenständen, die nicht zur Produktion oder zur Verteilung bestimmt waren, weil sie bereits der Verteilung zugeführt worden waren und dem individuellen Gebrauch der Menschen dienten.[1174]

Eine derartige Unterscheidung der verschiedenen Eigentumsformen hatte es bis dahin nicht gegeben, weil die Vorschriften der §§ 242 StGB für jede Art von Vermögenswerten galten. Doch die angedrohten Strafen reichten bei schweren

---

[1172] *Löwenthal*, Der Schöffe 1958, 79f.
[1173] *Löwenthal*, Der Schöffe 1958, 80; *Lieser*, Sowjetzonales Strafrecht, S. 43.
[1174] *Löwenthal*, Der Schöffe 1958, 81.

Angriffen auf das gesellschaftliche Eigentum nicht aus, um die herausragende und bedeutungsvolle Stellung des Volkseigentums in der Gesellschaft zu verdeutlichen. Diese für die Rechtsprechung der DDR missliche Lage wurde mit der Einführung des im Oktober 1952 verabschiedeten Volkseigentumsschutzgesetzes (VESchG) behoben, das schwere Verbrechen gegen gesellschaftliches Eigentum gesondert unter Strafe stellte und somit seiner besonderen Rolle zum Schutz der sozialistischen Gesellschaftsordnung gerecht werden sollte.

c) Anwendungsbereich des VESchG[1175]

Das VESchG war als Staatsschutzdelikt[1176] ausgestaltet, weil man der Auffassung war, dass sich jeder Angriff gegen das gesellschaftliche Eigentum auch gegen die ökonomische Basis des Staates richte und sie deshalb gefährde[1177]. Das VESchG war nach Auffassung des Obersten Gerichts[1178] lex specialis zu den §§ 242 ff., 246, 259-261, 263, 266 und 267 StGB, wenn es sich um *schwere Angriffe* gegen das gesellschaftliche Eigentum handelte, während bei weniger gesellschaftsgefährlichen Verstößen weiter nach den Bestimmungen des (Reichs-) Strafgesetzbuches verurteilt werden sollte. Das Gesetz war demnach für besonders gesellschaftsschädigende Handlungen konzipiert. Allerdings gab es aufgrund der Unbestimmtheit des Rechtsbegriffes von Anfang an Schwierigkeiten bei der Rechtsanwendung. Hinzu kam die besondere Situation der Richter und Staatsanwälte, die unter steter Kontrolle und Beobachtung standen und beweisen sollten, dass sie das richtige Rechtsbewusstsein hatten.

[1175] Siehe Anlage D. 1.
[1176] Im Sinne des vom Verfasser verwendeten Begriffs.
[1177] RL d. OG vom 28.10.1953, Nr. 3 - R PL 6/53, NJ 1953, 686.
[1178] OG, Urteil vom 27.08.1953 - 3 Ust II 215/53, NJ 1953, 596; OG, Urteil vom 01.09.1953 - 2 Zst III 87/53, NJ 1953, 595.

Um einen „schweren Angriff“ zu bejahen, waren die Gerichte aufgefordert, einerseits den eingetretenen oder möglicherweise eintretenden Schaden zu berücksichtigen und andererseits die sonst zu erwartenden Folgen, „namentlich die drohende Schmälerung des Vertrauens der Werktätigen zu den staatlichen Einrichtungen und zu ihren gesellschaftlichen Organisationen sowie die sonstigen Umstände der Tat und die in der Person des Täters liegenden Gegebenheiten, insbesondere seine gesellschaftliche Stellung“.[1179] Es seien insbesondere die Ziele und Motive des Täters bei der Verbrechensbegehung zu berücksichtigen. Aus seiner sozialen Herkunft, seinem gesellschaftlichen Umgang, seinen politischen Ansichten, aus bisher gezeigtem Verhalten könnten Schlussfolgerungen gezogen werden, die zur Beurteilung der Tat unerlässlich seien.[1180] Kam das Gericht zur Anwendung des Gesetzes, hatte dies zur Folge, dass bei Diebstahl, Unterschlagung, Betrug und sonstigem Beiseiteschaffen die auszusprechende Mindeststrafe ein Jahr Zuchthaus betrug, bei Untreue und Urkundenfälschung sogar eine Mindeststrafe von drei Jahren zu verhängen war.

Die Anwendung des VESchG erfolgte nicht immer einheitlich, was vor allem daran lag, dass die Richter Schwierigkeiten hatten, den Begriff des „schweren Angriffs“ „richtig“ zu deuten. So kam es gerade nach Wirksamwerden des Gesetzes zu Verurteilungen nach dem VESchG, die einer Überprüfung wohl kaum Stand gehalten hätten. Die Aufforderung, mit der Verfolgung von Verbrechen gegen das gesellschaftliche Eigentum nicht zu „lax“[1181] umzugehen, und vor allem die Unbestimmtheit des Tatbestandes, veranlassten die Gerichte anfangs, nach dem VESchG zu verurteilen, obwohl ein „schwerer Angriff“ nicht vorlag bzw. nicht nachgewiesen werden konnte. Das VESchG wurde häufig viel zu

[1179] OG, Urteil vom 01.09.1953 - 2 Zst III 87/53, NJ 1953, 595.
[1180] *Institut für Strafrecht* (Hrsg.), Verbrechen gegen die Tätigkeit staatlicher Organe, S. 101.
[1181] *Löwenthal*, Der Schöffe 1958, 83.

formal angewendet, ohne die Bedeutung, den Umfang des Schadens oder die Person des Täters zu berücksichtigen. So wurde gegen einen Angeklagten, der in seinem Betrieb insgesamt 102 Zigaretten entwendet hatte, die Mindeststrafe von einem Jahr Zuchthaus gemäß § 1 I VESchG verhängt[1182], ohne einen schweren Angriff festgestellt zu haben. Gleiches trifft auf die Verurteilung eines anderen Angeklagten zu, der einem Trecker-Führer neun leere Säcke entwendet hatte. Auch hier erkannte das KG Wolgast[1183] unter Anwendung des VESchG auf die Mindeststrafe. Nachdem das Oberste Gericht eine Richtlinie zur Anwendung des Gesetzes[1184] herausgegeben hatte, bemühten sich die Gerichte um eine verbesserte Einschätzung der Umstände und des Verbrechens. Danach galt nun als Grenze zwischen den Anwendungsbereichen des VESchG und dem StGB ein angerichteter Schaden in Höhe von 1.000 DM.[1185]

aa) Die Straftatbestände des VESchG

§§ 1, 2 VESchG verwiesen zunächst auf die Tatbestände des Diebstahls (§ 242 StGB), der Unterschlagung (§ 246 StGB), des Betruges (§ 263 StGB) und der Untreue (§ 266 StGB). Diese Begriffe wurden nicht näher beschrieben, weil sich ihre Tatbestandsmerkmale aus den Normen des Strafgesetzbuches ergaben. Zusätzlich erforderten die Tatbestände des VESchG die materiellen Bedingungen, die das Verbrechen zu einem schweren Angriff auf gesellschaftliches Eigentum qualifizierten, und im Hinblick auf den Täter das Bewusstsein, zum Nachteil gesellschaftlichen Eigentums zu handeln. Die Urkundenfälschung, auf die § 2 I VESchG verwies, verlangte zunächst die Voraussetzungen eines der Urkundsdelikte - davon war nicht nur die Urkundenfälschung umfasst, sondern alle nach dem Strafgesetzbuch geregelten Urkundsdelikte - und die objektive Gefährdung

---

1182 Stadtbezirksgericht Pankow, Urteil vom 13.01.1953 - III 621.52 - III Pa. 773.52, UaS II, 169.
1183 KG Wolgast, Urteil vom 13.01.1953 - 1 Ds. 18/53, UaS II, 169.
1184 RL d. OG Nr. 3 vom 28.10.1953, NJ 1953, 686.
1185 *Kermann*, NJ 1956, 120.

gesellschaftlichen Eigentums. Zu einer tatsächlichen Schadenszufügung musste es nicht kommen. § 1 I VESchG stellte zusätzlich das „sonstige Beiseiteschaffen von Vermögensteilen“ unter Strafe. Man verstand Diebstahl und Unterschlagung als eine Form des „Beiseiteschaffens“. Um aber den im Laufe der Zeit entstehenden Formen und Methoden des Angriffs auf gesellschaftliches Eigentum gerecht zu werden, dehnte man den Tatbestand auch auf „sonstiges Beiseiteschaffen“ aus. Darunter verstand das Oberste Gericht jede vorsätzliche Herausnahme eines Vermögenswertes aus gesellschaftlichem Vermögen mit dem Ziel, sich oder einem anderen einen rechtswidrigen Vermögensvorteil zu verschaffen.[1186] Das war zum Beispiel der Fall, wenn ein Meister, den in seinem Betrieb angestellten Arbeiter während der Arbeitszeit für seine persönlichen Zwecke arbeiten und sich z.B. ein Wochenendhaus errichten ließ.[1187] Darüber hinaus war die Hehlerei nach heftiger Diskussion als sonstige Form des Beiseiteschaffens anerkannt, da der Hehler durch seine Handlung den das gesellschaftliche Eigentum gefährdenden Zustand vertiefe.[1188]

bb) Anwendungsbeispiele

Das VESchG wurde im Einklang mit der Intention des Gesetzgebers z.B. auf die folgenden Fälle angewendet:

1. die Entwendung eines Elektromotors während der Drusch, wenn dadurch die Ernte verzögert oder negativ beeinflusst wurde,
2. die Veruntreuung der für den Bau einer Industrieanlage eingeplanten Gelder, wenn es dadurch zur Stockung des Bauvorhabens kam,

---

[1186] Siehe *Hübner*, Verbrechen gegen das Eigentum, S. 97.
[1187] *Hübner*, Verbrechen gegen das Eigentum, S. 97.
[1188] *Troch*, NJ 1956, 303, *Orschekowski*, NJ 1957, 231, *Braune*, StuR 1953, 250, *Kermann*, NJ 1957, 100.

3. die Veruntreuung von Prämiengeldern für die Arbeiter durch den Betriebsleiter[1189],
4. die Unterschlagung von Mitgliedsbeiträgen im FDGB, wenn der Täter seine Stellung als BGL-Vorsitzender dazu ausnutzte[1190],
5. die Entwendung von Gegenständen aus einem von dem Betriebsschutzmann bewachten Objekt[1191],
6. wenn der Betriebsleiter Diebstähle und Unterschlagungen duldete[1192],
7. die Entwendung von Bäumen aus dem Staatsforst[1193],
8. die Fälschung eines Postsparbuches, um den Kassierer zur Auszahlung des Betrages zu bewegen[1194],
9. wenn ein Spediteur ein bei ihm eingelagertes Klavier eines Republikflüchtigen versteigerte, da das Eigentum der Flüchtigen automatisch in Volkseigentum überging[1195],
10. beim Diebstahl einer Mettwurst[1196].

Hatte dagegen beispielsweise eine Verkäuferin während ihrer Zeit als Angestellte ca. 300 Mark unterschlagen, so sollte § 246 StGB Anwendung finden, weil der unterschlagene Gesamtbetrag nicht besonders hoch sei und weil die Angeklagte keine gehobene Stellung innehabe, die eine Schmälerung des Vertrauens der Werktätigen zur Verkaufstelle befürchten lasse.[1197] Dieses Beispiel zeigt aber, dass eine genaue Abgrenzung zwischen den allgemeinen Vorschriften des StGB und des VESchG geradezu unmöglich ist.

[1189] *Hübner*, Verbrechen gegen das Eigentum, S. 85 ff.
[1190] OG, Urteil vom 05.02.1953 - 2 Ust III 15/53, NJ 1953, 143.
[1191] BG Frankfurt (Oder), Urteil vom 07.05.1953 - III Ks 54/53, BStU FF/O. Ast. I 49/58, S. 241.
[1192] BG Schwerin, Urteil vom 13.09.1957 - 2Ks 14/57, NJ 1957, 812.
[1193] BG Erfurt, Urteil vom 09.01.1953 - III Ks 3 A/52, NJ 1953, 148.
[1194] BG Schwerin, Urteil vom 06.01.1953 - III 20/52, NJ 1953, 148.
[1195] OG, Urteil vom 19.02.1953 - 2 Zst III 6/53, NJ 1953, 180.
[1196] KG Greifswald, Urteil vom 24.02.1953 - o. Az., UaS II, 176.
[1197] OG, Urteil vom 01.09.1953 - 2 Zst III 87/53, NJ 1953, 595.

Nach § 2 VESchG wurde derjenige schwerer bestraft, der sich eines besonderen strafschärfenden Verhaltens schuldig gemacht hatte, so, wer bereits wegen eines Verbrechens gegen das gesellschaftliche Eigentum vorbestraft war, vgl. § 2 II a) VESchG, wenn die Tat von mehreren als Gruppe verübt wurde oder wenn der Täter sich eines mehrfachen Angriffs schuldig gemacht hatte, vgl. § 2 II b) VESchG, wenn bei der Tat Gewalt angewendet oder ein Diebeswerkzeug benutzt wurde, vgl. § 2 II c) VESchG. In § 3 VESchG war für besonders schwere Angriffe auf das gesellschaftliche Eigentum eine Strafandrohung von 10 bis 25 Jahren Zuchthaus mit gleichzeitiger Androhung der Vermögensentziehung vorgesehen. Die praktische Bedeutung dieser Vorschrift war trotz der Bedeutung des Volkseigentums allerdings gering, da das Oberste Gericht immer wieder die restriktive Anwendung der Vorschrift betonte und gegebenenfalls korrigierend eingriff.[1198] Die Bestrafung nach § 3 VESchG setzte zunächst eine Tat nach § 1 oder § 2 VESchG voraus, die zusätzlich einen besonders großen Schaden verursacht haben musste oder Werte betroffen hatte, die für eine besonders wichtige Aufgabe bestimmt waren. Darüber hinaus konnte § 3 VESchG auch dann Anwendung finden, wenn andere Umstände vorgelegen hatten, die die Gesellschaftsgefährlichkeit besonders erhöhten.

d) Umgehung der Anwendung

Die durch das VESchG geforderten hohen Mindeststrafen veranlassten allerdings einige Richter, nach anderen juristischen Wegen zu suchen. *Fechner* monierte, die Analyse der Rechtsprechung bei Verbrechen gegen das Gesetz zum Schutze des Volkseigentums zeige, *„daß manchem ... Richter noch nicht in vollem Umfang zum Bewußtsein gekommen"* sei, *„daß das Volkseigentum unantastbar ist"*[1199]. Die Vertreter der Generalstaatsanwaltschaft machten darauf aufmerksam,

[1198] OG, Urteil vom 28.06.1953 - 2 Ust III 131/53, NJ 1953, 528.
[1199] *Fechner*, NJ 1953, 225 (227).

dass das Verbrechen gegen das sozialistische Eigentum keine geringe Rolle spiele, aber trotzdem häufig von den Staatsorganen überhaupt nicht oder nicht rechtzeitig oder nicht seiner Bedeutung entsprechend beachtet und gewürdigt werde.[1200] Offen bleibt, ob die Umgehung des VESchG ein Akt der bewussten „Auflehnung“ oder des „nicht besser Wissens“ war.

So kam nach Angaben des Hauptinstrukteurs bei der Justizverwaltungsstelle im Bezirk Magdeburg im Jahr 1955 kein einziges Verfahren wegen Verletzung von Volkseigentum in einem Industriebetrieb zur Anklage. Der Staatsanwalt des Kreises Burg habe bei Diebstählen im VEB Knäckebrotwerke lediglich Hinweise gegeben und der Werkleitung geraten, die Täter zu entlassen.[1201] Das entspräche aber keinesfalls dem Vorgehen, das man in solchen Fällen verlange.

Die Kreisgerichte in Erfurt/Ost[1202] und im Bezirk Magdeburg wandten § 346 StPO[1203] an, der eine bedingte Strafaussetzung ermöglichte, wenn keine besondere Wirtschaftsschädigung vorlag. Das Oberste Gericht sah in der Anwendung des § 346 StPO jedoch eine Umgehung der konsequenten Anwendung *„der im Interesse der Entwicklung und Festigung der demokratischen Staats- und Wirtschaftsordnung erlassenen Gesetze“* und erließ im April 1953 eine Richtlinie zur Anwendung der bedingten Strafaussetzung. Darin wies das Plenum darauf hin, dass eine bedingte Strafaussetzung nur dann erwogen werden könne, wenn der Zweck der Strafe nicht gefährdet oder vereitelt werde. Es forderte die Gerichte

[1200] *Haid/Rose*, NJ 1955, 712 (715).
[1201] *Pfifferling*, NJ 1955, 752.
[1202] *Reuter*, NJ 1953, 231f.
[1203] § 346 I StPO: Das Gericht kann nach Erlaß des Urteils die Vollstreckung der Freiheitsentziehung mit dem Ziel des Straferlasses aussetzen, wenn a) das Vorleben und die Persönlichkeit des Täters sowie die Umstände des Verbrechens dies rechtfertigen und b) zu erwarten ist, daß der Verurteilte während einer Bewährungszeit sich so verantwortungsbewußt verhält, daß auch für die Zukunft mit einer gewissenhaften Erfüllung seiner Pflichten als Bürger der Deutschen Demokratischen Republik gerechnet werden kann.

auf zu berücksichtigen, *„daß für bestimmte Verbrechen wegen ihrer großen Gesellschaftsgefährlichkeit vom Gesetzgeber aus wohlgewogenen Gründen erhebliche Mindeststrafen festgesetzt worden"* seien und dass eine bedingte Strafaussetzung eine Umgehung der vom Gesetz gewollten Folge sei, die *„nicht der Festigung der demokratischen Staatsmacht"* diene und vor allem *„dem Schuldigen die Gefährlichkeit und Schwere seines Verbrechens nicht deutlich"* mache und somit *„die Wirkung des Gesetzes auf andere Bürger, deren gesellschaftliches Bewußtsein ebenfalls noch nicht genügend entwickelt"* sei, vereitele.[1204]

Als „ausweichende opportunistische Tendenz"[1205] oder als „versöhnlerische Haltung"[1206] galt auch die bloße Verhängung der Mindeststrafe oder sogar die eines Freispruches. *Stiller* beklagte die zeitweilig auftretenden Liberalisierungstendenzen, die sich darin äußerten, dass verbrecherische Angriffe des Klassengegners nicht als solche erkannt und strafrechtlich verfolgt würden und somit den Angriffen nicht mit der notwendigen Konsequenz und Härte in der Strafzumessung entgegengetreten werde.[1207] *Benjamin* stellte fest, dass es in den Bezirken nicht nur Fälle ungerechtfertigter Nichtanwendung des VESchG, sondern dass es allgemein eine Tendenz zu sehr großer Milde gebe.[1208] In einem „Bericht über die Tätigkeit der Justizorgane im Kampfe gegen die feindliche Tätigkeit" wird das unzureichende politische Niveau der Staatsanwälte und Richter gerügt, was zu einer Umgehung des Gesetzes und zum „Verharren" im Rahmen der Mindeststrafe führte.[1209]

[1204] R Pl 3/53 vom 29.04.1953, NJ 1953, 306f., Vgl. *Gürke*, NJ 1953, 214.
[1205] *Reuter*, NJ 1953, 231f.
[1206] Bericht über die Tätigkeit der Justizorgane im Kampfe gegen die feindliche Tätigkeit, in: Im Namen des Volkes?, Dokumentenband, S. 24, Tafel 16.
[1207] *Stiller*, Die Staatsverbrechen, S. 37.
[1208] *Benjamin*, NJ 1956, 3.
[1209] Vgl. Im Namen des Volkes?, Dokumentenband, S. 24, Tafel 16.

In anderen Urteilen umgingen die Richter die Anwendung des VESchG dadurch, dass sie die Vorschriften über Mundraub oder Notdiebstahl anwandten, obwohl auch dafür das VESchG das speziellere Gesetz war, wenn es sich um volkseigene Güter handelte. Der Kreisgerichtsdirektor von Schmölln, *Willi Sachse*, versuchte bis zu seiner Verhaftung im Mai 1953 das VESchG nur in Fällen anzuwenden, in denen es nach seiner eigenen Ansicht gerechtfertigt erschien. Er verurteilte beispielsweise einen Bäcker, der 10 Pfannkuchen gestohlen hatte, zu einer Geldstrafe von 50 Mark, weil er der Auffassung war, dass das VESchG mit einer derartigen schweren Strafandrohung nicht auf solche geringfügigen Fälle angewendet werden könne. In einem ähnlichen Fall lehnte er den Antrag auf Erteilung eines Haftbefehls ab.[1210] Dieses Beispiel zeigt deutlich, wie die eigentliche Konzeption, d.h. die Anwendung des VESchG bei schweren Angriffen, völlig unterging. Denn im Fall des Bäckers kann von einem schweren Angriff nicht ausgegangen werden, was bedeutet, dass die Entscheidung des Richters *Sachse* allein im Ergebnis richtig war, weil eine Anwendung des VESchG nicht in Betracht gekommen wäre.

Diese Umgehungen des Gesetzes blieben nicht verborgen. In einem Dokument aus dem Jahre 1953 findet sich die Notiz, dass in 49 von 195 Fällen sog. Ausweichversuche festgestellt worden seien.[1211] Die Kreisstaatsanwälte im Bezirk Magdeburg mussten 1955 wegen ungenügender ,Verfolgung von Verbrechen gegen das sozialistischen Eigentum gerügt werden, weil sie meist keine Beschwerde einlegten, wenn ihre Anträge auf Eröffnung des Hauptverfahrens abgelehnt wurden.[1212]

[1210] Aussage eines Volksrichters, abgedruckt in: *Commission of Jurits* (Hrsg.), Recht in Fesseln, S. 139.
[1211] Bericht über die Anwendung des VESchG, BA, SAPMO IV 2/13/409.
[1212] *Pfifferling*, NJ 1955, 753.

Durch die massive Mobilmachung ist eine stark ansteigende Tendenz der in den Monaten Oktober bis Dezember 1952 erstatteten Anzeigen erkennbar. In diesem Zeitraum wurden 1.690 Anzeigen gegen insgesamt 2.419 Personen gefertigt: im Oktober 218 Verfahren gegen 283 Personen; im November 506 Verfahren gegen 745 und im Dezember 966 Verfahren gegen 1.391 Personen.[1213]

Diese harte und konsequente Vorgehensweise stieß nicht nur bei einzelnen Justizorganen, sondern auch in der Bevölkerung auf Unverständnis. Im Rahmen einer allgemeinen Lockerung der Rechtsanwendung erging 1953 eine Anweisung des Ministerrats, diejenigen Häftlinge sofort zu entlassen, die nach dem Gesetz zum Schutze des Volkseigentums zu den gesetzlichen Mindeststrafen verurteilt worden waren, mit Ausnahme der Fälle, in denen eine schwere Folge eingetreten oder diese zu erwarten war.[1214] Damit versuchte man zumindest formal, den Zustand wiederherzustellen, der bestanden hätte, wäre man bei der Anwendung des VESchG innerhalb des Gesetzes geblieben. Im gleichen Jahr sah sich das Oberste Gericht veranlasst, eine Richtlinie für die Anwendung des Gesetzes zum Schutze des Volkseigentums zu erlassen, nachdem es in verschiedenen Urteilen schon auf die fehlerhafte Rechtspraxis hingewiesen hatte:

> „*Wenn auch das VESchG von den Gerichten bei allen Verbrechen angewendet werden mußte, für die zum Schutze des gesellschaftlichen Eigentums als der Grundlage unserer Wirtschaftsordnung hohe Strafen notwendig sind, so sind doch in der Handhabung dieses Gesetzes wesentliche Fehler begangen worden. Das Gesetz wurde in allen Fällen angewandt, in denen gesellschaftliches Eigentum verletzt war, ohne daß erkannt wurde, daß dieses Gesetz und insbesondere die Höhe der angedrohten Strafen*

[1213] Im Namen des Volkes?, Dokumentenband, S. 24, Tafel 16.
[1214] *Fechner*, NJ 1953, 381f.

zeigen, daß hiernach nur solche Verbrechen bestraft werden dürfen, die einen schwerwiegenden Angriff gegen das Volkseigentum oder anderes gesellschaftliches Eigentum darstellen. Mit der wörtlichen, aber sinnwidrigen Anwendung des VESchG ... glaubten die Gerichte, den beschleunigten Aufbau des Sozialismus zu fördern, und haben dabei verkannt, daß ihre Urteile und die ausgeworfenen Strafen bei geringfügigen Angriffen gegen gesellschaftliches Eigentum von der Mehrzahl der werktätigen Bevölkerung überhaupt nicht verstanden wurden. Eine solche Rechtsprechung diente weder der Festigung der demokratischen Gesetzlichkeit noch war sie geeignet, das Vertrauen der Bevölkerung in die Organe der Justiz zu stärken. Damit, daß auch das Oberste Gericht den gleichen Fehler begangen hat, hat es seine Aufgabe, den Gerichten für ihre Tätigkeit Anleitung und Hilfe zu geben, nicht erfüllt, sondern diese Rechtsprechung auf einen falschen Weg gelenkt."[1215]

Eine Statistik aus den Jahren 1951 bis 1956[1216] macht deutlich, dass die Verurteilungen wegen Verletzung der Bestimmungen zum Schutz des Eigentums den überwiegenden Teil der Verurteilungen wegen Vermögensdelikten ausmachten, weil bereits 1953 ca. 80% der Gesamtproduktion aus volkseigenen Betrieben stammte.[1217] Straftaten gegen das sozialistische oder genossenschaftliche Eigentum waren von Anfang an ein Problem für die Justiz. Zum einen deshalb, weil sie teilweise erhebliche Schäden in der Produktion verursachten und zum anderen, weil sich das sozialistische Bewusstsein der Menschen bis zum Ende der DDR nicht entsprechend der Vorstellungen der Machthaber entwickelte. So nehmen Ende der 70er/ Anfang der 80er Jahre die Delikte gegen das sozialisti-

---

[1215] OG, Urteil vom 27.08.1953 - 3 Ust II 215/53; NJ 1953, 596.
[1216] Siehe Hauptergebnisse der Kriminalitätsstatistik für die Jahre 1976-1988 für den Bezirk Frankfurt (Oder), BStU FF/O., F Bdl 2993/2990/3597/3599/3939/3600.
[1217] Vgl. *Reuter*, NJ 1953, 231.

sche Eigentum 50% an den Gesamtstraftaten ein. Dadurch, dass jeder Arbeiter „ein Stück Eigentum“ an allem besaß, war die Hemmschwelle, sich daraus auch zu bedienen, scheinbar gering. Anfang der 50er Jahre waren die Tatobjekte vor allem Lebensmittelgüter (Bohnenkaffee, Schokolade, Sultaninen, Würste[1218] etc.). Später waren es auch Gebrauchsgegenstände, die Mangelware waren oder sich gut gegen andere Gegenstände eintauschen ließen.

Abschnitt IV: Die Rechtsprechung in der DDR nach dem Strafrechtsergänzungsgesetz (StEG) bis zum 13.08.1961

1. Die rechtswissenschaftliche Entwicklung in der DDR

a) Die Babelsberger Konferenz als Meilenstein für die weitere Entwicklung

Mit dem XX. Parteitag der KPdSU und der offenen Abrechnung mit der Person *Stalins* keimte die Hoffnung auf, auch in der DDR auf dem Gebiet der Rechtswissenschaft Veränderungen durchzuführen. Bereits im März 1956 hatten Rechtswissenschaftler auf der 1. Babelsberger Konferenz Überlegungen angestellt, wie man während der „Tauwetter-Periode“[1219] durch konstruktive Kritik Änderungen im Rechtssystem durchsetzen, Fehlentwicklungen korrigieren und Fehler zukünftig vermeiden könne, ohne dabei jedoch die marxistisch-leninistischen Basis zu verlassen. Es war nie die Rede davon, den sozialistischen Aufbau aufzugeben, sondern es ging darum, den damaligen real existierenden Sozia-

[1218] Siehe BG Gera, Urteil vom 11.06.1956 - 2 Ks 71/56 II 9/56, archiviert beim LG Gera, 2,3 Ks 1954 - 1956, Nr. 7a.

[1219] Siehe *Güpping*, Die Bedeutung der „Babelsberger Konferenz“, S. 105. Das Wort „Tauwetter“ vermittelt den Eindruck des Aufweichens alter und das Keimen neuer Strukturen, das durch eine neue Einsicht in die vorhandenen Bedingungen hervorgerufen wurde. Vielmehr scheint es sich bei der sog. Tauwetter-Periode nur um eine Zeit gehandelt zu haben, in der die Machthaber durch unerwartete Einflüsse kurzzeitig nicht in der Lage waren, die Zügel fest in der Hand zu halten. In dieser „Schwächeperiode“ fanden demokratische und antistalinistische Tendenzen Beachtung, um später wieder in der Versenkung zu verschwinden.

lismus zu reformieren, aus Fehlern zu lernen und zukünftig besser auf die Bedürfnisse der Bürger einzugehen. Selbstkritisch forderte man jetzt die wissenschaftliche Fundierung der marxistisch-leninistischen Rechtstheorie, ein Überdenken der Qualität und Quantität vorhandener Rechtssetzungstätigkeit sowie die Befreiung der Wissenschaft aus dem Diktat der Partei- und Staatsführung.[1220] *Kröger* betonte in seinem damaligen Referat die ungenügende Klärung wissenschaftlicher Kernfragen, die Vernachlässigung rechtlicher Garantien, die vulgärwissenschaftliche Gegenüberstellung beider deutscher Staaten, die nichts bringe, die Überbewertung der Unterdrückungsfunktion und die Unterschätzung der Erziehungsfunktion im Strafrecht, sah aber in der fehlenden Entfaltung des Rechts die Ursachen auch in noch fortlebenden sozialdemokratisch-kleinbürgerlichen Rechtsillusionen, Nachwirkungen reaktionärer, faschistischer Vorstellungen und im Hineintragen rückständiger und feindlicher Ideologien.[1221]

Was 1956 auf der ersten Babelsberger Konferenz so hoffnungsvoll begonnen hatte, wurde 1958 auf der zweiten Babelsberger Konferenz (02./03.04.1958) mit aller Härte zunichte gemacht. Federführend dafür war nicht zuletzt *Ulbricht*, der die neue Entwicklung mit Argwohn und Misstrauen beobachtet hatte und nun dazu überging, den „Kurs“ wieder zu verschärfen und damit seine Machtposition zu sichern, zumal er durch sein ungeschicktes Verhalten nach dem XX. Parteitag der KPdSU interner Kritik ausgesetzt war.[1222] Die Babelsberger Konferenz von 1958 verfolgte daher hauptsächlich den Zweck, machtpolitische Bestrebungen *Ulbrichts* durchzusetzen, Versuche der Entstalinisierung abzubrechen oder zu verhindern und die Staats- und Rechtswissenschaften wieder auf den Kurs von vor 1956 zu bringen. Um dies zu garantieren, hatte *Ulbricht* seinen treuesten

---

1220 Siehe *Güpping*, Die Bedeutung der „Babelsberger Konferenz“, S. 108 ff.
1221 *Kröger*, NJ 1956, 162f.
1222 Siehe *Mollnau*, Vorbereitungen zur Babelsberger Konferenz, in: *Eckert* (Hrsg.), Die Babelsberger Konferenz, S. 20 ff.

„Chef"-Ideologen *Polak* damit beauftragt, diese Konferenz zu organisieren. Sie sollte eine offene und schonungslose Abrechnung mit opportunistischen und bürgerlichen Tendenzen sein[1223], sollte das Zurückbleiben der Rechtswissenschaft hinter der Praxis erklären und für die Zukunft wegweisende Konzeptionen erarbeiten. Doch diese Konferenz war nicht darauf angelegt, durch wissenschaftlichen Meinungsaustausch die aktuellen Probleme anzusprechen und nach Lösungen zu suchen. Es war eine Partei- und damit eine Staatskonferenz, weniger eine Wissenschaftskonferenz, deren Ablauf und Diskussionsbeiträge bereits vorher en détail feststanden und die auf eine Disziplinierung engagierter Rechtswissenschaftler gerichtet war. *Mollnau* beschrieb sie Jahre später als „inquisitatorisch und denunziatorisch": Es sei eine Pogromstimmung aufgekommen, die der Konferenz über weite Strecken den Charakter einer ideologischen Lynchveranstaltung verliehen habe und die Folge jener Hexenjagd gewesen sei, die gegen juristischen Revisionismus und Revisionismusverdächtige über Monate hinweg veranstaltet worden war.[1224] So waren einige Rechtswissenschaftler, wie *Klenner*, *Haid*, *Heuer* und *Graefrath*, zunächst zu der wissenschaftlichen Konferenz eingeladen, später jedoch wieder ausgeladen worden, weil sie nicht in das politisch-ideologische Konzept passten oder weil man sie - wie im Fall *Klenner* - zu der revisionistischen Opposition zählte. Schon im Vorfeld der Konferenz hatte es Disziplinierungen einiger Mitglieder der Deutschen Akademie für Staats- und Rechtswissenschaften (DASR) gegeben, damit man sich eines ungestörten Ablaufs der Konferenz sicher sein konnte.[1225]

[1223] Dabei waren es vor allem *Karl Bönninger, Hermann Klenner* und *Heinz Such*, die der politisch-ideologischen Ächtung ausgesetzt werden sollten, siehe *Mollnau*, Vorbereitungen zur Babelsberger Konferenz, in: *Eckert* (Hrsg.), Die Babelsberger Konferenz, S. 35, ebenso *Liwinska*, Die juristische Ausbildung in der DDR, S. 98f.

[1224] *Mollnau*, Vorbereitungen zur Babelsberger Konferenz, in: *Eckert* (Hrsg.), Die Babelsberger Konferenz, S. 38.

[1225] *Eckert*, Gespräch mit Karl-Heinz Schöneburg, in: *Eckert* (Hrsg.), Die Babelsberger Konferenz, S. 58.

Kröger, der noch 1956 engagiert gegen Missstände angetreten war, versäumte nun nicht, immer wieder auf die hervorragenden Arbeiten *Ulbrichts* hinzuweisen[1226] und in seinem auf der Konferenz gehaltenen Referat das Nachwirken und Eindringen bürgerlicher Rechtspositionen anzuprangern, Juristen wie *Hochbaum* und *Bönninger* wegen ihrer politischen Haltung scharf anzugreifen und eine „prinzipielle ideologische Offensive gegen alle diese Resterscheinungen bürgerlicher Ausgangspositionen" zu fordern.[1227] Der Rechenschaftsbericht enthielt die Aufforderung, die Arbeit daraufhin zu überprüfen, ob die Linie der Partei ständig in der gesamten Tätigkeit verwirklicht werde.[1228] Es müsse eine echte ideologische Offensive gestartet werden, bei der es um eine harte Abrechnung mit falschen, revisionistischen Auffassungen gehe oder wie einige Genossen ihre ideologischen Schwächen zu beheben gedächten. Es wurde an die Parteiehre und das Parteigefühl appelliert und dazu aufgefordert, mit aller Kraft gegen Charakterlosigkeit, fehlenden Kampfeswillen, politische Überheblichkeit und Aufgeblasenheit, versöhnlerisches und prinzipienloses Verhalten und kleinbürgerliche Anschauungen vorzugehen.[1229] Darüber hinaus verhinderte *Ulbricht* eine (erneute) Auseinandersetzung mit dem Stalinkult und den sich daraus ergebenden Fehlern durch die Beschränkung der Aufmerksamkeit auf die Probleme, die durch die Umwälzung vom Kapitalismus zum Sozialismus „bei uns" entstehen würden.[1230]

[1226] Auch an anderer Stelle lobhudelte man *Ulbricht*. So heißt es im Rechenschaftsbericht der Zentralen Parteileitung der DASR: „Wir erklären unser unerschütterliches Vertrauen zum Zentralkomitee unserer Partei, zu seinem Politbüro mit dem Genossen Walter Ulbricht an der Spitze.", siehe *Eckert* (Hrsg.), Die Babelsberger Konferenz, S. 78.

[1227] *Mollnau*, Vorbereitungen zur Babelsberger Konferenz, in: *Eckert*, Die Babelsberger Konferenz, S. 38.

[1227] *Mollnau*, ebda., S. 51.

[1228] Rechenschaftsbericht der Zentralen Parteileitung der DASR vom 01.04.1958, abgedruckt in: *Eckert* (Hrsg.), Die Babelsberger Konferenz, S. 79.

[1229] Ebda., S. 81 ff.

[1230] Referat *Ulbrichts*, in: Die Staatslehre des Marxismus-Leninismus und ihre Anwendung in Deutschland, S. 28.

b) Ulbrichts Referat

Ulbrichts Referat machte deutlich, wie gefestigt die Macht der Partei- und Staatsführung, insbesondere *Ulbricht* selbst, nach den Auseinandersetzungen wieder war. Es lag an ihm, Lob und Tadel auszuteilen, die „Marschroute" festzulegen und den weiteren sozialistischen Weg zu skizzieren. *Ulbricht* kritisierte die Wissenschaft, weil sie es bis dato nicht geschafft habe, Staat und Recht als Hebel der sozialistischen Umwälzung darzustellen. Es mangele vielen Wissenschaftlern an der völligen Verinnerlichung der marxistisch-leninistischen Lehre, was zur Folge habe, dass eine schöpferische Umsetzung in die gegenwärtige Praxis fehlschlage.[1231] Einigen Genossen sei nicht klar, dass sie ihre wissenschaftliche Arbeit als Mitglieder der Partei, als bewusste und für den Aufbau des Sozialismus kämpfende Genossen zu leisten hätten. *Ulbricht* machte unmissverständlich klar, dass einzig und allein die Beschlüsse der Partei die Grundlage für die Staats- und Rechtswissenschaft schaffen, weil sie eine lückenlose Kette aller gesellschaftlichen Entwicklungen ergeben würden, die das Fundament seien, auf dem die Entwicklung der Staatsmacht und damit die des Staats und Rechts erarbeitet werden könne.[1232] *Ulbricht* betonte, wenn es gelänge, zu einem echten Meinungsstreit über die Anwendung der Staatstheorie und die Probleme des sozialistischen Rechts zu kommen, dann wäre ein großer Schritt getan, die Staats- und Rechtswissenschaft weiter voranzubringen.[1233] Gleichzeitig stellte er *Klenner* wegen eines wissenschaftlichen Beitrages über die Diktatur des Proletariats ins politische Abseits und beschimpfte ihn als jemanden, der sich „für einen großen ‚Theoretiker'" halte und dabei die Verbindung zur Basis verloren habe.[1234] *Ulbrichts* Vorwürfe waren nicht dazu gedacht, über den wissenschaftlichen oder gar politischen Weg nachzudenken und zu diskutieren. Sein Referat besaß vielmehr einen

[1231] Ebda., S. 38.
[1232] Ebda., S. 39.
[1233] Ebda, S. 49.
[1234] Ebda, S. 52.

so hohen Stellenwert, dass es praktisch „undiskutierbar“ war. So sah *Ulbricht* den eigentlichen Gegenstand der Staatslehre in der Anwendung der marxistisch-leninistischen Lehre von der Entwicklung der Gesellschaft und der Natur auf die Bedingungen, unter denen sich die Umwälzung vom Kapitalismus zum Sozialismus auf staatlichem Gebiet vollziehe.[1235] Damit widersprach *Ulbricht* der eigentlichen marxistischen Staatsauffassung, wonach Staat und Recht von objektiven Gesetzen determiniert sind, die letztlich in den materiellen Lebensbedingungen wurzeln und daher zu erforschen und in den Gesetzesaussagen der Staats- und Rechtstheorie zu erfassen sind. Es sind eigentlich die objektiven Gesetze und nicht etwa die Anwendung der marxistischen Theorie, die zum Gegenstand der Staatstheorie hätten gemacht werden müssen.

c) Die Babelsberger Konferenz im Lichte der geschichtlichen Entwicklung

Die Atmosphäre auf dieser Babelsberger Konferenz ist auch vor dem Hintergrund des „Kalten Krieges“ zu betrachten, der Ende der 50er/ Anfang der 60er Jahre wohl seinen Höhepunkt erreicht haben dürfte. Während die einen den Sozialismus/ Kommunismus verteufelten und als Geißel der Unfreiheit an den Pranger stellten, setzte die andere Seite alles daran, den kapitalistischen Staat trotz des wirtschaftlichen Aufschwungs als Ausbeuterstaat darzustellen, der mit seinen „Kriegsbrandstiftern“[1236] an der Spitze den Weltfrieden und besonders die Existenz der DDR gefährde. In Westdeutschland versuchten nur wenige, den ostdeutschen Weg wissenschaftlich zu betrachten, was sicherlich auf Desinteresse, Ignoranz und Arroganz zurückzuführen ist, weil der marxistische Weg als eine ohnehin zum Scheitern verurteilte Illusion erschien.[1237]

[1235] Ebda, S. 28.

[1236] BG Dresden, Urteil vom 12.08.1953 - 1a Ks 387/53, UaS II, S. 120.

[1237] Erst Mitte der 60er Jahre rückte die DDR in das wissenschaftliche Blickfeld. So veranstaltete die Juristische Fakultät der Albert-Ludwig-Universität in Freiburg eine Ringvorlesung zur Lage des Rechts in Mitteldeutschland, im gleichen Jahr erschien das Buch „Reise in ein fernes Land“ von *Theo Sommer*. Da schien der Tag gekommen, so *Hattenhauer*, die DDR wissenschaftlich ernst zu nehmen

In der Rückschau gilt die Babelsberger Konferenz von 1958 als Dreh- und Angelpunkt für die Re-Stalinisierung der Staats- und Rechtswissenschaft, die endgültig eine Demokratisierung verhinderte. Gleichzeitig spaltete diese Konferenz trotz ihrer disziplinierenden Härte die Wissenschaft, ohne dabei freilich tatsächlichen Widerstand zu wecken. Dieser scheiterte oft an dem für richtig gehaltenen Parteigehorsam[1238] oder schließlich an der Resignation derjenigen, die einer Verleumdungskampagne zum Opfer fielen[1239]. Manche Lehrkräfte versuchten daher im Anschluss an die Babelsberger Konferenz mit passivem Widerstand die offiziellen Ziele zu durchkreuzen. So verweigerten beispielsweise einige Professoren der Juristischen Fakultät in Leipzig eine aktive parteiliche Mitarbeit mit der Begründung, „sie hätten andere wichtige Aufgaben wahrzunehmen"[1240]. An der Jenaer Universität, deren Lehrkräfte auf der Babelsberger Konferenz harsche Kritik einstecken mussten, ging die Diskussion um die Konsequenzen aus dieser Konferenz zwar weiter, aber eine politische Konfrontation wurde letztlich vermieden.[1241] An dieser Stelle sei noch einmal betont, dass es bei den Meinungsverschiedenheiten weniger darum ging, den Sozialismus oder das sozialistische Recht als solches in Frage zu stellen, sondern dass man sich um eine Reformierung bemühte.

- nicht etwa ernster, denn bisher hatte man sie fast gar nicht zur Kenntnis genommen, siehe *Hattenhauer*, Vorwort zu einem neuen Kapitel deutscher Rechtsgeschichte, in: *Eckert* (Hrsg.), Die Babelsberger Konferenz, S. 143.

1238 Wie im Falle *Schöneburgs*, siehe *Eckert*, Gespräch mit Karl-Heinz Schöneburg, in: *Eckert* (Hrsg.), Die Babelsberger Konferenz, S. 60.

1239 Siehe den Fall des Ordinarius für Staats- und Völkerrecht der Universität Jena, dargestellt bei *Lingelbach*, Wirkungen der Babelsberger Konferenz, in: *Eckert* (Hrsg.), Die Babelsberger Konferenz, S. 133

1240 Schreiben von Prof. *Arlt* an den Sekretär des ZK der SED, *Grüneberg*, vom 18.09.1959, *Eckert*, Gespräch mit Karl-Heinz Schöneburg, in: *Eckert* (Hrsg.), Die Babelsberger Konferenz, S. 101.

1241 Im Protokoll der Fakultätsratssitzung vom 19.12.1958 heißt es daher auch: „Es könne also zusammenfassend gesagt werden, daß die Fakultät die Babelsberger Konferenz und den V. Parteitag noch nicht gründlich ausgewertet habe.", *Lingelbach*, Wirkungen der Babelsberger Konferenz an der Jenaer Rechtswissenschaftlichen Fakultät, in: *Eckert* (Hrsg.), Die Babelsberger Konferenz, S. 139.

2. Das Strafrechtsergänzungsgesetz

Mit dem Strafrechtsergänzungsgesetz vom 11.12.1957, in Kraft getreten am 01.02.1958, erfuhr das Strafgesetzbuch mehrere Änderungen, die überwiegend die Staatsschutzdelikte betrafen, weil die Auslegung der Tatbestandsmerkmale des Art. 6 VerfDDR aufgrund der Unbestimmtheit der Begriffe[1242] schwierig geworden und die Justiz mehrmals heftiger Kritik ausgesetzt war, was durch das neue Gesetz beseitigt werden sollte. Das neue Gesetz sollte den neuen Anforderungen, die an die Justiz wegen der veränderten Situation gestellt wurden, gerecht werden. Man könne die Staatsverbrechen nur dann politisch-juristisch richtig einschätzen, wenn man von den jeweiligen historischen Bedingungen ausgehe und der strafrechtlichen Beurteilung des einzelnen Verbrechens eine sorgfältige Analyse der gegenwärtigen Klassenkampfsituation zugrundelege.[1243] Mit dem Strafrechtsergänzungsgesetz war aber, wie *Renneberg*[1244] denn auch klarmachte, materiell nichts Neues geschaffen worden, sondern es handelte sich lediglich um eine Präzisierung[1245] der unter Strafe stehenden Tatbestände, womit eine strengere Einhaltung der sozialistischen Gesetzlichkeit und Rechtssicherheit erreicht werden sollte.[1246] Es sei mit dem neuen Gesetz nicht beabsichtigt, eine Wende in der Strafpolitik einzuleiten[1247], da die Strafpolitik auch nach dem Strafrechtsergänzungsgesetz deshalb keine Veränderung erfahren könne, weil diese Verbrechen besonders gesellschaftsgefährlich seien.[1248] Das neue Strafgesetz bringe daher keineswegs eine Änderung der Politik, sondern hebe nur die Politik

---

1242 *Hennig/Römer*, SRDVP 1958, Heft 21, 1f., heben noch positiv hervor, dass die weitgefassten Tatbestände es bisher ermöglichten, die mannigfaltigsten verbrecherischen Angriffe gegen die neu entstehenden gesellschaftlichen Verhältnisse mit der erforderlichen Elastizität zu bekämpfen.

1243 *Hennig/Römer*, SRDVP 1958, Heft 21, S. 1f.

1244 *Renneberg*, NJ 1958, 7.

1245 *Stiller*, Die Staatsverbrechen, S. 58, ist der Auffassung, dass mit der Schaffung der einzelnen Tatbestände und der Strafrahmen die bisherigen Erfahrungen der Praxis bei der Bekämpfung der Staatsverbrechen gesetzlich fixiert wurden.

1246 *Renneberg*, SRDVP 1958, Heft 19, 1f.

1247 *Melsheimer*, NJ 1958, 80.

1248 *Erben/Löser*, NJ 1958, 202f.

auf eine neue Stufe der sozialistischen Gesetzlichkeit, die dem bisher erreichten Stand der Entwicklung entspreche.[1249] Die Neukodifizierung im StEG bedeutete daher keine Änderung der bisherigen Strafpolitik[1250], sondern sei vielmehr Ausdruck der konsequenten Fortsetzung der bisherigen Linie bei der Unterdrückung derartiger Verbrechen[1251], verbunden mit der gesetzlichen Fixierung der Erfahrungen aus dem jahrelangen Kampf gegen die konterrevolutionäre Tätigkeit des Klassenfeindes und einer konsequenten Fortsetzung dieses Kampfes.[1252]

Die durch das Strafrechtsergänzungsgesetz scheinbar erfolgte Konkretisierung von Strafrechtsnormen sollte gegenüber einer allgemeinen Bestimmung immer einen Fortschritt in der Strafrechtsentwicklung darstellen. Sie schaffe „größere Einheitlichkeit in der Rechtsprechung“, ermögliche eine „klare Differenzierung“ der verschiedenen Taten ihrer Schwere nach, vollziehe eine „eindeutigere Trennung der strafbaren Taten“ von den strafrechtlich irrelevanten Handlungen und erleichtere dadurch jedem Angeklagten die Verteidigung wesentlich gegenüber dem, der der Verletzung einer allgemeinen Norm beschuldigt werde. Sie sei für jeden Angeklagten von größerem Vorteil als die allgemeinen Normen.[1253] Das Strafrechtsergänzungsgesetz ermögliche nunmehr, exakter und detaillierter auf der Grundlage von bestimmten und klaren Normen zu entscheiden und die dem konkreten Gefährlichkeitsgrad eines Verbrechens angemessene Reaktion auszusprechen.[1254] Darüber hinaus sollte das neue Strafgesetz Ausdruck von Humanität und Gerechtigkeit sein, was vor allem darin zu erblicken sei, dass mit dem in Kraft getretenen Gesetzeswerk gleichzeitig ein gesetzgeberisches Vorbild für das

---

[1249] *Hartmann*, StuR 1958, 130.
[1250] Dafür spricht auch die Benennung des Gesetzes als „Strafrechtsergänzungsgesetz“ und nicht etwa als „Strafrechtsänderungsgesetz“.
[1251] *Stiller*, Die Staatsverbrechen, S. 58.
[1252] *Hennig/Römer*, SRDVP 1958, Heft 21, 1f.
[1253] *Lekschas*, NJ 1958, 82f.
[1254] *Hartmann*, StuR 1958, 130.

kommende gesamtdeutsche Strafrecht gegeben werde.[1255] *Hartmann* betonte, dass sich die neuen Strafvorschriften nur gegen echte Verbrechen richten würden, da sie nur solche Verhaltensweisen erfassten, die zu den grundlegenden politischen und ökonomischen Verhältnissen der volksdemokratischen Ordnung in Widerspruch stünden, weil sie nicht nur Unsicherheit und Anarchie hervorrufen könnten, sondern weil die Gefahr bestehe, dass kapitalistische Verhältnisse an die Stelle der sozialistischen Beziehungen treten könnten.[1256] Die Aussage *Hartmanns* ist in mehrerer Hinsicht interessant. Zum einen scheint er der Ansicht zu sein, dass nun (endlich) ein Gesetz geschaffen worden sei, das nur *„echte"* Verbrechen unter Strafe stelle. Zum anderen sieht er die latente *Gefahr, „daß kapitalistische Verhältnisse an die Stelle der sozialistischen Beziehungen treten könnten"*. Untersucht man die Aussage *Hartmanns*, ohne den eigentlichen Ausführungen zum Strafrechtsergänzungsgesetz vorzugreifen, lässt sich festzustellen, dass das Strafrechtsergänzungsgesetz bezüglich der unter Strafe gestellten Handlungen konkreter war als Art. 6 VerfDDR. Trotzdem wurden Handlungen erfasst (siehe § 21 StEG), deren Bestrafung nur unter Berücksichtigung der schwierigen politischen und ökonomischen Situation als zumindest nachvollziehbar erscheint, denn die Sorge lag seinerzeit tatsächlich darin, dass sich der Sozialismus aufgrund der Vormachtstellung des Kapitalismus nicht aufbauen lässt.

3. Die allgemeine strafrechtliche Charakterisierung der Elemente der Staatsverbrechen

Da das Strafrechtsergänzungsgesetz vor allem die Überarbeitung der Staatsschutzdelikte betraf, um zum einen eine bessere Rechtssicherheit zu erreichen und zum anderen die Methoden und Mittel des Gegners aufzuzeigen, war auch

---

[1255] *Hartmann*, StuR 1958, 129 (136).
[1256] *Hartmann*, StuR 1958, 129 (136).

eine allgemeine Charakterisierung der einzelnen Elemente der Staatsverbrechen notwendig.

a) Objekt und Gegenstand

Hauptziel - und damit das Objekt der Staatsverbrechen - sei die Vernichtung der Diktatur des Proletariats, die in der Ausübung der ökonomischen, politischen und ideologischen Macht durch die Arbeiter und Bauern bestehe und beispielsweise in der führenden Rolle der SED, in den zentralen und örtlichen Organen der Staatsmacht, dem Wirtschaftssystem und dem neuen sozialistischen Bewusstsein zum Ausdruck komme.[1257] Das spezielle Verbrechensobjekt ist das durch ein Einzelverbrechen gefährdete und durch bestimmte Strafrechtsnormen geschützte gesellschaftliche Verhältnis der demokratischen Ordnung der Arbeiter und werktätigen Bauern der DDR.[1258] Darüber hinaus konnten jedoch auch Verbrechen nach § 14 StEG und § 23 StEG, die sich gegen andere sozialistische Staaten richteten, in der DDR strafrechtlich verfolgt und geahndet werden, soweit der Täter auf dem Gebiet der DDR festgenommen wurde. Als Begründung wurde angeführt, dass durch derartige Verbrechen auch die DDR gefährdet sei, da der Angriff gegen einen Staat des sozialistischen Lagers auch die anderen schwäche, die durch enge politische, wirtschaftliche und militärische Beziehungen miteinander verbunden seien.[1259] Die Klassenherrschaft der Arbeiter und Bauern als Verbrechensobjekt äußerte sich nun in verschiedenartigen Erscheinungsformen und Vorgängen, die dann den Verbrechensgegenstand bilden sollten. Dieser wiederum ist in den einzelnen Gesetzen näher bestimmt, z.B. bei § 13 Nr. 2 StEG ist von der verfassungsmäßigen Tätigkeit bestimmter Personen oder

---

[1257] *Römer/Hennig*, SRDVP 1958, Heft 21, 1 (3).
[1258] *Löwenthal*, NJ 1955, 485f.
[1259] *Römer/Hennig*, SRDVP 1958, Heft 21, 1 (4).

Personengruppen die Rede, bei § 22 sind es Maschinen, technische Anlagen etc., die die Klassenherrschaft der Arbeiter und Bauern repräsentieren sollten.

b) Die objektive Seite

Die objektive Seite des Verbrechens wurde definiert als die Gesamtheit derjenigen objektiven Umstände des verbrecherischen Handelns, die dessen Gesellschaftsgefährlichkeit und moralisch-politische Verwerflichkeit beeinflussen und deshalb vom Tatbestand der verletzten Strafrechtsnorm als objektive Verbrechensmerkmale gekennzeichnet seien. Darunter seien insbesondere die äußeren Formen des Handelns (d.h. Tun oder Unterlassen), die gesellschaftlichen Folgen, die Mittel, derer sich der Täter bediente, sowie alle sonstigen bei der Begehung mitwirkenden objektiven Umstände zu verstehen. Bei der Untersuchung der objektiven Seite sei es wichtig, das Verbrechen in seiner gesamten konkreten objektiven Erscheinungsform und seinem Zusammenhang mit all den Bedingungen von Raum und Zeit zu erforschen, die für dessen strafrechtliche Beurteilung von Bedeutung sein könnten.[1260] Zusammenfassend kann festgestellt werden, dass diese „objektive Seite" dem heutigen Verständnis vom „objektiven Tatbestand" gleichgesetzt werden kann, nur mit dem Unterschied, dass heute die Dialektik als Methode der Auslegung fehlt.

Merkmal der objektiven Seite der Staatsverbrechen war die Ausgestaltung der wichtigsten Staatsverbrechen als Unternehmensdelikte. Diese erfassten jedes Verhalten des Täters, das auf die Verwirklichung der objektiven Seite des Verbrechens gerichtet war, d.h., jede Art von Vorbereitungshandlungen sowie den Versuch.[1261] Es sei bei der hohen Gesellschaftsgefährlichkeit der Staatsverbrechen unabdingbar, Maßnahmen zum frühestmöglichen Zeitpunkt zu er-

---

[1260] *Renneberg*, Die objektive Seite des Verbrechens, S. 11.
[1261] *Erben/Löser*, NJ 1958, 202.

greifen, um diese Verbrechen im Keim zu ersticken. Daher seien Handlungen, die Voraussetzungen oder günstige Bedingungen für die Verwirklichung des im Tatbestand gekennzeichneten verbrecherischen Endzweckes schaffen, als vollendetes Delikt zu bestrafen.[1262] Damit waren sowohl der Rücktritt vom Versuch als auch die bloße Teilnahme ausgeschlossen[1263], da das Versuchsstadium als vollendetes Delikt geahndet wurde und bei der Beteiligung mehrerer grundsätzlich Mittäterschaft vorlag. Um jedoch dem Umstand Rechnung zu tragen, dass der Täter nicht mehr zurücktreten kann, obwohl er mit der Ausführungshandlung noch gar nicht oder nur zum Teil begonnen hat, konnte allenfalls seine strafrechtliche Verantwortlichkeit gemäß § 9 StEG[1264] ausgeschlossen werden.

c) Subjekt und Ursachen der Staatsverbrechen

Als Subjekt kam jeder strafmündige Bürger in Betracht, der entweder aus einer generellen feindlichen Einstellung oder aus ideologischer Rückständigkeit verbrecherische Handlungen vornahm.[1265] Das Subjekt sei, indem es die Richtung einer Handlung gegen bestimmte strafrechtlich geschützte Objekte und damit deren spezifischen verbrecherischen Charakter beeinflusse, von überaus entscheidender Bedeutung für die Tatbestandsmäßigkeit der Handlung als eines bestimmten Verbrechens.[1266] Jeder Mensch nehme in der Gesellschaft eine objektive Stellung ein, die durch seine ökonomische Klassenzugehörigkeit bestimmt werde. Daraus ergebe sich ferner, dass sich die Bestrafung des Verbrechers indirekt nach seiner Klassenzugehörigkeit, seiner sozialen Stellung und nach seiner politischen Entwicklung richte, denn alle diese Faktoren bestimmten maßgeblich

---

[1262] Siehe *Römer/Hennig*, SRDVP 1958, Heft 21, 1 (5); *Melsheimer*, NJ 1958, 41ff.

[1263] Vgl. KG, Urteil vom 06.01.1953 - (1) II g 11/52, NJ 1953, 187.

[1264] „Eine Bestrafung erfolgt danach nicht, wenn zur Zeit der Durchführung des Strafverfahrens die Tat nicht mehr als gesellschaftsgefährlich anzusehen ist, oder wenn nach der Tat im gesamten Verhalten des Täters eine grundlegende Wandlung eingetreten ist, die erwarten läßt, daß er die sozialistische Gesetzlichkeit achten wird."

[1265] Siehe *Römer/Hennig*, SRDVP 1958, Heft 21, 1 (9).

[1266] *Lekschas/Renneberg*, NJ 1953, 668f.

das konkrete Ausmaß der Gesellschaftsgefährlichkeit und moralisch-politischen Verwerflichkeit des begangenen Verbrechens und aufgrund dessen die mit der Bestrafung anzustrebenden Ziele: Unterdrückung oder Erziehung.[1267]

d) Die subjektive Seite

Die Schuld als subjektive Seite einer verbrecherischen Handlung wurde verstanden als eine der Arbeiter- und Bauernmacht gefährliche, vom moralischen und politischen Standpunkt aus verwerfliche, rechtswidrige und strafbare Einstellung, die den Täter zu seinem verbrecherischen Verhalten bestimmt habe und in den Formen von Vorsatz und Fahrlässigkeit auftrete.[1268] Damit wird deutlich, dass die Schuld durch die moralisch-politischen Verwerflichkeit der Einstellung und durch den Grad der vorwerfbaren Handlung gekennzeichnet war, und dass das Strafrecht der DDR nicht von einem dreistufigen, sondern von einem zweistufigen Verbrechensaufbau ausging und sämtliche Aspekte, die nicht die Tat als solche, sondern den Täter betrafen, innerhalb der subjektiven Seite Beachtung fanden.[1269] Die Schuld des Täters bemaß sich daher nicht nur nach der Feststellung über den Grad des Vorsatzes oder der Fahrlässigkeit, sondern wurde durch das „soziale Gewicht des Verschuldens“ bestimmt, d.h. die objektiven und subjektiven Umstände sowie die Ursachen und Bedingungen der Tat, die den Täter zum verantwortungslosen Handeln veranlasst hatten.[1270] Bei der Bestimmung des Grades der Schuld gehe es darum, auf der Grundlage einheitlicher Maßstäbe die qualitative und quantitative Abstufung des Ausmaßes der Verantwortungslosigkeit festzustellen, die im subjektiven Verhalten angesichts der allgemeinen und der situationsbezogenen Bedingungen der gesellschaftlichen Entwicklung zum

[1267] *Lekschas/Renneberg*, NJ 1953, 668f.
[1268] *Lekschas*, NJ 1955, 690.
[1269] Vgl. *Lekschas*, Der Begriff und das Wesen der Schuld, S. 15.
[1270] Strafrecht, AT, Lehrbuch, 1976, S. 329.

Ausdruck komme.[1271] Daher kann man sagen, dass die subjektive Seite aus verschiedenen Elementen bestand, die untereinander im engen Zusammenhang standen, wovon jedoch die Schuld in Form von Vorsatz und Fahrlässigkeit das wichtigste Element darstellte.[1272]

4. Die Verhängung von Strafen

Da in der sozialistischen Gesellschaft aufgrund der realen gesellschaftlichen Lebensbedingungen, namentlich einer auf dem Volkseigentum beruhenden, grundsätzlich ausbeutungsfreien Stellung aller Gesellschaftsmitglieder zu den Produktionsmitteln, jedermann die Möglichkeit habe, sein Leben im Einklang mit den Grundinteressen anderer zu gestalten, könne der sozialistische Staat von jedem Strafmündigen verlangen, keine Straftaten zu begehen.[1273] Wer sich dennoch zu einer Straftat hinreißen lasse, habe dafür vor der Gesellschaft einzustehen, weil er sich für eine Handlungsweise entschieden habe, die für die Gesellschaft nachteilig oder schädlich sei.[1274] Um nun die moralisch-politische Einstellung des Täters nach einem Fehlverhalten im Sinne der sozialistischen Rechtsauffassung (wieder-) herzustellen, konnte das Gericht unterschiedliche Haupt- und Nebenstrafen verhängen, so z.B. die Todesstrafe, die zeitige und die lebenslange Freiheitsstrafe. Die Anwendung von Strafen sollte nicht dem Selbstzweck oder der „Vergeltung“ bzw. der „Sühne begangenen Unrechts“ dienen, sondern war auf konkrete politische Ziele gerichtet, und zwar auf:

1. die Brechung des verbrecherischen Widerstandes der Feinde des werktätigen Volkes und auf die Liquidierung ihrer verbrecherischen Versuche, die Ar-

[1271] Strafrecht, AT, Lehrbuch, 1976, S. 331.
[1272] Vgl. *Benjamin*, NJ 1955, 16.
[1273] *Buchholz/Dähn/Weber*, Strafrechtliche Verantwortlichkeit und Strafe, S. 72.
[1274] *Buchholz/Dähn/Weber*, Strafrechtliche Verantwortlichkeit und Strafe, S. 75.

beiter- und Bauernmacht zu stürzen und die Macht des Kapitals wiederherzustellen,

2. die Erziehung des Rechtsbrechers zur Achtung der Gesetze und zur demokratischen Staatsdisziplin,
3. die Erziehung anderer schwankender und rückständiger Elemente der Gesellschaft durch das Mittel der Generalprävention[1275] und weitergehend allen Bürgern die Unantastbarkeit, die Überlegenheit und den konsequent demokratischen Charakter der Staats- und Rechtsordnung bewusst zu machen.[1276]

Diese Ziele bestimmten sich wegen der dialektischen Betrachtungsweise in ihrer Wertigkeit überwiegend durch die zum Zeitpunkt der Verurteilung geltenden gesellschaftlichen Entwicklungsphasen. Die allgemeine gesellschaftliche und politische Bedeutung des Verbrechensobjekts gab dabei eine Richtlinie, welche Bedeutung dem angegriffenen Objekt in der konkreten Situation des Kampfes für die nationale Einheit und den Frieden, den Aufbau des Sozialismus und die Hebung des materiellen und kulturellen Lebensniveaus zukommen sollte. Es sei beispielsweise bei einem Verbrechen gegen die Grundlagen der demokratischen Ordnung wichtig, ob der Verbrecher das Verbrechen zu einem Zeitpunkt begehe, in dem der „Gegner" gerade eine gefährliche Aktion gegen die sozialistische Grundordnung unternehme oder ob das Verbrechen dann stattfinde, wenn der geschlagene „Gegner" sich fluchtartig zurückziehe und daher eine relative „Ruhe" eingetreten sei.[1277] Unter „Gegner" verstand man den „Klassenfeind", den man vornehmlich in Westdeutschland ausmachte. Gab es demnach Zeiten, in denen eine Bedrohung seitens des Klassenfeindes erheblich zugenommen hatte, so fielen die Strafen gegen (vermeintliche) Verbrecher höher aus als zu Zeiten, in

[1275] *Lekschas/Renneberg*, NJ 1953, 762f.
[1276] *Lekschas*, Beiträge zu Problemen des Strafrechts, S. 49.
[1277] *Lekschas/Renneberg*, NJ 1953, 762 (764).

denen eine Stabilisierung der Lage angenommen wurde. Damit gewann die „derzeitige Klassenkampfsituation" bei der Strafanwendung eine herausragende Bedeutung.

Die reale Wirksamkeit sowohl der Unterdrückungs- als auch der Erziehungsfunktion der Strafe sollte auf zwei einander bedingenden Faktoren beruhen:

1. auf der Existenz und weiteren Schaffung sozialistischer gesellschaftlicher Verhältnisse bzw. auf den kraft dieser Verhältnisse wirkenden gesellschaftlichen Entwicklungsgesetzen und
2. auf dem wechselseitigen Zusammenhang dieser Funktionen mit der unfassenden wirtschaftlich-organisatorischen und kulturell-erzieherischen Tätigkeit aller Organe des Staates, die auf die allseitige Festigung und Entwicklung dieser Verhältnisse sowie auf die volle Entfaltung der Entwicklungsgesetze der Gesellschaft gerichtet sind.[1278]

Sinn und Zweck für die Verhängung der verschiedenen Sanktionen ergaben sich daher zumeist aus der Entwicklung des Rechts oder aus der politischen Situation bzw. Notwendigkeit. Es sind daher im Laufe der Jahre immer wieder Tendenzen zu erkennen, die eine Verschiebung der Prioritäten (Unterdrückungs- und Erziehungsfunktion sowie Prävention) zur Folge hatte. Anfang der 50er Jahre diente die Anwendung der Strafen hauptsächlich der Unterdrückung der „Feinde", aber auch der Generalprävention. So sollte durch die Verhängung „angemessener" Strafen der verbrecherische Widerstand der Feinde des werktätigen Volkes gebrochen werden, indem diese abgeschreckt oder unschädlich gemacht würden. Der Täter solle durch den staatlichen Zwang zur Achtung vor dem sozialisti-

---

[1278] *Lekschas*, Beiträge zu Problemen des Strafrechts, S. 53.

schen Gesetz erzogen werden bzw. auf rückständige Bürger erzieherisch einwirken.[1279] Dieser harte Kurs lässt erkennen, dass es vorrangig um die Unterdrückung des Täters ging. *Renneberg*[1280] verwies demzufolge darauf, dass jede Strafe in erster Linie bezwecke, die Begehung verbrecherischer Handlungen zu unterdrücken, was durch die Unterwerfung des Rechtsbrechers unter den Strafzwang verwirklicht werde. Durch die Strafe sollten der Rechtsbrecher und mit ihm auch andere, die noch in rückständigen, asozialen Moralvorstellungen und Gewohnheiten befangen seien, aus diesen negativen ideologischen Einflüssen gelöst und von der Notwendigkeit überzeugt werden, die demokratischen Gesetze zu achten und dem sozialistischen Aufbau durch positive Handlungen zu dienen.

Später verfolgte man immer mehr das Ziel, den Rechtsbrecher nicht nur zu unterdrücken und ihn von der sozialistischen Gesellschaft zu isolieren (sog. Unschädlichmachung[1281]), sondern ihn wieder zu einem „ordentlichen“[1282] Mitglied der Gesellschaft zu machen. Es war wichtig, alle Klassen und Schichten von der Richtigkeit des sozialistischen Aufbaus zu überzeugen, um sie so für den Aufbau zu mobilisieren. Dazu sollte zu der Unterdrückungsfunktion die Erziehungsfunktion treten. Neben der Funktion der Niederhaltung der entmachteten Monopolherren und Junker habe der gesamte Staatsapparat noch eine wirtschaftlich-organisatorische und eine kulturell-erzieherische Funktion, die sich u.a. in der Erziehung der Werktätigen mit den vielfältigsten Mittel zu einem demokratischen Staatsbewusstsein auswirke.[1283] *Fechner* sah die zwei wesentlichen Aufgaben des Strafvollzuges zum einen darin, die Gesellschaft vor Rechtsbrechern zu schützen und zum anderen die gesellschaftsfeindlichen Eigenschaften des

---

[1279] Siehe *Wagner*, Hilde Benjamin, S. 174.
[1280] *Renneberg*, SRDVP 1958, Heft 19, 1 (4).
[1281] *Lekschas*, Beiträge zu Problemen des Strafrechts, S. 43.
[1282] BG Gera, Urteil vom 10.04.1958 - 1 BS 31/58, archiviert beim LG Gera, 1 BS 1958, Nr. 38, S. 7.
[1283] *Gürke*, NJ 1953, 214.

Rechtsbrechers durch gemeinsame produktive Arbeit zu überwinden und sie wieder zu nützlichen Mitgliedern der Gesellschaft zu machen.[1284] Damit die verhängten Strafen aber auch ihre erzieherische Kraft entfalten konnten, musste auch die Gesellschaft an der Erziehung des Verurteilten beteiligt werden. Die Familie, die Arbeitskollegen oder die Nachbarn - sie alle waren gehalten, darauf zu achten, dass sich der straffällig Gewordene nicht wieder in eine Situation bringt, aus der heraus er wieder zum Straftäter wird. Die Einbindung des Kollektivs, in dem der Täter gearbeitet hatte, wurde als wichtige Maßnahme nicht nur bei der Resozialisierung, sondern auch bei der Prävention angesehen, da zugleich potentielle Täter zu positivem Verhalten angehalten werden sollten.

a) Das Strafensystem in der DDR

Das Strafensystem kannte als Hauptstrafen die Todesstrafe, die Freiheitsstrafe in der Form von Zuchthausstrafe oder Gefängnisstrafe und die Geldstrafe, wobei letztere auch Zusatzstrafe sein konnte. Die Zusatzstrafen[1285] waren lediglich dazu bestimmt, die Wirkung der verhängten Hauptstrafe im Hinblick auf die im Einzelfall konkret angestrebten Strafziele zu verstärken. Sie traten demnach neben die Hauptstrafe.

aa) Die Todesstrafe

Die Todesstrafe als härteste Bestrafung diente zum einen der „Unschädlichmachung" der Personen, die sich schwerster Verbrechen gegen die Lebensinteressen des Volkes und des Bürgers schuldig gemacht hatten, und zum anderen der Abschreckung anderer reaktionärer Kräfte von der Begehung ähnlicher Verbre-

---

[1284] *Fechner*, NJ 1950, 139.

[1285] Zusatzstrafen waren z.B. die Aberkennung bürgerlicher Rechte, das Berufsverbot gemäß § 42 I StGB, Aufenthaltsbeschränkungen, die Geldstrafe, die Vermögenseinziehung, die öffentliche Bekanntmachung der Strafe.

chen.[1286] Die Abschaffung der Todesstrafe kam auch nach der Einführung des StEG nicht in Betracht, weil sie „im Interesse der gesamten friedliebenden Menschheit in der augenblicklichen Entwicklungsphase nicht zu entbehren sei“ und damit Entschlossenheit demonstriert werden könne, „auch mit den schärfsten Mitteln gegen die vorzugehen, die sich zu Handlangern der Unmenschlichkeit und der Kriegspolitik herabwürdigen“.[1287] Die Beibehaltung der Todesstrafe beruhe auf der historischen und gesellschaftlichen Notwendigkeit, da die von westlicher Seite verübten Angriffe auf die Existenz der sozialistischen Staatsmacht diese zwinge, derartige Maßnahmen zu ihrem Schutz zu ergreifen.[1288] Die Todesstrafe wurde erst mit dem 4. Strafrechtsänderungsgesetz von 1987 endgültig abgeschafft, nachdem sie 1981 das letzte Mal verhängt worden war.[1289]. Seit Gründung der DDR wurden 163 Todesurteile vollstreckt, davon 52 wegen politischer Verbrechen, 64 wegen nationalsozialistischer Verbrechen und 47 wegen sonstiger Delikte. Bis 1949 wurden 48 Todesurteile vollstreckt, davon 26 wegen nationalsozialistischer Verbrechen und 22 wegen allgemeiner Kriminalität. Von 1949 bis 1956 wurden 100 Todesurteile vollstreckt (davon allein 24 aus den Waldheimer Prozessen), wogegen es zwischen 1956 und 1961 lediglich 10 waren.[1290] Mit der Abschaffung der Todesstrafe 1987 war die DDR zum einzigen

---

[1286] Lehrbuch, Strafrecht, 1957, S. 566.
[1287] Siehe *Melsheimer*, NJ 1958, 40 (48).
[1288] Lehrbuch, Strafrecht, 1957, S. 566.
[1289] Am 26.06.1981 wurde der Staatssicherheitsoffizier Dr. *Werner Teske*, der wegen Spionage und vorbereiteter Fahnenflucht verurteilt worden war, in Leipzig hingerichtet, siehe *Raschka*, Justizpolitik im SED-Staat, S. 249.
[1290] MDR-Sendung vom 19.11.2001 unter dem Titel: „Die Todesstrafe in der DDR“ von *Gerald Endres* und *Ute Bönnen*. Ab Mitte der 70er Jahre sollte die Todesstrafe nach einer innerdienstlichen Weisung *Honeckers* nicht mehr verhängt und vollstreckt werden, da sich *Honecker* um internationale Anerkennung bemühte. Allerdings galt dies nicht für Verräter aus den eigenen Reihen, so z.B. nicht bei Dr. *Werner Teske*, der als oberster Geheimdienstträger die Republik unter Mitnahme geheimer Dokumente illegal verlassen wollte. Auch *Gert Trebeljahr*, Offizier der Staatssicherheit, wurde 1979 wegen versuchter Republikflucht zum Tode verurteilt. Er hatte versucht, die DDR zu verlassen, damit seine begangenen Unterschlagungen nicht bemerkt bzw. ungeahndet bleiben würden.

Land des sozialistischen Lagers ohne Todesstrafe geworden,[1291] nachdem die Sowjets zwar mit Erlass vom 26.05.1945 die Todesstrafe zunächst für den gesamten Bereich der UdSSR aufgehoben hatten, sie ein paar Jahre später aber wieder stillschweigend verhängten.[1292]

Für den Vollzug der Todesstrafe waren zunächst verschiedene Orte zuständig, so wurden u.a. in Frankfurt (Oder) Mitglieder der sog. „Gladow-Bande" hingerichtet, die nach Beendigung des Krieges mehrere Raubüberfälle etc. in Berlin und Umgebung begangen hatten; in Dresden wurden der Kreisleiter der NSDAP Görlitz, Dr. *Bruno Malitz,* und der Oberbürgermeister von Görlitz, Dr. *Hans Meinshausen*, wegen Verbrechen gegen die Menschlichkeit zum Tode verurteilt und hingerichtet. Später wurde Dresden zur zentralen Hinrichtungsstelle.[1293]

bb) Die Freiheitsstrafe

Bei der Verhängung von Freiheitsstrafen wurde der Unterdrückungs- und Erziehungsfunktion des Strafvollzuges auf unterschiedliche Weise Rechnung getragen. Während bei mehrjährigen Gefängnis- oder Zuchthausstrafen die Unterdrückungsfunktion überwog, trat bei kürzeren Freiheitsstrafen die Erziehungsfunktion in den Vordergrund. Die Erziehung sollte dadurch erfolgen, dass dem Rechtsbrecher mit dem Ausspruch der Strafe, dem Entzug seiner persönlichen Freiheit sowie dem mit seiner Isolierung von der Gesellschaft verbundenen strengen moralisch-politischen Tadel die gesellschaftliche Gefährlichkeit und Verwerflichkeit seiner Handlung und die Notwendigkeit eines gesellschaftlich förderlichen, pflichtbewussten Verhaltens nachdrücklich bewusst gemacht wird.

1291 *Lammich*, Strafrechtliche Sanktionen in der DDR, in: *Arnold/Keppler* (Hrsg.), Die Normalität des Strafrechts der DDR, S. 128.

1292 *Geilke*, Einführung in das Sowjetrecht, S. 102.

1293 MDR-Sendung vom 19.11.2001 unter dem Titel „Die Todesstrafe in der DDR" von *Gerald Endres* und *Ute Bönnen*.

Dazu diente vor allem der Zwang zur kollektiven produktiven Arbeit, der den Gefangenen Disziplin und kameradschaftliche Zusammenarbeit vermitteln und damit auch die Resozialisierung erleichtert werden sollte.

aaa) Die Zuchthausstrafe

Die Zuchthausstrafe diente vordringlich der Unterdrückung von Verbrechen, die für die staatliche Ordnung in hohem Maße gefährlich schienen und daher eine besondere moralisch-politische Verurteilung notwendig machten.[1294] Die Zuchthausstrafe war für Verbrechen vorgesehen und konnte als zeitige wie als lebenslange Zuchthausstrafe verhängt werden. Als Folge dessen war es dem Verurteilten dauernd unmöglich, jemals ein öffentliches Amt zu bekleiden. Weiterhin war die Zuchthausstrafe gemäß § 15 StGB und in Übereinstimmung mit Art. 137 VerfDDR (1949) obligatorisch mit dem Zwang zu produktiver Arbeit verbunden.

bbb) Die Gefängnisstrafe

Die Gefängnisstrafe war neben der Geldstrafe eine Strafe für „Vergehen" und richtete sich deshalb in erster Linie gegen solche Delikte, bei denen im Hinblick auf den Grad der Gesellschaftsgefährlichkeit und der moralisch-politischen Verwerflichkeit der Handlung die Erziehung des Rechtsbrechers zu einem gesellschaftlich positiven Verhalten das Hauptanliegen der Bestrafung darstellte.[1295] Obwohl das Gesetz eine kurzzeitige Freiheitsstrafe gemäß § 16 I StGB ausdrücklich für möglich hielt, wandten die Gerichte diese Art der Bestrafung kaum an, weil eine nur kurz währende Freiheitsstrafe weder auf den Verurteilten noch auf die Gesellschaft eine erzieherische Wirkung auszuüben vermochte. Außerdem schien es ausgeschlossen, dass eine Handlung derart gesellschaftsgefährlich war,

[1294] Strafrecht, Lehrbuch, 1957, S. 570.
[1295] Strafrecht, Lehrbuch, 1957, S. 571.

dass eine Freiheitsstrafe verhängt werden musste, und diese allerdings dann nur einen oder wenige Tage betrug.

ccc) Die Haft

Die Haft war nach § 1 III StGB die Freiheitsstrafe für Übertretungen und trug damit eher den Charakter einer Ordnungsstrafe als den einer Haftstrafe. Ihre Dauer betrug mindestens einen Tag und durfte sechs Wochen nicht überschreiten. Sie konnte auch als Ersatzstrafe für uneinbringliche Geldstrafen durch polizeiliche Strafverfügungen von der Deutschen Volkspolizei verhängt werden.

ddd) Das Verhältnis zwischen Zuchthaus- und Gefängnisstrafe

Die Zuchthausstrafe galt wegen ihrer Höchst- und Mindestgrenze, ihrer kraft Gesetzes eintretenden Rechtsfolge der dauernden Unfähigkeit zur Bekleidung eines öffentlichen Amtes sowie ihrem Umrechnungsfaktor zur Gefängnisstrafe von 2:3 als die schwerwiegendere Bestrafung, obwohl ein prinzipieller Unterschied zwischen beiden Freiheitsstrafen nicht mehr zu finden ist. In der Praxis des Strafvollzuges bedeutete das, dass es eine unterschiedliche Unterbringung der Verurteilten nicht gab, mit der Konsequenz, dass beide Strafarten in den gleichen Haftanstalten, unter gleichen äußeren Bedingungen und nach einheitlichen Prinzipien vollstreckt wurden.[1296] Durch die Verhängung von Zuchthausstrafen sollte eine weitergehende gesellschaftliche und moralische Verurteilung des Täters erfolgen und damit auch die allgemeine erzieherische Wirkung der Strafe auf das demokratische Staats- und Rechtsbewusstsein der Massen erhöht werden.[1297]

[1296] Strafrecht, Lehrbuch, 1957, S. 573.
[1297] Strafrecht, Lehrbuch, 1957, S. 574.

cc) Die Geldstrafe

Die Geldstrafe konnte sowohl als Haupt- als auch als Nebenstrafe verhängt werden. Als Hauptstrafe war sie dann anzuwenden, wenn das die Art und die mindere gesellschaftliche Gefährlichkeit und Verwerflichkeit der begangenen Tat rechtfertigten und unter Berücksichtigung aller objektiven und subjektiven Umstände erwartet werden konnte, dass sowohl in Bezug auf den Rechtsbrecher als auch in allgemeiner gesellschaftlicher Hinsicht das Erziehungsziel der Bestrafung mit einer Geldstrafe verwirklicht werden könne.[1298] Für einen Täter, der ein hohes Einkommen hatte, schien eine Geldstrafe als Hauptstrafe weniger erzieherisch wirksam, da der Täter eher ein Gefühl des „Freikaufen-könnens" haben könnte. Die Geldstrafe als Nebenstrafe sollte durch den finanziellen Verlust zusätzlich eine erzieherische Wirkung entfalten.

dd) Die Zusatzstrafen

Als Zusatz- (oder auch Neben-)strafe galten u.a. die Aberkennung bürgerlicher Rechte, das Berufsverbot, die Zulässigkeit polizeilicher Aufsicht und - wie bereits erwähnt - die Geldstrafe. Als besondere Zusatzstrafe galt ferner die Vermögenseinziehung, die jedoch oftmals schon ausdrücklich als Folge der Verurteilung auszusprechen war, vgl. § 13 StEG. So enthielt auch die KRD Nr. 38 die Vermögenseinziehung, die deshalb auch überwiegend bei der Verurteilung nach Art. 6 VerfDDR Anwendung fand, weil eine Verurteilung nur nach Art. 6 VerfDDR keine Vermögenseinziehung zur Folge hatte. Eine fakultative Vermögenseinziehung enthielt beispielsweise § 1 I WStVO, der vor allem dann zweckmäßig erschien, wenn der/die Angeklagte über größere Vermögenswerte verfügte.

[1298] Strafrecht, Lehrbuch, 1957, S. 580.

b) Die Strafzumessung

Als Strafzumessung galt die Entscheidungsfindung über eine gegenüber dem Straftäter anzuwendende, nach Art und Ausmaß konkret bestimmte Strafe, die dem sozial-negativen Charakter und der Schwere der von ihm begangenen Tat entsprach und seine Persönlichkeit in den durch die Tat gezogenen Grenzen berücksichtigte.[1299] Dabei war dem Interesse der sozialistischen Gesellschaft am Schutz vor Straftaten, der gesellschaftswirksamen Vorbeugung künftiger Straftaten und der wirkungsvollen Disziplinierung des Täters Rechnung zu tragen.[1300] Im Laufe der Jahre veränderte sich der Grad der Schutzbedürftigkeit verschiedener Rechtsgüter derart, dass dadurch auch die Strafzumessungsgründe beeinflusst wurden. Änderungen in der Rechtsprechung bei der Gewichtung oder Anwendung einzelner Strafzumessungsgründe sind selten ausdrücklich erklärt worden. Vielmehr erfolgte „stillschweigend" eine „Richtungsänderung". Anfang der 50er Jahre lag der Hauptschwerpunkt bei der Strafzumessung auf dem verletzten Objekt: dem Interesse der Gesellschaft am Aufbau des Sozialismus. Aus diesem Verständnis heraus lassen sich die aus heutiger Sicht viel zu hohen Strafen erklären. Auf die Strafzumessung soll hier nicht im Detail eingegangen werden. Es soll lediglich ein Überblick gegeben werden, welche Umstände die Gerichte zur Bestrafung der Täter bis Anfang der 60er Jahre herangezogen haben.

Das Gericht hatte die Aufgabe, nach Feststellung der Straftat und des gesetzlichen Strafrahmens alle objektiven und subjektiven Tatumstände rechtlich zu werten. Besonderes Augenmerk lag jedoch auf der Täterpersönlichkeit unter Beachtung des politisch-gesellschaftlichen Zusammenhanges. Da der Aufbau des Sozialismus in verschiedenen Entwicklungsphasen verlaufen sollte, bedurfte es immer auch der Prüfung, inwieweit der Täter diese den Entwicklungsphasen

---

[1299] Strafrecht, Lehrbuch AT, 1976, S. 437.
[1300] Strafrecht, Lehrbuch AT, 1976, S. 437.

innehabenden „Schwächen“ auszunutzen wusste. Allgemeine Strafzumessungskriterien waren: die Art und Weise der Tatbegehung, die Folgen der Tat, der Grad des Verschuldens, die Persönlichkeit des Täters, die Ursachen und Bedingungen der Straftat und der Einfluss vorangegangener Bestrafungen.[1301]

Bei den Strafzumessungsgründen sollte der Richter aber beachten, dass nicht jeder Umstand straferhöhend oder strafmildernd wirken konnte, da nur solche Umstände bei der Strafzumessung Berücksichtigung finden durften, die die Gesellschaftsgefährlichkeit und moralisch-politische Verwerflichkeit *tatsächlich* beeinflussen konnten und beeinflusst hätten. Daraus folgte zum Beispiel, dass das Fehlen einer Vorstrafe oder die sonstige „gute Führung“ nicht per se zu einer Strafmilderung führte, weil „die Einhaltung der Gesetze und die Achtung der Regeln des gesellschaftlichen Zusammenlebens eine elementarste und selbstverständlichste Pflicht eines jeden Bürgers“[1302] sei und daher, für sich allein genommen, dem Täter bei der Bestrafung nicht zugute gehalten werden könne. Bei der Bestimmung der Schwere der Schuld sei unter Abwägung aller Umstände insbesondere zu berücksichtigen, ob

1. die Tat das Ergebnis eines Versagens der Willensanspannungen oder des Pflichtbewusstseins des Täters sei und im Widerspruch zum sonstigen Verhalten stehe oder ob
2. die Tat Ausdruck rückständiger, gesellschaftswidriger Denk- und Lebensgewohnheiten, von Egoismus, Rücksichtslosigkeit oder einer disziplinlosen Haltung sei oder ob
3. die Tat aus einer menschenfeindlichen Ideologie, einer feindlichen Einstellung zur Arbeiter- und Bauernmacht und ihren sozialistischen Errungen-

[1301] Strafrecht, Lehrbuch AT, 1976, S. 440.
[1302] *Lekschas/Renneberg*, NJ 1953, 762 (767).

schaften, einer menschenverachtenden Haltung des Täters oder einer grundlegenden Missachtung der sozialistischen Gesetzlichkeit erwachse.[1303]

Strafschärfend fiel ins Gewicht, wenn sich der Täter uneinsichtig gegenüber seinem Fehlverhalten zeigte, d.h. keine Reue empfand oder einschlägig vorbestraft war. Andere Beispiele sind:

- die Unverbesserlichkeit des Täters[1304],
- die äußerlich aktive Mitarbeit in der FDJ oder in der SED, um sich zu tarnen[1305],
- das Fehlverhalten von Staatsfunktionären oder Menschen in verantwortungsvollen Positionen[1306],
- eine langjährige Berufserfahrung, besondere Spezialausbildungen, wenn diese in einer Beziehung zu begangenen Verbrechen standen[1307],
- die Hartnäckigkeit und das ständige Bestreiten der Tat[1308],
- das Abstreiten von Vorstrafen[1309],
- mehrfache, hartnäckige Versuche zur Verwirklichung eines mehrmals missglückten Verbrechens[1310],

---

[1303] *Lupke*, NJ 1964, 145.

[1304] „Auf der anderen Seite zeigt aber sein ganzes bisheriges Leben, daß er ein unverbesserlicher Anhänger der nazistischen Lehre geblieben ist, die unsere deutsche Nation in das tiefste Elend seiner (sic!) Geschichte geführt hat. Durch seine Haltung hat er bewiesen, daß er nicht gewillt ist, sich am wirtschaftlichen und sozialen Neuaufbau zu beteiligen. Er setzt sich damit in Widerspruch zu der großen Masse der werktätigen Menschen, denen es endgültig überdrüssig ist, durch so genannte ‚Führer' und deren kapitalistische Hintermänner durch Ausbeutung und Kriege um die Früchte ihrer Arbeit gebracht werden. (Ausspruch: Ich bin Nationalsozialist und bleibe einer. Ich erkenne das Programm Hitlers noch heute an)", siehe BG Gera, Urteil vom 19.11.1951 - I StKs 25/51 (26/51), archiviert beim LG Gera, WKst u.a. 1948 - 1951, Nr. 97, S. 4.

[1305] *Beyer*, DeutschlandArchiv 1998, 89

[1306] *Lekschas/Renneberg*, NJ 1953, 762 (766).

[1307] *Lekschas/Renneberg*, NJ 1953, 762 (766).

[1308] BG Schwerin, Urteil vom 20.04.1956 - 1 Ks 43/56, UaS III, 140; a.A. aber BG Erfurt, Urteil vom 01.09.1953 - III Ks 272/53, NJ 1953, 600.

[1309] BG Gera, Urteil vom 16.07.1958 - 1 BS 116/58 I, archiviert beim LG Gera, 1 BS 1958, Nr. 115.

[1310] *Lekschas/Renneberg*, NJ 1953, 762 (766).

- ein übersteigertes materielles Bedürfnis, das zu egoistischem Bereicherungsstreben führte[1311],
- die Abwerbung von Jugendlichen[1312],
- die Klassenzugehörigkeit des Täters zu den ehemaligen Großgrundbesitzern[1313],
- dass die Tat im Frühjahr 1945 begangen wurde, zu einer Zeit, zu der „die faschistische Gewaltherrschaft durch den heldenhaften Kampf der siegreichen Armee der Sowjetunion kurz vor der Vernichtung stand", was insbesondere „die verbrecherische Gesinnung der Angeklagten" offenbare[1314],
- die Tatsache, dass der Täter aus seiner faschistischen Vergangenheit bis zum Tage der Verurteilung nicht die notwendigen Lehren gezogen habe[1315],
- der Missbrauch des Gastrechts durch Straftaten eines ausländischen Staatsangehörigen[1316],
- einschlägige Vorstrafen, es sei denn, die Vorstrafen seien durch ein kapitalistisches Gericht ausgesprochen worden und die Vortat sei wesentlich auf eine durch die kapitalistischen Verhältnisse hervorgerufene Notlage zurückzuführen,
- Schmarotzertum[1317] oder egoistische Rücksichtslosigkeit[1318].

Als Strafmilderung unberücksichtigt blieb beispielsweise, wenn:

[1311] Siehe OG, Urteil vom 24.01.1985 - 4 OSK 18/84. Die Angeklagte wollte in kurzer Zeit sowohl einen PKW als auch einen Waschautomaten besitzen und hatte sich mehrerer Straftaten zum Nachteil sozialistischen Eigentums strafbar gemacht.
[1312] BG Karl-Marx-Stadt, Urteil vom 12.02.1958 - 1 Bs 7/58, UaS III, 141.
[1313] BG Halle, Urteil vom 13.06.1957 - 1 Ks 91/57, UaS III, 128.
[1314] OG, Urteil vom 06.01.1953 - 1 a Ust 136/52, NJ 1953, 142.
[1315] Stadtgericht Groß-Berlin, Urteil vom 04.11.1955 - (101a) I.a. (Z) 163.55 (92.55), UaS III, 122.
[1316] BG Dresden, Urteil vom 08.09.1953 - 1a Ks 336/53, BStU FF/O., S. 79.
[1317] Lehrbuch zum Strafrecht AT, 1957, S. 619.
[1318] *Lekschas/Renneberg*, NJ 1953, 762 (766).

- der Täter freiwillig wieder in die DDR zurückgekehrt war und selbst eine Bestrafung in Kauf nahm[1319],
- der Täter neben hetzerischen Schriften auch Bücher und Zeitschriften aus Westdeutschland mitbrachte, die keinen hetzerischen Inhalt hatten, da dies nur der Tarnung diente[1320],
- der Täter noch jugendlichen Alters war[1321] bzw. wegen seiner Jugend noch keine politische Reife erkennen ließ[1322],
- sich der Täter bis dato rechtstreu verhalten hatte, da „dies mit der politischen Schuld nichts zu tun habe“[1323],
- die Täterin nicht ihren eigenen Mann anzeigen wollte, weil sie es damit unterließ, die Gesellschaft zu schützen[1324].

Das Bezirksgericht Dresden[1325] versagte beispielsweise den nach § 125 StGB angeklagten Tätern in Anbetracht dessen, dass die Görlitzer Ausschreitungen so einen gefährlichen Umfang angenommen hatten und es zu zahlreichen Zerstörungen von („fortschrittlichen“) Gebäuden gekommen war, die Zubilligung mildernder Umstände, obwohl sie - wie der Senat betonte - sowohl bei dem einen Angeklagten hinsichtlich seines Motivs als auch hinsichtlich des anderen Angeklagten wegen seiner außerordentlichen Aktivitäten vorgelegen hatten.

1319 BG Gera, Urteil vom 14.05.1958 - 1 BS 56/58 Str. I - 30/58, archiviert beim LG Gera, 1 BS 1958, Nr. 64, S. 3; BG Gera, Urteil vom 13.05.1958 - 1 BS 50/58 S I - 24/58, archiviert beim LG Gera, 1 BS 1958, Nr. 62, S. 4.
1320 BG Leipzig, Urteil vom 28.11.1957 - 1 b Ks 370/57, UaS III, 109.
1321 BG Halle, Urteil vom 11.07.1954 - 1 Ks 247/54 - I 236/54, UaS III, 110; BG Dresden, Urteil vom 15.07.1953 - 1a Ks 335/53, BStU FF/O.
1322 OG, Urteil vom 17.02.1953 - 1 b Ust 31/53, NJ 1953, 216.
1323 *Ledig*, NJ 1948, 188.
1324 BG Potsdam, Urteil vom 16.01.1956 - I Ks 336/55 - I 347/55, UaS III, 135.
1325 BG Dresden, Urteil vom 15.07.1953 - 1a Ks 335/53, BStU FF/O.

Zugute gehalten werden konnte dem Täter aber, wenn er deutlich machen konnte, dass er kein „Feind der DDR“[1326] war, sondern dass ihn ein zurückgebliebenes Bewusstsein oder eine fehlerhafte Einstellung zu der Tat hingerissen habe.[1327] Das ergab sich beispielsweise aus:

- der bis zur Tat einwandfreien Arbeit im Betrieb[1328],
- der Tatsache, dass es sich um einen jungen, unfertigen, leicht nachgebenden Menschen handelte[1329],
- der bisherigen guten gesellschaftlichen Arbeit, verbunden mit Auszeichnungen als Bestarbeiter oder Aktivist[1330],
- der Tatsache, dass es sich bei dem Fehlverhalten um eine einmalige Entgleisung im Verlaufe der bisher durchweg positiven gesellschaftlichen Entwicklung handelte[1331],
- der Tatsache, dass der Angeklagte sonst mit sehr viel Umsicht und mit großer Mühe versucht hatte, beim sozialistischen Aufbau nützlich zu sein[1332],
- den Bemühungen des Täters, Material einzusparen und materialeinsparende Methoden zu entwickeln, die Arbeitsproduktivität zu erhöhen und sich somit um den Wirtschaftsaufbau verdient zu machen[1333],
- der Tatsache, dass der Angeklagte sich nicht selbst an den Ausschreitungen beteiligt hatte[1334],

---

[1326] BG Gera, Urteil vom 10.04.1958 - 1 BS 31/58 I, archiviert beim LG Gera, 1 BS 1958, Nr. 38.
[1327] BG Gera, Urteil vom 15.02.1958 - 1 BS 12/58 I-11/58, archiviert im LG Gera, 1 BS 1958, Nr. 14.
[1328] BG Gera, Urteil vom 15.02.1958 - 1 BS 12/58 I-11/58, archiviert beim LG Gera, 1 BS 1958, Nr. 14; BG Gera, Urteil vom 10.04.1958 - 1 BS 31/58 I, archiviert beim LG Gera, 1 BS 1958, Nr. 38.
[1329] BG Erfurt, Urteil vom 01.09.1953 - III Ks 272/53.
[1330] *Lekschas/Renneberg*, NJ 1953, 762 (766).
[1331] *Lekschas/Renneberg*, NJ 1953, 762 (766).
[1332] AG Langensalza, Urteil vom 09.03.1950 - 4 Ms 12/50, NJ 1950, 224.
[1333] *Lange*, Die Anwendung des sowjetischen Strafrechts, in: *Königsteiner Kreis* (Hrsg.), Die Entwicklung des sowjetischen Strafrechts und sein Einfluß auf die Rechtsprechung, S. 52.
[1334] BG Dresden, Urteil vom 08.09.1953 - 1a Ks 336/53, BStU FF/O, S. 79.

- der Tatsache, dass der Täter die gestohlene Sache vor Entdeckung der Tat freiwillig zurückbrachte,
- der Selbstanzeige des Täters,[1335]
- dem Zurückbleiben seiner geistigen Reife und Entwicklung[1336],
- lediglich blindem Eifer, der zur Tatbestandsverwirklichung geführt hatte[1337],
- der Tatsache, dass der Angeklagte bisher regelmäßig gearbeitet und ab 1939 nicht mehr die feste väterliche Hand der Erziehung gehabt hatte[1338],
- einer gewissen Willensschwachheit, Sensationslust und Neugier im jugendlichen Alter, aufgrund dessen der Täter sich der Bedeutung der Dinge nicht bewusst war[1339],
- der Tatsache, dass der Täter bis zu seiner Tat auch an kritischen Tagen auf der richtigen Seite gestanden habe[1340],
- Anstrengungen des Täters zur Beseitigung und Wiedergutmachung schädlicher Auswirkungen sowie andere positive Leistungen, die die Schlussfolgerung rechtfertigten, dass er ernsthafte Lehren für ein künftig verantwortungsbewusstes Verhalten gezogen habe[1341],
- mehrfache Auszeichnungen[1342],
- der Organisation in verschiedenen gesellschaftlichen Einrichtungen[1343],
- der Tatsache, dass der Täter sich für die Probleme der Kampfgruppe stark interessierte und seinen Dienst dort regelmäßig und mit einem gewissen Eifer durchführte[1344],

---

[1335] Lehrbuch zum Strafrecht, 1957, S. 619.
[1336] BG Suhl, Urteil vom 18.01.1957 - 1 Ks 1/57, UaS III, 123.
[1337] *Lekschas/Renneberg*, NJ 1953, 762 (766).
[1338] BG Dresden, Urteil vom 14.07.1953 - 1a Ks 334/53, BStU FF/O.
[1339] KG Dresden, Urteil vom 17.06.1953 - VLDs 74/53, DAU 42/54 Bd. VI, S. 35.
[1340] BG Gera, Urteil vom 10.04.1958 - 1 BS 31/58 I, archiviert beim LG Gera, 1 BS 1958, Nr. 38.
[1341] OG, Urteil vom 24.01.1985 - 4 OSK 18/84, BStU FF/O.; AG Langensalza, Urteil vom 09.03.1950 - 4 Ms 12/50, NJ 1950, 224.
[1342] BG Gera, Urteil vom 15.02.1958 - 1 BS 12/58 I, archiviert beim LG Gera, 1 BS 1958, Nr. 14.
[1343] BG Gera, Urteil vom 11.06.1956 - 2 Ks 71/56, archiviert beim LG, 2,3 Ks 1954 - 1956 Nr. 7a.
[1344] BG Suhl, Urteil vom 18.01.1957 - 1 Ks 1/57, UaS III, 123.

- einem offenen Geständnis verbunden mit ernsthafter Reue[1345],
- der Tatsache, dass der Täter selbst den Weg zu den Sicherheitsorganen gefunden habe, um seine Tat anzuzeigen[1346],
- Vorliegen eines Schwachsinns, der gemäß § 51 II StGB zur Strafmilderung führte.[1347]

5. Das Verhältnis zwischen Art. 6 VerfDDR und den Straftatbeständen des StEG

Durch die Einführung des StEG wurde Art. 6 VerfDDR nicht hinfällig, sondern stand zu den Tatbeständen des StEG im Verhältnis der Gesetzeskonkurrenz. Eine Aufhebung des Art. 6 VerfDDR kam deswegen nicht in Betracht, weil unter Art. 6 VerfDDR jede denkbare gegen den Staat gerichtete Handlung subsumiert werden konnte, falls eine Strafbarkeitslücke im StEG entstehen sollte.[1348] *Lekschas* wies deshalb daraufhin, der Art 6 VerfDDR bleibe als Warnung für diejenigen bestehen, die fälschlicherweise glauben sollten, die volksdemokratische Staats- und Gesellschaftsordnung durch Ausklügelung neuer Formen verbrecherischer Anschläge ungestraft untergraben zu können.[1349] Auch *Melsheimer* betonte auf einer Arbeitstagung von Justizfunktionären 1958, das Strafrechtsergänzungsgesetz sei eine wertvolle und scharfe Waffe, um den Machenschaften der NATO und ihrer Geheimagenturen auf deutschem Boden mit noch mehr Erfolg entgegenzutreten, da das Gesetz einen entscheidenden Beitrag zu einem noch höheren sozialistischen Bewusstsein leisten könne und zu noch größerer Wachsamkeit und Kampfentschlossenheit gegen die Kriegstreiber führe.[1350]

[1345] BG Gera, Urteil vom 19.11.1951 - I StKs 25/51 (26/51), archiviert beim LG Gera, WKst u.a. 1948-1951, Nr. 97; BG Gera, Urteil vom 14.05.1958 - 1 BS 56/58 Str. I - 30/58, archiviert beim LG Gera, 1 BS 1958, Nr. 64.

[1346] BG Gera, Urteil vom 10.04.1958 - 1 BS 31/58 I, archiviert beim LG Gera, 1 BS 1958, Nr. 38.

[1347] BG Gera, Urteil vom 02.06.1958 - 1 BS 11/58 I, archiviert beim LG Gera, 1 BS 1958, Nr. 79.

[1348] Siehe dazu auch *Zürcher*, Strafrecht in der SBZ, S. 31.

[1349] *Lekschas*, NJ 1958, 82f.

[1350] *Melsheimer* NJ 1958, 41.

Dabei stellte das StEG das mildere Gesetz zu Art. 6 VerfDDR dar, da es grundsätzlich geringere Mindeststrafen vorsah. Art. 6 hatte einen Mindeststrafrahmen von einem Jahr Zuchthaus, während die §§ 16 ff. StEG lediglich Gefängnisstrafen androhten. Hinzu kommt, dass die obligatorischen Zusatzstrafen nach Art. 6 III VerfDDR für das StEG keine Geltung besaßen, lediglich die obligatorische (§13 StEG) bzw. fakultative (§§ 14, 21, 22, 23 StEG) Vermögenseinziehung konnte als Zusatzstrafe verhängt werden. Schließlich sei noch auf den § 24 StEG hingewiesen, der die Verhängung der Todesstrafe und der lebenslangen Zuchthausstrafe an wesentlich engere Kriterien knüpfte als der Art. 6 VerfDDR, der nur eine Verletzung des Art. 6 und den Eintritt der sich aus den allgemeinen Prinzipien der Strafzumessung ergebenden Bedingungen verlangte.[1351]

6. Die einzelnen Straftatbestände

a) 1. Gruppe: Verratstatbestände §§ 13-16 StEG

Die erste Gruppe umfasste die Verratstatbestände, weil die hiermit erfassten Verhaltensweisen darauf gerichtet waren, „den Feinden der Deutschen Demokratischen Republik Voraussetzungen und Anknüpfungspunkte für ihre Wühl- und Umsturztätigkeit in die Hand zu spielen“[1352].

aa) § 13 Staatsverrat

Wer es unternimmt,

1. *die verfassungsmäßige Staats- oder Gesellschaftsordnung der Deutschen Demokratischen Republik durch gewaltsamen Umsturz oder planmäßige Untergrabung zu beseitigen,*

[1351] Siehe dazu *Lekschas*, NJ 1958, 82 (84).
[1352] *Renneberg*, NJ 1958, 6 (8).

2. *mit Gewalt oder durch Drohung mit Gewalt die verfassungsmäßige Tätigkeit des Präsidenten der Republik, der Volkskammer oder eines ihrer Mitglieder unmöglich zu machen oder zu behindern,*
3. *das Gebiet der Deutschen Demokratischen Republik einem anderen Staat einzuverleiben oder einen Teil desselben von ihr loszulösen,*

wird wegen Staatsverrates mit Zuchthaus nicht unter fünf Jahren und Vermögenseinziehung bestraft.

Geschütztes Rechtsgut nach § 13 Nr. 1 war die „verfassungsmäßige Staats- oder Gesellschaftsordnung", weshalb der § 13 StEG auch als schwerste Angriffsform der Staatsverbrechen galt.[1353]

aaa) Angriffsgegenstand: „verfassungsmäßige Staats- oder Gesellschaftsordnung"

Als geschütztes Objekt galten alle politischen, wirtschaftlichen und ideologischen Machtverhältnisse, die sich zum einen aus dem Mechanismus der Arbeiter- und Bauernmacht und zum anderen aus der Klassenstruktur ergaben.[1354]

Zum Mechanismus und damit zur verfassungsmäßigen Staatsordnung gehörten alle zentralen und örtlichen Organe der Staatsmacht, wie z.B. die SED[1355], die Regierung, die Nationale Volksarmee[1356], das MfS[1357], die LPG[1358], MTS[1359] und entsprechend den historischen Bedingungen auch der Staatsaufbau, seine Struk-

[1353] *Renneberg*, NJ 1958, 6 (7).
[1354] *Stiller*, Die Staatsverbrechen, S. 66.
[1355] Die Sozialistische Einheitspartei Deutschlands als führende und lenkende Kraft, *Stiller*, Die Staatsverbrechen, S. 67.
[1356] *Stiller*, Die Staatsverbrechen, S. 67.
[1357] Ministerium für Staatssicherheit.
[1358] Landwirtschaftliche Produktionsgenossenschaft.
[1359] Maschinen- und Traktorenstation.

tur und seine Hauptprinzipien.[1360] Dabei wird deutlich, dass unter „verfassungsgemäß" die in der Verfassung festgeschriebenen wesentlichen Grundsätze zu verstehen sind. Dem widerspricht *Schmidthals*, indem sie darauf hinweist, dass der Verfassung bei ihrer Entstehung eine politische Zielsetzung zugrunde lag, die sich in keiner Weise mit der Verfassung selbst deckte. Sie verweist auf die verfassungsmäßig garantierten Grundrechte mit dem Hinweis, dass die Freiheit des Volkes erst dann verwirklicht werden könne, wenn die Institutionen, die dieser Freiheit entgegenstehen, beseitigt und die Menschen, die dahinter steckten, entmachtet würden. Damit werde offen zum Ausdruck gebracht, dass auf dem Wege der Schaffung der ökonomischen und politischen Zustände die Grundrechte dann nicht gelten könnten, wenn sie der Schaffung eben dieser Zustände hinderlich sein würden, woraus sich schließen lasse, dass das, was sich aufgrund der Verfassung als verfassungsmäßige Staats- und Gesellschaftsordnung darstelle, nach dem Willen des Zonengesetzgebers nicht Objekt des § 13 StEG sein könne.[1361]

Letzteres schließt aber nicht die Grundrechte als solche aus, sondern ist ein Beispiel für die Anwendung der dialektischen Betrachtungsweise, bei der es darauf ankam, die Handlung des Täters immer unter dem Gesichtspunkt der herrschenden Klassenkampfsituation zu betrachten. Die „verfassungsmäßige Gesellschaftsordnung" schützte darüber hinaus die politische Ordnung in ihrer Gesamtheit, so z.B. die Blockparteien, die demokratischen Organisationen, die ökonomischen Grundlagen der Gesellschaft, wie das Volks- und Genossenschaftseigentum, die Volkswirtschaftsplanung, und die in der Verfassung verankerten Grundrechte.[1362]

[1360] *Stiller*, Die Staatsverbrechen, S. 67.
[1361] Siehe *Schmidthals*, Die Neugestaltung des strafrechtlichen Staatsschutzes, S. 11.
[1362] *Stiller*, Die Staatsverbrechen, S. 67.

bbb) Begehungsweise „durch gewaltsamen Umsturz" oder „planmäßige Untergrabung"

Dieser Staatsverrat konnte nun in den Alternativen „durch gewaltsamen Umsturz" oder durch „planmäßige Untergrabung" begangen werden. Unter einem „gewaltsamen Umsturz" verstand man den Beginn der offenen Konterrevolution, d.h. wenn die Beseitigung der staatlichen Ordnung schon durch Gewaltanwendungen gegen Sachen oder Personen gekennzeichnet war bzw. wenn Voraussetzungen oder günstige Bedingungen für den gewaltsamen Umsturz geschaffen wurden (Unternehmensdelikt).[1363]

Das Tatbestandsmerkmal der „planmäßigen Untergrabung" wird, sofern als Vorstufe einer offenen Konterrevolution verwirklicht, vom Tatbestandsmerkmal des „gewaltsamen Umsturzes" mit umfasst. Ihm kam aber dann eine eigenständige Bedeutung zu, wenn es darum ging, dass Täter die ideologischen Grundfesten durch Verbreitung antisozialistischer Konzeptionen[1364] oder durch Werbung Gleichgesinnter zu unterwühlen begannen.[1365] Dieses Tatbestandsmerkmal trug dem Umstand Rechnung, dass die Form der Beseitigung bestehender Zustände nicht immer die der physischen Gewalt sein musste, sondern dass sich neuere Methoden auf den gewaltlosen Umsturz konzentrierten.

Verurteilungen nach § 13 Nr. 1 StEG spielten in der Praxis eine untergeordnete Rolle[1366], weil Angriffe auf einzelne grundlegende Verhältnisse der sozialistischen Ordnung zumeist durch die §§ 14-22 StEG abgedeckt waren, während beim § 13 StEG ein Angriff auf sämtliche Grundlagen der Arbeiter- und Bau-

---

[1363] *Stiller*, Die Staatsverbrechen, S. 68.

[1364] Dresdner Studentenprozeß, UaS IV, 107 ff.

[1365] *Stiller*, Die Staatsverbrechen, S. 69.

[1366] Vgl. *Reinwarth*, NJ 1959, 6. Das sieht auch *Rosenthal*, Das neue politische Strafrecht der DDR, S. 45, so, der neben dem *Harich*-Prozess noch zwei Verfahren gegen Studenten der Universität Jena und der TH Dresden nennt.

ernmacht und damit auf ihren Bestand überhaupt vorliegen sollte.[1367] Daher können lediglich die Prozesse gegen die „*Harich*-Gruppe“, der Dresdner Studentenprozess[1368] und der Prozess gegen *Loest* und seine Anhänger wegen des Vorwurfes der „Konterrevolutionären Gruppenbildung“ als Beispiel für eine Verurteilung wegen Staatsverrates herangezogen werden.[1369]

Harich, Herausgeber der „Deutschen Zeitschrift für Philosophie“, vertrat die Auffassung, dass ein besonderer deutscher Weg zum Sozialismus erforderlich sei. Er suchte Gleichgesinnte unter Schriftstellern[1370], Redakteuren, ausländischen Intellektuellen und Mitgliedern der SPD. Zu der sog. „*Harich*-Gruppe“ gehörten u.a. *Walter Janka*, Leiter des Aufbau-Verlages, *Gustav Just*, Redakteur des „Sonntag“, *Heinz Zöger*, Chefredakteur des „Sonntag“, und *Richard Wolf*, Journalist, die zugleich zu den aktiven Mitgliedern der „*Harich*-Gruppe“ zählten[1371].

Ende November 1956 legte *Harich* eine Konzeption[1372] unter dem Titel: „Über die Aufgaben der SED im Kampf für die Festigung ihrer Reihen, für die sozialistische Demokratisierung der DDR und für die friedliche Wiedervereinigung Deutschlands auf der Grundlage der Demokratie, des Sozialismus, der nationalen Souveränität und Unabhängigkeit und Freundschaft mit allen Völkern“ vor und

---

1367 *Stiller*, Die Staatsverbrechen, S. 63.

1368 Siehe UaS IV, 107 ff.

1369 Die Anklage in diesen Prozessen lautete zwar auf Verstoß gegen Art. 6 VerfDDR, weil zum Zeitpunkt der Verhandlung das neue StEG noch nicht galt. Da jedoch unter Art. 6 VerfDDR auch der Staatsverrat, der später in § 13 StEG seinen Ausdruck gefunden hat, fiel, sind das Beispiele, die an dieser Stelle zu erwähnen sind.

1370 Seit Anfang der 60er Jahre gewannen Schriftsteller mit kritischen Anmerkungen kulturpolitische Bedeutung. So wurde beispielsweise *Brigitte Reimann* zu einer engagierten und kritischen, jedoch den Aufbau des Sozialismus weiterhin bejahenden Schriftstellerin, siehe *Onnasch*, ApuZ 2000, Heft 13, 21. Die Regierung war stets bemüht, die Schriftsteller und andere Künstler für die Politik und die Idee des Sozialismus zu gewinnen, siehe ausführlicher *Ihme-Tuchel*, ApuZ 2000, Heft 13, 3.

1371 *Gieseke*, Die DDR-Staatsicherheit, S. 28.

1372 *Kowalczuk*, JHK 1997, 167 (176), Fn. 36.

erläuterte, wie er sich einen besonderen deutschen Weg zum Sozialismus vorstellte. In seinem Manuskript stellte er verschiedene Forderungen auf, so z.B.:

- die Beseitigung der führenden Rolle der SED,
- die weitgehende Zulassung und Verbreitung bürgerlicher Ideologien,
- die Auflösung der Nationalen Volksarmee,
- die Auflösung aller Organe des MfS,
- die Beschränkung der Wirtschaftsplanung auf ökonomische Schwerpunkte, Lizenzvergabe an westliche Unternehmer zur Errichtung kapitalistischer Betriebe,
- die weitgehende Beseitigung der Errungenschaften auf dem Land durch Auflösung der Staatsgüter, Auflösung der LPGen.[1373]

Damit, so stellte das Gericht später fest, propagierten *Harich* und seine Anhänger die weitgehende Beseitigung der sozialistischen Errungenschaften und eine völlige Veränderung der Führung der SED und der Regierung der DDR. Mit diesem verräterischen Verhalten hätten die Angeklagten die Grundlagen des Staates angegriffen und den Bestand des Staates gefährdet. Das Oberste Gericht warf *Harich* und den anderen insbesondere vor, dass sie sich zu einer Gruppe zusammengeschlossen hätten, deren Ziel es wäre, unter Anwendung konspirativer Methoden[1374] die durch die Verfassung geschützten gesellschaftlichen Verhältnisse in der DDR durch Drohung oder Gewalt zu verändern, die Errungenschaften des sozialistischen Aufbaus preiszugeben und den Sturz der Regierung zu erzwingen.[1375] Damit sei die Beseitigung aller demokratischen Errungenschaften angestrebt worden, was den Tatbestand des Staatsverrates erfülle. Im Unter-

---

[1373] Siehe OG, Urteil vom 09.03.1957 - 1 Zst (I) 1/57, NJ 1957, 166 (168).

[1374] Dazu gehörte, dass niemand in die Pläne der Gruppe neu eingeweiht werden sollte, ohne dass die übrigen Mitglieder davon Kenntnis erhielten und ihre Zustimmung gaben, und dass die Verbindung zwischen *Harich* und *Steinberger* nur über *Hertwig* aufrechterhalten werden sollte, siehe OG, Urteil vom 09.03.1957 - 1 Zst (I) 1/57, NJ 1957, 166 (168).

[1375] Siehe OG, Urteil vom 09.03.1957 - 1 Zst (I) 1/57, NJ 1957, 166 (168).

schied zum Aufstand aus dem Jahre 1953 war es nunmehr die „Intelligenz", die auf Veränderungen drängte, wie z.B. *Loest*, *Bloch*, *Janka*, *Havemann*, *Kofler* etc.[1376] Sie berief sich dabei auch auf *Marx* und *Engels*, die beispielsweise eine Vormachtstellung der Partei so nicht vorgesehen hatten.

Am 26.03.1957 wurde durch das Politbüro der SED ein Beschluss gefasst, wonach das Ministerium für Staatssicherheit beauftragt werden sollte, eine Analyse über die „*Harich*-Gruppe" zu erstellen. Diese wurde den Mitgliedern und Kandidaten des ZK der SED in Vorbereitung der 33. Tagung als „streng vertraulich" vorgelegt. Darin wird u.a. festgestellt, dass die ideologische Beeinflussung, die *Harich* in seiner staats- und parteifeindlichen Tätigkeit bestimmt haben soll, zum einen auf die imperialistischen Organe der Aufweichung und Zersetzung, wie die westliche Presse, die Rundfunksender, die Agentenzentrale „Ostbüro der SPD", und zum anderen auf die ideologischen Vertreter konterrevolutionärer Bestrebungen in einigen volksdemokratischen Ländern zurückzuführen sei.[1377]

Die Studenten aus Dresden, die sich zum „Nationalkommunistischen Studentenbund" zusammengeschlossen hatten, traten für ähnliche Ziele ein. Sie wollten:

- den Sturz der Regierung der DDR,
- Änderungen in der Führung der SED und die Beseitigung ihrer führenden Rolle,
- die Erteilung von Lizenzen für westdeutsche Betriebe,
- die Reprivatisierung kleinerer volkseigener Betriebe oder deren Umwandlung in Genossenschaften,
- die Auflösung der LPG und der MTS,

[1376] Siehe *Weber/Lange*, Funktion des Marxismus-Leninismus in: *Enquete-Kommission* (Hrsg.), Materialien der Enquete-Kommission „Aufarbeitung von Geschichte und Folgen der SED-Diktatur in Deutschland", Band III/3, S. 2050f.
[1377] *Kowalczuk*, JHK 1997, 167 (174).

- die Beschränkung der Wirtschaftsplanung auf die wichtigsten Dinge und eine wirtschaftliche Selbständigkeit der volkseigenen Betriebe,
- die Auflösung der Nationalen Volksarmee und des MfS,
- den Austritt aus dem Warschauer Pakt,[1378]
- Änderungen des Zulassungsverfahren der Hochschulen,
- die Einschränkung des Russisch-Unterrichtes,
- die Zulassung anderer Jugendgruppen neben der FDJ,
- einen freien Reiseverkehr nach Ost und West,[1379]
- die Verhinderung der weiteren Ausbreitung des Materialismus,
- die Auflösung des Sowjetischen Sicherheitsdienst (SSD) und die Bestrafung seiner Mitarbeiter.[1380]

Ihnen ging es in erster Linie um die Veränderung, weniger um die Beseitigung der sozialistischen Verhältnisse als solche, was ebenso als Staatsverrat galt. Die Tatsache, dass alle Angeklagten dem sozialistischen Weg gegenüber grundsätzlich nicht negativ eingestellt waren, konnte eine Verurteilung wegen Staatsverrates nicht verhindern.

ccc) Besondere Formen nach Nummer 2 und 3

Nach Nummer 2 sollte derjenige bestraft werden, der es unternehmen würde, mit Gewalt oder durch Drohung mit Gewalt die verfassungsmäßige Tätigkeit des Präsidenten, der Volkskammer, des Ministerrates oder ihrer Präsidien bzw. eines ihrer Mitglieder unmöglich zu machen oder zu behindern. Angriffsgegenstand war daher die verfassungsmäßige Tätigkeit dieser Gremien oder Funktionäre. Nach Nummer 3 war die territoriale Integrität der DDR strafrechtlich ge-

[1378] Siehe OG, Urteil vom 31.10.1958, o. Az., OGSt 4, 277 (281).
[1379] Siehe UaS IV, 107.
[1380] Siehe UaS IV, 108.

schützt.[1381] Die Bestrafung aus § 13 Nr. 2/3 StEG ist jedoch ohne praktische Bedeutung geblieben, so dass auf sie nicht weiter eingegangen werden muss.[1382]

ddd) Subjektive Seite und § 13 StEG als Unternehmensdelikt

Für die subjektive Seite galt, dass Vorsatz bezüglich aller objektiven Umstände vorgelegen haben musste, d.h. der Täter bewusst und gewollt die verfassungsmäßige Staats- oder Gesellschaftsordnung zu beseitigen versuchte. Beim Staatsverrat bestehe das unmittelbare Ziel in der Beseitigung wesentlicher sozialistischer Verhältnisse und demnach in der Liquidierung der bestehenden Ordnung, wobei die verbrecherischen Handlungen gerade zur Verwirklichung dieses Zieles begangen würden.[1383]

Eine Bestrafung aus § 13 StEG kam begrifflich dann in Betracht, wenn es jemand *unternahm*, die Staats- und Gesellschaftsordnung zu beseitigen, so dass es sich vorliegend um ein sog. Unternehmensdelikt handelte. Es erfasste jedes Verhalten des Täters, das auf die Verwirklichung der objektiven Seite des Verbrechens gerichtet war, d.h. jede Art von Vorbereitungshandlungen sowie den Versuch.[1384] Dieser strafrechtlich weite Anwendungsbereich sei deshalb notwendig, weil derartige Verbrechen schon im Keim erstickt werden müssten.[1385] Wäre § 13 StEG kein Unternehmensdelikt, müsste die Vollendung einen Erfolg der Konterrevolution voraussetzen, was objektiv unmöglich sei, weil die objektive Gesetzmäßigkeit eine erfolgreiche Konterrevolution nicht vorsehe.[1386] Es war daher nach

---

[1381] *Stiller*, Die Staatsverbrechen, S. 70.

[1382] Recherchen in verschiedenen Gerichtsbezirken haben keine Verurteilung nach § 13 StEG ergeben. So auch *Reinwarth*, NJ 1959, 6 (7), der einräumte, dass Verbrechen iSd. § 13 Nr. 2/3 StEG noch nicht bekannt geworden seien.

[1383] *Stiller*, Die Staatsverbrechen, S. 69.

[1384] *Erben/Löser*, NJ 1958, 202.

[1385] *Melsheimer*, NJ 1958, 41ff.

[1386] Die politisch-moralische Einheit des Volkes und die wachsende Stärke und Geschlossenheit des gesamten sozialistischen Weltlagers mache eine Verwirklichung dieser Ziele in der Epoche des

einer Entscheidung des Obersten Gerichts ausreichend, wenn der Täter eine konspirative Gruppe bildete und sich dazu der Methode der planmäßigen staatsgefährdenden Hetze bediente.[1387]

bb) § 14 Spionage

Wer es unternimmt, Tatsachen, Gegenstände, Forschungsergebnisse oder sonstige Nachrichten, die im politischen oder wirtschaftlichen Interesse oder zum Schutze der Deutschen Demokratischen Republik geheimzuhalten sind, an andere Staaten oder deren Vertreter, an Organisationen oder Gruppen, die einen Kampf gegen die Arbeiterklasse und Bauern-Macht oder andere friedliebende Völker führen, oder deren Vertreter oder Helfer auszuliefern oder zu verraten, wird wegen Spionage mit Zuchthaus nicht unter drei Jahren bestraft; auf Vermögenseinziehung kann erkannt werden.

Die „Spionage" galt als die gefährlichste Art der feindlichen Tätigkeit, die die äußere Sicherheit des Staates gefährdete und dessen besondere Gesellschaftsgefährlichkeit sich daraus ergab, dass durch derartige Handlungen andere Verbrechen vorbereitet oder ermöglicht würden.[1388] Es wurde ferner darauf hingewiesen, dass man sich von der Vorstellung lösen müsse, dass die Spionage nur auf die Auskundschaftung militärischer Objekte begrenzt sei. Sie schaffe vielmehr die Voraussetzungen für verschiedene Formen der Wühltätigkeit gegen die DDR. Die Spionage stelle daher eine spezielle Methode zur Erkundung, Feststellung und Übermittlung der nicht jedem Bürger zugänglichen Dinge dar.[1389] Die Spio-

---

Übergangs vom Kapitalismus zum Sozialismus für immer unmöglich, siehe *Stiller/Frenzel*, NJ 1961, 705 (707).

[1387] Siehe *Reinwarth*, NJ 1959, 6f.

[1388] *Erben/Löser*, NJ 1958, 202. Eine detaillierte Übersicht zur Rechtsprechung von § 14 StEG ist leider nicht möglich, weil nach Aussage der BStU der größte Teil der Akten und Urteile wegen tatsächlicher oder vermuteter Verbindungen zu Spionageorganisationen noch immer unter Verschluss gehalten wird.

[1389] *Stiller*, Die Staatsverbrechen, S. 71f.

nage diene der allseitigen und detaillierten Erkundung des politischen, ökonomischen und militärischen Potentials und der Erkundung der Zusammenarbeit der Verbündeten, der Auskundschaftung von Schwächen für Angriffsmöglichkeiten, die Voraussetzungen für die Durchführung weiterer Staatsverbrechen, Provokationen und Aggressionen sein könnten, der Aufspürung solcher Kräfte im Innern der DDR, die der Gegner für seine Feindtätigkeit ausnutzen und missbrauchen könne, der Feststellung der Wirksamkeit feindlicher Maßnahmen und der Möglichkeiten ihrer Forcierung.[1390]

aaa) Verbrechensobjekt: Staatsgeheimnis

Gegenstand eines Spionageverbrechens konnten nach dem Wortlaut des Gesetzes nur Tatsachen[1391], Gegenstände, Forschungsergebnisse oder sonstige Nachrichten sein, die geheim zu halten, d.h. Staatsgeheimnisse waren. Umstritten war nun, welcher Art diese Nachrichten sein mussten, um als „Staatsgeheimnis" zu gelten. Anerkannt war, dass nicht nur eine Nachricht, die als „geheime Verschlußsache" oder als „vertraulich" deklariert war, unter den Tatbestand des § 14 StEG fiel, sondern dass bereits ein Interesse des Staates an der Geheimhaltung bestimmter Informationen ausreichend sein sollte.[1392] Als „Nachrichten" wurden daher sämtliche Erscheinungen in Natur und Gesellschaft verstanden[1393], so dass Informationen aus Politik, Wirtschaft und Landesverteidigung sowie solche aus Forschung, Verkehr und Bildung unter den Schutz des § 14 StEG fallen konnten.

[1390] Lehrkommentar zum Strafgesetzbuch Bd. II 1969, § 97, S. 47.

[1391] Spionage begehe derjenige, der den Feinden ... bestimmte Tatsachen unterbreite, die ihrem Inhalt nach nicht den Feinden ausgeliefert werden dürfen, siehe BG Gera, Urteil vom 16.07.1958 - 1 BS 116/58 I - 127/58, archiviert beim LG Gera, 1 BS 1958, Nr. 115.

[1392] *Reinwarth* hielt daher die Bezeichnung „Staatsgeheimnis" für zu eng. Er wandte sich gegen diesen Begriff, weil eine Beschränkung des § 14 StEG auf bloße Staatsgeheimnisse im eigentlichen Sinn nicht der Intention des Gesetzgebers entspreche, da auch die Preisgabe von Tatsachen, an deren Geheimhaltung der Staat ein Interesse hätte, unter den Schutz des § 14 StEG gestellt sein würde, siehe *Reinwarth*, NJ 1959, 6 (8).

[1393] *Stiller*, Die Staatsverbrechen, S. 73.

Einer katalogmäßigen Festlegung standen nach Ansicht von *Reinwarth* die ständig in der Entwicklung befindliche Klassenkampfsituation, der Wechsel in Mitteln und Methoden der imperialistischen Agentenzentralen und die sich hieraus ergebende Notwendigkeit entgegen, die jeweils geeigneten Abwehrmaßnahmen zu ergreifen.[1394] Daher musste man Kriterien festlegen, anhand derer der Richter feststellen konnten, ob es sich um eine geheim zu haltende Nachricht iSd. § 14 StEG handelte; so waren z.B. die politische, militärische oder wirtschaftliche Bedeutung, der Grad der Zugänglichkeit für die Öffentlichkeit und die Möglichkeit, Rückschlüsse auf geheime Vorgänge zu ziehen, selbst wenn die Nachricht als solche nicht als „geheim" einzustufen war, zu berücksichtigen.[1395] Ähnlich wie bei Art. 6 VerfDDR gab es wegen der Unbestimmtheit Schwierigkeiten bei der Anwendung des § 14 StEG, so dass *Reinwarth* feststellte, es könne nicht übersehen werden, dass sich eine gewisse Tendenz bemerkbar mache, die auf eine unzulässige Ausweitung des Anwendungsbereichs des § 14 StEG hinauslaufe, weil Urteile z.T. überspitzte, mit dem wirklichen Leben nicht in Übereinstimmung stehende Auffassungen einiger Funktionäre über das staatliche Geheimhaltungsinteresse an bestimmten politischen und wirtschaftlichen Vorgängen erkennen ließen.[1396] Aufgrund der Schwierigkeiten, die Geheimhaltungsmerkmale positiv zu bestimmen, sollte eine negative Definition die Abgrenzung erleichtern. So sollten Tatsachen, die jeder beliebige Bürger wahrnehmen konnte, ohne dass er dabei besondere Hindernisse zu überwinden habe[1397], keine geheim zu haltenden Tatsachen sein, es sei denn, sie würden von einem angeworbenen Agenten systematisch mit dem Ziel erforscht, über an sich nicht geheim zu haltende Tatsachen an geheim zu haltende Vorgänge zu gelangen.[1398] So stellte das

---

[1394] *Reinwarth*, NJ 1959, 6 (8).
[1395] OG, Urteil vom 02.12.1958 - 1a Ust 246/58, NJ 1959, 64.
[1396] *Reinwarth*, NJ 1959, 6f.
[1397] Kenntnisse beispielsweise, die aus Abhandlungen, der Presse, aus Fachzeitschriften oder anderen offiziellen Dokumenten der Partei- und Staatsführung stammen, siehe *Reinwarth*, NJ 1959, 6 (9).
[1398] *Reinwarth*, NJ 1959, 6 (9).

Gericht in einem Fall fest, dass zwar Angaben zu Produktionsformen eines Volkseigenen Betriebes (VEB) allgemein bekannt seien und daher keine geheim zu haltenden Tatsachen darstellten, dies jedoch kein Grund sei, solche Tatsachen dem amerikanischen Geheimdienst zugänglich zu machen. Schon die Art und Weise der Ermittlungen beweise doch, dass es sich um einen Versuch handle, die Informationen des NATO-Kriegslagers durch wichtige Angaben über die Industrieproduktion zu ergänzen.[1399] Dies allein genüge, um allgemein bekannte Tatsachen als geheim zu halten einzustufen. Man müsse auch darauf achten, Einzelvorgänge nicht isoliert zu betrachten, da nur bei einer dialektischen Betrachtung[1400], z.B. das Problem der Sammlung zahlreicher Autokennzeichen der Nationalen Volksarmee (NVA), richtig beurteilt werden könne. Autokennzeichen würden zwar als solche keine geheim zu haltenden Tatsachen darstellen, aber dadurch, dass mit derartigen Informationen Rückschlüsse auf Truppenstärke, Standorte und Verteidigungskraft gezogen werden könnten, liege eine geheim zu haltende Tatsache vor.[1401] Auch die Weitergabe einzelner statistischer Erhebungen konnte einen Verrat darstellen.

In dieser Gesetzesauslegung zeige sich - so *Schmidthals* - das Bemühen, mit Hilfe strafrechtlicher Maßnahmen zu verhindern, dass Nachrichten über vorhandene wirtschaftliche Zwangslagen nach außen dringen und so der Glaube an die „sozialistischen Errungenschaften" zerstört werde.[1402] Allerdings ging es wohl nicht nur darum, den Glauben an die „sozialistischen Errungenschaften" aufrechtzuerhalten, sondern vor allem darum, den absoluten Machtanspruch der SED und damit auch die Diktatur des Proletariats als solche nicht in Frage zu

---

[1399] BG Suhl, Urteil vom 10.03.1958 - 1 BS 10/58, NJ 1958, 321.
[1400] Bei der Auslegung des Merkmales „Staatsgeheimnis" kam es entscheidend auf das Geheimhaltungsinteresse in Bezug auf den Klassenfeind und seine Absichten an, *Stiller*, Die Staatsverbrechen, S. 74.
[1401] *Stiller*, Die Staatsverbrechen, S. 75.
[1402] *Schmidthals*, Die Neugestaltung des strafrechtlichen Staatsschutzes, S. 32.

stellen. Außerdem wollte man den Schein nach außen wahren und demonstrieren, dass die DDR der „bessere“ deutsche Staat von beiden sei.

Als geheim zu haltende Tatsachen wurden beispielsweise gewertet: Informationen über Engpässe in der Materialzulieferung[1403], die Überbringung von Nachrichten an einen enteigneten Betriebsinhaber[1404], das regelmäßige Versenden von Betriebszeitungen[1405], Informationen über den Stand der Entwicklung der LPG und der Pflichtablieferungen der Bauern sowie über Preise landwirtschaftlicher Erzeugnisse[1406], Einzelheiten über den gesamten Produktionsablauf[1407], Berichte über Objekte der in der DDR stationierten sowjetischen Streitkräfte[1408], Informationen über die Zuteilung von Kleidungsstücken und Ausrüstungsgegenständen für die Kampfgruppen[1409], Angaben über Lage, Stärke, Struktur, Bewachung, den Standort des Hochstandes, die Anzahl und Beschaffenheit der Gebäude, Personal des Krankenreviers, die Lage des Schießstandes und des Atomgartens[1410], den Kraftfahrzeugbestand und Einzelheiten der durchgeführten Einweisungslehrgänge der Grenzbereitschaft Hildburghausen[1411], Angaben zur Anzahl der Grenzstreifen, Signalgeräte, Verlauf der Postenbereiche und Ablösezeiten, Methoden zur Auslösung von Alarm bei Grenzzwischenfällen,[1412] Angaben über Militärflugplätze, über Unterkünfte, Stärke und Bewaffnung sowie Truppentransporte der Nationalen Volksarmee und der Sowjetarmee[1413], Angaben über Truppenbewe-

---

1403 BG Potsdam, Urteil vom 17.03.1958 - I BS 12/58, NJ 1958, 356.
1404 *Kühling*, NJ 1958, 9.
1405 *Erben/Löser*, NJ 1958, 204.
1406 OG, Urteil vom 14.01.1960 - 1a Ust 146/59, NJ 1960, 145.
1407 BG Potsdam, Urteil vom 17.03.1958 - I BS 12/58, NJ 1958, 356.
1408 BG Schwerin, Urteil vom 27.02.1958 - 1 BS 6/58, NJ 1958, 247.
1409 BG Potsdam, Urteil vom 17.03.1958 - I BS 12/58, NJ 1958, 356.
1410 Eine Begriffserklärung kann leider nicht gegeben werden.
1411 BG Gera, Urteil vom 12.08.1958 - 1 BS 138/58, archiviert beim LG Gera, 1 BS 1958, Nr. 142.
1412 BG Gera, Urteil vom 13.05.1958 - 1 BS 50/58, archiviert beim LG Gera, 1 BS 1958 Nr. 62.
1413 BG Erfurt, Urteil vom 02.05.58 - I BS 44/58, NJ 1958, 574f.

gungen oder Übungen auf Truppenübungsplätzen[1414], Maßnahmen der Grenzsicherung sowie das Grenzmeldenetz, Ausrüstung, Besoldung und Verpflegung der Grenzposten[1415], Konstruktionszeichnungen[1416], Angaben über den Zustand von Straßen und die Tragfähigkeit von Brücken[1417], Skizzen bzw. Fotografien von Fahrzeug-, Geschütz- und Panzertypen[1418], Angaben über die Funkausbildung der Volkspolizei[1419], allgemeine Angaben zur Arbeit bei der Volkspolizei[1420], Informationen über das Transportwesen der Deutschen Reichsbahn[1421], Informationen über Namen und Anschriften von Mitarbeitern der Organe der Staatssicherheit[1422] bzw. darüber hinausgehende Charakteristika von Funktionären[1423], konkrete Angaben über die Produktion in der SDAG Wismut durch einen Sicherheitsinspektor[1424] oder Einblicke in die Finanzpläne und Exportpläne[1425], Angaben über den Stand der Unfallziffern, Angaben von Namen und Charakterisierung leitender Wirtschaftsfunktionäre, Erklärungen über den Zweck baulicher

---

[1414] BG Gera, Urteilt vom 03.06.1958 - 1 BS 67 a/58 I, archiviert beim LG Gera, 1 BS 1958, Nr. 80.
[1415] BG Gera, Urteil vom 12.08.1958 - 1 BS 138/58, archiviert beim LG Gera, 1 BS 1958, Nr. 142.
[1416] *Stiller*, Die Staatsverbrechen, S. 73.
[1417] OG, Urteil vom 13.06.1955 - I Zst (I) 3/55, NJ 1955, 394ff.
[1418] *Kühlig*, NJ 1956, 428 (430); das OG, Urteil vom 09.01.1958 - 1a Ust 116/57, NJ 1958, 67, sprach von der Geheimhaltung aller Dinge, die mit der Verteidigungskraft zusammenhingen.
[1419] BG Suhl, Urteil vom 10.03.1958 - I BS 10/58, NJ 1958, 321.
[1420] BG Gera, Urteil vom 16.07.1958 - 1 BS 116/58 I-127/58, archiviert beim LG Gera, 1 BS 1958, Nr. 115, S. 3. Bei diesem Urteil fällt zusätzlich auf, dass die ausgesprochene Strafe (3 Jahre und 6 Monate Zuchthaus) zu Urteilen des gleichen Gerichts unverhältnismäßig hoch erscheint. Die Verurteilung zur Mindeststrafe scheint angebrachter. Ursache könnten die, für das Urteil eigentlich nicht einschlägigen, Verurteilungen des Angeklagten wegen verschiedener Vermögensdelikte sein, die er jedoch während des Aufenthalts in Westdeutschland erhalten hatte. Zudem scheint das Abstreiten der Vorstrafen und neueren Tatvorwürfe zu einer Erhöhung des Strafmaßes geführt zu haben („Bei dem Angeklagten handelt es sich um einen notorischen Lügner.", „Erst an Hand des ihm vorgelegten Strafregisterauszuges bequemte er sich zu einem dementsprechenden Eingeständnis.", S. 3). Ein weiterer Grund könnte sich aus folgender Passage ergeben: „Wie tief der Angeklagte bereits gesunken ist, zeigt die Tatsache, daß er bedenkenlos bereit war, die Uniform der Deutschen Volkspolizei, das Ehrenkleid unserer Arbeiter- und Bauernmacht, als Arbeitsanzug in Westdeutschland zu verwenden." (S. 4).
[1421] Das BG Erfurt, Urteil vom 02.05.1958 - I BS 44/58, NJ 1958, 574 (577) verwies dabei auf die VO über die Pflichten und Rechte der Eisenbahner in der DDR vom 18.10.1956.
[1422] BG Potsdam, Urteil vom 31.03.1958 - Bs 22/58, NJ 1958, 322.
[1423] *Stiller*, Die Staatsverbrechen, S. 73.
[1424] BG Karl-Marx-Stadt, Urteil vom 06.02.1958 - 4 Bs 4/58, NJ 1958, S. 176.
[1425] OG, Urteil vom 25./26.07.1952 - 1 Zst (I) 10/52, NJ 1952, 490.

Anlagen[1426], Angaben über die Produktion eines volkseigenen Betriebes (VEB Simson Suhl) und die Lage der einzelnen Produktionsstätten[1427] bzw. neuartige Produktionsverfahren[1428], sowie Aussagen über eine Verhandlung in Strafsachen, die unter Ausschluss der Öffentlichkeit geführt wurde, insbesondere Angaben über den Termin der Hauptverhandlung, den Angeklagten, den leitenden Staatsanwalt, das Strafmaß, die Haftanstalt und das Aktenzeichen[1429].

bbb) Begehungsweise

Geheimnisse konnten mündlich, schriftlich[1430], durch technische Aufzeichnungen, Darstellungen, Bilder, Gegenstände festgehalten oder übermittelt werden.[1431] So umfasste der Tatbestand schon das bloße Sammeln von Informationen zum Zwecke des Ausliefern oder Verratens sowie das Ausliefern oder Verraten selbst, aber auch das sich Anwerbenlassen.[1432]

ccc) Nachrichtenempfänger

Die geheim zu haltenden Nachrichten musste der Täter nun an die in § 14 StEG aufgeführten Stellen übermitteln[1433], wobei dem Tatbestandsmerkmal „Organisationen oder Gruppen" die größte Bedeutung zukam. Als feindliche Organisationen galten beispielsweise: das „Ostbüro der CDU"[1434], das „Ostbüro der SPD"[1435],

---

[1426] BG Karl-Marx-Stadt, Urteil vom 06.02.1958 - 4 Bs 4/58, NJ 1958, S. 176.
[1427] BG Suhl, Urteil vom 10.03.1958 - 1 BS 10/58, NJ 1958, S. 321.
[1428] OG, Urteil vom 25./26.07.1952 - 1 Zst (I) 10/52, NJ 1952, 490.
[1429] OG, Urteil vom 20.05.1959 - 1b Ust 47/58, NJ 1959, 63; eb. Anklageschrift der StA Chemnitz vom 30.03.1953, Chemnitz AU 145/53 Bd. I, S. 382.
[1430] OG, Urteil vom 28.02. 1958 - 1b Ust 8/58, NJ 1958, S. 248f.
[1431] Lehrkommentar zum Strafgesetzbuch Bd. II 1969, § 97, S. 269.
[1432] Lehrkommentar zum Strafgesetzbuch, 1969, S. 51.
[1433] Für die „Übermittlung" sah der Tatbestand die Alternativen der Auslieferung und des Verrats vor.
[1434] OG, Urteil vom 11.07.1958 - 1b Zst 18/58, NJ 1958, S. 574f.; das CDU-Ostbüro entstand im Zusammenhang mit der Verfolgung der Gesinnungsgenossen in der SBZ/DDR sowie der Gleichschaltung und diente der illegalen Parteiarbeit, *Fricke/Engelmann*, „Konzentrierte Schläge", S. 77.
[1435] BG Karl-Marx-Stadt, Urteil vom 06.02.1958 - 4 Bs 4/58, NJ 1958, 176; das Ostbüro der SPD hatte zunächst die Aufgabe, die aus der SBZ geflohenen Sozialdemokraten zu betreuen und Kontakte zu Genossen herzustellen, die sich der Zwangsvereinigung und dem politischen Anpassungsdruck

die „Vereinigung politischer Ostflüchtlinge“[1436], allgemein „amerikanische Spionageagenturen“[1437], der „französische Geheimdienst“[1438], der „englische Geheimdienst“[1439], „die Spionageorganisation NTS“[1440], „westdeutsche Spionagedienststellen“[1441], der „amerikanische Geheimdienst CIC“[1442], der „amerikanische Geheimdienst CIA“[1443], die „amerikanischen Geheimdienste MID, MIS, OSI, AIS“, das „Amt für Verfassungsschutz“, das „Bundesministerium für gesamtdeutsche Fragen“[1444], „Einrichtungen innerhalb der sog. Ostforschung“[1445], „Sichtungsstellen in Aufnahmelagern“[1446], die „Referate für gesamtdeutsche Studentenfragen“[1447], die „Deutsche Gesellschaft für Sozialbeziehungen“[1448], die „Vereinigung der Opfer des Stalinismus (VOP)“[1449], die „Organisation ‚Gehlen‘“[1450], die

---

widersetzten. Außerdem war es Anlauf- und Koordinationsstelle für Aktivitäten, die zum Teil die Qualität einer illegalen sozialdemokratischen Parteiarbeit hatten: zum Zwecke der Nachrichtenbeschaffung und Verteilung von Propagandamaterial wurden verdeckte Kurier- und V- Leute eingesetzt, siehe *Fricke/Engelmann*, „Konzentrierte Schläge“, S. 72.

1436 OG, Urteil vom 11.07.1958 - 1b Zst 18/58, NJ 1958, S. 574f.

1437 OG, Urteil vom 13.05.1958 - 1a Ust 27/58, NJ 1958, 539; BG Potsdam, Urteil vom 17.03.1958 - I BS 12/58, NJ 1958, 356.

1438 OG, Urteil vom 20.05.1958 - 1b Ust 47/58, NJ 1959, 63; OG, Urteil vom 16.08.1961 - 1 Zst (I) 3/61, NJ 1961, 593.

1439 OG, Urteil vom 16.08.1961 - 1 Zst (I) 3/61, NJ 1961, 593.

1440 BG Frankfurt (Oder), Urteil vom 12.04.1958 - I Bs 33/58, NJ 1958, 323.

1441 BG Potsdam, Urteil vom 17.03.1958 - I BS 12/58, NJ 1958, 356, insbesondere der Bundesnachrichtendienst und das Bundesamt für Verfassungsschutz, siehe OG, Urteil vom 16.08.1961 - 1 Zst (I) 3/61, NJ 1961, 593f.

1442 OG, Urteil vom 05.03.1958 - 1a Ust 10/58, NJ 2958, 247.

1443 OG, Urteil vom 16.08.1961 - 1 Zst (I) 3/61, NJ 1961, 593 (596).

1444 *Stiller*, Die Staatsverbrechen, S. 27.

1445 Lehrkommentar zum Strafgesetzbuch, 1969, S. 50.

1446 Lehrkommentar zum Strafgesetzbuch, 1969, S. 51.

1447 *Stiller*, Die Staatsverbrechen, S. 27.

1448 Lehrkommentar zum Strafgesetzbuch, 1969, S. 51.

1449 BG Schwerin, Urteil vom 27.02.1958 - 1 BS 6/58, NJ 1958, 247.

1450 *Benjamin* (Hrsg.), Zur Geschichte der Rechtspflege der DDR 1949-1961, S. 295f.; die Organisation „Gehlen“ war eine mit Wissen und Unterstützung des amerikanischen Geheimdienstes geführte nachrichtendienstliche Einrichtung. Der Leiter, *Reinhard Gehlen*, früherer Chef der 12. Abteilung „Fremde Heere Ost“ im Generalstab des Heeres, war zunächst in amerikanische Gefangenschaft gekommen und war nach dem Angebot, seinen eingespielten, organisatorisch und materialtechnisch nahezu unversehrten nachrichtendienstlichen Apparat im Kampf gegen die Sowjets einzusetzen, freigelassen worden. Vom Taunus aus wurden Filialen, u.a. in Westberlin, gegründet, die die militärische Aufklärung in der Sowjetunion und in den von ihr besetzten Gebieten bezweckte. Mit Wirkung vom 01.04.1956 wurde die Organisation „Gehlen“ als Bundesnachrichtendienst in die Zuständigkeit des Bundes übergeben, siehe *Fricke/Engelmann*, „Konzentrierte Schläge“, S. 68 ff.

„Kampfgruppe gegen Unmenschlichkeit (KgU)“[1451], die „Agentenzentrale UfJ“[1452], der „Internationale Bund freier Gewerkschaften“ (IBFG)[1453], der „RIAS“ und der „SFB“[1454].

Im Hinblick auf andere Empfänger war wegen der Spaltung Deutschlands und der Existenz Westberlins zu beachten, dass nicht nur fremde Staaten von § 14 StEG mitumfasst waren, sondern sich die Vorschrift vielmehr auf alle Organisationen und Gruppen erstreckte, die eine feindliche Tätigkeit betrieben, so z.B. auch enteignete Großkapitalisten und Großgrundbesitzer, republikflüchtige Unternehmer, die mit Mitteln der Spionage eine Rückgewinnung ihrer Positionen anstrebten.[1455]

ddd) Unternehmensdelikt

§ 14 StEG galt - ebenso wie § 13 StEG - als Unternehmensdelikt, was demnach Handlungen bereits in der Vorbereitungsphase unter Strafe stellte, ohne dass der Täter die Schwelle des Versuches überschritten haben musste. *Lek-*

1451 BG Schwerin, Urteil vom 27.02.1958 - 1 BS 6/58, NJ 1958, 247; OG, Urteil vom 21.11.1958 - 1b Ust 230/58, NJ 1959, 140; die „KgU“, durch den amerikanischen CIC finanziell großzügig unterstützt, war eine zunächst stark karitativ ausgerichtete Organisation, die jedoch schon damals wegen ihrer intensiven geheimdienstlichen Verbindungen sowie wegen ihrer militanten Aktionsforen nicht unumstritten war. Sie verfolgte in den frühen 50er Jahren eine Strategie der massiven Destabilisierung der SED-Diktatur, wobei sie dabei nicht vor Brand- und Sprengstoffanschlägen zurückschreckte. Der Aufbau eines Untergrundnetzes schlug jedoch wegen der Übermacht der „Gegner“ fehl. Später begann sie im Zuge der Befragungen von Flüchtlingen, Kontaktleuten und Besuchern eine umfangreiche Kartei anzulegen und die Namen vermeintlicher Angehöriger der Unterdrückungsorgane über den RIAS bekannt zu geben oder Drohbriefe an Funktionäre zu verschicken, Stinkbomben in politischen Versammlungen zu zünden oder Reifen zu zerstechen, siehe *Fricke/Engelmann*, „Konzentrierte Schläge“, S. 81 ff.

1452 „Untersuchungsausschuß freiheitlicher Juristen“, siehe OG, Urteil vom 16.01.1959 - 1a Ust 288/58, NJ 1959, 139; der UfJ, gegründet in der SBZ und später nach Westberlin verlegt, hatte sich zur Aufgabe gemacht, Informationen und Dokumente aus Justiz und Verwaltung der DDR zu beschaffen, um sie auf ihre Rechtmäßigkeit zu untersuchen, gegebenenfalls Ermittlungs- und Strafverfahren gegen Personen vorzubereiten, die sich der Willkür schuldig gemacht hatten, Flugblätter zu drucken und zu verteilen etc., *Fricke/Engelmann*, „Konzentrierte Schläge“, S. 90f.

1453 *Stiller*, Die Staatsverbrechen, S. 24.

1454 *Stiller*, Die Staatsverbrechen, S. 27.

1455 *Renneberg*, NJ 1958, 6 (9).

schas/Stiller/Frenzel betonen, dass bei einem Unternehmen alle Handlungen bestraft werden müssen, die die Durchführung der Tat vorbereiten, organisieren oder unterstützen sowie auch derjenige zu bestrafen sei, der dem Täter nach der Tatausführung vorher zugesagten Beistand leiste.[1456] Mit umfasst von § 14 StEG war daher nicht nur die Sammlung und Übermittlung von geheimen Nachrichten, sondern auch - entgegen dem Wortlaut - die Mitwirkung am Aufbau und die Aufrechterhaltung einer sog. Spionageorganisation, z.B. durch das Anwerben von Bürgern zum Zwecke der Sammlung geheimer Informationen, da die von den imperialistischen Staaten betriebene Spionage grundsätzlich eine Teilung der Aufgabengebiete der in der Organisation tätigen Agenten voraussetze[1457] und eine andere Auffassung zum Ergebnis führen müsse, dass die Organisatoren nicht als Täter, sondern als bloße Anstifter zu bestrafen seien, was zu unhaltbaren Strafbarkeitslücken führen würde.[1458] Das Sich-einbauen-Lassen in den Apparat einer Spionageagentur und die Bereitschaft, für sie andere Personen anzuwerben, schaffe nicht nur die objektiven Voraussetzungen für weitere Spionagehandlungen, sondern schließe das Bewusstsein des Täters mit ein, dass die Angeworbenen geheim zu haltende Nachrichten beschaffen und weitergeben. Für eine Strafbarkeit komme es daher nur darauf an, dass der Täter sich an Personen heranmache, um sie zu einer Mitarbeit bei seinem Auftraggeber zu gewinnen, gleichgültig, ob diese Personen schon geheim zu haltende Tatsachen in Erfahrung bringen konnten.[1459] In Anbetracht der erheblichen Gesellschaftsgefährlichkeit der Spionage war der Tatbestand so ausgestaltet, dass bereits jedes objektive Verhalten als vollendetes Verbrechen zu behandeln war, welches Voraussetzung oder günstige Bedingungen für die Verwirklichung des im Tatbestand gekennzeichneten

---

[1456] Siehe *Lekschas/Stiller/Frenzel*, NJ 1961, 705 (707).
[1457] OG, Urteil vom 05.03.1958 - 1a Ust 10/58, NJ 1958, 247.
[1458] BG Schwerin, Urteil vom 27.02.1958 - 1 BS 6/58, NJ 1958, 248.
[1459] *Erben/Löser*, NJ 1958, 202f.

verbrecherischen Endzwecks schaffte.[1460] Das hatte konsequenterweise zur Folge, dass bereits bei geringerem Handlungsunrecht die Mindeststrafe von drei Jahren verhängt werden musste.

Ein Beispiel dafür gibt ein Urteil des LG Gera, bei dem ein Angeklagter, ein Funktionär des FDGB, zur Mindeststrafe verurteilt wurde, weil er sich in einer Westberliner Gaststätte als Vertrauensmann für den „Bundesabwehrdienst“ hatte „anwerben“ lassen. Eine weitere Kontaktaufnahme kam jedoch nicht mehr zustande, weil der Angeklagte nach einem Anruf sofort die Sicherheitsorgane der DDR informierte. Der Angeklagte hatte sich eigentlich so verhalten, wie es sich die Staatsorgane der DDR nur hätten wünschen können. Doch die sofortige Mitteilung gegenüber den Sicherheitsorganen bewahrte den Angeklagten nicht vor einer Verurteilung. Die Frage, welches straffreie Alternativverhalten der Funktionär hätte haben können, stellte sich das Gericht nicht. Aus der Urteilsbegründung ist allerdings ersichtlich, dass das Gericht[1461] sehr bemüht war, die ungerechtfertigt ausgesprochene Mindeststrafe zu rechtfertigen:

> „*Wenn auch bei diesem Angeklagten seine bisherige gesellschaftliche Entwicklung, seine Funktion und das Vertrauen, das ihm von unserem Arbeiter- und Bauernstaat entgegengebracht wurde, nicht unerheblich ins Gewicht fällt, so ist der Senat doch der Überzeugung, daß hier die gesetzliche Mindeststrafe ausreicht, um der Gesellschaftsgefährlichkeit der Tat gerecht zu werden und den Angeklagten zu einem ordentlichen Mitglied der Gesellschaft zu erziehen. Der Angeklagte ist kein Feind unserer Arbeiter- und Bauernmacht. Er hat allerdings das Wissen, das ihm auf der Schule vermittelt wurde, wohl mit dem Verstand, aber noch nicht mit dem*

[1460] Siehe auch Lehrbuch, Strafrecht, 1957, S. 418, Ziffer 3.

[1461] LG Gera, Urteil vom 10.04.1958 - 1 BS 31/58 I, archiviert beim LG Gera, 1 BS 1958, Nr. 38.

Herzen, begriffen. Wenn er auch in der Vergangenheit eine positive Arbeit in der Republik geleistet und auch an kritischen Tagen auf der richtigen Seite gestanden hat, so zeigt doch sein ganzes Verhalten, daß er noch nicht die klare Einstellung zu unserem Staat bezogen hat, die man von ihm als führendem Funktionär erwarten mußte....Obwohl der Angeklagte sich als Agent anwerben ließ, ist er nicht gegen unsere Republik tätig geworden, sondern hat den ersten Anruf, der unter dem vereinbarten Kennbuchstaben erfolgte, den Sicherheitsorganen sofort angezeigt. Dies ist umso mehr anzuerkennen, als der Angeklagte ja wußte, daß er sich mit seinem Verhalten selbst strafbar gemacht hatte. Da der Angeklagte nicht als Spion tätig geworden ist und weil er selbst den Weg zu unseren Sicherheitsorganen gefunden hat, ist der Senat der Überzeugung, daß die gesetzliche Mindeststrafe für den Angeklagten ausreichend ist.“

cc) § 15 Sammlung von Nachrichten

Wer Nachrichten, die geeignet sind, die gegen die Arbeiter- und Bauern-Macht oder andere friedliebende Völker gerichtete Tätigkeit der in § 14 genannten Stellen oder Personen zu unterstützen, für sie sammelt oder ihnen übermittelt, wird mit Zuchthaus bis zu zehn Jahren bestraft.

§ 15 StEG erfasste im Gegensatz zu § 14 StEG alle Fälle, bei denen es sich bei den gesammelten Nachrichten nicht um Staatsgeheimnisse handelte[1462], was beispielsweise bei erlogenen Nachrichten oder bei Tatsachen und Vorgängen gegeben war, die der Allgemeinheit oder einem großen, zahlenmäßig und individuell

[1462] Unverständlich diesbezüglich das Urteil des BG Gera, Urteil vom 02.06.1958 - 1 BS 11/58 I-9/58, archiviert beim LG Gera, 1 BS 1958 Nr. 79, das Angaben zur Stärke und Lage einer Grenzpolizeieinheit nicht als geheim zu haltende Tatsache einstufte. Eine Begründung für die Annahme des § 15 StEG bzw. für das Nichtvorliegen des § 14 StEG gibt das Gericht nicht, siehe S. 4.

nicht genau bestimmbaren Personenkreis bekannt waren.[1463] Im Gegensatz zu § 14 StEG musste die Nachricht bei § 15 StEG nicht wahr sein. Aus dem Wortlaut des § 14 StEG ergibt sich zwar nicht, dass es sich um eine wahre Information handeln muss. Das lässt sich aber m.E. daraus schließen, dass an unwahren Informationen kein *Geheimhaltungs*interesse des Staates bestehen konnte.

Schwierigkeiten ergaben sich bei der Anwendung des § 15 StEG im Verhältnis zu §§ 19, 20 StEG, da die Verbreitung erlogener Nachrichten oftmals die strafrechtliche Verantwortlichkeit wegen staatsgefährdender Propaganda und Hetze nach sich ziehen konnte.[1464] Da § 15 StEG kein Unternehmensdelikt war, kam eine Strafbarkeit nur bei Vollendung und Versuch in Betracht. Die Vorbereitung dieses Verbrechens war demnach nicht strafbar, konnte aber nach §§ 14, 16 StEG bestraft werden, wenn die Vorbereitung gerade in der Verbindungsaufnahme zu bestimmten Stellen bestand. Als Begehungsweise stellte § 15 StEG das Sammeln und Übermitteln geschützter Nachrichten unter Strafe. Das Sammeln bestand vor allem im Zusammentragen von Informationen durch eigene Wahrnehmung, durch Einblickverschaffen, durch Auskundschaften oder durch Abschöpfen, wobei unerheblich war, in welcher Weise die zusammengetragenen Informationen gesammelt wurden.[1465]

Eine Sammlung von Nachrichten gemäß § 15 StEG lag nach Ansicht der Gerichte in folgenden Fällen vor: Angaben über die Stimmung in der Belegschaft, über den Besuch der Mitgliederversammlung der Parteigruppe, über das Verhältnis von Vorgesetzten und Arbeitern, über die Meinung der Arbeiter zu den beste-

---

1463 *Renneberg*, NJ 1958, 6 (9).

1464 Siehe OG, Urteil vom 16.05.1958 - 2 Zst III 26/58, NJ 1958, 492.

1465 So können sie z.B. aufgezeichnet, gedanklich oder auf andere Weise gespeichert werden, Lehrkommentar zum Strafgesetzbuch, 1969, S. 270.

henden Arbeitsnormen[1466], Angaben über die Einwohnerzahl einer Gemeinde und die Namen von Funktionären[1467], Mitteilungen über den Fundort von SPD-Propaganda-Ballons[1468], Angaben über die ungefähre Zahl der Lehrkräfte einer Pädagogischen Hochschule, Übergabe von Schmierzetteln, auf denen Gemüsebestellungen einzelner Verkaufsstellen notiert waren,[1469] eben alles, woran der Gegner interessiert sein könnte[1470]. Dabei brauchte es sich nicht um die Verschaffung neuer Kenntnisse zu handeln, sondern es genügte die Bestätigung schon vorhandenen Wissens. Als Nachrichten im Sinne dieser Vorschrift zählten aber auch in Verbindung mit richtigen oder teilweise richtigen Informationen vorgenommene bewusste Falschmeldungen, da auch sie geeignet schienen, wirtschaftsschädigende Maßnahmen mit Hilfe der im Tatbestand genannten Stellen oder Personen hervorzurufen.

dd) § 16 Verbindung zu verbrecherischen Organisationen oder Dienststellen

Wer zu den in § 14 genannten Stellen oder Personen in Kenntnis ihrer gegen die Arbeiter- und Bauernmacht oder andere friedliebende Völker gerichteten Tätigkeit in Verbindung tritt, wird mit Gefängnis bis zu drei Jahren bestraft.

<u>aaa) Objektiver Tatbestand</u>

§ 16 StEG stellte einen Auffangtatbestand[1471] zu §§ 14 und 15 StEG dar, der unter Strafe stellte, dass der Täter zu den in § 14 StEG genannten Stellen oder Perso-

---

1466 BG Karl-Marx-Stadt, Urteil vom 06.02.1958 - 4 Bs 4/58, NJ 1958, S. 177.
1467 OG, Urteil vom 27.02.1959 - 1b Ust 30/59, NJ 1959, 279.
1468 OG, Urteil vom 19.03.1958 - o. Az., *Lieser*, Sowjetzonales Strafrecht, S. 28.
1469 OG, Urteil vom 16.01.1959 - 1a Ust 288/58, NJ 1959, 139.
1470 *Stiller*, Die Staatsverbrechen, S. 78; Unverständlich ist aber die Verurteilung des BG Gera, Urteil vom 03.06.1958 - 1 BS 67 a/58 I - 21/58, archiviert beim LG Gera, 1 BS 1958, Nr. 80, S. 3f, nach § 15 StEG für die Angaben eines Angeklagten über die Lage einer Grenzpolizeieinheit und der ungefähren Stärke. Hier hätten andere Gerichte sicher auf eine Verurteilung nach § 14 StEG erkannt. Eine Begründung, warum es sich bei diesen Angaben nicht um Spionage handeln sollte, fehlt.
1471 *Stiller/Benjamin*, NJ 1958, 189 (191) nennen es „Hilfstatbestand“.

nen Kontakt aufgenommen hatte, ohne dass dabei von ihm die Auslieferung oder der Verrat von Staatsgeheimnissen unternommen wurde. Zur Begründung wurde ausgeführt, dass die Erfahrungen gezeigt hätten, dass schon durch solche Handlungen, mit denen der Täter sich oder andere an feindliche Agenturen ausliefere, ein erster Schritt zu größeren Verbrechen gegen den Staat getan sei und damit eine ernste Gefahr für die volksdemokratische Ordnung bestünde.[1472] Die Forderung nach der Strafbarkeit einer solchen Verbindungsaufnahme wurde bereits 1956 durch *Kühlig*[1473] erhoben, da Art. 6 der Verfassung dies nicht unter Strafe gestellt hatte.

Die Verbindungsaufnahme konnte mündlich oder schriftlich erfolgen, wobei nicht erforderlich war, dass die Initiative vom DDR-Bürger ausging, sondern es genügte, wenn die Verbindung von einer westlichen Organisation oder Dienststelle hergestellt und vom Bürger aufrechterhalten wurde.[1474] Problematisch war jedoch, ob eine Strafbarkeit aus § 16 StEG auch dann in Betracht kam, wenn republikflüchtige Bürger in die DDR zurückkehrten, jedoch zuvor die Notaufnahmeverfahren durchlaufen hatten und somit zwangsläufig mit verschiedenen Stellen in Verbindung treten mussten. Gegen rückkehrwillige Bürger wurde grundsätzlich keine Anklage erhoben, es sei denn, der Täter hatte eine besondere Eigeninitiative zur Verbindungsaufnahme entwickelt oder es ergab sich eine erhöhte Verantwortung aus anderen Umständen.[1475] Ein distanziertes Wohlwollen gegenüber zurückkehrenden Flüchtlingen ist auch in anderen Maßnahmen zu erkennen. Der endgültige Bruch mit allen Abwanderern war schon deswegen

---

1472 *Renneberg*, NJ 1958, 6 (9).
1473 *Kühlig*, NJ 1956, 428f.
1474 BG Dresden, Urteil vom 04.02.1958 - 1 a BS 1/58, NJ 1958, 285.
1475 *Stiller*, Die Staatsverbrechen, S. 81, so z.B. wenn der Rückkehrer ehemaliger Angehöriger der Grenztruppen war und alle ihm bekannten militärischen Geheimnisse preisgab, wobei sich dann die Anklage auf § 14 StEG stützte, siehe BG Gera, Urteil vom 12.08.1958 - 1 BS 138/58, archiviert beim LG Gera, 1 BS 1958, Nr. 142.

nicht zu vollziehen, weil jede Arbeitskraft dringend gebraucht wurde. Das Argument, in der Wiedereingliederung des Abwanderers zeige sich die Überlegenheit des sozialistischen Rechts, ist erstaunlicherweise nirgends zu finden. Im Kommuniqué der Sitzung des Politbüros des ZK der SED vom 09.06.1953 schlägt das Politbüro vor, allen republikflüchtigen Personen, die in das Gebiet der DDR und den demokratischen Sektor von Berlin zurückkehrten, das durch die VO vom 17.07.1952 beschlagnahmte Eigentum wieder zurückzugeben. Sei dies nicht mehr möglich, so sollte Ersatz geleistet werden. Zurückkehrenden Flüchtlingen dürften aus der Tatsache der Republikflucht keine Benachteiligungen entstehen, vielmehr sollten sie entsprechend ihrer fachlichen Qualifikation wieder in den Produktionsprozess eingegliedert werden und alle ihre Bürgerrechte zurück erhalten.[1476]

§ 16 StEG ist seiner Ausprägung nach ein Vergehen, da die angedrohte Strafe Gefängnisstrafe bis zu drei Jahren betrug. Daraus ergab sich, dass, da § 16 StEG kein Unternehmensdelikt war, sowohl der Versuch als auch die Vorbereitung nicht strafbar waren. Nun kam es aber vor, dass durch die Wachsamkeit der Sicherheitsorgane eine Verbindungsaufnahme unterbunden werden konnte[1477], was zur Straflosigkeit des Täters hätte führen müssen, da der Wortlaut des § 16 StEG insofern eindeutig schien: „Wer ... in Verbindung tritt...“. Dagegen wandte sich *Stiller*[1478] mit der zweifelhaften Argumentation, dass mit dieser gesetzlichen Formulierung die Beschreibung einer Tätigkeit gemeint sei, die bereits mit der Handlung, die zur Verbindungsaufnahme führen sollte, erfüllt sei. Damit wurde die Strafbarkeit des Versuches sogar als vollendetes Delikt wieder eingeführt,

---

[1476] Leipziger Volkszeitung vom 12.06.1953, S. 1.

[1477] So konnte z.B. der Brief abgefangen worden sein, der eine Verbindungsaufnahme möglich gemacht hätte.

[1478] *Stiller*, Die Staatsverbrechen, S. 81.

und zwar mit der Konsequenz, dass eine Strafmilderung wegen Versuches nicht mehr in Betracht kam, sondern allenfalls die Anwendung des § 9 StEG.

bbb) Subjektiver Tatbestand

Dem Wortlaut nach musste der Täter bei der Erfüllung des objektiven Tatbestandes „in Kenntnis ihrer gegen die Arbeiter- und Bauernmacht oder andere friedliebende Völker gerichteten Tätigkeit" handeln. Diese scheinbare Einschränkung der strafbaren Handlung konnte jedoch im Zweifel keinen Bürger vor der Verurteilung retten, da dem Täter latentes Mitbewusstsein unterstellt werden konnte. Durch breite propagandistische Aufklärung musste jeder Täter wissen, dass *Adenauers* Politik und die Arbeit der verschiedensten Organisationen Westdeutschlands eine aggressive Kriegspolitik verfolgten und somit jegliche Verbindungsaufnahme von Seiten des Staates zu unterbinden ist.

b) 2. Gruppe: Staatsgefährdungstatbestände §§ 17-20 StEG

Die Verbrechen der 2. Gruppe sollten darauf gerichtet sein, „das Verhältnis der Massen zur Arbeiter- und Bauernmacht, ihr Vertrauen in ihren Staat und seine Organe, in seine Ziele und historische Mission, in seine Kraft und Autorität zu untergraben, ihre schöpferische Initiative und Aktivität beim sozialistischen Aufbau zu lähmen und dadurch den Arbeiter- und Bauernstaat der elementaren Bedingung seiner Kraft und Wirksamkeit - seiner tiefen Verwurzelung in den Volksmassen - zu berauben."[1479]

[1479] *Renneberg*, NJ 1958, 6 (8).

aa) § 17 Staatsgefährdende Gewaltakte

Wer es unternimmt, durch Gewaltakte oder durch Drohung mit Gewaltakten die Bevölkerung in Furcht und Schrecken zu versetzen, um Unsicherheit zu verbreiten und das Vertrauen zur Arbeiter- und Bauernmacht zu erschüttern, wird mit Zuchthaus, in minderschweren Fällen mit Gefängnis nicht unter sechs Monaten bestraft.

§ 17 StEG stellte jede Art von Gewaltakten gegen Menschen oder Sachen oder deren Androhung unter Strafe, sofern die angewandten oder angedrohten Gewaltakte eine bestimmte Intensität aufwiesen, da nicht jede beliebige physische Einwirkung ausreichend sein sollte.[1480] Da es sich auch bei § 17 StEG um ein Unternehmensdelikt handelte, war für dessen Verwirklichung jedes Verhalten des Täters, das auf die Erfüllung der objektiven Seite des Deliktes gerichtet war, ausreichend.[1481] Der Tatbestand war beispielsweise beim Werfen von Stinkbomben, beim Vergiften von Nahrungsmitteln, bei Brandstiftungen, beim Verschicken von Beileidskarten an noch Lebende oder deren Angehörige, bei körperlichen Angriffen gegen Funktionäre, beim Anlegen eines Waffenlagers[1482], beim Verursachen einer Überschwemmung, beim Versenden von Bittschriften, die mit einem Kontaktgift präpariert waren, beim öffentlichen Randalieren, in der Absicht, den Verdacht auf Angehörige der russischen Armee zu lenken[1483] etc. erfüllt. Das Charakteristikum des § 17 StEG sollte darin liegen, dass sich die Gewaltakte in ihrer Gesamtheit mit ihrer konterrevolutionären Zielstellung gegen die ideologischen und ökonomischen Grundlagen der Staats- und Gesellschafts-

[1480] *Renneberg*, NJ 1958 6 (10).

[1481] Anklageschrift der StA des Bezirkes Frankfurt (Oder) vom 08.09.1961, Az.: II 161/61, BStU FF/O. FAU 122/61, S. 35.

[1482] *Stiller*, Die Staatsverbrechen, S. 83f.

[1483] *Römer/Hennig*, SRDVP 1958, Heft 23, S. 51 (57).

ordnung richteten.[1484] Auch bei der Anwendung des § 17 StEG zeigt sich die ideologische Beeinflussung, z.B. im Fall des „Feuerteufels von Döbbrick“, der mehrere Scheunen angezündet und damit einen erheblichen Schaden verursacht hatte. Er wurde 1962 zu fünfzehn Jahren Zuchthaus verurteilt, obwohl sich aus den Akten deutlich ergab, dass es sich bei dem Täter um einen krankhaft veranlagten Pyromanen handelte. Nach einer zweidrittel - Verbüßung wurde er vorzeitig entlassen und es dauerte nicht einmal ein Jahr, dass er erneut zündelte. Das Urteil lautete 30 Monate Gefängnis mit anschließender Unterbringung in einer psychiatrischen Klinik. Aber noch 1962 wurde der Täter zum Staatsfeind gemacht, da das Brennen der Scheunen in eine Zeit fiel, in der der Klassenkampf als besonders aggressiv galt. Gerade Anfang der 60er Jahre gab es viele Schwierigkeiten bei der Zwangkollektivierung, so dass man im Abbrennen von landwirtschaftlichen Gütern fast immer einen Sabotageakt vermutete, obwohl nur 13% dieser Fälle politisch motiviert waren.[1485] Dazu kam dann noch die Bestrafung aus dem jeweiligen Delikt des Strafgesetzbuches in Betracht, wie z.B. Mord, Brandstiftung etc., um den besonders verwerflichen Charakter eines solchen Verbrechens ausreichend zu kennzeichnen.[1486]

Bei der Beurteilung der Strafjustiz bezüglich § 17 StEG fehlt es an auswertbarem Material, was darauf schließen lässt, dass die praktische Bedeutung des § 17 StEG eher gering war. Das könnte daran liegen, dass die tatbestandsmäßige Nähe zu § 22 StEG oder auch zu § 19 StEG die Anwendung von § 17 StEG überflüssig machte, auch wenn es dem Täter darauf ankam, Furcht, Schrecken und Unsicherheit zu verbreiten, da durch die höhere Strafandrohung der § 22 StEG als schwereres Gesetz vorging. Schwierigkeiten ergaben sich bei der Anwendung

---

[1484] Anklageschrift der StA des Bezirkes Frankfurt (Oder) vom 08.09.1961, Az.: II 161/61, BStU FF/O. FAU 122/61, S. 35.
[1485] Siehe *Mittmann*, Tatzeit, S. 228.
[1486] *Stiller/Benjamin*, NJ 1958, 189 (191).

des § 17 StEG auch im Verhältnis zu den Vorschriften der Sachbeschädigung, wenn es um die strafrechtliche Beurteilung rowdyhaften Verhaltens ging. Eine Abgrenzung schien nur auf der subjektiven Ebene möglich, da der § 17 StEG den Vorsatz verlangte, Menschen in Angst und Schrecken zu versetzen, um Unsicherheit zu verbreiten und das Vertrauen zur Arbeiter- und Bauernmacht zu erschüttern.

bb) § 18 Angriffe gegen örtliche Organe der Staatsmacht

Wer es unternimmt, mit Gewalt oder durch Drohung mit Gewalt die gesetzmäßige Tätigkeit der örtlichen Organe der Staatsmacht oder eines ihrer Mitglieder unmöglich zu machen oder zu behindern, wird mit Zuchthaus, in minderschweren Fällen mit Gefängnis nicht unter sechs Monaten bestraft.

aaa) Angriffsobjekt

Angriffsobjekt iSd. § 18 StEG sind zum einen die örtlichen Organe der Staatsmacht, worunter die örtlichen Volksvertretungen und die örtlichen Räte[1487] verstanden wurden, und zum anderen eines ihrer Mitglieder[1488] bei der Ausübung ihrer gesetzmäßigen Tätigkeit. Inhalt und Umfang der gesetzmäßigen Tätigkeit ergab sich aus dem Gesetz[1489] und umfasste darüber hinaus die politisch-ideologische Arbeit mit den Werktätigen. Es genügte daher nicht, dass das Opfer Funktionär war, da der Angriff mit dessen Tätigkeit als Funktionär der örtlichen Staatsmacht in Zusammenhang stehen musste. Ansonsten kam nur eine Strafbarkeit gemäß § 19 StEG in Betracht.

[1487] Gesetz über die örtlichen Organe der Staatsmacht vom 18.01.1957, §§ 2, 28.
[1488] Gesetz über die örtlichen Organe der Staatsmacht vom 18.01.1957, § 29.
[1489] Gesetz über die örtlichen Organe der Staatsmacht vom 18.01.1957; Gesetz über die Vervollkommnung und Vereinfachung der Arbeit des Staatsapparates in der Deutschen Demokratischen Republik vom 11.02.1958 - GBl. I, 117 ff.; siehe ausführlich *Römer/Hennig*, SRDVP 1958, Heft 23, S. 51 (60ff.).

bbb) Begehungsform und -mittel

Als Begehungsformen werden das „Unmöglichmachen" und das „Behindern" genannt. Zwischen beiden Varianten bestand nur ein gradueller Unterschied. Als Mittel war Gewalt oder Androhung von Gewalt erforderlich, wobei „Gewalt" körperliche Gewalt oder andere, nicht ohne weiteres zu brechende Gewalt voraussetzte. Insofern reichte eine Drohung mit einem empfindlichen Übel nicht aus.[1490] Ebenso wie bei § 17 StEG fielen Verurteilungen nach § 18 StEG nicht ins Gewicht. Eine umfangreiche Darstellung der Strafjustiz diesbezüglich ist daher nicht möglich.

cc) § 19 Staatsgefährdende Propaganda und Hetze

(1.) Wer

1. den Faschismus oder Militarismus verherrlicht oder propagiert oder gegen andere Völker oder Rassen hetzt,

2. gegen die Arbeiter- und Bauernmacht hetzt, gegen ihre Organe, gegen gesellschaftliche Organisationen oder gegen einen Bürger wegen seiner staatlichen oder gesellschaftlichen Tätigkeit oder seiner Zugehörigkeit zu einer staatlichen Einrichtung oder gesellschaftlichen Organisation hetzt, Tätlichkeiten begeht oder sie mit Gewalttätigkeiten bedroht,

wird mit Gefängnis nicht unter drei Monaten bestraft. Der Versuch ist strafbar.

(2.) Ebenso wird bestraft, wer Schriften oder andere Gegenstände mit einem derartigen Inhalt herstellt oder mit dem Ziele der Hetze einführt oder verbreitet.

(3.) In schweren Fällen, insbesondere, wenn die Tat im Auftrage der in § 14 genannten Stellen oder Personen oder wenn sie planmäßig begangen wird, ist auf Zuchthaus zu erkennen.

[1490] *Stiller*, Die Staatsverbrechen, S. 89.

Große Bedeutung in der Strafjustiz kam dem § 19 StEG zu, weil man in der staatsgefährdenden Propaganda und Hetze eine der Hauptmethoden der Feinde zur ideologischen Unterwühlung[1491] erkannte.[1492] Die besondere Gefährlichkeit des Verbrechens ergebe sich daher aus der Einwirkung auf die sozialistische Bewusstseinsbildung, die ein Prozess der Überwindung bürgerlicher Ideologie sei und beim einzelnen Bürger unterschiedlich voranschreite, je nach Arbeit, Milieu und dem Stand geistiger Entwicklung. § 19 StEG sei demnach eine Bestimmung zum Schutz der grundlegenden ideologischen Verhältnisse des Staates.[1493] Allerdings warnte *Ulbricht* vor einer übereilten Anwendung des § 19 StEG sowie vor einer zu harten Bestrafung: „Nicht jede dumme Bemerkung, nicht jedes dumme Gerede, wenn jemandem einmal - wie man so schön sagt - der Kragen platzt, ist eine Staatsverleumdung."[1494]

aaa) Strafbarkeit nach Absatz 1 Nr. 1

Unter Hetze verstand man die Behauptung von Unwahrheiten oder die entstellte Darstellung von Tatsachen, die geeignet war, bei dem zu Verhetzenden eine feindliche Einstellung gegen das Angriffsziel der Hetze zu erzeugen oder eine vorhandene feindliche Haltung zu verstärken.[1495]

Der Vorwurf der staatsgefährdenden Propaganda iSd. § 19 Ziffer 1 StEG sollte immer dann begründet sein, wenn die Tat darauf gerichtet war, andere Bürger für Faschismus und Militarismus oder gegen andere Völker/ Rassen[1496] einzunehmen.

[1491] In diesem Zusammenhang fiel auch der Begriff der „psychologischen Kriegsführung", siehe *Stiller*, Die Staatsverbrechen, S. 90.
[1492] *Stiller*, Die Staatsverbrechen, S. 90.
[1493] *Stiller*, Die Staatsverbrechen, S. 90f.
[1494] *Ulbricht* in einer Rede am 17.06.1962, siehe *Mühlberger*, Der Schöffe 1963, 171.
[1495] *Leim*, NJ 1958, 694.
[1496] Darunter verstand man z.B. die Antisowjethetze, die Hetze gegen „Neger", „Juden" usw., siehe OG, Urteil vom 16.05.1958, NJ 1958, 574.

Dabei erlangte das Tatbestandsmerkmal „Faschismus“[1497] eine weite Auslegung. Unter „Faschismus“ verstand man die offene terroristische Diktatur der reaktionärsten und imperialistischsten Elemente des Finanzkapitals.[1498] Dies bezog sich demnach nicht nur auf die Diktatur des Dritten Reiches, sondern allgemein auf die Staaten des Westens, die die Erhaltung kapitalistischer Verhältnisse anstrebten und somit „reaktionär“[1499] waren.[1500] Diese Auslegung führte dazu, dass jede positive Äußerung über den anderen Teil Deutschlands, als staatsgefährdende Propaganda und Hetze angesehen werden konnte.

In anderen Fällen waren bei der Überprüfung mehrerer Buchhandlungen und Bibliotheken immer wieder Bücher von westdeutschen oder ehemaligen NS-Schriftstellern beschlagnahmt worden.[1501] Dabei handelte es sich zumeist um Kriminalgeschichten oder „Herz und Schmerz“ - Romane. Allein das Verleihen oder Verkaufen derartiger Literatur erfüllte den objektiven Tatbestand, da damit der Faschismus und Militarismus verherrlicht würde.

Die Gerichte haben jedoch auch tatsächliche „Überreste aus der Hitlerzeit“[1502] durch Verurteilungen zu bekämpfen versucht, so z.B. das Erweisen des faschisti-

---

[1497] Das Wort „Faschismus“ leitet sich von dem italienischen Wort „fascio“ ab, d.h., Bund, ursprünglich für Verbände verschiedener Art gebräuchlich, als Ausdruck einer bestimmten politischen Richtung auf den am 23.03.1919 von *Mussolini* in Mailand gegründeten Kampfbund zurückgehend, in dem sich die 1915 von der Sozialistischen Partei abgespaltenen Befürworter der Teilnahme Italiens am Weltkrieg zusammenfanden, siehe Meyers kleines Lexikon, 1933, S. 648f.

[1498] Kleines Fremdwörterbuch, 1975, S. 119.

[1499] Der Täter zeige zugleich, dass er nicht die notwendige Einsicht in die geschichtliche Entwicklung habe und sich somit dem fortschrittlichen kommunistischen Entwicklungsprozess entgegenstelle. So gebe es einen Teil der kapitalistischen Kreise, frühere aktive Faschisten, die nur wenig gelernt hätten, sowie eine geringe Anzahl von Bürgern, die die Ideologie der kapitalistischen Klasse Westdeutschlands ökonomisch oder philosophisch vertreten und noch nicht von ihren alten Anschauungen loskämen, *Ulbricht*, Über die Dialektik unseres sozialistischen Aufbaus, S. 143.

[1500] *Zürcher*, Strafrecht in der SBZ, S. 41.

[1501] KG Naumburg/S., Urteil vom 18.12.1958 - 5 S 313/58, UaS IV, 121f.

[1502] *Zürcher*, Das Strafrecht der SBZ, S. 46.

schen Grußes[1503], das Absingen des faschistischen Horst-Wessel-Liedes[1504], Erinnerungen an die Wehrmacht[1505], den Ausruf „SS, zack, zack, ran"[1506], das Beschmieren mit faschistischen Symbolen wie dem Hakenkreuz oder SS-Runen, den Ausruf „Sieg Heil"[1507] oder „Heil Hitler"[1508].

Über die faschistische Propaganda hinaus war auch die militaristische Propaganda strafbar, wobei eine genaue Abgrenzung beider Varianten nicht möglich ist, weil Handlungen oftmals beide Tatbestandsmerkmale erfüllten, so z.B. beim Singen, Spielen oder Abspielen militaristischer (und faschistischer) Lieder oder Märsche oder beim Erzählen von Kriegserinnerungen, die auf eine Verherrlichung des Krieges zielten, beim Tragen militaristischer (und oftmals auch faschistischer) Uniformen, von Abzeichen sowie beim Zeigen von Auszeichnungen etc.[1509]

Die Hetze gegenüber anderen Völkern oder Rassen betraf zumeist die Antisowjethetze, die geeignet war, das Ansehen der sowjetischen Besatzer[1510] zu schmälern. So waren u.a. die Aussagen, der Vater des Angeklagten sei von sowjetischen Angehörigen weggeholt, ins Konzentrationslager verbracht und dort getötet worden[1511] sowie die Behauptung, die Sowjetunion habe das ungarische Volk

---

[1503] OG, Urteil vom 11.07.1958 - 1b Zst 18/58, NJ 1958, 575.

[1504] BG Schwerin, Urteil vom 04.06.1958 - 1 BS 54/58, NJ 1958, 541; KG Senftenberg, Urteil vom 28.03.1960 - S 72/60, UaS IV, 102; Stadtbezirksgericht Prenzlauer Berg, Urteil vom 07.04.1960 - I Prb 207/60, UaS IV, 102.

[1505] BG Magdeburg, Urteil vom 17.03.1958 - 1 BS 27/58, NJ 1958, 250.

[1506] OG, Urteil vom 21.12.1959 - 1b Ust 239/58, NJ 1959, 140.

[1507] *Stiller*, Die Staatsverbrechen, S. 92.

[1508] BG Gera, Urteil vom 13.06.1958 - 1 BS 71/58 I, archiviert beim LG Gera, 1 BS 1958, Nr. 88.

[1509] *Stiller*, Die Staatsverbrechen, S. 93.

[1510] Bemerkenswert in diesem Zusammenhang ist, dass das Wort „Besatzer" - im Gegensatz zum Wort Sowjetische *Besatzungs*zone - im öffentlichen Sprachgebrauch nicht vorkam, sondern vielmehr das Wort „Befreier" gebraucht wurde.

[1511] BG Gera, Urteil vom 13.06.1958 - 1 BS 71/58 I, archiviert beim LG Gera, 1 BS 1958, Nr. 88.

zwölf Jahre unterjocht und sei an dem Blutbad in Ungarn 1956 schuld[1512], strafbar. Ein anderer behauptete, die Russen seien Schweine, er könne sie nicht mehr sehen und werde auch keine mehr grüßen.[1513]

bbb) Strafbarkeit nach Absatz 1 Nr. 2

Die Hetze nach § 19 I Ziffer 2 StEG konnte sich richten:

- gegen die Arbeiter- und Bauernmacht, d.h. gegen die sozialistische Staats- und Gesellschaftsordnung als solche oder gegen einzelne ihrer wesentlichen Grundlagen[1514],
- gegen die Organe des Staates, d.h. gegen Volksvertretungen und alle zentralen und örtlichen Organe der Staatsverwaltung sowie gegen Organe der Judikative, Exekutive und Legislative,
- gegen gesellschaftliche Organisationen[1515],
- gegen einen Bürger wegen seiner staatlichen oder gesellschaftlichen Tätigkeit oder wegen seiner Zugehörigkeit zu einer staatlichen oder gesellschaftlichen Einrichtung[1516].

Schmidthals wirft die Frage auf, wozu neben der staatlichen auch die gesellschaftliche Tätigkeit im Gesetzestext erwähnt sei, da gesellschaftliche Tätigkeit wohl in erster Linie von Funktionären und Mitgliedern der Partei ausgeübt werde.[1517] Dies ist damit zu erklären, dass die staatliche Tätigkeit mit der Arbeitswei-

---

[1512] OG, Urteil vom 16.05.1958 - 1b Zst 7/58, NJ 1958, 494.

[1513] BG Halle/S., Urteil vom 03.11.1961 - 1 BS 303/61.

[1514] Die Aussage, *Hermann Göring* hätte die Gummiknüppel abgeschafft, die nun wieder gegen die Arbeiter eingesetzt würden, BG Gera, Urteil vom 13.06.1958 - 1 BS 71/58 I, archiviert beim LG Gera, 1 BS 1958, Nr. 88.

[1515] So z.B. die Bezeichnung öffentlicher Schulen als „Buffs" (sic!) oder „Hurenställe", BG Gera, Urteil vom 13.06.1958 - 1 BS 71/58 I-71/58, archiviert beim LG Gera, 1 BS 1958, Nr.88.

[1516] Die Bezeichnung eines Schuldirektors als „Lumpen" während einer Aussprache bzgl. eines Qualifizierungslehrganges, BG Gera, Urteil vom 13.06.1958 - 1 BS 71/58 I, archiviert beim LG Gera, 1 BS 1958, Nr. 88.

[1517] *Schmidthals*, Die Neugestaltung des strafrechtlichen Staatsschutzes, S. 44.

se des jeweiligen Funktionärs zusammenhing und auch die gesellschaftliche Tätigkeit umfassen konnte. Da jeder DDR-Bürger das Recht aber vor allem die Pflicht hatte, am Aufbau des neuen demokratischen deutschen Staates mitzuwirken, musste jede Art der Tätigkeit zugunsten der Gesellschaft bzw. Gemeinschaft geschützt werden und war daher von der Funktion des Handelnden unabhängig. Damit erklärt sich die weite Auslegung dieses Begriffes auch zugunsten eines „Helden der Arbeit“[1518]. Der Begriff der „gesellschaftlichen Tätigkeit“ war als Oberbegriff zu sehen, der die „staatliche Tätigkeit“ mit umfasste. Geschützt war demnach jede Förderung des sozialistischen Aufbaus.[1519]

Entgegen dem Wortlaut war § 19 StEG nicht auf eine Äußerung beschränkt, sondern schon das bloße Dulden bzw. Mitansehen westdeutscher Sendungen im Fernsehen konnte zur Verurteilung nach § 19 StEG führen. So hatte ein Angeklagter mehrere Sendungen des Westdeutschen Fernsehens angesehen, insbesondere Sendungen zum 20.07. 1944, und geduldet, dass unter der Belegschaft eines volkseigenen Betriebs derartige Fernsehsendungen „verbreitet“ wurden. Dies erfüllte nach Ansicht des Gerichtes[1520] bereits den Tatbestand des § 19 StEG, da davon auszugehen sei, dass das westdeutsche Fernsehen vom Adenauer-Regime insgesamt zur Hetze gegen den sozialistischen Aufbau verwandt werde, ohne dass es auf die Gefährlichkeit einzelner Sendungen ankomme. Eine Bestrafung sei schon dann notwendig, wenn Mitbürgern und Freunden Gelegenheit gegeben werde, mehrere Sendungen des westdeutschen Fernsehens anzusehen. Dies sei auch dann der Fall, wenn es sich bloß um Unterhaltungssendungen (Quizsendungen mit *H.-J. Kulenkampff*, Volksstücke des *Millowitsch*-Theaters, „Das Wort zum Sonntag“) handle.[1521] Diese Auffassung war aber mit dem Wortlaut des

---

[1518] OG, Urteil vom 11.03.1958 - 1b Ust 11/58, NJ 1958, 323.
[1519] *Stiller*, Die Staatsverbrechen, S. 94.
[1520] BG Magdeburg, Urteil vom 01.02.1961 - S 372/60 - K I 70/60, UaS IV, 120.
[1521] BG Magdeburg, Urteil vom 01.02.1961 - S 372/60 - K I 70/60, UaS IV, 121.

§ 19 StEG nicht vereinbar, da unter „Hetze“ zumindest die *Verbreitung* von Unwahrheiten oder entstellter Tatsachen verlangt wurde. Vorliegend hatte der Angeklagte aber eine Verbreitung nicht vorgenommen, sondern lediglich die „Verbreitung“ durch andere geduldet.

Ebenso wurde bestraft, wer Tätlichkeiten gegen mit gesellschaftlichen oder staatlichen Aufgaben betraute Personen beging oder mit Gewalttätigkeiten drohte. Unter Tätlichkeiten verstand man die Einwirkung auf den Körper oder die Sachen eines Menschen, deren Intensität geringer als die bei den „Gewaltakten“ nach § 17 StEG war. So hatten beispielsweise einige Arbeiter in einer Gaststätte Schüler einer Parteischule verprügelt und sie als „Parteibonzen“ beschimpft. Das Oberste Gericht[1522] führte in der Urteilsbegründung aus, dass die Bezirksparteischulen der lebendige Ausdruck der führenden politisch-ideologischen Rolle der SED seien und daher jeder Angriff auf Angehörige dieser Parteischule notwendigerweise einen Angriff gegen die Arbeiter-und Bauernmacht darstelle. Ausreichend für eine Strafbarkeit waren auch das Anspucken oder das Beschädigen von Kleidungsstücken, insbesondere von Uniformen.[1523]

Das entscheidende Kriterium bei Ziffer 2 bestand in der Gefährdung der Arbeiter- und Bauernmacht durch Kundgebungen in Wort, Schrift und Tat, die geeignet seien, andere Bürger im staatsfeindlichen Sinn zu mobilisieren, sie gegen Einrichtungen, Institutionen, politische Organisationen[1524] aufzuwiegeln oder sie zu feindlichen Aktionen zu bewegen bzw. sie in ihrer progressiven ideologischen Einstellung durch Einschüchterung schwankend zu machen oder ganz davon

[1522] Urteil vom 25.04.1958 - 1b Ust 28/58, NJ 1958, 392.
[1523] Siehe dazu *Stiller*, Die Staatsverbrechen, S. 95.
[1524] Darunter fielen z.B. führende Staatsmänner, Spitzenfunktionäre der Partei oder gesellschaftlicher Organisationen wie die der FDJ sowie die Jugenderziehung in der DDR, siehe OG; Urteil vom 21.11.1958 - 1b Ust 233/58, NJ 1959, 64.

abzudrängen.[1525] Der Täter muss die Absicht gehabt haben, auf das Bewusstsein seiner Hörer einzuwirken und bei ihnen eine feindliche Einstellung zu erzeugen, um so das Vertrauen zur Partei- und Staatsführung zu erschüttern.[1526] Dabei blieb unerheblich, ob sich die Provokation[1527] gegen staatsbewusste - und damit gegen untaugliche Objekte - oder weniger staatsbewusste Bürger richtete, da allein die Zielsetzung des Täters entscheidend sein sollte.[1528] Doch für die tatbestandsmäßige Feststellung, ob diese Zielsetzung beim Täter vorlag, sollte allein die Einlassung des Täters dann nicht genügen, wenn sie durch das Ergebnis einer umfassenden Sachverhaltsaufklärung nicht bestätigt werden konnte, weil ihr die objektiv festgestellte feindliche Haltung[1529] entgegenstehe. Aus der objektiven Erscheinungsform werde zumeist auch schon erkennbar sein, ob die subjektive Einstellung des Täters auf einen solchen Erfolg gerichtet war.[1530] Dies jedoch ist mit der Auslegung des Begriffs „Hetze“ nicht vereinbar. Außerdem ist es rechtlich höchst zweifelhaft, wenn aus dem Tatgeschehen und den Umständen der Tat Rückschlüsse auf die Zielsetzung des Täters gezogen werden, da dies nicht zwangsläufig auf den Willen des Täters schließen lässt. Diese Art der Betrachtungsweise führte bisweilen auch zur Verneinung des § 19 StEG, so z.B. in dem Fall eines Bauern, dessen Äußerungen gegen den Staat deswegen keinen hetzeri-

---

[1525] *Reinwarth*, NJ 1959, 6 (10).

[1526] *Leim*, NJ 1958, 694.

[1527] Der Begriff der „Provokation“ lässt sich in der geschriebenen DDR-Sprache häufiger finden, vor allem dann, wenn staatliche Einrichtungen zum Mittelpunkt von Hohn, Verachtung oder nur Humor gemacht wurden. So wurde in einer Hausmitteilung vom 04.03.1955 an *Ulbricht* von Provokation gesprochen, als am Rosenmontag in einer Vorlesung über die Oktoberrevolution Knallerbsen geworfen wurden und ein Teil der Hörer in Kostümen erschien. Zudem seien Losungen herausgegeben worden wie „studiert nimmer - sauft immer“ anstatt „Alle Macht den Sowjets“, siehe *Dreier/Eckert/Mollnau/Rottleuthner*, Dokument I/6, S. 69.

[1528] OG, Urteil vom 03.07.1958 - 3 Zst III 34/58, NJ 1958, 540.

[1529] Diese objektiv festgestellte feindliche Haltung konnte sich z.B. ergeben aus: der Persönlichkeit des Täters, den Bedingungen vor Ort, der Zeit der Verbrechensbegehung etc., OG, Urteil vom 04.07.1958 - 3 Zst III 34/58, NJ 1958, 540.

[1530] OG, Urteil vom 03.10.1958 - 1b Ust 169/58, NJ 1958, 753; ebenso OG, Urteil vom 08.02.1960 - 1b Ust 2/60, NJ 1960, 377: „Bei der Feststellung der subjektiven Seite ist der objektive Geschehensablauf das wichtigste Kriterium.“

schen Charakter habe, weil er bereits 1952 der LPG beigetreten sei und eine gute Arbeit leiste.[1531] Aber in vielen Fällen hat wohl die Zielsetzung des Täters, andere gegen den Staat zu beeinflussen, gefehlt, was zu dem Schluss führt, dass die Verurteilungen zumindest nicht nach rechtsstaatlicher Auffassung, aber wohl noch nicht einmal nach sozialistischer Rechtsauffassung haltbar waren.

ccc) Strafbarkeit nach Absatz 2

Nach Absatz 2 wurde insbesondere bestraft, wer Schriften oder andere Gegenstände mit einem in Absatz 1 beschriebenen Inhalt herstellte oder mit dem Ziel der Hetze einführte oder verbreitete. Schriften sind für das Auge sichtbare, für einen unbestimmten oder größeren Personenkreis geeignete oder bestimmte staatsgefährdende propagandistische oder hetzerische Äußerungen.[1532] Absatz 2 kam - meistens wohl neben Absatz 1 Nr. 2 - bei der Einfuhr westlicher Druckerzeugnisse zur Anwendung, so z.B. im Falle eines Angeklagten, der von der Berliner „Grünen Woche" Werbeprospekte mitgebracht hatte[1533] oder der vom Obersten Gericht Verurteilte, der Zeitschriften mitgebracht und an seiner Arbeitsstelle herumgezeigt hatte[1534]. Auch die Einfuhr und Verbreitung der religiösen Schriften der bereits verbotenen „Zeugen Jehovas" fiel unter die Hetze des § 19 StEG.[1535]

ddd) Besonders schwerer Fall nach Absatz 3

Ein besonders schwerer Fall lag gemäß § 19 III StEG nicht nur dann vor, wenn die Tat im Auftrage der in § 14 StEG genannten Stellen oder Personen ausgeführt wurde, sondern auch dann, wenn der Täter „planmäßig" gehandelt hatte.

[1531] OG, Urteil vom 11.05.1962 - 10 Ust 61/62, NJ 1962, 416.
[1532] *Reinwarth*, NJ 1959, 6 (10).
[1533] OG, Urteil vom 25.11.1958 - 1a Ust 248/58, NJ 1959, 102.
[1534] OG, Urteil vom 25.07.1958 - 1a Ust 85/59, NJ 1958, 717.
[1535] BG Leipzig, Urteil vom 11.02.1958 - 1b Ks 304/58, NJ 1958, 177.

Die Planmäßigkeit war keine besondere Form des Vorsatzes oder der Schuld, sondern objektives Tatbestandsmerkmal, auf das sich der Vorsatz erstrecken musste. Planmäßig handelte der Täter, wenn er methodisch und vorausberechnend vorging, so, wenn er beim vorsätzlichen Abhören von Meldungen mit dem vorbedachten, konkreten Ziel vorging, diese am nächsten Tag weiterzutragen. Dabei wies das Oberste Gericht darauf hin, dass auch eine einmalige und sofort abgeschlossene Handlung planmäßig sein könne.[1536] Darüber hinaus konnte auf einen schweren Fall auch außerhalb der ausdrücklich in § 19 III StEG genannten Gründen erkannt werden, wenn die begangene Hetze in ihrer Gesellschaftsgefährlichkeit dermaßen schwerwiegend erschien, dass sie eine über den Normalfall des § 19 StEG hinausgehende rechtliche Qualifikation und eine verstärkte Abwehr mit dem Mittel des Strafrechts erforderlich machte.[1537]

eee) Die subjektive Seite

Die Tat musste sich vorsätzlich auf die ideologische Aufweichung und Unterwühlung des Staates richten. Um diese Zielsetzung des Täters festzustellen, reiche es aber nicht aus, den Täter danach zu befragen, sondern dies erfordere eine exakte Analyse der umfassend und richtig ermittelten *objektiven* Umstände der Tat und der Persönlichkeit sowie der Beweggründe des Täters.[1538] § 19 StEG war daher nur erfüllt, wenn Handlungen objektiv geeignet waren, die Bürger der DDR aufzuwiegeln, und mit dem Ziel betrieben wurde, Bürger gegen die staatliche Ordnung im feindlichen oder zumindest ablehnenden Sinne zu beeinflussen. Diese der „Hetze“ innewohnende Zielrichtung sollte die Abgrenzung zur Staatsverleumdung ermöglichen. Dies zeigt, dass der Vorsatz Bestandteil der Schuld

[1536] OG, Urteil vom 11.02.1958 - 1a Ust 3/58, NJ 1958, 175f.
[1537] OG, Urteil vom 25.11.1958 - 1a Ust 248/58, NJ 1959, 102; OG, Urteil vom 04.03.1958 - 1a Ust 8/58, NJ 1958, 250.
[1538] *Mühlberger*, Der Schöffe 1963, 171 (173).

war, und dass eine klare Trennung von objektivem und subjektivem Tatbestand gar nicht gewollt war.

dd) § 20 Staatsverleumdung

Wer

1. *die Maßnahmen oder die Tätigkeit staatlicher Einrichtungen oder gesellschaftlicher Organisationen öffentlich verleumdet oder entstellt,*
2. *einen Bürger wegen seiner staatlichen oder gesellschaftlichen Tätigkeit oder seiner Zugehörigkeit zu einer staatlichen Einrichtung oder gesellschaftlichen Organisation öffentlich verleumdet oder verächtlich macht,*

wird mit Gefängnis bis zu zwei Jahren bestraft.[1539]

Die Staatsverleumdung war nach eigenem Verständnis und entgegen dem ersten Anschein kein Staatsverbrechen, sondern ein Delikt der allgemeinen Kriminalität.[1540] Dies deshalb, weil § 20 StEG nicht die Fälle erfassen wollte, in denen der Täter aufwiegelte und hetzte, sondern er war für die Fälle gedacht, in denen sich der Täter nur aus Gründen persönlicher Verärgerung oder aus zurückgebliebenem Bewusstsein zu einer verleumdenden Äußerung hinreißen ließ.[1541]

aaa) Anwendbarkeit

Die Anwendbarkeit des § 20 StEG in Abgrenzung zu § 19 StEG war schwierig und umstritten. Das Oberste Gericht hatte in einem Urteil den Rechtssatz aufgestellt, dass eine Verurteilung nach § 20 StEG nur dann in Betracht komme, wenn eine Äußerung ihrem Inhalt nach nur verleumderisch, nicht aber zugleich het-

[1539] § 20 StEG ist dem § 131 StGB entnommen, der durch § 27 StEG aufgehoben wurde.
[1540] *Stiller*, Die Staatsverbrechen, S. 98; ebso. *Mühlberger*, Der Schöffe 1963, 171f.
[1541] *Red.* d. NJ, NJ 1958, 81; *Leim*, NJ 1958, 695.

zend wirke.[1542] *Mühlberger* betonte, dass beispielsweise eine Äußerung, die bei isolierter Betrachtung und ihrem Wortlaut nach geeignet erscheine, staatsgefährdende Auswirkungen hervorzurufen, je nach den Umständen entweder gar keine Straftat oder eine geringfügige Staatsverleumdung oder eine sonstige Verfehlung sein könne, die lediglich vor der Konfliktkommission behandelt werden müsse. Genauso gut könne es sich aber auch um eine schwerwiegende Staatsverleumdung oder sogar um eine staatsgefährdende Propaganda handeln.[1543] Dies führte jedoch wegen der Unbestimmtheit zu keiner klaren Abgrenzung, so dass Versuche unternommen wurden, andere Abgrenzungskriterien zu formulieren. So ging *Leim* davon aus, dass ein wichtiges Unterscheidungsmerkmal in der subjektiven Seite der Tat zu finden sei. Das Motiv eines Verleumders entspringe weniger einer grundsätzlich feindlichen Einstellung, sondern vielmehr aus einem zurückgebliebenen Bewusstsein, aus Prahlsucht[1544], Geltungsbestreben oder augenblicklicher Verärgerung über bestehende Zustände.[1545] Solchen aus diesen Gründen gemachten Äußerungen fehle daher der aufhetzende, aufwiegelnde Charakter. Gleiches gelte für „Kritik"[1546], die gesellschaftlich nützlich und deshalb niemals eine Staatsverleumdung sei, weil es ihr an der Absicht fehle, zu verleumden. Die Handhabung des Gesetzes dürfe aber die Kritik, das Entwicklungsgesetz der sozialistischen Gesellschaft, nicht unterdrücken.[1547]

Die Staatsverleumdung sei daher im Gegensatz zur Hetze nicht durch eine destruktive Beeinflussung des Verhaltens der Bürger gegenüber dem Arbeiter- und Bauernstaat und seiner Gesellschaftsordnung gekennzeichnet, sondern vielmehr

---

[1542] OG, Urteil vom 14.03.1958 - 1a Zst 2/58, NJ 1958, 287.
[1543] *Mühlberger*, Der Schöffe 1963, 171f.
[1544] *Stiller*, Die Staatsverbrechen, S. 99, spricht von „Großmannsucht".
[1545] *Leim*, NJ 1958, 695.
[1546] Die Definition des Wortes „Kritik" war aber derartig eingeschränkt, dass darunter wohl nur positive bzw. keine systemangreifenden Äußerungen verstanden wurden.
[1547] Stiller, Die Staatsverbrechen, S. 99f.

durch eine hemmende, retardierende Wirkung auf die sozialistische Bewusstseinsbildung der Bevölkerung.[1548] Bei der Abgrenzung spiele weiterhin der Zeitpunkt der gemachten Äußerung eine entscheidende Rolle, da eine Äußerung, die zu einer bestimmten Zeit von den Zuhörern nicht weiter beachtet werde, unter anderen Umständen zu einer „Hetze“ werden könne. Entscheidend dafür sei die Beurteilung der jeweils vorliegenden Klassenkampfsituation, die nicht nur im nationalen oder internationalen, sondern auch im örtlichen Rahmen zu beachten sei.[1549] Das Oberste Gericht hat jedoch in einigen Urteilen deutlich gemacht, dass allein das Abstellen auf die subjektive Seite der Tat für eine Abgrenzung beider Delikte nicht ausreichend sein könne. Vielmehr käme es darauf an, eine Vielzahl von objektiven Kriterien heranzuziehen, z.B. Art und Charakter der betreffenden Äußerung, die zum Zeitpunkt der Äußerung vorliegende politische Situation, Umstände, unter denen sich die Handlung zugetragen habe,[1550] ihre Auswirkungen, die soziale Herkunft und Stellung des Täters, insbesondere seine politische Haltung zu Vergangenheit und Gegenwart, seine Einstellung zur Arbeit sowie sein Bildungsgrad und seine besonderen Charaktereigenschaften.[1551]

Schwierigkeiten bei der Anwendung des § 20 StEG gab es auch immer wieder, wenn es um Beschimpfungen von Funktionären ging und somit um die eventuelle Anwendbarkeit von § 185 StGB. Ein Kreisgericht sah in einem Fall, in dem einer dem anderen bei einer allgemeinen Verkehrskontrolle zurief: *„Laß doch die Schweinehunde stehen, die sollen mal lieber arbeiten gehen; aber da seid ihr ja zu faul dazu!“*, den Tatbestand der Beleidigung nach § 185 StGB als erfüllt

---

[1548] *Renneberg*, NJ 1958, 8 (10); ebenso *Leim*, NJ 1958, 694 f., der einräumt, dass derartige Äußerungen sich auch hemmend auf das Bewusstsein der Zuhörer auswirken und Zweifel an der Richtigkeit der ergriffenen Maßnahme oder an der Lauterkeit der angegriffenen Person wecken könnten, aber keinen hetzerischen Charakter hätten.
[1549] *Leim*, NJ 1958, 695f.
[1550] OG, Urteil vom 03.07.1958 - 3 Zst III 34/58, NJ 1958, 540.
[1551] *Leim*, NJ 1958, 696; *Reinwarth*, NJ 1959, 6 (9).

an. Demgegenüber stellte das Oberste Gericht klar, dass es sich hierbei um die Beschimpfung eines Volkspolizisten bei der Ausübung seines Dienstes handle, was nicht geduldet werden könne. Es warf dem Untergericht vor, es habe nicht erkannt, dass auch die Angehörigen der Volkspolizei in ihrer Dienstausübung den umfassenden Schutz der die Staatsverleumdung unter Strafe stellenden gesetzlichen Bestimmungen genießen würden und damit § 20 StEG zur Anwendung komme.[1552] Ähnliches findet sich auch in einem Urteil eines anderen Kreisgerichtes, das einen Angeklagten wegen Staatsverleumdung verurteilte, nachdem er sich geweigert hatte, zur Wahl zu gehen, weil er nicht seinen eigenen Henker wählen wolle. Das Gericht sah es als erwiesen an, dass der Angeklagte damit den gesamten Personenkreis der Kandidaten der Volkskammer und des Bezirkstages wegen ihrer gesellschaftlichen Tätigkeit in Ansehen und Würde herabgesetzt habe.[1553] In Abgrenzung zu § 20 StEG kam eine bloße Beleidigung nach § 185 StGB immer nur dann in Betracht, wenn sich die Äußerung gegen die Beziehungen der gegenseitigen Achtung, Hilfe und kameradschaftlichen Zusammenarbeit zwischen einzelnen Bürgern richtete.[1554]

bbb) Tatbestandsmerkmal „öffentlich“

Voraussetzung für § 20 StEG war, dass der Täter „öffentlich verleumdete oder hetzte“[1555]. Ging man bei § 131 StGB noch davon aus, dass es in erster Linie darauf ankomme, dass die staatsverleumderische Äußerung von einem der Zahl und Zusammensetzung nach unbestimmten, nicht durch besondere persönliche Beziehungen verbundenen Personenkreis gehört werden müsse[1556], so qualifizier-

---

[1552] OG, Urteil vom 17.06.2958 - 1a Zst 11/58, NJ 1958, S. 574.
[1553] KG Bischofswerda, Urteil vom 22.12.1958 - S 302/58, UaS IV, S. 99f.
[1554] *Stiller*, Die Staatsverbrechen, S. 98.
[1555] Wegen weiterer Ausführungen zu den Tatbestandsmerkmalen „staatliche Einrichtungen“, „gesellschaftliche Organisationen“ sei auf die Ausführungen zu § 19 StEG verwiesen; staatliche Einrichtungen waren z.B.: Schulen, BG Leipzig, Urteil vom 20.05.1959 - 1b BS 306/59, UaS IV, 100, die Regierung KG Neubrandenburg, Urteil vom 02.12.1958 - I S 405/58, UaS IV, 105.
[1556] OG, Urteil vom 18.10.1957 - 1 b Zst 17/57, NJ 1958, 68.

te das Oberste Gericht diese Auslegung bei § 20 StEG als unrichtig. Diese Begriffsbestimmung entspreche nicht dem Sinn und Zweck, Einrichtungen und Anordnungen davor zu schützen, dass sie verächtlich gemacht und in den Schmutz gezogen würden. Es genüge daher vielmehr, dass die Möglichkeit der Kenntnisnahme der staatsverleumderischen Behauptungen durch einen unbestimmten Personenkreis bestehe. Dies sei schon dann gegeben, wenn die verleumderische Äußerung nur einer Person gegenüber gemacht werde und wenn der Täter wusste oder wissen musste, dass diese Person die von ihm gemachten Äußerungen weitergeben würde.[1557] Das Merkmal der „Öffentlichkeit" sei deshalb zu bejahen, wenn es sich um einen unbeschränkt zugänglichen Ort (Straßen, Hotels, Verkaufsstellen[1558], öffentliche Verkehrsmittel[1559], Diensträume[1560], Bibliotheken, Gaststätten[1561], Sportanlagen, Theaterfoyers,[1562] etc.) handelte[1563] oder wenn in einer an sich nicht als öffentliche Örtlichkeit zu bezeichnenden Umgebung die persönliche Atmosphäre durch den Charakter der betreffenden Äußerungen und der völlig unpersönlichen Beziehungen beseitigt sei und der Täter damit rechne, seine Äußerung werde weitergetragen[1564]. Gegen die Einführung von Momenten, der Täter müsse mindestens damit rechnen, die staatsverleumderische Erklärung würde in die Öffentlichkeit dringen, sprach sich *Schmidt* aus, weil er einen „hoffnungslosen Subjektivismus" befürchtete. Für die Begriffsbe-

---

[1557] OG, Urteil vom 18.10.1957 - 1 b Zst 17/57, NJ 1958, 68.

[1558] z.B. eine „HO-Imbißstube", KG Aschersleben, Urteil vom 18.03.1957 - S 117/58, UaS III, 124f.; eine Gaststätte, KG Dessau, Urteil vom 23.04.1958 - S 137/58, UaS III, 126.

[1559] *Löwenthal*, NJ 1959, 55.

[1560] Z.B. Räume einer technischen Betriebsberufsschule, KG Dessau, Urteil vom 23.04.1958 - S 137/58, UaS III, 126; Montageabteilung eines Betriebes, BG Suhl, Urteil vom 18.01.1957 - 1 Ks 1/57, UaS III, 123; Wächterbude, Stadtgericht Groß-Berlin, Urteil vom 04.11.1955 - (101a) I.a. (Z) 163.55, UaS III, 122.

[1561] KG Bitterfeld, Urteil vom 24.11.1960 - S. 428/60, UaS IV, 103; KG Senftenberg, Urteil vom 28.03.1960 - S. 72/60, UaS IV, 102.

[1562] *Löwenthal*, NJ 1959, 55.

[1563] OG, Urteil vom 18.10.1957 - 1 b Zst 17/57, NJ 1958, 68.

[1564] So z.B. wenn Personen, die in Ausübung staatlicher oder gesellschaftlicher Tätigkeit oder aus persönlichen Geschäftsgründen in den privaten Räumen des Täters verweilen, dazu genötigt würden,

stimmung der „Öffentlichkeit" käme es in erster Linie auf den „Ort" der Erklärung an, unabhängig davon, ob sie weitererzählt werde und ob der Täter mit der Weitergabe rechne oder rechnen musste, da diese subjektiven Umstände nicht die Gesellschaftsgefährlichkeit der Äußerungen bestimmen könnten.[1565] Als nicht öffentlich galten Bemerkungen, die der Täter zu einer ihm verbundenen oder mit ihm in einem ähnlichen Vertrauensverhältnis stehenden Person gemacht worden seien oder sich an Personen richteten, die zur Aussageverweigerung berechtigt seien, es sei denn, der Täter fordere ausdrücklich zur Weiterverbreitung auf oder wolle die private Vertrauenssphäre durchbrechen oder ausnutzen, weil er erwarte, der Adressat werde die unwahre Behauptung für wahr halten und sie infolgedessen unbedenklich und überzeugend weiterverbreiten.[1566]

ccc) Begehungsweise

Als Begehungsweise war strafbar, wer die Maßnahmen oder die Tätigkeit staatlicher Einrichtungen oder gesellschaftlicher Organisationen öffentlich verleumdete, entstellte oder verächtlich machte. Ein Verleumden lag vor, wenn herabsetzende Unwahrheiten behauptet oder verbreitet wurden und der Täter wusste, dass es sich um Unwahrheiten handelte. Ein Entstellen war gegeben, wenn etwas Richtiges durch Hinzufügen oder Weglassen bewusst so verändert wurde, dass etwas Falsches daraus entstand. Von einem Verächtlichmachen sprach man, wenn Unwahrheiten behauptet wurden, um den Gegenstand des Angriffs in der Achtung anderer herabzusetzen, wenn Wahrheiten in einer solchen Form geäußert wurden, dass sie eine herabwürdigende Wirkung hatten oder wenn diese

---

sich staatsverleumderische Äußerungen anzuhören, und der Täter damit rechne, dass diese weitergetragen würden, siehe OG, Urteil vom 18.10.1957 - 1 b Zst 17/57, NJ 1958, 68.

[1565] *Schmidt*, Anm. zu BG Karl-Marx-Stadt, Urteil vom 07.03.1958 - 1 BSB 11/58, NJ 1958, 649 und OG, Urteil vom 18.10.1957 - 1b Zst 17/57, NJ 1958, 68.

[1566] *Löwenthal*, NJ 1959, 55.

Wirkung durch eine andere Handlungsweise bewirkt wurde, so z.B. durch Ohrfeigen, Anspucken, Ausspucken, verhöhnende Nachahmung der Sprache etc.[1567]

§ 20 StEG wurde beispielsweise bei folgenden Verhaltensweisen als erfüllt angesehen:

- Leugnen der Meinungsfreiheit und Erzählen eines politischen Witzes[1568],
- Der Wahl fernbleiben verbunden mit der Aussage, die privat geführten Geschäfte würden sowieso bald den Kommunisten anheim fallen[1569],
- Aussage, der Staat werde bald untergehen; nur die Kirche bliebe,
- Aussage, die Lehrer würden alle „so tief im Dreck stehen" als Anspielung auf eine NS-Vergangenheit[1570],
- Aussage: „Gott sei Dank, daß dieses Schwein tot ist" beim Tod von *Pieck*,
- Äußerung des Wunsches, in einem Laden „VEB-Zigaretten und VEB-Bier ohne VEB-Hefe" kaufen zu wollen[1571].

Das Problem bestand nun darin, (geduldete) Kritik an Gesellschaft und Staat von der Staatsverleumdung zu unterscheiden, da immer wieder betont wurde, dass angebrachte Kritik nicht gesellschaftsgefährlich, sondern, im Gegenteil, gesellschaftlich nützlich sei, weil sie helfe, Missstände zu beseitigen und die sozialistische Entwicklung voranzutreiben.[1572] Um eine Handlung juristisch einordnen zu können, wurde gefordert, alle Zusammenhänge zu untersuchen und der Entscheidung zugrunde zu legen, d.h. das bisherige Leben des Beschuldigten, die Situation, in der er die Äußerung machte, eventuelle Wiedergutmachungsversu-

---

[1567] *Stiller*, Die Staatsverbrechen, S. 99.

[1568] KG Neubrandenburg, Urteil vom 02.12.1958 - I S 405/58, UaS IV, 105.

[1569] KG Bischofswerda, Urteil vom 22.12.1958 - S 302/58, UaS IV, 99.

[1570] BG Leipzig, Urteil vom 20.05.1959 - 1 b BS 306/59, UaS IV, 100.

[1571] KG Bitterfeld, Urteil vom 24.11.1960 - S 428/60, UaS IV, 103.

[1572] Siehe *Stiller*, Die Staatsverbrechen, S. 100; KG Aschersleben, Urteil vom 18.03.1957 - S 117/58 K II 116/56, UaS III, 125.

che, Reue etc.[1573] Es dürfe nicht übersehen werden, dass der Umgangston in Betrieben und in Dörfern vielfach rauher und härter sei und eine Beurteilung nach dem bloßen Wortsinn vielfach am wirklichen Leben vorbeigehe.[1574]

In einem Greizer Betrieb äußerte eine Arbeiterin, *Ulbricht* unterhalte in Leipzig ein Freudenhaus und wenn sie ihn auf der Straße treffen würde, würde sie ihn ankotzen. Damit, so das Geraer Bezirksgericht, habe sie gegen § 20 StEG verstoßen, da sie den ersten Stellvertreter des Ministerrates öffentlich verleumdet und verächtlich gemacht habe und eine weitere Begründung nicht notwendig sei.[1575] In einem anderen Fall hatten sich Eltern dagegen gewehrt, dass das ablehnende Verhalten ihres Sohnes, sich als Wahlhelfer zu betätigen, zum Gegenstand eines den Schülern in das Schulheft diktierten Aufsatzes gemacht worden war. Sie machten dabei deutlich, dass sie mit den Erziehungsmethoden nicht einverstanden seien und die Lehrerin solle sich schämen, stolz zu sein, in diesem Staat Lehrerin zu sein[1576]. Das Gericht sah darin eine Strafbarkeit nach § 20 StEG, weil die Eltern nicht lediglich Kritik geübt, sondern die Lehrerin wegen ihrer Zugehörigkeit zu einer staatlichen Einrichtung öffentlich angegriffen hätten.

c) 3. Gruppe: Andere staatsgefährdende Akte §§ 21-23

Die Intention der Verbrecher sollten bei §§ 21-23 StEG darauf gerichtet sein, das ökonomische und militärische Potential zu schwächen und das gesellschaftliche Leben zu desorganisieren, vor allem aber den sozialistischen Aufbau zu durchkreuzen und damit unmöglich zu machen.[1577] Es handelte sich bei §§ 22, 23 StEG

[1573] So ergäben sich aus diesen Gesichtspunkten vielfältige Möglichkeiten, da ein und dieselbe Äußerung entweder gar keine Straftat, eine geringe Verfehlung, auf die möglicherweise gemäß § 9 Nr. 2 StEG ohne Freiheitsstrafe oder gemäß § 1 StEG reagiert werden könne, oder eine gefährliche Hetze sei, *Stiller*, Die Staatsverbrechen, S. 103.
[1574] *Stiller*, Die Staatsverbrechen, S. 103.
[1575] BG Gera, Urteil vom 15.02.1958 - 1 Bs 12/58 I, archiviert beim LG Gera, 1 Bs 1958, Nr. 14.
[1576] BG Leipzig, Urteil vom 20.05.1959 - 1b BS 306/59, UaS IV, 100.
[1577] *Renneberg*, NJ 1958, 6 (8).

um Staatsverbrechen und nicht nur um bloße Wirtschaftsverbrechen. Beide konnten zwar eine Störung, Hemmung oder Verhinderung von Maßnahmen zum sozialistischen Aufbau zur Folge haben, allerdings fehlte den Wirtschaftsdelikten der unmittelbare Angriff auf die sozialistischen Grundlagen.

aa) § 21 Verleitung zum Verlassen der Deutschen Demokratischen Republik

(1) Wer es unternimmt, eine Person

1. im Auftrage von Agentenorganisationen, Spionageagenturen oder ähnlichen Dienststellen oder von Wirtschaftsunternehmen oder

2. zum Zwecke des Dienstes in Söldnerformationen zum Verlassen der Deutschen Demokratischen Republik zu verleiten, wird mit Zuchthaus bestraft; auf Vermögenseinziehung kann erkannt werden.

(2) Wer es unternimmt, einen Jugendlichen oder einen in der Berufsausbildung stehenden Menschen oder eine Person wegen ihrer beruflichen Tätigkeit oder wegen ihrer besonderen Fähigkeiten oder Leistungen mittels Drohung, Täuschung, Versprechen oder ähnlichen die Freiheit der Willensentscheidung beeinflussenden Methoden zum Verlassen der Deutschen Demokratischen Republik zu verleiten, wird mit Gefängnis nicht unter sechs Monaten bestraft.

aaa) Einleitung

Mit dem neuen Strafrechtsergänzungsgesetz wurde nun auch ausdrücklich das „Abwerben“[1578] bzw. das Verleiten zum Verlassen der DDR unter Strafe gestellt. Unmissverständlich sollte damit die Entschlossenheit des Staates zum Ausdruck

---

[1578] Das Wort „Abwerben“ wurde bewusst nicht mehr gewählt, da diese Bezeichnung aus dem „Jargon des kapitalistischen Konkurrenzkampfes“ entlehnt sei und im Zusammenhang mit der Gefährlichkeit der Verleitung zum Verlassen der DDR irreführend sei, *Renneberg*, NJ 1958, 6 (11). Bis zum Strafrechtsergänzungsgesetz ist es jedoch in einigen Verurteilungen gemäß Art. 6 VerfDDR zu finden, siehe BG Suhl, Urteil vom 16.04.1956 - 1 Ks 24/56, UaS III, 139.

gebracht werden, seine „*Bürger vor dem verderbenbringenden Zugriff der NATO-Agenturen zu verteidigen und die mit diesen Verbrechen bezweckte Desorganisierung und Untergrabung der gesellschaftlichen Ordnung*“ wirksam unterbinden zu wollen[1579]. Einen anderen wichtigen Grund ließ *Ulbricht* auf einer Arbeitstagung der Justizfunktionäre im Januar 1958 anklingen, als er feststellte, dass die westdeutschen NATO-Organe nunmehr bemüht seien, durch Abzug von Arbeitskräften, Diebstahl von Neukonstruktionen und Zeichnungen etc. die wirtschaftliche Entwicklung zu stören.[1580] Diese Zielsetzung soll wohl auch durch einen Mitarbeiter des Bundesnachrichtendienstes bestätigt worden sein, der einräumte, seine Institution sei bestrebt gewesen, Angehörige der Intelligenz und hochqualifizierte Arbeitskräfte abzuwerben, um dadurch die wirtschaftliche Entwicklung zu stören und Missstimmung unter der Bevölkerung zu erzeugen.[1581]

Ohne den Einfluss der jeweiligen Geheimdienste unterschätzen zu wollen, ist doch festzustellen, dass der nicht unbeträchtliche Schwund an (qualifizierten) Arbeitskräften[1582], der immer wieder zu Störungen beim Aufbau verschiedener Wirtschaftszweige führte,[1583] auf „hausgemachte“ Probleme zurückzuführen ist. Dabei verließen die meisten „Abwanderer“ weniger aus rein politischen Motiven

---

[1579] *Renneberg*, NJ 1958, 6 (10).

[1580] *Melsheimer*, NJ 1958, 41f; schon das BG Suhl hatte in einem Urteil ähnliche Gründe angeführt: „Dem friedlichen Aufbau werden wertvolle Mitarbeiter entzogen...“, Urteil vom 16.04.1956 - 1 Ks 24/56, UaS III, 139; so auch KrG Jessen/Elster, Urteil vom 10.02.1958 - S 20/58, NJ 1958, 211: „Der Angeklagte muß endlich lernen, ein wenig nachzudenken und sich darüber klarzuwerden, daß die Eindämmung des illegalen Verlassens ... im Interesse aller Werktätigen liegt, daß es zur Verbesserung unserer Lebensbedingungen notwendig ist, unserem ...Staat jede Arbeitskraft zu erhalten.“

[1581] OG, Urteil vom 16.08.1961 - 1 Zst (I) 3/61, NJ 1961, 593.

[1582] Eine Abwanderung hat es von Beginn an gegeben. Von 1949 bis 1961 sollen 2,7 Millionen Menschen die Republik verlassen haben, nach 1961 wurde der Abwanderungsstrom zwar erstmal eingedämmt, aber niemals unterbunden. Vom Mauerbau bis zum 09.11.1989 haben noch ca. 95.000 Menschen die DDR illegal verlassen, d.h. entweder die Grenze durchbrochen oder sind nicht wieder zurückgekehrt, siehe ausführlicher *Fricke*, ApuZ B38/99, S. 3.

[1583] *Przybylski*, NJ 1964, 97, geht davon aus, dass durch systematisch betriebenen Menschenhandel, ausgedehnte Spionage und Sabotage sowie planmäßige wirtschaftliche Störtätigkeit der DDR bis 1961 ein materieller Schaden in Höhe von 30 Mrd. DM zugefügt wurde.

denn aus wirtschaftlichen Gründen die DDR. Trotz des harten politischen Kurses waren lediglich 2-8% der „Umsiedler" politische Flüchtlinge, wie z.B. das Düsseldorfer „Handelsblatt" vom 14.03.1956 oder die Fuldaer „Deutsche Volkszeitung" vom 17.12.1953 feststellte[1584]. Der Abgeordnete *Müller* von der KPD wies im Deutschen Bundestag auf einen Artikel der Zeitung „Die Welt" hin, in der als Ursachen für den Weggang aus der DDR weniger politische Motive angegeben wurden, als vielmehr Versprechungen von politischer und persönlicher Freiheit, Demokratie und Recht.[1585] Nach einer wissenschaftlichen Untersuchung waren etwa 30% der befragten Arbeiter ausschließlich von dem Wunsch nach einer wirtschaftlichen Verbesserung in den Westen getrieben worden, weitere 30% nannten in ihrer Person oder in ihren Familienverhältnissen liegende Gründe, 8% gingen aus enttäuschtem beruflichen oder politischen Ehrgeiz, 5% wiesen asoziale Tendenzen auf, 12% fühlten sich verfolgt, 7% sahen sich einem allgemeinen, aber unerträglichen Druck ausgesetzt und nur 8% nannten eine unmittelbar drohende Gefahr für sich aus politischen Motiven.[1586]

bbb) Tatbestandsmerkmal „Verleiten"

Die objektive Seite des § 21 StEG war erfüllt, sobald Voraussetzungen oder Bedingungen für das Verlassen der DDR geschaffen worden waren. Wegen der gesellschaftlichen Gefährlichkeit war § 21 StEG als Unternehmensdelikt ausgestaltet, so dass unter Verleiten jede politisch-ideologische Einwirkung auf eine Person verstanden wurde, die zu dem Entschluss führte, die DDR zu verlassen, worunter auch die Bestärkung eines zur Abwanderung bereits Entschlossenen zählte.[1587] Dabei war gleichgültig, ob das Verlassen legal oder illegal gewesen

[1584] *Jahn*, NJ 1958, 840.
[1585] Siehe Protokoll der 250. Sitzung des BT 1953, S. 11980.
[1586] FAZ vom 18.03.1957, NJ 1959, 842; damit mittelbar verbunden war das Problem, inwieweit sowjetzonale Urteile in der Bundesrepublik vollstreckt werden konnten, worauf aber in dieser Arbeit nicht eingegangen werden soll.
[1587] *Stiller*, Die Staatsverbrechen, S. 109.

wäre, da es „die tatsächliche Klassenkampfsituation in Deutschland“ gebot, „Anträge auf legale Übersiedlung auch unter dem Blickpunkt einer dafür ursächlichen Verleitung zu sehen.“[1588] Auch war nicht erforderlich, dass der zu Verleitende „DDR-Bürger“ war, da vom gesetzlichen Tatbestand des § 21 StEG auch Bürger anderer sozialistischer Staaten mitumfasst wurden, sofern sie in der DDR arbeiteten oder lebten. Objekt der verbrecherischen Verleitung zum Verlassen der DDR seien stets diejenigen Verhältnisse, die die staatsbürgerlichen Beziehungen zwischen dem Staat und den Bürgern zum Inhalt haben und die als Ausdruck der Herrschaft der Arbeiter und Bauern die Vollendung des sozialistischen Aufbaus gewähren. Diese Verhältnisse seien vordergründig ideologischer Natur.[1589] Es war daher erforderlich, die gesamte Bevölkerung davon zu überzeugen, dass die Diktatur des Proletariats einzig und allein in der Lage sei, die Interessen der arbeitenden Klasse zu schützen. Mit jedem Abwanderer konnte nun diese Bewusstseinsentwicklung empfindlich gestört werden, weil Zweifel nicht nur an der Richtigkeit verschiedener Maßnahmen, sondern am System als Ganzem aufkommen konnten.[1590]

Innerhalb des § 21 StEG wurden verschiedene Begehungsformen unterschieden:

(1) Die in der Praxis wohl eindeutigste Form war die *direkte* und *offene* Aufforderung zum Verlassen der DDR. Dies konnte sowohl mündlich als auch schriftlich geschehen, z. B. durch die Aufforderung des Täters gegenüber seinem Kollegen, die „Chance auszunutzen und nach Westdeutschland zu gehen“[1591], durch das Bestärken des bereits vorhandenen Abwanderungsgedankens[1592] oder das

[1588] *Jahn*, NJ 1958, 849 (843); anders dagegen *Kühlig*, NJ 1956, 432.
[1589] *Jahn*, NJ 1958, 457.
[1590] *Jahn/Stiller*, NJ 1959, 629.
[1591] OG, Urteil vom 27.01.1956 - 1 Zst (I) 1/56, UaS III, 138.
[1592] OG, Urteil vom 29.08.1958 - 1b Ust 136/58, NJ 1958, 790.

Verschicken von Briefen mit der Aufforderung, die DDR zu verlassen, weil bekannt geworden sei, dass der Empfänger oder ein naher Angehöriger Betriebsgeheimnisse verraten habe und deshalb mit einer baldigen Verhaftung zu rechnen sei[1593]. Die Vollendung trat schon dann ein, wenn der Täter den Betreffenden aufgesucht oder mit ihm in Verbindung getreten war. Hatte der Täter sich jedoch im vorhinein für eine bestimmte Person entschieden und musste diese nun noch für seinen Plan gewinnen, stellte bereits die Auswahl des Opfers eine günstige Bedingung für die Verwirklichung dar und führte zur Vollendung der Tat. Handelte jemand im Auftrage einer feindlichen Agentur, so war die Tat mit der Annahme des Auftrages vollendet.[1594]

(2) Als eine „raffinierte und heimtückisch getarnte Begehungsweise" galt die *indirekte* oder *konspirative* Aufforderung zur Abwanderung, weil der Täter gegenüber „schwankenden, abenteuerlustigen oder sonstigen in Widerspruch zum sozialistischen Aufbau geratenen Menschen" den Eindruck von Neutralität erwecken wollte.[1595] Strafbar war in diesem Zusammenhang z.B. die Aufforderung, westliche Literatur zu lesen[1596]; offen über die Eindrücke aus Westdeutschland zu berichten und in Gesprächen Vergleiche zwischen beiden deutschen Staaten anzustellen[1597] und zu behaupten, in Westdeutschland käme man besser vorwärts[1598], im Westen hätte man ein gutes Leben und als ehemaliger „Ostzonenbewohner" würde man viele Vergünstigungen erhalten[1599], in Westdeutschland gäbe es jede Menge guter Sachen[1600], man würde sofort Arbeit finden und viel

[1593] *Stiller*, Die Staatsverbrechen, S. 106.
[1594] *Jahn*, NJ 1958, 840 (842).
[1595] *Jahn*, NJ 1958, 840 (842).
[1596] BG Karl-Marx-Stadt, o. Datum, o.Az., UaS III, 138.
[1597] Vgl. *Schweichel*, SBZ-Archiv 1959, 3.
[1598] BG Karl-Marx-Stadt, o. Datum, o. Az., UaS III, 138.
[1599] BG Magdeburg, Urteil vom 17.03.1958 - 1 Bs 27/58, UaS III, 142.
[1600] BG Karl-Marx-Stadt, UaS III, S. 138, Dokument 191.

mehr Geld verdienen[1601], die Rückkehr in die DDR wäre ein Fehler gewesen, jede Stunde hier sei verlorene Zeit[1602], die Schikane eines Vermieters, um seinen Mieter zum Verlassen der Republik zu zwingen[1603].

(3) Strafbar war auch die Begehungsform der Werbung eines Begleiters, entweder weil der Täter aus privaten oder beruflichen Gründen nicht allein gehen wollte oder um die Anerkennung als „politischer Flüchtling" zu erwirken.[1604] Das Verbrechen war in einem solchen Fall vollendet, wenn mit der Auswahl oder der Erforschung der politischen Einstellung des Opfers begonnen wird. Hier zeigt sich wieder die Typik des Unternehmensdelikts. Die Strafbarkeit wegen vollendetem Delikt wurde nicht nur auf das Versuchsstadium ausgedehnt, sondern umfasste bereits Handlungen, die sich noch im Vorbereitungsstadium befanden, mit der Folge, dass beispielsweise ein Rücktritt vom Versuch nicht mehr möglich war. So reichte allein das bloße Auskundschaften der persönlichen oder familiären Verhältnisse für eine Bestrafung nach § 21 StEG aus. Das Oberste Gericht hatte diesbezüglich schon 1956, noch im Rahmen der Strafbarkeit nach Art. 6 VerfDDR, ausgeführt, dass Täter, die damit beauftragt worden waren, Informationen über Wissenschaftler, wie z.B. Personalien, Arbeitsstelle, Qualifikation, charakterliche Eigenschaften, politische Auffassung etc.[1605], zu sammeln, der Verleitung zum Verlassen der DDR strafbar seien.

(4) Auch die Förderung, Unterstützung oder Bestärkung eines bereits zur Flucht Entschlossenen oder zumindest eines dazu neigenden Menschen war als vollendetes Delikt zu bestrafen.[1606] Die Bestärkung konnte zum einen in materieller

---

[1601] BG Magdeburg, Urteil vom 17.03.1958 - 1 Bs 27/58, UaS III, 142.
[1602] *Jahn*, Das Verbrechen der Verleitung zum Verlassen, S. 88.
[1603] *Jahn*, ebda., S. 88.
[1604] *Jahn*, NJ 1958, 840 (843).
[1605] OG, Urteil vom 27.01.1956 - 1 Zst (I) 1/56, NJ 1956, 101.
[1606] Dieser Anteil wurde auf ca. 25-30% geschätzt, *Jahn*, ebda., S. 90.

Hinsicht geschehen, so z.B. durch die Gewährung von Vorteilen, indem das „Fahrgeld" oder die Auflösung des Haushalts übernommen wurde bzw. andere finanzielle Mittel zur Verfügung gestellt wurden.[1607] Die immaterielle bzw. psychische Bestärkung geschah durch die Beseitigung ideologischer Zweifel bzw. durch anderweitige intellektuelle Förderung eines (latenten) Abwanderungsgedankens oder durch physische Unterstützung, z.B. durch Ratschläge, durch Beschreibung günstiger Reisewege, Unterkunftsmöglichkeiten, Hinweise zu Verhaltensmaßregeln, das Ausräumen von Hindernissen bei der Aussiedlung[1608].

(5) Mit umfasst vom Tatbestandsmerkmal der „Verleitung zum Verlassen" war darüber hinaus auch das Abhalten von der Rückkehr aus Westdeutschland, da die Verleitung in der Unterbindung des Rückkehrwillens des Betroffenen bestand.[1609]

(6) Weiterhin galt das Auskundschaften persönlicher Verhältnisse zum Zwecke der Verleitung als strafbare Handlung iSd. § 21 StEG.[1610] Bei dieser Methode gebe es zum einen die Fälle, in denen die Abwerber arbeitsteilig vorgingen und die unmittelbare Abwerbung anderer, für die Agenturen weniger wertvollen Agenten überließen und zum anderen die Fälle, in denen die Abwerbung durch den Kundschafter selbst erfolge.[1611]

(7) Eine der gefährlichsten Methoden sah man in der Organisation der Verleitung, so, wenn man als Mitarbeiter einer Agentenzentrale oder einer anderen Organisation allgemeine oder konkrete Aufträge zur Abwerbung erteile oder damit beauftragte Agenten kontrolliere oder anleite.[1612]

[1607] Der Täter übernahm es z.B., die Abwanderer über die Grenze zu bringen, *Jahn*, NJ 1958, 843.
[1608] *Jahn*, Das Verbrechen der Verleitung zum Verlassen, S. 91.
[1609] *Jahn*, ebda., S. 92.
[1610] OG, Urteil vom 27.01.1956 - 1 Zst (I) 1/56, NJ 1956, 101.
[1611] *Jahn*, ebda., S. 93.
[1612] *Jahn*, ebda., S. 94.

ccc) Verleiten nach Absatz 1 Nr. 1 und 2

Absatz 1 Nr. 1 enthält drei Varianten:

1. die Verleitung im Auftrage von Agentenorganisationen, Spionageagenturen oder ähnlichen Dienststellen, wobei unter Agenturen alle Organisationen verstanden wurden, die sich mit Subversion gegen die DDR und andere sozialistische Staaten befassten[1613],
2. die Verleitung im Auftrage „ähnliche(r) Dienststellen", d.h. alle Institutionen, die keine Spionageorganisationen per se waren, sich aber der NATO-Politik verschrieben hatten[1614] sowie
3. die Verleitung im Auftrage eines Wirtschaftsunternehmens, das waren beispielsweise alle kapitalistischen Betriebe[1615] mit Sitz in Westdeutschland oder im kapitalistischen Ausland[1616].

Im Auftrage dieser Stellen handelte der Täter, wenn er durch sie veranlasst wurde, einen bestimmten Bürger zum Verlassen der DDR zu bewegen oder wenn er einen unbestimmten Auftrag zur Abwerbung hatte.[1617]

Bei Absatz 1 Nr. 2 war die Abwerbung zum Zwecke des Dienstes in einer Söldnerformation[1618] wegen der hohen Gesellschaftsgefährlichkeit besonders unter Strafe gestellt, weil den Betreffenden ein schweres menschliches Unglück erwar-

---

[1613] So alle Geheimdienste und Organisationen, die sich mit der Abwanderung beschäftigten, wie z.B. die Ostbüros westdeutscher Parteien, UfJ etc.

[1614] Verschiedene „evangelische Akademien" und „Studentengemeinschaften" etc. siehe *Jahn*, NJ 1958, 840 (845).

[1615] So z.B. Siemens, AEG.

[1616] *Jahn*, Das Verbrechen der Verleitung zum Verlassen, S. 85.

[1617] *Stiller*, Die Staatsverbrechen, S. 110.

[1618] Damit waren alle NATO-Verbände sowie die bewaffneten Kräfte der imperialistischen Staaten und deren Fremdenlegion gemeint, siehe *Stiller*, Die Staatsverbrechen, S. 110 bzw. die Bundeswehr, die Fremdenlegion, militärische Einheiten der NATO-Staaten, siehe *Jahn*, NJ 1958, 840 (844).

te, wenn er sich in den Dienst einer feindlichen Organisation stellen müsse, die eine allgemeine Gefahr für den Frieden der Welt darstelle.[1619]

ddd) Verleiten nach Absatz 2

Gemäß Absatz 2 musste die Verleitung „mittels Drohung, Täuschung, Versprechen oder ähnlichen die Freiheit der Willensentscheidung beeinflussenden Methoden zum Verlassen“ vorgenommen werden. Alle Tatbestandsmerkmale haben gemeinsam, dass als Methode der Verleitung die ideologische Beeinflussung des potentiellen Abwanderers im Vordergrund stehe, wobei die Drohung über die Täuschung hinaus Elemente der Bedrängnis, des Zwanges oder Schreckens enthalte und dadurch den Betreffenden zum Verlassen der DDR nötige.[1620] Die Handlung des Täters werde daher oftmals mehrere Methoden enthalten, um sein gewünschtes Ziel erreichen zu können.

(1) Die *Drohung* als schwerste Form sollte den Anschein erwecken, als bringe der weitere Aufenthalt in der DDR zwingende Nachteile oder den Bürgerrechten widersprechende Zwangsmaßnahmen mit sich, denen man sich nur durch Flucht entziehen könne.[1621] So sollen Drohbriefe an Ehefrauen von Spezialisten verschickt worden sein, in denen zum Ausdruck gebracht worden sei, dass ihre Männer nach der Vereinigung Deutschlands wegen der positiven Einstellung zur DDR schwer büßen müssten und dies nur durch das Verlassen der DDR verhindert werden könne.[1622]

1619 *Jahn*, NJ 1958, 840 (845).
1620 *Jahn*, NJ 1958, 840 (844).
1621 *Jahn*, NJ 1958, 840 (844).
1622 OG; Urteil vom 27.01.1956 - 1 Zst (I) 1/56, NJ 1956, 100.

(2) Die *Täuschung* umfasste alle Methoden der List, der Irrtumserregung bzw. der fingierten Warnung.[1623] So, wenn die Kartenlegerin von Suhl ihren Kunden mitteile, sie würden von der Polizei gesucht oder im Falle des Verbleibens müssten sie mit nicht nur unerheblichen Nachteilen rechnen.[1624]

(3) Eine andere Methode der Verleitung war das *Versprechen*, d.h., das Anerbieten oder Gewähren bestimmter Vorteile, wie z.B. Arbeitsplatz, Unterkunft, bessere finanzielle Möglichkeiten, Heiratsversprechen, Studienmöglichkeiten, politische Anerkennung[1625] etc.

(4) Mit dem Versprechen von Vorteilen ging das *Verherrlichen* der westdeutschen kapitalistischen Verhältnisse einher. Oftmals wurden dem Abzuwerbenden die westdeutschen Arbeits- und Lebensbedingungen als „wirkliche Freiheit" beschrieben. Es gebe insbesondere für Fachkräfte und Spezialisten gut bezahlte Arbeit, eine Wohnung, mehr und qualitativ bessere Waren, die Möglichkeit der freien Meinungsäußerung etc. [1626]

(5) Das *Überreden* als psychische Beeinflussung war wiederum ein Unterfall des Versprechens und des Verherrlichens. Äußerte der Abzuwerbende Zweifel, wurde er mit Versprechen von Vorteilen oder den positiven Darstellungen über die westdeutschen Verhältnisse davon überzeugt, dass es keine Alternative zum Verlassen der DDR gebe.

[1623] *Kühling*, NJ 1956, 432.
[1624] *Jahn*, Das Verbrechen der Verleitung zum Verlassen, S. 98.
[1625] OG, Urteil vom 27.01.1956 - 1 Zst (I) 1/56, NJ 1956, 102.
[1626] Häufig war es die Aussicht auf bessere Arbeits- und Lebensbedingungen, z.B. „eine gutbezahlte Anstellung", „Studienmöglichkeiten in Westberlin", OG, Urteil vom 27.01.1956 - 1 Zst (I) 1/56, NJ 1956, 102; *Jahn*, ebda., S. 96.

eee) Verleitung bestimmter Personenkreise

Besonders gesellschaftsgefährlich war nach Absatz 2 des § 21 StEG die Verleitung bestimmter Personengruppen zur Republikflucht, weil damit dem im Aufbau begriffenen Staat wertvolle Arbeitskräfte verloren gingen, die jedoch durch deren Ausbildung erhebliche Kosten für den Staat verursacht hatten. Die nicht unerhebliche Zahl der Abwanderer[1627] veranlasste die Partei- und Staatsführung drastische Maßnahmen zu ergreifen, indem sie die Mindeststrafe auf sechs Monate anhob. Dies betraf Jugendliche oder in einer Ausbildung befindliche Menschen oder Personen, die wegen ihrer beruflichen Tätigkeit oder besonderer Fähigkeiten oder Leistungen vom Täter zur Republikflucht veranlasst werden sollten, d.h., wenn der Täter die ihm bekannte berufliche Tätigkeit zum Gegen stand der ideologischen Beeinflussung machte.

(1) Die besondere Schutzbedürftigkeit der Jugendlichen ergab sich daraus, dass man in der Jugend die Zukunft des sozialistischen Staates erblickte und sich daraus eine besondere Fürsorgepflicht ergab.[1628] Jugendliche bzw. in einem Ausbildungsverhältnis stehende Personen mussten dem Staat als wertvolle Arbeitskräfte unbedingt erhalten bleiben, nachdem die staatlichen Einrichtungen die Kosten für die Ausbildung übernommen hatten. So verurteilte das BG Karl-Marx-Stadt einen Angeklagten zu einer Gefängnisstrafe von 1 Jahr und 6 Monaten, nachdem er ein „zuverlässiges und sauberes Dienstmädchen" nach Dortmund vermittelt hatte.[1629]

(2) Unter „Berufsausbildung" wurde jedes zum Zeitpunkt der Tat bestehende Ausbildungsverhältnis gezählt. Ausreichend sollte darüber hinaus auch sein,

---

[1627] *Ostwald*, SBZ-Archiv 1960, 121 spricht von ca. 2,3 Mio. Abwanderern in den Jahren 1949 bis Ende 1959.

[1628] *Jahn*, Das Verbrechen der Verleitung zum Verlassen, S. 74.

[1629] BG Karl-Marx-Stadt, Urteil vom 12.02.1958 - 1Bs 7/58, NJ 1958, 178.

wenn der zu Verleitende schon eine eigenständige berufliche Tätigkeit ausübte, für diese aber bereits eine weitere Ausbildung/ Qualifikation vorgesehen war.[1630]

(3) Als Auffangtatbestand kann man jedoch das Tatbestandsmerkmal „wegen ihrer beruflichen Tätigkeit“ bezeichnen. Aus dem Wortlaut des Gesetzes sind keine Anhaltspunkte ersichtlich, was darunter zu verstehen ist. Um die Auslegung des Begriffes bemühten sich Teile der Literatur und das Oberste Gericht. Nach *Jahn*[1631] umfasste der Begriff jede von Berufs wegen ausgeübte Tätigkeit, gleichgültig, ob es ein gelernter Beruf oder eine angelernte Tätigkeit war, wobei unerheblich war, ob es sich um eine in der DDR ausgeübte oder in Westdeutschland/ Westberlin in Aussicht gestellte Tätigkeit handelte.[1632]

Die Verleitung eines bestimmten Personenkreises ist nur scheinbar ein eingrenzendes Tatbestandsmerkmal, wie die Auslegung zeigt. Lediglich die nicht arbeitende Bevölkerung oder diejenigen mit asozialen Tendenzen waren vom Schutzbereich des § 21 StEG ausgenommen. Sobald ein Bürger in den Arbeitsprozess integriert war oder eine Berufsausbildung wahrnahm, galt er als besonders schützenswerte Person. Unbestritten waren es daher Wissenschaftler, Ärzte[1633], Sportler, Künstler und Angehörige anderer geistiger Berufe, Personen mit besonderen Fähigkeiten oder Leistungen, die es in der DDR zu halten galt. Auch Angehörige der bewaffneten Streitkräfte waren zumindest wegen ihrer beruflichen Tätigkeit

[1630] OG, Urteil vom 20.06.1958 - 1b Ust 66/58, NJ 1958, 790.
[1631] *Jahn*, NJ 1958, 790.
[1632] OG, Urteil vom 03.10.1958 - 1b Ust 178/58, NJ 1959, 141.
[1633] Siehe *Jahn*, NJ 1958, 840 (846); Durch die Verleitung von Ärzten soll ferner die gesundheitliche Betreuung der Bevölkerung gestört und die medizinische Intelligenz von der aktiven Mitarbeit am Wohl des Volkes abgehalten werden, siehe *Jahn*, Das Verbrechen der Verleitung zum Verlassen der Deutschen Demokratischen Republik, S. 69. Eine derartige Absicht wird man wohl in den meisten Fällen nicht unterstellen können, obwohl man eine Abwerbung der Intelligenz nicht leugnen kann. In Gesprächen mit d. Verf. sprach u.a. eine Ärztin davon, dass sie und ihr Mann Anfang der 50er Jahre mehrmals dazu gedrängt wurden, an eine westdeutsche Universitätsklinik zu wechseln.

unter den Schutz des § 21 StEG gestellt, weil ihre Abwerbung eine Gefahr für die innere und äußere Sicherheit der DDR darstellte.[1634] Nun beschränkten sich aber die Gerichte nicht etwa auf derartige Berufsgruppen, sondern fassten fast jede Tätigkeit unter den § 21 StEG, und zwar weil jeder Mensch zugleich Arbeiter, Landwirt[1635], Wissenschaftler, Forscher oder Techniker sei[1636] und damit eine besondere Tätigkeit ausübe.[1637] Durch die Verleitung von Angehörigen der technischen Intelligenz beispielsweise würden neben den politischen und ideologischen Beziehungen zwischen ihnen und dem Arbeiter- und Bauernstaat vor allem die grundlegenden ökonomischen Beziehungen, die sie mit dem sozialistischen Eigentum, der sozialistischen Produktion und dem Wirtschaftssystem verbinden, zerrissen.[1638] Somit konnte letztlich jeder bestraft werden, der irgendeine Person zum Verlassen der Republik verleiten wollte, da jeder in den Schutzbereich des § 21 StEG fiel. Die somit scheinbare Einschränkung des Tatbestandes auf bestimmte Personen fand in der Praxis keinen Widerhall. Es sei falsch, nur auf die wirtschaftlichen Folgen abzustellen, die der Weggang qualifizierter Arbeitskräfte nach sich ziehe. Jeder, der die DDR verlasse, erschwere den sozialistischen Aufbau, verschärfe die Krisenerscheinungen und stelle sich in den Dienst reaktionärer Kräfte.[1639] Die Unterscheidung der Abgeworbenen nach unterschiedlichen Personengruppen sollte wohl einzig und allein dazu dienen, die Gesellschaftsgefährlichkeit der Tat zu bestimmen und das entsprechende Strafmaß festzulegen.

[1634] *Jahn*, ebda., S. 75.

[1635] Die Verleitung von Landwirten soll die Versorgung der Bevölkerung und Industrie mit Nahrungsmitteln und Rohstoffen desorganisieren, *Jahn*, ebda., S. 69.

[1636] *Jahn*, NJ 1958, 840 (846).

[1637] Das gibt auch *Jahn*, ebda., S. 69, unverhohlen zu, wenn er davon ausgeht, dass nicht nur die Verleitung jedes beliebigen Arbeiters eine Gefahr für den sozialistischen Aufbau darstelle, sondern auch die Verleitung nicht in Beschäftigung Stehender, da damit zumindest das Vertrauensverhältnis zum sozialistischen Staat gestört werde.

[1638] Siehe *Stiller*, Die Staatsverbrechen, S. 108.

[1639] *Jahn*, ebda., S. 72.

Wer von sich aus beschlossen hatte, das Gebiet der DDR zu verlassen, wurde mit der gleichen Begründung aus § 8 I PaßG[1640] in der Fassung vom 11.12.1957[1641] bestraft.

bb) § 22 Diversion[1642]

Wer mit dem Ziele, die Volkswirtschaft oder die Verteidigungskraft der Deutschen Demokratischen Republik zu untergraben, es unternimmt, Maschinen, technische Anlagen, Transport- oder Verkehrsmittel oder sonstige für die Wirtschaft oder für die Verteidigung wichtige Gegenstände zu zerstören, unbrauchbar zu machen oder zu beschädigen, wird wegen Diversion mit Zuchthaus nicht unter drei Jahren bestraft; auf Vermögenseinziehung kann erkannt werden.

Unter Diversionsakten waren Staatsverbrechen zu verstehen, die zur Minderung des ökonomischen, militärischen und sonstigen gesellschaftlichen Potentials führten oder hätten führen können.[1643] Damit sollten alle Bereiche des sozialistischen Staates umfassend geschützt werden, da eine Gefährdung der wirtschaftlichen Grundlagen auch eine Gefährdung des planmäßigen Aufbaus des Sozialismus (und damit der Basis) nach sich zog. Die Strafbarkeit der Diversion ergab sich bis zum Strafrechtsergänzungsgesetz zunächst aus dem Befehl 160 der SMAD und später aus Art. 6 VerfDDR. Bei § 22 StEG handelte es sich wieder um ein Unternehmensdelikt, was bereits die strafrechtliche Verantwortlichkeit

[1640] § 8 PaßG lautete: (1) Wer ohne erforderliche Genehmigung das Gebiet der Deutschen Demokratischen Republik verläßt und betritt oder wer ihm vorgeschriebene Reiseziele, Reisewege oder Reisefristen oder sonstige Beschränkungen der Reise oder des Aufenthaltes hierbei nicht einhält, wird mit Gefängnis bis zu drei Jahren oder mit Geldstrafe bestraft.

[1641] GBl. 1957, 650.

[1642] Der Begriff der „Diversion" ist dem derzeit geltenden Strafgesetzbuch fremd, wird aber vom Begriff der „Spionage" mitumfasst, wie der Wortlaut des § 87 II Nr. 2 StGB zeigt. Die Begriffe „Diversion", „Spionage" und „Schädlingstätigkeit" lassen sich bereits in der Strafgesetzgebung der Sowjetunion von 1926 finden, siehe *Jahn*, StuR 1956, 80.

[1643] Strafgesetzbuch der DDR, Kommentar zu § 103 StGB, 1987, S. 277.

für Vorbereitung und Versuch nach sich ziehen musste. Demnach war schon das bloße Auskundschaften von Objekten, die Beschaffung von Hilfsmitteln o.ä. tatbestandsmäßig eine Diversion. Bei der Diversion sollte die Tat direkt auf die Schädigung der Volkswirtschaft und die Verteidigungskraft abzielen.

Angriffe auf die Volkswirtschaft konnten auf vielfältigste Weise erfolgen, so z.B. durch Angriffe auf Einrichtungen des Verkehrswesen (Berliner S-Bahn[1644]), durch Brandstiftungen an landwirtschaftlichen Gütern, wie Scheunen, Holzschobern etc.[1645], durch Plünderungen[1646], durch Angriffe auf wichtige Betriebe oder wissenschaftliche Institutionen[1647] etc.

Durch das Merkmal der „Verteidigungskraft" wurden wesentliche Bestandteile der Landesverteidigung unter Schutz gestellt, wobei darunter das gesamte ökonomische, wissenschaftlich-technische, politisch-moralische und militärische Potential fiel, das zur Landesverteidigung erforderlich war oder nutzbar gemacht werden konnte. Dazu zählten neben der NVA, der Armee der Sowjetunion, den Kampfgruppen u.ä. militärisch organisierten Einrichtungen[1648], auch Rohstoffe, Produktionsmittel, Transport- und Verkehrsmittel[1649] und Betriebe, die erst im Verteidigungsfall dafür „nutzbar gemacht" konnten.[1650] Der Diversionsakt sei daher unmittelbar und offen auf die Zerstörung, Vernichtung oder Beschädigung eines bestimmten, volkswirtschaftlich bedeutsamen Gegenstandes gerichtet.[1651]

[1644] Stadtgericht Groß-Berlin, Urteil vom 06.09.1961 - 101c BS 63/61, UaS IV, 125.
[1645] Anklageschrift StA Frankfurt (Oder) vom 08.09.1961, Az.: II 161/61, BStU FF/O., FAU 122/61.
[1646] Anklageschrift StA Dresden vom 08.07.1953, Az.: I 366/53 (1a Ks 336/53), BStU FF/O., S. 27.
[1647] Z. B. das Zerstören eines Lichtkabels, vgl. BG Frankfurt (Oder), Urteil vom 09.01.1961 - I BS 230/60, FAU 9/61 EV, S. 143 ff.
[1648] Z.B. die Deutsche Volkspolizei (VP), siehe Anklageschrift Frankfurt (Oder) vom 08.09.1961, Az.: II 161/61, BStU FF/O. FAU 122/61.
[1649] Anklageschrift StA Frankfurt (Oder) vom 08.09.1961, Az.: II 161/61, BStU FF/O. FAU 122/61.
[1650] Lehrkommentar zum Strafgesetzbuch, 1969, S. 61.
[1651] *Jahn*, StuR 1956, 82.

Der Täter musste es unternehmen, bestimmte Gegenstände zu zerstören, zu beschädigen oder unbrauchbar zu machen. Damit ergibt sich eine Differenzierung der Art der Begehung nach der Stärke der Einwirkung auf die Sache. Zunächst scheint die Aufzählung der bei § 22 StEG in Betracht kommenden Gegenstände abschließend zu sein, aber das Tatbestandsmerkmal „sonstige für die Wirtschaft oder für die Verteidigung wichtige Gegenstände" lässt den Gesetzgeber wieder zu der bis dahin gewohnt weiten Regelung zurückkehren. Für die ohnehin geschwächte Wirtschaft wurde demnach alles zu wichtigen Gegenständen iSd. § 22 StEG; so erfüllte z.B. die Tötung von Vieh, die Zerstörung von Erntegut oder der Beschädigung von Signalsystemen den Tatbestand des § 22 StEG.[1652] Dabei beschränkte sich der Schutz des § 22 StEG nicht auf das gesellschaftliche oder genossenschaftliche Eigentum, sondern schützte auch das private Eigentum, da auch die Privatbetriebe an der Produktion wichtiger Güter beteiligt waren.

Auf subjektiver Ebene wurde verlangt, dass neben den Zerstörungs-/ Beschädigungsvorsatz auch noch die Absicht, die sozialistische Staats- und Gesellschaftsordnung zu schädigen, trat, weil die Begehungsweisen und Angriffsgegenstände gerade Mittel zum Zweck seien. Dabei reichte es aus, wenn der Täter „den oben eins auswischen" wollte oder auch seine ganze Persönlichkeit darauf schließen ließ, dass er dem sozialistischen Aufbau feindlich gegenüberstehe.[1653]

cc) § 23 Schädlingstätigkeit und Sabotage

Wer mit dem Ziele, die Tätigkeit der staatlichen Organe oder die Volkswirtschaft der Deutschen Demokratischen Republik zu untergraben oder den Aufbau des Sozialismus zu stören, es unternimmt, staatliche oder genossenschaftliche Ein-

---

[1652] *Stiller*, Die Staatsverbrechen, S. 117.
[1653] *Stiller*, Die Staatsverbrechen, S. 118.

richtungen oder Betriebe in ihrer geordneten Tätigkeit zu behindern, wird mit Zuchthaus bestraft; auf Vermögenseinziehung kann erkannt werden.

aaa) Anwendung und Abgrenzungsschwierigkeiten

§ 23 StEG stellte die Schädlingstätigkeit und die Sabotage unter Strafe, wobei weder eine eindeutige Begriffsbestimmung innerhalb des § 23 StEG noch eine klare Abgrenzung zur Diversion möglich war. Begrifflich scheint die Sabotage eine heimliche[1654], verborgene und von innen her durch Nichtstun schädigende Handlung zu beschreiben, während das Merkmal der Diversion die unmittelbare Zerstörung und Beschädigung umschreibt[1655]. Die Schädlingstätigkeit müsste daher, wenn sie neben der Sabotage und Diversion bestraft werden soll, einen eigenständigen Regelungsinhalt haben. Sie sollte wohl eine Verbindung zwischen der offen ausgetragenen Zerstörung (Diversion) und der heimlichen Schädigungstätigkeit (Sabotage) herstellen. Manchmal wurde der Begriff „Schädlingstätigkeit“ lediglich als Synonym zu dem der „Sabotage“ gebraucht und damit jedweder Unterschied aufgehoben.[1656]

So verurteilte ein Gericht einen Bauern, der 132 Schafe hatte verhungern lassen, nach § 23 StEG, da es in der Tötung ein Unterlassen seiner ihm obliegenden Pflichten sah, während *Stiller* darin eine Zerstörung der für die Wirtschaft wichtigen Gegenstände sah und damit zur Anwendbarkeit des § 22 StEG kam. Und damit offenbart sich das Abgrenzungsdilemma. Im Gegensatz zu § 22 StEG

[1654] Vgl. *Heinze*, NJ 1949, 5, verwendet die Wortgruppen: „man tarnte sich“, „verschwieg“, „erschlich“.
[1655] So auch *Stiller*, Die Staatsverbrechen, S. 117, der Diversion als einen gewaltsam begangenen Anschlag auf die Wirtschaft oder die Verteidigungskraft definierte.
[1656] *Jahn*, StuR 1956, 87: „In diesem vor dem Obersten Gericht durchgeführten Prozeß wurde festgestellt, daß die Angeklagten Sabotage in Form von systematischer Schädlingstätigkeit betrieben...“ haben.

schützte § 23 StEG allerdings ausdrücklich nur genossenschaftliche oder staatliche Betriebe oder Einrichtungen, nicht hingegen auch die privaten.

Eine Abgrenzung zwischen Sabotage und Schädlingstätigkeit ist nicht möglich, weil wie *Jahn* damals schon zutreffend feststellte, „eigentlich kein entscheidender Unterschied" bestehe, und es daher weder juristische noch politische Gründe gebe, eine Trennung vorzunehmen.[1657] Die Schädlingstätigkeit enthalte auch aktive Elemente, weil sie über die bloße Nicht- oder Schlechterfüllung bestimmter Pflichten hinausgehe, so dass die nach § 23 StEG vorausgesetzte Behinderung der Tätigkeit genossenschaftlicher und staatlicher Einrichtungen und Betriebe sowohl durch die Nichterfüllung auferlegter Pflichten als auch durch ein aktives Handeln begangen werden konnte.[1658] Dagegen sah *Römer* die Unterscheidung in der Verschiedenheit der Methoden, da bei der Sabotage das Untätigbleiben trotz bestimmter Pflichten, bei der Schädlingstätigkeit aber das aktive Tätigwerden im Vordergrund stehe.[1659]

bbb) Tatbestandsmerkmale

Objektiv war erforderlich, dass der Täter es unternahm, staatliche oder genossenschaftliche Einrichtungen oder Betriebe in ihrer geordneten Tätigkeit zu behindern, wie z.B.:

- die Nichterfüllung oder unzulängliche Erfüllung der dem Täter auferlegten Pflichten,
- der Missbrauch der Funktion einer staatlichen oder gesellschaftlichen Stellung,

[1657] *Jahn*, StuR 1956, 85f.
[1658] *Schmidthals*, Die Neugestaltung des strafrechtlichen Staatsschutzes, S. 60.
[1659] *Römer*, StuR 1956, 527f.

- die Irreführung der zuständigen staatlichen oder volkswirtschaftlichen Organe,
- die missbräuchliche Benutzung staatlicher Einrichtungen oder Unternehmungen oder
- die Beeinträchtigung der normalen Tätigkeit dieser Einrichtungen oder Unternehmungen.[1660]

Letzteres diente vor allem dazu, den ständig wechselnden Methoden des Feindes wirksam entgegentreten zu können. Nach § 23 StEG wurden daher die Fälle bestraft, die man zuvor schon bei Art. 6 VerfDDR unter dem Begriff „Sabotage“ bestraft hatte, z.B. die Vernachlässigung landwirtschaftlich bewirtschafteter Flächen oder des Tierbestandes, Maßnahmen zur Erhaltung des Gutsbesitzes, Überschreitung der Befugnisse durch einen Hauptabteilungsleiter, der eine Nichtauslastung der volkseigenen Betriebe zugunsten der Privatbetriebe verursachte, Hemmung der Steinkohleförderung,[1661] etc.

Aufgrund der Ausgestaltung des § 23 StEG als Unternehmensdelikt war es nicht erforderlich, dass durch die Handlung irgendein Schaden eingetreten sein musste, sondern nur, dass die Handlung geeignet war, einen ernsthaften Schaden zu verursachen. Auf der subjektiven Seite musste der Täter in seinen Vorsatz eine Schädigung der ökonomischen Grundlagen aufgenommen haben, d.h. es reichte, dass der Täter mit die Folgen seines Handelns billigend in Kauf nahm.[1662] War ein derartiger Vorsatz nicht nachzuweisen, blieb nur eine Bestrafung wegen Wirtschaftsverbrechen.

[1660] Vgl. OGI 1979, 38.
[1661] *Jahn*, StuR 1956, 86 ff.
[1662] Es handelte sich daher nicht um eine besondere Schädigungsabsicht, die über den allgemeinen Vorsatz hinaus gefordert wurde.

d) Sonstige Regelungen

§ 24 Schwere Fälle

(1) In schweren Fällen der §§ 13, 14, 22, 23 kann auf lebenslange Zuchthausstrafe oder auf Todesstrafe erkannt werden.

(2) Ein schwerer Fall liegt insbesondere vor, wenn das Verbrechen

a) von mehreren Personen begangen wird, die sich zur Begehung derartiger Verbrechen miteinander verbunden haben;

b) unter Bereitstellung oder Anwendung gemeingefährlicher Mittel, durch Herbeiführung einer Explosion, eines Brandes oder einer Überschwemmung begangen wird;

c) den Tod eines Menschen, eine schwere Körperverletzung oder andere schwere Folgen verursacht hat oder eine größere Anzahl von Menschen gefährdet war;

d) unter Ausnutzung eines besonderen Vertrauensverhältnisses, einer verantwortlichen Funktion oder unter Verletzung besonders wichtiger Pflichten begangen wird;

e) in einer Zeit erhöhter Gefährdung der Deutschen Demokratischen Republik begangen wird.

§ 25 Begünstigung eines Staatsverbrechens

(1) Die nach der Begehung eines mit Zuchthausstrafe bedrohten Staatsverbrechens gewährte Begünstigung wird mit Gefängnis bestraft.

(2) Die Begünstigung ist straflos, wenn dieselbe dem Täter oder Teilnehmer von seinem Ehegatten, seinen Geschwistern oder Personen, die mit ihm in gerader Linie verwandt oder durch Annahme an Kindes Statt verbunden sind, gewährt worden ist, um ihn der Bestrafung zu entziehen.

Mit §§ 24, 25 StEG sollte den besonderen Verhältnissen des sich verschärfenden Klassenkampfes im Arbeiter- und Bauernstaat Rechnung getragen werden. Die Schwere der zu verhängenden Strafen sei notwendig, um „besonders gefährliche Subjekte" unschädlich zu machen, wobei § 24 StEG als Ausnahmevorschrift zu sehen sei.[1663] § 25 StEG stellte sich als Sondervorschrift zu § 257 StGB (Begünstigung) dar und erweiterte ihn für Staatsverbrechen erheblich.

6. Straftaten gegen das sozialistische Eigentum

Mit Einführung des StEG wurde das Gesetz vom 02.10.1952 zum Schutze des Volkseigentums und anderen gesellschaftlichen Eigentums gemäß § 31 StEG aufgehoben und stattdessen die §§ 28[1664]-30 StEG eingeführt. Sie galten gemäß § 31 II Satz 1 StEG[1665] ausschließlich für das gesellschaftliche Eigentum, enthielten aber eine Rechtsgrundverweisung auf die §§ 242, 246, 263, 266 StGB.

a) § 29 Verbrechen gegen das sozialistische Eigentum

(1) Wer durch Diebstahl (§ 242 StGB), Unterschlagung (§ 246 StGB), Betrug (§ 263 StGB) oder Untreue (§ 266 StGB) gesellschaftliches Eigentum angreift, wird mit Gefängnis oder öffentlichem Tadel bestraft. Daneben kann auf Geldstrafe erkannt werden.

(2) Der Versuch ist strafbar.

§ 29 StEG ersetzte nun das VESchG und regelte die Strafandrohung für Delikte gegen das gesellschaftliche Eigentum. Diese war abhängig von der Gesellschaftsgefährlichkeit des Angriffs und den Umständen der Tat und sollte durch

---

1663 *Stiller*, Die Staatsverbrechen, S. 121.

1664 § 28 definierte das gesellschaftliche Eigentum als Eigentum des Arbeiter- und Bauernstaates (Volkseigentum), Eigentum sozialistischer Genossenschaften und Eigentum demokratischer Parteien und Organisationen.

1665 § 31 II StEG: „Die §§ 242 bis 245, 246, 263, 264 und 266 des Strafgesetzbuches sind für die Bestrafung von Straftaten gegen gesellschaftliches Eigentum nicht mehr anwendbar".

eine differenzierte Straffestsetzung dem sozialistischen und humanistischen Charakter des Strafrechts besser als zuvor Rechnung tragen können.[1666] § 29 StEG schützte das gesellschaftliche Eigentum zunächst gegen Diebstahl, Unterschlagung, Betrug und Untreue, so dass insoweit auf die Vorschriften der §§ 242, 246, 263, 266 StGB zurückgegriffen wurde, wobei die strafrechtliche Verantwortlichkeit sich ausschließlich nach dem Strafrechtsergänzungsgesetz richtete. Auffallend ist die nunmehr gegenüber dem VESchG revidierte Strafandrohung, die keine Mindeststrafe mehr vorsah. So konnte beim Angriff gegen sozialistisches Eigentum auch ein öffentlicher Tadel ausgesprochen werden, was bis dato gänzlich unmöglich schien. Von dieser Maßnahme wurde auch Gebrauch gemacht, so wie im Fall eines Arbeiters, der versucht hatte, einen Transporter mit Kies statt zur Baustelle, auf sein Grundstück umzuleiten.[1667]

b) § 30 Schwerer Fall

(1) In schweren Fällen von Straftaten gegen § 29 ist die Strafe Zuchthaus bis zu zehn Jahren. Daneben kann auf Geldstrafe erkennt werden.

(2) Ein schwerer Fall liegt, soweit er sich nicht schon aus der schweren Schädigung des gesellschaftlichen Eigentums ergibt, insbesondere vor,

a) wenn die Tat unter grober Verletzung der sich aus einer verantwortlichen Stellung ergebenden Pflichten begangen wurde,

b) wenn an der Tat mehrere mitwirken, welche sich zur fortgesetzten Begehung von Straftaten gegen gesellschaftliches Eigentum verbunden haben,

c) wenn der Täter zweimal wegen der in § 29 genannten Straftaten gegen gesellschaftliches Eigentum mit Freiheitsstrafe bestraft ist und die Strafen noch nicht getilgt sind.

[1666] *Ende*, NJ 1959, 97.

[1667] Siehe *Mittmann*, Tatzeit, S. 213.

(3) Ein schwerer Fall liegt nicht vor, wenn zwar die Voraussetzungen des Absatzes 2 gegeben sind, jedoch unter Berücksichtigung der gesamten Umstände eine erhöhte Gefährdung des gesellschaftlichen Eigentums nicht eingetreten ist.

§ 30 StEG drohte aufgrund der erhöhten Gesellschaftsgefährlichkeit der Tat eine Zuchthausstrafe bis zu zehn Jahren an. Im Unterschied zum VESchG entfiel gemäß Absatz 3 die Qualifikation, wenn eine erhöhte Gefährdung nicht eingetreten war. Man ging zwar grundsätzlich davon aus, dass die nach Absatz 2 vorgenommene schwere Schädigung einer erhöhte Gefährdung des gesellschaftlichen Eigentums nach sich zog, wollte aber von eine Bestrafung nach § 30 StEG dann absehen, wenn dies ausnahmsweise nicht der Fall sein sollte. Damit werde dem Prinzip der Differenzierung Rechnung getragen und jedweder Schematismus ausgeschlossen.[1668]

7. Einführung neuer Rechtsfolgen durch das StEG

In der DDR sollte jede strafrechtliche Sanktion, insbesondere der Strafvollzug, in erster Linie erzieherisch auf den Täter einwirken und ihn zu einem vorbildlichen Menschen[1669] der sozialistischen Gesellschaft machen. So spricht auch Art. 137 VerfDDR (1949) vom „Gedanken der Erziehung der Besserungsfähigen durch gemeinsame produktive Arbeit".[1670] Allerdings geriet der Erziehungsgedanke durch die Verhängung unverhältnismäßig hoher Strafen gerade in den ersten Jahren in den Hintergrund. Das könnte zum einen daran gelegen haben, dass man

---

[1668] *Nast*, Erläuterungen zum Strafrechtsergänzungsgesetz, S. 62.

[1669] *Borchert*, ZfStrVo 2001, 342, unter Hinweis auf *Klein*, der davon von einem Menschen spricht, der aus Selbstdisziplin die Gesetze des Staates und das sozialistische Eigentum achte, eine gute Arbeitsdisziplin zeige und sich in seinem Verhalten von den in der Gesellschaft herrschenden Prinzipien des Zusammenlebens leiten lasse.

[1670] Vgl. *Borchert*, ZfStrVo 2001, 341 unter Hinweis auf *Scholz*, die 1953 feststellte, dass die DDR daran interessiert gewesen sei, die Menschen, die zu einem großen Teil schon vor ihrer Verurteilung Parasiten gewesen seien, ganz in den Produktionsprozess wieder einzugliedern.

manche Täter für nicht besserungsfähig hielt, und zum anderen, dass „Erziehungsmaßnahmen“[1671] im Strafvollzug fehlten. Die Repressalien wurden als ungerecht und überhöht empfunden und veranlassten viele Täter nach Verbüßung der Tat, die Heimat in Richtung Bundesrepublik Deutschland zu verlassen.[1672]

Mit dem neuen Strafrechtsgesetz wurden nun auch neue Strafarten eingeführt, um dem Grad der Gesellschaftsgefährlichkeit besser gerecht zu werden und dem Erziehungsgedanken wieder Vorrang einzuräumen. Der Schwerpunkt sollte nun nicht mehr auf der Freiheitsentziehung[1673] liegen, sondern in der Erziehung des Täters durch sein soziales Umfeld und dessen Wiedereingliederung in die Gesellschaft. Nach Ansicht von *Riecke/Benjamin* sei die Entwicklung in der DDR bereits soweit vorangeschritten, dass mehr und mehr dazu übergegangen werden könne, bei Straftaten von Bestrafung abzusehen und die Umerziehung des Täters ausschließlich mit Mitteln der gesellschaftlichen Erziehung durchzuführen. In absehbarer Zeit sei sogar zu erwarten, dass einzelne Verbrechen ganz aus dem Strafgesetzbuch verschwinden und als bloße Ordnungswidrigkeit geahndet werden könnten.[1674] *Ulbricht* forderte dazu auf, gestrauchelte Menschen nach Möglichkeit durch erzieherische Maßnahmen ins Kollektiv, in die Gesellschaft, auf

---

[1671] Schul- und Ausbildungsmaßnahmen wurden erst später eingeführt, um besonders jugendlichen oder jungen Strafgefangenen, die oftmals keinen Schulabschluss besaßen, die soziale Eingliederung zu erleichtern, siehe *Borchert*, ZfStrVo 2001, 341 ff.

[1672] Diesbezüglich ist die Dauerausstellung des Zeitgeschichtlichen Forums in Leipzig ein beeindruckendes Zeugnis.

[1673] Sollte nun doch eine freiheitsentziehende Maßnahme unumgänglich sein, dann dürfe die Erziehungsarbeit in der Haftanstalt und nach der Entlassung nicht vernachlässigt werden. Im Strafvollzug müsse versucht werden, dort anzuknüpfen, wo bei dem Verurteilten die progressive Entwicklungslinie abgebrochen sei. Helfe der Strafvollzug dem Verurteilten, sich von seiner alten Denkweise zu befreien, seine Perspektive in der sozialistischen Gesellschaft zu erkennen und sein Handeln mit den Interessen der Gesellschaft in Übereinstimmung zu bringen, so helfe der Strafvollzug der gesamten Gesellschaft, siehe *Szkibik*, NJ 1964, 70f.

[1674] *Riecke/Benjamin*, NJ 1959, 264; vgl. *Schmidt*, NJ 1958, 632; *Benjamin*, NJ 1959, 111. Das mit dem StEG gleichzeitig erlassene Strafregistergesetz sollte durch eine wesentliche Verkürzung der Straftilgungsfristen und der Beschränkung der Auskunftsmöglichkeiten aus dem Strafregister die soziale Wiedereingliederung der straffällig gewordenen Bürger fördern, siehe *Renneberg*, SRDVP 1958, Heft 19, 1.

den Weg eines ehrlichen, arbeitsamen Lebens zurückzuführen.[1675] Man hatte erkannt, dass die erzieherischen Wirkungsmöglichkeiten der Freiheits- und Geldstrafe nicht nur einseitig, sondern auch begrenzt waren. Darüber hinaus war man zu der Erkenntnis gekommen, dass es sich bei der überwiegenden Mehrzahl der Verbrechen nicht um Taten handelte, die den Kern der sozialistischen Grundordnung angriffen, sondern um politisch unmotivierte, lediglich von negativen Einflüssen hervorgerufene Handlungen.[1676] Besonders den gesellschaftlichen Organisationen und den Arbeitskollektiven wurde daher die Aufgabe zuteil, Straftäter durch erzieherische Maßnahmen auf den rechten Weg zu bringen bzw. sie bei der sozialen Wiedereingliederung zu unterstützen. Der Beurteilung eines rückfällig gewordenen Straftäters durch das ihn betreuende Kollektiv wurde daher besondere Bedeutung beigemessen und konnte sich bei einer erneuten Verurteilung entscheidend auf das Strafmaß auswirken.[1677]

Das Hauptanwendungsgebiet der neuen Strafarten, insbesondere der bedingten Verurteilung, lag bei den Eigentumsdelikten[1678], weil sie erstens besonders häufig auftraten und zweitens, weil der zu erwartende Strafrahmen innerhalb des § 1 StEG lag. Ausgeschlossen war die Verhängung einer der neuen Strafarten immer dann, wenn der Täter sich eines schweren Eigentumsdeliktes strafbar gemacht hatte und nicht zu erwarten war, dass er allein durch die moralisch-politische Erziehungsmaßnahme von der Begehung neuer Straftaten Abstand nehmen wür-

---

[1675] *Ulbricht* in einer Rede am 17.06.1962, siehe *Mühlberger*, Der Schöffe 1963, 171.

[1676] Vgl. *Renneberg*, SRDVP 1958, Heft 19, 1 (4); auch *Schweichel*, SBZ-Archiv 1959, S. 5, kam zum Ergebnis, dass sich die Machthaber schon bewusst waren, dass der sich in den Maschen des Gesetzes verfangene Bürger oftmals kein aktiver Gegner der Regierung war, sondern lediglich ein indifferenter Neutralist.

[1677] *Stiller*, NJ 1964, 298 (302), der Fall eines straffälligen Jugendlichen, der keine dauerhafte Bindung zum Kollektiv aufbauen konnte; *Kalich/Bäselt/Böhrer*, NJ 1964, 303, der Fall eines Straftäters, der in der Bewährungszeit rückfällig wurde und dem eine dreimonatige Haftstrafe drohte, die das Kollektiv für unangemessen hielt.

[1678] Siehe beispielsweise der Bericht über ein Urteil des KG Zeitz bei *Küchler*, Der Schöffe 1958, 85.

de oder wenn er durch rowdyhaftes Verhalten auffällig geworden war.[1679] Darüber hinaus galt eine Verhängung der neuen Strafarten bei Unzuchtsdelikten von vornherein als ausgeschlossen.[1680]

a) Bedingte Verurteilung nach § 1 StEG

Gemäß § 1 StEG konnte eine Verurteilung zu einer Gefängnisstrafe bis zu zwei Jahren bedingt ausgesprochen werden, wenn der Grad der Gesellschaftsgefährlichkeit der Tat, die Umstände, unter denen sie begangen wurde, und das Verhalten des Täters vor und nach Begehung der Straftat dies rechtfertigten. Dabei bewirkte die bedingte Verurteilung, dass die festgesetzte Strafe nur vollstreckt wurde, wenn der Verurteilte während einer vom Gericht festgesetzten Bewährungszeit von einem bis fünf Jahren eine neue Straftat begangen hatte und für diese eine mehr als dreimonatige Gefängnisstrafe ausgesprochen wurde.[1681] War diese Bewährungszeit nun abgelaufen, ohne dass die Bedingung für die Vollstreckung der Strafe eingetreten war, so stellte § 2 StEG[1682] klar, dass das Gericht durch Beschluss feststellen musste, dass der Verurteilte als nicht bestraft galt. Der Unterschied zwischen der bedingten Verurteilung und der bedingten Strafaussetzung nach § 346 StPO bestand darin, dass bei der bedingten Strafaussetzung lediglich die Möglichkeit eröffnet wurde, dem Täter die Reststrafe zu erlassen, während der bedingt Verurteilte nach dem Bestehen der Bewährungszeit als Nichtverurteilter ex tunc galt[1683]. Bei der Anwendung des § 346 StPO hatte man

---

[1679] *Weise*, Der Schöffe 1958, 142.
[1680] *Weise*, Der Schöffe 1958, 145.
[1681] Die Möglichkeit der Verhängung einer bedingten Verurteilung kannte auch das jugoslawische Recht in Artikel 48 Nr. 1, siehe Das Jugoslawische Strafgesetzbuch vom 02.03.1951 i.d.F. vom 30.06.1959; ebenso das tschechoslowakischen Recht in § 24 Nr. 1, § 25 Nr. 1 sowie § 27 Nr. 1, siehe Das Tschechoslowakische Strafgesetzbuch vom 12.07.1950 idF. vom 22.12.1956.
[1682] § 2 StEG: „Ist die Bewährungszeit abgelaufen, ohne daß die Bedingung für die Vollstreckung der Strafe eingetreten ist (§ 1 Absatz 1), so stellt das Gericht durch Beschluß fest, daß der Verurteilte als nicht bestraft gilt."
[1683] Siehe *Melsheimer*, NJ 1958, 41 (44).

die Umstände zu berücksichtigen, die sich *nach* der Rechtskraft des Urteils ergeben hatten: die Einstellung des Täters zur Gemeinschaft in der Vollzugsanstalt, seine Einsicht in die Verwerflichkeit der Tat, die Prognose und inwieweit in Zukunft mit der gewissenhaften Erfüllung seiner Pflichten[1684] zu rechnen sei. Die bedingte Verurteilung war angezeigt, wenn das Gericht der Auffassung war, dass das Erziehungsziel bereits dadurch erreicht werden konnte, wenn dem Täter eine Strafe bei Nichtbewährung in Aussicht gestellt wurde. Es waren demnach alle Umstände *vor* Rechtskraft des Urteils abzuwägen und zu entscheiden, inwiefern eine Freiheitsstrafe notwendig schien.

Die Einführung dieser neuen Strafart sei von dem tiefen Vertrauen getragen, das der Staat in die Stärke und Aktivität der politisch und moralisch erziehenden Kräfte der Gesellschaft und auf dieser Grundlage auch in die positiven Eigenschaften und den guten Willen des Rechtsbrechers selbst setze.[1685] Die bedingte Verurteilung konnte jedoch nur bei einer Verurteilung von bis zu zwei Jahren Gefängnis ausgesprochen werden, so dass sie bei Verbrechen nicht in Betracht kam, die wegen ihrer besonderen Gesellschaftsgefährlichkeit mit Zuchthaus bestraft wurden, oder wenn die konkrete Tat derart gesellschaftsgefährlich war, dass nur eine Verurteilung zu einer höheren Gefängnisstrafe als zwei Jahre in Frage kam.[1686]

Voraussetzung für die Anwendung der bedingten Verurteilung war, dass der Grad der Gesellschaftsgefährlichkeit der Tat, die Umstände, unter denen sie begangen wurde, und das Verhalten des Täters dies rechtfertigten. Für die exakte Bestimmung des Grades der Gesellschaftsgefährlichkeit sei sowohl die Schwere

[1684] RPl. 3/55 vom 29.04.1955, ZBl. S. 220.
[1685] *Renneberg*, SRDVP 1958, Heft 19, 1 (9).
[1686] Siehe *Nast*, Erläuterungen zum Strafrechtsergänzungsgesetz, S. 19.

des eingetretenen oder möglichen Schadens als auch die Ermittlung des Verschuldensgrades ausschlaggebend. Hierbei komme es vor allem auf die Beweggründe und Ziele bezüglich der Handlung an und deren mehr oder weniger starke Abhängigkeit von bestimmten, beim Täter vorhandenen rückständigen Denkweisen und Moralvorstellungen, wie etwa Egoismus, Bereicherungssucht, Leichtfertigkeit, Überheblichkeit etc.[1687]

§ 1 StEG sollte dem Täter die Möglichkeit einräumen, aus Fehlern zu lernen, ohne dafür gerichtlich belangt zu werden, wenn er seinen Fehler eingestand und zukünftig sich den sozialistischen Moralvorstellungen unterwarf.[1688] Daher konnten gerade die in der Gesellschaft liegenden Mängel bei der Beurteilung des Täterverhaltens dem Täter zugute gehalten werden, so, wenn seine Tat durch mangelnde Sicherheits- und Kontrollvorkehrungen begünstigt wurde oder andere innerbetriebliche Missstände bei der Tatbegehung mitgewirkt hatten. Auch bei Taten, bei denen Dritte durch Überredung, Aufhetzung, Täuschung, Drohung oder sogar Gewaltanwendung die Tat des Täters mitbewirkt hatten, kam eine Verurteilung nach § 1 StEG in Betracht. Besondere Aufmerksamkeit wurde auch auf das persönliche und betriebliche Umfeld und das Verhalten des Täters gelegt. Zerrüttete, verwahrloste oder sonst ungünstige häusliche Verhältnisse, schlechter Umgang im Bekannten- und Freundeskreis, eine wirtschaftliche Notlage etc. waren Indizien dafür, dass der Täter kein grundsätzlich gegen die sozialistische Ordnung eingestellter Mensch war, sondern durch einfache erzieherische Maßnahmen wieder auf den „richtigen Weg“ gebracht werden konnte.[1689] Aus der Gesamtheit aller im Verfahren getroffenen Feststellungen müsse zu erkennen sein, in welchem Ausmaß und in welcher Hinsicht der Rechtsbrecher den Ein-

---

[1687] *Renneberg*, SRDVP 1958, Heft 19, 1 (10).
[1688] Zur Anwendung des § 1 StEG in der Praxis siehe bspw. *Redaktion der NJ*, NJ 1964, 476.
[1689] Siehe *Renneberg*, SRDVP 1958, Heft 19, 1 (10f.).

flüssen rückständiger Denkweisen und Gewohnheiten mit seiner Tat unterlegen sei und möglicherweise auch künftig noch unterliegen könne und inwieweit er andererseits bereits gute und entwicklungsfähige Ansätze zu einer gesellschaftlich positiven, sozialistischen Denk- und Verhaltensweise zeige, an die die konkrete Art und Weise der Bestrafung anknüpfen müsse. Sei das Verbrechen vornehmlich Ausdruck einer dem sonstigen, überwiegend positiven gesellschaftlichen Verhalten des Rechtsbrechers fremden „Entgleisung“, dann werde das Gericht auf eine Freiheitsstrafe verzichten können.[1690]

b) Öffentlicher Tadel nach § 3 StEG

Die Einführung eines „öffentlichen Tadels“ war innerhalb der sozialistischen Rechtsentwicklung nichts Neues. Schon in den 1919 erlassenen Strafrechtsgrundsätzen für die Sowjetunion konnte der öffentliche Tadel als Strafe verhängt werden.[1691] Der öffentliche Tadel gemäß § 3 StEG verfolgte vor allem den Zweck, den Täter durch die öffentliche Missbilligung seines Verhaltens zur Erkenntnis der Verwerflichkeit und Gesetzwidrigkeit seines Handelns zu bringen und ihn dadurch zur verantwortungsbewussten Erfüllung seiner Pflichten anzuhalten. Er sollte dann zur Anwendung kommen, wenn es sich bei dem Täter um einen Menschen handele, der bereits auf einer solchen Höhe des Bewusstseins stehe, dass er durch eine derartige Maßnahme hinreichend erzogen werde.[1692] Das Gericht musste daher prüfen, ob die bloße Verhängung des öffentlichen Tadels für die *Erziehung* des Rechtsbrechers ausreichend war. So war der öffentliche Tadel z.B. angebracht, wenn der Täter bereits durch gute Arbeitsdisziplin und -leistungen, durch gesellschaftliche Aktivitäten bewiesen habe, dass er grundsätzlich auf dem Boden der sozialistischen Rechts- und Gesellschaftsordnung stehe,

---

[1690] Siehe *Renneberg*, SRDVP 1958, Heft 19, 1 (12).
[1691] Siehe *Zorn*, GA 1957, 109.
[1692] Stadtgericht Groß-Berlin, Urteil vom 20.02.1958 - 102c BSB 29/58, NJ 1958, 210.

und wenn er genügend positive charakterliche Eigenschaften besitze, die ihn unter dem Eindruck einer ernsten gerichtlichen Verwarnung zukünftig zu einem rechtlich einwandfreien Verhalten veranlassen würden.[1693] Das Gericht musste zu der Überzeugung gelangen, dass sich der Täter das „fortschrittliche Gedankengut" zu Eigen gemacht habe und nicht zu einem Personenkreis gehöre, der noch eine leichtfertige Einstellung zu den Interessen der Werktätigen habe.[1694] Die Verhängung eines öffentlichen Tadels kam dann nicht in Betracht, wenn der Täter eine gewisse Vertrauensstellung eingenommen und missbraucht hatte. So verwehrte man einem stellvertretenden Brigadier, der Lohngelder veruntreut hatte, um sie zu vertrinken, die Anwendung des öffentlichen Tadels als Erziehungsmittel. Der Täter zeige eine so schlechte Einstellung sowohl zu seinen Pflichten als stellvertretender Brigadier als auch zum Volkseigentum, dass durch den öffentlichen Tadel eine Erziehung zur Achtung der sozialistischen Gesetzlichkeit nicht erreicht werden könne.[1695] Gemäß § 3 II StEG wurde der öffentliche Tadel zusammen mit der Urteilsverkündung ausgesprochen. Um eine Anwendung des § 3 StEG einzuschränken, sollte er bei den neuen Strafgesetzen nur dann Anwendung finden, wenn er besonders vorgesehen sei, vgl. § 5 I StEG.[1696], was bei den Staatsschutzdelikten nicht der Fall war. Für bereits bestehende Gesetze stellte § 6 StEG klar, dass der öffentliche Tadel nur dann ausgesprochen werden durfte, wenn keine höhere Mindeststrafe als ein Monat vorgesehen war.

c) Bekanntmachung gemäß § 7 StEG

(1) Das Gericht kann bei jeder Bestrafung die öffentliche Bekanntmachung anordnen, wenn sie zur Verstärkung der erzieherischen Wirkung, zur Einwirkung auf andere Bürger und zur Aufklärung der Bevölkerung geboten ist.

[1693] *Renneberg*, SRDVP 1958, Heft 19, 1 (14).
[1694] Stadtgericht Groß-Berlin, Urteil vom 20.02.1958 - 102c BSB 29/58, NJ 1958, 210.
[1695] BG Potsdam, Urteil vom 13.03.1958 - 3 S 21/58.
[1696] Siehe *Nast*, Erläuterungen zum Strafrechtsänderungsgesetz, S. 21.

(2) Die öffentliche Bekanntmachung erfolgt auf Kosten des Verurteilten. Die Art und Weise der Bekanntmachung bestimmt das Gericht.

Keine echte Strafe, sondern nur eine bloße Nebenfolge der Verurteilung war die Möglichkeit der öffentlichen Bekanntmachung gemäß § 7 StEG, die den Erziehungsgedanken besonders hervorheben sollte und die erzieherische Wirkung eines Urteils auf die Bevölkerung oder Teile von ihr verstärken konnte. Neben ihrer repressiven Wirkung auf zurückgebliebene Bürger sollte sie auf die Werktätigen einwirken und diese veranlassen, die Kriminalität und ihre Ursachen aktiv zu bekämpfen, indem sie den Verurteilten und andere zurückgebliebene Menschen zu einer sozialistischen Denk- und Lebensweise erziehe.[1697] Bis zum Inkrafttreten des StEG war eine derartige öffentliche Bekanntmachung nur bei bestimmten Tatbeständen möglich, so beispielsweise bei § 18 Wirtschaftsstrafverordnung oder bei §§ 165, 200 StGB. § 7 StEG unterschied sich insbesondere von der Bekanntmachungsbefugnis nach §§ 165, 200 StGB dadurch, dass diese auf dem Gedanken der Genugtuung und Wiedergutmachung beruhten, da sie dem Verletzten das Recht gab, die Verurteilung auf Kosten des Schuldigen öffentlich bekannt zu machen.[1698]

§ 7 StEG konnte vom Gericht „zur Verstärkung der erzieherischen Wirkung“ angeordnet werden, „zur Einwirkung auf andere Bürger“, die von den Gründen der Verurteilung und von der Tat erfahren sollten, oder „zur Aufklärung der Bevölkerung“, um in bestimmten Fällen das Interesse der Bevölkerung am gerichtlichen Ausgang zu befriedigen, so z.B., wenn einzelne Verbrechen für Unruhe und Aufregung in Teilen der Bevölkerung gesorgt hatten[1699]. Die Anwen-

[1697] *Weber*, NJ 1959, 480.
[1698] *Knecht*, NJ 1958, 598.
[1699] Siehe *Girod*, Der Kannibale, S. 13 (41).

dung der öffentlichen Bekanntmachung bei Ausspruch einer unbedingten Strafe habe, so betonte *Knecht*, abgesehen von den Fällen, in denen sie der Aufklärung der Bevölkerung diene, allein den Zweck, die moralisch-politische Verurteilung des Täters und seines Verbrechens zu unterstreichen und die abschreckende Wirkung der Strafe zu verstärken.[1700] Viele Menschen würden nichts so sehr fürchten, als dass ihr gemeinschaftsschädigendes Verhalten vor aller Öffentlichkeit offenbart werde.[1701] Bei den Bürgern sollte damit klargestellt werden, wie schnell und unter Umständen wie hart der Staat auf Verbrechen reagiere, insbesondere wenn es sich um Erscheinungsformen von Verbrechen handele, die als verbreitet oder typisch angesehen werden müssten.[1702]

Die Bekanntgabe des Ausgangs eines Strafverfahrens konnte auf verschiedene Art und Weise geschehen, z.B. durch Abdruck in einem Presseorgan, durch Aushängen des Urteils am Tatort (Selbstbedienungsladen), an der Anschlagtafel in der Gemeinde oder im Wohnbezirk, durch Bekanntmachung in der Betriebs-, Dorf-, Kreiszeitung oder im Mitteilungsblatt der Straßen- und Hausvertrauensleute[1703], durch Auswertung in einem Justizausspracheabend[1704] etc. Die öffentliche Bekanntgabe diente der Popularisierung der Gesetze in den breitesten Massen[1705]; informierte die Bevölkerung über Straftat und Täter und leistete zugleich eine zweckentsprechende rechtspolitische Aufklärung[1706]. Außerdem sollten sowohl dem Verurteilten als auch den Werktätigen der antisozialistische Charakter schädlicher Erscheinungen bewusst gemacht und sie von der Notwendigkeit der Überwindung bürgerlicher Ideologie überzeugt werden.[1707] Um die Resozialisie-

[1700] *Knecht*, NJ 1959, 107.
[1701] *Weber*, NJ 1959, 480.
[1702] *Melsheimer*, NJ 1958, 41 (49).
[1703] *Knecht*, NJ 1958, 598f.
[1704] KG Fürstenwalde, Urteil vom 29.03.1960 - S 83/60, UaS IV, 120.
[1705] *Melsheimer*, NJ 1958, 41 (49).
[1706] Vgl. *Kuschel*, NJ 1959, 295.
[1707] OG, Urteil vom 21.09.1960 - 3 Zst III 9/60, NJ 1960, 731 (734).

rung des Täters nicht zu gefährden, sollte die Bekanntgabe nicht dazu dienen, den Täter an den Pranger zu stellen, zu diffamieren oder gar „niedrige Haß- und Racheinstinkte“[1708] zu befriedigen. Das Ziel, die Werktätigen zur Unversöhnlichkeit gegenüber Verbrechen zu erziehen, dürfe nicht dazu führen, dass der Verurteilte boykottiert und vom Kollektiv isoliert werde.[1709] § 7 StEG durfte daher nicht angeordnet werden, um den Verletzten zu rehabilitieren oder um ihm Genugtuung zu verschaffen[1710], da die öffentliche Bekanntmachung zwar eine erzieherische Wirkung beabsichtige, aber zugleich eine spezielle Maßnahme mit ausgesprochenem Strafcharakter sei[1711]. Wichtig sei, dass die Bekanntgabe sofort nach Eintritt der Rechtskraft erfolge, da langes Zuwarten den erzieherischen Zweck in Frage stelle und dem Verurteilten ein „Aufwärmen der Sache“ nach langer Zeit nicht mehr zuzumuten sei.[1712] Es sei Aufgabe des Staatsanwaltes und des Gerichts, mit richtigem Gefühl und richtiger Differenzierung von dieser Möglichkeit Gebrauch zu machen und die Art der Bekanntmachung zu bestimmen.[1713] *Benjamin* verwies darauf, dass die Bekanntmachung eines Urteils für die Mobilisierung der Gesellschaft zur Unduldsamkeit gegen Straftaten zwar große Bedeutung besitze, aber ein Instrument sei, das mit viel Feingefühl gehandhabt werden müsse[1714], da eine Isolierung des Täters auf keinen Fall gewollt sei. Die öffentliche Bekanntmachung von Verurteilungen berge immer auch die Gefahr äußerst schädlicher Nebenwirkungen, wenn sie nicht mit Bestrebungen des Kollektivs verbunden sei, den Verurteilten wieder in das Kollektiv aufzunehmen und

---

[1708] *Weber*, NJ 1959, 481.
[1709] OG, Urteil vom 21.09.1960 - 3 Zst III 9/60, NJ 1960, 731 (734).
[1710] OG, Urteil vom 21.09.1960 - 3 Zst III 9/60, NJ 1960, 731 (734).
[1711] *Weber*, NJ 1959, 480.
[1712] *Kuschel*, NJ 1959, 298.
[1713] *Melsheimer*, NJ 1958, 41 (49); die Anordnung zur öffentlichen Bekanntmachung erfolgte im Jahr 1958 in 6,6% aller Verurteilungen, was zeige, dass die Gerichte in ihr eine Maßnahme von besonderem Gewicht erblickten und sie daher auch nur in besonderen, dafür geeigneten Fällen anordneten, siehe *Weber*, NJ 1959, 481.
[1714] *Benjamin*, NJ 1961, 75 (79).

sich mit ihm auseinanderzusetzen. Würde der Verurteilte den Eindruck haben, es werde gegen ihn ein „Kesseltreiben" veranstaltet, könnte er nicht nur den Betrieb, sondern sogar die Republik verlassen, was nicht beabsichtigt sein könne.[1715] Man befürchtete somit, dass die sozialistisch-kommunistische Weltanschauung in der Bevölkerung noch nicht derart verinnerlicht war, dass Ressentiments gegen den Verurteilten ausgeschlossen waren und die Gesellschaft ihrer Aufgabe zur gemeinschaftlichen Erziehung gerecht werden würde.[1716]

Die beabsichtigte erzieherische Wirkung der öffentlichen Bekanntmachung könne nur dann erreicht werden, wenn

- die Ursachen der jeweiligen Straftat, insbesondere die ideologischen, sowie der Charakter und die Auswirkungen der Straftat aufgedeckt würden[1717],
- die antisozialistischen Denk- und Lebensgewohnheiten, die den Verurteilten zu einer Straftat veranlasst hätten, ans Tageslicht gebracht und vor aller Öffentlichkeit einer Kritik unterzogen würden,
- die Folgen, insbesondere die politisch-ideologischen, und die Gesellschaftsgefährlichkeit der Straftat überzeugend dargestellt würden und damit das Bewusstsein von der Gerechtigkeit und der Notwendigkeit der Bestrafung geschaffen werde[1718],
- die Bekanntmachung nur in den Fällen erfolge, in denen die Tat und ihre Auswirkungen den unmittelbaren Lebensbereich des Täters überschreite oder einer größeren Öffentlichkeit bekannt geworden sei,
- nur diejenigen Personen Kenntnis von der Verurteilung erhielten, deren Unterrichtung im Zusammenhang mit der Straftat notwendig sei[1719].

[1715] *Weber*, NJ 1959, 482.
[1716] *Sagel-Grande*, Die Entwicklung der Sanktionen ohne Freiheitsentzug, S. 200.
[1717] OG, Urteil vom 21.09.1960 - 3 Zst III 9/60, NJ 1960, 731 (734).
[1718] *Weber*, NJ 1959, 481.
[1719] RL d. OG Nr. 12 vom 22.04.1961 - RPl. 1/61, NJ 1961, 289 (193).

Für die öffentliche Bekanntmachung kamen verschiedene Möglichkeiten in Betracht, wobei für eine Bekanntmachung in einem Presseorgan besonders gewichtige Gründe vorliegen mussten, da dies die Sphäre des Täters am stärksten tangierte. Daher schien die öffentliche Bekanntmachung in dem Kreis, in dem der Täter lebte oder arbeitete am wirkungsvollsten. Dies konnte durch Aushänge am Tatort[1720] oder in Betrieben, durch Verlesen in Brigade- und Belegschaftsversammlungen oder in Einwohnerversammlungen geschehen. In Versammlungen könne man spüren, wie die Arbeiter oder Einwohner sich mit dem öffentlich bekanntgemachten Urteil auseinandersetzen, den Prozess der gesellschaftlichen Umerziehung des Verurteilten einleiten und wie sie zur eigenen Bewusstseinsbildung beitragen würden.[1721] Bei Verlesungen und Aushängen werde es stets zu weiteren Diskussionen und Auseinandersetzungen darüber kommen, wo die Ursachen oder Zusammenhänge liegen, die diese Straftat begünstigt haben, bzw. wo im Kollektiv oder Betrieb Schwächen liegen.[1722] Die öffentliche Bekanntmachung im Betrieb des Verurteilten sei beispielsweise dann sinnvoll, wenn durch die Arbeitskollegen eine notwendige Bewusstseinsänderung bei ihm erreicht werden solle[1723] oder das Vertrauen in die Arbeit der Gerichte und der Staatsanwaltschaft vertieft werden könne[1724]. Dies sei dann nicht gegeben, wenn dem Verurteilten eine unnötige Anprangerung oder Diffamierung drohe[1725], so z.B. wenn die Verurteilung im Betrieb ausgehängt werde und es sich bei der Tat um eine nicht erhebliche sexuelle Entgleisung handle[1726] oder wenn Adresse und

---

[1720] *Weber*, NJ 1959, 482.
[1721] *Kuschel*, NJ 1959, 296.
[1722] *Kuschel*, NJ 1959, 297.
[1723] *Knecht*, NJ 1959, 106.
[1724] So ähnlich bei *Kuschel*, NJ 1959, 296.
[1725] Als richtig wurde aber die Praxis der Berliner Stadtgerichte angesehen, die bei Verurteilungen wegen Diebstahls in Selbstbedienungsläden die öffentliche Bekanntmachung der Urteile mit Nennung des Namens des Verurteilten angeordnet hatten, siehe *Knecht*, NJ 1958, 598f.
[1726] BG Halle, Urteil vom 10.11.1958 - 2 BSB 675/58, NJ 1959, 104 m. Anm. von *Knecht*, NJ 1959, 105.

Name der Verletzten, an die der Sittlichkeitsverbrecher Schadensersatz zu leisten habe, genannt werde[1727].

8. Absehen von Strafe

Die Vorschriften der §§ 8, 9 StEG gewannen mit der Zeit immer mehr an Bedeutung, da sie die wichtigste gesetzliche Grundlage für die Anwendung der gesellschaftlichen Erziehung anstelle der Strafe im Strafverfahren bildeten.[1728] Gesellschaftliche Erziehung bedeute die Verpflichtung der staatlichen und gesellschaftlichen Einrichtungen im Lebens- und Wirkungsbereich eines Verurteilten, dessen Einordnung in das Kollektiv und die gemeinschaftliche Arbeit am sozialistischen Aufbau in jeder Weise zu fördern und ihm bei der Überwindung von Einflüssen zu helfen, die seine gesellschaftliche Entwicklung hemme.[1729]

a) § 8 StEG

(I) Eine Straftat liegt nicht vor, wenn die Handlung zwar dem Wortlaut eines gesetzlichen Tatbestandes entspricht, aber wegen ihrer Geringfügigkeit und mangels schädlicher Folgen für die Deutsche Demokratische Republik, den sozialistischen Aufbau, die Interessen des werktätigen Volkes sowie des einzelnen Bürgers nicht gefährlich ist. (II) Die Bestrafung einer solchen Handlung als Übertretung wird dadurch nicht berührt.

Gemäß § 8 StEG lag eine Straftat dann nicht vor, wenn die Handlung zwar dem Wortlaut nach einen gesetzlichen Tatbestand erfüllte, aber wegen ihrer Geringfügigkeit und mangels schädlicher Folgen für die DDR, den sozialistischen Aufbau, die Interessen des werktätigen Volkes sowie des einzelnen Bürgers nicht

[1727] *Knecht*, NJ 1958, 598f.; siehe OG, Urteil vom 21.09.1960 - 3 Zst III 9/60, NJ 1960, 731 (734).
[1728] Entsprechende Vorschriften wurden frühzeitig eingefordert, um der spezifischen Gesellschaftsgefährlichkeit der Tat gerecht zu werden, siehe *Herzberg*, NJ 1956, 758f.
[1729] *Riecke/Benjamin*, NJ 1959, 262.

gefährlich war. Eine Handlung, die formal den Tatbestand eines Strafgesetzes erfüllte, war dann kein Verbrechen, wenn es ihr an der vom Strafgesetz vorausgesetzten Intensität mangelte.[1730] Dies folgte aus dem Verständnis des materiellen Verbrechensbegriffs. Die Strafe als staatliche Zwangsmaßnahme sollte nur gegen Personen verhängt werden, die die ungehinderte Wahrnehmung staatsbürgerlicher Rechte dadurch verwirkt hätten, dass sie die sozialistische Grundordnung durch ihr Handeln gefährdet hätten. Lag nun eine derartige Gefährdung nicht vor, musste konsequenterweise eine Bestrafung unterbleiben. Daher sollte § 8 StEG auch keine Ermessensentscheidungen zulassen, da bei Vorliegen von Geringfügigkeit oder dem Fehlen schädlicher Folgen eine Bestrafung zwingend unterbleiben musste. Obwohl die Voraussetzungen des § 8 StEG nach objektiven Kriterien zu bestimmen waren, konnte das im Einzelfall deswegen schwierig werden, weil die Interessen des am sozialistischen Aufbau Beteiligten nicht unberücksichtigt bleiben durften. So war die Entwendung einer Sache im Wert von zwei Mark zwar wegen ihrer Geringwertigkeit objektiv nicht gesellschaftsgefährlich, es sei denn, dass diese Sache nur eine von vielen war, denn „viele Wenig ergeben ein Viel".[1731] Auch der Diebstahl von 1kg Fisch aus einem bereits abgefischten Teich sei wegen des geringfügigen Schadens nicht gesellschaftsgefährlich, ebenso die Vernichtung einer gefundenen Pistole, selbst wenn sie für kurze Zeit im Besitz des Angeklagten war, sowie das unerlaubte Verlassen der DDR, um einen Familienangehörigen in die DDR zu holen.[1732] Hingegen war die sexuelle Belästigung einer Frau durch einen Betrunkenen ohne körperlichen Schaden deswegen gesellschaftsgefährlich, weil jeder Bürger ein besonderes Interesse an persönlicher Sicherheit habe.[1733]

[1730] *Lekschas*, SRDVP 1958, Heft 20, 1f.
[1731] *Lekschas*, SRDVP 1958, Heft 20, S. 9.
[1732] *Müller/Stutzriemer/Frank/Müller*, NJ 1955, 554.
[1733] *Lekschas*, SRDVP 1958, Heft 20, S. 9.

Es konnte nun auch sein, dass bereits die Untersuchungsorgane nach eingehender Prüfung zu dem Ergebnis kamen, dass es sich bei der Tat[1734] um kein Verbrechen handelte und somit von der Einleitung eines Ermittlungsverfahrens abgesehen werden konnte. Dies war jedoch nicht nach § 8 StEG möglich, sondern allenfalls nach §§ 105 I, 106 und 158 I Nr. 1 StPO. Nach § 105 I StPO konnte von der Einleitung eines Ermittlungsverfahrens abgesehen werden, „wenn die Anzeige eine Übertretung betrifft und das Interesse des werktätigen Volkes eine Strafverfolgung nicht" erfordere. Gemäß § 106 StPO konnte die Anordnung eines Ermittlungsverfahrens abgelehnt werden, wenn es sich bei der angezeigten Tat nicht um ein Verbrechen handelte und somit der „Verdacht eines Verbrechens" nicht gegeben war. Hatte sich die mangelnde Gesellschaftsgefährlichkeit erst nach Einleitung eines Ermittlungsverfahrens herausgestellt, so konnte das Untersuchungsorgan das Verfahren nach § 158 I Nr. 1 StPO einstellen, wenn der „festgestellte Sachverhalt weder ein Verbrechen noch eine Übertretung" darstellte. Diese Einstellungsbefugnis umfasste neben den Fällen, in denen dem Beschuldigten ein Rechtfertigungsgrund zu Seite stand oder der gegebene Sachverhalt überhaupt nicht von Bedeutung war, die Strafsachen, in denen der ermittelte Sachverhalt im Hinblick auf den materiellen Verbrechensbegriff kein Verbrechen war. Danach lag ein Verbrechen im materiellen Sinn nicht vor, wenn die Tat wegen ihrer Geringfügigkeit keine Gesellschaftsgefährlichkeit aufwies. Eine Handlung, die nicht gesellschaftsgefährlich war, konnte tatbestandlich kein Verbrechen sein.[1735] Damit ist § 158 StPO dem § 8 StEG ähnlich. Eine Einstel-

---

[1734] Es konnte sich hierbei um ein vollendetes oder um ein versuchtes Delikt handeln. Der Versuch konnte nach § 8 StEG nur dann kein Verbrechen darstellen, wenn der vollendeten Tat der verbrecherische Charakter gefehlt hätte. Eine gesellschaftsgefährliche Versuchshandlung lag auch dann nicht vor, wenn sie objektiv ungeeignet gewesen war, das Verbrechen zu verwirklichen und diese mangelnde objektive Eignung ein Ausdruck abergläubischer Vorstellungen bzw. absoluter Unkenntnis des Handelnden von den wirkenden Naturgesetzen war, *Lekschas*, SRDVP 1958, Heft 20, 1 (11f).

[1735] *Schindler*, Leitfaden des Strafprozeßrechtes, S. 144.

lung, die tatbestandlich dem § 9 StEG näher war, war jedoch nicht zulässig; insofern waren die Untersuchungsorgane auf § 158 StPO beschränkt.

b) § 9 StEG

Eine Bestrafung erfolgt nicht, 1. wenn zur Zeit der Durchführung des Strafverfahrens die Tat nicht mehr als gesellschaftsgefährlich anzusehen ist, oder 2. wenn nach der Tat im gesamten Verhalten des Täters eine grundlegende Wandlung eingetreten ist, die erwarten läßt, daß er die sozialistische Gesetzlichkeit achten wird.

Durch die Einführung des § 9 StEG konnte das Gericht von einer Bestrafung des Angeklagten absehen, und zwar entweder wenn die Tat infolge der Weiterentwicklung der politischen und wirtschaftlichen Verhältnisse nicht mehr als gesellschaftsgefährlich anzusehen sei und daher eine Bestrafung nicht erforderlich scheine oder wenn der Täter nach der Tat eine so grundlegende Wandlung durchgemacht habe, dass weder aus repressiven noch aus erzieherischen Gründen eine Bestrafung angebracht sei. Es sei rechtspolitisch beispielsweise unklug, jemanden, der vor Jahren eine wenig schwere Tat begangen habe und seitdem strafrechtlich nicht in Erscheinung getreten sei, später unter allen Umständen zu bestrafen. Gegen solche Menschen vorzugehen, hieße individuell wie gesellschaftlich längst vergessene Dinge ans Tageslicht zu zerren, ohne dass die Gesellschaft einen Nutzen davon hätte.[1736] Im Unterschied zu § 8 StEG setzte § 9 StEG zunächst eine Straftat voraus und bestimmte, unter welchen Voraussetzungen man von einer Bestrafung Abstand nahm. Dieser Unterschied kam auch dadurch zum Ausdruck, dass im Falle des § 8 StEG die Eröffnung des Hauptverfahrens abgelehnt bzw., wenn es unrichtigerweise eröffnet worden war, der An-

---

[1736] *Lekschas*, SRDVP 1958, Heft 20, 1 (13).

geklagte freigesprochen werden musste, während im Falle des § 9 StEG der Angeklagte für schuldig erklärt, aber von Strafe abgesehen wurde.[1737]

aa) § 9 Nr. 1 StEG

Typische Anwendungsfälle für Nummer 1 ergaben sich aus Handlungen, die sich gegen zum Schutz der Verbraucher erlassene Bestimmungen richteten, die infolge der ökonomischen Entwicklung im Zeitpunkt der Durchführung des Strafverfahrens keinerlei Bedeutung mehr hatten. So galt eine Tat nach § 9 Nummer 1 StEG nicht mehr als gesellschaftsgefährlich, wenn sie infolge der weiteren Entwicklung und Festigung der sozialistischen Staats- und Gesellschaftsordnung zur Zeit der Durchführung des Strafverfahrens keine schädlichen Auswirkungen mehr habe, wenn also die der Handlung zugrunde liegenden Konflikte oder Widersprüche keine gesellschaftliche Bedeutung mehr hätten oder diese Bedeutung nur noch sehr gering sei.[1738]

bb) § 9 Nr. 2 StEG

Von Strafe konnte auch dann abgesehen werden, wenn das Verhalten des Täters *nach* der Tat darauf schließen ließ, dass er sich künftig im Rahmen der sozialistischen Gesetze bewegen werde, so, wenn der Täter bereits Wiedergutmachungsmaßnahmen geleistet hatte. Dazu gehörten auch die Fälle der so genannten „Rückkehrer“[1739], die sich zunächst durch das illegale Verlassen der DDR strafbar

---

[1737] Siehe RL d. OG Nr. 13 vom 14.04.1962 - RPl 1/62, DS 1963, S. 156 ff.
[1738] Siehe RL d. OG Nr. 13 vom 14.04.1962 - RPl 1/62, DS 1963, S. 160.
[1739] Die Rückkehrer bzw. die Erstübersiedler aus dem Westen wurden in der DDR trotz der offiziellen Stimmung mit Argwohn betrachtet. Die Hauptverwaltung der Volkspolizei kommt 1958 zu dem Ergebnis, dass sich die Genossen über die Bedeutung des Rückkehrerproblems im Unklaren seien. Es herrsche die Meinung vor, dass von Westdeutschland nur solche Personen kämen, die irgendetwas auf dem Kerbholz hätten und daher keine wertvolle Hilfe für den Aufbau des Sozialismus seien, siehe BAB DO 1/11/965, Bl. 91, Informationen über die Entwicklung der Behandlung von Rückkehrern in den Aufnahmestellen und Volkspolizeikreisämtern.

gemacht hatten, durch ihre Rückkehr aber zeigten, dass sie ihre Entscheidung überdacht hatten und nun bereit seien, am sozialistischen Aufbau mitzuwirken.[1740]

Problematisch erschien jedoch, dass § 9 Nr. 2 StEG ausdrücklich nur das Verhalten *nach* der Tat berücksichtigen wollte. Daher gab es Vorschläge, den § 9 Nr. 1 StEG dahingehend auszulegen, dass auch das Verhalten und die Einstellung des Täters *vor* der Tat Berücksichtigung finden sollte. Dies deshalb, weil es Fälle gäbe, bei denen der Täter nur „Gutes" gewollt, aber unglücklicherweise damit einen Schaden verursacht habe, so z.B., wenn ein verantwortungsbewusster Brigadier zur Erhöhung der Arbeitsproduktivität einen Arbeiter einstellte, der jedoch nicht über die erforderliche Qualifikation (Fahrerlaubnis) verfügte, was dem Brigadier unbekannt war, und es während des Arbeitseinsatzes zum Unfall mit erheblichen Schäden kam.[1741] Hier sei ein erzieherisches Einwirken nicht notwendig, da der Täter über ein ausgeprägtes sozialistisches Bewusstsein verfüge, aber durch die Verkettung unglücklicher Zufälle zum Täter geworden sei.

cc) § 9 StEG und Staatsverbrechen

Der außergewöhnlich hohe Grad der Gesellschaftsgefährlichkeit, den jedes Staatsverbrechen für die Sicherheit des Staates und seiner gesellschaftlichen Entwicklung habe und der nicht nur durch den Umfang und die Intensität der Einwirkung auf das angegriffene Objekt, sondern auch von der Schutzbedürftigkeit des Objekts selbst bestimmt werde, erfordere jedoch strengere Maßstäbe bei der Anwendung des § 9 StEG als bei anderen Kriminaldelikten.[1742] Voraussetzung sei deshalb nicht nur, dass nach der Tat im gesamten Verhalten des Täters eine grundlegende Wandlung eingetreten sei, die erwarten ließe, dass der Täter

[1740] *Riecke/Benjamin*, NJ 1959, 264.
[1741] *Riecke/Benjamin*, NJ 1959, 264.
[1742] OG, Urteil vom 16.01.1959 - 1a Ust 288/58, NJ 1959, 139.

die sozialistische Gesetzlichkeit in Zukunft achten werde, sondern auch die tatsächliche Beendigung der Tat. Bei Staatsverbrechen, die auf der Grundlage von verbrecherischen Verbindungen zu staatsfeindlichen Agentenzentralen begangen würden, könne grundsätzlich eine tatsächliche Beendigung nicht angenommen werden, solange der Täter die Möglichkeit eines erneuten Zugriffs derjenigen Organisation, der er sich verpflichtet habe, nicht durch aktives Handeln wirksam verhindere. Dies sei z.B. der Fall, wenn der Täter sich den Sicherheitsorganen der DDR stelle, weil ein einseitiger Wille des Angeworbenen, die Verbindung abzubrechen, in der Regel nicht zu einem tatsächlichen Abbruch der Verbindung führe.[1743]

9. Die Gerichtskritik

Die Gerichtskritik nach § 4 StPO[1744] sollte eine völlig neue Möglichkeit der erzieherischen Einwirkung durch die Strafgesetze bringen.[1745] Sie sei Ausdruck des Grundsatzes der Kritik und Selbstkritik des Staates und veranschauliche die Gewalteneinheit in der DDR.[1746] Bereits mit der Änderung der Strafprozessordnung 1952 eingeführt, erlangte sie - wenn überhaupt - erst später einige Bedeutung. Das mag daran gelegen haben, dass die Gerichte Auseinandersetzungen und auch die Mehrarbeit scheuten. *Nathan* warnte allerdings vor falsch verstandener Kollegialität und forderte die Gerichte auf, von dieser verantwortungsvollen Pflicht Gebrauch zu machen und damit „diese bedeutsame Form der Erziehung fühlbar zu machen“[1747]. Aber selbst das Oberste Gericht machte von dieser

---

[1743] OG, Urteil vom 16.01.1959 - 1a Ust 288/58, NJ 1959, 139.
[1744] § 4 StPO: „(1) Stellt das Gericht bei der Durchführung eines Strafverfahrens eine Gesetzesverletzung durch ein unteres Gericht fest, so übt es durch begründeten Beschluß Kritik an diesen Mängeln, soweit sie nicht schon zur Aufhebung des Urteils führen. (2) In gleicher Weise ist zu verfahren, wenn das Gericht Gesetzesverletzungen durch einen Staatsanwalt, ein Untersuchungsorgan, andere Staatsorgane oder gesellschaftliche Organisationen feststellt.“
[1745] *Löwenthal*, NJ 1956, 106.
[1746] *Böhme*, NJ 1952, 500.
[1747] *Nathan*, Anm. zu OG, Beschluss vom 18.11.1952 - 1a Ust 44/52, NJ 1952, 579.

Möglichkeit nur wenig Gebrauch. Mit dem Institut der Gerichtskritik sollte dem Gericht die Möglichkeit gegeben werden, Verstöße von Staatsfunktionären und von Funktionären gesellschaftlicher Organisationen zu ahnden, die in Ausübung ihrer Funktion begangen wurden.

Dabei hatte das Gericht Fälle zu bearbeiten, in denen durch unzureichende Beaufsichtigung der Arbeiter und Angestellten durch die entsprechenden Funktionäre nicht nur unbedeutende Personen- oder Sachschäden entstanden waren. So hatte ein Gericht einen Arbeiter wegen Transportgefährdung verurteilt und gleichzeitig die Gerichtskritik an dem Betrieb geübt, der trotz unzureichender Ausbildung und nicht abgelegter Eignungsprüfung des Angeklagten diesem die transportgefährdende Tätigkeit abgefordert hatte.[1748] Oftmals wurden Verbrechen gegen das sozialistische Eigentum dadurch begünstigt, dass der Betriebsleiter seiner Kontrollpflicht, z.B. in der Buchhaltung, nicht oder nur ungenügend nachkam und somit insbesondere Unterschlagungen möglich wurden.[1749] Allerdings sollte es auch möglich sein, dass die Gerichte Kritik an der Arbeit der jeweiligen Untergerichte übten. Dabei konnten die Gesetzesverletzungen tatsächlicher oder rechtlicher Natur sein.[1750] So wurden nach § 4 StPO z.B. folgende Verfahrensmängel durch Gerichtskritik gerügt: die Seiten der Akte seien nicht durchnummeriert und nicht geheftet gewesen; die Akte habe bei der Zusendung an das OG kein Anschreiben gehabt; das Protokoll habe keinen Vermerk enthalten, ob eine Rechtsmittelbelehrung erfolgt war;[1751] es habe ein Aktenhinweis gefehlt, ob und wann das Urteil dem Angeklagten zugestellt wurde; ein Verstoß gegen § 228 StPO, der die richterliche Unterschrift unter das Hauptverhandlungsprotokoll

[1748] Vgl. *Berg*, NJ 1956, 308.
[1749] Siehe *Skuppin/Winkler*, NJ 1955, 730.
[1750] *Böhme*, NJ 1952, 500.
[1751] OG, Beschluss vom 18.11.1952 - 1a Ust 44/ 52, NJ 1952, 579.

vorschrieb; die Abwesenheit des Staatsanwaltes im Hauptverhandlungstermin;[1752] die Durchführung der Hauptverhandlung entgegen der Bestimmung des § 181 II StPO nicht innerhalb von vier Wochen nach Eingang der Anklageschrift;[1753] das Fehlen der Namen von Richtern und Schöffen auf den Verhandlungsprotokollen; die eigenmächtige Abänderung der Anklageschrift unter Abwesenheit des Kreisstaatsanwalts; die Belehrung der Zeugen nach altem Recht, die Vertagung der Sache ohne rechtlichen Grund; die unrichtige Wiedergabe des Tenors[1754].

Abschnitt V: Die DDR Anfang der 60er Jahre

1. Historische Situation und Ursachen für die Abschottung der DDR von der westlichen Welt

1960 steckte die DDR erneut in erheblichen Schwierigkeiten, da sich die Bezugsmöglichkeiten für dringend gebrauchte Rohstoffe wesentlich verschlechtert hatten. Um die Wirtschaft überhaupt aufrechterhalten zu können, mussten die Importe aus den kapitalistischen Ländern um 30% gesteigert werden, was zu einer Verschuldung von zwischenzeitlich 550 Millionen Valutamark führte.[1755] Ein weiteres großes Problem stellte der Strom der Abwanderer dar, der nicht nur den wirtschaftlichen Aufschwung lähmte, sondern die junge Regierung wohl auch in eine Identitätskrise gestürzt haben mag. Die politischen Kampagnen gegen die Abwanderung zeigten nicht die gewünschte Wirkung, da der größte Teil der Bevölkerung an der Glaubwürdigkeit der politischen Propaganda zweifelte oder sich nach dem Krieg nicht mehr politisch engagieren wollte.[1756] Diese

[1752] Vgl. BG Cottbus, Beschluss vom 09.12.1952 - II Ns 315/52, NJ 1953, 21.
[1753] OG, Beschluss vom 14.01.1953 - 1a Ust 170/52, NJ 1953, 141.
[1754] BG Cottbus, Beschluss vom 20.04.1953 - 3 NDs 44/53, NJ 1953, 602.
[1755] Siehe das Schreiben *Ulbrichts* an *Chruschtschow* vom 19.01.1960, abgedruckt bei *Steiner*, Vorstellungen und Probleme, in: *Mehringer* (Hrsg.), Von der SBZ zur DDR, S. 250.
[1756] So verwahrten sich Ingenieure des VEB Kranbau Eberswalde dagegen, dass die abgewanderten Kollegen durch Agenten abgeworben seien. Vielmehr sei es die Verärgerung über die ungeschickte

prekäre Situation entging auch den Sowjets nicht. Bereits im Juni 1953 stellte die sowjetische Parteiführung in einem Beschluss „über die Maßnahmen zur Gesundung der politischen Lage in der DDR“ fest, dass seit Januar 1951 bis April 1953 447.000 Personen in den westlichen Teil Deutschlands geflüchtet seien, darunter über 120.000 in den ersten vier Monaten des Jahres 1953.[1757] Auch danach nahm der Flüchtlingsstrom nicht ab, so dass statistische Erhebungen zeigen, dass von 1951 bis zum Ende des Jahres 1963 insgesamt 2.088.021 Menschen das Gebiet der DDR verlassen hatten.[1758] 1957/58 hatte sich die wirtschaftliche Lage zunächst merklich verbessert: die Lebensmittelkarten verschwanden, die Rationierung einiger Grundnahrungsmittel wurde aufgehoben, Lohnerhöhungen und die Subventionierung dringend benötigter Lebensmittel führten zu einer Verbesserung der Lebenshaltung. Durch diesen Wirtschaftsaufschwung angetrieben, versuchte man nun, mit Wirtschaftsplänen die Produktion weiterhin zu steigern, allerdings mit utopischen Vorstellungen. *Ulbricht* verkündete, die DDR werde durch den Siebenjahrplan die Überlegenheit der sozialistischen Gesellschafts- und Wirtschaftsordnung gegenüber den kapitalistischen Staaten demonstrieren. Die DDR werde bis 1961 bei der Versorgung der Bevölkerung mit Konsumgütern und Lebensmitteln Westdeutschland einholen und zum Teil übertreffen.[1759] Doch auch eine zeitweise Verbesserung der Lage in den Jahren 1957/58 konnte die Abwanderung[1760] nicht eindämmen, geschweige denn stoppen.[1761]

Behandlung von seiten des Betriebes und der Staatsmacht gewesen, die sie zu diesem Entschluss veranlasst hätte, siehe *Ross*, DeutschlandArchiv 2001, 614.

[1757] Siehe *Wagner*, Hilde Benjamin, S. 181. Die zahlenmäßige Erfassung der Flüchtlinge bereitet auch wegen der allgemeinen Völkerwanderung Schwierigkeiten.

[1758] Siehe Bevölkerungsstatistische Übersichten 1946 bis 1989, S. 149.

[1759] Siehe *Weber*, Geschichte der DDR, S. 202f.

[1760] Im DDR-Sprachgebrauch als „Republikflucht“ bezeichnet.

[1761] *Orschekowski/Hartisch/Friebel/Manecke/Sahre*, NJ 1959, 830, verkündeten, die Parteiorganisation setze sich das Ziel, die ökonomisch-betrieblichen Verhältnisse im sozialistischen Sinne so zu verändern, so dass ein sichtbarer politischer und ökonomischer Erfolg bei jeder einzelnen Tätigkeit auf massenpolitischem Gebiet erreicht werde, siehe auch *Göring/Zimmermann*, NJ 1959, 210.

Diese massiven Abwanderungen[1762], verursacht u.a. durch die Verschlechterung der Versorgung und durch die massiv vorangetriebene Zwangskollektivierung in der Landwirtschaft, durch schwere wirtschaftliche Einbußen, die in Milliardenhöhe entstanden waren, zwang die Regierung, grenzsichernde Maßnahmen zu erlassen.[1763] So wurden in der Nacht zum 13. August 1961 an der Zonengrenze zu Westdeutschland und Westberlin Grenzzäune errichtet, das Passieren der Grenze wesentlich erschwert und die Grenzkontrollen verstärkt.[1764] Dies war das Ergebnis einer Politik, die nicht bereit gewesen war, durch ein Nachlassen des politischen Drucks eine Massenflucht zu verhindern. Vielmehr konzentrierte man sich darauf, die Abwanderer und Grenzgänger für die allgemeine Krise in der DDR verantwortlich zu machen, ohne die wahren Gründe zu nennen. Bereits im März 1961 hatte *Ulbricht* für die Errichtung eines Grenzzaunes um West-Berlin und damit für die Abriegelung der geteilten Stadt auf einer Tagung des Warschauer Paktes plädiert, konnte sich aber noch nicht durchsetzen, da *Chruschtschow* seine Zustimmung versagte. Da aber ein Versiegen des Flüchtlingsstromes nicht abzusehen war und ein Ausbluten der DDR auf jeden Fall verhindert werden sollte, suchten Anfang August die 1. Sekretäre der kommunistischen Parteien der Staaten des Warschauer Vertrages auf einer Tagung in Moskau nach einer Lösung. In dem Verlauf einigte man sich darauf, die DDR solle wirksame Maßnahmen zum Schutz ihrer Grenzen erlassen.[1765] Damit musste man sich eingestehen, den Wettbewerb zwischen Sozialismus und Kapitalismus in der DDR als

---

[1762] Der Präsident des Bundes Deutscher Industrieller, *Fritz Berg*, soll am 06.10.1955 auf einer internen Tagung des Wirtschaftsausschusses der CDU/CSU verlangt haben, es solle dafür Sorge getragen werden, dass der Flüchtlingsstrom nach Westdeutschland nicht nachlasse, was durch entsprechende Propaganda und andere geeignete Maßnahmen erreicht werden könne, siehe *Stiller*, Die Staatsverbrechen, S. 32.

[1763] Die Frage, inwieweit diese Maßnahme auf Betreiben der Sowjets oder lediglich nach Zustimmung der Sowjets, aber auf Betreiben der SED-Führung geschah, soll hier dahingestellt bleiben.

[1764] *Pfeiffer* sprach von Maßnahmen zum Schutze der Grenzen und zur Abriegelung des Frontstadtsumpfes Westberlins, UaS IV, 127.

[1765] *Weber*, Geschichte der DDR, S. 221.

einem Land mit offenen Grenzen verloren zu haben.[1766] Die Befestigung der Staatsgrenzen war aus der Sicht führender Politiker in der DDR die Erfüllung der höchsten Pflicht, die die Charta der Vereinten Nationen jedem Staat auferlege, nämlich alles zur Sicherung des Friedens und zur Verhinderung eines Krieges zu tun, da ein Angriffskrieg gegen die DDR mit Ziel der Vereinnahmung bereits von Seiten des westlichen Imperialismus in Planung gewesen sei.[1767] Der sowjetische Außenminister *Gromyko* betonte auf der 18. Vollversammlung der Vereinten Nationen 1963, dass die Menschen es zu schätzen wissen würden, dass die DDR nunmehr eine sichere Bastion gegen eine Aggression im Zentrum Europas sei. Zudem könne sich die DDR auch auf den Art. 2 Ziffer 7 der UN-Charta stützen, der jedem Staat das Recht gebe zu bestimmen, ob und unter welchen Bedingungen sein Staatsgebiet betreten oder verlassen werden dürfe, was Ausdruck der Souveränität jedes Staates sei.[1768] In einem Fernsehinterview vom 30.07.1961 soll sich der amerikanische Senator *Fulbright* sogar dahingehend geäußert haben, dass er selbst nicht verstehen könne, warum die Ostdeutschen ihre Grenzen nicht schon längst zugemacht hätten, obwohl sie dazu jedes Recht gehabt hätten.[1769]

Bemerkenswert ist in diesem Zusammenhang, dass der Mauerbau die Geheimdienste auf beiden Seiten überrascht haben soll.[1770] Zumindest im Ministerium für Staatssicherheit erscheint eine völlige Ahnungslosigkeit unglaubwürdig, obwohl dies aufgrund der fast krankhaften Geheimniskrämerei wiederum nicht auszuschließen ist.

[1766] Vgl. *Wettig*, Das Berlin-Ultimatum, aus: *Timmermann* (Hrsg.), 1961 - Mauerbau und Außenpolitik, S. 37.
[1767] *Przybylski*, NJ 1964, 97.
[1768] *Przybylski*, NJ 1964, 97.
[1769] *Wolf*, Spionagechef im geheimen Krieg, S. 141.
[1770] *Wolf*, Spionagechef im geheimen Krieg, S. 141.

Der Bau der Mauer war gleichzeitig der Beginn eines wirtschaftlichen Aufschwungs, da qualifizierte Arbeitskräfte nunmehr in der DDR verbleiben mussten. Dies hatte zur Folge, dass es in Wissenschaft und Forschung zu beachtlichen Leistungen kam. Im Laufe der Jahre entwickelte sich die DDR zur zweitstärksten Industriemacht im Rat für Gegenseitige Wirtschaftshilfe (RGW). Man begann ferner - wie zu Kolonialzeiten - sich um Einfluss in der Dritten Welt zu bemühen und die sozialistische Idee auf z.B. afrikanische Verhältnisse zu übertragen.[1771]

2. Kurzer Abriss über die rechtwissenschaftliche Entwicklung

Im April 1963 kam es zu einem Erlass des Staatsrates der DDR über die grundsätzlichen Aufgaben und die Arbeitsweise der Organe der Rechtspflege.[1772] Dieser Erlass sollte bis 1989 das wichtigste Hilfsmittel für Richter und Staatsanwälte werden. Er war notwendig geworden, weil man es noch immer nicht geschafft hatte, ein neues Strafgesetzbuch zu verabschieden, aber die gesellschaftliche und wirtschaftliche Situation - auch aufgrund der Entspannungen durch die Errichtung der Staatsgrenze - eine Anpassung der Rechtsprechung erforderte. Die Partei- und Staatsführung ging davon aus, dass nunmehr die Einführung des Sozialismus seinen endgültigen Sieg errungen habe und man sich daher auf die Festigung der sozialistischen Errungenschaften konzentrieren könne. Die Aufgaben der sozialistischen Staatsmacht, besonders bei der wissenschaftlichen Leitung der Volkswirtschaft, setze auch für die Tätigkeit der Organe der Rechtspflege, die einheitliche und richtige Anwendung des sozialistischen Rechts bei der Lösung der vielgestaltigen Probleme der sozialistischen Umwälzung neue Maßstäbe. Das Neue in ihrer Tätigkeit bestehe nun im Kampf gegen alle Rechtsverletzungen und deren Ursachen.[1773] Darüber hinaus wurde die Stellung der Schöffen

---

[1771] Siehe *Borowsky*, Informationen zur politischen Bildung, Heft 258; S. 22.
[1772] GBl 1963 I, 21.
[1773] Aufgaben und Arbeitsweise der Rechtspflegeorgane, S. 24.

insofern verbessert, als sie zu gleichberechtigten Partnern des Richters im Gerichtsverfahren gemacht wurden. Ihre Aufgabe bestand insbesondere darin, die Rechtsprechung enger mit der gesellschaftlichen Entwicklung zu verbinden, indem sie als Werktätige ihre Sachkunde über bestimmte Bereiche der Volkswirtschaft stärker einbrachten.[1774]

Ab Mitte der 50er Jahre hatte sich die Tendenz abgezeichnet, bei der Verhängung von Strafen die Erziehungsfunktion immer mehr in den Vordergrund zu rücken. Dieser Entwicklung wurde mit dem Rechtspflegeerlass von 1963 Rechnung getragen. Um das Staats- und Rechtsbewusstsein der Bürger weiter zu entwickeln und ihre Verbundenheit mit den staatlichen Organen zu festigen, waren die Gerichte gehalten, die vom Verfahren betroffenen gesellschaftlichen Organisationen, Betriebe, Kollektive o.ä. zur Verhandlung einzuladen, damit die Verhandlung entsprechend „nachbearbeitet“ werden konnte. Das konnte dadurch geschehen, dass das Gericht seine Verhandlung unmittelbar in Betrieben oder Genossenschaften abhielt oder dass Werktätige für diese Verhandlung von der Arbeit befreit wurden.[1775] Zur umfassenden Aufklärung einer Tat, ihrer Umstände und der sie begünstigenden Bedingungen und der Persönlichkeit des Angeklagten sollte das Gericht aus dessen Arbeits- und Lebensbereich Vertreter von sozialistischen Brigaden, Hausgemeinschaften oder anderen Kollektiven der Werktätigen zur Teilnahme an der Hauptverhandlung laden.[1776] Das hatte zum einen die Folge, dass unter Umständen sehr viele Menschen aus der unmittelbaren Umgebung von Verfehlungen des Angeklagten Kenntnis erlangten und somit eine breite gesellschaftliche Ächtung eintreten konnte. Zum anderen eröffnete es aber auch die Möglichkeit, die Persönlichkeit des Angeklagten besser kennen zu ler-

[1774] Aufgaben und Arbeitsweise der Rechtspflegeorgane, S. 54.
[1775] Aufgaben und Arbeitsweise der Rechtspflegeorgane, S. 57.
[1776] Aufgaben und Arbeitsweise der Rechtspflegeorgane, S. 57.

nen, sein Umfeld und seine eventuelle Motivation für die vorgeworfene Straftat. Es offenbarte vor allem in späteren Jahren gesellschaftliche Entwicklungsmängel, wie beispielsweise Rücksichtslosigkeit im Umgang mit Arbeitsmaterialien, eine fehlende und falsche Arbeitseinstellung, die zeigten, dass der Angeklagte nur innerhalb des gesellschaftlichen Gefüges gehandelt hatte. So waren Diebstähle von Produktionsmitteln und -materialen in einigen Zweigen der Volkswirtschaft durchaus gängige Praxis, was dazu führte, dass der Angeklagte sich eher dafür schämte, „erwischt" worden zu sein.

Zur Erhöhung der erzieherischen Wirkung gehörte auch, dass sozialistische Kollektive dem Gericht vorschlagen konnten, eine Strafe ohne Freiheitsstrafe auszusprechen, und sich gleichzeitig verpflichteten, die Bürgschaft für den Angeklagten zu übernehmen.[1777] Zur Erhöhung der erzieherischen Wirkung einer bedingten Verurteilung konnte das Gericht den Täter durch Urteil dazu verpflichten, seinen bisherigen oder einen ihm zugewiesenen Arbeitsplatz nicht zu wechseln und besonders in seiner Arbeit zu zeigen, dass er die richtigen Schlussfolgerungen aus seiner Verurteilung gezogen hatte.[1778] Ein weiterer wichtiger Punkt war die Stärkung der Konfliktkommissionen, die für die Abhandlung geringfügiger Straftaten, wie z.B. Beleidigung, Sachbeschädigungen, leichte Körperverletzungen, Verkehrsdelikte, und die gütliche Beilegung kleinerer zivilrechtlicher Streitigkeiten zuständig waren. Das führte zu einer nicht unerheblichen Entlastung der Kreisgerichte.

Erst 1963 wurden mit dem Rechtspflegeerlass die Verurteilten in verschiedene Kategorien eingeteilt: 1. in Verurteilte, die sich mit ihrer staats- oder gesell-

---

[1777] Aufgaben und Arbeitsweise der Rechtspflegeorgane, S. 61.

[1778] § 1 II Gesetz zur Änderung und Ergänzung strafrechtlicher und verfahrensrechtlicher Bestimmungen vom 17.04.1963, GBl. I, S. 65.

schaftsfeindlichen Handlung außerhalb der Gesellschaft gestellt hatten, 2. in Verurteilte, deren bisherige egoistische Anschauung und parasitäre oder asoziale Lebensweise zum Verbrechen führte, 3. in solche Rechtsbrecher, die weder aus Feindschaft noch aus ausgesprochener Zurückgebliebenheit strafbare Handlungen begangen hatten, bei denen Undiszipliniertheit, leichtfertiges und individualistisches Verhalten gegenüber den Regeln des Zusammenlebens in der sozialistischen Gesellschaft die ideologische Grundhaltung charakterisierten.[1779] Es könne daher die „einseitig“ und „verabsolutierende“ These, jedes Staatsverbrechen entspringe einer feindlichen Einstellung, nicht mehr aufrechterhalten werden, da nicht alle Täter „geschworene Feinde des Sozialismus“ seien.[1780]

Teil III

Urteil und Sprache als Mittel der Agitation und Propaganda

Abschnitt I: Die Entwicklung einer „neuen“ Sprache

1. Veränderung des Vokabulars

Nach Beendigung des Krieges und der Niederlage des Nationalsozialismus widerfuhr auch der deutschen Sprache eine Veränderung. Dabei ist festzustellen, dass bereits 1945 und nicht erst mit den Staatengründungen die Trennung der Deutschen in zwei Kommunikationsgemeinschaften begann.[1781] So verschwanden zwar Begriffe mit dem Wortstamm „Reich(s)-“[1782], „Führer-“ oder „Rasse“ aus dem gesamten Sprachgebrauch. Der Wortstamm „Deutsch-“ wurde weiterhin

---

1779 *Szkibik*, NJ 1964, 70f.
1780 *Stiller*, NJ 1964, 298.
1781 Siehe *Schlosser*, Die deutsche Sprache in der DDR, S. 22.
1782 Eine Ausnahme bildet der Begriff der „Deutschen Reichsbahn“, der bis zum Ende der DDR galt.

gebraucht, wenn auch überwiegend in Verbindung mit einem positiv wertenden Adjektiv, z.B. „frei“, „demokratisch“ etc. Der zur NS-Zeit häufige Gebrauch von Wörtern mit dem Wortstamm „Volk(s)-“[1783] findet sich allerdings in der ostdeutschen Sprache wieder, so z.B. als Volkspolizei, Volksbuchhandlung, Volkssolidarität, Volkskammer, Volksarmee, volkseigener Betrieb, Volkskontrollausschüsse, Volkseigentum, Volksbildung, Volksvertretungen, Volkshochschule, Volksheilbad, Volkswerft, Volkswirtschaftsplan, Volksröntgenreihenuntersuchung, Verlag Volk und Wissen, Berliner Volksbühne etc.[1784]

Der Gebrauch anderer und die Schaffung neuer Wörter (Neologismen, wie Aktivist, Pflichtablieferungssoll, Zweijahresplan, Parteilichkeit etc.[1785]) und Wendungen gehen größtenteils auf die sowjetische Besatzungsmacht zurück, die somit, z.B. mit der Veröffentlichung von SMAD-Befehlen, Propagandamaterial etc., eine neue „Sprachkultur“ in der deutschen Bevölkerung hervorbrachte. Dies geschah z.B. durch die unmittelbare Übernahme von Russismen in Form von Fremdwörtern und Lehnbildungen, aber auch durch die Einführung von Begriffen, die sowohl deutsche als auch russische Kommunisten aus gemeinsamem Gebrauch kannten und die teilweise auf sprachliche Traditionen der Arbeiterbewegungen zurückgingen.[1786] So werden Wörter wie Exponat, Kombine, Kombinat, Trolleybus, Kulturhaus[1787], Komplexbrigade, Broiler[1788], Subotnik[1789], Jarowisation[1790], Melioration[1791] etc. aus dem Russischen übernommen und neue Wörter

[1783] Siehe *Schmitz-Berning*, Vokabular des Nationalsozialismus, S. 642.
[1784] Siehe dazu auch *Schlosser*, Die deutsche Sprache der DDR, S. 36.
[1785] *Oschlies*, DeutschlandArchiv 1989, 11, führt das Wort „Jahresendflügelfigur“ für „Weihnachtsengel“ an.
[1786] Siehe *Schlosser*, Die deutsche Sprache in der DDR, S. 23.
[1787] Dom kulturui= Stadthalle.
[1788] = Grillhähnchen.
[1789] = freiwilliger und kostenloser Arbeitseinsatz.
[1790] = Behandlung des keimenden Saatgutes durch bestimmte Temperaturen, um die Entwicklungsdauer von Nutzpflanzen abzukürzen, siehe *Schroeter*, Die Sprache der DDR, S. 100.
[1791] = Verfahren der Bodenverbesserung zumeist durch Trockenlegung.

geprägt, wie Planübererfüllung, Winkelemente[1792], Agitprop[1793], Massenorganisationen, Parteilehrjahr[1794], Abschnittsbevollmächtigter[1795], Hausvertrauensmann[1796], Straßenvertrauensleute[1797], Plaste und sein „Zwilling“ Elaste[1798], Verkaufsstelle, Ferienplatz[1799], Lager für Erholung und Arbeit[1800], Wohnraumlenker oder Wohnraumvergabepläne[1801], Werktätiger etc.[1802] Als auffälligstes Symptom propagandistischer Einflussnahme bezeichnet *Picaper* diese Art der Veränderung des Vokabulars. Wörter würden aus dem Tagesgebrauch verschwinden und andere eingeführt werden, ohne dass sich die Menschen darüber Gedanken machten. Sie würden damit bewusst oder unbewusst zu bis dato ungewohnten Verhaltensweisen veranlasst, um in der Gemeinschaft anerkannt zu werden.[1803]

Besonders wichtig schien es der sowjetischen Besatzungsmacht, auch mit sprachlichen Mitteln eine Abwertung des Dritten Reiches vorzunehmen und die neue (angestrebte) Ordnung mit positiven Begriffen zu beschreiben, z.B. antifaschistisch[1804], demokratisch[1805] oder sozialistisch, um die Vorzüge der einen gegenüber der anderen Gesellschaftsordnung deutlich zu machen. Diese sprachliche Positivierung findet man später häufiger auch im Zusammenhang mit Ver-

[1792] = Fahnen und Transparente.
[1793] = Agitation und Propaganda.
[1794] = regelmäßige Versammlung zur Unterrichtung der Werktätigen über die Politik der SED - im Volksmund auch „Rotlicht“ genannt.
[1795] = Revierpolizist.
[1796] = Hauswart auf freiwilliger Basis.
[1797] *Meinel/Grimm*, NJ 1956, 301.
[1798] *Oschlies*, Edition DeutschlandArchiv 1989, 108.
[1799] Eine von der Dienststelle oder einer gewerkschaftlichen Organisation (FDGB) zugewiesene Urlaubsunterkunft.
[1800] = eine Art Ferienlager für Jugendliche, die jedoch 6 Stunden pro Tag in verschiedenen Einrichtungen (Kindergärten, Obstplantagen etc.) gegen ein geringes Entgelt arbeiten gingen.
[1801] *Lüdtke*, Sprache und Herrschaft, in: *Lüdtke/Becker* (Hrsg.), Akten. Eingaben. Schaufenster, S. 20.
[1802] Siehe z.B. *Oschlies*, „Vierzig zu Null im Klassenkampf?“, S. 15.
[1803] *Picaper*, Kommunikation und Propaganda in der DDR, S. 24.
[1804] Befehl Nr. 201 vom 16.08.1947, ZVOBl. 1947, Nr. 18, S. 185.
[1805] Befehl Nr. 201 vom 16.08.1947, ZVOBl. 1947, Nr. 18, S. 185; Verordnung über die Bestrafung von Verstößen gegen die Wirtschaftsordnung ZVOBl. 1948, Nr. 41, S. 439.

gleichen zwischen den sozialistischen und den kapitalistischen Staaten, insbesondere im Bezug auf die USA und die Bundesrepublik.[1806] Die hohe Frequenz dieser Attribute, insbesondere ihre Verwendung in Doppelformen sei, so *Schlosser*[1807], für die SBZ Kennzeichen einer keineswegs zufälligen, sondern durchaus bewussten ideologischen Deutung der Gegenwart und Zukunft. Verwendet wurden ebenso gerne Euphemismen, d.h. mildernde, verhüllende, beschönigende Umschreibungen für anstößige oder unangenehme Wörter, um eine positive Konnotation zu erzielen; z.B.: antifaschistischer Schutzwall für Mauer, da Schutz immer positive Konnotationen hervorruft.[1808]

Mit der Bildung der SED 1946 begann sprachlich auch die Fundamentierung dieser Partei zu *der* Partei schlechthin.[1809] Dazu gehörten Lobreden und -hymnen[1810] sowie die Verwendung des Wortes „Partei" als Bestimmungswort im Zusammenhang mit anderen Substantiven, so z.B. Parteiauftrag, -aktiv, -sekretär, -gruppe, -veteran, -lehrjahr, -kontrollkommission, -konferenz, -organisation, -hochschule, -schule, -tag, -leitung, -ausschuss, -ausweis[1811]. Darüber hinaus sind schon Ansätze eines „Funktionärsjargons"[1812] bzw. eines „parteichinesisch"[1813] - oder wie es *Brecht* später bezeichnete, eines „Kaderwelsch"[1814] - zu erkennen, die

[1806] So z.B. im Urteil des OG vom 09.03.1957 - 1 Zst (I) 1/57, NJ 1957, 166 (169): „Als es im Verlaufe der Ereignisse in Ungarn dem Faschismus zeitweilig gelang, sein blutiges Haupt zu erheben, schlossen sich alle ehrlichen Bürger enger an die Staatsführung ... an".

[1807] *Schlosser*, Die deutsche Sprache in der DDR, S. 31.

[1808] Siehe ausführlicher *Hellmann*, Zum öffentlichen Sprachgebrauch in der Bundesrepublik Deutschland und in der DDR, S. 224. Allerdings ist das Phänomen der Verwendung von Euphemismen keine alleinige Erscheinung der DDR-Sprache. Bereits zu Zeiten des Dritten Reiches finden sich Wörter, die die Ziele und Mittel der Politik zu verhüllen versuchten: „Frontbegradigung", „Endlösung", „Liquidierung", „Konzentrationslager" etc. Auch in der neuesten Zeit kann man derartige inhaltliche Verhüllungen feststellen: „humanitäre Bombardements" für den Krieg in Afghanistan etc.

[1809] Z.B. „unsere Partei", die „Partei neuen Typus", siehe Entschließung der 13. Tagung des Parteivorstandes vom 15./16. September 1948, BArchiv DY 30 IV 2/4/8 - Microfiche.

[1810] Z.B. zum 70. Geburtstag *Stalins*, zu den Parteitagen oder zur alljährlichen Maidemonstration.

[1811] Siehe dazu auch *Schlosser*, Die deutsche Sprache in der DDR, S. 35.

[1812] *Oschlies*, Würgende und wirkende Wörter - Deutschsprechen in der DDR, S. 23.

[1813] Vgl. *Bergmann*, Parteisprache und Parteidenken, in: *Lerchner* (Hrsg.), Sprachgebrauch, S. 65.

[1814] Zit. nach *Rüther*, „Greif zur Feder, Kumpel", S. 44.

ebenfalls, zumindest teilweise, dem Russischen entlehnt sind, z.B. „Kader“[1815] oder „Funktionär“, die Verwendung zahlreicher militärischer Termini, der übermäßige Gebrauch bestimmter Adjektive oder Substantive. Durch den besonderen Einfluss der sowjetischen Besatzungsmacht auf die Entwicklung der politischen Nachkriegssprache spricht *Picaper*[1816] in Anlehnung an *Victor Klemperers* „L.T.I.“[1817] von der „L.S.I.“, der „Lingua sovietici imperii“ - der Sprache des Sowjetimperiums als Transportmittel der Ideologie.[1818] *Picaper* sieht die Funktion der „L.S.I.“ darin, den geistigen Boden für die prägende Kraft der russischen Zentralmacht zu ebnen.[1819] Die Art der Parteisprache war daher weniger die Sprache der „Arbeiterschaft“, als vielmehr eine Befehls- und Organisationssprache, da sie überwiegend imperativ ausgestaltet war. Dies deshalb, weil die Führungsspitze die marxistische Idee als „Anleitung zum Handeln“ verstand. In Folge dessen ist eine „Verarmung“ der Sprache festzustellen, die vor allem durch die Verwendung vieler z.T. inhaltsloser Schlag- oder Schlüsselwörter bzw. Stereotypen herbeigeführt wurde, deren Terminologie sich einem kommunistisch ungeschulten Menschen nicht von vornherein erschloss.[1820]

2. Sprache als Mittel zur Erziehung des Menschen zum sozialistischen Individuum

Unterstützung im kommunikativ betriebenen ideologischen Kampf erhoffte man sich von den Exilschriftstellern, die man versuchte, zurück ins Land zu holen. Unter denjenigen Schriftsteller, die aus dem Exil wiederkehrten, waren *Anna Seghers*, *Arnold Zweig* sowie *Bertold Brecht*. Anfangs war jedoch die literari-

---

[1815] Z.B. „Kaderakte“, „Kaderleiter“, „Kadergespräch“, „Kaderauslese“.
[1816] *Picaper*, Kommunikation und Propaganda in der DDR, S. 20.
[1817] „Lingua tertii imperii“, die Sprache des Dritten Reiches.
[1818] *Picaper* betont jedoch, dass es sich bei der „L.S.I.“ nicht um die abwertend-ironische Bezeichnung der SED-Sprache als „Funktionärsdeutsch“ oder als „Parteichinesisch“ handelt, *Picaper*, Kommunikation und Propaganda in der DDR, S. 20.
[1819] *Picaper*, Kommunikation und Propaganda in der DDR, S. 21.
[1820] Insgesamt dazu *Picaper*, Kommunikation und Propaganda in der DDR, S. 22.

sche Intelligenz teils schuldverstrickt, teils gelähmt nicht in der Lage, künstlerisch tätig zu sein.[1821] Man erhoffte sich aber, dass sie das Volk durch ihre Schriften ermutigen und mit Hoffnung erfüllen würde. Es ging darum, die Durchsetzung politischer Ziele, insbesondere die Einheit Deutschlands und den Aufbau des Sozialismus, zu garantieren.[1822] Ab 1950 propagierte man verstärkt den Aufbau des Sozialismus. Die SED forderte eine Literatur, die für die Ziele des Sozialismus Partei ergriff und keine modernistischen und formalistischen Experimente durchführte und den Lesern Identifikationsfiguren („proletarische Helden") lieferte. Solche „Aufbau" - Literatur zeigte Helden der Arbeit bei der Meisterung schwierigster Produktionsaufgaben, beim Wiederaufbau von Industrie und Landwirtschaft und bei der Entlarvung des Klassenfeindes.[1823]

Die DDR befand sich im Wettstreit mit der BRD zum einen und dem kapitalistischen Ausland zum anderen. Es galt, die Idee eines sozialistischen Staates zu verwirklichen und alle anderen davon zu überzeugen, dass es eine vollkommenere Gesellschaft als die eine klassenlose Gesellschaft nicht geben könne. Nur eine Nation, die gebildet und kulturell aktiv war, konnte auf internationale Anerkennung hoffen. Damit sollte wohl auch das Vorurteil des ungebildeten und plumpen Proletariers widerlegt werden. Der Mensch sollte zu einer sozialistischen Persönlichkeit erzogen werden, die sich zukünftig ohne den Druck von Sanktionen freiwillig den sozialistischen Regeln unterwirft. Um dieses Ziel zu erreichen, waren die DDR-Bürger einer - zum Teil auch unbewusst wirkenden - Propaganda ausgesetzt. Für die Partei war es wichtig, die so genannten Intellektuellen am Kampf der Arbeiterklasse teilhaben zu lassen, sie ihn sogar mit gestalten zu lassen. Zwar fand eine sprachliche Ausgrenzung der sog. Intellektuellen schon

[1821] *Mittenzwei*, Die Intellektuellen, S. 42 ff.
[1822] *Schregel*, Die Romanliteratur der DDR, S. 128 ff.
[1823] Siehe *Weinreich*, C., Die Kulturpolitik in der DDR am Beispiel der Literatur, S. 17 ff.

dadurch statt, dass sich die DDR selbst als Arbeiter- und Bauernstaat bezeichnete und damit die geistige Führungsschicht unbeachtet ließ, doch hatte man sehr schnell erkannt, dass Kultur und Kulturpolitik ohne die Intelligenz nicht zu machen war. Künstler und Schriftsteller sollten Partei für die Arbeiter ergreifen und den Aufbau des Sozialismus zum Inhalt ihrer Werke machen. Es gab die Vorgabe, Themen und Stoffe aus der Arbeitswelt zu behandeln und sie ideologisch in die Darstellungsweise des sozialistischen Realismus zu bringen. Gleichzeitig sollten die Arbeiter, mit Hilfe der Künstler, *„Höhen der Kultur stürmen und von ihnen Besitz ergreifen."*. Mit Aussagen wie *„Greif' zur Feder, Kumpel, die sozialistische Nationalkultur braucht dich!"* forderte *Ulbricht* die Werktätigen auf, die Errungenschaften des Sozialismus darzustellen, dem Fortschritt zu huldigen und damit die Idee einer sozialistischen Gemeinschaft weiterzutragen.[1824]

Abschnitt II: Das Urteil und seine gesellschaftlichen Auswirkungen

1. Erzieherischer Aspekt der Verurteilungen

Beim Aufbau des Sozialismus als Vorstufe zum Kommunismus, in dem die Menschen ohne staatlichen Zwang freiwillig den Gemeinschaftsregeln folgen, lag ein besonderes Augenmerk auf der Erziehung des Menschen, insbesondere der jungen Generation, zum sozialistischen Bewusstsein[1825]. Die Entwicklung eines Gemeinschaftsbewusstseins und die Erziehung des Menschen nach einem „Idealbild" scheinen dabei elementare Prinzipien von Diktaturen zu sein. Auch im Nationalsozialismus war die „Gemeinschaft" in Form der Betriebsgemeinschaft, der Hausgemeinschaft, der Volksgemeinschaft etc. das Kernstück systemimmanenter Ideologie. Das konstruktive Element der Gemeinschaftsideologie waren die Fähigkeit zur Feindbestimmung unter vormals Gleichen und die An-

---

[1824] *Trampe*, Kultur und Medien, in: *Judt* (Hrsg.), DDR-Geschichte in Dokumenten, S. 297.
[1825] Siehe *Krutzsch/Hugot*, NJ 1958, 527.

passung, um durch Systemkonformität der Vernichtung zu entgehen.[1826] *Himmler* erklärte einmal: „Die nationalsozialistische Idee, die heute das deutsche Volk und Reich beherrscht, sieht im Volk, nicht im Einzelmenschen, die wirkliche Erscheinungsform des Menschentums. Das Volk wird begriffen ... als überpersönliche und überzeitliche Gesamtwesenheit ... Der Einzelmensch kann nie der Zweck, sondern nur das Mittel eines politischen Planens und Handelns sein."[1827]

Eine ähnliche Grundhaltung war auch der sozialistischen Idee eigen. Es kam nicht darauf an, dass man als Individuum seine persönliche Freiheit erhielt, sondern dass man als ein wichtiges Mitglied der Gemeinschaft Anerkennung fand. Das Leben eines Menschen war von „Gemeinschaften" geprägt: als Mitglied gesellschaftlicher Organisationen, wie die der Jungen Pioniere oder der FDJ, als Arbeiter in einer „Betriebsgemeinschaft", als Mieter in einer „Hausgemeinschaft", als Genosse in einer Wohnparteigruppe, als Mitglied im Wirkungsbereichsausschuss der Nationalen Front, als Arbeiter in einer Jugendbrigade[1828], als Künstler in einem Volkskunstensemble, als Kleintierzüchter oder als Kleingärtner in entsprechenden Vereinen, als Rentner organisiert in der Volkssolidarität etc. Dabei dienten diese Gemeinschaften nicht bewusst der Ausgrenzung anderer, sondern der Weiterentwicklung der Gesellschaft und auch zur Förderung der eigenen Persönlichkeit, da die persönliche Freiheit nur über die Gemeinschaftsidee erreicht werden konnte. So genüge es beispielsweise nicht, wenn Elternhaus und Schule sich damit zufrieden geben, dass die Kinder den rein schulischen Stoff beherrschten und in die Lage versetzt würden, einen Beruf zu erlernen. Gemeinsam müssten sie die Kinder zur Gemeinschaft der Jungen Pioniere füh-

---

[1826] *Reifer*, Gemeinschaft und Feindschaft, in: *Bennhold* (Hrsg.), Spuren des Unrechts, S. 47.
[1827] Rede *Himmlers* über „Aufgaben und Aufbau der Polizei des Dritten Reiches", abgedruckt bei *Reifer*, Gemeinschaft und Feindschaft, in: *Bennhold* (Hrsg.), Spuren des Unrechts, S. 47.
[1828] Manchmal auch im Sondereinsatz, zum Beispiel bei der Trockenlegung der Wische (Altmark), südlich von Wittenberge, oder als Kartoffelkäferbekämpfer.

ren, damit sie sich frühzeitig Richtlinien und Grundsätze des gesellschaftlichen Lebens und der gesellschaftlichen Moral aneignen.[1829] Als ein besonderer Störfaktor in der Überzeugungsarbeit galt die Propaganda von Seiten der Westmächte. So schufen z.B. Mitglieder der FDJ-Organisation in Wismar die Figur des „Tele-Connys", die all denen an die Haustür oder an den Arbeitsplatz geheftet wurde, die noch immer Westfernsehen empfingen. Im Kreis Eilenburg wurde denjenigen sogar die Antenne abgesägt und für alle Einwohner sichtbar auf dem Marktplatz aufgestellt, versehen mit einem Plakat, auf dem geschrieben stand: „Wir dulden keine Lügen- und Hetzantennen"[1830]. In Betrieben wurden RIAS-Hörer und Westfernseher öffentlich angeprangert, oder es wurden alle nach Westen eingestellten Antennen fotografiert und in Postkartengröße mit Namen und Adresse in Betriebsschaukästen ausgestellt[1831].

Dieser Erziehungsgedanke zieht sich während der ganzen DDR-Zeit durch die gesellschaftliche Entwicklung. Der Einzelne wurde ständig in einen Erziehungsprozess miteinbezogen, auch wenn er sich dessen nicht immer bewusst war: das Kollektiv erzog, ebenso die Partei, die Parteileitung, die gesellschaftlichen Einrichtungen, wie Kindergarten, Kinderkrippe, Schule etc. Das erweckt den Eindruck, als ob die Partei- und Staatsführung ihre Bürger als unmündige Mitglieder der Gesellschaft betrachtete. So ist es nicht verwunderlich, dass auch das Strafverfahren bzw. die Tätigkeit der Straforgane der sozialistischen Umerziehung der Gesellschaft dienten.[1832] Dabei sollte das Strafverfahren nicht nur erzieherisch auf den Täter selbst einwirken, sondern auch auf seine Umwelt. Viele Verbrechen seien Ausdruck noch immer nicht überwundener

[1829] Bauern-Echo, Potsdam-Berlin, vom 28.09.1961, UaS IV, 125.
[1830] Siehe UaS IV, 43.
[1831] Siehe UaS IV, 44.
[1832] Gleiches gilt selbstverständlich auch für die Parteiverfahren: „Bei der Durchführung von Parteiverfahren muß das Prinzip der Erziehung zu einem höheren Grad des Parteibewußtseins und der Parteidisziplin stets im Vordergrund stehen", siehe Über die Durchführung von Parteiverfahren, BArchiv DY 30 IV 2/4/8 - Microfiche.

seien Ausdruck noch immer nicht überwundener rückständiger, da bürgerlicher Denk- und Lebensgewohnheiten.[1833] Daher war es die vornehmliche Aufgabe, sowohl den Täter selbst als auch potentielle Täter zur Achtung vor dem sozialistischen Gesetz, dem sozialistischen Eigentum, zur Arbeitsdisziplin und zur demokratischen Wachsamkeit zu erziehen.[1834] Dies konnte nicht nur durch eine qualifizierte Hauptverhandlung und die gerechte Bestrafung erreicht werden, sondern auch durch die Auswertung des Strafverfahrens, beispielsweise durch:

1. Verhandlungen mit besonders ausgesuchten Zuhörern: In Prozessen, die sich in irgendeiner Weise besonders für erzieherische Zwecke nutzen ließen, verhandelte man gern vor ausgesuchten Zuhörern. In Waldheim hatte man dienstfreie Mitarbeiter der Volkspolizei an den Verhandlungen teilnehmen lassen, womit man gleichzeitig den Grundsatz der Öffentlichkeit als gewahrt sah. Im Prozess gegen *Janka* u.a. mussten zahlreiche Schriftsteller und Journalisten teilnehmen, darunter beispielsweise *Seghers*, *Bredel*, *Schnitzler* u.a.[1835] Das Schöffengericht Eberswalde befasste sich Anfang Dezember 1949 im Rathaussaal von Finow mit drei Buntmetalldieben. Geladen waren rund 400 Personen aus der Region, da sie besonders von Buntmetalldiebstählen betroffen war. Der Haupttäter, der 3.000m Kupferkabel aus Telefonleitungen abgebaut und nach Westberlin verkauft hatte, wurde zu zweieinhalb Jahren Zuchthaus und Ehrverlust verurteilt. Sein Vermögen wurde darüber hinaus eingezogen. Zwei Stunden nach der Verhandlung hatten sich bereits einige Einwohner bei der zuständigen Polizeistation gemeldet, um Buntmetalle abzugeben. Mit Recht konnte *Hoeniger* zufrieden feststellen,

---

[1833] *Orschekowski/Hartisch/Friebel/Manecke/Sahre*, NJ 1959, 830.
[1834] Siehe auch § 2 StPO vom 02.10.1952: „Das Strafverfahren soll zur Achtung vor dem sozialistischen Gesetz, zur Achtung vor dem sozialistischen Eigentum, zur Arbeitsdisziplin und zur demokratischen Wachsamkeit erziehen".
[1835] *Janka*, Schwierigkeiten mit der Wahrheit, S. 37.

dass der Prozess seine gewünschte Wirkung erreicht habe.[1836] Auch *Melsheimer* betonte die erzieherische Wirkung, die eine Aburteilung durch die Gerichte haben könne, weil sie die demokratische Gesinnung und die demokratische Wachsamkeit der Massen vertiefe.[1837] Dazu gehöre auch, besondere Personengruppen zu bestimmten Prozessen als Zuhörer[1838] zu gewinnen. Nähmen Werktätige, die aufgrund ihrer beruflichen oder gesellschaftlichen Stellung mit dem Gegenstand eines Verfahrens verbunden sind, an Prozessen, die Verbrechen eines besonderen Täterkreises oder aus einem besonderen Bereich der Wirtschaft oder der staatlichen Verwaltung zum Gegenstand haben, teil, könnten sie diesem Prozess nicht nur kritisch folgen, sondern auch entsprechende Lehren daraus ziehen.[1839]

2. Aufrufe an die Bevölkerung im Urteil: Manchmal sprach das Gericht in seinen Urteilsbegründungen nicht nur den Angeklagten direkt an, sondern nahm diese zum Anlass, die Bevölkerung anzusprechen: „Die fortschrittlichen Kräfte des Volkseigenen Gutes sollten die mit diesem Verfahren aufgedeckten Mängel in der politischen Erziehungsarbeit im Volkseigenen Gut Räckendorf zum Anlaß nehmen, ihre Tätigkeit zu verbessern. Es muß insbesondere erreicht werden, daß jedem einzelnen Arbeiter und Angestellten sein persönlicher Anteil am Plan des Betriebes klar wird und daß regelmäßig in den Produktionsberatungen und den Veranstaltungen der Parteien und Massenorganisationen der ideologische Kampf gegen die rückständigen Anschauungen und das überlebte Bewußtsein geführt wird."[1840]

[1836] *Hoeniger*, NJ 1950, 204f.
[1837] *Melsheimer*, NJ 1950, S. 5 ff.
[1838] So waren beim „Dresdner Studentenprozeß" überwiegend Mitglieder der FDJ der TH Dresden und Delegierte der SED im Zuhörerraum, siehe UaS IV, 107.
[1839] *Löwenthal*, NJ 1955, 686.
[1840] BG Magdeburg, Urteil vom 01.02.1961 - S 372/60 - K I 70/60, UaS IV, 120f.

3. Strafverhandlungen im Wege des beschleunigten Verfahrens am Tatort (so z.B. bei Diebstählen in Selbstbedienungsläden),

4. Aushängen des Urteils in Betrieben[1841]: Jedes Verbrechen bzw. jeder Verstoß gegen die sozialistische Gesetzlichkeit sollte daher vor allem in dem Betrieb, der LPG oder der Institution, in der der Täter arbeitete, erörtert werden, da die scharfe Kritik der Arbeitskollegen dem Täter oft helfe, den richtigen Weg zu finden. So werde die erzieherische Wirkung des Urteils ganz erheblich verstärkt und schaffe eine Atmosphäre, in der jeder spüre, dass Verstöße gegen die Regeln des sozialistischen Gemeinschaftslebens von der gesamten Gesellschaft verurteilt werden.[1842] Das galt allerdings nicht nur für Strafverfahren. Bei Verstößen gegen die sozialistische Moral schaltete sich schon mal die Konfliktkommission oder die Parteileitung ein[1843], so z.B. wenn ein Kindesvater seinen Unterhalt nicht zahlte oder wenn ein außereheliches Verhältnis bekannt wurde.

5. Gespräche mit Richtern und Staatsanwälten in Betrieben oder bei Justizausspracheabenden[1844]: Dies sollte eine „lebendigere und engere Verbindung der Justiz mit dem Volk herstellen“[1845]. Bereits im Dezember 1945 empfahl das Ministerium der Justiz des Landes Brandenburg allen Gerichten, mit Behörden, Vertretern der Parteien und Massenorganisationen Beratungen zu orga-

---

[1841] Nicht immer wurde diese Maßnahme zur Zufriedenheit der Justizinspekteure angewendet. So kritisiert *Biebl/Mühlberger*, NJ 1958, 731, dass beispielsweise im Stahlwerk Gröditz (Kreis Riesa) nur ein einziges Urteil ausgehängt worden war.

[1842] *Biebl/Mühlberger*, NJ 1958, 730.

[1843] Siehe *Pleyer*, Das Recht als Herrschaftsinstrument in der DDR, in: *Timmermann* (Hrsg.), Diktaturen in Europa im 20. Jahrhundert - der Fall DDR, S. 78.

[1844] *Serien*, Der Schöffe 1958, 147; 1957 wurden von Richtern 11.288 und von Staatsanwälten 15.130 „Justizaussprachen“ abgehalten, an denen insgesamt 1,36 Mio. Besucher teilnahmen, siehe *Kirchheimer*, Politische Justiz, S. 416.

[1845] *Heinze*, NJ 1949, 140.

nisieren, und auf der Juristenkonferenz der sowjetischen Besatzungszone im Sommer 1948 wurde es den Richtern und Staatsanwälten allgemein zur Pflicht gemacht, Justizveranstaltungen durchzuführen.[1846] Dies diente nicht nur dazu, die Arbeit des Richters oder des Staatsanwaltes dem „Volk" näher zubringen, sondern auch die erzieherische Wirkung, die mit dem Urteil begonnen hatte, fortzuführen oder zu verstärken. Der agitatorischen Indoktrination wurde daher besondere Aufmerksamkeit zuteil, um das gewünschte Ziel zu erreichen. Richter und Schöffen waren gehalten, mit der Bevölkerung ihres Landkreises allgemeine und besondere Fragen auf dem Gebiet des Rechts zu besprechen, insbesondere Urteile, die bei den Werktätigen auf Ablehnung oder Unverständnis hätten stoßen können oder schon gestoßen waren, zu erklären und damit das politische Bewusstsein zu stärken. *Görner*[1847] betonte, die Aufgabe dieser Justizaussprachen sei es, den fortschrittlichen Charakter der Gesetze und ihrer Anwendung den Bürgern verständlich zu machen. Vorträge und Aussprachen in städtischen und ländlichen Versammlungen dienten im Wesentlichen der Aufklärung, währenddessen öffentliche Berichterstattungen den Charakter eines Rechenschaftsberichtes hatten. Besonders die regelmäßig stattfindenden Vorträge erzielten ihre gewünschte Wirkung. In Schleusingen/Thüringen wurde der Bevölkerung nach einem gerichtlichen Verfahren wegen Verstoßes gegen § 218 StGB in einem Justizausspracheabend das Gesetz über den Schwangerschaftsabbruch eingehend erläutert, in Merseburg wurde über Transportdiebstähle berichtet.[1848] Ein Richter am Kreisgericht Prenzlau stellte fest, dass bei der Vorbereitung und Bekanntmachung dieser Justizaussprachen das Kreisgericht von zwei

---

[1846] *Benjamin*, NJ 1958, 366.
[1847] *Görner*, StuR 1957, 661f.
[1848] *Heinze*, NJ 1949, 141.

Gerichtsvollziehern unterstützt werde, die zwei Krafträder zur Verfügung stellten und Plakate aufhängten.[1849]

6. die Auswertung von Strafverfahren an der Arbeitsstelle[1850] oder Wohnstelle des Verurteilten: Die Auswertung eines Strafverfahrens vor den Mitarbeitern des Verurteilten in seinem Betrieb gewährleistet mitunter den besseren erzieherischen Erfolg als nur das Strafverfahren als solches. Es konnte bewirken, dass die Beteiligten Verständnis für die Bestrafung aufbrachten oder hatte lediglich eine abschreckende Wirkung, führte aber gerade in den Anfangsjahren häufig zu Denunziationen.

7. Veranstaltungen mit Schöffen[1851]: Die Schöffen hatten die Aufgabe, vor der Bevölkerung über Rechtsfragen zu berichten und Anregungen und Beschwerden entgegenzunehmen.[1852] Jeder Schöffe des Schöffenaktivs Leipzig hatte sich beispielsweise 1957 dazu verpflichtet, in seinem Betrieb oder Wohnort mindestens eine Versammlung durchzuführen, auf der er entweder selbst über die Aufgabe der Gerichte und der Schöffen sprach oder als Referenten einen Richter gewann oder für die zentrale Presse, die Fachpresse oder für die Betriebs-, Dorf- oder Wandzeitung einen Artikel schrieb.[1853]

8. Diskussionen in Versammlungen oder am Arbeitsplatz mit Werktätigen[1854].

[1849] Siehe *Schuster*, NJ 1958, 29.
[1850] Auswertung des Verfahrens gegen den Verurteilten W. in: *Landesjustizverwaltungen* (Hrsg.), Politische Strafjustiz in der früheren DDR, S. 102.
[1851] Auch Schöffen wurden aufgefordert, in Betrieben und Gemeinden ihre Arbeit vorzustellen und weitere Schöffen dafür zu werben, siehe *Schlegel*, NJ 1958, 29.
[1852] Mitteilung des PD Sonderdienstes vom 09.07.1952, BStU, DY 30 IV 1/2/54, S. 64a.
[1853] *Wirth*, NJ 1958, 28.
[1854] Siehe *Anders*, Jahrbuch für Geschichte 1973, 429.

9. Verteilen von Handzetteln, Einschaltung von Presse[1855], Rundfunk, insbesondere des Betriebsfunkes und des Fernsehens: Die Presse veröffentlichte beispielsweise namentliche Listen der Buntmetalldiebe, sie berichtete über die einschlägigen Verfahren oder brachte Aufsätze von Richtern und Staatsanwälten zu einem bestimmten Thema.

10. Veröffentlichungen in Betriebs- und Dorfzeitschriften etc.[1856]

11. Gespräche der Staatsanwaltschaft mit dem Beschuldigten.[1857] So konnte der Beschuldigte in einem solchen Gespräch z.B. erreichen, dass seine Strafe geringer ausfiel, wenn er z. B. als Bauer den „Wunsch“ äußerte, in die LPG aufgenommen zu werden.[1858]

Manchmal rückte das Bestreben nach Erziehung der Menschen in einem nicht mehr nachvollziehbaren Grad in den Vordergrund: Das Kreisgericht Wismar[1859] hatte einen Bauern wegen Nötigung zu einer Geldstrafe in Höhe von 100 DM verurteilt, weil dieser einen 13jährigen Jungen, der auf dem Weg zum Strand mit dem Fahrrad mitten durch den Kleeacker dieses Bauern fahren wollte, angehalten und ohne äußeren Zwang veranlasst hatte, auf einem Stück des Feldes Unkraut zu jäten. Dieses Urteil wurde später aufgehoben, weil der Angeklagte offensichtlich nur in dem Bestreben gehandelt habe, dem Jungen den Wert der

---

[1855] Siehe *Hoeniger*, NJ 1950, 204f; in einem Fall mahnte der Verfasser bei der Veröffentlichung eines Urteils, durch die verhängte Strafe sei ein Umerziehungsprozess eingeleitet worden, der nicht notwendig gewesen wäre, wenn Elternhaus, Schule und Lehrbetrieb bei der Erziehung des Täters nicht versagt hätten, siehe UaS IV, 125.

[1856] Siehe *Haid/Rose*, NJ 1955, 712 (718).

[1857] *Kleine*, NJ 1953, 511 (513), machte an anderer Stelle darauf aufmerksam, dass der Staatsanwalt in vielen Fällen, in denen er eine Einstellung vorgenommen habe, den Beschuldigten in einer Aussprache das Falsche und Schädliche ihres Verhaltens eindringlich vor Augen geführt habe.

[1858] Kurzanalyse der Generalstaatsanwaltschaft über Strafverfahren gegen Bauern in der Zeit vom 01.09.1959 bis 28.11.1959, in: Im Namen des Volkes?, Katalog, S. 84, Tafel 17.2.

[1859] KG Wismar, Urteil o. Datum - Ds 92/55 (L), zit. nach *Schumann*, NJ 1955, 708 (711).

Arbeit des Bauern verständlich zu machen. Richter und Staatsanwalt hätten verkannt, wie sie die Bürger in der Erziehung der Jugend zu unterstützen haben und dass es nicht nur das Recht, sondern vor allem gesellschaftliche Pflicht des Bürgers sei, Jugendliche zu belehren, die der Arbeit der Arbeiter und Bauern nicht genügend Achtung entgegenbrächten.[1860] Auch anderen Urteilen, so *Streit*[1861], mangele es an echter Überzeugungskraft, da sie sich nur an den Angeklagten wenden würden und daher ungeeignet seien, die neuen Beziehungen der Menschen zur Gesellschaft und untereinander mit juristischen Mitteln festigen zu helfen. Ebenso müsse energisch damit Schluss gemacht werden, dass sich Richter und Staatsanwälte weigerten, vor Werktätigen aufzutreten, um auf Hauptfragen der Politik einzugehen. Man solle sie daran erinnern, dass ein wichtiger Teil ihrer Arbeit die Anerziehung des sozialistischen Rechtsbewusstseins sei, das zur strikten und gewissenhaften Befolgung der Gesetze führe.[1862]

2. Formaler Aufbau eines Urteils

Der formale Aufbau des Urteils unterschied sich nicht wesentlich von dem bundesdeutscher Urteile. Im Rubrum waren die persönlichen Daten des Angeklagten, das ihm vorgeworfene Verbrechen oder Vergehen, das zuständige Gericht, das Datum der Verhandlung, der/die Richter/in, die Schöffen und die Justizangestellten sowie die Strafe bzw. Nebenstrafe vermerkt. Wesentliche Unterschiede findet man jedoch beim Aufbau der Urteilsgründe: Von Interesse waren die Herkunft, die soziale Stellung, besondere Eigenschaften sowie der politische und berufliche Werdegang des Angeklagten, insbesondere, ob er sich in den neuen demokratischen Organisationen politisch engagierte, so z.B.: „Der Angeklagte ist seit 1946 Mitglied des FDGB. In der FDJ war der Angeklagte bis 1954 organi-

[1860] Siehe *Schumann*, NJ 1955, 708 (711).
[1861] *Streit*, NJ 1958, 620.
[1862] *Streit*, NJ 1958, 620.

siert, desgleichen im deutschen Sportbund. Er ist außerdem Mitglied der DSF."[1863]; „Außer an einigen Aufbaueinsätzen beteiligte sich der Angeklagte nicht am gesellschaftlichen Leben." Er „gehört auch nicht dem FDGB an."[1864]; „In gesellschaftlicher Hinsicht war der Angeklagte Organisationen, wie der FDJ, der GST und dem FDGB beigetreten. Der negative Einfluß seiner Eltern hatte jedoch bei ihm zu der Auffassung geführt, daß man sich gesellschaftlich nur organisieren müsse, um keine beruflichen Schwierigkeiten zu haben. Deshalb hat er sich auch nicht am gesellschaftlichen Leben beteiligt."[1865]; „Die bösen Erfahrungen, die er in der kapitalistischen Gesellschaft, in der eine Wolfsmoral dominiert, sammeln konnte, vermochten aber nichts an seiner negativen Grundeinstellung zur Arbeiter- und Bauernmacht in der DDR zu ändern. Von der gesellschaftlichen Arbeit hielt er sich peinlichst fern, hörte statt dessen Abend für Abend westliche Hetzsender ab."[1866]; „Man kann sagen, dass er den politischen Ereignissen unbeteiligt gegenübersteht." Seine Einstellung „entspricht beinahe einer Opposition. Er ist katholisch und steht mit praktizierenden Katholiken in Verbindung."[1867]; „Der Angeklagte nimmt am politischen und gesellschaftlichen Geschehen wenig Anteil. Er beteiligte sich im Gesangverein."[1868]; „Trotz seiner fortschrittlichen Jugenderziehung beteiligte er sich nicht aktiv an der Jugendarbeit der FDJ und übernahm auch im FDGB keine besonderen Funktionen."[1869]

Immer wieder lassen sich auch ausführliche Berichte zur weltpolitischen Lage

---

[1863] Stadtgericht Groß-Berlin, Urteil vom 24.11.1960 - 101 c BS 59.60, UaS IV, 104.
[1864] KG Frankfurt (Oder), Urteil vom 05.01.1962 - S 244/61, BStU FF/O, FAU 177/ 62 GA, S. 144.
[1865] Siehe BG Frankfurt (Oder), Urteil vom 11.02.1970 - IA BS 6/71 - 211-10-71, BStU FF/O, FAU 1012/71 GA, 380 (382).
[1866] Vgl. *Mittmann*, Tatzeit, S. 228.
[1867] Ermittlungsbericht zu *Butz*, in: *International Commission of Jurits* (Hrsg.), Recht in Fesseln, S. 103.
[1868] KG Fürstenwalde/Spr., Urteil vom 29.03.1960 - S 83/60, UaS IV, 119; eb. *Stiller*, NJ 1955, 682f.
[1869] BG Dresden, Urteil vom 28.05.1953 - 1 a Ks 181/ 53.

finden[1870], zur Tätigkeit (angeblicher) Spione und Spionageorganisationen, wobei manche Urteile wegen ihrer sprachlichen Primitivität und ihrer aggressiven Haltung eher politischen Pamphleten ähnelten. Gelegentlich finden sich Ausführungen, denen der Bezug zur vorgeworfenen Straftat fehlte. So ist es beispielsweise unverständlich, warum das Gericht Ausführungen über die Zugehörigkeit des Angeklagten zur faschistischen Wehrmacht und zu seinen Verwundungen machte, als es um eine Verurteilung wegen Körperverletzung ging.[1871] Bei Verurteilungen wegen Staatsverbrechen, insbesondere bei der Verurteilung wegen Republikflucht, wurde die Urteilsbegründung nicht selten zum politischen Leitartikel, bei dem die juristische Erörterung in den Hintergrund rückte.[1872] Damit sollte zum einen die Richtigkeit der politischen Linie demonstriert und zum anderen jedem Bürger verdeutlicht werden, dass ein Verlassen der Republik zu einer persönlichen Verschlechterung führe. So propagierte das Oberste Gericht, der französische Geheimdienst sammle Material über DDR-Bürger und verwende es, um durch Versprechungen und Drohungen weitere Bürger zum Verlassen der Republik zu verleiten. Um an dieses Material zu kommen, schrecke der Geheimdienst nicht zurück, ehemalige DDR-Bürger in den Beratungsstellen unter Druck zu setzen, sie zu misshandeln und zum Selbstmord zu treiben.[1873]

Abschnitt III: Die Sprache als Mittel der Agitation und Propaganda

1. Die Urteilssprache

Besonders auffallend ist die Art der verwendeten Sprache, die große Unterschie-

---

[1870] Dies betrifft sowohl Urteile als auch Anklageschriften, siehe bspw. KG Fürstenwalde/Spree, Urteil vom 29.03.1960 - S 83/60, UaS IV, 119.
[1871] Siehe *Schumann*, NJ 1955, 708 (710).
[1872] OG, Urteil vom 14.06.1954 - 1 Zst (I) 7/54, NJ 1954, 459; OG, Urteil vom 09.03.1957 - 1 Zst (I) 1/57, NJ 1957, 166; KrG Meiningen, Urteil vom 24.12.1957 - 1 Ds 376/57, ROW 1958, 131.
[1873] OG, Urteil vom 16.08.1961 - 1 Zst (I) 3/61, NJ 1961, 593.

de zwischen den beiden deutschen Staaten, allerdings auch einige Gemeinsamkeiten zwischen der „Ost-Sprache" und der Sprache des Dritten Reiches offenbart. Letzteres verwundert indes nicht, wenn man bedenkt, dass es sich bei beiden Staaten um Diktaturen handelte, auch wenn die Vorzeichen andere gewesen waren. Das die NS- Ideologie kennzeichnende Vokabular waren um „Volk", „Rasse", „Nation", „Raum", „Reich" und „Deutschland" gruppierte Wortfelder, die, verbunden mit aktivistischen und emotionalisierenden Wörtern[1874], Wendungen und Bildern, sprachlicher Begleiter der Machtergreifung und -festigung waren.[1875] Dabei stand oftmals - wie im späteren DDR-Sozialismus auch - die Gemeinschaft im Vordergrund. In einer wie auch immer gearteten „Gemeinschaft" herrschen bestimmte Regeln, sie zwingt ihre Mitglieder zum „Gemeinschaftsdenken" und damit zur Aufgabe der eigenen Individualität zugunsten der „Gemeinschaft".[1876]

Das die DDR-Sprache typisierende Vokabular drehte sich dagegen um eine Vielzahl von Begriffen, die aber oftmals in ein festes „gut-böse", „entweder-oder" oder „Freund-Feind"- Schema passten. Auch hier findet man emotionalisierende Wörter oder Wendungen[1877], die geistige und sprachliche Wendigkeit zugunsten einer Politisierung und Polemisierung des Sprachgebrauchs zurückdrängten. Sprache ist vor allem in Diktaturen Teil jener sozialen Praxis, die Herrschaft

---

[1874] So halte *Hitler* als der „härteste und entschlossenste Deutsche die Führung des Reiches in der Hand"...„härter und entschlossener als seine Gegner, männlicher und kühner in der Durchführung seiner Entschlüsse, beharrlicher und nervenstärker in der Beherrschung schwieriger Lagen, ritterlicher und großzügiger im Siege", siehe Deutsches Recht 1944, 32.

[1875] *Bergsdorf*, Politischer Sprachgebrauch, in: *Friedrich/Große* (Hrsg.), Die totalitäre Herrschaft der SED, S. 27.

[1876] Vgl. *Reifner*, Gemeinschaft und Feindschaft, in: *Bennhold* (Hrsg.), Spuren des Unrechts, S. 46.

[1877] Der Parteivorstand der SED gratulierte *Stalin* zum 70. Geburtstag mit den Worten: „Wir begrüßen Sie, Genosse Stalin, als den großen Fortsetzer und Vollender der unsterblichen Werke von Marx, Engels und Lenin. Wir begrüßen Sie...als den tiefgründigen Forscher und kühnen Denker, der den Marxismus-Leninismus in seiner Reinheit verteidigt und durch neue Erkenntnisse bereichert und entwickelt hat ... als den großen Lehrer der deutschen Arbeiterbewegung und den besten Freund des deutschen Volkes...", *Weber*, Geschichte der DDR, S. 160.

produziert und stützt.[1878] So diagnostizierte *Maeder* als Symptome der Sprache totalitärer Herrschaften einen Abbau der Wertstufen zugunsten eines Schwarzweißschemas, eine zunehmende Gleichförmigkeit, eine Schematisierung und Entfremdung der Sprache gegenüber dem individuellen Wertempfinden und eine Überschwemmung der Sprache mit wertenden Ausdrücken auf Kosten der neutralen.[1879] Der Sprachgebrauch in totalitären Regimen müsse aber eine Schwarzweißmalerei zum Konstruktionsprinzip haben, müsse jeden störenden Zwischenton durch eine radikale Gleichschaltung aller denkbaren Kommunikatoren ausschließen können.[1880] Gut und antiquiert marxistisch gesehen sei die Sprache das entscheidende Produktionsmittel, deren sich die marxistisch-sozialistischen Machthaber bedienten. Diese sich entwickelnde Sprachidentität lasse die soziale und politische Gesamtordnung ent- und bestehen.[1881]

Der geradezu inflationäre Gebrauch einiger Wörter und der fast zwanghaft wirkende Gebrauch superlativistischer Wendungen im DDR-Sprachgebrauch bewirkte eine gewisse Abnutzung, das Verkommen zu Phrasen, verhinderte die Sensibilisierung für Geschehnisse und eine sprachliche Kreativität.[1882] Je älter die DDR wurde, desto länger und inhaltsloser wurden angefertigte Berichte, Stellungnahmen etc. Sie quollen auf zu einem schwer lesbaren und unverständlichen Berg von Papier, deren Inhalt zumeist auch nur spärlich war.[1883] Die Klischeehaftigkeit dieser Sprache, ihr krankhaftes Verlangen, die selbstentworfene Zukunft

---

[1878] *Lüdtke*, Sprache und Herrschaft, in: *Lüdtke/Becker* (Hrsg.), Akten. Eingaben. Schaufenster, S. 13.
[1879] *Maeder*, Sprache und Totalistarismus, in: Aueler Protokoll, Sprache im Spannungsfeld zwischen Ost und West, S. 47.
[1880] *Bergsdorf*, Politischer Sprachgebrauch, in: *Friedrich/Große* (Hrsg.), Die totalitäre Herrschaft der SED, S. 23.
[1881] Vgl. *Schelsky*, Herrschaft durch Sprache, in: *Bergsdorf* (Hrsg.), Wörter als Waffen, S. 15 ff.
[1882] *Bergmann*, ApuZ, B 38/99, S. 20.; *Bergsdorf*, Zur Technik totalitärer Sprachlenkung, in: *Bergsdorf* (Hrsg.), Wörter als Waffen, S. 114.
[1883] Siehe dazu auch *Jessen*, Diktatorische Herrschaft als kommunikative Praxis, in: *Lüdtke/Becker* (Hrsg.), Akten. Eingaben. Schaufenster, S. 57.

in Euphemismen zu verkleiden, seien als Versuch erklärbar, sich gegen alle kritischen Fragen zu immunisieren. Breitbandvokabeln, wie *Volk* und *Vaterland* im Dritten Reich oder *Forschritt* und *Sozialismus* in der DDR wurden durch die massenhafte Verwendung noch konturenloser, der ehemals vorhandene Bedeutungskern löste sich auf und verkam nun teilweise zur Sinnlosigkeit.[1884]

Nur vereinzelt gab es Kritik an der verwendeten Sprache. So wies *Schumann*[1885] auf die Notwendigkeit hin, eine gepflegte Sprache in den Urteilen zu verwenden. Es gäbe vereinzelt auftretende Fälle, in denen das Gericht durch eine vulgäre Ausdrucksweise von vornherein darauf verzichtet habe, ernst genommen zu werden. Er beanstandete die Schwerfälligkeit des Ausdrucks, insbesondere die immer mehr zunehmende Neigung, die Passivform statt des Aktivs zu gebrauchen und die Verben zu substantivieren. Das führe dazu, dass sich solche Urteile quälend schwerfällig lesen würden, darüber hinaus verberge sich dahinter nicht selten eine unvollständige Feststellung bzw. ungenügende Sachverhaltsaufklärung. *Lekschas* rügte die Forderung einiger Wissenschaftler, die Rechtsbrecher in „Freunde" und „Feinde" einzuteilen, weil somit der Vielgestaltigkeit und der Kompliziertheit der Bedingungen des Klassenkampfes in keiner Weise Rechnung getragen werden könne und darüber hinaus nicht in Einklang mit dem Grundsatz der sozialistischen Gesetzlichkeit zu bringen sei, da dann nicht mehr die begangene Tat Rechtsgrund und Maßstab der Bestrafung sei, sondern in erster Linie der Status des Täter als „Freund" oder „Feind".[1886] *Oelßner* forderte 1951: „Wenn es wahr ist, daß die Sprache unsere schärfste Waffe im nationalen Kampf ist - und es ist wahr - dann dürfen wir nicht dulden, daß unsere schöne

[1884] *Bergsdorf*, Technik totalitärer Sprachlenkung, in: *Bergsdorf* (Hrsg.), Wörter als Waffen, S. 121.
[1885] *Schumann*, NJ 1955, 708f.
[1886] *Lekschas*, Klassenkampf und Strafrecht, S. 51.

deutsche Sprache durch einen Bürokraten-Jargon verschandelt wird!“[1887]

Die offizielle Sprache diente ausschließlich der ideologischen Steuerung. Die Agitation und Propaganda stand - wie zu Zeiten des Dritten Reiches - demnach im Vordergrund. Schon *Hitler* erkannte den Stellenwert einer guten Propaganda: „auf wenige Gesichtspunkte beschränkt, ausschließlich berechnet für die Masse, mit unermüdlicher Beharrlichkeit betrieben“.[1888]

In der kommunistischen Ideologie sei die Sprache gleichsam nicht nur materielle Hülle der Gedanken und nicht schlechthin ein Verständigungsmittel, sondern sie sei im entscheidenden Maße auch Wirkungsmittel im gesellschaftlichen Leben, sie sei eine Waffe im Klassenkampf, in der ideologischen Auseinandersetzung der sich in unversöhnlichem Widerspruch gegenüberstehenden Klassen.[1889] *Marx/Engels* und in besonderem Maße *Lenin* waren sich der Wirksamkeit einer guten Propaganda bewusst. Nach *Lenin* sei es eine dauernde Aufgabe, die Ideen des Marxismus-Leninismus zu verbreiten, dem Volk die Politik der Partei zu erläutern und es emotional so zu beeinflussen, dass es die Politik der Partei jederzeit aktiv unterstütze.[1890] Im Gegensatz zu den zum Teil ekstatisch wirkenden Beschwörungsreden des Propagandaministers *Goebbels* gelang es den führenden Parteimitgliedern jedoch zu keiner Zeit, die Massen auf einer emotionalen Ebene zu erreichen. Dafür war die Sprache zu emotionslos, zu bürokratisch und zu ungelenk.[1891]

[1887] *Oelßner* im Juni 1951 vor einer theoretischen Konferenz von ZK-Propagandisten der SED, in: *Oschlies*, Edition DeutschlandArchiv 1989, 107.

[1888] Zitiert nach: *Bergsdorf*, in: *Friedrich/Große* (Hrsg.), Die totalitäre Herrschaft der SED, S. 27.

[1889] *Faulheit/Kühn*, Die Sprache des Arbeiters im Klassenkampf, S. 13.

[1890] Vgl. *Buzek*, Die kommunistische Presse, S. 21.

[1891] Siehe dazu ausführlicher *Bergmann*, Parteisprache und Parteidenken, in: *Lerchner* (Hrsg.), Sprachgebrauch im Wandel, S. 71, der auf die „Sprachfähigkeiten“ von *Ulbricht* und *Honecker* genauer eingeht.

Das Instrumentarium zur Sprachlenkung in der DDR ist allerdings weniger geprägt von der administrativen Maßnahme des Verbots von Wörtern oder Wortgruppen wie dies im Dritten Reich der Fall war, sondern funktionierte vielmehr über das massive „Hereintragen der neuen Sprachkultur“ in das öffentliche Leben. Die administrative Informationsregulierung der Zensur hatte überwiegend die Aufgabe, den Informationsfluss zu regulieren und damit die öffentliche Meinung zugunsten des Systems zu manipulieren, nicht jedoch die Sprache als solche zu beeinflussen.[1892]

a) Sprachliche Besonderheiten

Für die Verfassung von juristischen Urteilen gilt allgemein der Stil des institutionellen Verkehrs, der sich vor allem durch Sachlichkeit und Unpersönlichkeit auszeichnet. Dies beinhaltet z.B. die Verwendung von Fachtermini, Fremdwörtern, Suffixderivationen u.a. Im Folgenden sollen einige sprachliche Besonderheiten behandelt werden, die auch die juristische Sprache der DDR prägten.

aa) Verdeutlichung von Feindbildern

Der Marxismus-Leninismus als ein ideologisches System, das sich als in sich geschlossene Weltanschauung verstand und somit stimmig und absolut gültig erschien, konnte Fehler in seiner „Konstruktion“ am besten damit erklären, wenn er sich eines „Feindbildes“ bediente.[1893] Das Auf- und Ausbauen eines Feindbildes diente der Unterstützung einer eigenen Identität. Es führte zum einen dazu, dass Menschen mit anderen Anschauungen ausgegrenzt wurden, und zum anderen zu einem Zusammengehörigkeitsgefühl derer, die gleichen Idealen und Ideologien folgten. Jedes Mitglied einer sozialistischen „Gemeinschaft“ war den

---

[1892] *Bergsdorf*, Technik totalitärer Sprachlenkung, in: *Bergsdorf* (Hrsg.), Wörter als Waffen, S. 113.
[1893] *Weber/Lange*, Funktion des Marxismus-Leninismus in: *Enquete-Komission* (Hrsg.), Materialien der Enquete-Kommission „Aufarbeitung von Geschichte und Folgen der SED-Diktatur in Deutschland“, Band III/3, S. 2039.

globalen Zielen unterworfen. Die Qualifizierung als „Feind“ oder „Gegner“ bedeutete daher den totalen Ausschluss, die Isolierung und mitunter die Vernichtung.[1894]

Ein Urteil verdeutlichte demnach nicht nur dem Angeklagten sein gesellschaftsschädliches Verhalten, sondern diente vor allem Anfang der 50er Jahre ebenfalls dazu, verschiedene Feindbilder aufzubauen bzw. aufrechtzuerhalten:

Da gab es zum einen den von außen wirkenden Feind, d.h. der aus feindlicher Einstellung Handelnde außerhalb der sowjetischen Besatzungszone, und zum anderen den aus der Gesellschaft heraus wirkenden Feind. Beide galt es zu bekämpfen, wobei eine klare Trennung zwischen äußeren und inneren Feinden nicht immer zu erkennen ist, wenn „von feindlichen Plattformen“[1895] oder „von eingeschleusten Diversanten und Saboteuren“[1896] oder von „Tippern, Werbern, Kurieren, Hauptagenten, Schleusern“[1897] die Rede ist. Bemerkenswert ist in diesem Zusammenhang die Vielzahl von Wörtern, die zur Verdeutlichung des Wortes „Feind“ oder „Gegner“ gebraucht wurden. Zwischen dem politischen und dem militärischen „Gegner“ bestand sprachlich nun fast kein Unterschied mehr. Das Feindbild umfasste allgemein jeden, der der sozialistischen Ordnung negativ gegenüberstand, d.h. alle die der Arbeiterklasse und dem Sozialismus antagonistisch gegenüberstehenden feindlichen Klassenkräfte.[1898] Das eigentliche Wort „Feind“ oder „Gegner“ wurde dabei nur selten verwendet, so ausnahmsweise z.B. als „*Feinde* unseres[1899] Staates“[1900], als „ständig bedrohende *Feinde*“[1901], als

---

[1894] Vgl. *Reifer*, Gemeinschaft und Feindschaft, in: *Bennhold* (Hrsg.), Spuren des Unrechts, S. 50.
[1895] *Bergmann*, Sprache der Stasi, S. 47.
[1896] *Bergmann*, Sprache der Stasi, S. 47.
[1897] *Stiller/Frenzel*, NJ 1961, 705 (707).
[1898] *Bergmann*, Sprache der Stasi, S. 46.
[1899] In obigen Beispielen zeigt sich noch ein anderes, für die Abfassung von Urteilen ungewöhnliches sprachliches Mittel sehr deutlich: die Verwendung von rückbezüglichen Possessivpronomina. Damit sollte deutlich gemacht werden, dass der Richter bzw. das Gericht immer auf der Seite der neuen

„Klassen*feind*", als „verschworener *Feind* des Arbeiter- und Bauernstaates und des Friedens", als „verschworener *Feind* der DDR"[1902], als „unverbesserlicher *Feind*"[1903], als kein „*Gegner* unserer Ordnung"[1904] Vielmehr wurde eine Katalogisierung der verschiedenen „Feinde" vorgenommen, je nach dem, wo ihr Wirkungsbereich bzw. wie ihre Zielrichtung war.

Zu den äußeren Feinden zählten z.B.: „imperialistische Kräfte", die eine „Aufweichpolitik"[1905] verfolgten, „imperialistische Kriegstreiber"[1906], „imperialistische Kriegsbrandstifter"[1907], der „imperialistische(r) Sumpf"[1908], Personen „unter der Leitung des amerikanischen Imperialismus"[1909], „anglo-amerikanische Imperialisten und ihre Helfershelfer"[1910]; „Kopfjäger"[1911], „die Rattenfänger der NATO"[1912], „NATO-Söldlinge"[1913], „amerikanische Hintermänner"[1914], „Invasoren", „Aggressoren", „Rassisten", „Spalter"[1915], „Vaterlandsverräter"[1916], „die Bundesregierung, ... als treuester Vasall der amerikanischen Monopolisten"[1917], „die Bonner Mario-

---

Gesellschaft/ der Arbeiter- und Bauernmacht stehe, sich zu ihr bekenne und diese auch verteidigen werde.

1900 BG Leipzig, Urteil vom 28.11.1957 - 1b Ks 370/57, UaS III, 107 oder KG Aschersleben, Urteil vom 18.03.1957 - S 117/58 K II 116/56, UaS III, 125.

1901 *Lekschas/Renneberg*, NJ 1953, 768.

1902 BG Erfurt, Urteil vom 14.06.1955 - I Ks 54/55, UaS III, 129.

1903 BG Frankfurt (Oder), Urteil vom 10.02.1955 - I Ks 195/54, BStU FAU 133/54 S. 312.

1904 KG Oranienburg, Urteil vom 23.02.1956 - 3 DA. 67/56 K II. 63/56, UaS III, 118; ähnlich LG Potsdam, Urteil vom 23.01.1951 - KSt. Ks. 44/50, UaS I, 54.

1905 BG Leipzig, Urteil vom 28.11.1957 - 1b Ks 370/57, NJ 1958, 69 (71).

1906 Anklageschrift des StA Erfurt vom 16.04.1956, UaS III, 113.

1907 BG Dresden, Urteil vom 08.09.1953, 1a Ks 336/53, BStU FF/O, S. 77.

1908 LG Eberswalde, Urteil vom 23.02.1951 - 2 St.Ks 23/50, UaS I, 16.

1909 BG Leipzig, Urteil vom 11.02.1958 - 1b Ks 304/58, UaS III, 116; OG, Urteil vom 04.10.1950 - 1 Zst (I) 3/50, UaS I, 24.

1910 Gesetz zum Schutz des Friedens, GBl. 1952, 986.

1911 „Volksstimme" vom 14.08.1961, UaS IV, 50.

1912 *Benjamin*, Das Strafrecht der sozialistischen Demokratie, S. 17.

1913 *Streit*, NJ 1958, 368.

1914 OG, Urteil vom 04.10.1950 - 1 Zst (I) 3/50, UaS I, 24.

1915 *Picaper*, Kommunikation und Propaganda in der DDR, S. 84.

1916 BG Frankfurt (Oder), Urteil vom 15.09.1961, BStU FF/O.

1917 KG Meiningen, Urteil vom 24.12.1957 - 1 Ds 375/57, UaS III, 148.

nettenregierung“[1918], die „NATO- und Atomkriegspolitiker“[1919] oder „bezahlte amerikanische Agenten“[1920], „Agent des amerikanischen Geheimdienstes, Agent der Gestapo, Agent des französischen Geheimdienstes und Agent des Weltjudentums“[1921], wobei das Wort „Agent“[1922] auf eine Spionagetätigkeit hinwies, ebenso wie „Spitzel“[1923], „Spione[1924], „Spionage und Wühlarbeit“[1925] oder „systematische Spionage“[1926]. Eine unbekannte Anzahl von Personen, die sich angeblich zu einer derartigen Tätigkeit zusammenschloss, wurde als „Agentenorganisationen der imperialistischen Mächte“[1927], „Spionageorganisationen“[1928], „feindliche Organisation“[1929], „feindliche Agentennester“[1930], „Agenten der West-Berliner Agentenzentrale“[1931] „imperialistische Geheimdienste“[1932], „Spionage- und Agentenzentrale“[1933], „Volksfeinde und Kriegsbrandstifter in Bonn und Washington“[1934], „Volksverräter“[1935], „imperialistische Mordbuben“[1936], „westliche Agenturen“[1937]

[1918] Anklageschrift StA Dresden vom 08.07.1953, Az.: I 366/53 (1a Ks 336/53), BStU FF/O, S. 27f.
[1919] *Benjamin*, Das Strafrecht der sozialistischen Demokratie, S. 16.
[1920] BG Halle, Urteil vom 11.07.1954 - I Ks 247/54 - I 236/54, UaS III, 110.
[1921] *Janka*, Schwierigkeiten mit der Wahrheit, S. 37.
[1922] Vgl. *Fricke/Engelmann*, „Konzentrierte Schläge“, S. 40; vgl. Anklageschrift StA Dresden, 07.07.1953, DAU 42/54 Bd. X, S. 24: „er gibt selbst zu, daß er den Charakter der Vorgänge als organisierte Angelegenheit der Agenten erkannte und hat trotzdem seine Hand diesen Unmenschen geliehen.“
[1923] Gerichtsrede *Wyschinskis*, zit. nach *Lange* (Hrsg.), Die Anwendung des sowjetischen Strafrechts, in: *Königsteiner Kreis* (Hrsg.), Die Entwicklung des sowjetischen Strafrechts und sein Einfluss auf die Rechtsprechung in der Sowjetzone, S. 57.
[1924] Siehe *Fricke/Engelmann*, „Konzentrierte Schläge“, S. 51; BG Dresden, Urteil vom 08.09.1953 - 1a Ks 336/53, BStU FF/O., S. 77.
[1925] OG, Urteil vom 04.10.1950 - 1 Zst (I) 3/50, UaS I, 23; auch dieses Wort findet man in der NS-Sprache wieder, siehe *Schmidt*, „Beabsichtige ich, die Todesstrafe zu beantragen“, S. 50.
[1926] OG, Urteil vom 04.10.1950 - 1 Zst (I) 3/50, UaS I, 23.
[1927] BG Leipzig, Urteil vom 28.11.1957 - 1b Ks 370/57, UaS III, 108.
[1928] Mit feindlicher Spionagetätigkeit sollen sich in Westberlin 1958 nach Angaben von *Erben/Löser*, NJ 1958, 202, ca. 80 Spionageorganisationen befasst haben.
[1929] BG Potsdam, Urteil vom 17.01.1955 - I Ks 4545/54 - I 283/54, UaS III, 130.
[1930] *Weber*, Geschichte der DDR, S. 171.
[1931] BG Potsdam, Urteil vom 17.01.1955 - I Ks 4545/54 – I 283/54, UaS III, 130.
[1932] BG Frankfurt (Oder), Urteil vom 21.05.1971 - IA BS 6/71, FAU 1012/71 GA, BStU FF/O, 382.
[1933] OG; Urteil vom 09.03.1957 - 1 Zst (I) 1/57, UaS III, 133.
[1934] BG Dresden, Urteil vom 12.08.1953 - 1a Ks 387/53, UaS II, S. 120.
[1935] Stadtgericht Groß-Berlin, Urteil vom 06.09.1961 - 101c BS 63/61, UaS IV, 125.
[1936] Vgl. *Mittmann*, Tatzeit, S. 162.
[1937] Stadtgericht Berlin, Urteil vom 26.05.1954 - 1b 269.53, UaS II, 122.

bezeichnet. Selten wurden Personen beim Namen genannt, z.B. „Kriegsminister Strauß“[1938], „Terrorist Seidel“[1939] oder „Aufruf des reaktionären Bischofs Dibelius“[1940].

Der im Innern zu bekämpfende Feind wurde qualifiziert als: „Diversant“[1941], „Saboteur“[1942], „Wirtschaftsschädling“[1943] oder „Wirtschaftsverbrecher“[1944], oder wenn jemand bewusst wichtige sozialistische Produktionsmittel zerstörte oder beschädigte und damit die sozialistische Produktion schädigte als „randalierender Mob“ oder als „randalierende Horde“[1945], oder als „Renegaten“[1946], „Verräter“[1947], „Deserteur“[1948], wenn jemand sich von der sozialistischen Ideologie abwendete[1949]; oder als „Provokateur“, „Provokateur und Propagandist im Sinne der anglo-amerikanischen Kriegsverbrecher“[1950], „Konterrevolutionäre“[1951], „Verschwörer“[1952], „konterrevolutionäre Umtriebe“[1953], „Rädelsführer“[1954], „Haupträ-

---

[1938] BG Leipzig, Urteil vom 28.11.1957 - 1b Ks 370/57, UaS III, 107.
[1939] OG, Urteil vom 25.12.1962 - 1 Zst (I) 4/62, NJ 1963, 38.
[1940] BG Leipzig, Urteil vom 28.11.1957 - 1b Ks 370/57, UaS III, 108.
[1941] *Bergmann*, Sprache der Stasi, S. 50.
[1942] *Rietscher*, NJ 1955, 680; OG, Urteil vom 26.09.1953 - 1 Zst (I) 1/53, NJ 1955, 585.
[1943] *Podlaski*, NJ 1951, 54.
[1944] *Pohl*, Justiz in Brandenburg 1945-1955, S. 155.
[1945] BG Dresden, Urteil vom 08.09.1953, 1a Ks 336/53, BStU FF/O, S. 77.
[1946] *Bergmann*, Sprache der Stasi, S. 50.
[1947] BG Erfurt, Urteil vom 14.06.1955 - 1 Ks 54/55, UaS III, 129; so auch „verabscheuungswürdige Verräter“, siehe Anklageschrift der StA des Bezirkes Frankfurt (Oder) vom 08.09.1961, Az.: II 161/61, BStU FF/O. FAU 122/61, S. 36.
[1948] *Bergmann*, Sprache der Stasi, S. 50.
[1949] In der Sprache des MfS später auch als Dissident bezeichnet, *Bergmann*, Sprache der Stasi, S. 50.
[1950] Anklageschrift OStA Berlin vom 07.02.1951, UaS I, 14. Der Begriff des Provokateurs hatte im Sprachgebrauch der DDR immer eine negative Konnotation, während dieser Begriff sonst ja durchaus auch mit positiver Tendenz verwendet werden kann, siehe Artikel der LR vom 18.01.2002, in dem der spanische Literatur-Nobelpreisträger C. J. Cela als größter spanischer Schriftsteller und begnadeter Provokateur geehrt wird.
[1951] BG Leipzig, Urteil vom 28.11.1957 - 1b Ks 370/57, UaS III, 108.
[1952] Überschrift eines Zeitungsartikels anlässlich der Verurteilung *Harichs* u.a. im ND vom 24.07.1957, S. 2, abgedruckt bei *Gieseke*, Die Staatssicherheit, S. 28.
[1953] BG Leipzig, Urteil vom 28.11.1957 - 1b Ks 370/57, UaS III, 108.
[1954] BG Dresden, Urteil vom 12.08.1953 - 1a Ks 387/53, UaS II, 119.

delsführer"[1955], Menschen in „sozialethische(n) Kleinkreise(n)"[1956], wenn versucht wurde, andere gegen die staatliche Ordnung aufzubringen. Anderen Tätern, denen keine staatsfeindliche Gesinnung unterstellt werden konnte, waren lediglich „Diebe"[1957], „Strolche"[1958], „Gauner"[1959], „Spekulanten"[1960], „Rowdys"[1961], „Schieber"[1962], „Schwarzhändler"[1963], „Hamsterer"[1964] oder „üble Schläger"[1965], „gefährliche und abgefeimte Hasardeure"[1966], „Fragebogenfälscher"[1967].

Anhänger der bürgerlichen Ideologie waren beispielsweise „reaktionäre Kräfte"[1968], „bürgerliche Kräfte" oder „Abweichler"[1969]. Paarte sich die bürgerliche Ideologie zu dem mit einer faschistischen, so waren es „Faschisten und Militaris-

---

[1955] BG Halle/S., Urteil vom 06.07.1953 - 1 Ks 384/53, UaS II, 116; BG Magdeburg, Urteil vom 10.07.1953 - I Ks 435/53, UaS II, 117.

[1956] Diese sozialethischen Kleinkreise waren Versammlungen einer Reihe von Studenten und anderen Personen in Wohnungen oder im evangelischen Studentenheim, auf denen in Vorträgen und Aussprachen eine systematische Hetze gegen den Staat betrieben wurde, BG Leipzig, Urteil vom 28.11.1957 - 2b Ks 370/ 57, NJ 1958, 70.

[1957] *Melsheimer*, NJ 1958, 40 (45).

[1958] *Butzek*, „Märkische Volksstimme" vom 01.09.1961, in: UaS IV, 38f.

[1959] Siehe *Fricke/Engelmann*, „Konzentrierte Schläge", S. 51; *Melsheimer*, NJ 1958, 40 (45).

[1960] *Buchholz/Dähn/Weber*, Strafrechtliche Verantwortlichkeit und Strafe, S. 34.

[1961] Übersicht über die Strafbarkeiten im Zusammenhang mit dem 17.06.1953, BStU FF/O, S. 66.

[1962] *Melsheimer*, NJ 1958, 40 (45); Im Parteiprogramm der NSDAP vom 24.02.1920 wurde die Todesstrafe für „gemeine Volksverbrecher, Wucherer und Schieber" verlangt, siehe *Niermann*, Politische Strafjustiz, S. 13.

[1963] Siehe *Anders*, Jahrbuch für Geschichte 1973, 416.

[1964] *Pohl*, Justiz in Brandenburg 1945-1955, S. 155.

[1965] *Streit*, NJ 1958, 620f.

[1966] Anklageschrift StA Frankfurt (Oder) vom 08.09.1961, Az.: II 161/61, BStU FF/O FAU 122/61.

[1967] Merkblatt des Büros der ZPKK vom 13.06.1950, in: *Klein*, „Für die Reinheit und Einheit der Partei", S. 133.

[1968] BG Leipzig, Urteil vom 28.11.1957 - 1b Ks 370/57, UaS III, 110; Umschrieben hieß das dann: „Die Angeklagten ... hatten keine festen Bindungen zur Arbeiterklasse. Sie haben sich niemals von ihrer bürgerlichen Erziehung lösen können.", siehe OG; Urteil vom 09.03.1957 - 1 Zst (I) 1/57, UaS III, 133; ähnlich auch *Matern*, der davon sprach, dass es noch Menschen gebe, „ die auf die eine oder andere Weise noch mit altem Denken behaftet sind, die sich noch nicht voll lösen konnten von der kapitalistischen Denkweise...", siehe *Melsheimer*, NJ 1958, 41 (43); Rede *Grotewohls* vom 14./15.04.1948, in: *Rössler*, Entnazifizierungspolitik der KPD/SED 1945-1948, S. 265.

[1969] *Weber/Lange*, Funktion des Marxismus-Leninismus in: *Enquete-Kommission* (Hrsg.), Materialien der Enquete-Kommission „Aufarbeitung von Geschichte und Folgen der SED-Diktatur in Deutschland", Band III/3, S. 2041.

ten"[1970], „eingefleischte Faschisten"[1971], „Kriegsverbrecher"[1972], „faschistische Banditen[1973] oder Menschen, die einer „kleinbürgerlichen, faschistischen Ideologie"[1974] nachhingen.

Andere hingegen waren allgemein „geschworene Gegner der antifaschistischen, demokratischen Ordnung"[1975], „Feinde der Sowjetunion und des eigenen Volkes"[1976], „Schädlinge"[1977], „Parteifeinde"[1978], „Hochstapler" bzw. „charakterloses Gesindel"[1979], „rückständige Bürger",[1980] „in hohem Maße gefährliche Verbrecher"[1981], „westliche Revanchisten"[1982] „willige Handlanger dieses Hetzsenders"[1983] oder „gekaufte Kreaturen"[1984], betätigten sich als „Sprachrohr des Hetzsenders"[1985], als „Sprachrohr der kriegslüsternen Monopolisten"[1986], oder als „Sprachrohr der Feinde unseres Staates"[1987], als „Werkzeug der Kriegstreiber"[1988] oder waren Mitglieder eines „terroristischen Komitees"[1989].

[1970] BG Rostock vom 03.05.1956 - I Ks 38/56 - UaS III, 118.
[1971] BG Magdeburg, Urteil vom 10.07.1953 - I Ks 435/53, UaS II, 116.
[1972] BG Leipzig, Urteil vom 28.11.1957 - 1b Ks 370/57, UaS III, 108.
[1973] BG Halle, Urteil vom 11.07.1954 - 1 Ks 247/54 - I 236/54, UaS III, 110.
[1974] Anklageschrift des StA Erfurt vom 16.04.1956, UaS III, 113.
[1975] LG Potsdam, Urteil vom 23.01.1951 - KSt.Ks. 44/50, UaS I, 54.
[1976] *Kießling*, JW Nr. 28/1990, S. 12.
[1977] *Kleine/Krutzsch*, NJ 1954, 74; *Benjamin*, NJ 1953, 63; *Rietscher/Kern/Jäckel*, NJ 1955, 680; *Skuppin/Winkler*, NJ 1955, 730. Manchmal auch im Zusammenhang mit dem Wort „Unschädlichmachung", siehe *Renneberg*, NJ 1958, 6 oder „Schädlingstätigkeit", BG Erfurt, Urteil vom 14.06.1955 - 1 Ks 54/55, UaS III, 128f. Parallelen findet man in NS-Urteilen, in denen vom „Schädling", *Schickert*, Deutsches Recht 1943, 116 (118), vom „Volksschädling" oder „Plünderer" die Rede ist, siehe *Wrobel/Maul-Backer*, Strafjustiz im totalen Krieg, S. 333.
[1978] Siehe *Klein*, „Für die Reinheit und Einheit der Partei", S. 95, Fn. 4.
[1979] *Klein*, „Für die Reinheit und Einheit der Partei", S. 98.
[1980] KG Fürstenwalde/Spree, Urteil vom 29.03.1960 - S 83/60, UaS IV, 120.
[1981] BG Erfurt, Urteil vom 14.06.1955 - 1 Ks 54/55, UaS III, 129.
[1982] *Renneberg*, NJ 1958, 6 (10).
[1983] Gemeint ist der „RIAS", vgl. BG Halle, Urteil vom 11.07.1954 - 1 Ks 247/54 - I 236/54, UaS III, 111; BG Gera, Urteil vom 15.02.1958 - 1 Bs 12/58 I, archiviert beim LG Gera, 1 BS 1958, Nr. 14.
[1984] *Lekschas/Renneberg*, NJ 1953, 668f.
[1985] OG, Urteil vom 04.03.1958 - 1a Ust 8/58, UaS III, 115.
[1986] LG Brandenburg/Havel, Urteil vom 12.07.1951 - St.Ks. 65/51, UaS I, 29.
[1987] KG Aschersleben, Urteil vom 18.03.1957 - S 117/58 K II 116/56, UaS III, 125.
[1988] BG Halle, Urteil vom 11.07.1954 - 1 Ks 247/54 - I 236/54, UaS III, 112.
[1989] Anklageschrift der StA Dresden vom 08.09.1953, I 366/53 (1a Ks 336/53), BStU FF/O., S. 27.

Das Schaffen und Aufrechterhalten des Feindbildes hatte aber auch zur Folge, dass die eigenen gesellschaftlichen Verhältnisse immer wieder positiv, ja geradezu glorifizierend, beschrieben wurden. Dies wiederum findet sein Vorbild in der sowjetischen Literatur, die mit nahezu heroischen Worten die Errungenschaften des sozialistischen Aufbaus anpries. So schrieb *Wyschinski* über das Sowjetrecht: „Im Arsenal des Kampfes und der Siege der Werktätigen unseres großen Landes gebührt dem Sowjetrecht ein *Ehrenplatz*. Es ist eine *mächtige Waffe* des revolutionären Kampfes für den Sozialismus. Im Verlauf der zwanziger Jahre ihrer Existenz dienten ... die sowjetischen Gesetze der Niederhaltung der Feinde des arbeitenden Volkes, der Erziehung ungehorsamer Mitglieder der Gesellschaft, der Festigung des Staates und der Gesellschaftsdisziplin. Der sozialistische Staat der Arbeiter und Bauern hält die Fahne der revolutionären Rechtsordnung und der revolutionären Gesetzlichkeit hoch, während gleichzeitig in einer Reihe von Ländern die faschistische Bourgeoisie den Begriff von Recht und Gesetz in den Schmutz zieht. In der Sowjetunion sind die *schöpferische Rolle* des sozialistischen Gesetzes und des sozialistischen Rechtes groß. Diese Rolle wird in der Gegenwart noch *größer und stärker*, besonders in Verbindung mit der neuen Stalinschen Verfassung, die ein grundlegendes Gesetz des sozialistischen Staates der Arbeiter und Bauern ist."[1990] *Klenner* meinte, die Gesetze sollen „das weitere Aufblühen unseres gesellschaftlichen Lebens aktiv fördern".[1991]

bb) Verwendung von Kampfbegriffen

Jede Staatsform bedient sich der Sprache und ihrer vielfältigen Mittel, um Intentionen, Losungen und politische Ziele zu verdeutlichen. Es fällt jedoch auf, dass sich besonders die Diktaturen der Möglichkeit der Manipulation bedienen und

---

[1990] *Wyschinski*, Zur Lage an der theoretischen Rechtsfront, in: *Reich*, marxistische und Sozialistische Rechtstheorie, S. 113.

[1991] *Klenner*, Der Marxismus-Leninismus über das Wesen des Rechts, S. 35.

die Sprache als Machtinstrument nutzen. So wurde dies im Nationalsozialismus praktiziert, fand in der DDR aber seine Fortsetzung. Eine wichtige Rolle spielten dabei die Schlagwörter sowie Schlüssel- und Hochwertwörter, die in jeder politischen Kommunikation vorkommen und helfen sollen, Leitbilder, Ideale und Ziele zu formulieren. Hochwertwörter sind „positiv bewertete Ausdrücke“[1992], die die Identität mit der Gruppe/ dem Staat fördern sollten, z.B. „Frieden“ und „Freiheit“, die sehr häufig in Komposita wie „Friedenskampf“ wiederzufinden sind. Durch das positive Wort „Frieden“ erhält die Umschreibung für die Tätigkeiten einer Armee eine Wertsteigerung. Auch der Begriff „Aktivistenbewegung“ weist auf etwas Positives hin, da „aktiv“ und „Bewegung“ positive Konnotationen hervorrufen; der eigentliche Begriff bedeutete aber nicht immer etwas Positives. Schlüsselwörter finden sich überall und sind „Kennwörter der Doktrin und Argumentation“, während die Schlagwörter eine „politische Gegebenheit schlaglichtartig charakterisieren und subjektiv bewerten“[1993].

Häufiges Merkmal der politischen Sprache sind die Schlagwörter, wobei dies kein sprachliches Phänomen nur der DDR-Sprache war. Wie in der heutigen Werbebranche auch war man darum bemüht, mit Schlagwörtern einprägsame Parolen oder Slogans zu schaffen, wie z.B. „Überholen ohne einzuholen“, „Meine Hand für mein Produkt“ „Der Arbeitsplatz als Kampfplatz für den Frieden“, „Es lebe der 1. Mai, der Kampftag für den Frieden!“, „Wer die Jugend gewinnt, dem gehört die Zukunft“, „Lang lebe unser weiser Lehrmeister, der Bannerträger des Friedens und Fortschritts in der ganzen Welt, der große Stalin“, „Wir werden siegen, weil uns der große Stalin führt!“[1994], „Chemie gibt Brot, Wohlstand und Schönheit“[1995], „Der Hetzer von heute ist der Terrorist von morgen“, „Lernen,

[1992] *Bachem*, Einführung in die Analyse politischer Texte, S. 63.
[1993] *Bachem*, Einführung in die Analyse politischer Texte, S. 63.
[1994] Siehe *Weber*, Geschichte der DDR, S. 150.
[1995] Siehe *Weber*, Geschichte der DDR, S. 203.

lernen, nochmals lernen!", „Von der Sowjetunion lernen, heißt siegen lernen".[1996]

Auffallend ist - wie in der Sprache des Dritten Reiches auch - die Vorliebe für militärische Termini, die Macht und Stärke sprachlich untermauerten. Der Sprache kommt demnach in Diktaturen, gleich welcher Art, immer eine besondere Bedeutung zu, weil die Menschen umerzogen, überzeugt, politisch begeistert oder für „Feinde" oder politische Verhältnisse sensibilisiert werden sollten. *Lüdtke*[1997] hebt hervor, dass im Stalinismus wie im Faschismus die physische Vernichtung einzelne Menschen, Menschengruppen oder Völker getroffen habe, die als „Volksverräter" etc. vorab sprachlich gezeichnet wurden und somit bereits vor dem physischen Zugriff sprachlich aus jeder öffentlichen Kommunikation ausgeschlossen worden seien. Diese sprachliche Ausgrenzung ist allerdings überwiegend in den 50er und 60er Jahren geschehen; in den späten Jahren der DDR kann dies nicht mehr als typisierendes Merkmal angesehen werden.

Nicht nur in politischen Agitationsschriften, sondern auch im juristischen Alltag fanden sich daher in der DDR-Sprache verschiedene Begriffe, die dem Militär- bzw. einem Kampfwortschatz[1998] entlehnt waren, z.B. „Kampf für" oder „Kampf gegen", „Kampfplatz", „-gruppen", „-kraft", „-programm", „-appell", „-demonstration", „-mittel", „-gemeinschaft", „-tag", „-feiertag", „-reserve", „-literatur", „-lied", „Klassenkampf" „Bündnis", „Bündnispolitik", „Strategie", „bereit zur Verteidigung", „solidarische Kampfesgrüße"[1999], „profitgierige Kriegspläne"[2000], „Treffsicherheit" , „Schlagkraft"[2001], „Vortrupp der Arbeiterklasse"[2002]

[1996] *Mühlberger*, NJ 1956, 387.
[1997] *Lüdtke*, Sprache und Herrschaft, in: *Lüdtke/Becker* (Hrsg.), Akten. Eingaben. Schaufenster, S. 14.
[1998] *Good* bezeichnet es als „militanten Wortschatz", siehe *Good*, Die deutsche Sprache und die kommunistische Ideologie, S. 120.
[1999] Dazu auch *Schlosser*, Die deutsche Sprache in der DDR, S. 37
[2000] LG Brandenburg/Havel, Urteil vom 12.07.1951 - St.Ks. 65/51, UaS I, 29.
[2001] *Renneberg*, NJ 1958, 6.
[2002] *Friedrich-Ebert-Stiftung* (Hrsg.), Politik und Sprachentwicklung in der DDR, S. 32.

etc. *Reinwarth*[2003] sprach davon, „daß sich der *Staatsverräter* in der gegenwärtigen *Klassenkampfsituation* im Hinblick auf den starken *Schutz*, den unser Staat durch die *Schlagkraft* unserer Sicherheitsorgane und die entschlossene *Verteidigungsbereitschaft* der breiten Massen der Werktätigen (Kampfgruppen usw.) erfährt...“; *Melsheimer* bezeichnete das StEG als eine „scharfe *Waffe*“[2004], und *Lange* kam zu der Erkenntnis, dass fast alle kriminellen Verbrechen *Waffen* im *Arsenal* der imperialistischen *Kriegstreiber* seien[2005]. Dies geht unter anderem auf *Marx/Engels*[2006] und später auf *Lenin* zurück, wobei besonders *Lenin* sich eines militanten und ordinären Sprachstils bediente. So beschrieb er die Rolle des Kleinbürgertums mit den Worten: „Hinter den kapitalistischen Ausbeutern *trottet* die breite Masse des Kleinbürgertums einher, von dem Jahrzehnte geschichtlicher Erfahrungen in allen Ländern bezeugen, daß es *schwankt* und *wankt*, daß es heute dem Proletariat folgt, morgen vor den Schwierigkeiten der Umwälzung *zurückschreckt*, bei der ersten Niederlage oder halben Niederlage der Arbeiter *in Panik gerät*, die Nerven verliert, sich hin und her wirft, *flennt*, aus einem Lager in das andere *überläuft*...“.[2007]

Typisch für die Sprache in totalitären Herrschaftsformen ist eine wesentliche Verarmung und Verkürzung des Sprachgebrauches. Charakteristisch für ein totalitäres Denken sei der Anspruch, die komplexe Wirklichkeit auf eine Wahrheit zu reduzieren und zugleich dichotomisch aufzuspalten in gut und böse, richtig und falsch und somit nach Freund und Feind zu unterscheiden.[2008] Die damit verbundene Uniformität der Sprache verstärkt das Einhämmern des immer Glei-

---

[2003] *Reinwarth*, NJ 1959, 6f.
[2004] *Melsheimer*, NJ 1958, 41.
[2005] Siehe *Benjamin*, NJ 1951, 150.
[2006] Vgl. *Marx/Engels*, Manifest der Kommunistischen Partei, in: ME AS I, S. 25 ff.
[2007] Vgl. *Good*, Die deutsche Sprache und die kommunistische Ideologie, S. 127ff.
[2008] *Bergsdorf*, Politischer Sprachgebrauch, in: *Friedrich/Große* (Hrsg.), Die totalitäre Herrschaft der SED, S. 24.

chen. *Drosdowski* spricht gar vom „sozialistischen Rosenkranz ständig wiederholter, gebetsmühlengleicher kanonisierter Wortverbindungen".[2009]

In der DDR-Sprache gab es allerdings trotz der ideologischen Beschränktheit eine erstaunliche Vielfalt an Wörtern, um den politischen Gegner kalt zu stellen. Welchen Sinn dies im einzelnen bezweckte, scheint fraglich, war aber wohl nicht nur ein Symbol von Macht und Stärke, sondern diente der ständigen Aufrechterhaltung von Feindbildern und der Erziehung zur Wachsamkeit[2010], zumal die Auffassung von der Gesellschaft und von der Geschichte auf der „Klassenkampftheorie" fußte. Zumindest wenn es um den Einsatz der Sprache im Kampf gegen politische Gegner ging, sollte wohl der Eindruck ständiger existenzieller Bedrohung entstehen. Es sollten Aggressionshaltungen erzeugt werden, damit sich jeder politisch positioniere und vor allem engagiere. So stellte ein sowjetisches Autorenkollektiv fest, dass ohne aktiven Hass auf den Feind von einer hohen moralisch-politischen und psychischen Bereitschaft der Soldaten zu Kampfhandlungen keine Rede sein könne.[2011] Die Soldaten legten 1968 ein Gelöbnis ab, in dem sie sich verpflichteten, den Imperialismus „unbändig zu hassen"[2012]. In einem Beratungsprotokoll äußerte sich ein VP- Kommandeur: „Die Ursachen, Genossen, liegen darin, daß wir es noch nicht verstanden haben, unsere Volkspolizisten mit einem gesunden Haß gegen alle Feinde des Volkes zu erziehen!"[2013]

[2009] *Bergmann*, Parteisprache und Parteidenken, in: *Lerchner* (Hrsg.), Sprachgebrauch im Wandel, S. 67.

[2010] *Stiller*, Die Staatsverbrechen, S. 36 betont, für die Bekämpfung der Staatsverbrechen sei die Mobilisierung der Werktätigen, ihre Einbeziehung in den Kampf gegen die Feinde von erstrangiger Bedeutung.

[2011] *Picaper*, Kommunikation und Propaganda in der DDR, S. 78.

[2012] *Picaper*, Kommunikation und Propaganda in der DDR, S. 78; BG Erfurt, Urteil vom 14.06.1955 - 1 Ks 54/55, UaS III, 128f; die FDJ-Organisation habe die Aufgabe, die Jugend im Geiste des Patriotismus, zu Kühnheit, Mut, Ausdauer und Unduldsamkeit gegen alle Feinde zu erziehen, siehe *Jessen*, Partei, Staat und „Bündnispartner", in: *Judt* (Hrsg.), DDR-Geschichte in Dokumenten, S. 65.

[2013] Vgl. *Mittmann*, Tatzeit, S. 191.

cc) sprachliche Mobilmachung

Nicht nur bei der Bekämpfung von Staatsverbrechen, sondern generell besaß die Mobilisierung der Bevölkerung, die Einbeziehung jedes Einzelnen in den „Kampf“ gegen die „Feinde“ zumindest in den 50er und 60er Jahren Priorität. Dies wiederum spiegelte sich auch in der Sprache wider. Dabei kann man die Unterscheidung zwischen dem verlangten Verhalten des Einzelnen und dem Verhalten des „Feindes“ gut erkennen:

Jedes Parteimitglied müsse lernen, „*wachsam* zu sein“[2014] und sich gegen die Feinde „*wappnen*“[2015], man strebe eine „echte Massen*wachsam*keit“ an bzw. eine „wirklich revolutionäre *Wachsam*keit“[2016], man müsste „gegen die Feinde *kämpfen*“, „offen und überzeugt *Stellung nehmen*“, „Feinde der Partei *entlarven*“[2017] und „*unschädlich machen*“[2018], Feinde in ihren „Schlupflöchern *aufstöbern*“[2019], „neue Waffen *schmieden*“[2020], „feindliche Verbindungen *aufdecken*“, „Gegner der Doppelzünglerei *überführen*“[2021], feindliche Gruppen „*zerschlagen* und *zunichte machen*“[2022], sich „von solchen Elementen *befreien*“, sowie feindliche Elemente aus der Partei „*ausschließen*“[2023]. Feinde hingegen würden „*hetzen*“[2024], sich „*tarnen*“, andere „*anwerben*“[2025], Informationen „*erschleichen*“ oder „*ver-*

[2014] *Klein*, „Für die Reinheit und Einheit der Partei“, S. 99.
[2015] Beschluss der Regierung vom 28.01.1950 zur Abwehr gegen Sabotage, abgedruckt in: *Mittmann*, Tatzeit, S. 109.
[2016] *Klein*, „Für die Reinheit und Einheit der Partei“, S. 99.
[2017] *Klein*, ebda, S. 128.
[2018] ZK-Erklärung auf dem XIX. Parteitag der KPdSU, in: *Klein*, „Für die Reinheit und Einheit der Partei“, S. 163.
[2019] *Klein*, ebda., S. 128.
[2020] BStU, ZA, JHS VVS 001/200/79, S. 522.
[2021] *Klein*, ebda., S. 128.
[2022] ZK-Erklärung auf dem XIX. Parteitag der KPdSU, in: *Klein*, ebda., S. 163.
[2023] Entschließung der 13. Tagung des Parteivorstandes vom 15./16. September 1948, BArchiv DY 30 IV 2/4/8 - Microfiche.
[2024] *Klein*, ebda., S. 128.
[2025] OG, Urteil vom 25./26.07.1952 - 1 Zst (I) 10/52, NJ 1952, 490.

schweigen"[2026], „die Entwicklung *hemmen* wollen"[2027], mit „*gemeinen* und *hinterhältigen* Methoden *arbeiten*"[2028], „sich *einschleichen*"[2029], ein „verräterisches Spiel *spielen*"[2030], „*täuschen*", ihre Positionen „*ausnutzen*"[2031], „*verraten*"[2032], anderen „*verräterisch* in den Rücken fallen"[2033], feindliche Gerüchte „*verbreiten*"[2034], das Ansehen der Partei „*schädigen*" und den Aufbau „*hindern*", den Staat „*schädigen*", „*verleumden*"[2035], gezielte Falschmeldungen „*fabrizieren*", antisozialistische Materialien „*aus- und einschleusen*"[2036], etc.

dd) Verwendung von Zynismen

Die Verwendung von Zynismen ist eher selten und scheint vielfach unbeabsichtigt. Wäre der Zynismus als sprachliches Mittel beabsichtigt gewesen, so hätte man sich dessen wohl häufiger bedient. Zynismen treten wohl immer dann auf, wenn zwischen der Realität und dem politischen Wunschdenken eine zu große Diskrepanz entstand, so dass der Autor sich des Zynismus gar nicht bewusst sein musste. Manchmal entsteht durch den offensichtlichen Widerspruch der Eindruck von Zynismus. Es ist daher nicht angebracht, die Verwendung von Zynismen stets als absichtlich eingesetztes sprachliches Mittel zu bezeichnen.[2037] Einige Beispiele ließen sich immerhin finden:

[2026] Vgl. *Heinze*, NJ 1949, 5.
[2027] *Klein*, ebda., S. 128.
[2028] *Lekschas/Renneberg*, NJ 1953, 762 (765).
[2029] *Klein*, ebda., S. 128.
[2030] „Ein angeblicher Studentenpfarrer", Artikel aus der „Freiheit" vom 17.04.1953.
[2031] *Klein*, ebda., S. 128.
[2032] Entwurf des Berichts der ZPKK an den III. Parteitag, in: *Klein*, „Für die Reinheit und Einheit der Partei", S. 139.
[2033] *Infratest* (Hrsg.), Delikt, Urteil und Strafe, S. 54.
[2034] Entschließung der 13. Tagung des Parteivorstandes vom 15./16. September 1948, BArchiv DY 30 IV 2/4/8 - Microfiche.
[2035] *Lekschas/Renneberg*, NJ 1953, 762 (765).
[2036] Abdruck der Rede Mielkes vom 16.10.1979, in: DER SPIEGEL, Nr. 9/79, S. 31.
[2037] Anders dagegen *Schuller*, Geschichte und Struktur des politischen Strafrechts der DDR bis 1968, S. 275f, der davon ausgeht, dass es vor allem auch Zynismen waren, die in Urteilen und anderen Äußerungen die wirklichen und präsumtiven Täter demoralisieren sollten.

- Ein angeklagter Bauer hatte an einer HO[2038]-Imbissstube geäußert, dass der „Staat die Milch pansche“, was wohl der Wahrheit entsprochen haben dürfte. Er wurde wegen Staatsverleumdung zu 4 Monaten Gefängnis verurteilt, weil diese Äußerungen des Angeklagten nichts mehr mit Kritik zu tun habe. Eine ehrliche, begründete und offene Kritik werde im Gegenteil sogar begrüßt und gefördert, da sie dazu beitrage, evtl. Missstände zu beseitigen: Eine solche Kritik sollte aber dort angebracht werden, wo Fehler vorhanden seien oder gemacht würden.[2039]
- Die Verurteilung wegen staatsfeindlicher Hetze widersprach zum größten Teil dem verfassungsrechtlich garantierten Recht auf freie Meinungsäußerung. Trotzdem wurde in Urteilen immer wieder darauf hingewiesen, dass dies gerade nicht der Fall sei, weil eine Verurteilung nur wegen der staatsfeindlichen Tätigkeit und nicht wegen der Weltanschauung erfolgt sei.[2040] Dies widerspricht sich insofern, als die staatsfeindliche Tätigkeit gerade in der Meinungsäußerung bestand.
- Richter und Staatsanwälte, die sich gegen die Einmischung von Seiten der Partei verwahrten und auf ihre verfassungsrechtlich garantierte Unabhängigkeit verwiesen, wurden mit den Worten: „Die Partei redet gar nicht rein, sondern kontrolliert nur, ob sie die Politik der Partei in ihrer Tätigkeit einhalten“ zurechtgewiesen. Doch gerade in der „Kontrolle“ und in der zumindest in politisch wichtigen Fällen vorgekommenen Einmischung, die bis hin zur Vorgabe des Strafmaßes ging, lag ein Verstoß gegen Art. 127 VerfDDR.
- *Ulbricht* forderte eine kämpferische Auseinandersetzung mit den Erschei-

---

[2038] Abkürzung für Handelsorganisation.

[2039] KG Aschersleben, Urteil vom 18.03.1957 - S 117/58 K II 116/56, UaS III, 125.

[2040] „Es muß auch klar herausgestellt werden, daß der Angeklagte nur wegen seiner staatsfeindlichen Tätigkeit verurteilt wird und nicht wegen seiner Weltanschauung. Auch wenn er entsprechend seiner ideologischen Einstellung eine ablehnende Haltung gegenüber dem Aufbau des Sozialismus einnimmt, wird er deshalb niemals von den Organen unseres Staates zur Verantwortung gezogen werden. Er hat aber die Pflicht, sich loyal zu verhalten und die Gesetze unseres Staates zu beachten.“, siehe BG Leipzig, Urteil vom 28.11.1957 - 1b Ks 370/57, NJ 1958, 69 (71).

nungen der gesellschaftlichen Entwicklungen. Er verwies auf die Werke von *Marx* und *Engels*: „Lesen Sie bitte die wissenschaftlichen Werke ... wie die gefochten haben, wie sie den Kampf der Ideologie der Bourgeoisie geführt haben! Ich wünschte, daß eine solche Atmosphäre an allen Universitäten herrschen würde."[2041] Wer jedoch dies als Aufforderung zum wissenschaftlichen und von der Meinungsfreiheit getragenen Austausch sah, musste sich eines Besseren belehren lassen. Wer die Beseitigung sozialistischer „Errungenschaften", die völlige Veränderung in der Führung der Partei und des Staates u.a. fordere, untergrabe nicht nur die verfassungsmäßige Ordnung, sondern ignoriere auch die im Interesse einer fortschrittlichen Entwicklung erlassenen Schutzbestimmungen des Art. 6 VerfDDR. Die Meinungsfreiheit galt demnach nur für die Befürworter der Staatspolitik.

- Bei der Strafzumessung konnte das Gericht die erlittene Untersuchungshaft auf die ausgeworfene Haftstrafe anrechnen. Zynisch jedoch klingt die Verweigerung der Anrechnung aus folgendem Grund: „Da der Angeklagte durch seine Hartnäckigkeit und sein ständiges Bestreiten die Wahrheitsforschung der Untersuchungsorgane und des Gerichts ständig erschwert hat, ist ihm die Untersuchungshaft nicht auf die erkannte Strafe angerechnet worden".[2042] Das Oberste Gericht vertritt in der Frage der Anrechnung der Untersuchungshaft die Ansicht, dass in Strafsachen, die wegen ihrer überragenden Bedeutung seine Zuständigkeit begründeten, eine solche Anrechnung nur dann in Betracht komme, wenn der Angeklagte von sich aus zur Erforschung der Wahrheit beitrage.[2043]
- Ein anderes Beispiel ist die Rundverfügung zur Führung des Namens „politische Häftlinge", in der der Minister für Justiz die Bezeichnung der Strafge-

---

[2041] BG Halle/S., Urteil vom 15.09.1958 - 1 BS 367/58 I 564/58.
[2042] BG Schwerin, Urteil vom 20.04.1956 - 1 Ks. 43/56, UaS III, 141.
[2043] OGSt 1, 184.

fangenen in den Strafanstalten der DDR als „politische Häftlinge“ untersagte, da dieser Begriff nur auf Opfer des Faschismus zutreffe, nicht jedoch auch auf Verbrecher in der DDR, da niemand wegen seiner Gesinnung inhaftiert werde.[2044]

ee) Verwendung von Schimpfwörtern

Beschimpfungen lassen sich nicht nur in schriftlichen juristischen Arbeiten finden, sondern können vor allem in der mündlichen Sprache nachgewiesen werden, wobei mündliche Beschimpfungen zumeist im „Proletenjargon“ Ausdruck fanden, so wenn *Mielke* am 31.08.1989 auf einer Dienstbesprechung ausreisewillige DDR-Bürger als „große Drecksäcke“, als „Gesockse“ und als „Schweinehunde“[2045] beschimpfte, andere als „moralisch heruntergekommene Menschen“[2046] oder als „Kreaturen, die vor Angst geheult und gezittert“ hätten, bezeichnet[2047]. *Ulbricht* verunglimpfte *Adenauer* in einer öffentlichen Rede vor der Volkskammer: „*Adenauer* hat die Konzeption über die Vorbereitung des Krieges aus *Hitlers* ‚Mein Kampf‘ übernommen. *Adenauer* ist der *Hitler* von heute.“[2048]

Eine besondere Erniedrigung war die öffentliche Anprangerung durch Beschimpfungen wie „Säufer“, „Trinker“, „Schriftunkundiger“[2049], „Hurer“, „Großmaul“[2050] etc., z.B. an Wandzeitungen, in Betrieben und Hausgemeinschaften oder durch Aushängen von Handzetteln im Wohnort des Opfers. Ähnlich war die ironische Art der Nennung von Berufstiteln: So hätten „die beiden Genossen ‚Rechtsan-

---

2044 Rundverfügung Nr. 125/51 vom 05.09.1951, UaS I, 34.
2045 *Bergmann*, Sprache der Stasi, S. 52.
2046 *Erben/Löser*, NJ 1958, 202 (204).
2047 Stellungnahme der Justizverwaltungsstelle Dresden zum Nieskyer Prozess vom 20.07.1953, in: *Roth*, Im Parteiauftrag, S. 107.
2048 Rede *Ulbrichts* in der Volkskammer vom 25.11.1953, RIAS-Mitschnitt.
2049 Die Beleidigungen waren gegen einen Pfarrer gerichtet und damit bezog sich die Beleidigung nicht auf Analphabetentum, sondern um die Unkundigkeit in Bezug auf die Heilige Schrift.
2050 *Pingel-Schliemann*, DeutschlandArchiv 2003, 234, 240.

wälte' schmählich versagt".[2051] Eine andere Art der Beschimpfung stellte die Verdinglichung des Individuums[2052] dar, z. B. durch die Verwendung des Begriffes „Kräfte"[2053], z.B. „aggressive *Kräfte*"[2054] oder auch in den Formen „ganz miese *Elemente*"[2055], „großbäuerliches *Element*"[2056], „kleinbürgerliche *Elemente*"[2057], „arbeitsscheues *Element*"[2058], „verbrecherische *Elemente*"[2059], „neofaschistische *Elemente*"[2060], „objektiv spekulative *Elemente*"[2061], „deklassierte *Elemente*"[2062], „faschistische *Elemente*"[2063], „*Elemente* vom Schlage der Angeklagten"[2064], „gewissenlose"[2065] oder „verantwortungslose *Elemente*"[2066], „schwankende *Elemente*"[2067], „gegnerische *Elemente*"[2068], „rückständige und feindliche *Elemente*"[2069],

2051 Stellungnahme der Justizverwaltungsstelle Dresden zum Nieskyer Prozess vom 20.07.1953, in: *Roth*, Im Parteiauftrag, S. 107.

2052 *Bergmann*, ApuZ, B38/99, 21, nennt es Entpersönlichung des Individuums.

2053 A.A. *Bergmann*, Sprache der Stasi, S. 48, der die Verwendung des Wortes „Kraft" bzw. „Kräfte" als wertneutral bezeichnet, deren wertendes Element nur durch ein Adjektiv bestimmt werden kann. Die Durchsicht verschiedener Urteile zeigt aber, dass in diesem Zusammenhang kaum Adjektive mit positiver Konnotation gebraucht wurden. „Positive" Kräfte unterlagen weniger der Verdinglichung, weil damit die „Vorbilder" der Gesellschaft plastischer gemacht werden konnten, so z.B. das „tapfere Sowjetvolk" (OG, Urteil vom 30.01.1953, UaS II, 112); „jeder anständige Arbeiter" (BG Leipzig, Urteil vom 17.04.1953 - 1a Ks 111/53 - UaS II, 129);

2054 BG Halle, Urteil vom 13.12.1961, in: *Landesjustizverwaltungen* (Hrsg.), Politische Strafjustiz in der früheren DDR, S. 101.

2055 *Bergmann*, Sprache der Stasi. S. 52; Ähnliche Einschätzungen der Person des Angeklagten gab es auch in Urteilen aus der NS-Zeit, wo es beispielsweise heißt, der Zeuge sei eine recht übel beleumundete, unehrliche und unanständige Persönlichkeit, siehe *Schmidt*, Die nationalsozialistische Sondergerichtsbarkeit, S. 81.

2056 KG Demmin, Urteil vom 24.02.1953 - Ds. 20/53 - UaS II, 155f.

2057 Anklageschrift StA Dresden vom 08.07.1953, Az.: I 366/53 (1a Ks 336/53), BStU FF/O, S. 28.

2058 Tagesbericht des BG Leipzig über die Durchführung von Verfahren anlässlich der Ereignisse am 17.06.1953 am 02.07.1953, BStU Leipzig L 00265, S. 65.

2059 GStA *Melsheimer* am 25.09.1950 auf einer Arbeitstagung der GStA und OStA, UaS I, 23; BG Leipzig, Urteil vom 28.11.1957 - 1b Ks 370/57, UaS III, 110.

2060 Anklageschrift der StA Dresden vom 07.07.1953, DAU 42/54, Bd. X, S. 24; BG Leipzig, Urteil vom 17.4.1953 - 1a Ks 111/53, UaS II, 129.

2061 *Streit*, NJ 1958, 230 (232).

2062 *Riecke/Benjamin*, NJ 1959, 263.

2063 BG Magdeburg, Urteil vom 10.07.1953 - I Ks 435/53, UaS II, 117.

2064 LG Brandenburg/Havel, Urteil vom 12.07.1951 - St.Ks. 65/51, UaS I, 29.

2065 KG Naumburg/S., Urteil vom 18.12.1958 - 5 S 313/58, UaS IV, 121f.

2066 Anklageschrift der StA Chemnitz vom 14.04.1953, Untersuchungsvorgang Nr. 20/53 des MfS der Kreisdienststelle Freiberg, Chemnitz AU 162/53, S. 70.

2067 BG Gera, Urteil vom 02.06.1958 - 1 BS 11/58 I, archiviert beim LG Gera, 1 BS 1958, Nr. 79.

2068 Anklageschrift der StA Berlin, UaS IV, 123.

2069 *Rietscher/Kern/Jäckel*, NJ 1955, 680.

„schmutzige *Elemente*“[2070], „entartete *Elemente*“[2071], „parasitäre, reaktionäre *Elemente*“[2072], „der Beschuldigte als ein negativ eingestelltes *Element*“[2073] bzw. „ein der Entwicklung negativ gegenüberstehendes *Element*“[2074], oder allgemein „negative *Elemente*“, „negative und willensschwache *Elemente*“[2075], „gegen solche *Elemente* harte aber gerechte Urteile ... fällen“[2076], „asoziale[2077], subversive[2078], deklassierte und kriminelle *Elemente*“[2079], „volksfeindliche *Elemente*“[2080], „anarchische und undisziplinierte *Elemente*“[2081], „feindliche *Elemente*“[2082], „staatsfeindliche *Elemente*“[2083], „*Werkzeug* der Kriegstreiber“[2084] oder in „verkommene *Subjekte*“[2085] „blutrünstig, tierisch hassendes *Subjekt*“[2086], „moralisch verkommenes *Subjekt*“[2087], „schmutzigste *Subjekte*“[2088] zum Ausdruck kommen.

Diese Verdinglichung verhinderte nicht nur von vornherein eine emotionale Einstellung zu der Person des Angeklagten[2089], sondern auch eine Identifizierung

---

[2070] Siehe *Fricke/Engelmann*, „Konzentrierte Schläge“, S. 51.
[2071] Beschluss der 12. Parteivorstandstagung am 29.07.1948, siehe *Klein*, „Für die Einheit und Reinheit der Partei“, S. 95, Fn 2.
[2072] *Benjamin*, Der Ausschluß der strafrechtlichen Verantwortlichkeit, S. 23.
[2073] Anklageschrift der StA Erfurt vom 30.03.1955, UaS III, 112.
[2074] BG Dresden, Urteil vom 16.07.1953 - Ia Ks 338/53, DAU 42/54 Bd. X, S. 34.
[2075] KG Fürstenwalde/Spree, Urteil vom 29.03.1960 - S 83/60, UaS IV, 120.
[2076] LG Eberswalde, Urteil vom 23.02.1951 - 2 St.Ks 23/50 - UaS I, 16.
[2077] Anklageschrift der StA Dresden vom 07.07.1953, DAU 42/54 Bd. X, S. 24.
[2078] *Benjamin*, Der Ausschluß der strafrechtlichen Verantwortlichkeit, S. 10.
[2079] BG Erfurt, Urteil vom 02.05.1958 - I BS 44/58, NJ 1958, 575.
[2080] GStA am OLG Schwerin, Anklage vom 11.01.1951, UaS II, 110.
[2081] *Benjamin*, Der Ausschluß der strafrechtlichen Verantwortlichkeit, S. 13.
[2082] *Weber*, Geschichte der DDR, S. 173.
[2083] Siehe dazu *Lekschas/Renneberg*, NJ 1953, 762 (765).
[2084] BG Halle, Urteil vom 11.07.1954 - 1 Ks 247/54 - I 236/54, UaS III, 112.
[2085] BG Erfurt, Urteil vom 02.05.1958 - I BS 44/58, NJ 1958, 574 (576).
[2086] *Lekschas/Renneberg*, NJ 1953, 762 (765).
[2087] *Streit*, NJ 1958, 230f.
[2088] Anklageschrift der StA Chemnitz vom 30.03.1953, Chemnitz AU 145/53 Bd. I, S. 381.
[2089] *Klemperer* stellte dies für die Sprache des Dritten Reiches in ähnlicher Weise fest, so wenn für die Anzahl von Gefangenen das Wort „Stück“ verwendet oder das Amtswort „Kadaververwertung“ für die Beseitigung der Leichen in den Konzentrationslagern eingeführt oder wenn Feinde „liquidiert“ wurden, siehe *Klemperer*, LTI, S. 184f.

mit dessen Handlungen.[2090] Als weitere Schimpfwörter gelten „Ausbeuter“, „Kriegshetzer“[2091] oder „Kriegsgewinnler“[2092]. Dabei können Schimpfwörter Abwandlungen von neutralen Begriffen sein, weshalb sie als Pejorativbildungen bezeichnet werden, so z.B. „Revoluzzer“ statt „Revolutionär“, „Regime“ statt „Regierung“[2093] oder auch die Verwendung der Begriffe „Intelligenzler“, „Versöhnler“[2094], „Westler“ oder „Splittergruppler“[2095]. Die Herabwürdigung kommt durch das Morphem „ler“ zum Ausdruck in der Bedeutung „prinzipienloses, antimarxistisches Verhalten“ und wandelt das z.B. durchaus positive Wort „versöhnlich“ ins Gegenteil um.[2096]

Es werden auch Tierbezeichnungen in verächtlichmachender Weise verwendet, so dass der Eindruck entsteht, der so bezeichnete Mensch müsse ebenso wie ein Tier getötet oder behandelt werden. Zu den Begriffen, die einen solchen „Tötungsappell“[2097] involvieren und damit einer Enthumanisierung Vorschub leisten, zählen die Begriffe „Bestien“, „Parasiten“[2098], „Schweine!“[2099], „Ratten“[2100], „Schweinehunde“[2101] sowie „Schädlinge“[2102], die es galt „aufzustöbern“[2103], „zu

---

2090 Wie sich bestimmte Worte festsetzen, zeigt sich in der Autobiographie des einstigen führenden DDR-Politikers und schärfsten Kontrahenten *Ulbrichts*, *Karl Schirdewan*, der noch in seinem 1994 erschienenen Buch von „werktätigen Elementen“ spricht, allerdings ohne negative Konnotation, siehe *Schirdewan*, Aufstand gegen Ulbricht, S. 172.

2091 *Bachem*, Einführung in die Analyse politischer Texte, S. 63.

2092 *Hartisch*, Die Enteignungen, S. 20

2093 *Bachem*, Einführung in die Analyse politischer Texte, S. 67.

2094 *Schroeter*, Die Sprache der DDR im Spiegel ihrer Literatur, S. 50.

2095 *Klein*, „Für die Reinheit und Einheit der Partei“, S. 131.

2096 *Schroeter*, Die Sprache der DDR im Spiegel ihrer Literatur, S. 162.

2097 *Bachem*, Einführung in die Analyse politischer Texte, S. 67.

2098 *Bachem*, Einführung in die Analyse politischer Texte, S. 67.

2099 *Pingel-Schliemann*, DeutschlandArchiv 2003, 240.

2100 Aufruf der „Sächsischen Volkszeitung“ vom 04.12.1945: „Helft alle mit, solche Ratten ... zu fassen“. Gesucht wurden die Verantwortlichen eines Eisenbahnunglücks, das jedoch durch zurückgelassene Kriegsmunition verursacht wurde und damit keinen Sabotageakt darstellte, siehe *Mittmann*, Tatzeit, S. 37.

2101 *Bergmann*, Sprache der Stasi, S. 52.

2102 *Lekschas/Renneberg*, NJ 1953, 762 (765).

2103 *Klein* „Für die Reinheit und Einheit der Partei, S. 128.

entlarven und zu vernichten"[2104], oder die „Un*schädlich*machung der gefährlichsten Feinde"[2105].

ff) Verwendung von Adjektiven

Die gehäufte Verwendung von Adjektiven - noch dazu in ihren Steigerungsformen - in juristischen Arbeiten, insbesondere in Urteilen, ist für den Stil des institutionellen Verkehrs an sich ungewöhnlich, da es diesem darauf ankommt, in sachlicher, unpersönlicher und objektiver Weise einen Sachverhalt darzustellen oder zu beurteilen. Adjektive dienen in emotionalisierenden Wendungen der „Belebung" eines Textes und sorgen nicht selten für epische Breite. Sie sollen beim Rezipienten Bilder hervorrufen und den Sachverhalt „ausschmücken". Adjektive eignen sich hervorragend dazu, politische Schwächen oder Zweifel durch ideologische sprachliche Mittel zu zerstreuen. Schon in der Sprache des Dritten Reiches spielte die Verwendung von Adjektiven eine wichtige Rolle. So hatte *Hitler* als der „*härteste* und *entschlossenste* Deutsche die Führung des Reiches in der Hand"...„*härter* und *entschlossener* als seine Gegner, *männlicher* und *kühner* in der Durchführung seiner Entschlüsse, *beharrlicher* und *nervenstärker* in der Beherrschung schwieriger Lagen, *ritterlicher* und *großzügiger* im Siege...."[2106] Leitbilder waren beispielsweise der „tapfere Soldat", der „anständige Deutsche", der „ehrbare Bauer"[2107] etc.

Parallelen lassen sich nun auch zu der Sprache in der DDR ziehen, zum einen außerhalb von juristischen Texten, so z.B. in Lobes- oder Dankesreden. Zum anderen aber werden Adjektive besonders in der Urteilssprache der frühen Jahre immer wieder als sprachliches Mittel der politischen Agitation und Propaganda

---

2104 *Klenner*, Der Marxismus-Leninismus über das Wesen des Rechts, S. 8.
2105 *Benjamin* für die Beibehaltung der Todesstrafe, in: *Wagner*, Hilde Benjamin, S. 176.
2106 Deutsches Recht 1944, 32.
2107 Vgl. *Reifer*, Gemeinschaft und Feindschaft, in: *Bennhold* (Hrsg.), Spuren des Unrechts, S. 45.

genutzt. Dabei verwendete man oftmals mehrere Adjektive, die durch ihre meist inhaltliche Verdopplung eine Intensivierung der Aussage erreichten und somit die Sprache zielgerichtet als „schärfste Waffe im nationalen Kampf“[2108] wirksam einsetzten.

Auffallend ist auch das Bestreben, besonders viele als Gegensatz verwendete Begriffspaare[2109] in die Alltagssprache bzw. in die Amts- und Propagandasprache einzuführen und sie als „Frontwörter der Politik“[2110] zu nutzen, wobei dies nicht nur auf Adjektive beschränkt war: „fortschrittlich - reaktionär[2111]/bürgerlich“, „richtig - falsch“, „nützlich - schädlich“[2112], „faschistisch - antifaschistisch“, „Bourgeoisie/Bürgertum - Arbeiterklasse/Proletariat“, „Sozialismus/ Kommunismus - Imperialismus/ Kapitalismus“, etc.

aaa) Adjektive zur weiteren Klassifizierung des Feindes

Um z.B. die Art der feindlichen Einstellung des Täters zu klassifizieren, bediente man sich in DDR-Urteilen solcher Adjektive, die im Wortstamm entweder das Wort „feindlich“ oder das Wort „anti-“ enthielten, z.B. „staatsfeindlich“[2113], „verfassungsfeindlich“[2114], „gesellschaftsfeindlich“, „menschenfeindlich“[2115], „arbeiterfeindlich“[2116], „sozialismusfeindlich“[2117], „staatsfeindlich“[2118], „parteifeind-

---

[2108] *Oelssner*, in: *Oschlies*, „Vierzig zu Null im Klassenkampf?“, S. 15.

[2109] Siehe auch *Bergsdorf*, in: *Friedrich/Große* (Hrsg.), Die totalitäre Herrschaft der SED, S. 27.

[2110] *Reich*, Sprache und Politik, S. 274.

[2111] So war beispielsweise die „Bedingungstheorie“ eine reaktionäre metaphysische Theorie, siehe *Trainin*, NJ 1951, 342 (344).

[2112] *Krutzsch*, NJ 1958, 233.

[2113] Anweisung des Politbüros zur Gültigkeit der Stimmzettel, siehe *Jessen*, Partei, Staat und „Bündnispartner“, in: *Judt (Hrsg.)*, DDR-Geschichte in Dokumenten, S. 67; *Ammer*, Anmerkungen zu den Methoden des MfS, in: *Baumann/Kury* (Hrsg.), Politisch motivierte Verfolgung: Opfer von SED-Unrecht, S. 78.

[2114] *Bergmann*, Sprache der Stasi, S. 60.

[2115] *Lekschas*, zit. nach *Lupke*, NJ 1964, 144f.

[2116] SAPMO-BArch, DY 30, IV, 2/4/48.

[2117] *Bergmann*, Sprache der Stasi, S. 60.

[2118] Siehe dazu *Lekschas/Renneberg*, NJ 1953, 762 (765).

lich“[2119], „antikommunistisch“[2120], „antisowjetisch“[2121], „antidemokratisch“[2122] sowie „antinational“[2123]. Andere Beispiele, die in die gleiche Richtung gehen, sind: „parteischädigend“, „zersetzend“, „staatsschädigend“[2124] oder „volksfeindlich“[2125].

Wörter wie „bürgerlich“[2126] und „reaktionär“[2127] ließen auf eine nur teilweise feindliche Einstellung schließen, da derjenige, der bürgerlichen Ideologien nachhing, hinter der fortschrittlichen geschichtlichen Entwicklung zurückblieb, was als „reaktionär“ galt.[2128] *Ulbricht* stellte z.B. auf einer Arbeitstagung fest, dass es eine geringe Zahl von Bürgern gebe, die die Ideologie der kapitalistischen Klasse Westdeutschlands ökonomisch oder philosophisch vertreten würden und noch nicht von ihren alten Anschauungen loskämen.“ *Matern* kam in einer Analyse zum gegenwärtigen Bewusstseinsstandes der Menschen in der DDR zum Ergebnis, dass es immer noch Arbeiter, Bauern und Angehörige der Intelligenz gebe, die in ihrem Bewusstsein nachhinkten, weil sie noch mit altem Denken behaftet seien und sich noch nicht von der kapitalistischen Denkweise hätten lösen können.[2129]

2119 Stellungnahme des PB vom 16.12.1949, in: *Klein*, „Für die Reinheit und Einheit der Partei“, S. 132.
2120 Statut der SED vom 22.05.1976, Nr. c), siehe *Jessen*, Partei, Staat und „Bündnispartner“, in: *Judt* (Hrsg.), DDR-Geschichte in Dokumenten, S. 48.
2121 OStA Groß-Berlin, Urteil vom 15.02.1951 - (95) 30 Ms 3.53 (92.51), UaS I, 14; siehe *Wickert*, Gedenkbuch verfolgter Sozialdemokraten, S. 2, http://archiv.spd.de/events/gedenkbuch/brandenburg.html vom 18.02.2003.
2122 OStA Groß-Berlin, Urteil vom 15.02.1951 - (95) 30 Ms 3.53 (92.51), UaS I, 14; BG Dresden, Urteil vom 15.07.1953 - 1a Ks 335/53, BStU FF/O.
2123 *Lekschas*, Beiträge zu Problemen des Strafrechts, S. 25.
2124 *Klein*, „Für die Reinheit und Einheit der Partei“, S. 128.
2125 *Lekschas*, Beiträge zu Problemen des Strafrechts, S. 25.
2126 BG Magdeburg, Urteil vom 17.03.1958 - 1 BS 27/58, NJ 1958, 249f.
2127 *Bergmann*, Sprache der Stasi, S. 60.
2128 *Bergmann*, Sprache der Stasi, S. 61; ähnlich BG Magdeburg, Urteil vom 17.03.1958 - 1 BS 27/58, NJ 1958, 249f., das von „kleinbürgerlichen Tendenzen“ spricht.
2129 Zitiert nach: *Melsheimer*, NJ 1958, 40 (43).

War dem Täter eine grundsätzlich feindliche Einstellung zur sozialistischen Ordnung nicht nachzuweisen, so wurden Adjektive wie: „negativ“[2130], „tendenziös-negativ gefärbt“[2131], „asozial[2132]“ oder „arbeitsscheu“[2133], „haltlos“[2134], „rowdyhaft“[2135], „charakterlos“[2136], „flatterhaft“[2137], „undiszipliniert“[2138] oder „disziplinlos“[2139], „schwankend“[2140], „oberflächlich“[2141], „ungefestigt“[2142], „unbeherrscht“[2143] „frech“[2144], „rückständig“[2145] „politisch-gesellschaftlich indifferent“[2146], „geistig minderbemittelt“[2147], „oppositionell“[2148], „verantwortungslos“ oder „unverantwortlich“[2149], „feindlich gesinnt“[2150], „revisionistisch“[2151], „kriminell“[2152] sowie „konspirativ“[2153] vorangestellt.

2130 Anklageschrift des StA Erfurt vom 30.03.1955, UaS III, 112.

2131 Lehrkommentar zum Strafgesetzbuch Bd. II 1969, § 98, S. 52.

2132 OG, Urteil vom 04.07.1962 - 1 Zst (I) 2/62, NJ 1962, 430.

2133 *Infratest* (Hrsg.), Delikt, Urteil und Strafe, S. 54.

2134 *Lekschas/Seidel/Dettenborn*, Studien zur Schuld, S. 65.

2135 Stadtgericht Groß-Berlin, Urteil vom 06.09.1961- 101c BS 63/61, UaS IV, 125, ähnlich auch „rüpelhaft“ oder „Radaubrüder“, S. 126; „Rowdy“, *Melsheimer*, NJ 1958, 45.

2136 *Klein*, „Für die Reinheit und Einheit der Partei“, S. 98.

2137 *Mathes*, Volksrichter-Schöffen-Kollektive, S. 280.

2138 Stadtgericht Groß-Berlin, Urteil vom 06.09.1961- 101c BS 63/61, UaS IV, 125.

2139 *Lekschas*, zit. nach *Lupke*, NJ 1964, 144f.

2140 „Der Angeklagte ist in die Kategorie der Schwankenden einzureihen.“, siehe BG Suhl, Urteil vom 18.01.1957 - 1 Ks 1/57, UaS III, 123; Dabei beziehen sich die Adjektive „schwankend“ oder „labil“ auf den Klassenstandpunkt, der dem Betroffenen zu fehlen schien; ähnlich auch die Bezeichnung der „Gestrauchelten“, siehe *Melsheimer*, NJ 1958, 43.

2141 *Mathes*, Volksrichter-Schöffen-Kollektive, S. 280.

2142 KG Dessau, Urteil vom 23.04.1958 - S 137/58, UaS III, 126.

2143 *Lekschas/Seidel/Dettenborn*, Studien zur Schuld, S. 62.

2144 Stadtgericht Groß-Berlin, Urteil vom 06.09.1961- 101c BS 63/61, UaS IV, 125.

2145 Das BG Magdeburg, Urteil vom 17.03.1958 - 1 BS 27/58, NJ 1958, 249f. führt aus: „Der Angeklagte ist zunächst ein rückständiger Bürger gewesen, der bestimmte Ansätze gemacht hat, um am Fortschritt teilzunehmen.“

2146 *Frenzel*, NJ 1964, S. 141.

2147 National-Zeitung vom 03.01.1962, UaS IV, 126.

2148 “Kern oppositioneller Mitglieder“, „oppositionelle Gruppe“, siehe OG; Urteil vom 09.03.1957 - 1 ZsT (I) 1/57, UaS III, 131.

2149 *Infratest* (Hrsg.), Delikt, Urteil und Strafe, S. 54, Stadtgericht Berlin, Urteil vom 26.05.1954 - 1b 269.53, UaS II, 122; „verantwortungslose Gleichgültigkeit“, siehe *Lekschas/Seidel/Dettenborn*, Studien zur Schuld, S. 8.

2150 Stadtgericht Berlin, Urteil vom 26.05.1954 - 1b 269.53, UaS II, 122.

2151 *Schroeter*, Die Sprache der DDR im Spiegel ihrer Literatur, S. 164.

2152 OG, Urteil vom 04.07.1962, o.Az., NJ 1962, 430.

2153 „konspirative Gruppe“ „unter Anwendung konspirativer Methoden“, siehe OG; Urteil vom 09.03.1957 - 1 ZsT (I) 1/57, UaS III, 133.

bbb) Substantiv-Adjektiv Konstruktionen als Faktor für Übertreibungen und beschönigende Darstellungen

Substantiv-Adjektiv Konstruktionen waren ein gebräuchliches sprachliches Mittel, um beim Leser bestimmte Eindrücke hervorzurufen oder zu verstärken. Dies erhöhte in offiziellen Schriftstücken, Berichten und Reden den Eindruck der Formalisierung und Polemisierung der Sprache. Immer wieder formelhaft verwendet, sollten sie ein „aggressives Wir-Bewußtsein“[2154] erzeugen, wenngleich die Phrasenhaftigkeit der Verwendung viele Texte zu Leerformeln verkümmern ließ. Die agitatorische Wirkung besteht wohl darin, dass sie sehr viele Konnotationen (sowohl negative als auch positive) hervorrufen und sich damit einer Kritik entziehen.[2155] Langatmige Wiederholungen immergleicher Argumentationsketten, die fast „barock anmutende Sitte“ in der schriftlichen Presse alle Titel, Funktionen etc. auszuschreiben, lassen es gerechtfertigt erscheinen, von einem „Repetitions- und Formalisierungskult“ zu sprechen.[2156]

Darstellungen und Beschreibungen kamen offensichtlich ohne den (übermäßigen) Gebrauch von Adjektiven nicht mehr aus. Die phrasenhafte Verwendung sollte Fehler und Schwächen verdecken und eventuelle Zweifel beseitigen. Die sozialistische Wirklichkeit musste besser und schöner aussehen bzw. der „Feind“ musste aggressiver und gegenwärtiger wirken. Man konnte nicht einfach eine „Freundschaft“ zum sowjetischen Volk haben, sondern es war eine „*feste* Freundschaft“; es wurde nicht nur Bereitschaft und Unterstützung gefordert,

---

[2154] Siehe *Bergsdorf*, Politischer Sprachgebrauch, in: *Friedrich/Große* (Hrsg.), Die totalitäre Herrschaft der SED, S. 29, der das für den NS-Sprachgebrauch feststellt.

[2155] *Picaper*, Kommunikation und Propaganda in der DDR, S. 103; die Verwendung negativer Konnotationen zu Propagandazwecken findet sich auch in der NS-Sprache, z.B. beim Wort „jüdisch“.

[2156] *Jessen*, Diktatorische Herrschaft als kommunikative Praxis, in: *Lüdtke/Becker* (Hrsg.), Akten. Eingaben. Schaufenster, S. 65.

sondern die Bereitschaft hatte „*kompromißlos*“[2157] und die Unterstützung „*maximal*“[2158] zu sein.

Andere Beispiele sind: „*rückhaltlose* Durchsetzung“[2159], „*beharrliche* Erziehung“, „*exakte* Einhaltung“, „*hohe* Produktionsqualität“, „*planmäßige* und *schnelle* Erledigung“, „*schnelle* und *gute* Durchführung“[2160], „*allseitige* Stärkung der DDR“, „*zuverlässiger* Schutz“, „*volle* Ausschöpfung“, „*allseitige* Achtung“, „*hohe* Überzeugungskraft“[2161], „*große* Bedeutung“, „*schonungslos*“[2162], „*aktive* Hilfe“[2163] sowie „*hartnäckige* Feinde“[2164], „*höchste* Aktivität“[2165], „*höchste* Wachsamkeit“[2166], politische Massenarbeit „in *großer* Breite“[2167], der „*beharrliche* Kampf um die Erfüllung des Planes, die „*enge* Zusammenarbeit“ mit der Sowjetunion[2168], man habe „*unerschütterliches* Vertrauen zum Zentralkomitee unserer Partei, zu seinem Politbüro mit dem Genossen Walter Ulbricht an der Spitze“[2169], man vollbringe „*großartige* Leistungen“[2170], man habe „*starken* Widerhall“ gefunden[2171], baue „*herrliche* Wohnblöcke“[2172], Die DDR sei ein von *stürmischem*

2157 Musterordnung über die Arbeit der Kadernomenklatur des Rates des Bezirkes, 1987 in: *Jessen*, Partei, Staat und „Bündnispartner“, in: *Judt* (Hrsg.), DDR-Geschichte in Dokumenten, S. 85.
2158 Bericht an den Staatsrat der DDR vom 25.10.1984, in: *Arnold* (Hrsg.), Die Normalität des Strafrechts der DDR, Dokumentenanhang, S. 307.
2159 Musterordnung über die Arbeit der Kadernomenklatur des Rates des Bezirkes, aaO., S. 85.
2160 *Beyer*, NJ 1955, 730.
2161 Bericht an den Staatsrat der DDR vom 25.10.1984, aaO., S. 307.
2162 Merkblatt Nationales Komitee für den Wiederaufbau der Hauptstadt Deutschlands, aaO., S. 151.
2163 Auszug aus: Empfehlungen an die Regierung der DDR vom 30.07.1954, in: *Judt*, „Nur für den Dienstgebrauch“, in: *Lüdtke/Becker* (Hrsg.), Akten. Eingaben. Schaufenster, S. 34.
2164 *Klein*, „Für die Reinheit und Einheit der Partei“, S. 128.
2165 *Mestrup*, Die SED, S. 64.
2166 *Klein*, „Für die Reinheit und Einheit der Partei“, S. 128.
2167 *Mestrup*, Die SED, S. 64.
2168 Auszug aus: Informationen über das erreichte wissenschaftlich-technische Niveau in wichtigen Industriezweigen vom Dezember 1975, in: *Judt*, „Nur für den Dienstgebrauch“, in: *Lüdtke/Becker* (Hrsg.), Akten. Eingaben. Schaufenster, S. 35.
2169 *Eckert*, Gespräch mit Karl-Heinz Schöneburg, in: *Eckert* (Hrsg.), Die Babelsberger Konferenz, S. 78.
2170 Merkblatt Nationales Komitee für den Wiederaufbau der Hauptstadt Deutschlands, aaO., S. 151.
2171 Auszug aus: Empfehlungen an die Regierung der DDR vom 30.07.1954, aaO., S. 34.
2172 Merkblatt Nationales Komitee für den Wiederaufbau der Hauptstadt Deutschlands, aaO., S. 151.

Leben erfüllter Bauplatz“[2173], verehre „Stalin als *weise(n)* Lehrer, als *tiefgründige(n)* Forscher, als *beste(n)* Freund, als *große(n)* Fortsetzer und Vollender, als *geniale(n)* Feldherr, als *größte(n)* Mensch der Epoche“[2174], es wurde ein „*schöpferisches* Klima“ gefordert, „*stärkere* Impulse“ erwartet, man solle in „*größeren* Dimensionen“ denken, „*spürbare* inhaltliche Veränderungen“ vollziehen, eine „*gründlichere* und *spezifischere* Untersuchung“ anstreben, man müsse sich „*intensive* Gedanken“ über „inhaltliche konzeptionelle perspektivische Entwicklungen“ machen[2175], es sei eine „*wirksame* Auseinandersetzung“ nötig[2176], die „*friedliebende werktätige Bevölkerung*“ bilde einen „*übermächtigen Friedensblock*“[2177]; der amerikanische Imperialismus richte „seine Haß- und Hetzkampagnen gegen den *stärksten Hort des Friedens*, gegen die Sowjetunion“[2178]. etc.

In diesem Zusammenhang wird man bestimmten Adjektiven auch eine Appellfunktion unterstellen müssen, so wenn auf die „fortschrittlichen Menschen“[2179] hingewiesen wird, weil dies nur Menschen sein können, die sich ganz mit der neuen Ideologie identifizieren und nicht dem „Alten“ weiterhin verbunden (reaktionär) sind, da diese konsequenterweise als Feinde der Ordnung gelten müssen.

gg) Verwendung von Bindestrichwörtern

Auffallend in der schriftlichen Sprache ist auch der übermäßige Gebrauch von Bindestrichwörtern. Dabei handelte es sich vor allem um Adjektive, die durch

---

2173 Artikel zur Eröffnung der II. Parteikonferenz, in: Neues Deutschland vom 09.07.1952, S. 1.
2174 Siehe *Weber*, Geschichte der DDR, S. 160f.
2175 *Weichelt*, Zur Profilierung, in: *Weichelt* (Hrsg.), Staat und Recht bei der weiteren Gestaltung der entwickelten sozialistischen Gesellschaft nach dem XI. Parteitag der SED, S. 8/16.
2176 *Röder*, Zur Auswertung des XI. Parteitages der SED, in: *Weichelt* (Hrsg.), Staat und Recht bei der weiteren Gestaltung der entwickelten sozialistischen Gesellschaft, S. 54.
2177 BG Magdeburg, Urteil vom 17.03.1958 - 1 BS 27/58, NJ 1958, 249f.
2178 Entschließung der 13. Tagung des Parteivorstandes vom 15./16. September 1948, BArchiv DY 30 IV 2/4/8 - Microfiche.
2179 BG Leipzig, Urteil vom 17.04.1953 - 1a Ks 111/53, UaS II, 129; BG Halle/Saale, Urteil vom 02.04.1953 - 1 Ks 123/53, UaS II, 108.

die Dopplung eine noch stärkere Wirkung erzielen sollten. So war eine Handlung nicht nur moralisch verwerflich, sondern „politisch-moralisch“[2180] verwerflich, womit deutlich wurde, dass der Täter nicht nur gegen die Grundsätze der sozialistischen Moral, sondern auch gleichzeitig gegen die politische Orientierung verstoßen hatte und sich damit auf die Seite derer stellte, die nicht mit den Staatsinteressen konform gingen. Oftmals wurde auch auf die Kopplung mehrerer Adjektive zurückgegriffen, wenn entweder das dazugehörende Substantiv oder eines der Adjektive kein Wertelement besaß und damit wertneutral erschien. Aufgrund dieser ihnen innewohnenden Neutralität war es notwendig, ihnen ein wertendes Adjektiv hinzuzufügen. So waren manche Nachrichten „tendenziös-negativ“[2181], die Einflüsse „feindlich-ideologischer“[2182] Art, der Staat hätte eine „kulturell-erzieherische“ Funktion[2183], die Verhaltensweisen der Menschen seien „konkurrierend-desintegrativer“[2184] Art, „sozial-negativ“[2185], „politisch-gesellschaftlich indifferent“[2186], die Philosophie *Hegels* „objektiv-idealistisch“[2187], das Parlament „revolutionär-demokratisch“[2188], es herrsche ein „ökonomisch-kultureller“ Leistungsvergleich (auch „Ökulei“ abgekürzt)[2189], jedes Urteil verlange eine „politisch-juristische“ Sicht[2190] etc. Gelegentlich hatte die Kopplung mehrerer Adjektive auch die Aufgabe, eines der Adjektive, das sich durch seine sprachliche Unschärfe auszeichnete, mit einem die „Tendenz“ dieses

---

2180 Ähnlich „moralisch-politischer Niedergang“, Anklageschrift der StA Frankfurt (Oder) vom 08.09.1961, Az.: II 161/61, BStU FF/O FAU 122/61, S. 33.

2181 Lehrkommentar zum Strafgesetzbuch, 1969, S. 50. Allerdings ist festzustellen, dass das Wort „tendenziös“ - obwohl an sich wertneutral - fast ausschließlich mit negativer Konnotation verwendet wurde, z.B. tendenziöse Gerüchte verbreiten.

2182 Strafgesetzbuch, 1978, S. 1.

2183 *Stiller*, Die Staatsverbrechen, S. 119.

2184 *Lekschas/Seidel/Dettenborn*, Studien zur Schuld, S. 12.

2185 Strafrecht, Lehrbuch, AT, 1976, S. 9.

2186 *Frenzel*, NJ 1964, S. 141.

2187 Marxistisch-Leninistische Staatstheorie, Lehrbuch, 1975, S. 41.

2188 Marxistisch-Leninistische Staatstheorie, Lehrbuch, 1975, S. 51.

2189 *Lüdtke*, Sprache und Herrschaft in der DDR, in: *Lüdtke/Becker* (Hrsg.), Akten. Eingaben. Schaufenster, S. 18.

2190 *Kalich/Bäselt/Böhrer*, NJ 1964, 303.

Adjektivs verdeutlichenden weiteren Adjektivs zu verbinden: So war die Person „negativ-feindlich"[2191] eingestellt, was bedeutete, dass sie nicht nur eine abweichende (= negative) Lebenseinstellung hatte, sondern diese auch im Widerspruch zu den politischen Grundsätzen stand. Andere Beispiele sind: „bürgerlich-faschistisch"[2192], „kapitalistisch-imperialistisch"[2193], „wissenschaftlich-technischer Fortschritt"[2194], „wissenschaftlich-produktives Denken"[2195], „gesellschaftlich-erzieherische Einwirkung"[2196], „politisch-moralische Einheit des Volkes"[2197], „politisch-staatliche Praktiken des Imperialismus"[2198], „theoretisch-ideologische Gesamtgebäude"[2199], „theoretisch-konzeptionelle Grundfragen"[2200], „marxistisch-leninistische Grundposition"[2201], „kollektiv-konstruktive Zusammenarbeit"[2202].

hh) Verwendung von Euphemismen

Ein sprachliches Mittel zur Vertuschung oder Kaschierung tatsächlicher Umstände ist die Verwendung von Euphemismen, deren Sinn darin besteht, „unliebsame Sachverhalte mit angenehmen Assoziationen (zu) versehen"[2203], wobei es zu einer Verhüllung des Tatsächlichen kommt. Euphemismen werden besonders in totalitären Systemen in den Sprachgebrauch aufgenommen.[2204] So findet man immer wieder Passagen, die ein Bestreben nach einem geeinten demokratischen

---

[2191] Siehe *Bergmann*, Sprache der Stasi, S. 58.
[2192] *Klenner*, Der Marxismus-Leninismus über das Wesen des Rechts, S. 8.
[2193] *Lekschas/Seidel/Dettenborn*, Studien zur Schuld, S. 12.
[2194] *Weichelt*, Zur Profilierung, in: *Weichelt* (Hrsg.), Staat und Recht bei der weiteren Gestaltung der entwickelten sozialistischen Gesellschaft, S. 10.
[2195] *Weichelt*, aaO., S. 8.
[2196] Strafrecht, AT, Lehrbuch, 1976, S. 11.
[2197] *Weichelt*, aaO., S. 10.
[2198] *Weichelt*, aaO., S. 15.
[2199] *Röder*, Zur Auswertung des XI. Parteitages der SED, in: *Weichelt* (Hrsg.), Staat und Recht bei der weiteren Gestaltung der entwickelten sozialistischen Gesellschaft, S. 54.
[2200] *Lekschas/Seidel/Dettenborn*, Studien zur Schuld, S. 8.
[2201] *Lekschas/Seidel/Dettenborn*, Studien zur Schuld, S. 7.
[2202] *Lekschas/Seidel/Dettenborn*, Studien zur Schuld, S. 17.
[2203] *Bachem*, Einführung in die Analyse politischer Texte, S. 58.
[2204] Siehe dazu *Bergmann*, Sprache der Stasi, S. 83, der auf die Bezeichnungen „Endlösung" oder „Säuberung" im Sprachgebrauch des Dritten Reiches hinweist.

Deutschland vermuten ließen.[2205] Dies suggerierte, dass eine Abspaltung der sowjetischen Besatzungszone und die Errichtung einer „Mauer“ in absehbarer Zeit nicht zur Diskussion standen, sondern dass vielmehr eine Angleichung oder Einigung angestrebt wurde. Dies entsprach aber nur insofern der Wahrheit, als ein geeintes Deutschland ausschließlich unter sozialistischer Herrschaft existieren sollte. Ein anderes Beispiel bietet der sprachliche Umgang mit der Berliner Mauer: Sie wurde in der DDR als „Friedensgrenze“ oder als „antifaschistischer Schutzwall“ bezeichnet, worin eine positive Konnotation mitschwingt, während das westliche Europa und die Vereinigten Staaten von Amerika von einem „Eisernen Vorhang“ oder von einer „Schandmauer“ sprachen und ihr somit eine negative Wertung gaben.

ii) Herstellen von unlogischen Zusammenhängen

Gelegentlich findet man Begründungen, die auf unlogischen, unverständlichen oder unvollständigen Zusammenhängen beruhen. Dies förderte die „Schwarz-Weiß“ - Malerei, und die damit enthaltene Vereinfachung des Sachverhaltes verhinderte eine ernsthafte Diskussion mit schwierigen Themen, die ohnehin nicht angestrebt war. Um dies zu verdeutlichen, sollen einige Beispiele aus unterschiedlichen Bereichen angesprochen werden:

1. So ging man zunächst richtigerweise davon aus, dass der Antikommunismus Bestandteil des Nationalsozialismus sei. Daraus wurde aber der unzulässige Schluss gezogen, jede Art des Antikommunismus sei mit dem Nationalsozialismus gleichzusetzen, was einen fehlerhaften Schluss vom Besonderen auf das Allgemeine darstellte.[2206] Ein ähnliches Beispiel ist die Begründung des Stadtgerichtes Berlin, wo es heißt: „Es ist typisch faschistisch, den politi-

---

[2205] *Lekschas/Renneberg*, NJ 1953, 762 (765).
[2206] *Schuller*, Geschichte und Struktur, S. 348.

schen Gegner vom Klassenkampf durch Verleumdung abzuhalten und durch Drohungen, die eine Gefahr für sein Leben darstellen, einzuschüchtern"[2207].

2. Während der großen Kollektivierungskampagne 1960, bei der die Bauern zum Beitritt in die LPG veranlasst werden sollten, erschien in einer örtlichen Zeitschrift ein mahnender und zugleich drohender Artikel, in dem es heißt: „Den Eintritt in die LPG abzulehnen, ist gleichzusetzen mit der Ablehnung des Sozialismus. Wer aber gegen den Sozialismus ist, ist auch gegen den Frieden und hilft damit den Kriegstreibern in Westdeutschland Tür und Tor zu öffnen."[2208] Auch hier wird vom Besonderen fehlerhaft auf das Allgemeine geschlossen.

3. Fehlerhaft ist auch die These, dass der Kapitalismus immer zugleich Imperialismus sei, der sich durch Krisen und Kriegskatastrophen entwickle, und daher Kriege unausweichlich und charakteristisch seien. Im Gegensatz dazu bringe der Sozialismus den Völkern der Erde nur Frieden.[2209]

4. Ein Mann hatte in einer Gaststätte gegenüber Parteifunktionären geäußert, dass diese vom Steuergroschen leben würden, während die Privatunternehmer das Geld verdienen müssten, nachdem die volkseigenen Betriebe alle verschuldet seien. Daraufhin wurde er wegen Verbreitung tendenziöser Gerüchte verurteilt und zwar nicht nur deshalb, weil das Gericht dieses Gerücht für erfunden hielt, sondern auch, weil es den Verdacht aufkommen ließ, die SED sei eine parasitäre Partei, die andere Menschen ausbeute. Daraus wurde der Schluss gezogen: „Dieses Gerücht untergräbt die Vertrauensfrage der

---

[2207] Stadtgericht Berlin, Urteil vom 27.11.1952 - 101 a) I b 24, 53, UaS II, 111.
[2208] Artikel in der Kreisausgabe Guben der „Lausitzer Rundschau" vom 15.03.1960, abgedruckt bei *Gieseke*, Die Staatssicherheit, S. 32.
[2209] Siehe *Wettig*, DeutschlandArchiv 1988, 58.

Werktätigen zur Partei der Arbeiterklasse und gefährdet dadurch den Frieden in Deutschland, weil der Kampf des deutschen Volkes gegen den ausländischen und deutschen Imperialismus zugleich ein Kampf um die Erhaltung des Friedens ist."[2210] So konnte man letztlich bei jeder negativen Meinungsäußerung zu einer Gefährdung des Friedens kommen, ohne dass es einer ernsthaften Begründung bedurfte.

5. Nach § 10 WStVO konnte auch der Inhaber eines Betriebes für eine Zuwiderhandlung eines anderen zur Verantwortung gezogen werden, wenn er seinerseits die erforderliche Sorgfalt nicht beachtet hatte. Das Amtsgericht Crimmitschau befasste sich in seinen Urteilsgründen damit, ob eine Frau „Inhaber" eines Betriebes sein könne: „Der Grundsatz der Gleichberechtigung der Frau, der in Artikel 7 unserer Verfassung niedergelegt ist, ist dahingehend auszulegen, daß in einem Betrieb, welcher von beiden Ehegatten gemeinsam verwaltet und durchgeführt wird, jeder von ihnen als Inhaber im Sinne des § 10 WStVO gilt." Unklar blieb allerdings, was der Grundsatz der Gleichberechtigung mit der Frage der „Inhaberschaft" zu tun hatte.[2211]

jj) Aneinanderreihung von Genitivattributen und Substantivierung der Verben

Eine Besonderheit der schriftlichen Sprache im „Amtsdeutsch" stellt die häufige Verwendung von Genitivattributen dar. Diese für die deutsche Sprache im Allgemeinen wesensfremde Ausdrucksweise ist dem Russischen entlehnt. Diese Genitivketten, die bis zum sechsten Grade verwendet wurden, sind typische Erscheinungsformen des Nominalstils, der das Verständnis des Satzes oftmals wesentlich erschwerte.

[2210] BG Potsdam, Urteil vom 29.08.1955 - I Ks 199/55 - I 278/55, UaS III, 113.
[2211] Siehe AG Crimmitschau, Urteil vom 26.07.1950 - Ls. 5/50, NJ 1950, 356.

Beispielhaft dafür sind: „Vertiefung der Intensivierung“[2212] „in gründlicher Auswertung *der* Ergebnisse *der* ständigen Einschätzung *der* Versionen *der* Verletzung *der* Tatbestandsmerkmale *der* §§ ...“[2213]; „hemmende Erscheinungen bei der Durchsetzung *der* ökonomischen Gesetze *des* gesellschaftlichen Fortschritts *des* Aufbaus *des* Sozialismus“[2214]; es ging um „die Verbesserung *der* Leitungstätigkeit *des* Generalstaatsanwaltes entsprechend *der* Forderung *des* VI. Parteitages und *des* Erlasses *des* Staatsrates“[2215] oder „die schnelle und gute Durchführung *der* Verfahren, also die Verwirklichung *des* Prinzips *der* Beschleunigung und *der* Konzentration *des* Verfahrens, ist deshalb ein Mittel zur Festigung *der* Arbeitsdisziplin und zur Entwicklung *einer* hohen sozialistischen Arbeitsmoral“[2216].

Ein weiteres Merkmal des verwendeten Nominalstils ist die Substantivierung der Verben.[2217] Es wurde nicht mehr „gefestigt“, „erzogen“ etc., sondern es ging um „Festigung“, „Orientierung“, „Erziehung“, „Ausführung“, „Durchführung“, „Verwirklichung“, „Erfüllung“[2218],. Damit entstand eine stakkatohaft und hölzern wirkende Sprache, die mit scheinbar wichtigen Informationen überfrachtet war.

c) Beschreibung des Angeklagten und seines Verhaltens in der juristischen Sprache

Auch in der sprachlichen Beschreibung der strafrechtlich relevanten Handlungen des Angeklagten ist deutlich erkennbar, dass dafür die Umgangssprache verwen-

---

2212 Auszug aus: Informationen über das erreichte wissenschaftlich-technische Niveau in wichtigen Industriezweigen vom Dezember 1975, in: *Judt*, „Nur für den Dienstgebrauch“, in: *Lüdtke/Becker* (Hrsg.), Akten. Eingaben. Schaufenster, S. 35.
2213 *Bergmann*, Sprache der Stasi, S. 89.
2214 *Raddatz*, Engführung der Literatur, in: *Raddatz* (Hrsg.), Traditionen und Tendenzen, S. 14.
2215 Vermerk für den Genossen *Sorgenicht* vom 25.10.1963, BArch DY 30 IV A 2/13 154, S. 8.
2216 *Beyer*, NJ 1955, 730.
2217 Siehe *Jessen*, Diktatorische Herrschaft als kommunikative Praxis, in: *Lüdtke/Becker* (Hrsg.), Akten. Eingaben. Schaufenster, S. 61.
2218 Auszug aus: Informationen über das erreichte wissenschaftlich-technische Niveau in wichtigen Industriezweigen vom Dezember 1975, aaO., S. 35.

det wurde, um jede Gesellschaftsschicht agitatorisch zu erreichen. Dafür wurden bewusst unbestimmte Begriffe verwendet, zumeist Adjektive, die sich im Bedarfsfall noch steigern ließen, z.B. „in *gemeiner* Weise (hetzen)“[2219], „in *übelster* Weise (verleumden)“, „in *übelster* Form ... hetzte“[2220], „*üble* Hetze gegen unseren Staat“[2221], „*plump* gehetzt“[2222], „sich in den *wüstesten* Verleumdungen ergingen“[2223], „seine Hetztiraden angebracht“[2224], „*Hetz*schriften und *Hetz*traktate ... weitergegeben“[2225], „hat ... in *raffinierter* Form die Arbeitsmoral ... zum Absinken gebracht“[2226], der Angeklagte beteiligte sich an „*vorderster* Stelle“[2227].

Eine genaue juristische Subsumtion unter bestimmte Straftatbestände, wie z.B. die des Art. 6 VerfDDR bzw. der KRD 38, ist oftmals nicht erkennbar, so wenn es in Urteilen heißt:

- „hat in der Schule den Kindern die antidemokratische und antisowjetische Hetze vorgetragen“[2228],
- „die Angeklagten lehnen es kategorisch ab, sich den gesellschaftlichen Pflichten eines Bürgers unserer DDR zu unterwerfen“[2229],
- „wo er in mehreren Vorträgen eine üble Hetze ... betrieb“,
- „er provozierte die anwesenden Arbeiter, indem er in einem Gebet unsere

2219 Anklageschrift der StA Erfurt vom 06.10.1954 - I 254/54, UaS III, 111.
2220 BG Halle, Urteil vom 11.07.1954 - 1 Ks 247/54 - I 236/54, UaS III, 110; BG Halle (Saale), Urteil vom 02.04.1953 - 1 Ks 123/53, UaS II, 108; Sprachliche Parallelen findet man dazu in NS-Urteilen, so z.B. „in übler und gewissenloser Weise“, siehe Urteil des Sondergerichtes Bremen vom 23.12.1942 - KLs 103/42, Nr.266, Strafjustiz im totalen Krieg, Bd. 3, S. 48f.
2221 BG Leipzig, Urteil vom 28.11.1957 - 1b Ks 370/57, UaS III, 108.
2222 BG Leipzig, Urteil vom 28.11.1957 - 1b Ks 370/57, UaS III, 109.
2223 Anklage der StA Schwerin, vertreten durch den OStA *Bostelmann*, an das LG Schwerin vom 11.01.1951, UaS II, 109.
2224 BG Frankfurt (Oder), Urteil vom 27.03.1958 - I Bs 60/58; BStU FF/O., FAU 37/58 GA Bl. 113.
2225 OG, Urteil vom 28.02.1958 - 1b Ust 8/58, NJ 1958, 248f.
2226 BG Magdeburg, Urteil vom 17.03.1958 - 1 BS 27/58, NJ 1958, 249f.
2227 Tagesbericht des BG Leipzig über die Durchführung von Verfahren anlässlich der Ereignisse am 17.06.1953 am 10.07.1953, BStU Leipzig L 00265, S. 35.
2228 OStA Groß-Berlin, Urteil vom 15.02.1951 - (95) 30 Ms 3.53, UaS I, 14.
2229 LG Potsdam, Urteil vom 27.02.1951 - 7 St.Ks 11/51, UaS I, 32.

Regierung verleumdete"[2230],

- der Angeklagte habe durch sein Verhalten dazu beigetragen, „den Kriegsvorbereitungen der Rüstungsindustriellen und Imperialisten Vorschub" zu leisten[2231],
- „daß die Angeklagten durch ihre strafbare Handlung die friedliebende Bevölkerung von ihrem Friedenskampf abhalten wollten, um das Friedenslager zu schwächen"[2232] oder dass die Tat „daher eine Unterstützung der Bestrebungen der westlichen Kriegstreiber" sei, „die bestehenden gesellschaftlichen Verhältnisse zu diskreditieren und die Notwendigkeit der gewaltsamen Beseitigung unserer neuen Ordnung zu propagieren"[2233],
- alle Beschuldigten hätten die Empfehlungen von Partei und Regierung, von den örtlichen Organen der Staatsmacht und ihrer Pädagogen in den Schmutz getreten und die Interessen des proletarischen Internationalismus verraten[2234],
- der Angeklagte habe „in den ersten Jahren seiner Tätigkeit im Werk den Anschein" erweckt, er sei „an allen gesellschaftlichen und politischen Fragen uninteressiert"[2235],
- der Angeklagte sei ein „williges Kanonenfutter für ihren geplanten Krieg"[2236], organisiere oder wohne „staatsfeindlichen Schulungen", „staatsfeindlichen Aktionen" bei bzw. unterliege einer „feindlichen Beeinflussung"[2237],
- der Angeklagte habe einen Witz über den Genossen *Ulbricht* erzählt, der ihn in „ganz übler und gemeiner Art und Weise" verleumde, „so daß er an dieser

[2230] BG Leipzig, Urteil vom 28.11.1957 - 1b Ks 370/57, NJ 1958, 69f.
[2231] LG Potsdam, Urteil vom 23.11.1950 - 7 St.Ks. 28/50, UaS I, 30.
[2232] LG Brandenburg/Havel, Urteil vom 12.07.1951 - St.Ks 65/51; UaS I, 29.
[2233] BG Halle/S., Urteil vom 02.04.1953 - 1 Ks 123/53, UaS II, 108.
[2234] Anklageschrift der StA des Bezirkes Frankfurt (Oder) vom 08.09.1961, Az.: II 161/61, BStU FF/O FAU 122/61, S. 34.
[2235] BG Frankfurt (Oder), Urteil vom 27.03.1958 - I Bs 60/58; BStU FF/O., FAU 37/58 GA Bl. 113.
[2236] LG Brandenburg/Havel, Urteil vom 12.07.1951 - St.Ks 65/51, UaS I, 29.
[2237] BG Leipzig, Urteil vom 28.11.1957 - 1b Ks 370/57, UaS III, 109.

Stelle nicht wörtlich wiedergegeben werden soll“[2238],

- der Angeklagte habe wiederholt Hetznachrichten verbreitet, „er behauptete: *wird ausgeführt...*“,[2239]
- „wegen ihres allgemeinen gefährlichen Charakters ... müssen die Angeklagten durch längere Freiheitsstrafen von der Gesellschaft *isoliert* werden“[2240],
- „10 Jahre Jugendgefängnis hielt das Gericht als notwendig, ..., um diesen Angeklagten zu einem *nützlichen* Mitglied der Gesellschaft zu erziehen.“[2241],
- es bedarf „einer Zeit der Umerziehung zu einem *positiven, bewußten* Gesellschaftsmitglied“[2242],
- „Dazu gehört, daß Täter *vom Schlage* des Angeklagten einer Strafe zugeführt werden, die dem Unrechtsgehalte ihrer Tat entspricht und sie für geraume Zeit daran hindert, an einem derartigen Verbrechen, wie es die Ingangsetzung eines neuen Weltkrieges sein würde, mitzuhelfen.“[2243]
- „Die erkannte Strafe ist zum Schutze unseres Staates unbedingt erforderlich.“[2244],
- „Obwohl er (d. Angeklagte - d. Verf.) wußte, wie schwer gerade in der gegenwärtigen Situation der Dienst der Angestellten der Volkspolizei ist, um den Forderungen gerecht zu werden, stellte er sich in die Reihe derjenigen, welche im Sinne der westlichen Kriegstreiber mit allen Mitteln bereit sind, gegen unsere Sicherheitsorgane vorzugehen“ und obwohl er wusste, wie

[2238] BG Halle/S., Urteil vom 03.11.1961 - 1 BS 303/61.
[2239] Das Gericht fand es nicht einmal nötig, die genauen Behauptungen, die zur Verurteilung des Angeklagten geführt hatten, wörtlich wiederzugeben, OG, Urteil vom 04.03.1958 - 1a Ust 8/58, NJ 1958, 250.
[2240] LG Brandenburg/Havel, Urteil vom 12.7.1951 - St.Ks 65/51, UaS I, 29.
[2241] LG Potsdam, Urteil vom 30.03.1951 - 8 Kls 54/51, UaS I, S. 55 (57).
[2242] BG Potsdam, Urteil vom 16.01.1956 - I Ks 336/55 - I 347/55, UaS III, 135.
[2243] Urteil gegen den Prediger *Machledt*, der am 23.11.1950 durch das Landgericht Potsdam zu fünf Jahren Zuchthaus verurteilt wurde, weil er auch nach dem Verbot der Organisation weiterhin Zeitschriften vertrieb und bei Hausbesuchen die Religion der „Zeugen Jehovas“ verbreitete - Urteil des LG Potsdam vom 23.11.1950 - 7 St.Ks. 27/50, UaS I, 31.
[2244] BG Frankfurt (Oder), Urteil vom 27.03.1958 - I Bs 60/58, BStU FF/O., FAU 37/58 GA Bl. 113.

„die Werktätigen der DDR tagtäglich durch intensive Arbeitsleistung beitragen, ... das Lebensniveau aller Menschen,..., zu heben."[2245],

- „Mit welcher Gemeinheit, Raffinesse und Brutalität die Beschuldigten ihr Verbrechen durchführten, geht aus dem Umstand hervor, daß sie ...ihre Fahrräder abstellten und sich sofort zur Feuerwache in Strausberg begaben, um dort gesehen zu werden und so ein Alibi für ihren Aufenthalt in Strausberg zu haben."[2246]

d) Die Stellung des Angeklagten

In den Urteilen der früheren Jahre fällt besonders auf, dass bei der Strafzumessung keinesfalls der Angeklagte als Persönlichkeit im Mittelpunkt stand, sondern dass dem durch das Gesetz geschützten Rechtsgut zumeist eine überragende Bedeutung zukam, so z.B. dem „Volkseigentum"[2247], dem Wohl der Allgemeinheit[2248], dem Schutz der geltenden Gesellschaftsordnung[2249], der „Nation"[2250], dem Rechtsgut „Frieden"[2251], den „Interessen der Werktätigen"[2252], dem „Vertrauen der Werktätigen"[2253], der „friedliebende Bevölkerung"[2254], der „moralisch-politische Einheit der Werktätigen"[2255], dem „großen Vertrauen, das unsere Regierung in die

---

2245 LG Dresden, Urteil vom 10.01.1951 - (22) 2.gr. 17/50, UaS I, 59.

2246 Anklageschrift der StA des Bezirkes Frankfurt (Oder) vom 08.09.1961, Az.: II 161/61, BStU FF/O., FAU 122/61, S. 19.

2247 *Renneberg*, Die objektive Seite des Verbrechens, S. 7.

2248 LG Brandenburg/Havel, Urteil vom 12.7.1951 - St.Ks 65/51; UaS I, 29.

2249 Siehe *Maurach*, ROW 1958, 181, siehe BG Dresden, Urteil vom 20.01.1955 - 1 b Ks 307/55 - I - 842/54, UaS III, 121, das vom „ideellen Schaden" spricht.

2250 *Lekschas/Renneberg*, NJ 1953, 762f.

2251 Anklageschrift der StA Frankfurt (Oder) vom 08.09.1961, Az.: II 161/61, BStU FF/O., FAU 122/61, S. 35; „Die Erhaltung des Friedens und damit das Wohl der Allgemeinheit steht im Vordergrund unseres Aufbaus ..." LG Brandenburg/Havel, Urteil vom 12.07.1951 - St.Ks 65/51; UaS I, 29; ebenso BG Leipzig, Urteil vom 11.02.1958 - 1 b Ks 304/58, UaS III, 116; *Schroeder*, Der Schutz von Staat und Verfassung im Strafrecht, 1970, 370 (388).

2252 KG Luckenwalde, Urteil vom 09.08.1957 - DS 125/57 K II 117/57, UaS III, 122.

2253 Siehe BG Gera, Urteil vom 11.06.1956 - 2 Ks 71/56 II 9/56, archiviert beim LG Gera, 2,3 Ks 1954 - 1956, Nr. 7a.

2254 BG Potsdam, Urteil vom 16.12.1952 - St.Ks. 209/52, UaS II, 163.

2255 Anklageschrift der StA Frankfurt (Oder) vom 08.09.1961, Az.: II 161/61, BStU FF/O.

Jugend setzt"[2256], den „Einrichtungen des Arbeiter- und Bauernstaates"[2257], den „Justizorganen"[2258], der „Versorgung der Bevölkerung und der Volkswirtschaft"[2259] gelegentlich auch dem „sozialistischen Aufbau"[2260] oder den „sozialistischen Errungenschaften"[2261].

So verurteilte ein Kreisgericht[2262] eine Angeklagte wegen Sachbeschädigung von gesellschaftlichem Eigentum, weil sie ein Plakat der Pionierorganisation von ihrem eigenen Zaun abgewaschen hatte. Das Gericht übersah dabei völlig, dass das Plakatieren am Zaun der Angeklagten ebenfalls eine Sachbeschädigung hätte darstellen können, wodurch ihr ein Rechtfertigungsgrund hätte zustehen können. Es unterstrich vielmehr, dass es eine wichtige Aufgabe sei, solche Plakate vor jeglicher Art von „Anschlägen" zu schützen, da man in ihnen nicht so sehr den materiellen, sondern vor allem den agitatorischen Wert sehen müsse. Dieser bestehe im vorliegenden Fall in der Aufklärung der Bevölkerung über wichtige politische Ereignisse, hier das Pioniertreffen in Halle. Die Angeklagte habe daher durch das Abwaschen gezeigt, dass sie noch immer eine schlechte Einstellung zur Aufklärungsarbeit demokratischer Organisationen habe und damit gleichzeitig diese auch erschwere. Hier zeigt sich deutlich der Zusammenhang zwischen Handlung, Grad der Gesellschaftsgefährlichkeit und politischer Lage. Da der Richter bei der Beurteilung der Handlung niemals die zur dieser Zeit herrschende politische Situation (Klassenkampfsituation) außer Betracht lassen durfte, konnte ein und dieselbe Handlung - zu verschiedenen Zeitpunkten ausgeführt - eine unterschiedliche Art der Gesellschaftsgefährdung nach sich ziehen. Ähnliches

[2256] BG Dresden, Urteil vom 15.07.1953, la Ks 335/53, S. 3 d. Urteils, BStU FF/O.
[2257] KG Luckenwalde, Urteil vom 09.08.1957 - DS 125/57 K II 117/57, UaS III, 122.
[2258] BG Dresden, Urteil vom 16.07.1953 - la Ks 338/53, DAU 42/54 Bd. X, S. 34.
[2259] BG Erfurt, Urteil vom 14.06.1955 - 1 Ks 54/55, UaS III, 128.
[2260] BG Leipzig, Urteil vom 11.02.1958 - 1 b Ks 304/58, UaS III, 116.
[2261] OG, Urteil vom 09.03.1957 - 1 Zst (I) 1/57, NJ 1957, 166f.; ähnlich auch BG Dresden, Urteil vom 14.07.1953, Ia Ks 340/53/ I 371/53, DAU 42/54, Bd. X, S. 34.
[2262] KG Hohenmölsen, Urteil vom 07.11.1958 - S 198/58 - K II 193/58, UaS IV, 124f.

findet man in der Rechtsprechung des Dritten Reiches: Die Strafe für begangene Delikte, insbesondere bei Kriegswirtschaftsdelikten, war abhängig von der Kriegslage. Drakonische Strafen wurden gezielt als abschreckendes Beispiel verhängt, in manchen Fällen der Verhängung der Todesstrafe fiel es dem Gericht nicht schwer, dies mit dem Bedürfnis nach gerechter Sühne oder mit dem Schutz der Volksgemeinschaft zu begründen.[2263]

Für die Angeklagte kam im vorliegenden Fall erschwerend hinzu, dass dieses Plakat auf das Pioniertreffen in Halle aufmerksam machen wollte und somit auf ein konkretes politisches Ereignis hinwies. Damit stand für das Gericht nicht die Beschädigung des Papiers im Vordergrund, sondern die Vereitelung der Verbreitung politischer Ereignisse; im Urteil heißt es: „Da diese Handlungsweise ... zur Zeit des Pioniertreffens in Halle stattfand und durch ihre Handlungsweise neben der Sachbeschädigung ... die Aufklärungsarbeit dieser Organisation erschwert wurde, sieht das Gericht eine Gefängnisstrafe von 6 Wochen als der Straftat angemessen an und ist der Ansicht, daß diese Strafe die Angeklagte zu einer größeren Achtung vor fremdem Eigentum erzieht."[2264] In einem anderen Fall hatten die Angeklagten über einen längeren Zeitraum Volkseigentum geschädigt. Die Anwendbarkeit des VESchG, das im Verhältnis zu den einfachen Vermögensdelikten nur dann Anwendung finden sollte, wenn es sich um einen schweren Angriff auf Volkseigentum handelte, wurde deshalb bejaht, weil eine Schmälerung des Vertrauens der Werktätigen zu ihrer genossenschaftlichen Organisation eingetreten und damit ein hoher ideeller Schaden verursacht worden sei.[2265]

[2263] Siehe *Wrobel/Maul-Backer*, Strafjustiz im totalen Krieg, S. 341 sowie RG, Urteil vom 11.09.1942 - 4D 326/42, Deutsches Recht 1943, 33.

[2264] KG Hohenmölsen, Urteil vom 07.11.1958 - S 198/58 - K II 193/58, UaS IV, 124f.

[2265] BG Gera, Urteil vom 11.06.1956 - 2 Ks 71/56 II 9/56, archiviert beim LG Gera, 2,3 Ks 1954 - 1956, Nr. 7a.

e) Zusammenfassung

Die öffentlich gebrauchte Sprache in der DDR war in erster Linie Produkt, gleichzeitig aber auch ein Produktionsmittel[2266] seiner ideologischen Basis. Sie war insbesondere gekennzeichnet durch:

1. die Einführung neuer Wörter und Wendungen,
2. starke Verallgemeinerung oder Verschleierung von Tatsachen oder Umständen,
3. ideologische Ausgrenzung,
4. stete Agitation und Propaganda mit einfachsten, schematischen Begriffen, Ideen und Schlagwörtern,
5. durch Vermittlung von Autorität der herrschenden Klasse auf allen Gebieten der Gesellschaft.

Durch die massive Neuschaffung von Wörtern entstand im Bereich der öffentlichen Sprache ein „Sprachisolationismus"[2267], den die Partei und Staatsführung immer bestritt. Die privat gebrauchte Sprache hingegen verschloss sich in der Regel vor der einfach strukturierten ideologischen Beeinflussung. Zwar kann man auch dort die Entwicklung der „neuen" deutschen Sprache erkennen, doch war ihr politischer Inhalt nicht vergleichbar mit dem der öffentlichen Sprache. Etwaige Differenzen sind daher wirklich nur im politischen Bereich zu finden.[2268]

[2266] *Schelsky*, Herrschaft durch Sprache, in: *Bergsdorf* (Hrsg.), Wörter als Waffen, S. 15.
[2267] *Oschlies*, Edition DeutschlandArchiv 1989, 109.
[2268] *Oschlies*, Edition DeutschlandArchiv 1989, 109.

Nachwort

Deutschland, einig Vaterland: ein Wunsch, der jahrzehntelang nur ein Traum blieb und dessen Wirklichkeit so fern schien. Mit der friedlichen Revolution im Herbst 1989 sollte nun endlich zusammenwachsen, was zusammen gehört. Doch die Euphorie des Anfanges war schneller verflogen als gedacht. Über ein Jahrzehnt danach sind die Deutschen sich vielleicht ferner als je zuvor - ausgenommen die junge Generation. Die schleichende Identitätskrise der Ostdeutschen wird vielfach als „Ostalgie" missverstanden und als Undank empfunden. Dabei wollen die wenigsten die „alte DDR wiederhaben", sondern vielfach ist der Wunsch zu hören, man hätte doch das „Gute herüberretten" sollen. Gerade im Angesicht der Massenarbeitslosigkeit und der sozialen Verwahrlosung geht der Blick zurück in die DDR-Vergangenheit - dahin, als Arbeit, Kultur, Sport und das Leben in einer Gemeinschaft Lebensinhalt war. Dabei wird dieses „Leben" nicht selten zur Idylle verklärt, an die man wehmütig zurückdenkt.

Eine objektive Betrachtung eines untergegangenen Staates in seiner Gesamtheit ist schwer möglich, wenn nicht gar undenkbar. Gerade wenn es sich um einen diktatorischen Staat handelte, ist man versucht, den Staat als Ganzen zu verteufeln und Ideologien als Gesinnungsmüll abzutun. Doch damit wird man einer geschichtlich notwendigen Nachbetrachtung nicht gerecht, da jedes System mit und durch die Bürger getragen wurde - auch ein noch so diktatorisch geführtes.

Es war daher Ziel dieser Arbeit aufzuzeigen, wie und warum dieses System - beschränkt auf das Rechtssystem - so funktionieren konnte. Der Wunsch, die schreckliche Naziherrschaft hinter sich lassen und Wiedergutmachung leisten zu können, vereinigte die Menschen in ihrer Einstellung zum Antifaschismus und im Glauben an eine bessere, friedlichere Zukunft. Doch wurde der vorgeschriebene Antifaschismus immer mehr auch zum Deckmantel für die politisch-diktatorische Entwicklung. Die unglückselige enge Anbindung an die Sowjetunion verhinderte einen erfolgreicheren deutschen Weg, weil die DDR bis zum Schluss eine sowjetische Exklave auf deutschem Gebiet blieb. Die Menschen haben sich dort eingerichtet mit ihrem Leben, haben sich Wünsche und Träume erfüllt, haben sich Aufgaben gestellt, sind ihren Weg gegangen. Und dabei ist jeder Weg ein anderer geworden: der eine hat das System aus vollster Überzeugung getragen - mit allen Fehlern und Mängeln, hat um seine Ideale gekämpft; der eine hat das System als Sprungbrett für die eigene Karriere missbraucht, ohne Rücksicht auf andere und ohne Rücksicht auf Ideale; andere wiederum sind im System angeeckt, haben aufbegehrt und damit die Arbeiter- und Bauern*macht* zu spüren bekommen; die meisten aber haben sich ins System eingefügt, einiges mitgemacht, anderes abgelehnt. Jeder hatte seine Gründe, warum er gerade den einen oder den anderen Weg wählte, die meisten würden ihn wahrscheinlich wieder so gehen, andere nicht. Es darf daher nicht Sinn und Zweck einer geschichtlichen Aufarbeitung sein, das Verhalten des einen oder anderen zu kritisieren und ihn an den Pranger zu stellen. Die Geschichte muss uns anhalten, daraus Lehren zu ziehen und diese an die folgende Generation weiterzugeben. Nur so kann man verhindern, dass diktatorische Systeme - gleich welcher Art - (wieder) eine Existenzberechtigung erlangen.

Anlage A

Zeitstrahl zur Verdeutlichung der Entwicklung einer sozialistischen Rechtstheorie

Jahr	Ereignis	Auswirkungen
		- Religionskritik als Vorläufer marxistischer Ideen
1861	Arbeiten von Lassalle	- Theorie der erworbenen Rechte
1875	Arbeiten von Marx	- Erkenntnisse des historischen Materialismus - Überbautheorie als Ergebnis der Auseinandersetzung mit dem historischen Materialismus - Klassencharakter des Rechts - Historische Bedingtheit der Rechtsform
	Arbeiten von Engels	- Vertiefung der Erkenntnisse Marx′
1886	Arbeiten von Menger	- Grundidee des Sozialismus unter juristischem Blickwinkel
Ab 1917	Arbeiten von Lenin	- Festlegung der Rolle der Partei - Verstärkung der Agitation und Propaganda - Analyse der russischen Verhältnisse
1917/18	Große Sozialistische Oktoberrevolution	- Aufgabe war die Zerstörung der alten und der Aufbau einer neuen Ordnung - Schaffung einer Verfassung 1918 - Einführung der allgemeinen Arbeitspflicht, Abschaffung des Arbeitsvertrages

1919	Werke von Stutschka	- Konkretisierung der Überbautheorie - Anwendung marx. Erkenntnisse auf die tatsächlichen sowjetischen Verhältnisse
1918 bis 1920	Linkskommunistisch-ökonomisches System des Kriegskommunismus als Zerstörung der alten Ordnung Beginn des Rechtsnihilismus	- Hoheitlich-staatliche Wirtschaftsordnung - Abschaffung des vorrevolutionären (feudalen) Rechts - 1. Definition des Rechtsbegriffs - Abschaffung des Erbrechts - Einführung eines Scheidungsrechts - Ziel ist die Abschaffung des Warenverkehrs und des Geldäquivalent
ab 1921	Beginn der NÖP (Neue Ökonomische Politik) Unterbrechung der Zeit des Rechtsnihilismus´	- schärfere juristische Konturierung mit Anlehnung an den bürgerlichen Rechtsbegriff (Bemühungen um Bestimmtheit, Vorhersehbarkeit, Abstraktion und Gleichheit der Adressaten)
1922	Werke von Gojchbarg	- Versuch der Begründung einer Rechtstheorie
1924	Werke von Paschukanis	- Recht als Produkt des Warenaustausches
1924	Schaffung einer Unionsverfassung nach Gründung der UdSSR	
1929/30	gewaltsame Durchsetzung des soz. Wirtschaftsmodells	- Entkulakisierung
1931	Abschaffung der NEP	
von 1931 bis 1936	Phase des Rechtsnihilismus	- Politik und Agitation als Ersatz für Rechtsnormen - Forderung nach Abschaffung der Rechtsfakultäten, da man vom Absterben des Rechts ausging
1931	Werke von Paschukanis	- Anerkennung eines eigenen soz. Rechts

1936	Beginn der Alleinherrschaft Stalins Beendigung der rechtsnihilistischen Einstellung	- Planwirtschaft - Kollektivierung - Lehre von der Verschärfung des Klassenkampfes - Verklammerung von Staat und Recht - Forderung nach soz. Gesetzlichkeit
1937	Werke von Wyschinski	- Definition eines Rechtsbegriffs
1945	Beendigung des 2. WK	- Höhepunkt des stalinistischen Terrors mit fast vollständiger Beseitigung der Opposition
1945 (DDR)	Beendigung des 2. WK	- Beginn der Schaffung einer antifaschistisch-demokratischen Ordnung durch verschiedene Maßnahmen: - Bodenreform - Enteignungen - Beseitigung faschistischer Strafgesetze - Erlass verschiedener Strafgesetze - Verurteilungen von Kriegsverbrechern, Nationalisten, Militaristen
1949 (DDR)	Verfassung der DDR	- Verfassung als Kompromiss von bürgerlich-demokratischen Elementen und sozialistischen Entwicklungstendenzen - Erlass wirtschaftspolitischer Gesetze
1952 (DDR)	Einleitung des Aufbaus des Sozialismus durch die 2. Parteikonferenz der SED	- Gesetz zum Schutze des Volkseigentums - Beginn der Kollektivierung
1953	Aufstand von 17. Juni	- Erschütterung des Systems - Verlangsamung beim soz. Aufbau
1956	Beginn der Entstalinisierung	- Verurteilung des Personenkultes um Stalin durch Chruschtschow

1956 (DDR)	Entstalinisierungsversuche in der DDR	- Formierung einer Opposition - Babelsberger Konferenz und leichte Kursänderung - Zerschlagung der Opposition
1957 (DDR)		- Erlass des Strafrechtsergänzungsgesetzes
1959/60 (DDR)	Durchsetzung des Aufbaus des Sozialismus	- Planwirtschaft - Wirtschaftspolitische Maßnahmegesetze - Zwangskollektivierung der Landwirtschaft
1961	Beginn einer neuen Phase zum Aufbau des Kommunismus	- Befestigung und Sicherung der Grenzanlagen - Ringen um Anerkennung und Souveränität

Anlage B.1

Übersicht über 288[1] Strafverfahren bei der Bezirksstaatsanwaltschaft Erfurt von 1952

a) Anklage nach Art. 6 VerfDDR

Gesamtzahl	Einstellung gemäß § 153 StPO	Sonstige Erledigung	Freispruch	Verurteilung
14	0	2	3	9

b) Anklage nach KRD 38:

Gesamtzahl	Einstellung gemäß § 153 StPO	Sonstige Erledigung	Freispruch	Verurteilung
107	9	13	14	71

c) Anklage nach Art. 6 VerfDDR iVm. KRD 38

Gesamtzahl	Einstellung gemäß § 153 StPO	Sonstige Erledigung	Freispruch	Verurteilung
167	17	11	4	135

[1] Aufgrund der geringen Anzahl der registrierten Strafverfahren konnte eine Übersicht erstellt werden, in der auch die Erledigungen zahlenmäßig aufgeschlüsselt wurde. Von einer Übersicht über die Verurteilung wegen anderer Delikte wurde abgesehen, da diesbezüglich keine verlässlichen Angaben gemacht wurden. Eine sorgfältige Aufschlüsselung ist nur bei so genannten Staatsschutzdelikten ersichtlich gewesen.

d) Strafmaß bei den 9 Verurteilungen nach Art. 6 VerfDDR im Jahre 1952:

Bis 1 Jahr Gefängnis	1-2 Jahre Gefängnis	3-4 Jahre Zuchthaus	6 Jahre Zuchthaus
1	2	5	1

e) Strafmaß bei den 69[2] Verurteilungen nach KRD 38 im Jahre 1952:

Bis 2 Jahre Zuchthaus	2-3 Jahre Zuchthaus	3-5 Jahre Zuchthaus	5-7 Jahre Zuchthaus	7-10 Jahre Zuchthaus
18	7	9	0	1

10-12 Jahre Zuchthaus	Über 12 Jahre Zuchthaus	Bis 2 Jahre Gefängnis	Über 2 Jahre Gefängnis
0	0	31	3

f) Strafmaß bei den 133[3] Verurteilungen nach Art. 6 VerfDDR iVm KRD 38 im Jahre 1952:

Bis 2 Jahre Zuchthaus	2-3 Jahre Zuchthaus	3-5 Jahre Zuchthaus	5-7 Jahre Zuchthaus	7-10 Jahre Zuchthaus
21	15	23	10	25

10-12 Jahre Zuchthaus	Über 12 Jahre Zuchthaus	Bis 2 Jahre Gefängnis	Über 2 Jahre Gefängnis
3	4	28	4

[2] Bei 2 Urteilen wurden die Angeklagten nicht zu einer Haftstrafe verurteilt, sondern für 2 Jahre in eine Heilanstalt eingewiesen.
[3] Bei 2 Urteilen fehlten das Vollstreckungszeichen und das Strafmaß.

Anlage B.2

Übersicht über Strafverfahren bei der Bezirksstaatsanwaltschaft Erfurt von 1953

a) Verurteilung nach Art. 6 VerfDDR

Gesamtzahl	Einstellung gemäß § 153 StPO	Sonstige Erledigung	Freispruch	Verurteilung
17	-	-	2	15

b) Verurteilung nach KRD 38:

Gesamtzahl	Einstellung gemäß § 153 StPO	Sonstige Erledigung	Freispruch	Verurteilung
47	-	-	1	46

c) Verurteilung nach Art. 6 VerfDDR iVm. KRD 38

Gesamtzahl	Einstellung gemäß § 153 StPO	Sonstige Erledigung	Freispruch	Verurteilung
237	-	-	10	227

d) Verurteilung wegen anderer Delikte

Von 430 registrierten Strafverfahren im Jahre 1953 erfolgte in ca. 69 % der Fälle eine Anklage wegen Art. 6; KRD 38 oder Art. 6 iVm. KRD 38. Die verbleibenden Anklagen beruhten zum größten Teil auf Verstöße gegen den Befehl Nr. 2 und auf den Widerstand gegen die Staatsgewalt.

e) Strafrahmen bei den 15 Verurteilungen nach Art. 6 VerfDDR im Jahre 1953:

Bis 2 Jahre Zuchthaus	**2-3 Jahre Zuchthaus**	**3-5 Jahre Zuchthaus**	**5-7 Jahre Zuchthaus**	**7-10 Jahre Zuchthaus**
2	2	5	3	1

10-12 Jahre Zuchthaus	**Über 12 Jahre Zuchthaus**	**Bis 2 Jahre Gefängnis**	**Über 2 Jahre Gefängnis**
0	0	1	1

f) Strafrahmen bei den 46[4] Verurteilungen nach KRD 38 im Jahre 1953:

Bis 2 Jahre Zuchthaus	**2-3 Jahre Zuchthaus**	**3-5 Jahre Zuchthaus**	**5-7 Jahre Zuchthaus**	**7-10 Jahre Zuchthaus**
2	3	5	1	0

10-12 Jahre Zuchthaus	**Über 12 Jahre Zuchthaus**	**Bis 2 Jahre Gefängnis**	**Über 2 Jahre Gefängnis**
0	0	23	9

[4] In 3 Urteilen wurden die Angeklagten in eine Heilanstalt eingewiesen.

g) Strafrahmen bei den 227[5] Verurteilungen nach Art. 6 VerfDDR iVm KRD 38 im Jahre 1953:

Bis 2 Jahre Zuchthaus	**2-3 Jahre Zuchthaus**	**3-5 Jahre Zuchthaus**	**5-7 Jahre Zuchthaus**	**7-10 Jahre Zuchthaus**
37	41	55	26	20

10-12 Jahre Zuchthaus	**Über 12 Jahre Zuchthaus**	**Bis 2 Jahre Gefängnis**	**Über 2 Jahre Gefängnis**
7	9	28	4

[5] Durch Gnadenerlasse wurden folgende Strafmaße geändert: 2x lebenslange Freiheitsstrafe auf 15 Jahre Zuchthaus, 1x 15 Jahre auf 10 Jahre Zuchthaus, 1x 12 Jahre Zuchthaus auf 8 Jahre Zuchthaus, 1x 13 Jahre Zuchthaus auf 6 Jahre Zuchthaus.

Anlage B.3.

<u>Übersicht über Strafverfahren bei der Bezirksstaatsanwaltschaft Erfurt von 1954 in Bezug auf Verurteilungen nach Art. 6 VerfDDR und KRD 38</u>

Von 407 registrierten Strafverfahren waren 103 Verfahren nach Art. 6 VerfDDR und KRD, was ca. 25 % ausmacht. Das dabei verhängte Strafmaß sah folgendermaßen aus:

Bis 2 Jahre Zuchthaus	2-5 Jahre Zuchthaus	3-7 Jahre Zuchthaus	7-10 Jahre Zuchthaus
19	33	12	4

10-12 Jahre Zuchthaus	über 12 Jahre Zuchthaus	Bis 2 Jahre Gefängnis	Über 2 Jahre Gefängnis
10	2	22	1

Anlage B.4.

<u>Übersicht über Strafverfahren bei der Bezirksstaatsanwaltschaft Erfurt von 1955 in Bezug auf Verurteilungen nach Art. 6 VerfDDR und KRD 38</u>

Von ca. 380 registrierten Strafverfahren 1955 waren 232 solche, denen eine Verurteilung nach Art. 6 und/oder KRD 38 folgte.

Bis 2 Jahre Zuchthaus	2-5 Jahre Zuchthaus	3-7 Jahre Zuchthaus	7-10 Jahre Zuchthaus
41	97	18	13

10-12 Jahre Zuchthaus	über 12 Jahre Zuchthaus	Bis 2 Jahre Gefängnis
10	8	45

Anlage C

Übersicht über die Straftaten gegen das sozialistische Eigentum und das private Eigentum im Bezirk Frankfurt (Oder) von 1976-1988[6]

a) Straftaten gegen das sozialistische Eigentum von 1976-1988 jeweils im Verhältnis zu den Straftaten insgesamt

1976	1977	1978	1979	1980	1981	1982	1983
1625	1532	1688	1481	1504	1300	1166	1398
6874	6137	6669	7039	7009	7215	6427	6352

1984	1985	1986	1987	1988
1404	1264	1338	1272	1249
6255	5738	5651	5492	5472

b) Straftaten gegen das persönliche und private Eigentum von 1976-1988 jeweils im Verhältnis zu den Straftaten insgesamt

1976	1977	1978	1979	1980	1981	1982	1983
2045	1906	1894	1825	1759	1732	1528	1623
6874	6137	6669	7039	7009	7215	6427	6352

1984	1985	1986	1987	1988
1527	1468	1520	1414	1428
6255	5738	5651	5492	5472

6 Hauptergebnisse der Kriminalitätsstatistik für die Jahre 1976-1988 für den Bezirk Frankfurt (Oder), BStU FF/O, F Bdl 2993/2990/3597/3599/3939/3600.

Anlage D.1.

Auszug aus dem Gesetz zum Schutze des Volkseigentums

§ 1
I. Diebstahl, Unterschlagung oder ein sonstiges Beiseiteschaffen von staatlichem oder genossenschaftlichem Eigentum oder von Eigentum gesellschaftlicher Organisationen werden mit Zuchthaus von einem bis zu fünf Jahren bestraft.
II. Ebenso wird der Betrug zum Nachteil von staatlichem oder genossenschaftlichem Eigentum oder von Eigentum gesellschaftlicher Organisationen bestraft.

§ 2
I. Urkundenfälschung oder Untreue zum Nachteil von staatlichem oder genossenschaftlichem Eigentum oder von Eigentum gesellschaftlicher Organisationen wird mit Zuchthaus von drei bis fünfzehn Jahren bestraft.
II. Auf die gleichen Strafen ist zu erkennen, wenn
a) der Täter wegen eines Verbrechens gegen gesellschaftliches Eigentum vorbestraft ist,
b) die Verbrechen des § 1 durch eine Gruppe von Personen oder mehrfach begangen worden sind,
c) die Verbrechen des § 1 unter Anwendung von Gewalt oder Diebeswerkzeugen begangen worden sind.

§ 3
Ist durch ein Verbrechen nach § 1 oder § 2 ein besonders großer Schaden verursacht oder sind dadurch Werte betroffen, welche für eine besondere wichtige Aufgabe bestimmt waren, oder liegen andere besondere erschwerende Umstände vor, so ist auf Zuchthaus von zehn bis fünfundzwanzig Jahren und Vermögenseinziehung zu erkennen.

§ 4
Wer es unterläßt, ein glaubwürdig bekanntgewordenes, in Vorbereitung befindliches oder begangenes Verbrechen nach § 2 oder § 3 der Volkspolizei, den Organen der Staatssicherheit oder dem Staatsanwalt anzuzeigen, wird mit Gefängnis von sechs Monaten bis zu drei Jahren bestraft.

Anlage D.2.

Auszug aus der Wirtschaftsstrafverordnung

Um die Grundlagen der neuen demokratischen Wirtschaftsordnung zu festigen, das Verantwortungsbewußtsein des für die Wiederherstellung und Entwicklung der Friedenswirtschaft tätigen Volkes zu erhöhen und um die bisher bei der Verfolgung von Verstößen gegen die Wirtschaftsordnung noch angewandten Strafgesetze durch eine einheitliche, dem Geiste der demokratischen Wirtschaft entsprechende Strafgesetzgebung zu ersetzen, hat die Deutsche Wirtschaftskommission in ihrer Vollsitzung vom 23. September 1948 im Einvernehmen mit der Deutschen Justizverwaltung nachstehende Verordnung beschlossen:

I. Abschnitt

Die Verstöße gegen die Wirtschaftsordnung und ihre Bestrafung

§ 1

(1) Wer die Durchführung der Wirtschaftsplanung und die Versorgung der Bevölkerung dadurch gefährdet, daß er vorsätzlich

1. entgegen einer für ihn verbindlichen Anordnung einer Dienststelle der Wirtschaftsverwaltung die Herstellung, Gewinnung, Verarbeitung, Bearbeitung, Beförderung oder Lagerung von Rohstoffen oder Erzeugnissen ganz oder teilweise unterläßt oder fehlerhaft vornimmt,
2. Gegenstände, die wirtschaftlichen Leistungen zu dienen bestimmt sind, ihrem bestimmungsmäßigen Gebrauch entzieht oder ihre Tauglichkeit hierfür mindert,
3. Rohstoffe oder Erzeugnisse entgegen dem ordnungsmäßigen Wirtschaftsablauf vernichtet, beseiteschafft, zurückhält oder im Werte mindert,

wird mit Zuchthaus und mit Vermögenseinziehung bestraft.

(2) Liegt ein minderschwerer Fall vor oder ist die Tat fahrlässig begangen, so ist auf Gefängnis und Geldstrafe oder auf eine dieser Strafe zu erkennen.

§ 2

(1) Mit Gefängnis und mit Geldstrafe oder mit einer dieser Strafen wird bestraft, wer in Ausübung eines Gewerbes oder Berufes vorsätzlich ohne Genehmigung einer dazu ermächtigten Dienststelle der Wirtschaftsverwaltung

1. für die Bevorzugung eines anderen bei der Lieferung von Waren oder bei Leistungen eine Tauschware oder einen sonstigen Vorteil fordert oder sich oder einem anderen versprechen oder gewähren läßt,
2. die Lieferung einer Tauschware oder einen sonstigen Vorteil anbietet, verspricht oder gewährt oder durch einen anderen anbieten, versprechen oder gewähren läßt, um sich oder einem anderen Waren oder Leistungen bevorzugt zu verschaffen.

(2) In schweren Fällen ist die Strafe Zuchthausstrafe bis zu zehn Jahren, neben dem auf Geldstrafe erkennt werden.

§ 3

(1)Mit Gefängnis und mit Geldstrafe oder mit einer dieser Strafen wird bestraft, wer vorsätzlich

1. Bescheinigungen über Bezugsberechtigung oder eine Veräußerungsberechtigung oder beweiserhebliche Vordrucke hierfür beseiteschafft, zurückhält, nachmacht oder verfälscht
2. nachgemachte oder verfälschte Bescheinigungen oder Vordrucke dieser Art in den Verkehr bringt oder sich verschafft,
3. durch unrichtige unvollständige oder irreführende Angaben die Genehmigung, Bewilligung oder Unterstützung einer Dienststelle der Wirtschaftsverwaltung für die Erlangung oder Verwendung von Sachen oder die Ausübung einer Tätigkeit erschleicht.

(2) In schweren Fällen ist die Strafe Zuchthausstrafe bis zu zehn Jahren, neben dem auf Geldstrafe erkannt werden kann.

§ 4

(1) Mit Gefängnis und mit Geldstrafe oder mit einer dieser Strafen wird bestraft, wer in Ausübung eines Gewerbes oder Berufes vorsätzlich oder fahrlässig

1. bewirtschaftete Rohstoffe oder Erzeugnisse ohne Bezugsberechtigung (z.B. Bezugskarten, Bezugsscheine, Eintragungen in die Kundenliste, Lieferanweisungen) bezieht oder abgibt oder einem Bezugsberechtigten bewirtschaftete Rohstoffe oder Erzeugnisse, zu deren Abgabe er verpflichtet ist, vorenthält,
2. eine ihm nicht zustehende Bezugsberechtigung sich verschafft, für sich ausnutzt oder die Verfügung über eine Bezugsberechtigung einem anderen überläßt,
3. Gegenstände, deren Erlangung oder Verwendung ihm oder einem anderen durch eine Genehmigung, Bewilligung oder Unterstützung einer Dienststelle

der Wirtschaftsverwaltung ermöglicht worden ist, für einen anderen als den angegebenen oder vorgesehenen Zweck oder entgegen Auflagen oder Bestimmungen der Dienststelle verwendet.

(2) Ist die Tat vorsätzlich begangen, so ist in schweren Fällen die Strafe Zuchthausstrafe bis zu zehn Jahren, neben dem auf Geldstrafe erkannt werden kann.

§ 5

(1) Mit Gefängnis bis zu zwei Jahren und mit Geldstrafe oder mit einer dieser Strafen wird bestraft, wer, ohne in Ausübung eines Gewerbes oder Berufes zu handeln, vorsätzlich oder fahrlässig

1. bewirtschaftete Rohstoffe oder Erzeugnisse ohne Bezugsberechtigung bezieht, eine ihm nicht zustehende Bezugsberechtigung für sich ausnutzt oder die Verfügung über eine Bezugsberechtigung sich gegen Entgelt verschafft oder in der Absicht, sich zu bereichern, einem anderen überläßt,
2. eine nach § 4 Abs. 1 Ziffer 3 strafbare Handlung begeht.

(2) Ebenso wird bestraft, wer bewirtschaftete Erzeugnisse dem eigenen Betrieb entnimmt, ohne hierzu berechtigt zu sein.

(3) In leichteren Fällen kann auf Haft oder auf Geldstrafe bis zu 150 DM erkannt werden.

§ 6

(1)Mit Gefängnis und mit Geldstrafe oder mit einer dieser Strafen wird bestraft, wer vorsätzlich oder fahrlässig

1. die von einer Dienststelle der Wirtschaftsverwaltung im Rahmen ihrer Ermächtigung geforderten Auskünfte über wirtschaftliche Verhältnisse oder Vorgänge nicht oder nicht in der bestimmten Frist oder unrichtig, unvollständig oder irreführend gestaltet,
2. die von einer Dienststelle der Wirtschaftsverwaltung im Rahmen ihrer Ermächtigung geforderte Besichtigung von Betriebseinrichtungen oder Räumen oder Einsichtsnahmen in die Geschäftsbücher oder Geschäftspapiere verweigert, vereitelt oder erschwert,
3. als Inhaber, Leiter oder Angestellter eines Betriebes entgegen einer Betriebsvereinbarung, einem Tarifvertrag oder einer sonstigen rechtlichen Verpflichtung die Unterrichtung des Betriebsrates oder der Betriebsgewerkschaftsleitung über bedeutsame wirtschaftliche Verhältnisse oder Vorgänge des Betriebes verweigert, vereitelt oder erschwert.

(2) Ist die Tat vorsätzlich begangen, so ist in schweren Fällen die Strafe Zuchthaus bis zu zehn Jahren, neben dem auf Geldstrafe erkannt werden kann.

§ 7

(1) Mit Gefängnis und mit Geldstrafe oder mit einer dieser Strafen wird bestraft, wer

1. vorsätzlich unrichtige, unvollständige oder irreführende Angaben über Verhältnisse oder Vorgänge macht, die für die Wirtschaft bedeutsam sind, und dadurch mittelbar oder unmittelbar die Anordnungen oder Entschließungen der Wirtschaftsverwaltung beeinflußt,
2. vorsätzlich oder fahrlässig als Angestellter oder Helfer einer Dienststelle der Wirtschaftsverwaltung den Wirtschaftsablauf dadurch erheblich stört, daß er Anordnungen der Wirtschaftsverwaltung nicht oder falsch ausführt oder Ausführungen vereitelt oder erschwert.

(2) Ist die Tat vorsätzlich begangen, so ist in schweren Fällen die Strafe Zuchthaus bis zu zehn Jahren, neben dem auf Geldstrafe erkannt werden kann.

§ 8

(1) Mit Gefängnis und mit Geldstrafe oder mit einer dieser Strafen wird bestraft, wer vorsätzlich

1. für die Handlungen oder Unterlassungen eines Angestellten oder Helfers einer Dienststelle der Wirtschaftsverwaltung, die zu dessen Obliegenheiten gehört oder diese verletzt, Geschenke oder andere Vorteile anbietet, verspricht oder gewährt oder gewähren läßt,
2. als Angestellter oder Helfer einer Dienststelle der Wirtschaftsverwaltung für eine zu seinen Obliegenheiten gehörende oder diese verletzende Handlung oder Unterlassung Geschenke oder andere Vorteile annimmt oder durch einen anderen annehmen läßt, fordert oder durch einen anderen fordern läßt oder sich oder einem anderen versprechen läßt,
3. die als Angestellter oder Helfer einer Dienststelle der Wirtschaftsverwaltung erlangten Kenntnisse über Einrichtungen oder Maßnahmen der Verwaltung dazu mißbraucht, sich oder einem anderen einen Vermögensvorteil zu verschaffen oder einem anderen Schaden zuzufügen,
4. als Angestellter oder Helfer einer Dienststelle der Wirtschaftsverwaltung persönliche Verhältnisse, Geschäfts- oder Betriebsgeheimnisse eines Dritten, die infolge seiner Tätigkeit zu seiner Kenntnisse gelangt sind, unbefugt offenbart oder ausnutzt.

(2) In schweren Fällen ist die Strafe Zuchthaus bis zu zehn Jahren, neben dem auf Geldstrafe erkannt werden kann.

§ 9

(1) Mit Gefängnis und mit Geldstrafe oder mit einer dieser Strafen wird bestraft, wer vorsätzlich oder fahrlässig wirtschaftsregelnden Gesetzen, Verordnungen oder Anordnungen einer Dienststelle der Wirtschaftsverwaltung zuwiderhandelt, wenn das Gesetz, die Verordnung oder Anordnung ausdrücklich auf diese Verordnung Bezug nimmt und die Dienststelle zum Erlaß derartiger Bestimmungen gesetzlich ermächtigt war.

(2) Ist die Tat vorsätzlich begangen, so ist in schweren Fällen die Strafe Zuchthaus bis zu zehn Jahren, neben dem auf Geldstrafe erkannt werden kann.

(3) Ebenso werden bestraft Zuwiderhandlungen gegen

1. wirtschaftsregelnde Befehle oder Anordnungen der Besatzungsmacht, soweit in ihnen keine anderen Strafbestimmungen enthalten sind,
2. Vorschriften und Lieferverträge zur Durchführung von Anordnungen, die auf diese Verordnung Bezug nehmen.

§ 10

(1) Wird eine Zuwiderhandlung gegen die Vorschriften der §§ 1 bis 4 und 6 bis 9 in einem gewerblichen oder land- und forstwirtschaftlichen Betrieb begangen, so können die in dieser Verordnung außer den Freiheitsstrafen vorgesehenen Strafen auch gegen Inhaber oder Leiter des Geschäftsbetriebes festgesetzt werden, wenn diese nicht nachweisen, daß sie die im Verkehr erforderliche Sorgfalt zur Verhütung der strafbaren Handlung angewendet haben.

(2) Ist Inhaber des Betriebes eine Handelsgesellschaft, eine juristische Person oder eine sonstige Personenvereinigung, so ist der Nachweis an Stelle des Inhabers von den zur gesetzlichen Vertretung befugten Personen zu führen.

§ 11

Als ein schwerer Fall im Sinne dieser Verordnung ist es insbesondere anzusehen, wenn

1. der Täter bereits wegen eines nach dem 8. Mai 1945 begangenen Verstoßes gegen wirtschaftsstrafrechtlichen Bestimmungen mit einer Freiheitsstrafe von mehr als sechs Monaten rechtskräftig bestraft worden ist

und danach abermals vorsätzlich einen erheblichen Verstoß gegen die Wirtschaftsstrafverordnung begangen hat,

2. der Täter vorsätzlich gehandelt und dabei Möglichkeiten mißbraucht hat, die ihm durch besonderes Vertrauen einer Dienststelle der Wirtschaftsverwaltung eröffnet worden sind,
3. der Täter vorsätzlich gehandelt hat und im Wirtschaftsleben oder in der Wirtschaftsverwaltung eine Stellung einnahm, nach der die Bevölkerung von ihm besondere Achtung vor den Anordnungen der Wirtschaftsverwaltung erwartete,
4. die Tat unmittelbar oder mittelbar eine besonders schwere Störung der Wirtschaftsordnung oder eine besonders schwere Beeinträchtigung oder eine besonders schwere Beeinträchtigung der Versorgung der Bevölkerung zur Folge gehabt hat oder haben konnte und der Täter dies voraussah oder voraussehen mußte,
5. der Täter gewerbsmäßig Verstöße gegen die Wirtschaftsordnung begangen hat,
6. die Tat gegen den Bestand oder die Tätigkeit der volkseigenen Betriebe gerichtet war.

Anlage D.3.

Befehl Nr. 201 der SMAD

Aufgrund des Punktes 5 des Abschnitts I der Direktive Nr. 38 des Kontrollrates und den Wünschen der antifaschistischen demokratischen Parteien, die die breite Öffentlichkeit der sowjetischen Besatzungszone darstellen, entgegenkommend, befehle ich:

1. den ehemaligen Mitgliedern der Nazipartei, die sich nicht durch Verbrechen gegen den Frieden und die Sicherheit anderer Völker oder durch Verbrechen gegen das deutsche Volk selbst vergangen haben, wird nicht nur das aktive, sondern auch das passive Wahlrecht gewährt. Die von den deutschen Verwaltungsorganen oder den Organen der Sowjetischen Militärverwaltung der sowjetischen Besatzungszone herausgegebenen Verordnungen, Bestimmungen und Instruktionen über die Beschränkung der politischen und bürgerlichen Rechte oben aufgeführter Art werden aufgehoben.
2. Die deutschen Verwaltungsorgane und Entnazifizierungskommissionen werden verpflichtet, die notwendigen Maßnahmen zu ergreifen, die die Beschleunigung der Durchführung und den Abschluß der Entnazifizierung in der sowjetischen Besatzungszone entsprechend den Direktiven Nr. 24 und Nr. 38 des Kontrollrats und dem vorliegenden Befehl sichern.
3. Die deutschen Gerichtsorgane werden verpflichtet, ihre Aufmerksamkeit darauf zu konzentrieren, daß die Kriegsverbrecher, Mitglieder der verbrecherischen Naziorganisationen und führenden Persönlichkeiten des Hitlerregimes zur gerichtlichen Verantwortung gezogen und ihre Angelegenheiten beschleunigt durchgeführt werden; zugleich ist eine allgemeine gerichtliche Belangung der nominellen, nicht aktiven Mitglieder der Nazipartei nicht zulässig.
4. Die deutschen Verwaltungsorgane werden damit betraut, daß in einer dreimonatigen Frist die ehemaligen aktiven Faschisten und Militaristen von allen öffentlichen und halböffentlichen Posten und den entsprechenden Posten in den wichtigen Privatbetrieben entfernt werden
5. Die deutschen Verwaltungsorgane dürfen keine Beschlagnahmen, Sequestrierungen des Eigentums und Zwangsausweisungen aus Wohnungen ehemaliger Faschisten anders vornehmen als auf Grund von Verfügungen gerichtlicher oder entsprechender Verwaltungsorgane.
6. Entnazifizierungskommissionen werden nur am Sitz der zentralen Verwaltungen der Länder und Kreise sowie in den kreisfreien Städten gebildet. Diesen Kommissionen wird die Prüfung der Fälle übertragen, die mit Verbrechen zusammenhängen, welche von den ehemaligen aktiven Mitglie-

dem der Nazipartei begangen wurden. Die Auswahl des Personalbestandes der neu zu bildenden Entnazifizierungskommissionen wird den örtlichen Organen der deutschen Selbstverwaltung mit anschließender Bestätigung durch die übergeordneten deutschen Verwaltungsorgane und die leitenden Organe der Sowjetischen Militärverwaltung der Länder übertragen. Als Kommissionsmitglieder sind nur diejenigen Personen zuzulassen, die tatsächlich ihre demokratische Überzeugung bewiesen haben und ihre moralischen und politischen Eigenschaften nach fähig sind, eine gerechte Lösung der Fragen zu sichern.

7. Die Prüfung der dem Gericht durch die Entnazifizierungskommissionen, Staatsanwaltschaften oder anderen entsprechenden Organen übergebenen Fälle zur Feststellung der Schuld und zur Bestrafung der Kriegsverbrecher, ehemaligen Nazis, Militaristen, Schieber und Industriellen, welche das Hitlerregime inspirierten und unterstützten, ist von deutschen Gerichten unter Anwendung der in der Direktive 38 des Kontrollrats vorgesehenen Sanktionen durchzuführen. Die Zuständigkeit des Gerichts richtet sich nach dem Aufenthaltsort des Angeklagten. Die Prüfung besonders wichtiger Fälle ist auf Anordnung der entsprechenden Organe der Sowjetischen Militärverwaltung durch Militärgerichte durchzuführen.
8. Alle Fälle von Verbrechen, die in den Direktiven Nr. 24 und Nr. 38 des Kontrollrats angeführt werden, sind den deutschen Untersuchungsbehörden zur Bearbeitung zu übergeben.
9. Die Verantwortung für die Durchführung des vorliegenden Befehls wie auch für die Durchführung der Direktiven Nr. 24 und Nr. 38 des Kontrollrats wird en deutschen Verwaltungen für Inneres und für Justiz und den Länderregierungen der sowjetischen Besatzungszone übertragen. Die allgemeine Kontrolle für die Durchführung des vorliegenden Befehls wird den Verwaltungschefs der Sowjetischen Militärverwaltung der Länder auferlegt.
10. Der Stab der Sowjetischen Militärverwaltung ist beauftragt, Instruktionen zur Anwendung des vorliegenden Befehls herauszugeben.

Anlage D.4.

Gesetz zum Schutze des Friedens

§ 1 Wer andere Völker oder Rassen schmäht, gegen sie hetzt, zum Boykott auffordert, um die friedlichen Beziehungen zwischen den Völkern zu stören und das deutsche Volk in einen neuen Krieg zu verwickeln, wird mit Gefängnis, in schweren Fällen mit Zuchthaus bestraft.

§ 2
I. Wer eine Aggressionshandlung, insbesondere einen Angriffskrieg propagiert oder in sonstiger Weise zum Kriege hetzt, wer Deutsche zur Teilnahme an kriegerischen Handlungen, die der Unterdrückung eines Volkes dienen, anwirbt, verleitet oder aufhetzt, wird mit Gefängnis, in schweren Fällen mit Zuchthaus bestraft.
II. Ebenso wird bestraft, wer Deutsche für die französische Fremdenlegion oder ähnliche ausländische Militärformationen und Söldnertruppen anwirbt oder zum Eintritt in solche verleitet.

§ 3
I. Wer die Wiederaufrichtung des aggressiven deutschen Militarismus und Imperialismus oder die Einbeziehung Deutschlands in einen aggressiven Militärblock propagiert, wird mit Gefängnis, in schweren Fällen mit Zuchthaus bestraft.
II. Ebenso wird bestraft, wer gegen völkerrechtliche Vereinbarungen, welche der Wahrung und Festigung des Friedens, der Entwicklung Deutschlands auf demokratischer und friedlicher Grundlage dienen, hetzt, zum Bruch solcher Vereinbarungen auffordert, um Deutschland in aggressive Kriegshandlungen hineinzuziehen

§ 4 Wer die Verwendung von Atomwaffen oder anderen Massenvernichtungsmitteln, wie Gift, radioaktive, chemische und bakteriologische Mittel, verherrlicht oder propagiert, wird mit Gefängnis, in schweren Fällen mit Zuchthaus bestraft.

§5 Wer im Dienste der Kriegshetze die Bewegung für die Erhaltung und Festigung des Friedens verächtlich macht oder herabwürdigt oder gegen Teilnehmer am Kampf für den Frieden wegen ihrer Tätigkeit hetzt oder sie verfolgen läßt, wird mit Gefängnis, in schweren Fällen mit Zuchthaus bestraft.

§ 6

I. In besonderen Fällen von Verstößen gegen die §§ 1 bis 5 dieses Gesetzes ist die Strafe Zuchthaus nicht unter 5 Jahren oder lebenslängliches Zuchthaus.

II. Ein besonders schwerer Fall liegt insbesondere vor, wenn die Tat in direktem Auftrag von Staaten, deren Dienststellen oder Agenturen begangen wird, welche Kriegshetze oder eine aggressive Politik gegen friedliche Völker betreiben. In solchen Fällen kann auch auf Todesstrafe erkannt werden.

§ 7 Die Vorbereitung oder der Versuch von Straftaten nach den §§ 1 bis 6 dieses Gesetzes ist strafbar.

§8

I. Neben jeder Strafe auf Grund dieses Gesetzes kann auf Geldstrafe in unbegrenzter Höhe erkannt werden.

II. Ferner kann auf völlige oder teilweise Einziehung des Vermögens des Täters erkannt werden. Wird der Täter zum Tode, zu lebenslänglichem Zuchthaus oder zu Zuchthaus nicht unter 5 Jahren verurteilt, so ist auf Einziehung seines gesamten Vermögen zu erkennen.

§ 9

I. Wird der Täter auf Grund dieses Gesetzes zu einer Zuchthausstrafe verurteilt, so ist im Urteil anzuordnen, daß er zeitweise oder dauernd das Recht verliert,

1. im öffentlichen Dienst oder in leitenden Stellen im wirtschaftlichen oder kulturellen Leben tätig zu sein;
2. zu wählen und gewählt zu werden.

II. Wird der Täter zu einer geringeren Strafe verurteilt, so können die Rechtsfolgen des Absatzes 1 angeordnet werden.

§ 10

I. Ein Verfahren wegen Zuwiderhandlungen gegen dieses Gesetz wird nur eröffnet, wenn die Generalstaatsanwaltschaft der Deutschen Demokratischen Republik die Anklage erhebt.

II. Für das Verfahren ist das Oberste Gericht der Deutschen Demokratischen Republik zuständig. Der Generalstaatsanwalt kann die Anklage vor einem anderen Gericht erheben oder den Generalstaatsanwalt eines Landes der Deutschen Demokratischen Republik damit beauftragen.

III. Die Zuständigkeit des Obersten Gerichts der Deutschen Demokratischen Republik ist auch dann gegeben, wenn die Tat von deutschen Staatsbürgern nicht im Gebiet der Deutschen Demokratischen Republik begangen worden ist, auch wenn der Täter im Gebiet der Deutschen Demokratischen Republik keinen Wohnsitz oder gewöhnlichen Aufenthaltsort hat.

Anlage D.5.

Befehl Nr. 1 über die Organisation der militärischen Administration zur Verwaltung der sowjetischen Okkupationszone in Deutschland vom 9. Juni 1945

Hiermit wird zur allgemeinen Kenntnis folgendes bekanntgegeben:

1. Zur Durchführung der Kontrolle über die Erfüllung der Deutschland durch die bedingungslose Kapitulation auferlegten Bedingungen und zur Verwaltung der sowjetischen Okkupationszone in Deutschland wurde die Sowjetische Militärische Administration gebildet.

2. Zum Obersten Chef der Sowjetischen Militärischen Administration wurde ich ernannt. Zum ersten Stellvertreter des Obersten Chefs der Militärischen Administration wurde Armeegeneral W. D. Sokolowski ernannt. Zum Stellvertreter des Obersten Chefs in Sachen der Ziviladministration wurde Generaloberst I. A. Serow ernannt. Zum Stabschef der Sowjetischen Militärischen Administration wurde Generaloberst W. W. Kurasow ernannt.

3. Der Standort der Sowjetischen Militärischen Administration ist die Stadt Berlin.

Befehl Nr. 2 des Obersten Chefs der Sowjetischen Militärischen Administration vom 10. Juni 1945

Am 2. Mai dieses Jahres wurde die Stadt Berlin von den Sowjettruppen besetzt. Die Hitlerarmeen, die Berlin verteidigten, kapitulierten, und einige Tage später unterzeichnete Deutschland die Urkunde über die bedingungslose militärische Kapitulation. Am 5. Juni wurde im Namen der Regierungen der Union der Sozialistischen Sowjetrepubliken, der Vereinigten Staaten von Amerika, Großbritanniens und Frankreichs die Deklaration über die Niederlage Deutschlands und über die Übernahme der höchsten Autorität auf dem ganzen Territorium Deutschlands durch die Regierungen der benannten Länder veröffentlicht. Vom Augenblick der Besetzung Berlins durch die Sowjettruppen an wurde auf dem Gebiet der Sowjetischen Okkupationszone in Deutschland feste Ordnung hergestellt, die städtischen Organe der Selbstverwaltung organisiert und notwendige

Bedingungen für die freie gesellschaftliche und politische Tätigkeit der deutschen Bevölkerung geschaffen.

Zu Vorstehendem BEFEHLE ICH:

1. Auf dem Territorium der Sowjetischen Okkupationsszone in Deutschland ist die Bildung und Tätigkeit aller antifaschistischen Parteien zu erlauben, die sich die endgültige Ausrottung der Überreste des Faschismus und die Festigung der Grundlage der Demokratie und der bürgerlichen Freiheiten in Deutschland und die Entwicklung der Initiative und Selbstbetätigung der breiten Massen der Bevölkerung in dieser Richtung zum Ziel setzen.

2. Der werktätigen Bevölkerung in der Sowjetischen Okkupationsszone in Deutschland ist das Recht zur Vereinigung in freien Gewerkschaften und Organisationen zum Zweck der Wahrung der Interessen und Rechte der Werktätigen zu gewähren. Den gewerkschaftlichen Organisationen und Vereinigungen ist das Recht zu gewähren, Kollektivverträge mit den Arbeitgebern zu schließen sowie Sozialversicherungskassen und anderen Institutionen für gegenseitige Unterstützung, Kultur-, Bildungs- und anderen Aufklärungsanstalten und -organisationen zu bilden.

3. Alle in den Punkten 1 und 2 genannten antifaschistischen Parteiorganisationen und freien Gewerkschaften sollen ihre Vorschriften und Programme der Tätigkeit bei den Organen der städtischen Selbstverwaltung und beim Militärkommandanten registrieren lassen und ihnen gleichzeitig die Listen der Mitglieder ihrer führenden Organe geben.

4. Es wird bestimmt, daß für die ganze Zeit des Okkupationsregimes die Tätigkeit aller in Punkt 1 und Punkt 2 genannten Organisationen unter der Kontrolle der Sowjetischen Militärischen Administration und entsprechend den von ihr gegebenen Instruktionen vor sich gehen wird.

5. Auf Grund des Vorstehenden sind alle faschistischen Gesetze sowie alle faschistischen Beschlüsse, Befehle, Anordnungen, Instruktionen usw. aufzuheben, die die Tätigkeit der antifaschistischen politischen Parteien und freien Gewerkschaften und Organisationen untersagen und gegen demokratische Freiheiten, bürgerliche Rechte und Interessen des deutschen Volkes gerichtet sind.

Anlage E

Die zehn Gebote der sozialistischen Moral[7]

1. Du sollst Dich stets für die internationale Solidarität der Arbeiterklasse und aller Werktätigen sowie für die unverbrüchliche Verbundenheit aller sozialistischen Länder einsetzen.
2. Du sollst Dein Vaterland lieben und stets bereit sein, Deine ganze Kraft und Fähigkeit für die Verteidigung der Arbeiter- und Bauern-Macht einzusetzen.
3. Du sollst helfen, die Ausbeutung des Menschen durch den Menschen zu beseitigen.
4. Du sollst gute Taten für den Sozialismus vollbringen, denn der Sozialismus führt zu einem besseren Leben für alle Werktätigen.
5. Du sollst beim Aufbau des Sozialismus im Geiste der gegenseitigen Hilfe und der kameradschaftlichen Zusammenarbeit handeln, das Kollektiv achten und seine Kritik beherzigen.
6. Du sollst das Volkseigentum schützen und mehren.
7. Du sollst stets nach Verbesserung Deiner Leistungen streben, sparsam sein und die sozialistische Arbeitsdisziplin festigen.
8. Du sollst deine Kinder im Geiste des Friedens und des Sozialismus zu allseitig gebildeten, charakterfesten und körperlich gestählten Menschen erziehen.
9. Du sollst sauber und anständig leben und Deine Familie achten.
10. Du sollst Solidarität mit den um ihre nationale Befreiung kämpfenden und den ihre nationale Unabhängigkeit verteidigenden Völkern üben.

---

[7] *Ulbricht*, Über die Dialektik unseres sozialistischen Aufbaus, S. 185.

Abkürzungsverzeichnis

(verzichtet wurde auf die im Duden verzeichneten, allgemeingebräuchlichen Abkürzungen)

A

AKW	Amt zur Kontrolle des Warenverkehrs
APuZ	Archiv für Politik und Zeitgeschichte
Ast.	Außenstelle
AT	Allgemeiner Teil
AU	Archivierter Untersuchungsvorgang

B

BArch	Bundesarchiv
BDVP	Bezirksleitung der Volkspolizei
BG	Bezirksgericht
BGHSt	Bundesgerichtshof in Strafsachen
BKW	Braunkohlenwerk
BL	Bezirksleitung
BLHA	Brandenburgisches Landeshauptarchiv
BStU	Bundesbeauftragte für die Unterlagen des Staatssicherheitsdienstes der ehemaligen Deutschen Demokratischen Republik

C

CIA	Central Intelligence Agency (US-amerikan. Geheimdienst)
CIC	Counter Intelligence Corps (US-amerikan. militärischer Abwehrdienst)

D

DASR	Deutsche Akademie der Staats- und Rechtswissenschaften „Walter Ulbricht“
DDR	Deutsche Demokratische Republik
d.h.	das heißt
DJV	Deutsche Justizverwaltung

G

GA	Goldammers Archiv
GBl.	Gesetzblatt
GULAG	Glawnoij Uprawlenie Lagrij
GVG	Gerichtsverfassungsgesetz

H

HO	Handelsorganisation
Hrsg.	Herausgeber
HSchG	Gesetz zum Schutz des innerdeutschen Handels

J

JHK	Jahrbuch
JW	Juristische Wochenschrift

K

KJ	Kritische Justiz
KPD	Kommunistische Partei Deutschland
KPdSU	Kommunistische Partei der Sowjetunion
K(r)G	Kreisgericht
KVP	Kasernierte Volkspolizei

L

LEW	Lokomotivbau Elektrotechnische Werke (Hennigsdorf)
LPG	Landwirtschaftliche Produktionsgenossenschaft
LS	Leitsatz des Gerichtes

M

MDI	Ministerium des Inneren
MDR	Monatszeitschrift des Rechts
ME AS	Marx-Engels Ausgewählte Schriften
ME AW	Marx-Engels Ausgewählte Werke
MEW	Marx-Engels Werke
MEZ	Mitteleuropäische Zeit
MWD	Ministerstwo Wnutrennich Del (Nachfolger des NKWD)

N

ND	Neues Deutschland
NJ	Neue Justiz
NJW	Neue Juristische Wochenzeitschrift
NKWD	Narodnyi Komissariat Wnutrennych Del (Volkskommissariat für innere Angelegenheiten in der Sowjetunion)
NS	Nationalsozialismus
NSDAP	Nationalsozialistische Deutsche Arbeiter-partei

O

OG	Oberstes Gericht
OGSt	Oberstes Gericht in Strafsachen

P

PD	Parteidienst
PGH	Produktionsgenossenschaft des Handels
PKK	Parteikontrollkommission

R

RIAS	Rundfunk im amerikanischen Sektor
Rl	Richtlinie
ROW	Recht in Ost und West

S

SAPMO	Stiftung Archiv der Parteien und Massenorganisationen der DDR
SD	Sicherheitsdienst
SED	Sozialistische Einheitspartei Deutschland
SKK	Sowjetische Kontrollkommission
SMAD	Sowjetische Militäradministration in Deutschland
SMT	Sowjetisches Militärtribunal
StEG	Strafrechtsergänzungsgesetz
StPO	Strafprozessordnung
StuR	Zeitschrift für Staat und Recht

U

UaS	Unrecht als System

V

VEB	Volkseigener Betrieb
VESchG	Gesetz zum Schutz des Volkseigentum
VfZ	Vierteljahreshefte für Zeitgeschichte
VPI	Volkspolizeiinspektion

Z

ZfG	Zeitschrift für Geschichtswissenschaft
zit.	zitiert
ZK	Zentralkomitee
ZRP	Zeitschrift für Rechtspolitik
ZVOBl.	Zentrale Verordnungsblätter

Literaturverzeichnis

A

Abendroth, W., Die Justizreform in der Sowjetzone Deutschlands, in: Europa-Archiv 1948, 1539.

Ahbe, Thomas, Deutsche Eliten und deutsche Umbrüche. Erfolg und Verschwinden verschiedener deutscher Elite-Gruppen und deren Wertepositionen, in: DeutschlandArchiv 2003, 191.

Akademie für Staats- und Rechtswissenschaften der DDR (Hrsg.), Strafrecht, Allgemeiner Teil, Lehrbuch, Berlin (Staatsverlag) 1976.

Albrecht, Günter (Hrsg.), Dokumente zur Staatsordnung der Deutschen demokratischen Republik, Band 1, Berlin (Deutscher Zentralverlag) 1959.

Alexy, Robert, Walter Ulbrichts Rechtsbegriff, aus: *Eckert*, Jörn (Hrsg.), Die Babelsberger Konferenz vom 2./3. April 1958. Rechtshistorisches Kolloquium 13.-16 Februar 1992. Christian-Albrechts-Universität zu Kiel. Baden-Baden (Nomos Verlag) 1993, S. 191.

Ambos, Kai, Straflosigkeit von Menschenrechtsverletzungen. Zur „impunidad" in südamerikanischen Ländern aus völkerstrafrechtlicher Sicht, Freiburg/br. (ed iuscrim-Verlag) 1997.

Ambos, Kai, Zur strafbefreienden Wirkung des „Handelns auf Befehl" aus deutscher und völkerstrafrechtlicher Sicht, in: JR 1998, 221.

Ammer, Vera, Kommunismus – Utopie und Wirklichkeit. Eine Tagung in Berlin, in: DeutschlandArchiv 2001, 129.

Ammer, Thomas, Strukturen der Macht – Die Funktionäre im SED-Staat, aus: *Weber*, Jürgen (Hrsg.), Der SED-Staat. Neues über eine vergangene Diktatur, München (OLZOG Verlag) 1994, S. 5.

Ammer, Thomas, Anmerkungen zu den Methoden des MfS in politischen Strafverfahren, aus: *Baumann*, Ulrich/ *Kury*, Helmut (Hrsg.), Politisch motivierte Verfolgung: Opfer von SED-Unrecht, Freiburg/Br. (ed iuscrim-Verlag), 1998, S. 75.

Amos, Heike, „Kaderpolitik" in der Justizverwaltung der SBZ/DDR (1945-1953), Leipzig (Leipziger Universitätsverlag), 1996.

Amos, Heike, Kommunistische Personalpolitik in der Justizverwaltung der SBZ/DDR (1945-1953). Vom liberalen Justizfachmann Eugen Schiffer über den Parteifunktionär Max Fechner zur kommunistischen Juristin Hilde Benjamin, aus: *Bender*, Gerd/ *Falk*, Ulrich (Hrsg.): Analysen zur Normdurchsetzung in osteuropäischen Nachkriegsgesellschaften (1944/45-1989), Justizpolitik, Band 2, Frankfurt/M. (Klostermann Verlag) 1999, S. 109.

Anders, Helmut, Die Demokratisierung der Justiz beim Aufbau der antifaschistisch-demokratischen Ordnung 1945 bis 1949, in: Jahrbuch für Zeitgeschichte 1973, 385.

Andrejew, Igor/ Sawicki, Jerzy, Die gesellschaftliche Gefährlichkeit und die Rechtswidrigkeit – zwei Elemente des Verbrechens in Volkspolen, in: NJ 1951, 202.

Arlt, Reiner, Zu einigen Grundfragen der marxistisch-leninistischen Rechtstheorie in der DDR, in: StuR 1969, 1419.

Arnold, Jörg, Strafgesetzgebung und –rechtsprechung als Mittel der Politik in der DDR, aus: *Arnold*, Jörg/ *Keppler*, Birte (Hrsg.), Die Normalität des Strafrechts der DDR, Freiburg/Br. (ed iuscrim-Verlag) 1995/96, S. 63.

Artzt, Werner, Zu einigen Fragen der sozialistischen Gesetzlichkeit in der Deutschen Demokratischen Republik, in: NJ 1956, 581.

B

Baade, Hans, Ist Art. 6 II Verf. DDR als Strafgesetz wirksam? Eine Auseinandersetzung mit Reinhart Maurach, in: ROW 1959, 11.

Bachem, Rolf, Einführung in die Analyse politischer Texte, München (Oldenbourg Verlag) 1979.

Backhaus, Jan Erik, Volksrichterkarrieren in der DDR, Frankfurt/M. (Lang Verlag) 1999.

Badstübner, Rolf/ **Loth**, Wilfried, Wilhelm Pieck – Aufzeichnungen zur Deutschlandpolitik 1945-1953, Berlin (Akademie Verlag) 1994.

Baer, Andrea, Rechtsquellen der DDR – Steuerung auf der normativ-symbolischen Ebene, aus: *Rottleuthner*, Hubert (Hrsg.), Steuerung der Justiz in der DDR. Einflussnahme der Politik auf Richter, Staatsanwälte und Rechtsanwälte, Köln (Bundesanzeiger) 1994, S. 67.

Baer, Andrea, Die Unabhängigkeit der Richter in der Bundesrepublik und in der DDR, Berlin (Berlin Verlag) 1999.

Bästlein, Klaus, „Nazi-Blutrichter als Stützen des Adenauer-Regimes". Die DDR-Kampagnen gegen NS-Richter und –Staatsanwälte, die Reaktionen der bundesdeutschen Justiz und ihre gescheiterte „Selbstreinigung" 1957-1968, aus: *Bästlein*, Klaus/ *Rosskopf*, Annette/ *Werkentin*, Falco (Hrsg.), Beiträge zur juristischen Zeitgeschichte der DDR, Berlin 2000, S. 52.

Bästlein, Klaus, Der Nürnberger Juristenprozeß und seine Rezeption in Deutschland, aus: *Peschel-Gutzeit*, Lore Maria (Hrsg.), Das Nürnberger Juristen-Urteil von 1947. Historischer Zusammenhang und aktuelle Bezüge, Baden-Baden (Nomos-Verlag) 1996, S. 9.

Baumann, M./ **Görner**, K./ **Keil**, H., Leitfaden für Schöffen, Berlin (Staatsverlag) 1966.

Becker, Astrid, Der Tatbestand des Verbrechens gegen die Menschlichkeit, Berlin (Duncker & Humblot) 1996.

Beckert, Rudi, Die erste und letzte Instanz. Schau- und Geheimprozesse vor dem Obersten Gericht der DDR, Goldbach (Keip Verlag), 1995.

Beckert, Rudi, Max Fechner (1892-1973), NJ 2003, 454.

Behlert, Wolfgang, Die Generalstaatsanwaltschaft, aus: *Rottleuthner*, Hubert (Hrsg.), Steuerung der Justiz in der DDR. Einflussnahme der Politik auf Richter, Staatsanwälte und Rechtsanwälte, Köln (Bundesanzeiger) 1994, S. 287.

Benjamin, Hilde (Hrsg.), Zur Geschichte der Rechtspflege der DDR 1945-1949, Berlin (Staatsverlag) 1976.

Benjamin, Hilde (Hrsg.), Zur Geschichte der Rechtspflege der DDR 1949-1961, Berlin (Staatsverlag) 1980.

Benjamin, Hilde, Grundsätzliches zur Methode und zum Inhalt der Rechtsprechung, in: NJ 1951, 150.

Benjamin, Hilde, Fragen der Verteidigung und des Verteidigers, in: NJ 1951, 51.

Benjamin, Hilde, Objekt und Gegenstand in unserer Rechtsprechung, in: NJ 1951, 538.

Benjamin, Hilde, Das Oberste Gericht der deutschen Demokratischen Republik im Kampf gegen Spionage und Sabotage, in: NJ 1952, 244.

Benjamin, Hilde, Unsere Justiz – ein wirksames Instrument bei der Durchführung des neuen Kurses, in: NJ 1953, 477.

Benjamin, Hilde, Zur Strafpolitik, in: NJ 1954, 453.

Benjamin, Hilde, Die Zusammenarbeit der drei zentralen Justizorgane bei der Aufsicht über die Rechtsprechung, in: NJ 1954, 716.

Benjamin, Hilde, Die Staatsverbrechen im Zusammenhang mit der wirtschaftlichen und politischen Entwicklung seit 1945, in: NJ 1954, 33.

Benjamin, Hilde, Die Ergebnisse des 21. Plenums des ZK der Sozialistischen Einheitspartei Deutschlands und die Arbeit der Organe der Justiz, in: NJ 1954, 679.

Benjamin, Hilde, Das 17. Plenum des SED und die Aufgaben der Justiz auf dem Dorfe, in: NJ 1954, 97.

Benjamin, Hilde, Diskussionsrede auf IV. Parteitag der SED, in: NJ 1954, 223.

Benjamin, Hilde, Die dialektische Einheit von Gesetzlichkeit und Parteilichkeit durchsetzen. Durchsetzung des demokratischen Zentralismus durch engere Zusammenarbeit zwischen den örtlichen Organen der Staatsmacht und den Justizorganen, in: NJ 1958, 365.

Benjamin, Hilde, Die gegenwärtigen Hauptaufgaben der Justiz in der DDR, in: NJ 1959, 615.

Benjamin, Hilde, Aus dem Bericht des Ministers der Justiz, Dr. Hilde Benjamin, in der 5. Sitzung des Staatrates der DDR, in: NJ 1961, 75.

Benjamin, Michael, Eine Absage an den materiellen Verbrechensbegriff, in: StuR 1958, 88.

Benjamin, Michael, Zu einigen Fragen der Schuld, in: NJ 1955, 16.

Benjamin, Michael, Der Ausschluß der strafrechtlichen Verantwortlichkeit bei geringfügigen Handlungen. Berlin (Zentralverlag) 1962.

Benser, Günter, Konzeptionen und Praxis der Abrechnung mit dem deutschen Faschismus, in: Zeitschrift für Geschichtswissenschaften 1984, 951.

Benz, Wolfgang, Kriegsziele der Alliierten, in: Informationen zur Politischen Bildung 1998, Heft 259, S. 3.

Benz, Wolfgang, Errichtung der Besatzungsherrschaft, in: Informationen zur Politischen Bildung 1998, Heft 259, S. 6.

Benz, Wolfgang, Wirtschaftsentwicklung von 1945 bis 1949, in: Informationen zur Politischen Bildung 1998, Heft 259, S. 35.

Benz, Wolfgang, Infrastruktur und Gesellschaft im zerstörten Deutschland, in: Informationen zur Politischen Bildung 1998, Heft 259, S. 13.

Benz, Wolfgang, Demokratisierung durch Entnazifizierung und Erziehung, in: Informationen zur Politischen Bildung 1998, Heft 259, S. 23.

Benz, Wolfgang, Bestrafung der Schuldigen, in: Informationen zur Politischen Bildung 1998, Heft 259, S. 20.

Bergmann, Christian, Sprache der Stasi. Ein Beitrag zur Sprachkritik, Göttingen (Vandenboeck und Ruprecht) 1999.

Bergmann, Christian, Totalitarismus und Sprache, in: APuZ 1999, Heft B 38/99, 18.

Bergsdorf, Wolfgang, Politischer Sprachgebrauch und totalitäre Herrschaft, aus: *Friedrich*, Wolfgang-Uwe/ *Große*, Jürgen (Hrsg.), Die totalitäre Herrschaft der SED. Wirklichkeit und Nachwirkung, München (Beck Verlag) 1998.

Bergsdorf, Wolfgang, Zur Technik totalitärer Sprachlenkung, aus: *Bergsdorf*, Wolfgang (Hrsg.), Wörter als Waffen. Sprache als Mittel der Politik, Stuttgart (Bonn aktuell) 1979, S. 102.

Beyer, Achim, Urteil: 130 Jahre Zuchthaus. Jugendwiderstand in der DDR und der Prozess gegen die „Werdauer Oberschüler“ 1951, Leipzig (Evang. Verl.-Anst.) 2003.

Beyer, Achim, Alltag und Herrschaft in der SED-Diktatur, in: DeutschlandArchiv 2001, 142.

Beyer, Achim, Der Prozeß gegen die „Werdauer Oberschüler“ 1951. Jugendwiderstand in der SBZ/DDR, in: DeutschlandArchiv 1998, 87.

Beyer, Karl-Heinz, Aufgaben der Justiz bei der Hebung der Arbeitsdisziplin und der Arbeitsmoral, in: NJ 1955, 730.

Biebl, Rudolf/ **Hiller** Rudolf, Zur Anwendung der neuen Strafarten in der Rechtsprechung, in: NJ 1958, 235.

Biebl, Rudolf/ **Mühlberger**, Fritz, Fragen des neuen Arbeitsstils in der Justiz, in: NJ 1958, 730.

Bittner, Wolfgang, Strafjustiz. Ein bundesdeutsches Lesebuch, Fischerhude (Verlag Atelier im Bauernhaus) 1977.

Bleek, Wilhelm, Einheitspartei und nationale Frage 1945-1955, in: Edition DeutschlandArchiv 1980, 87.

Bochenski, Joseph M./ **Niemeyer**, Gerhart, Handbuch des Weltkommunismus, München (Karl Alber Freiburg) 1958.

Bock, Helmut, Die Erblast Stalins. Von Ursachen und Zielen unserer Revolution, in: Wochenpost, 1989, Nr. 51, S. 16.

Bodensieck, Heinrich, Wilhelm Piecks Moskauer Aufzeichnungen, aus: *Fischer*, Alexander (Hrsg.), Studien zur Geschichte der SBZ/DDR, Berlin (Duncker & Humblot) 1993, S. 29.

Böhme, Fritz, Die praktische Anwendung des Gerichtsverfassungsgesetzes und der Strafprozessordnung, in: NJ 1952, 499.

Bonwetsch, Bernd/ **Bordjugov**, Gennadij, Sowjetische Politik in der SBZ 1945-1949. Dokumente zur Tätigkeit der Propagandaverwaltung der SMAD unter Sergej Tjul'panov, Bonn (Dietz Verlag) 1997.

Bonwetsch, Bernd/ **Bordjugov**, Gennadij, Stalin und die SBZ. Ein Besuch der SED-Führung in Moskau vom 30. Januar-7. Februar 1947, in: VfZ 1994, 279.

Borchert, Jens, Ausgewählte Erziehungsmaßnahmen und Bildungsinhalte im Strafvollzug der DDR, in: ZfStrVo 2001, 341.

Bratus, Sergej/ **Nast**, Erika, Marxistisch-leninistische allgemeine Theorie des Staates, Band 4, Berlin (Staatsverlag) 1976.

Braune, Heinrich, Zum Schutz des gesellschaftlichen Eigentums in der DDR, in: StuR 1953, 250.

Broszat, Martin, SBZ-Handbuch. Staatliche Verwaltungen, Parteien, gesellschaftliche Organisationen und ihre Führungskräfte in der Sowjetischen Besatzungszone Deutschlands 1945-1949, München (Oldenbourg Verlag) 1993.

v. **Brünneck**, Alexander, Politische Justiz gegen Kommunisten in der Bundesrepublik Deutschland 1949-1968, Frankfurt/M. (Suhrkamp Verlag) 1978.

Brunner, Georg, Einführung in das Recht der DDR, München (Beck Verlag) 1975.

Buchholz, Erich, Strafrecht, aus: *Heuer*, Uwe-Jens (Hrsg.), Die Rechtsordnung der DDR. Anspruch und Wirklichkeit, Baden-Baden (Nomos Verlag) 1995, S. 273.

Buchholz, Erich, Die künftige gesetzliche Regelung der Bekämpfung der Eigentumsdelikte, in: NJ 1964, 530.

Buchholz, Erich/ **Dähn**, Ulrich/ **Weber**, Hans, Strafrechtliche Verantwortlichkeit und Strafe, Berlin (Zentralverlag) 1982.

Buhr, Manfred/ **Korsing**, Alfred, Kleines Wörterbuch der marxistisch-leninistischen Philosophie, Berlin (Dietz Verlag) 1966.

Bundesministerium für gesamtdeutsche Fragen (Hrsg.), Unrecht als System. Dokumente über planmäßige Rechtsverletzungen im sowjetischen Besatzungsgebiet, Band 1 bis 4, Berlin 1952 bis 1962.

Bundesministerium der Justiz (Hrsg.), Im Namen des Volkes? Über die Justiz im Staat der SED, Leipzig 1994.

Burghardt, Jürgen, Politisches Strafrecht, Bad Homburg (Gehlen Verlag) 1968.

Butenko, Anatolij, Ergebnisse und Bewertungen der Oktoberrevolution, in: JHK 1997, 122,

Buzek, Anton, Die kommunistische Presse, Frauenfeld (Huber Verlag) 1965.

C

Cherif Bassiouni, M., Das ‚Vermächtnis von Nürnberg'. Eine Bewertung fünfzig Jahre danach, aus: *Hankel*, Gerd/ *Stuby*, Gerhard (Hrsg.), Strafgerichte gegen Menschlichkeitsverbrechen. Zum Völkerstrafrecht 50 Jahre nach den Nürnberger Prozessen, Hamburg (Hamburger ed.) 1995, S. 15.

Chruschtschow, Nikita, Die Geheimrede Chruschtschows. Über den Personenkult und seine Folgen, Berlin (Dietz Verlag) 1990.

Ciesla, Burghard, Freiheit wollen wir! Der 17. Juni 1953 in Brandenburg, Berlin (Links Verlag) 2003.

Creuzberger, Stefan, Die sowjetische Besatzungsmacht und das politische System der SBZ, Weimar (Böhlau Verlag) 1996.

Crome, Erhard, Die DDR in der deutschen Geschichte, aus: *Timmermann*, Heiner (Hrsg.), Die DDR-Analysen eines aufgegebenen Staates, Berlin (Duncker & Humblot) 2001, S. 102.

D

De la Pradelle, Géraud de Geouffre, Zur Aktualität der Nürnberger Prinzipien, aus: *Hankel*, Gerd/ *Stuby*, Gerhard (Hrsg.), Strafgerichte gegen Menschlichkeitsverbrechen. Zum Völkerstrafrecht 50 Jahre nach den Nürnberger Prozessen, Hamburg (Hamburger ed.) 1995, S. 127.

Deutsches Institut für Rechtswissenschaften (Hrsg.), Lehrbuch des Strafrechts der Deutschen Demokratischen Republik, Allgemeiner Teil, Berlin (Zentralverlag) 1957.

Diederich, Georg, „Die Mehrzahl steht im Bann der Kirche“. Die Einführung atheistischer Ersatzriten im Bezirk Rostock 1955, in: DeutschlandArchiv 1999, 34.

Diedrich, Torsten, Der 17. Juni 1953 in der DDR. Bewaffnete Gewalt gegen das Volk, Berlin (Dietz Verlag) 1991.

Dirksen, Hans-Hermann, „Jehovas Zeugen müssen verschwinden“, aus *Yonan*, Gabriele (Hrsg.), Im Visier der Stasi. Jehovas Zeugen in der DDR, Niedersteinbach (Ed. Corinar) 2000.

Döring, Siegfried/ **Zimmermann**, Erwin, Zu sichtbaren Erfolgen in der politischen Massenarbeit, in: NJ 1959, 210.

Dornberger, Gerhard, Zur Frage des gutgläubigen Erwerbs, insbesondere bei Volkseigentum, in: NJ 1953, 233.

Drath, Martin, Verfassungsrecht und Verfassungswirklichkeit in der sowjetischen Besatzungszone. Untersuchungen über Legalität, Loyalität und Legitimität, Bonn (Bundesministerium für gesamtdeutsche Fragen) 1954.

Dreier, R./ **Eckert**, Jörn/ **Mollnau**, Karl/ **Rottleuthner**, Hubert (Hrsg), Rechtswissenschaften in der DDR 1949-1971. Dokumente zur politischen Steuerung im Grundlagenbereich, Baden-Baden (Nomos Verlag) 1996.

Dreßler, Tomas, Vorbereitung und Versuch im Strafrecht der Deutschen Demokratischen Republik im Vergleich mit dem Recht der Bundesrepublik Deutschland, Frankfurt/M. (Lang Verlag) 1982.

E

Ebers, Godehard, Die „Demokratische Gesetzlichkeit“ in Mitteldeutschland, in: ROW 1957, 17.

Eckert, Jörn, Die Deutsche Akademie für Staats- und Rechtswissenschaften „Walter Ulbricht“ und die Babelsberger Konferenz – Gespräch mit Karl-Heinz Schöneburg, aus: *Eckert*, Jörn (Hrsg.), Die Babelsberger Konferenz vom 2./3. April 1958. Rechtshistorisches Kolloquium 13.-16 Februar 1992. Christian-Albrechts-Universität zu Kiel. Baden-Baden (Nomos Verlag) 1993, S. 53.

Eisert, Wolfgang, Die Waldheimer Prozesse. Der stalinistische Terror 1950. Ein dunkles Kapitel der DDR-Justiz, Esslingen (Bechtle Verlag) 1993.

Ende, Edgar, Bemerkungen zur Schaffung eines sozialistischen Strafrechts, in: NJ 1959, 97.

Eppelmann, Rainer, Möglichkeiten und Grenzen der Aufarbeitung der Hinterlassenschaften der SED, in: Politische Studien 1993, Sonderheft 10, S. 15.

Erben, Max/ **Löser** Helmut, Die Bedeutung des Tatbestandsmerkmales „Unternehmen“ bei Spionageverbrechen und seine Anwendung, in: NJ 1958, 202.

Ewald, Uwe, Geschichte und Struktur des politischen Strafrechts der DDR bis 1968. Bemerkungen über das dazu 1980 erschienene Buch von Wolfgang Schuller, in: NJ 1990, 420.

F

Faulheit, Dieter/ **Kühn**, Gudrun, Die Sprache des Arbeiters im Klassenkampf, Berlin 1974.

Fechner, Max, Die Demokratische Justiz – eine Stütze der Deutschen Demokratischen Republik, in: NJ 1950, 136.

Fechner, Max, Der neue Kurs der Regierung und die Aufgaben der Justiz, in: NJ 1953, 381.

Fechner, Max, Über die Schwerpunkte der Rechtsprechung in Strafsachen, in: NJ 1953, 225.

Fetscher, Iring (Hrsg.), Der Marxismus. Seine Geschichte in Dokumenten, dreibändige Ausgabe, München (Piper Verlag) 1962.

Fetscher, Iring (Hrsg.), Der Marxismus. Seine Geschichte in Dokumenten, einbändige Ausgabe, München (Piper Verlag) 1983.

Fetscher, Iring, Karl Marx und der Marxismus. Von der Philosophie des Proletariats zur proletarischen Weltanschauung, München (Piper Verlag) 1967.

Fetscher, Iring, Von Marx zur Sowjetideologie. Darstellung, Kritik und Dokumentation des sowjetischen, jugoslawischen und chinesischen Marxismus, Frankfurt/M. (Diesterweg) 1987.

Finker, Kurt, Wie der Strick den Gehängten stützt, in: Neues Deutschland vom 2./3.06.1990, S. 13.

Fleischer, Wolfgang, Wortschatz der deutschen Sprache. Fragen seines Aufbaus und seiner Verwendungsweise, Leipzig (VEB Bibliographisches Institut Leipzig) 1988.

Foitzik, Jan, Sowjetische Militäradministration in Deutschland (SMAD) 1945-1949. Struktur und Funktion, Berlin (Akademie Verlag) 1999.

Foitzik, Jan, Bericht des Hohen Kommissars der UdSSR in Deutschland aus den Jahren 1953/54. Dokumente aus dem Archiv für Außenpolitik der Russischen Förderation, aus: *Enquete-Kommission* (Hrsg.), Aufarbeitung von Geschichte und Folgen der SED-Diktatur in Deutschland. Machstrukturen und Entscheidungsmechanismen im SED-Staat und die Frage der Verantwortung, Band II/2, Baden-Baden (Nomos Verlag) 1995, S. 1350.

Foitzik, Jan, „Über die Frage, inwieweit die selbständige Existenz der sowjetischen Zone zweckmäßig ist, muss schnellstmöglich entschieden werden." Gutachten aus der Sowjetischen Militäradministration in Deutschland 1946 mit Bearbeitungsvermerken von Marschall Sokolowski, in: DeutschlandArchiv 2001, 428.

Frankenberg, Günter, Die NS-Justiz vor den Gerichten der Bundesrepublik. Eine große Anfrage im Bundestag, aus: *Redaktion Kritische Justiz* (Hrsg.), Die juristische Aufarbeitung des Unrechts-Staats, Baden-Baden (Nomos Verlag) 1998, S. 487.

Frenzel, Rudi, Ursachen und begünstigende Bedingungen der Erziehungspflichtverletzungen, in: NJ 1964, 141.

Frenzel, Lucie/ **Schwarz**, Gerd, „Strafaussetzung zur Bewährung" – ein Instrument zur Ausschaltung politischer Opponenten, in: NJ 1964, 151.

Fricke, Karl Wilhelm, Politische Verfolgung in der SBZ, aus: *Fischer*, Alexander (Hrsg.), Studien zur Geschichte der SBZ/DDR, Berlin (Duncker & Humblot) 1993.

Fricke, Karl Wilhelm, Zur politischen Strafrechtsprechung des Obersten Gerichts der DDR, Heidelberg (Müller Verlag) 1994.

Fricke, Karl Wilhelm, Opposition, Widerstand und Verfolgung in der SBZ/DDR, aus: *Kaff*, Brigitte (Hrsg.), „Gefährliche politische Gegner". Widerstand und Verfolgung in der sowjetischen Zone/DDR, Düsseldorf (Droste Verlag) 1995.

Fricke, Karl Wilhelm, Fluchthilfe als Widerstand im Kalten Krieg, in: APuZ 1999, Heft B 38/99, 3.

Fricke, Karl Wilhelm, Die Machtfrage war gestellt. Anmerkungen zum 17. Juni 1953, in: DeutschlandArchiv 2003, 388.

Fricke, Karl Wilhelm, Justiz im Auftrag der Partei, in: *Helwig*, Gisela, Rückblicke auf die DDR, Edition DeutschlandArchiv 1995, S. 30.

Fricke, Karl Wilhelm/ **Engelmann**, Roger, „Konzentrierte Schläge". Staatssicherheitsaktionen und politische Prozesse in der DDR 1953-1956, Berlin (Links Verlag) 1998.

Friedrich-Ebert-Stiftung (Hrsg.), Politik und Sprachentwicklung in der DDR. Zu den neuen Ufern, Bonn-Bad Godesberg (Friedrich-Ebert-Stiftung) 1990.

Fritzsche, Hans, Vor dem Tribunal der Sieger – Gesetzlose Justiz in Nürnberg, Preußisch-Oldendorf (Schütz Verlag) 1981.

Fromm, Eberhard (Hrsg.) Einführung in den dialektischen und historischen Materialismus, Berlin (Dietz Verlag) 1982.

G

Gabert, Josef/ **Prieß**, Lutz, SED und Stalinismus. Dokumente aus dem Jahre 1956, Berlin (Dietz Verlag) 1990.

Gähler, Rudolph, Zur Frage des gutgläubigen Erwerbs von Volkseigentum an Gebrauchsgegenständen, in: NJ 1957, 202.

Gängel, Andreas, Das Oberste Gericht der DDR, aus: *Rottleuthner*, Hubert (Hrsg.), Steuerung der Justiz in der DDR. Einflussnahme der Politik auf Richter, Staatsanwälte und Rechtsanwälte, Köln (Bundesanzeiger) 1994, S. 253.

Geilke, Georg, Einführung in das Sowjetrecht, Darmstadt (Wissenschaftliche Buchgesellschaft) 1966.

Geisenhainer, E./ **Skupch**, K., Gutgläubiger Erwerb an unterschlagenen Gegenständen der HO-Leihgeschäfte, NJ 1957, 77.

Gerats, Hans, Die strafrechtliche Verantwortlichkeit in der Deutschen Demokratischen Republik. Erwiderung auf die Kritik von Lekschas und Renneberg, in: NJ 1953, 326.

Gerats, Hans/ **Renneberg**, Joachim, Die Lehren Stalins und die Festigung der Gesetzlichkeit in der Deutschen Demokratischen Republik, in: NJ 1953, 278.

Geßner, Klaus, Befehle der Sowjetischen Militäradministration des Landes Brandenburg 1945-1949, Frankfurt /M. (Peter Lang Verlag) 1997.

Gibas, Monika, „Hammer und Zirkel im Ährenkranz". Anmerkungen zur Symbol- und Repräsentationskultur der DDR, in: DeutschlandArchiv 1999, 552.

Gibas, Monika, „Die DDR- das sozialistische Vaterland der Werktätigen!" Anmerkungen zur Identitätspolitik der SED und ihrem sozialistischen Erbe, in: APuZ 1999, B 39/40, 21.

Gieseke, Jens, Die DDR-Staatssicherheit. Schild und Schwert der Partei, Bonn (Bundeszentrale für polit. Bildung) 2000.

Girod, Hans, Der Kannibale. Ungewöhnliche Todesfälle aus der DDR, Berlin (Das Neue Berlin) 2000.

Glos, Michael, Das Erbe des Sozialismus aus wirtschafts- und finanzpolitischer Sicht, in: Politischen Studien 1993, Sonderheft 10, S. 5.

Goerner, Martin Georg, Die Kirche als Problem der SED, Strukturen kommunistischer Herrschaftsausübung gegenüber der evangelischen Kirche 1945 bis 1958, Berlin (Akademie Verlag) 1997.

Gojchbarg, A.G., Einige Bemerkungen über das Recht, aus: *Reich*, Norbert (Hrsg.), Marxistische und sozialistische Rechtstheorie, Königstein/Ts. (Athenäum Verlag) 1972, S. 87.

Gollnick, Rainer/ **Haney**, Gerhard, Sozialistisches Recht und Gerechtigkeit, in: StuR 1968, 580.

Good, Collin, Die deutsche Sprache und die kommunistische Ideologie, Frankfurt /M. (Peter Lang Verlag) 1975.

Görner, Kurt, Über die Durchführung von Justizaussprachen, in: NJ 1954, 402.

Görner, Kurt, Justizaussprachen und Berichterstattung der Gerichte, in: StuR 1957, 661.

Görner, Kurt, Gericht und Rechtsprechung in der Deutschen demokratischen Republik. Aufgaben der Rechtsprechung, Grundzüge der Gerichtsverfassung und System der Gerichte, Berlin (Zentralverlag) 1956.

Gornig, Gilbert, Meinungsäußerungsrecht und Pressefreiheit nach marxistisch-leninistischem Grundverständnis, in: ROW 1987, 79.

Graf von Schwerin, Manfred/ **Voigt**, Dieter, Enteignungen – Voraussetzung der kommunistischen Diktatur der SBZ/DDR, aus: Mertens, Lothar, Voigt, Dieter (Hrsg.), Opfer und Täter im SED-Staat, Berlin (Duncker & Humblot) 1998, S. 41.

Grasemann, Hans-Jürgen, „Wenn die Partei Weisung gibt, folgen die Richter.", aus: *Weber*, Jürgen (Hrsg.), Der SED-Staat. Neues über eine vergangene Diktatur, München (OLZOG Verlag) 1994, S. 23.

Graul, Elisabeth, Die Farce, Magdeburg (impuls Verlag) 1996.

Graveson, R., Der Grundsatz „nulla poena sine lege" und das Kontrollratsgesetz Nr. 10, in: MDR 1947, 278.

Grewe, Wilhelm G., Rückblick auf Nürnberg, in: FS für Karl Doehring 1989, S. 229.

Gritschneder, Otto, Rechtsbeugung. Die späte Beichte des Bundesgerichtshofs, in: NJW 1996, 1239.

Gross, Michael, Der Geschädigte im Strafverfahren der DDR, Aachen (Shaker Verlag) 2001.

Große, Christina, Der Eichmann-Prozeß zwischen Recht und Politik, Frankfurt/M. (Lang Verlag) 1995.

Gruner, Petra, Die Neulehrer: Schlüsselsymbol der DDR-Gesellschaft, in: APuZ 1999, Heft B 38/99, 25.

Güpping, Stefan, Die Bedeutung der „Babelsberger Konferenz" von 1958 für die Verfassungs- und Wirtschaftsgeschichte der DDR, Berlin (Spitz Verlag) 1997.

Gürke, Helmut, Zur Anwendung des § 346 StPO, in: NJ 1953, 214.

Guski, Karl, Rechtsfragen zum Befehl Nr. 201, in: NJ 1947, 172.

H

Haase, Baldur, Die Kartenlegerin von Suhl: „Ich bin bei der Stasi gefangen..." (1955/56), Erfurt 1998.

Haase, Norbert/ **Pampel**, Bert, Die Waldheimer „Prozesse" – fünfzig Jahre danach. Dokumentation der Tagung der Stiftung Sächsische Gedenkstätten am 28. und 29. September 2000 in Waldheim, Baden-Baden (Nomos Verlag) 2001.

Hacke, Gerd, Zeugen Jehovas in der DDR. Verfolgung und Verhalten einer religiösen Minderheit, Dresden 2000.

Haid, Bruno/ **Rose**, Horst, Zu einigen aktuellen Fragen des sozialistischen Eigentums, in: NJ 1955, 712.

Haney, Gerhard, Sozialistische Gesetzlichkeit, Jena 1987.

Harrland, Harri, Probleme der staatsanwaltschaftlichen Tätigkeit zur Verwirklichung der Beschlüsse des XI. Parteitages der SED, aus: *Weichelt*, Wolfgang (Hrsg.), Staat und Recht bei der weiteren Gestaltung der entwickelten sozialistischen Gesellschaft nach dem XI. Parteitag der SED, Berlin (Akademie Verlag) 1987, S. 45.

Hartisch, Torsten, Die Enteignungen von „Nazi- und Kriegsverbrechern" im Land Brandenburg. Eine verwaltungsgeschichtliche Studie zu den SMAD-Befehlen Nr. 124 vom 30. Oktober 1945 bzw. Nr. 64 vom 17. April 1948, Frankfurt/M. (Lang Verlag) 1998.

Hartmann, Richard, Zum Strafrechtsergänzungsgesetz, in: StuR 1958, 129.

Hattenhauer, Hans, Vorwort zu einem neuen Kapitel deutscher Rechtsgeschichte, aus: *Eckert*, Jörn (Hrsg.), Die Babelsberger Konferenz vom 2./3. April 1958. Rechtshistorisches Kolloquium 13.-16 Februar 1992. Christian-Albrechts-Universität zu Kiel. Baden-Baden (Nomos Verlag) 1993, S. 143.

Haun, Horst, Kommunist und „Revisionist". Die SED-Kampagne gegen Jürgen Kuczynski (1956-1959), Dresden 1999.

Hauschild, Ingrid, Von der Sowjetzone zur DDR. Zum verfassungs- und staatsrechtlichen Selbstverständnis des zweiten deutschen Staates, Frankfurt/M. (Lang Verlag) 1996.

Heinrich, W., Zuchthaus und Gefängnis oder Freiheitsstrafe?, in: NJ 1947, 29.

Heinze, Hildegard, Kriegsverbrecherprozesse in Waldheim, in: NJ 1950, 250.

Heinze, Hildegard, Öffentliche Justizveranstaltungen – Erfahrungen und Lehren, in: NJ 1949, 140.

Helwig, Gisela, Zeugen Jehovas in der SBZ/DDR, in: DeutschlandArchiv 1999, 548.

Henkel, Rüdiger, Im Dienste der Staatspartei: Über Parteien und Organisationen der DDR, Baden-Baden (Nomos Verlag) 1994.

Herbst, Andreas (Hrsg.), Die SED. Geschichte, Organisation, Politik, Berlin (Dietz Verlag) 1997.

Herz, Andrea, Bürger im Visier. Eine Institution schuf den alltäglichen Argwohn – das MfS in Thüringen, aus: Landesbeauftragter des Freistaates Thüringen (Hrsg.), Erfurt (Wellendorf Verlag) 1996, S. 62.

Herzberg, Ursula, Über den materiellen Verbrechensbegriff und die strenge Einhaltung der Gesetzlichkeit, in: NJ 1956, 758.

Heuer, Uwe-Jens, Nürnberg – Bilanz und Mahnung. Zum Erscheinen der Dokumentation über den Nürnberger Prozeß, in: NJ 1957, 391.

Heuer, Uwe-Jens/ **Lieberam**, Ekkehard, Rechtsverständnis in der DDR, aus: *Heuer*, Uwe-Jens (Hrsg.), Die Rechtsordnung der DDR. Anspruch und Wirklichkeit, Baden-Baden (Nomos Verlag) 1995, S. 55.

Hirsch, Ernst, Was bedeutet „sozialistische Gesetzlichkeit“?, in: JZ 1962, 149.

Hirsch, Hans Joachim, Rechtsstaatliches Strafrecht und staatlich gesteuertes Unrecht, Opladen (Westdeutscher Verlag) 1996.

Hoeniger, Walter, Buntmetallprozesse im Land Brandenburg. Ein Beispiel für die Demokratisierung der Justiz, in: NJ 1950, 204.

Holz, Hans Heinz, Überlegungen zum Begriff der politischen Lage, aus: *Kumpf*, Richard/ *Kapluck*, Manfred (Hrsg.), Politische Theorien des Marxismus im Wandel historischer Entwicklungen, Bonn (Pahl-Rugenstein) 1991, S. 7.

Horváth, István, Die Revolution in Ungarn von 1956 und die DDR – einige Reflexionen aus Ungarn, aus: *Timmermann*, Heiner (Hrsg.), Die DDR in Deutschland. Ein Rückblick auf 50 Jahre, Berlin (Duncker & Humblot) 2001, S. 59.

Hübner, Erich, Verbrechen gegen das gesellschaftliche, persönliche und private Eigentum, Berlin (Zentralverlag) 1956.

Hülle, Werner, Aus der Rechtsprechung des Bundesgerichtshofes in Strafsachen, in: NJW 1951, 295.

I

Ihme-Tuchel, Beate, Die SED und die Schriftsteller 1946 bis 1956, in: APuZ 2000, Heft 13, 3.

Immisch, Lars, Der sozialistische Richter in der DDR und seine Unabhängigkeit, Frankfurt/M. (Lang Verlag) 1997.

Infratest (Hrsg.), Delikt, Urteil und Strafe in der Sowjetzone Deutschlands. Eine Inhaltsanalyse sowjetzonaler Gerichtsberichte, München (Infratest Verlag) 1961.

Institut für Marxismus-Leninismus beim ZK der SED (Hrsg.), Marx-Engels - Ausgewählte Schriften in zwei Bänden, Berlin (Dietz Verlag) 1966.

Institut für Marxismus-Leninismus beim ZK der SED (Hrsg.), Marx-Engels - Ausgewählte Werke, Berlin (Dietz Verlag) 1973.

Institut für Marxismus-Leninismus beim ZK der SED (Hrsg.), Marx-Engels - Gesamtausgabe, Berlin (Dietz Verlag) 1975.

Institut der Akademie der Wissenschaften (Hrsg.), Marxistisch-leninistische Staats- und Rechtstheorie, Berlin (Staatsverlag) 1975.

Institut für Strafrecht (Hrsg.), Verbrechen gegen die Tätigkeit staatlicher Organe, Berlin (Zentralverlag) 1955.

Institut voor Strafrecht (Hrsg.), DDR-Justiz und NS-Verbrechen. Eine Sammlung ostdeutscher Strafurteile wegen nationalsozialistischer Tötungsverbrechen, Amsterdam (university press) 2002.

International Commission of Jurits (Hrsg.), Recht in Fesseln. Eine Sammlung von Dokumenten über die Vergewaltigung des Rechts für politische Zwecke, The Hague 1955.

J

Jahn, Gustav, Zu einigen Fragen des Tatbestandes der Diversion und Sabotage, in: StuR 1956, 78.

Jahn, Gustav, Einige Fragen der Verleitung zum Verlassen der DDR, in: NJ 1958, 840.

Jahn, Gustav, Das Verbrechen der Verleitung zum Verlassen der Deutschen Demokratischen Republik, Halle 1959.

Janka, Walter, Schwierigkeiten mit der Wahrheit, Berlin (Aufbau Verlag) 1990.

Jehle, Thesen zum Wesen und zur Entwicklung des sozialistischen Rechts, in: StuR 1963, 1841.

Jescheck, Hans-Heinrich, Die neuere Entwicklung des Strafrechts und des Strafverfahrensrechts in der SBZ, aus: *Rechts- und Staatswissenschaftliche Fakultät der Universität* Freiburg/Br. (Hrsg.), Die Lage des Rechts in Mitteldeutschland. Ringvorlesung der Rechts- und Staatswissenschaftlichen Fakultät der Albert- Ludwigs-Universität Freiburg/Br., Karlsruhe (C.F. Müller Verlag) 1965.

Jescheck, Hans-Heinrich, Entwicklung, gegenwärtiger Stand und Zukunftsaussichten der internationalen Strafrechts, in: GA 1981, 49.

Jessen, Ralph, Partei, Staat und „Bündnispartner": Die Herrschaftsmechanismen der SED-Diktatur, aus: *Judt*, Matthias (Hrsg.), DDR-Geschichte in Dokumenten. Beschlüsse, Berichte, interne Materialien und Alltagszeugnisse, Berlin (Links Verlag) 1997, S. 27.

Jessen, Ralph, Diktatorische Herrschaft als kommunikative Praxis. Überlegungen zum Zusammenhang von „Bürokratie" und Sprachnormierung in der DDR-Geschichte, aus: *Lüdtke*, Alf/ *Becker*, Peter (Hrsg.), Akten. Eingaben. Schaufenster. Die DDR und ihre Texte (Akademie Verlag) 1997, S. 57.

Judt, Matthias, Aufstieg und Niedergang der „Trabi-Wirtschaft", aus: *Judt*, Matthias (Hrsg.), DDR-Geschichte in Dokumenten. Beschlüsse, Berichte, interne Materialien und Alltagszeugnisse, Berlin (Links Verlag) 1997, S. 87.

Judt, Matthias, „Nur für den Dienstgebrauch“. Arbeiten mit Texten einer deutschen Diktatur, aus: *Lüdtke*, Alf/ *Becker*, Peter (Hrsg.), Akten. Eingaben. Schaufenster. Die DDR und ihre Texte (Akademie Verlag) 1997, S. 29.

K

Kalich, Martin/ **Bäselt**, Hans-Werner/ **Böhrer**, Wolfgang, Zur Anwendung kurzer Freiheitsstrafe, in: NJ 1964, 303.

Karlsch, Rainer, Allein bezahlt? Die Reparationsleistungen der SBZ/DDR 1945-1953, Berlin (Links Verlag) 1993.

Katzer, Nikolaus, Russlands Weg in die Moderne. Wurzeln der russischen Revolution, in: Informationen zur Politischen Bildung 1992, Heft 235, S. 1.

Katzer, Nikolaus, Die Revolution im Jahre 1917, in: Informationen zur Politischen Bildung 1992, Heft 235, S. 6.

Kenzler, Evelyn, Die Richtlinien-, Standpunkt- und Rechtssatzkompetenz des Obersten Gerichts der DDR als Problem der Rechtsstaatlichkeit, Berlin 1990.

Keppler, Birte, Die Leitungsinstrumente des Obersten Gerichts der DDR. Unter besonderer Berücksichtigung von Richtlinien und Beschlüssen zum Recht der Untersuchungshaft, Freiburg/Br. (ed iuscrim) 1998.

Kerimow, Anatolij, Die Weiterentwicklung der Lehre von der Diktatur des Proletariats durch W. I. Lenin, in: NJ 1960, 257.

Kerimow, Anantolij, Fragen der Theorie der sozialistischen Gesetzlichkeit, in: NJ 1957, 385.

Kermann, Ekkehard, Nochmals zur Frage des Objekts der Hehlerei, in: NJ 1957, 100.

Kiesselbach, Wilhelm, Zwei Probleme aus dem Gesetz Nr. 10 des Kontrollrates, in: MDR 1947, 2.

Kießling, Wolfgang, Die Anklage absurd: das war kein Spion!, in: Junge Welt Nr. 28/1990 vom 02.02., S. 12.

Kirchheimer, Otto, Politische Justiz. Verwendung juristischer Verfahrensmöglichkeiten zu politischen Zwecken, Neuwied (Luchterhand Verlag) 1965.

Kistler, Helmut, Die Bundesrepublik Deutschland. Vorgeschichte und Geschichte 1945-1983, Stuttgart (Verlag Bonn aktuell) 1990.

Klein, Thomas, Die Parteikontrolle, aus: *Lemke,* Michael (Hrsg), Sowjetisierung und Eigenständigkeit in der SBZ/DDR (1945-1953), Köln (Böhlau Verlag) 1999, S. 152.

Klein, Thomas, „Für die Einheit und die Reinheit der Partei“. Die innerparteilichen Kontrollorgane der SED in der Ära Ulbricht, Köln (Böhlau Verlag) 2002.

Kleine, Helene, Erfahrungen aus dem Strafverfahren zur Aburteilung der Teilnehmer am Putschversuch vom 17. Juni 1953, in: NJ 1953, 511.
Kleine, Hans, Nochmals zur Frage des gutgläubigen Erwerbs von Volkseigentum bei Gebrauchsgegenständen, in: NJ 1957, 327.
Kleine, Helene/ **Krutzsch**, Walter, Die strafrechtliche Beurteilung von Staatsverbrechen, in: NJ 1954, 71.
Klenner, Hermann, Der Marxismus-Leninismus über das Wesen des Rechts, Berlin (Zentralverlag) 1955.
Klenner, Hermann, Was bleibt von der marxistischen Rechtsphilosophie?, in: NJ 1991, 442.
Klenner, Hermann, Gesetzgebung und Gesetzlichkeit, in: StuR 1990, 372.
Kleßmann, Christoph, Die doppelte Staatsgründung. Deutsche Geschichte 1945-1950, Göttingen (Vandenhoeck & Ruprecht) 1991.
Knecht, Georg, Über die öffentliche Bekanntmachung nach § 7 StEG, in: NJ 1958, 598
Kowalczuk, Ilko-Sascha, Frost nach Tauwetter. Opposition, Repressalien und Verfolgungen 1956/57 in der DDR. Eine Dokumentation des Ministeriums für Staatssicherheit, in: JHK 1997, 167.
Kowalczuk, Ilko-Sascha/ **Mitter**, Armin, „Die Arbeiter sind zwar geschlagen worden, aber sie sind nicht besiegt!". Die Arbeiterschaft während der Krise 1952/53, aus: *Kowalczuk*, Ilko-Sascha/ *Mitter*, Armin/ *Wolle*, Stefan, Der Tag X. 17. Juni 1953. Die „Innere Staatsgründung" der DDR als Ergebnis der Krise 1952/53, Berlin (Links Verlag) 1995, S. 31.
Krämer, Martin, Der Volksaufstand vom 17. Juni 1953 und sein politisches Echo in der Bundesrepublik Deutschland, Bochum (Brockmeyer Verlag) 1996.
Kramer, Helmut, Entlastung des Systems. Zur strafrechtlichen Aufarbeitung der Justiz- und Verwaltungsverbrechen des Dritten Reiches, aus: *Bennhold*, Martin (Hrsg.), Spuren des Unrechts. Recht und Nationalsozialismus – Beiträge zur historischen Kontinuität, Köln (Pahl-Rugenstein Verlag) 1989.
Kroeschell, Karl, Rechtsgeschichte Deutschlands im 20. Jahrhundert. Göttingen (Vandenhoeck und Ruprecht) 1992.
Kröger, Das Recht in der Deutschen Demokratischen Republik zum Heben des sozialistischen Aufbaus machen!, in: NJ 1956, 33.
Krutzsch, Walter, Ein wichtigen Kapitel ideologischer Auseinandersetzung auf dem Gebiet der Strafrechtswissenschaft, in: NJ 1958, 233.
Krutzsch, Walter/ **Hugot**, Heinz, Die gesellschaftliche Erziehung bei bedingter Verurteilung und öffentlichem Tadel, in: NJ 1958, 527.
Kudrjawzew, W., Über die Wechselbeziehungen zwischen Objekt und dem Gegenstand des Verbrechens, in: NJ 1951, 533.

Küchler, Rudolf, Wegen Diebstahls am Volkseigentum vor Gericht, in: Der Schöffe 1958, 84.

Kühlig, Gerhard, Zu den Tatbeständen der Spionage und der Verleitung zur Republikflucht, in: NJ 1956, 428.

Kuschel, Heinz, Die Anwendung der öffentlichen Bekanntmachung nach § 7 StEG in der Praxis der Gerichte, in: NJ 1959, 295.

Kusior, Wolfgang, Die Aufarbeitung der SED-Diktatur als gesellschaftliche Aufgabe, in: DeutschlandArchiv 1999, 87.

L

Lackner, Karl, Strafgesetzbuch mit Erläuterungen, München (Beck Verlag) 1993.

Lammich, Siegfried, Die strafrechtlichen Sanktionen in der DDR und anderen sozialistischen Ländern, aus: *Arnold*, Jörg/ *Keppler*, Birte (Hrsg.), Die Normalität des Strafrechts der DDR, Freiburg/Br. (ed iuscrim) 1995/96, S. 125.

Lang, Martin, Stalins Strafjustiz gegen deutsche Soldaten. Die Massenprozesse gegen deutsche Kriegsgefangene in den Jahren 1949 und 1950 aus historischer Sicht, Herford (Verlag Mittler) 1981.

Landesjustizverwaltungen der Länder (Hrsg.), Politische Strafjustiz in der früheren DDR – dargestellt an ausgewählten Einzelschicksalen, Erfurt (JVA Hohenleuben) 2000.

Lange, Die Anwendung des sowjetischen Strafrechts nach Inhalt und Form in der sowjetzonalen Praxis, aus: *Königsteiner Kreis* (Hrsg.), Die Entwicklung des sowjetischen Strafrechts und sein Einfluss auf die Rechtsprechung in der Sowjetzone. Verhandlungen der 10. Tagung des Königsteiner Kreises am 14. und 15. Oktober 1955 in Königstein/Ts., Göttingen (Schwartz & Co. Verlag) 1956.

Lapp, Peter Joachim, Todesursache: Fenstersturz? Der erste Generalstabschef der NVA, Vincenz Müller, in: DeutschlandArchiv 1999, 79.

Laufer, Jochen, Konfrontation oder Kooperation?, aus: *Fischer*, Alexander (Hrsg.) Studien zur Geschichte der SBZ/DDR, Berlin (Duncker & Humblot) 1993, S. 57.

Laufer, Jochen, Die SED und die Wahlen, aus: *Scherstjanoi*, Elke (Hrsg.), Provisorium für längstens ein Jahr. Protokoll des Kolloquiums: Gründung der DDR, Berlin (Akademie Verlag) 1991.

Ledig, Zum Kontrollratsgesetz Nr. 10, in: NJ 1948, 188.

Leim, Ernst, Abgrenzung der Hetze von der Staatsverleumdung, in: NJ 1958, 694.

Lekschas, John, Die Schuld als subjektive Seite der verbrecherischen Handlung, Berlin (Zentralverlag) 1955.

Lekschas, John, Klassenkampf und Strafrecht, Berlin (Zentralverlag) 1956.

Lekschas, John, Über das Bewusstsein der Gefährlichkeit, Verwerflichkeit, Rechtswidrigkeit oder Strafbarkeit der Handlung, aus: *Deutsches Institut für Rechtswissenschaften* (Hrsg.), Beiträge zu Problemen des Strafrechts, Berlin (Zentralverlag) 1956, S. 21.

Lekschas, John, Zur Anwendung der §§ 8 und 9 des Strafrechtsergänzungsgesetz (StEG), in: SRDVP 1958, Heft 20, S. 1.

Lekschas, John, Das StEG – das mildere Gesetz im Verhältnis zu Art. 6 der Verfassung, in: NJ 1958, 82.

Lekschas, John, Zur Neuregelung der Schuld im allgemeinen Teil eines zukünftigen sozialistischen Strafgesetzbuches der Deutschen Demokratischen Republik, Berlin (Zentralverlag) 1959.

Lekschas, John, Der Begriff und da Wesen der Schuld, aus: *Lekschas*, John/ *Loose*, Wolfgang/ *Renneberg*, Joachim (Hrsg.), Verantwortung und Schuld im neuen Strafgesetzbuch, Berlin (Zentralverlag) 1964.

Lekschas, John/ **Renneberg**, Joachim, Zu aktuellen Problemen unserer Strafpolitik, in: NJ 1954, 717.

Lekschas, John/ **Renneberg**, Joachim, Die Bedeutung des Subjekts des Verbrechens für die rechtliche Beurteilung des Verbrechens und die Strafzumessung, in: NJ 1953, 668.

Lekschas, John/ **Renneberg**, Joachim, Über die Prinzipien der Strafzumessung, in: NJ 1953, 762.

Lekschas, J./**Seidel**, D./ **Dettenborn**, H., Studien zur Schuld, Berlin (Staatsverlag) 1975.

Lenin, Wladimir, Iljitsch, Staat und Revolution, Leipzig (Reclam Verlag) o.J.

Leo, Annette, Die Waldheimer „Prozesse“ im Kontext der antifaschistischen Selbstlegitimation der DDR, aus: *Haase*, Norbert/ *Pampel*, Bert (Hrsg.), Die Waldheimer „Prozesse“ – fünfzig Jahre danach, Baden-Baden (Nomos Verlag) 2001, S. 49.

Leonhard, Wolfgang, Der unbekannte Marx und Engels in der DDR. Wichtige Äußerungen von Marx und Engels, die in der DDR verdrängt wurden, in: JHK 1995, 173.

Lieser, Karl-Theodor, Sowjetzonales Strafrecht und ordre public, Frankfurt/M. (Metzner Verlag) 1962.

Lieser-Triebnigg, Erika, Recht in der DDR. Einführung und Dokumentation, Köln (Verlag Wissenschaft und Politik) 1985.

Limbach, Jutta, Politische Justiz im Kalten Krieg, in: NJ 1994, 49.

Lingelbach, Gerhard, Wirkungen der Babelsberger Konferenz an der Jenaer Rechtswissenschaftlichen Fakultät, aus: *Eckert*, Jörn (Hrsg.), Die Babelsberger Konferenz vom 2./3. April 1958. Rechtshistorisches Kolloquium

13.-16. Februar 1992. Christian-Albrechts-Universität zu Kiel. Baden-Baden (Nomos Verlag) 1993, S. 113.

Liwinski, Malgorzata, Die juristische Ausbildung in der DDR. Im Spannungsfeld zwischen Parteilichkeit und Fachlichkeit, Berlin (Verlag für Wissenschaft und Forschung) 1997.

Löbbe, Jürgen, Sozialistische Rechtsanwendung. Dargestellt an der Rechtstheorie und der Rechtsprechung des OG der DDR zum ZGB, Hamburg (Kovac Verlag) 1998.

Lobkowicz, Nikolaus, Marxismus und Machtergreifung. Der kommunistische Weg zur Herrschaft, Zürich (Edition Interform) 1978.

Löden, Sönken, Dreister Diebstahl im DDR-Automobilbau, in: DeutschlandArchiv 2004, 622.

Lorenz, Thomas, Die Deutsche Zentralverwaltung der Justiz, aus: *Rottleuthner*, Hubert (Hrsg.), Steuerung der Justiz in der DDR. Einflussnahme der Politik auf Richter, Staatsanwälte und Rechtsanwälte, Köln (Bundesanzeiger) 1994, S. 135.

Loth, Wilfried, Das ungeliebte Kind. Stalin und die Gründung der DDR, aus: *Scherstjanoi*, Elke (Hrsg.), Provisorium für längstens ein Jahr. Protokoll des Kolloquiums: Gründung der DDR, Berlin (Akademie Verlag) 1991, S. 31.

Loth, Wilfried, Deutschland im Kalten Krieg, in: APuZ 1999, Heft B 39-40/99, 3.

Löw, Konrad, Warum fasziniert der Kommunismus? Eine systematische Untersuchung, Köln (Deutscher Instituts-Verlag) 1981.

Löwenthal, Heinrich, Die Lehre vom Objekt des Verbrechens. Bemerkungen zu der Schrift von Prof. Dr. Hans Gerats, in: NJ 1955, 485.

Löwenthal, Heinrich, Bemerkungen zur Öffentlichkeit des gerichtlichen Strafverfahrens, in: NJ 1955, 685.

Löwenthal, Heinrich, Der Schutz des gesellschaftlichen, privaten und persönlichen Eigentums, in: Der Schöffe, 1958, 79.

Löwenthal, Heinrich, Nochmals: Zum Merkmal der „Öffentlichkeit" bei Staatsverleumdung, in: NJ 1959, 55.

Lüdtke, Alf, Sprache und Herrschaft in der Sprache. Einleitende Überlegungen, aus: *Lüdtke*, Alf/ *Becker*, Peter (Hrsg.), Akten. Eingaben. Schaufenster. Die DDR und ihre Texte, Berlin (Akademie Verlag) 1997, S. 11.

Lupke, Max, Zur gesetzlichen Regelung der Zurechnungsfähigkeit und des Vorsatzes. Bericht über ein Symposium an der Humboldt-Universität, in: NJ 1964, 144.

Lutzke, Arno, Widersprüche und Kriminalität in der sozialistischen Gesellschaft, in: NJ 1962, 339.

M

Maeder, Sprache und Totalitarismus, aus: *Moser*, Hugo (Hrsg.), Das Aueler Protokoll. Die Deutsche Sprache im Spannungsfeld zwischen West und Ost. Die Sprache im geteilten Deutschland, Düsseldorf (Schwann Verlag) 1964, S. 30.

Mahlke, Bernhard, „Ich weiß es nicht“, gestand er freimütig, in: Neues Deutschland vom 2./3.06.1990, S. 13.

Mampel, Siegfried, Die Auffassung des dialektischen und des historischen Materialismus vom Recht, in: ROW 1957, 53.

Mampel, Siegfried, Entführungsfall Dr. Walter Linse – Menschenraub und Justizmord als Mittel des Staatsterrors, Berlin (Berliner LStU) 1999.

Manecke, Lehrhefte für das Fernstudium, X. Lehrgang, Strafrecht der DDR, Allgemeiner Teil, Berlin (Staatsverlag) 1963.

Maser, Peter, Kirchen und Kirchenpolitik, aus: *Eppelmann*, Rainer (Hrsg.), Lexikon des DDR-Sozialismus, Opladen (Schöningh Verlag) 1996, S.

Materna, Ingo, Brandenburgische Geschichte, Berlin (Akademie Verlag) 1995.

Matschke, Werner, Die industrielle Entwicklung in der Sowjetischen Besatzungszone Deutschlands (SBZ) von 1945-1948, Berlin (Spitz Verlag) 1988.

Matschke, Werner, Die wirtschaftliche Entwicklung in der SBZ, aus: *Fischer*, Alexander (Hrsg.), Studien zur Geschichte der SBZ/DDR; Berlin (Duncker & Humblot) 1993, S. 97.

Maurach, Reinhart, Deutsches Strafrecht AT, Karlsruhe (Müller Verlag) 1954.

Maurach, Reinhart, Zur Entwicklung des materiellen Verbrechensbegriffs im sowjetischen Strafrecht, in: ROW 1957, 137.

Maurach, Reinhart, Die politischen und soziologischen Grundlagen des sowjetischen Strafrechts, aus: *Königsteiner Kreis* (Hrsg.), Die Entwicklung des sowjetischen Strafrechts und sein Einfluss auf die Rechtsprechung in der Sowjetzone. Verhandlungen der 10. Tagung des Königsteiner Kreises am 14. und 15. Oktober 1955 in Königstein/Ts., Göttingen (Schwartz & Co. Verlag) 1956, S. 9.

Maurach, Reinhart, Zur Problematik der Rechtsbeugung durch Anwendung sowjetzonalen Rechts. Bemerkungen zu BGH 5 StR 519/57 vom 10.12.1957, in: ROW 1958, 177.

Meinel, Joachim/**Grimm**, Frank, Die strafrechtliche Verantwortlichkeit der Haus- und Straßenvertrauensleute, NJ 1956, 301.

Ministerium der Justiz (Hrsg.), Das Strafrecht der Sozialistischen Demokratie, Berlin (Zentralverlag) 1958.

Ministerium der Justiz (Hrsg.), Das Strafrecht der Deutschen Demokratischen Republik. Lehrkommentar zum Strafgesetzbuch, Berlin (Staatsverlag) 1969.

Ministerium der Justiz (Hrsg.), Strafgesetzbuch, Berlin (Staatsverlag) 1978.

Meinicke, Wolfgang, Die Entnazifizierung in der sowjetischen Besatzungszone 1945-1948, in: Zeitschrift für Geschichtswissenschaften 1984, 968.

Meissner, Boris, Entwicklung und Grundzüge der sowjetischen Staatslehre, aus: *Maurach*, Reinhart/ *Meissner*, Boris (Hrsg.), 50 Jahre Sowjetrecht, Stuttgart (Kohlhammer Verlag) 1969, S. 9.

Meissner, Boris, Die Wandlungen der Sowjetgesellschaft, aus *Eichwede*, Wolfgang/ *Knirsch*, Peter/ *Meissner*, Boris (Hrsg.), 60 Jahre Sowjet-Rußland, Hannover (Niedersächsische Landeszentrale für Politische Bildung) 1977, S. 7.

Meissner, Boris, Die Deutschlandpolitik unter Chruschtschow, aus: *Meissner*, Boris/ *Eisfeld*, Alfred (Hrsg.), 50 Jahre sowjetische und russische Deutschlandpolitik sowie ihre Auswirkungen auf das gegenseitige Verhältnis, Berlin (Duncker & Humblot) 1999, S. 45.

Meister, Roland, Verteidigt die Kommunistische Partei Deutschlands und damit Frieden und Demokratie. Zum Verbotsprozeß gegen die Kommunistische Partei Deutschlands, in: NJ 1954, 654.

Melsheimer, Ernst, Zu einer neuen Justiz, in: NJ 1947, 25.

Melsheimer, Ernst, Der Kampf der deutschen Justiz gegen die Naziverbrecher, in: NJ 1948, 126.

Melsheimer, Ernst, Der Staatsanwalt in der Deutschen Demokratischen Republik, in: NJ 1950, 5.

Melsheimer, Ernst, Über die Arbeit der Staatsanwaltschaft in der Deutschen Demokratischen Republik, in: NJ 1952, 204.

Melsheimer, Ernst, Sozialistische Gesetzlichkeit im Strafverfahren, in: NJ 1956, 289.

Melsheimer, Ernst, Das Strafrechtsergänzungsgesetz – ein Gesetz der sozialistischen Demokratie, in: NJ 1958, 41.

Menzel, Jörg, Die Bedeutung des Rechts in der DDR unter besonderer Berücksichtigung des Prinzips der sozialistischen Gesetzlichkeit in der Zeit von 1949-1989, Darmstadt (Dissertations Druck) 1990.

Mertens, Lothar, „Überkommenes bürgerliches Relikt". Kriminalität in der DDR, aus: *Mertens*, Lothar/ *Voigt*, Dieter (Hrsg.), Opfer und Täter im SED-Staat, Berlin (Duncker & Humblot) 1998, S. 243.

Mestrup, Heinz, Die SED: Ideologischer Anspruch, Herrschaftspraxis und Konflikte im Bezirk Erfurt (1971-1989), Rudolstadt (Hain Verlag) 2000.

Mettin, Harry/ **Rabe**, Rolf, Die Bekämpfung der Rückfallkriminalität bei Eigentumsdelikten, in: NJ 1964, 234.

Meyer, R., Das Kontrollratsgesetz Nr. 10 in der Praxis der deutschen Strafgerichte, in: MDR 1947, 110.

Meyer-Seitz, Christian, Die Verfolgung von NS-Straftaten in der Sowjetischen Besatzungszone, Berlin (Spitz Verlag) 1998.

Ministerium der Justiz (Hrsg.), Lehrkommentar zum Strafgesetzbuch, Berlin (Staatsverlag) 1969.

Mitteis, Heinrich, Rechtsgeschichte und Gegenwart, in: NJ 1947, 27.

Mittenzwei, Werner, Die Intellektuellen. Literatur und Politik in Ostdeutschland 1945-2000, Leipzig (Faber & Faber Verlag) 2001.

Mitter, Armin, Der „Tag X" und die „Innere Staatsgründung" der DDR, aus: *Kowalczuk*, Ilko-Sascha/ *Mitter*, Armin/ *Wolle*, Stefan, Der Tag X. 17. Juni 1953. Die „Innere Staatsgründung" der DDR als Ergebnis der Krise 1952/53, Berlin (Links Verlag) 1995, S. 9.

Mittmann, Wolfgang, Tatzeit. Große Fälle der Deutschen Volkspolizei, Berlin (Das Neue) 1998.

Mollnau, Karl, Aspekte der Beziehung von objektivem Gesetz und Recht und ihre Bedeutung für die Rechtssetzung des sozialistischen Staates, in: StuR 1971, 276.

Mollnau, Karl, Rechtshandbuch für den Bürger, Berlin (Staatsverlag) 1985.

Mollnau, Karl, Selbstverständnis der Rechtswissenschaft und sozialistischer Rechtsstaat, in: NJ 1990, 2.

Mollnau, Karl, Vorbereitungen zur Babelsberger Konferenz im Lichte des SED-Parteiarchivs – Ein thesenhafter Zwischenbericht, aus: *Eckert*, Jörn (Hrsg.), Die Babelsberger Konferenz vom 2./3. April 1958. Rechtshistorisches Kolloquium 13.-16 Februar 1992. Christian-Albrechts-Universität zu Kiel. Baden-Baden (Nomos Verlag) 1993, S. 15.

Mollnau, Karl, Sozialistische Gesetzlichkeit in der DDR. Theoretische Grundlagen und Praxis, aus: *Bender*, Gerd/ *Falk*, Ulrich (Hrsg.): Analysen zur Normdurchsetzung in osteuropäischen Nachkriegsgesellschaften (1944/45-1989), Sozialistische Gesetzlichkeit, Band 3, Frankfurt/M. (Klostermann Verlag) 1999, S. 59.

Mühlberger, Fritz, Sozialistische Gesetzlichkeit im Strafverfahren, in: NJ 1956, 386.

Mühlberger, Fritz, Probleme der Rechtsprechung bei der Anwendung der Tatbestände der staatsgefährdenden Propaganda und Hetze (§ 19 StEG) und der Staatsverleumdung (§20 StEG), in: Der Schöffe 1963, 171.

Müller, Werner/ **Stutzriemer**, Richard/ **Frank**, Kurt/ **Müller**, Felix, Die Anwendung des materiellen Verbrechensbegriffs in der Tätigkeit der Untersuchungsorgane, der Staatsanwälte und der Richter, NJ 1955, 553.

v. **Münch**, Ingo, Gesetze des NS-Staates, Paderborn (Schöningh Verlag) 1994.

Munda, August, Das jugoslawische Strafgesetzbuch, Berlin (de Gruyter Verlag) 1961.

N

Nasarenko, E., Sozialistisches Rechtsbewusstsein und Rechtsschöpfung, Berlin (Staatsverlag) 1974.

Nast, Manfred, Erläutrungen zum Strafrechtsergänzungsgesetz, Berlin, o.J.

Nathan, Hans, Sozialistisches Eigentum und guter Glaube, in: NJ 1957, 749.

Nessenius, Peter, Das politische System in der „DDR. Das Verhältnis von Partei Staat, in: SBZ-Archiv 1959, 229.

Niermann, Hans-Eckhard, Politische Strafjustiz im Nationalsozialismus. Exemplarische Bedingungen ihrer Durchsetzung und Radikalisierung im Dritten Reich 1933-1945, Aachen (Shaker Verlag) 1996.

NJ-Redaktion (Hrsg.), Erste Aussprache über das Strafrechtsergänzungsgesetz, in: NJ 1958, 78.

O

Oelßner, Fred, Über die Besonderheiten der imperialistischen Entwicklung in Deutschland, in: NJ 1952, 289.

Oldenburg, Fred, Vor 50 Jahren: Stalins Tod – Nachfolgekrise in Moskau - Volkserhebung in der DDR. Veränderungen des sowjetkommunistischen Herrschaftssystem, in: DeutschlandArchiv 2003, 399.

Oleschinski, Brigitte/ **Pampel**, Bert, „Nazis, „Spione", „Sowjetfeinde"?, in: DeutschlandArchiv 1995, 456.

Onnasch, Christina, „Taumele zwischen Optimismus und Depression". Zur Wahrnehmung der Schriftstellerin Brigitte Reimann, in: APuZ 2000, Heft 13, 20.

Orlowski, P., Die Rolle der sozialistischen Gesetzlichkeit beim Aufbau des Kommunismus, in: NJ 1954, 613.

Orschekowski, Walter, Verbrechen und Klassenkampf, in: NJ 1962, 342.

Orschekowski, Walter, Zum Tatbestand des „sonstigen Beiseiteschaffens" nach § 1 Abs. 1 VESchG, in: NJ 1957, 231.

Orschekowski, Walter/ **Hartisch**, Helmut/ **Friebel**, Wilfried/ **Manecke**, Kurt/ **Sahre**, Hans, Die Rolle des Strafrechts bei der Lösung der Aufgaben im sozialistischen Handel, in: NJ 1959, 830.

Oschlies, Wolf, „Würgende und wirkende Wörter – Deutschsprechen in der DDR, Berlin (Holzapfel Verlag) 1989.

Oschlies, Wolf, Sprache der Deutschen. Die DDR im Vierzigsten Jahr – Geschichte, Situation, Perspektiven, in: DeutschlandArchiv 1989, 106.

Oschlies, Wolf, „Vierzig zu Null im Klassenkampf?“ Sprachliche Bilanz von vier Jahrzehnten DDR, Melle (Knoth Verlag) 1990.

Ostendorf, Heribert/ **ter Veen**, Heino, Das Nürnberger Juristenurteil, Frankfurt/M. (Campus Verlag) 1985.

Otto, Wilfriede, Die Entnazifizierung der Justiz in der SBZ/DDR, aus: *Enquete-Kommission* (Hrsg.), Aufarbeitung von Geschichte und Folgen der SED-Diktatur in Deutschland. Bericht vom 31.Mai 1994, Baden-Baden 1995, Band III/3, S. 1350.

Otto, Wilfriede, „Die Waldheimer Prozesse“ 1950. Historische, politische und juristische Aspekte im Spannungsfeld zwischen Antifaschismus und Stalinismus, Hefte zur DDR-Geschichte, Berlin 1993.

Otto, Wilfriede, Die „Waldheimer Prozesse“ – altes Erbe und neue Sichten, in: NJ 1991, 355.

P

Pálóczi-Hórvath, György, Chruschtschow, Frankfurt/M. (Scheffler Verlag) 1960.

Paschukanis, Jewgenij (Hrsg.), Allgemeine Rechtslehre und Marxismus. Versuch einer Kritik juristischer Grundbegriffe 1924/1929, Freiburg/Br. (Haufe Verlag) 1991.

Paschukanis, Jewegenij, Für eine marxistisch-leninistische Staats- und Rechtstheorie, aus: *Reich*, Norbert (Hrsg.), Marxistische und sozialistische Rechtstheorie, Königstein/Ts. (Athenäum Verlag) 1972, S. 107.

Pchalek, Ernst, Die Schuld als subjektive Seite der verbrecherischen Handlung, in: NJ 1955, 487.

Perels, Joachim, Späte Entlegitimierung der NS-Justiz, aus: *Redaktion Kritische Justiz* (Hrsg.), Die juristische Aufarbeitung des Unrechts-Staates, Baden-Baden (Nomos Verlag) 1998, S. 519.

Pfeiffer, Otto, „Vom Rias-Hörer und Herold-Fan zum Staatsverbrecher“, in: Unrecht als System, Band 4, S. 127.

Pfifferling, Werner, Über die Tätigkeit der Kommission II im Bezirk Magdeburg, in: NJ 1955, 752.

Picaper, Jean Paul, Kommunikation und Propaganda in der DDR, Bonn (Bonn aktuell) 1976.

Pingel-Schliemann, Sandra, Lautlose Formen der Zerstörung. Zersetzungsmaßnahmen des MfS, in: DeutschlandArchiv 2003, 233.

Pleyer, Klemens, Das Recht als Herrschaftsinstrument in der DDR, aus: *Timmermann*, Heiner (Hrsg.), Diktaturen in Europa im 20. Jahrhundert – der Fall DDR, Berlin (Duncker & Humblot) 1996, S. 71.

Podlaski, Henryk, Über die aktuellen Aufgaben der Staatsanwaltschaft des volksdemokratischen Polen, in: NJ 1951, 54.

Pohl, Dieter, Justiz in Brandenburg 1945-1955. Gleichschaltung und Anpassung, München (Odenbourg Verlag) 2001.

Polak, Karl, Marx' Kritik der Hegelschen Staatslehre. Ein Beitrag zur Genesis der Lehre von der Diktatur des Proletariats, in. NJ 1949, 237.

Polak, Karl, Zur Dialektik in der Staatslehre, Berlin (Akademie) 1963.

Polkehn, Klaus, Die DDR und Palästina, in: APuZ 1999, B 38, 32.

Pruskil, Werner, 30 Jahre Deutsche Demokratische Republik. Tatsachen und Fakten einer erfolgreichen Bilanz, Gotha (VEB Haack Verlag) 1979.

Przybylski, Peter, Zum Charakter der Aggressionshandlungen gegen die Staatsgrenzen der DDR, in: NJ 1964, 97.

R

Radbruch, Kulturlehre des Sozialismus. Ideologische Betrachtungen, Frankfurt/M. (Athnäum Verlag) 1970.

Redaktion der NJ, Archivmaterial zu den Waldheimer Prozessen, NJ 1991, 393.

Redaktion der NJ, Statistische Informationen, NJ 1964, 476.

Rehse, Hellmut, Mit den Augen des Volksrichters..., in: NJ 1947, 152.

Reich, Norbert, Marxistische und sozialistische Rechtstheorie – Subjekt und Objekt von der Wissenschaft, aus: *Reich*, Norbert (Hrsg.), Marxistische und sozialistische Rechtstheorie, Königstein/Ts. (Athenäum Verlag) 1972, S. 7.

Reich, Hans, Die Verwendbarkeit des Begriffs Euphemismus bei der Untersuchung politischen Sprachgebrauchs, aus: *Hellmann*, Manfred (Hrsg.), Zum öffentlichen Sprachgebrauch in der Bundesrepublik Deutschland und in der DDR. Methoden und Probleme seiner Erforschung, Düsseldorf (Schwann Verlag) 1973, S. 216.

Reich, Hans, Sprache und Politik. Untersuchungen zum Wortschatz und zur Wortwahl des öffentlichen Sprachgebrauchs in der DDR, München (Hueber Verlag) 1968.

Reich, Hans, Sprache und Politik. Untersuchungen zu Wortschatz und Wortwahl des offiziellen Sprachgebrauchs in der DDR, München (Hueber Verlag) 1968.

Reich, Norbert/ **Reichel**, Hans, Einführung in das sozialistische Recht, München (Beck Verlag) 1975.

Reifner, Udo, Gemeinschaft und Feindschaft im Ausnahmezustand. Faschistisches Rechtsdenken im Nationalsozialismus, aus: *Bennhold*, Martin

(Hrsg.), Spuren des Unrechts. Recht und Nationalsozialismus – Beiträge zur historischen Kontinuität, Köln (Pahl-Rugenstein Verlag) 1989, S. 35.

Reinert, Fritz, Der Befehl Nr. 209 der SMAD. Die Zusammenarbeit zwischen Sowjetischer Militäradministration und antifaschistisch-demokratischen Staatsorganen bei der Erfüllung des Neubauernprogramms, in: Zeitschrift für Geschichtswissenschaften 1975, 504.

Reinwarth, Hans, Die Entwicklung der Rechtsprechung des Obersten Gerichts auf dem Gebiete der Staatsverbrechen seit Inkrafttreten des StEG, in: NJ 1959, 6.

v. **Renesse**, Margot, Eine unabhängige Justiz gibt es nur bei echter Gewaltenteilung. Zu den Ergebnissen der Rostocker Anhörung über Recht und Justiz der DDR, in: NJ 1993, 409.

Renneberg, Joachim, Die objektive Seite des Verbrechens, Berlin (Zentralverlag) 1955.

Renneberg, Joachim, Die Umgestaltung des Strafensystems durch das Strafrechtsergänzungsgesetz, in: SRDVP 1958, Heft 19, 1.

Renneberg, Joachim, Die neuen Strafbestimmungen zum Schutze der Deutschen Demokratischen Republik, in: NJ 1958, 6.

Renneberg, Joachim/ **Hübner**, Erich/ **Weber**, Hans, Materieller Verbrechensbegriff, Strafpolitik und Gesetzlichkeit, in: NJ 1957, 33.

Reuter, Heinrich, Das Gesetz zum Schutze des Volkseigentums und die gerichtliche Praxis, in: NJ 1953, 231.

Richter, Michael, Friedliche Revolution und Transformation, in: Deutschland-Archiv 2001, 931.

Riecke, Herbert/ **Benjamin**, Michael, Einige Erfahrungen bei der Anwendung der §§ 8 und 9 StEG, in: NJ 1959, 262.

Rietscher, Johanna/ **Kern**, Herbert/ **Jäckel**, Otto, Die Aufgaben der Justizorgane bei der Festigung der Landwirtschaftlichen Produktionsgenossenschaften, in: NJ 1955, 680.

Rigaux, Francois, Internationale Tribunale nach den Nürnberger Prozessen, aus: *Hankel*, Gerd/ *Stuby*, Gerhard (Hrsg.), Strafgerichte gegen Menschlichkeitsverbrechen. Zum Völkerstrafrecht 50 Jahre nach den Nürnberger Prozessen, Hamburg (Hamburger ed.) 1995, S. 142.

Ristow, Charlotte, Aktuelle Probleme des Wirtschaftsrechts in der sowjetischen Besatzungszone, in: NJ 1957, 125.

Röder, Karl-Heinz, Zur Auswertung des XI. Parteitag der SED auf dem Gebiet der staats- und rechtswissenschaftlichen Imperialismusforschung, aus: *Weichelt*, Wolfgang (Hrsg.), Staat und Recht bei der weiteren Gestaltung der entwickelten sozialistischen Gesellschaft nach dem XI. Parteitag der SED, Berlin (Akademie Verlag) 1987, S. 52.

v. **Roenne**, Hans Hubertus, „Politisch untragbar…?“ Die Überprüfung von Richtern und Staatsanwälten der DDR im Zuge der Vereinigung Deutschlands, Baden-Baden (Spitz Verlag) 1997.

Roggemann, Herwig, Der Schutz der Eigentums- und Wirtschaftsordnung im Strafrecht der DDR, in: ROW 1987, 1.

Roggemann, Herwig, Der Internationale Strafgerichtshof der Vereinten Nationen von 1993 und die Balkankriegsverbrechen, in: ZRP 1994, 297.

Roitzheim, Gudrun, Ein ständiger Strafgerichtshof – Utopie oder realistische Zukunftsperspektive?, in: DRiZ 1996, 389.

Römer, Axel, Sabotage, Diversion, Schädlingstätigkeit, in: StuR 1956, 527.

Römer, Axel/ **Hennig**, Walter, Die Verbrechen gegen die Deutsche Demokratische Republik, in: SRDVP 1958, Heft 25, 62.

Römer, Axel/ **Hennig**, Walter Die Verbrechen gegen die Deutsche Demokratische Republik, in: SRDVP 1958, Heft 21, 1.

Roesler, Jörg, 12. November 1948 und 17. Juni 1953. Zum Verhältnis von ökonomischen und politischen Zielsetzungen der beiden größten Massenstreiks der deutschen Nachkriegsgeschichte, DeutschlandArchiv 2004, 120.

Rössler, Ruth-Kristin, Entnazifizierungspolitik der KPD/SED 1945-1948. Dokumente und Materialien, Goldbach (Keip Verlag) 1994.

Rössler, Ruth-Kristin, Justizpolitik in der SBZ/DDR 1945-1956, Frankfurt/M. (Keip Verlag) 2000.

Rosenthal, Walther, Anmerkungen zum RHG, in: ROW 1957, 40.

Rosenthal, Walther/ **Lange**, Richard/ **Blomeyer**, Arwed, Bonner Berichte aus Mittel- und Ostdeutschland. Die Justiz in der sowjetischen Besatzungszone Deutschlands, Berlin (Bundesverlag) 1959.

Ross, Corey, „…sonst sehe ich mich veranlasst, auch nach dem Westen zu ziehen“. „Republikflucht, SED-Herrschaft und Bevölkerung vor dem Mauerbau, in: DeutschlandArchiv 2001, 613.

Roth, Heidi, Der 17. Juni 1953 in Sachsen, Köln (Böhlau Verlag) 1999.

Rother, Wolfgang, Im Parteiauftrag, in: *Sächsisches Staatsministerium* (Hrsg.), Von Weimar bis zur Gegenwart, Dresden 1998.

Rottleuthner, Hubert, Zur Steuerung der Justiz in der DDR, aus: *Rottleuthner*, Hubert (Hrsg.), Steuerung der Justiz in der DDR. Einflussnahme der Politik auf Richter, Staatsanwälte und Rechtsanwälte, Köln (Bundesanzeiger) 1994, S. 1.

Ruffmann, Karl-Heinz, Zu den deutsch-sowjetischen Beziehungen in der Zwischenkriegszeit: Stalins Kriegsvorbereitungen 1941, aus: *Meissner*, Boris/ *Eisfeld*, Alfred (Hrsg.), 50 Jahre sowjetische und russische Deutschlandpolitik sowie ihre Auswirkungen auf das gegenseitige Verhältnis, Berlin (Duncker & Humblot) 1999, S. 9.

Rüther, Günther, Kulturbetrieb und Literatur in der DDR, Köln (Verlag Wissenschaft und Politik) 1987.
Rüther, Günther, „Greif' zur Feder, Kumpel". Schriftsteller, Literatur und Politik in der DDR 1949-1990, Düsseldorf (Droste Verlag) 1991.

S

Sächsisches Staatsministerium der Justiz (Hrsg.), Sächsische Justizgeschichte, Band 8/ Sächsische Justiz in der sowjetischen Besatzungszone und der frühen DDR 1945-1957, Dresden 1998.
Sagel-Grande, Irene, Die Entwicklung der Sanktionen ohne Freiheitsentzug im Strafrecht der DDR, Berlin (Duncker & Humblot) 1972.
Satjukow, Silke, Sowjetische Streitkräfte und DDR-Bevölkerung. Tour d'horizon einer Beziehung, in: DeutschlandArchiv 2003, 414.
Schelsky, Helmut, Herrschaft durch Sprache, aus: *Bergsdorf*, Wolfgang (Hrsg.), Wörter als Waffen. Sprache als Mittel der Politik, Stuttgart (Bonn aktuell) 1979, S. 15.
Scherstjanoi, Elke, „In 14 Tagen werden Sie vielleicht schon keinen Staat mehr haben". Vladimir Semenov und der 17. Juni 1953, in: DeutschlandArchiv 1998, 907.
Schickert, Hans, Die Bedeutung des Reichsgerichts auf dem Gebiet der Strafrechtsprechung, in: Deutsches Recht 1943, 116.
Schimansky, Hans, „Sozialistisch arbeiten – sozialistisch leben". Wettbewerbe für eine „neue Lebensweise", in: SBZ-Archiv 1959, 226.
Schindler, Richard, Leitfaden des Strafprozessrechts der Deutschen Demokratischen Republik, Berlin (Zentralverlag) 1959.
Schirdewan, Karl, Aufstand gegen Ulbricht. Im Kampf um politische Kurskorrektur, gegen stalinistische, dogmatische Politik, Berlin (Aufbau Verlag) 1994.
Schirrmacher, Frank, Verdacht und Verrat. Der Einfluß der Stasi – Vergangenheit auf die literarische Szene, aus: *Langguth*, Gerd (Hrsg.), Autor, Macht, Staat. Literatur und Politik in Deutschland, Düsseldorf (Droste Verlag) 12994, S. 153.
Schittenhelm, Ulrike, Strafe und Sanktionensystem im sowjetischen Recht. Grundlinien der Kriminalpolitik von den Anfängen bis zum Ende des Sowjetstaates, Freiburg/Br. (Max-Planck-Eigenverlag) 1994.
Schlegel, Joachim, Schöffen des Stadtgerichtsbezirks Berlin – Köpenick treten in ihren Betrieben auf, in: NJ 1958, 29.
Schleifstein, Josef, Einführung in das Studium von Marx, Engels und Lenin, Essen (Neue Impulse Verlag) 1995.

Schlosser, Horst Dieter, Die deutsche Sprache in der DDR. Zwischen Stalinismus und Demokratie – Historische, politische und kommunikative Bedingungen, Köln (Verlag Wissenschaft und Politik) 1999.

Schmidt, Ute, Strafjustiz einer Siegermacht oder stalinistisches Repressionsinstrument? Zur Tätigkeit und Rolle der sowjetischen Militärtribunale in Deutschland (1945-1955), aus: *Hilger*, Andreas/ *Schmeitzner*, Mike/ *Schmidt*, Ute (Hrsg.), Diktaturdurchsetzung. Instrumente und Methoden der kommunistischen Machtsicherung in der SBZ/DDR 1945-1955, Dresden (Sächsisches Druck- und Verlaghaus) 2001, S. 91.

Schmidt, Helmut, Zum Merkmal der „Öffentlichkeit" bei Staatsverleumdung, in: NJ 1958, 819.

Schmidt, Herbert, „Beabsichtige ich die Todesstrafe zu beantragen". Die nationalsozialistische Sondergerichtsbarkeit im Oberlandesbezirk Düsseldorf 1933 bis 1945, Essen (Klartext Verlag) 1998.

Schmidthals, Brigitte, Die Neugestaltung des strafrechtlichen Staatsschutzes in der Sowjetischen Besatzungszone, Berlin (de Gruyter Verlag) 1962.

Schmied, Erich, Das tschechoslowakische Strafgesetzbuch, Berlin (de Gruyter Verlag) 1958.

Schmitz-Berning, Cornelia, Vokabular des Nationalsozialismus, Berlin (de Gruyter Verlag) 1998.

Schneider, Peter, Die Grenzen der freien Meinungsäußerung, in: ROW 1957, 144.

Schöneburg, Volkmar, Recht im nazifaschistischen und „realsozialistischen" deutschen Staat – Diskontinuitäten und Kontinuitäten, in: NJ 1992, 49.

Schöneburg, Volkmar, SED und Strafrecht. Thesen, aus: *Gysi*, Gregor/ *Heuer*, Uwe-Jens/ *Schumann*, Michael (Hrsg.) Zweigeteilt. Über den Umgang mit der SED-Vergangenheit, Hamburg (VSA-Verlag) 1992.

Schregel, Friedrich, Die Romanliteratur der DDR. Erzähltechniken, Leselenkung, Kulturpolitik, Opladen (Westdeutscher Verlag) 1991.

Schroeder, Friedrich-Christian, Die Strafgesetzgebung in Deutschland. Eine synoptische Darstellung der Strafgesetzbücher der Bundesrepublik Deutschland und der Deutschen Demokratischen Republik, Tübingen (Mohr Verlag) 1972.

Schroeder, Friedrich-Christian, Fünfzig Jahre sowjetische Rechtstheorie, aus: *Maurach*, Reinhart/ *Meissner*, Boris (Hrsg.), 50 Jahre Sowjetrecht, Stuttgart (Kohlhammer Verlag) 1969, S. 52.

Schroeder, Friedrich-Christian, Das Strafrecht des realen Sozialismus. Eine Einführung am Beispiel der DDR, Opladen (Westdeutscher Verlag) 1983.

Schroeder, Friedrich-Christian, „Verräter und räudige Hunde" – Die Justiz im Stalinismus. Eigenständigkeit des Sozialismus?, aus: *Weber*, Jürgen/ *Pia-*

zolo, Michael (Hrsg.), Justiz im Zwielicht. Ihre Rolle in Diktaturen und die Antwort des Rechtsstaates, München (OLZOG Verlag) 1998, S. 152.

Schroeder, Friedrich-Christian, Das Sowjetrecht als Grundlage der Prozesse gegen deutsche Kriegsgefangene, aus: *Hilger*, Andreas/ *Schmidt*, Ute/ *Wagenlehner*, Günther (Hrsg.), Sowjetische Militärtribunale. Die Verurteilung deutscher Kriegsgefangener 1941-1953, Köln (Böhlau Verlag) 2001, S. 69.

Schroeder, Friedrich-Christian, Der Schutz von Staat und Verfassung im Strafrecht. Eine systematische Darstellung, entwickelt aus Rechtsgeschichte und Rechtsvergleichung, München (Beck Verlag) 1970.

Schroeder, Klaus, Der SED-Staat. Partei, Staat und Gesellschaft 1949-1990, München (Hanser Verlag) 1998.

Schroeder, Friedrich-Christian/ **Gräf**, Dieter, Geheime Rechtsprechungsanweisungen in der DDR, in: ROW 1987, 291.

Schroeter, Sabine, Die Sprache der DDR im Spiegel ihrer Literatur. Studien zum DDR-typischen Wortschatz, Berlin (de Gruyter Verlag) 1994.

Schuller, Wolfgang, Geschichte und Struktur des politischen Strafrechts der DDR bis 1968, Ebelsbach (Gremer Verlag) 1980.

Schultz/Wunsch, Fragen der Allgemeinen Aufsicht des Staatsanwaltes, in: NJ 1955, 719.

Schumann, Kurt, Die erzieherischen Aufgaben des Obersten Gerichts in der gegenwärtigen Lage, in: NJ 1955, 708.

Schüsseler, Rolf, Weitere Bemerkungen, in: NJ 1957, 566.

Schüsseler, Rolf, Sozialistisches Recht und Gerechtigkeit, in: StuR 1966, 1.

Schuster, Günther, Gut vorbereitete Justizausspracheabende führen zum Erfolg, in: NJ 1958, 29.

Schuster, Erich, Die Anleitung und Kontrolle der Kreisgerichte. Erfahrungen der Justizverwaltungsstelle im Bezirk Karl-Marx-Stadt, in: NJ 1954, 113.

Schweichel, Heinrich, Ein Jahr Strafrechtsergänzungsgesetz. Die „sozialistische Gesetzlichkeit“ in der Praxis, in: SBZ-Archiv 1959, 2.

Segeth, Wolfgang, Materialistische Dialektik als Methode, Berlin (Akademie Verlag) 1977.

Seibert, Claus, Abschied vom KRG 10, in: NJW 1952, 251.

Semiryaga, Michail, Wie Berijas Leute in Ostdeutschland die „Demokratie“ errichteten, in: DeutschlandArchiv 1996, 741.

Serien, Wilhelm, Meine Mitarbeit als Schöffe, in: Der Schöffe 1958, 147.

Skuppin, Heinz/ **Winkler**, Rudolf, Ursachen der Verbrechen gegen Volkseigentum und Methoden ihrer Bekämpfung, in: NJ 1955, 729.

Spielhagen, Edith, „So durften wir glauben zu kämpfen...“. Erfahrungen mit DDR-Medien, Berlin (Vistas Verlag) 1993.

Staritz, Dietrich, Die SED, Stalin und der „Aufbau des Sozialismus in der DDR. Aus den Akten des Zentralen Parteiarchivs, in: DeutschlandArchiv 1991, 686.

Stegmann, Maximilian/ **Grube**, Otto, Zu einigen Fragen bei der Anwendung des Gesetzes zum Schutze des innerdeutschen Handels, in: NJ 1951, 498.

Steiner, André, Vorstellungen und Probleme im Vorfeld der Errichtung der Berliner Mauer, aus: *Mehringer*, Hartmut (Hrsg.), Von der SBZ zur DDR. Studien zum Herrschaftssystem in der Sowjetischen Besatzungszone und in der Deutschen Demokratischen Republik, München (Oldenbourg Verlag) 1995, S. 233.

Steiniger, Peter Alfons, Der Nürnberger Prozeß. Aus den Protokollen, Dokumenten und Materialien des Prozesses gegen die Hauptkriegsverbrecher vor dem Internationalen Militärgerichtshof, Berlin (Rütten & Loening Verlag) 1962.

Stern, Joachim, Und der Westen schweigt. Erlebnisse – Berichte – Dokumente über Mitteldeutschland 1945-1975, Preußisch-Oldendorf (Schütz Verlag) 1976.

Stiller, Gerhard, Die erzieherische Wirkung des Strafverfahrens. Zur Vorbereitung, Durchführung und Auswertung der Hauptverhandlung erster Instanz, in: NJ 1955, 682.

Stiller, Gerhard/ **Benjamin**, Michael, Probleme der mehrfachen Gesetzesverletzung bei Verbrechen gegen die Deutsche Demokratische Republik, in: NJ 1958, 189.

Stiller, Gerhard, Die Staatsverbrechen, Berlin (Zentralverlag) 1959.

Stiller, Gerhard, Ursachen und begünstigende Bedingungen der Straftaten in der DDR und ihre Bekämpfung, in: NJ 1964, 298.

Stiller, Gerhard/ **Frenzel**, Heinz, Zur Strafbarkeit des Unternehmens im künftigen StGB, in: NJ 1961, 705.

Stiller, Gerhard/ **Kügler**, Rolf, Zu den subjektiven Voraussetzungen eines Sabotageverbrechens – ein Problem der Abgrenzung zu den Wirtschaftsverbrechen, in: SRDVP 1963, 449.

Streit, Josef, Einige Hinweise zur Auswertung der 3. Parteikonferenz der SED, in: NJ 1956, 257.

Streit, Josef, Für einen neuen Arbeitsstil in der Justiz. Über die Arbeit einer Brigade im Bezirk Gera, in: NJ 1958, 368.

Streit, Josef, Das Studium des dialektischen und historischen Materialismus hilft uns in unserer Arbeit, in: NJ 1958, 230.

Streit, Josef, Aus den Erfahrungen einer Brigade im Bezirk Potsdam, in: NJ 1958, 620.

Streit, Josef, Einige Gedanken zur Vorbereitung der Richterwahl, in: NJ 1959, 37.

Streit, Josef, Die sozialistische Rechtsordnung und der Kampf gegen die Kriminalität, in: NJ 1963, 1.
Stuby, Gerhard, Internationale Strafgerichtsbarkeit und staatliche Souveränität, aus: *Hankel*, Gerd/ *Stuby*, Gerhard (Hrsg.), Strafgerichte gegen Menschlichkeitsverbrechen. Zum Völkerstrafrecht 50 Jahre nach den Nürnberger Prozessen, Hamburg (Hamburger ed.) 1995, S. 429.
Stutschka, Proletarisches Recht, aus: *Reich*, Norbert (Hrsg.), Marxistische und sozialistische Rechtstheorie, Königstein7Ts. (Athenäum Verlag) 1972, S. 79.
Sultan, Herbert, Gesellschaft und Staat bei Karl Marx und Friedrich Engels, S' Gravenhage (Eversdijk Verlag) 1973.
Szkibik, Heinz, Rechtsprechung und Vollzug der Strafe, in: NJ 1964, 70.

T

Taylor, Telford, Kriegsverbrechen und Völkerrecht. Die Nürnberger Prozesse, Zürich (Europa-Verlag) 1951.
Thaler, Elfriede, Entscheidung über bedingte Strafaussetzung – eine neue wichtige Aufgabe des Gerichts, in: NJ 1952, 548.
Thurich, Eckart, Die Sieger in Deutschland, in: Informationen zur politischen Bildung 1991, Heft 232, S. 6.
Tjulpanov, Sergej Ivanovic, Die Rolle der SMAD bei der Demokratisierung Deutschlands, in: Zeitschrift für Geschichtswissenschaften 1967, 240.
Toeplitz, Heinrich, Die einheitliche Leitung der Rechtsprechung aller Gerichte durch das Oberste Gericht, in: NJ 1963, 263.
Trainin, A., Die Fragen des Kausalzusammenhanges im sozialistischen Strafrecht, in: NJ 1951, 342.
Troch, Joachim, Bemerkungen zum Objekt der Hehlerei, in: NJ 1956, 303.

U

Ulbricht, Walter, Die Staatslehre des Marxismus-Leninismus und ihre Anwendung in Deutschland. Referat und Schlusswort auf der Babelsberger Konferenz am 2. und 3. April 1958, Berlin (Zentralverlag) 1958.
Ulbricht, Walter, Die Entwicklung des deutschen volksdemokratischen Staates 1945-1958, Berlin (Dietz Verlag) 1958.
Ulbricht, Walter, Über die Dialektik unseres sozialistischen Aufbaus, Berlin (Dietz Verlag) 1959.

V

VEB Bibliographisches Institut (Hrsg.), Kleines Fremdwörterbuch, Leipzig 1975.

Verlag Progress Moskau (Hrsg.), Grundkurs des wissenschaftlichen Kommunismus, (Verlag Progress) 1973.

W

Wagner, Armin, Geburtswehen einer jungen sozialistischen Armee. Die Bildung des DDR-Verteidigungsministeriums und der NVA 1955/56, in: DeutschlandArchiv 2001, 967.

Wagner, Heike, Hilde Benjamin und die Stalinisierung der DDR-Justiz, Aachen (Shaker Verlag) 1999.

Weber, Hans, Die öffentliche Bekanntmachung der Bestrafung gemäß § 7 StEG, in: NJ 1959, 480.

Weber, Jürgen, Die DDR – eine totalitäre Diktatur von Anfang an, aus: *Weber*, Jürgen (Hrsg.), Der SED-Staat. Neues über eine vergangene Diktatur, München (OLZOG Verlag) 1994, S. 1.

Weber, Hermann, Terrorherrschaft. Bemerkungen zu den stalinistischen Parteisäuberungen, in: DeutschlandArchiv 1998, 37.

Weber, Hermann, Geschichte der DDR, München (Taschenbuch Verlag) 1999.

Weber, Hermann, Die DDR 1945-1990, München (Oldenbourg Verlag) 2000.

Weber, Petra, Justiz und Diktatur, Justizverwaltung und politische Strafjustiz in Thüringen. Veröffentlichungen zur SBZ/DDR-Forschung im Institut für Zeitgeschichte, München (Oldenbourg Verlag) 2000.

Weber/Lange, Funktionen des Marxismus-Leninismus, aus: *Enquete-Kommission* (Hrsg.), Aufarbeitung von Geschichte und Folgen der SED-Diktatur in Deutschland. Bericht vom 31.Mai 1994, Baden-Baden 1995, Band III/3, S. 2040.

Weichelt, Wolfgang, Zur Profilierung der staats- und rechtswissenschaftlichen Forschung nach dem XI. Parteitag der SED, aus: *Weichelt*, Wolfgang (Hrsg.), Staat und Recht bei der weiteren Gestaltung der entwickelten sozialistischen Gesellschaft nach dem XI. Parteitag der SED, Berlin (Akademie Verlag) 1987, S. 7.

Weinke, Annette, Strukturen und Funktionen politischer Strafjustiz in der DDR, aus: *Timmermann*, Heiner (Hrsg.), Diktaturen in Europa im 20. Jahrhundert – der Fall DDR, Berlin (Duncker & Humblot) 1996, S. 81.

Weinke, Annette, Die Instrumentalisierung von Staatssicherheit und Justiz für die Zwecke der innerparteilichen Säuberungen 1919-1954, aus: *Timmer-*

mann, Heiner (Hrsg.), Die DDR-Politik und Ideologie als Instrument, Berlin (Duncker & Humblot) 1999, S. 507.

Weinke, Annette, Die Waldheimer „Prozesse“ im Kontext der strafrechtlichen Aufarbeitung der NS-Diktatur in der SBZ/DDR, aus: *Haase*, Norbert/ *Pampel*, Bert (Hrsg.), Die Waldheimer „Prozesse“ – fünfzig Jahre danach, Baden-Baden (Nomos Verlag) 2001, S. 27.

Weinreich, Cornelia, Die Kulturpolitik in der DDR am Beispiel der Literatur, Universität Leipzig, Germanistisches Institut 2003.

Weise, Wolfgang, Erste Erfahrungen aus der Anwendung des Strafrechtsergänzungsgesetz, in: Der Schöffe 1958, 142.

Weise, Wolfgang, Zur Diskussion über Klassenkampf und Verbrechen, in: NJ 1956, 626.

Weiß, Wolfgang, Die Wirtschaftsstrafverordnung für die sowjetische Besatzungszone, in: NJ 1948, 182.

Weist, Josef, Zur Anwendung des Kontrollratsgesetzes Nr. 50, in: NJ 1947, 124.

Wendel, Eberhard, Ulbricht als Richter und Henker – Stalinistische Justiz im Parteiauftrag, Berlin (Aufbau Verlag) 1996.

Wengst, Udo, Der Aufstand am 17. Juni 1953 in der DDR. Aus den Stimmungsberichten der Kreis- und Bezirksverbänden der Ost-CDU im Juni und Juli 1953, in: VfZ 1993, 277.

Wentker, Hermann, Justiz in der SBZ/DDR 1945-1953. Transformation und Rolle ihrer zentralen Institutionen, München (Oldenbourg Verlag) 2001.

Wentker, Hermann, Volksrichter in der SBZ/DDR (1945-1952), aus *Timmermann*, Heiner (Hrsg.), Diktaturen in Europa im 20. Jahrhundert – der Fall DDR, Berlin (Duncker & Humblot) 1996, S. 95.

Wentker, Hermann, Justiz im Übergang: Die sowjetische Besatzungsmacht, die deutschen „Täter“ und die Anfänge der politischen Strafjustiz in der SBZ/DDR, aus: *Weber*, Jürgen/ *Piazolo*, Michael (Hrsg.), Justiz im Zwielicht. Ihre Rolle in Diktaturen und die Antwort des Rechtsstaates, München (OLZOG Verlag) 1998, S. 171.

Werkentin, Falco, Gelenkte Rechtsprechung – Zur Strafjustiz in den frühen Jahren der DDR, in: NJ 1991, 479.

Werkentin, Falco, Zur Dimension politischer Inhaftierungen in der DDR 1949-1989, aus: *Müller*, Klaus-Dieter/ *Stephan*, Annegret (Hrsg.), Die Vergangenheit lässt uns nicht los. Haftbedingungen politischer Gefangener in der SBZ/DDR und deren gesundheitliche Folgen, Berlin (Berlin Verlag) 1998, S.139.

Werkentin, Falco, Die Waldheimer „Prozesse“ – ein Experimentierfeld für die künftige Scheinjustiz unter Kontrolle der SED?, aus: *Bästlein*, Klaus/ *Rosskopf*, Annette/ *Werkentin*, Falco (Hrsg.), Beiträge zur juristischen Zeitgeschichte der DDR, Berlin (Berliner LStU) 2000, S. 32.

Werkentin, Falco, Die Waldheimer „Prozesse“, aus: *Haase*, Norbert/ *Pampel*, Bert (Hrsg.), Die Waldheimer „Prozesse“ – fünfzig Jahre danach, Baden-Baden (Nomos Verlag) 2001, S. 8.

Werkentin, Falco, Strafjustiz im politischen System der DDR, aus: *Rottleuthner*, Hubert (Hrsg.), Steuerung der Justiz in der DDR. Einflussnahme der Politik auf Richter, Staatsanwälte und Rechtsanwälte, Köln (Bundesanzeiger) 1994, S. 93.

Werkentin, Falco, Recht und Justiz im SED-Staat, Bonn (Bundeszentrale für polit. Bildung) 1998.

Wessel, Markus, NS-Justizverbrechen und Nachkriegsrechtsprechung. Der Lohrer Standgerichtsfall und ähnliche Verfahren, Göttingen (Cuvillier Verlag) 1998.

Wettig, Gerhard, Die sowjetische Deutschland-Politik am Vorabend des 17. Juni, in: Edition DeutschlandArchiv 1998, 56.

Wettig, Gerhard, Das Berlin-Ultimatum Chruschtschows: Beweggründe und Folgewirkungen, aus: *Timmermann*, Heiner (Hrsg.), 1961 – Mauerbau und Außenpolitik, Münster (LIT Verlag) 2002.

Wettig, Gerhard, Stalins Deutschland-Politik 1945-1953: Kontinuität und Wandel, aus: *Meissner*, Boris/ *Eisfeld*, Alfred (Hrsg.), 50 Jahre sowjetische und russische Deutschlandpolitik sowie ihre Auswirkungen auf das gegenseitige Verhältnis, Berlin (Duncker & Humblot) 1999, S. 15.

Wettig, Gerhard, Die Gründung der DDR vor dem Hintergrund von Stalins Deutschlandpolitik, aus: *Timmermann*, Heiner (Hrsg.), Die DDR in Deutschland. Ein Rückblick auf 50 Jahre, Berlin (Duncker & Humblot) 2001, S. 119.

Wettig, Gerhard, Berija, Malenkov und die deutsche Einheit, in: DeutschlandArchiv 1999, 644.

Wieland, Günther, Ahndung von NS-Verbrechen in Ostdeutschland 1945 bis 1990, in: NJ 1991, 49.

Wilke, Manfred/ **Voigt**, Tobias, „Neuer Kurs“ und 17. Juni – Die zweite Staatsgründung der DDR 1953, aus: *Hegedüs*, Andras/ *Wilke* Manfred (Hrsg.), Satelliten nach Stalins Tod. Der „Neue Kurs“, 17. Juni 1953 in der DDR, Ungarische Revolution 1956, Berlin (Akademie Verlag) 2000, S. 24.

Wille, Manfred, Entnazifizierung in der Sowjetischen Besatzungszone Deutschlands 1945-1948, Magdeburg (Block-Verlag) 1993.

Winkelmann, Paul, Aufgaben der Staatsanwälte und Gerichte in den Verfahren nach dem Befehl Nr. 201, in: NJ 1947, 169.

Wirth, Erich, Die Verantwortung der Schöffen des Bezirksgerichts, in: NJ 1958, 28.

Wittke, Stefan, Teilexkulpation von KZ-Tätern?, aus: *Redaktion Kritische Justiz* (Hrsg.), Die juristische Aufarbeitung des Unrechts-Staats, Baden-Baden (Nomos Verlag) 1998, S. 547.

Wolf, Markus, Spionagechef im Kalten Krieg, München (Econ Verlag) 1999.

Wolkogonow, Dimitri, Stalin. Triumph und Tragödie. Ein politisches Porträt, Düsseldorf (Claassen Verlag) 1989.

Wrobel, Johannes, Überblick zur Geschichte der Zeugen Jehovas in der SBZ/DDR, aus: *Yonan*, Gabriele (Hrsg.), Im Visier der Stasi. Jehovas Zeugen in der DDR, Niedersteinbach (ed. Coronar) 2000, S. 24.

Wrobel, Hans/ **Maul-Backer**, Henning, Strafjustiz im totalen Krieg. Aus den Akten des Sondergerichts Bremen 1940 bis 1945, Bremen (Steintor Verlag) 1991.

Wyschinski, Andrej, Gerichtsreden, Berlin (Dietz Verlag) 1952.

Z

Zeidler, Manfred, Die Dokumentationstätigkeit deutscher Stellen und die Entwicklung des Forschungsstands zu den Verurteilungen deutscher Kriegsgefangener in der UdSSR in den Nachkriegsjahren, aus: *Hilger*, Andreas/ *Schmidt*, Ute/ *Wagenlehner*, Günther (Hrsg.), Sowjetische Militärtribunale. Die Verurteilung deutscher Kriegsgefangener 1941-1953, Köln (Böhlau Verlag) 2001, S. 25.

Ziegler, Walter, Zur Entwicklung der Rechtsprechung in Strafsachen seit dem VI. Parteitag, in: NJ 1963, 354.

Ziegler, Walter, Verbrechen gegen die Deutsche Demokratische Republik, in: NJ 1955, 677.

Ziegler, Walter, Die Sabotage als eine Form der Boykotthetze i.S. des Art. 6 der Verfassung, in: NJ 1955, 585.

Zorn, Albrecht, Die Entwicklung des sowjetischen Strafrechts und sein Einfluß auf das Recht in der Sowjetzone, in: GA 1957, 108.

Zur Mühlen, Patrick von, Der „Eisenberger Kreis". Jugendwiderstand und Verfolgung in der DDR 1953-1958, Bonn (Dietz Nachfolger Verlag) 1995.

Zürcher, Andreas, Strafrecht in der SBZ. Strafrecht und Strafrechtsanwendung in der Sowjetischen Besatzungszone Deutschlands, dargestellt am Tatbestand der staatsgefährdenden Propaganda und Hetze, Bern (Schweiz. Ost-Institut) 1965.

Verwendete Internetadressen:

www.fes.de	Internetseite der Friedrich-Ebert-Stiftung
www.17juni53.de	Internetseite der Bundeszentrale für politische Bildung in Zusammenarbeit mit dem DeutschlandRadio und dem Zentrum für Zeithistorische Forschung
www.muenster.de/~jake/texte/besatzungszeit.htm	Internetseite der Stadt Münster
http://archiv.spd.de/events/gedenkbuch/brandenburg.html	Internetseite von *Wickert*, Gedenkbuch verfolgter Sozialdemokraten
www.luise-berlin.de/bms/bmstext/9803proh.htm	Internetseite der Stadt Berlin mit Veröffentlichungen von Aufsätze aus der Berlinischen Monatszeitschrift
www.white-collar-crime.de/html/ddr_vor_1990.html	Internetseite von *Andreas Hey* und *Oliver Schmieding* über Wirtschaftskriminalität

Peter Lang · Europäischer Verlag der Wissenschaften

Christian Mahlmann

Die Strafrechtswissenschaft der DDR

Klassenkampftheorie und Verbrechenslehre

Frankfurt am Main, Berlin, Bern, Bruxelles, New York, Oxford, Wien, 2002.
XIII, 196 S.
Rechtshistorische Reihe. Bd. 257
Verantwortlicher Herausgeber: Jörn Eckert
ISBN 3-631-39228-1 · br. € 39.–*

In den 50er Jahren entwickelte die Strafrechtswissenschaft der DDR nach sowjetischem Vorbild die sogenannte Klassenkampftheorie, die eine Antwort auf die Frage nach dem Wesen und den Ursachen der Kriminalität in der DDR geben sollte. Diese Theorie bildete auch die Grundlage der neuen Verbrechenslehre. Dies hinderte die Partei der SED jedoch nicht, die Strafrechtswissenschaft im Jahre 1962 zur Aufgabe der Klassenkampftheorie zu verpflichten. Durch die Art und Weise, wie sie sich dem Druck der Partei beugen mußte, wurde sie gedemütigt und erreichte ihren wissenschaftlichen Tiefpunkt. Die Strafrechtswissenschaft mußte sich für die Klassenkampftheorie entschuldigen, die noch kurz zuvor von der SED selbst vertreten worden war.

Aus dem Inhalt: Entstehen einer sozialistischen Strafrechtswissenschaft in der DDR · Erste Anzeichen einer Liberalisierung auch in der DDR · Der XX. Parteitag der KPdSU und seine Auswirkungen in der DDR · Restauration der Klassenkampftheorie durch Politik und Wissenschaft · Die Übergangsphase 1957–1961 · Vom XXII. Parteitag der KPdSU bis zum Ende der Ära Ulbricht · Die Strafrechtswissenschaft in der Ära Honecker

Frankfurt am Main · Berlin · Bern · Bruxelles · New York · Oxford · Wien
Auslieferung: Verlag Peter Lang AG
Moosstr. 1, CH-2542 Pieterlen
Telefax 00 41 (0) 32 / 376 17 27

*inklusive der in Deutschland gültigen Mehrwertsteuer
Preisänderungen vorbehalten

Homepage http://www.peterlang.de

FSC
www.fsc.org
MIX
Papier | Fördert gute Waldnutzung
FSC® C083411

Kolibri 360 GmbH
Ferdinand-Jühlke-Straße 7
99095 Erfurt, Deutschland
produktsicherheit@kolibri360.de

Druck:
CPI Druckdienstleistungen GmbH
im Auftrag der
Kolibri 360 GmbH
Ferdinand-Jühlke-Str. 7
99095 Erfurt